신고송 문학전집 2

엮은이 김봉희(金鳳姬, Kim, Bong-Hui)는 1969년 경남 마산에서 태어났다. 경남대학교 국어국문학과를 거쳐 같은 대학원에서 「신고송 문학연구」로 박사학위를 받았다. 1995년 『예술세계』 희곡 신인상을 받고 문단에 나왔으며, 1997년 대산문화재단에서 희곡부문 문학인으로 수혜를 받았다. 주요 논문으로는 「신고송 문학연구」, 「광복기 단막희곡 연구」, 「이일래 동요연구」 등이 있고, 함께 낸 책으로 『한국문학과 성』(불휘, 1999)이 있다. 창작 희곡집으로는 『저녁 전 계단 오르기』(평민사, 1998), 『너울너울 나비야』(예니, 2004)가 있다. 희곡 여러 편이 연극으로 공연되었으며, 현재 경남대학교에서 인문학부 강의전담교수로 있다.

신고송 문학전집 2

초판 인쇄 2008년 12월 15일 **초판 발행** 2008년 12월 20일
엮은이 김봉희 **펴낸이** 박성모 **펴낸곳** 소명출판 **출판등록** 제13-522호
주소 서울시 서초구 서초동 1621-18 란빌딩 1층
전화 02-585-7840 **팩스** 02-585-7848 **전자우편** somyong@korea.com

값 40,000원

ISBN 978-89-5626-357-1 03810
ISBN 978-89-5626-355-7 (전2권)

이 저작물은 울산광역시의 2008년도 예술진흥기금의 도움을 받아 제작되었습니다.

1958년 희곡집 『선구자들』의 신고송 사진

신고송 생가터

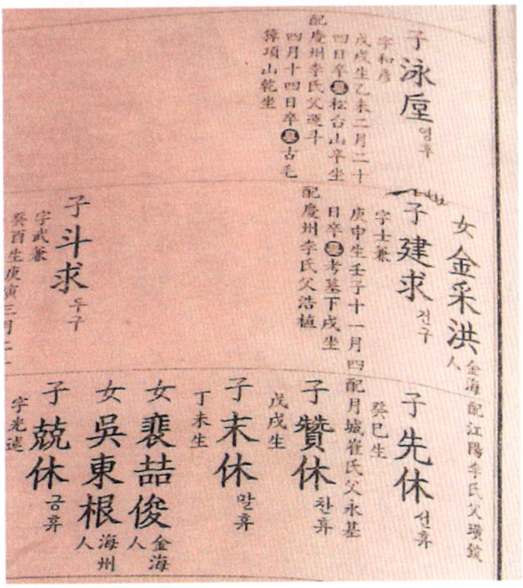

女 金采洪 金海人 配江陽李氏父璜鉉

子 泳戶 영호 字和彦 戊戌生乙未二月二十四日卒 墓松台山子坐 配慶州李氏父源十 四月十四日卒 墓古毛 甲項山乾坐

子 建求 건구 字士兼 庚申生壬子十一月四日卒 墓考墓下戌坐 配慶州李氏父浩植

子 斗求 두구 字武兼 癸酉生庚寅三月二

子 先休 선휴 癸巳生

子 贊休 찬휴 戊戌生

子 末休 말휴 丁未生

女 裵喆俊 金海人

女 吳東根 海州人

子 兢休 긍휴 字光述

고령신씨 족보. 말휴가 신고송이다.

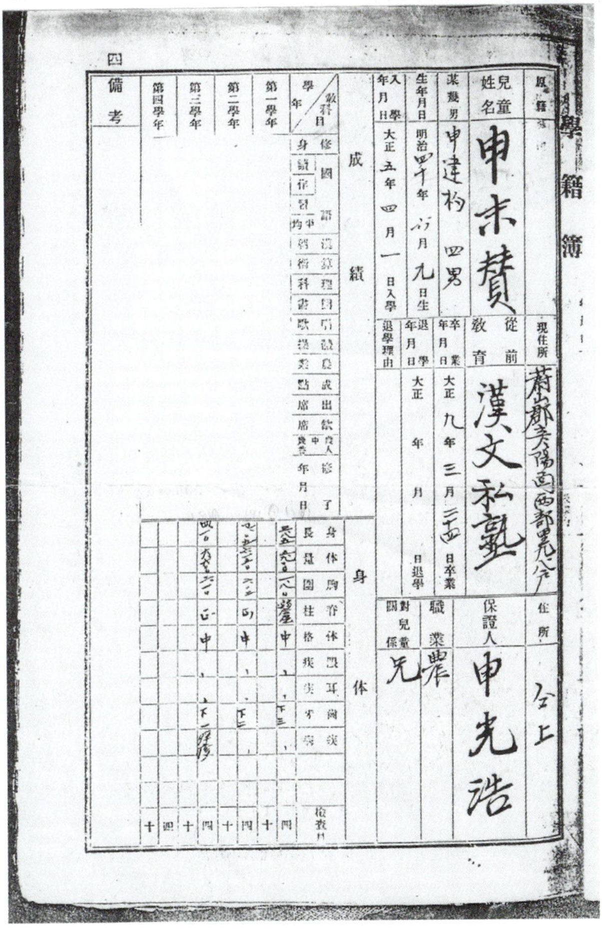

學籍簿

兒童姓名 申末贊

保護者 申建构 四男

生年月日 明治四十年 六月 九日生

入學年月日 大正五年 四月 一日入學

卒業年月日 大正九年 三月 二十五日卒業

從前教育 漢文私塾

現住所 蔚山郡彦陽面西部里

保證人 申光浩 職業 農 對兒童關係 兄 住所 仝上

신고송의 언양 공립보통학교 학적부

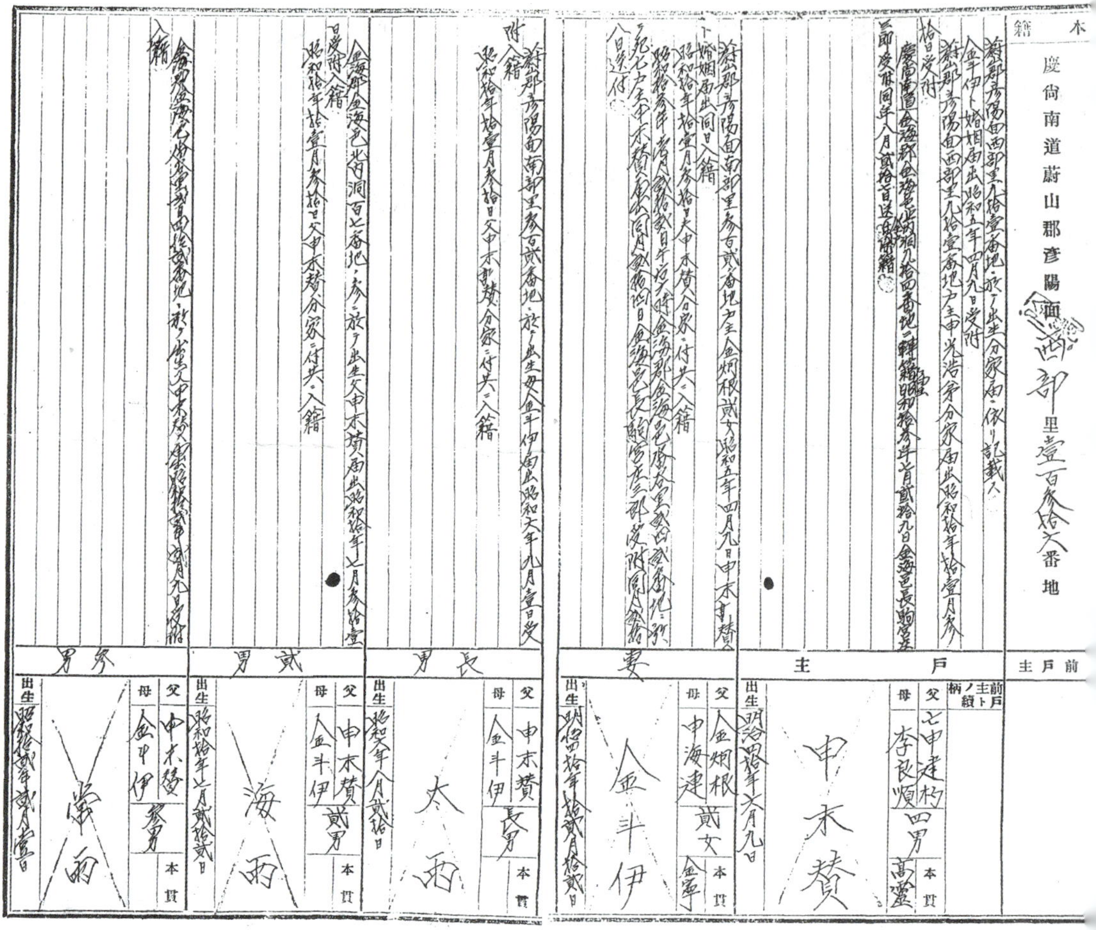

本籍 慶尙南道蔚山郡彦陽面西部里壹百參拾八番地

前戶主 | 戶主 申末贊 | 妻 金斗伊 | 長男 太雨 | 貳男 海雨 | 參男 常雨

신고송의 제적등본

언양면 평대리에 있는 신고송의 할아버지와 아버지 묘소

1928년 8월 서덕출 집에서

1930년 8월 『신소년』 여름방학 지상좌담회

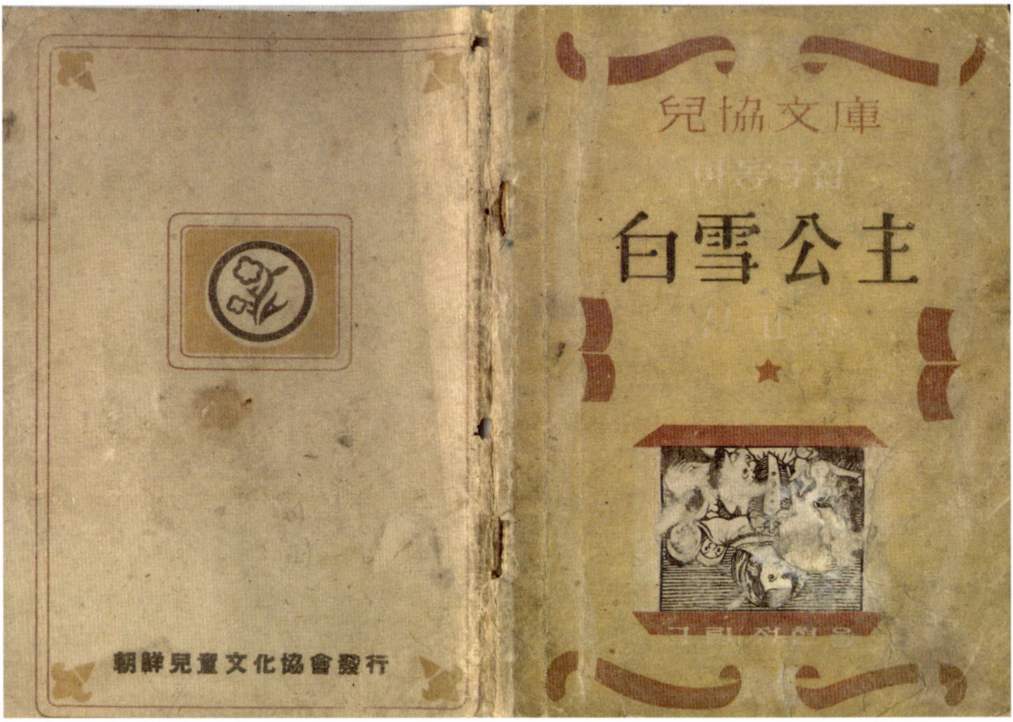

신고송 작품 『백설공주』의 표지

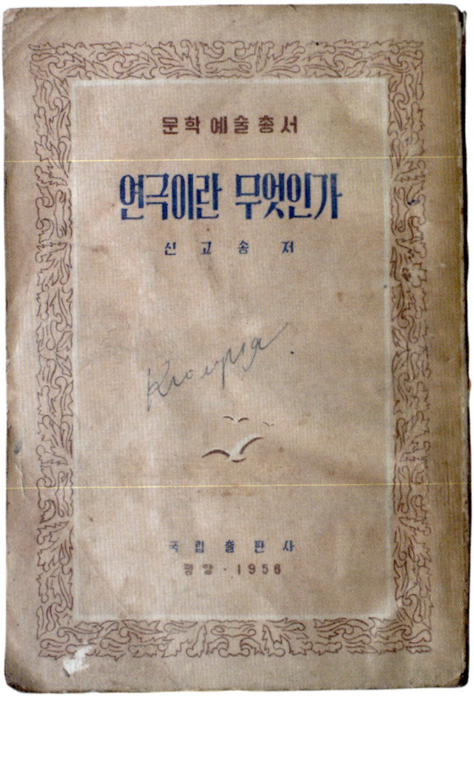

신고송 작품 『연극이란 무엇인가』의 표지

신고송

문학전집

2

문학평론·시/소설·출판/서적물·기타

김봉희 편저

소명출판

머리말

분단이라는 냉전 구도는 한국 근대문학사 연구에서 많은 작가들을 배제시키기에 이르렀다. 그 대표적인 사람 가운데 한 명이 월북 연극인 신고송이다. 그는 나라 잃은 시기 프로연극인으로서 아동문학·희곡·연출·문학비평 등 문학 전반에 걸쳐 활발한 활동을 했다. 1946년 월북 뒤에는 북한연극의 토대를 마련하고 당 정책에 부합하는 창작 활동을 하면서 꾸준한 작품활동과 왕성한 정치력을 과시했다. 그럼에도 불구하고 그는 이데올로기의 그늘에 가려져 제대로 된 문학적 이해와 평가를 받지 못했다. 게다가 그에 대한 기초 문헌 확보의 어려움은 그를 더욱 학계의 관심 저편으로 물러나 있게 했다. 하지만 신고송은 우리 격동의 역사 속에서 문학이론과 창작, 실천 전반에 걸쳐 꾸준하고도 활발한 활동을 보여준 역량 있는 작가 가운데 한 명이다.

특히 그의 문학 활동은 문학 전반에 고루 걸쳤으며, 희곡과 연극운동을 연계하는 대중계몽에 앞장섰다. 아동문학 활동을 통한 진정한 아동문학가로서의 됨됨이를 보여주었다. 게다가 문학이론을 구체적으로 형상화한 문학인, 실천하는 연극인의 모습을 보여주었다. 그는 그러한 의도를 활발한 비평 활동으로 구현하고자 했다. 또한 비평문학 활동을 통해 작품 창작의 활성화, 북한연극과 희곡이론의 토대를 마련했던 작가였다.

드디어 신고송에 대한 자료를 한데 묶어 전집을 엮게 되었다. 오랜 첫 사랑을 떠나보내듯 마음 한편이 아려온다. 멋모르고 학문에 대한 열정만으로 대학원의 문을 두드렸던 시절부터 '신고송'이란 이름은 나를 설레게 했다. 극작가라는 같은 직업을 가진 동료의식도 작용했고, 굴곡진 그의 삶에 대한 연민도 있었던 것 같다. 지금 생각해 보면 그 설레임과 연민들이 그를 끝까지 붙잡고 싶었던 건 아닐까 한다.

『신고송 문학전집』은 모두 여섯 매듭으로 구성되어 있다. 그 첫 매듭으로 아동문학이 자리잡았다. 아동문학은 그가 처음 문단활동을 시작한 갈래이며 가장 많은 작품을 남긴 갈래이기도 하다. 그 속에는 동시 39편, 동화 6편, 아동극 8편, 아동평론 8편이 엮어져 있다. 그리고 그의 동시가 악보에 옮겨진 것이 19편, 그가 직접 작곡한 악보도 2편 실려 있다. 두 번째 매듭은 그의 창작 활동의 중심 갈래였던 희곡부분이다. 모두 10편을 옮겨 놓았는데, 그 가운데 「결실」과 「강 건너 마을에 새노래 들려온다」는 새로이 발굴된 자료이다. 세 번째 매듭은 문학평론이다. 그 속에는 연극평론뿐만 아니라 음악평론, 시단 평론들이 모두 45편이 수록되어 있는데, 아직 남한의 이데올로기로 수용될 수 없는 내용을 담고 있는 몇 편을 제외하였다. 네 번째 매듭은 시, 소설 각 1편씩 엮어 놓았다. 다섯 번째 매듭은 신고송의 출판·서적물 3편을 옮겨 놓았다. 여기서 두 권의 출판물인 아동극집 『백설공주』(을유문화사, 1946)와 희곡집 『선구자들』(조선작가동맹출판사, 1958)에 실린 아동극과 희곡들은 각각 갈래부문에 옮겨 놓은 점을 밝혀둔다. 여섯 번째 매듭은 그가 남긴 기타 산문들을 엮어 놓았다. 수필과 수기 13편, 일기문과 편지 2편, 강좌 2편이 그것이다. 마지막으로 글쓴이의 학위 논문의 일부분인 「신고송의 삶과 문학관」을 해설로 수록하여 그의 삶을 복원하여 문학 활동을 소개하고 있다.

늘 책상 위를 뒤덮었던 신문자료를 정리하면서 신고송의 자료발굴을 위해서 동분서주했던 지난 일들이 떠올려 보았다. 기차를 타고, 버스를 몇 번 갈아타고 발품을 팔았던 기억, 추운 겨울 제보자 집 앞에서 몇 시간을 오들오들 떨며 기다렸던 시간. 이 모든 기억들이 학문이라는 멀고도 험한 길에 겨우 한걸음을 뗀 나의 모습이었다. 하지만 이 책을 빌미로 한층 학문에 대한 심도가 한층 깊어지리라 믿는다. 또한 우리 문학사에서 신고송에 대한 온당한 자리매김을 할 수 있는 기회가 되길 바란다.

이런저런 핑계로 계획된 날짜보다 훨씬 늦게 『신고송 문학전집』을 세상에 내놓게 되었다. 모두 나 자신과의 약속을 지키지 못한 부족함 때문이다. 산만하고 부지런하지 못한 제자에게 늘 따듯한 격려를 아끼지 않은 선생님께 고마움을 전한다. 힘들 때마다 휴식 같은 위로의 말을 건네준 정호 선배와 창우 선배께도 늘 감사하다. 그리고 무엇보다 『신고송 문학전집』을 더욱 결실하게 엮을 수 있도록 소장된 자료들 내어주신 오영식 선생님께도 머리 숙여 감사함을 전한다.

잔소리와 짜증도 마다하지 않고 다 들어준 남편, 엄마와 함께 동거동락한 뱃속에서 꿈틀대고 있는 우리 아기에게도 미안하고, 고맙다. 이제 제법 피아노 반주를 칠 줄 아는 딸아이에게 신고송의 동요를 들려주고 따라 부르는 시간이 즐거워진다. 항상 세상 살아가는 힘을 주는 어린 딸 은지와 친정 부모님께 이 책을 바친다.

2008년 가을 자락에서

차 례

제3부 문학평론

제4부 시/소설

제5부 출판/서적물

제6부 기타

●해설

●부록

제3부

문학평론

詩壇漫評

旣成詩人, 新興詩人

◇ 序

現今 詩壇의 大勢는 混然한 가운데서라도 다음과 가튼 流派로 大別할 수 잇슬 것이다.

一은 前代로부터 繼承하야오는 詩의 文學的 純粹化를 부르짓는 一派와 二는 이와 對立에 形勢에 잇는 階級藝術詩派이며 또 하나 無視할 수 업는 것은 新進詩人 ― 世上이 비록 認定치 안흐나 ― 一派일 것이다. 一은 大多數가 沒落過程에 잇스며 二는 歷史的 必要性으로부터 出現하야 階級發達과 함께 人類의 全文學이 될 過程에 잇스며 三은 비록 意識이 不鮮明하나마 確然한 意識이 나면 詩壇의 後繼者가 될 一派이다. 그러나 그들은 그 不鮮明性으로 하야 多分의 危險性을 가지고 蔽路에 對立하여서 一步를 잘못하면 沒落의 悲運에 빠지고 말 것이다. 筆者가 論코저 하는 主旨도 곳 여긔에 重點이 잇는 것이다. 前代의 諸詩人과 階級藝術詩派의 必然的 運命을 土臺로 하야 新進하는 젊은 詩人의 方向을 指摘코저 한다.

◇ 渟滯

春園, 요한, 岸曙, 素月, 樹州, 象牙塔, 月灘, 彈◇, ◇雀, 巴人, 古月, 殷相, 無涯 等等!! 이들은 詩壇의 進人이다. 그러나 現今에 잇서서 그들은 文學上 何等의 進陟을 보여주지도 안는다. 짤아서 新時代에 對한 積極的인 意力을 안코 非時代性임으로써 幻滅에 呻吟하고 잇지 안는가.

春園의 외침을 보라.

아아 同志여!
적다고 말라!
同志여 오직
'우리가 잇다!' 할지어다—

—「同志」의 一節

그는 人道的 先見으로 이러케 朝鮮을 보고 외첫다. 그러나 그는

조선을 버리자
내 힘으론 못 구할 것을
아아 찰하리 버리고 갈가

—「朝鮮을 버리자」 一節

이러케 卒悅하야 버리고 말엇다.

요한은 늙은 農夫처럼 恨歎도 한다. 그리고 純眞의 속으로 ◇身도 한다. 理想主義的 主觀과 純眞이란 現實과의 二律背反에 呻吟하고 잇지 안는가.

『懊備의 舞蹈』에서 始作하야 『換愣의 舞蹈』에 끗을 받은 岸曙 『南浦』에 님을 두고 身彈鳥 三角山에 依然히 비끗치지 안흠을 울고 잇스며

생각을 길을 차자 훨훨 다녀도
이 몸은 어이하야 혼자남엇노
(누락)
(누락)
한 스름뿐이다.

樹州는 언제까지든 "강낭콩보다 더 푸른 물속을" 注視하고 잇스며 수

준히 긴 江물만 부러워할 것인가.

愛國詩人 巴人은 三千里의 捕◇을 하고 녯 님군이 죽고 만 백성이 스러진 것을 慨嘆한다. '흠식'은 죽은 山川의 香氣로 發散식혀버리고 衍頭로 나오너라. 그리고 ×爭하는 大衆의 先頭에 나서지 안흘 터인가.

放浪의 詩人 象牙塔은 天下의 靑年學生을 招致하야 詩壇의 ◇◇, 又는 帝王으로 君臨하야 『朝鮮詩壇』 實座에 안자잇스며 依然히 病的으로 象徵을 노래하며

나는 宇宙 最大의 浪人이란다.

라고 호령한다. 이 年老 無力한 慈父여! 군주여!

나보기가 역겨워
가실 째에는 말업시
고히고히 보내들이 우리다

—「진달내 쏫」의 一節

素月은 어느 째까지 아름다운 詩 에 陶醉하야 진달내 쏫치 썰어진 줄을 몰으고 잇다.

'데카탄'인 月灘 '니힐리스트'인 彈雲 超現實的 病的 心理活動으로 貌唐인 지 오래이다.

古月은 感覺的 有能과 貴族的 無能으로 말미암아 落月故人이 되엿다.

가을산에 올라선 제
눈에 보이는 七八十里
내 압헤 버려노흔 술상이 아닌가

—「登高」의 一節

醉한 殿相은 부르쏘아的 步法으로 山에 올라간다. 그러다 써러저 神에게 祈禱를 한다. 나는 써러젓소이다 라고.

永劫의 한 瞑間 '바벨의 塔'을 처다보고 技巧의 줄 위에서 永劫의 솟날을 眺望하다가 無涯는 墮死하면서도 "오 — 나의 文公이여"를 외친다.

詩의 運衛的 純粹化를 부르짓는 諸 詩人群은 이러케 幻滅의 悲運에 잇고 類敗의 구렁에 들어서 잇다.

(누락) 의 쁘르조아탈을 多分히 呼殿하고 '데리케—트'한 餘間에 잡고 내치고 잇다.

◇ **푸로레 詩人群**

階級意識을 노래하는 詩人들을 列擧하면 ◇◇, 麗水, 相和, 石松, 海剛, 昌述, 朴牙枝, 興燮, 炳昊, 林和 等이 잇다.

그러나 이 모두 다를 푸로레타리아 詩人이라고 謂功할 수는 업슬 것이다. 缺指한 意味에서는 一二人의 못된다고 하여도 過言이 아닐 것이다.

비록 相和와 石松이가 多分히 階級意識을 노래했드레도 그들은 '이데올로기'에 잇서서 昻揚하지 못하엿스며 '술레아리스틱'한 主觀으로 階級을 보려고 한다.

石松은 이러케 동무를 찻는다.

오 동무여!
그대는 어듸서 사는가
오 黃金의 나라 '아메리카'인가
傳統의 나라 '잉글랜드'인가
建設의 나라 '러시아'인가

오 큰소리가 들린다.
짱덩이의 한 구석이 묻혀지느냐!

새로운 별 하나가 생겨느냐!
오오 太陽은 웃는다.
오늘도 어제와 가티!

오랫동안의 沈默에서 世上을 注視하고 있든 石松은 이러케 외첫다. 이것이 사나희다운 큼이엿다. 그러나 그는 超現實的 意識을 보이고 잇다. 아즉도 '아나'의 系統을 버서나지 안헛나 보다. 웨 좀더 積極的 轉換을 하야 '푸로레타리아 레알리즘'으로 도라가지 아니 하엿는가.

"××긴 들에도 봄은 오는가"라고 絶叫한 相和는 너무나 多分한 感傷性으로 말미암아 頹唐의 길에 발을 노핫다.

階級의 發達을 쌀하 無産階級의 大衆은 意力이 旺盛해질 것이며 激烈한 ××性으로 有産階級에 ××코저 할 것이다. 白鳥와 가치 慨嘆할 때는 지낫다. 지금은 意識的으로 鬪爭할 째이다. 우리 無産 階級運動의 一部 該當者인 文學運動者 — 詩人은 가장 勇猛히 ××大衆의 先頭에 나와 그들 쑤르조아에 ◇하야 壯勇한 ××를 노래해 주지 안흘 터인가.

일은 봄 말 업는 한울은
한숨을 지어 보아도
나즌 천정과 가치 가위만 눌린다
낫고도 놉흔 그 한울로
솔게 한 마리가 제비가 되어
(서울 성안)우에서 검은 쇠북
을 타고 쩌도라다니니
비웃는 듯 세상을 조상하는 가보다.
일은 봄 힘업는 이 짱은
발버둥을 처보아도 죽을 무
덤과 갓치 가위만 눌린다

—「설어운 相和」

相和는 이 쌍에 발버둥을 첫다. 웨 광이로 쏘저 보지 안핫는가. 솔게가 제비로 되지말고 제비가 솔개로 되지 안핫는가.

麗水는 프로레타리아의 가운데 投與하면서도 ◇◇하는 一群에게 愛石을 가췻다. '레아리스틱'한 '레파라멘트'를 가지고도 '리리시즘' '크라시숨' '아이레알리즘'을 집어 넛코 잇다. 아니 憧憬하고 잇다.

文化哲學者가 아닌 以上 似而非의 탈을 버서치우고 禮◇하면서도 完全히 歸依 못하는 푸로레타리라 레알리즘으로 빨리 間着하여라(都會의 風景)에 잇서서 그는 天才的 資質로 都會의 '푸틔 쁘르조아' 性을 暴露식혓다. 積極的으로 轉換을 圖하라.

가장 素朴한 階級詩人 朴牙之는 農民의 質朴性을 노래하면서도 農民의 가운데 파붓치시를 안는다. 그는 어느 째까지든지 田園禮度者일터인가.

昌述, 海剛, 이 兩人은 큰 意圖를 가지고 잇다. 海剛 그는 너무나 病的으로 論大한다. 그리고 概念의 淺遊에서 헤염친다. 階級的 進出을 媒하라.

興燮, 炳昊 이들은 차라리 말치 안 호려 한다. '혼식'에 노라케 썬 詩人이다. 그들은 晋梁江의 가을과 키스를 하며 論介의 엉덩이를 안어주려 한다. 아즉 '이데올로기'에 잇서서 昂揚일 餘地가 잇다.

赤◇는 큼을 가지엇다. 그러나 아즉 그 큼을 뵈여주지를 안는다. 衰徵不振하는 푸로 詩壇을 地層에 지고 孤立 舊關해 나온다고 너무나 衰殘하엿슴인가. 大衆의 압헤서 외칠 줄은 알어도 大衆의 生活을 把握할 줄은 몰은다.

沈默의 燈臺—暗海의 指導者여!
그대는 저들 勇敢한 졂은 選手를 爲하야
빨리 電光을 내리라!
電光의 消號를 發하라!

—좀더 굿세게
—좀더 밝게
—좀더 멀리……

그리하야 그들이 無事히 難關을 버서나
오늘 까지의 勤勞에 조곰도 헛됨이 업시
한층 더 새롭은 勇氣로써 目的한 行程에 突進케 하라!
沈默의 燈臺—暗海의 指導者여!
저들 勇敢한 젊은 選手들의 來日을 爲하야……

—「暗海의 燈臺」의 一聯

槪念이다. 象徵이다. 暗海의 指導者를 激勵하지 말고 젊은 選手들의 긴 航程의 모든 사실을 的切히 把握만이다.

林和의 存在는 크다. 푸로레타리아 레알리즘의 魔將이다. 唯一人이다. 그는 全線의 重荷를 雙眉에 지고 苦◇를 혼자 간다. 그리다가 째째로 底力 잇는 웨침으로 大衆을 激動시킨다. 그리고 大衆의 속에 파뭇처 그들의 生活 姿態를 的確히 把握한다. 現詩壇에 잇서 큰 存在이다.

(…前略…)
옵바—그러나 념려 마세요
저는 勇敢한 이 나라 靑年인 우리 옵바와 피ㅅ◇을
가티 한 게집애이고 水男이도 옵바도 늘 칭찬튼
쇠갓흔 거북紋이 화로를 사온
옵바의 동생이 아니애요
그리고 참 옵바 악가 그 젊은 남이지
옵바의 친구들이 왓다 갓슴니다.
눈물 나는 우리 옵바 동무의 消息을
傳해주고 갓서요

사랑스런 勇敢한 靑年들이엇습니다.
世上에 가장 偉大한 靑年들이엇습니다.
火爐는 깨어저도 火석가락은
旗ㅅ내처럼 남지 안헛서요.
우리 옵바는 가섯서도 貴여운
'피오니ㄹ' 水男이가 잇고
그리고 모든 어린 '피오니ㄹ'의 따뜻한 누이 품
제 가슴니 아즉도 더옵습니다.
그리고 옵바……
저 쌘이 사랑하는 옵바를 일코
水男이 쌘이 굿세일 兄님을 보낸 것이겟습니까
슳지도 안코 외롭지도 안습니다.
世上에 고마운 靑年 옵바의
無適한 偉大한 規飭가 잇고 옵바와
兄님을 일흔◇업는 계집아희와 동생
저이들의 귀한 동모가 잇습니다.

그리하야 이 다음 일은 지금 섭섭한
憤한 事作을 안꼬 잇는 우리 동무 손에서
싸워질 것입니다.

옵바 오늘 밤을 새여 二萬상 부치면
사흘 뒤엔 새 솜옷이 옵바의
떨리는 몸에 입혀질 것입니다.
이러케 世上의 누이동생과 아우는
發旗히 오늘날 날마다 싸홈에서 보냅니다.
水男이는 여즉잠니다. 밝긔 느젓서요.

—「우리옵바와 火爐」의 第三節

이 詩가 얼마나 우리에게 適切한 詩이냐. 長成하는 ××××階級의 詩로써 읽는 者로써 하여금 눈물나게 한다. 前代의 詩人이 가젓든 感傷性으로부터 完全히 脫退하야 階級×× 意識이 充溢하다. 宇宙的 要素와 客觀的 要素가 偏更한 곳이 업시 適合되엿스며 急進과 壓力이 잇다.

그 顯局에 잇서 現實的 具體的 事實이며 그 手法에 잇서서 '레알리즘'이 如實하다.

◇ **젊은 詩人이여!**

天下의 젊은 詩人이여 眼目을 括開하야 이 모든 現實을 보아라. 前代의 詩人이 何故로 沒落의 過程에 서잇다.

그들은 自然主義 以後의 理想主義的 主觀과 現實主義的 客觀의 二律背反으로 말미암아 첫재 進路를 일헛다.

그들은 '혼식'으로 ◇◇臺에 올러 안저서도 '메쓰'의 날카로운 날에 無限의 感傷性을 니르킨다. 그들은 手兩한 心誠을 움켜쥐고 묵은 강물 밋해 들어가 쓴어진 끗의 遺◇을 맛나 거긔에 告祭한다.

그들은 世紀末的 自棄와 超現實的 病的心理 浪漫으로 말미암아 제◇◇를 키우고 안젓다.

그들에게서 큰소리가 들르더냐. 그들은 意力을 일코 지금 상문이에 불부튼 줄을 모르고 잇다.

世上의 젊은 詩人이여!

우리는 前代의 모든 文化的 形式과 手法에서 訣別을 하자. 그리고 새로운 文學의 建設을 爲하야 힘쓰자.

'레오 레아리즘 卽 푸로레타리아 레아리즘'이 곳 우리의 길이다.

階級意識의 現實的 追求와 ◇人主觀主義의 矛盾의 揭策는 우리가 안이면 解決 못한다. '푸로레타리아 레아리스트'가 아니면 解決 못한다.

우리는 病的 神經質의 文學樣式에서 버서나자 現實을 通하야 進就的으로 우리의 生活의 姿態를 把握하자.

그리고 이 모든 敗物 내지 毒物을 淸算해 버리자.

天下의 젊은 詩人이여!

◇◇하야 ◇◇로하는 者는 (누락) '푸로레알리즘'은 모든 쁘르조아的 缺陷에서 放出하는 새로운 公器이다.

老朽한 無用의 屍體를 清算하여라!

天下의 젊은 詩人들이여! 鼓膜에 대패질을 하고 귀를 나귀의 귀가티 기우려 世上의 소리를 들어라. 그리고 그대들의 이 부른 노래가 얼마나 消極的이고 退眼的이며 主觀的이며 錮人主義的이엇든 것을 깨처라.

녀름은 무든 (누락)
(누락)

—梁昌俊, 「녀름의 情緒」의 一聯

이것이 너무나 狼昧한 부르지즘이 아닌가. 쁘르조아 氣質의 反映이 아닌가. 젊은이여 그대는 ××××의 젊은이가 아닌가

(…前略…)
우리가 高嬈치는 곳에는
◇山이 문허지리로다
우리가 行進하는 곳에는
滄海가 갈러지리로다
우리가 주먹치는 곳에는
城族이 깨어지리로다.
우리가 怒◇하는 곳에는
◇◇가 絶◇하리로다.

오오 이 世紀의 人類여!
우리들의 애끗는 呼訴에 ◇◇을 가오리라

는 이미 느젓다. 이 힘으로 大衆의 生活姿態를 把握하라. 그리고 狂的 誇大와 概念을 버서나 具體的 現實的으로 描寫하여라.

愛◇과 ◇◇의 몸을 집어 비틀어던고
出發의 고동을 놉히 들어 紫明의
하눌을 뒤흔들며
搖籃의 浦口에 氣魂의 닷을 빼어
大◇으로 大海로 새것을 求하는
世紀의 先驅者 — 우리는 青春이로다.
(…後略…)

—李◇作 「青春의 覺歌」의 一節

이것도 前者와 ◇가튼 ◇念의 ◇◇的 宇◇的이다.
(누락)

『조선일보』, 1930.1.5~15

詩壇 一尖言

一. 未練과 勇猛

沒落된 旣成詩人! 그들의 沒落된 理由의 究明과 그 餘毒은 淸算된지 오래이다. 그리면서도 그들의 一部에서는 그들이 作成한 象牙塔에 未練이 잇서서 氣動하는 소리가 들린다해도 그것은 隔終의 小康에 지나지 안는 것이다.

또 自寨한 功名心과 自認한 詩壇的 權威로 盲目的으로 거긔로 歸轉하는 者가 잇다면 危地로 自進하는 愚者일 것이다.

이것이 모다 우리의 新興詩壇과 何等의 關係도 업다는 것이며 그들의 所行은 우리로써 볼만한 曲藝며 우수운 ◇◇에 지나지 안는 것이로대 그들 가운데 無智한 '오나니즘'的 行動에 익이지 못하는 一部는 우리의 陣營內로 ◇◇을 擦亂을 野◇ 新人 ◇頭를 勇去코자 하니 可憎할 그들의 격◇慢無◇한 態度와 意識的 欺滿策을 그대로 看過할 수 업다.

우리가 要求하는 詩人! 그것은 반드시 大衆의 前衛일 것이며 大衆의 生活 姿態를 正確히 把握한 詩人일 것이며 '푸로이데오로기'를 把持한 者일 것이지 現實을 써난 藝術至上主義的의 時代 過誤者가 아니며 우리 時代 運動에서 政治的 ×爭的 要素를 拒否하는 藝術의 象牙塔을 사려는 者가 안일 것이다.

우리는 째째로 精神喪失者들을 본다. 朝鮮을 써나 外國에서 몃 年만 써돌다가 오면 朝鮮의 現實과 特殊性이라는 것은 씨슨 듯이 니저버리고 거긔서 배화온 못된 흉내를 朝鮮서도 建設코저 하는 者가 잇스니 그러한 毒素를 가진 者를 우리는 除去하지 안흘 수 업다. 우리에게는 現實을 沒却한 大 詩聖 百人보다도 비록 詩人이란 일홈은 들어보지 못하엿서도 우리 大衆의 生活 姿態를 正確히 把持한 荒唐한 詩 一篇 을 쓰는 한 사람이 必要하다.

二. 墓穴을 파라

讀者 諸氏는 아즉 記憶에 새로울 것이다. 朝鮮民謠 日譯 詩人 金素雲 氏가 「손톱우에 쓴 詩論」(中外紙)과 「詩壇一 愚論」(本紙)에서 우리 新興詩 運動의 全體를 拒否하고 新人 擡頭를 禁止하고 詩를 그들 小쁘르조아的 藝術至上主義者 의 玩賞◇ 古物로 象牙塔 속에 집어 넝코자 하는 態度를 뵈여 주엇다.

日譯 民謠集이 名譯이라 하야도 氏의 楊太的 態度에 過誤가 잇다면 그것이 우리 大衆에게는 한푼의 價値조차 認定치 못하겟다.

◇◇風 氏가 「新春詩壇概評」(東亞紙)에서 氏의 文藝制作 態度의 錯誤를 指摘햇지만은 問題는 거긔에만 잇는 것이 아니다. 氏는 "그대가 詩人일진대 二養的의 方衛로 詩를 쓰지 말라"(손톱 우에 쓴 詩論)라고 하엿다. 卽 詩는 크게 文學은 純粹藝術로 ◇然히 城壁 속에 獨立한 것이니 그것은 功利的(政治的 ×爭的 任務)의 연장이 아니라는 것이다. 이것이 詩의 文藝的 制作의 根本的 態度라면 勇敢히 나온 出發이 共同墓地 行進 밧게 안 되니 넘우나 가엽지 안흐냐. 藝術의 社會的 機能을 沒却하고 藝術地上을 찾는 時代 錯誤者들의 갈 바는 오즉 하나 잇스니 그것은 利敗와 沒落의 구렁인 것이다.

"이는 ◇◇의 傷한 者 詩道에 잇서 이에 더한 反逆이 업나니라"(손톱 우에 쓴 詩論)고 氏는 말한다. 氏여! 詩의—藝術의—社會的 其餘를 닛지 말라. 詩는 쁘르의 玩賞物이 아니다. 그것을 알어야만 沒落의 環境에서 脫出하리라. "그리고 臭味삼아 詩를 쓰러는 者 그대도 써나 거리에서라 우렁차게 외치라. 矛盾됨을 스스로 뉘우칠지니 詩는 그대의 참예할 자리가 아니니라."(손톱 우에 쓴 詩論) 이것도 氏의 抱負요, 至誠이나마 얼마나 可笑로운 말소리이냐. 氏여! 말려무나. 藝術運動은 現實을 써난 架空的 盛氣◇가 아니고 우리 全體 運動의 一括的 任務를 다하는 것이란다. 詩人은 殿堂 속의 사람이 아니요 街頭의 사람이며 우리 無產大衆의 前衛요, 毅然한 鬪士요, 勇敢한 喇叭手이란다.

朝鮮을 써나 오래이 享樂生活을 하다가 와서 朝鮮의 現實을 몰은다면 그것은 오히려 奇持한 소리이나 발 속에 들어 안저 문 박게 비오는 소리를 못 들엇단 말이냐.

"詩壇을 직히든 양반들 무엇을 하고 게섯노! 인제 겨우 十餘歲란 말가!"(詩壇 一愚論)라고 氏는 痛哭한다. 氏여! 몰랏단 말인가. 詩壇을 직히든 양반들 모다 '액구눈'라 도적이 온 사실을 몰랏단다. 時代가 밧귄 것을 몰랏단다. 그리고 氏와 가티 現實을 沒却하고 大衆生活을 無視하고 詩의 社會的 機能을 無視하고 非時代性으로 말미암아 顯敗하고 墓石을 썩고 안젓단다.

三. 泥中의 光輝

氏여! 朝鮮에 氏보다 藝術至上主義에 小쁘르詩라야 된단 말인가. 그리치안다고 터지려는 哄笑가 痛哭으로 切하여도 싀원치는 안타는 말인가.

"이 구린내 나는 濁流에 무슨 感情을 가지란 말이냐!"(詩壇一問言)

非情의 濁流란 말이지 詩야 되엇거나 말거나 ◇容律이 갓초엇거나 말거나 찰하리 正當한 '이데오로기'에서 나온 卽 詩 한 편이 희생이 잇고 均衡美가 잇고 ◇容律을 갓춘 氏等의 詩 百篇보다는 큰 其餘을 가진 것이다. 그래도 우리는 玩賞的 感激은 업슬지라도 非詩의 濁流일지라도 그 가운데서 金鑛石보다 더 ◇◇한 先印을 쌧대로 보고 잇다. 老川無用한 氏들의 잠고대가 아니고 나 쩖은 鬪士의 우렁찬 부르지즘과 우리의 大衆의 ◇◇을 차줄 수 잇섯단다. 氏여 참으로 함부로 詩仝◇의 質이 낫추어지는 것을 ◇區하거든 먼저 집어쓴 假面부터 벗고 두 눈으로

朝鮮이 어듸 잇는 것을 삷혀보고 朝鮮의 숨소리가 어듸서 들리는가를 일어보아라.(오로지 우리 젊은 鬪士들 속에서 들린다)

氏는 自身이 사는(勿論 쓸어지고 말 것이다) 象牙塔을 餘仝하게 하기 위하야 새로 나는 우리 運動의 同志가 發芽하는 것을 意識的으로 恫止하려고 하엿다. 그리고 비록 折◇된 詩評이라도 그 評的 態度와 把握한 意識이 的謠하다면 그도 ◇是◇◇◇의 一◇門的 任務를 다하는 것으로 우리는 본다.

以上에서 말한 바와 가티 氏는 意識的으로 우리 運動에 敵對的 態度를 가지고 우리 運動의 歷史的 必然性과 社會的 機能을 無視하고 아주 ◇◇하고 倨慢한 態度로 詩壇을 憂慮하고 通據하고 激憤도 하엿다.(勿論 헛手苦이다)

詩壇의 攻主의 出現이라고 할가. 革命兒의 出現이라고 할가.

氏는 詩才와 詩魂과 技巧를 말하엿다. 勿論 우리도 이것을 是認한다. 그러치만은 大衆을 無視하고 現實을 沒却하고야 그 어느 것도 先決問題가 못된다.

氏의 씃흐로 우리는 말한다. 氏의 權威(?)잇는 出現과 功名과 成事를 위하야 우리 數百의 젊은 同志를 ◇性 할 수는 업다.

그 兩至上主義的 態度는 氏의 ◇命을 決定的으로 말하는 것이니 墓穴을 파든지 아니면 좀 더 賢明하여 지자.(씃)

『조선일보』, 1930.3.28~3.29

最近詩作概評

먼저 내가 評筆을 들게 된 動機부터 說明키로 하자. 우리는 갓가히 一九三◇年에 들어와서◇◇的으로 創作 月評이란 것을 對할 수 잇섯다. 이것이 期待하든 現象이라 할지라도 評者의 評的 基準에 잇서서 甲曰 "階級的 民族意識의 見地로" 乙曰 "科學的 分析批判"이란 크다란 標榜 알에 實로 能熟한 態度로 取扱하엿다. 그러나 其實 그들 評價의 勇氣롭지 못한 外面◇◇에 奇妙를 極하야 大◇을 期◇하고 숨길 수 업는 부르조아 根性으로 享樂的 主觀主義의 散漫한 自語羅列을 쉽사리 發現하엿나니 이러한 階級的 批評이라 하면서도 其實 超階級的이요 科學的 解剖라하면서도 其實主觀的 反動的인 評家에게 ◇放히 長成하는 우리의 詩를 盲目的으로 放任할 수 업다는 것이다. 이러한 評家 더욱 解明히 하자면 부르조아 評家의 反動的 言說과 進取的 折衷主義者의 似而非的 言說의 狡◇한 ◇上에다 高度의 燒燃性을 가진 銅鑼와 가티 울닐 우리들의 作品을 올려놋는다는 것은 너무도 危險한 노릇이라 아니할 수 업다.

우리는 不◇不偏을 標榜하는 愚昧한 機會主義的 評者가 아니요 그러타고 小主觀的의 小兒病的 偏見으로 ◇勇을 부리는 者도 아니다. 公正한 階級的 見地에서 '푸로레타리아 終局의 勝利'의 觀點에서 歷史的 客觀的 法則 알에 우리의 作品은 綜合되리라고 나는 揷言한다. '아지·푸로的 效果' '正當한 맑스主義에 根底를 눌 것' '客觀的 情熱의 銳利한 解剖' '沒落階級에 對한 辛辣한 批判' '集團化되고 小學性을 가지고 綜合된 푸로레타리아·리알리씀' — 이러한 '이데올로기' 밋헤 制作된 詩는 우리의 要求하는 詩임으로 鎭軍히 評價한 것이오. '小主觀的 自家藝術' '抽象的 印象主義 浪漫主義' '藝術至上主義의 時代錯誤

作品' '形式에 拘俗된 作品' '個人的인 反푸로 作品' '엇더한 折喪을 햇드래도 民族主義'—이러한 主觀 알에 產出된 作品은 清算 克服을 當할 것이다.

나는 적어도 이러한 態度 알에 이러한 抱負로 作品을 對하겟다 百파센트의 滿足을 주지못할지언정 그들 反動的 評家에게 放任하는 것보다는 훨신 安心될 것이라고 自認한다.

그러면 評으로 들어가자. 四月의 詩壇은 稀有의 豊作이엇다. 그 創作된 量으로나 그 成功된 實로써나 얼마간은 詩壇에 對한 憂慮의 愁◇를 펴게 하엿다. 거긔에 쌀아 이러타고 내어놀 만한 크다란 收穫을 우리는 能히 指摘할 수 잇다. 그것은 堅實한 '푸로레타리아 리알리쯤'이 完全히 詩壇을 風療하엿고 그 形式에 잇서서도 ◇◇로 ◇◇되어가는 것이다. 아즉도 藝術至上主義의 怪物이 업서지지는 안흐나 그것은 멀지암허 自滅할 것이다.

『大衆公論』『大潮』『女性之友』의 諸誌와『朝鮮日報』學藝蘭을 通하야 大概는 評하고저 한다.

「默想」 赤駒(『大衆公論』)

「無◇泣」(『朝鮮日報』)

「默◇」에서 보는 赤駒는 完全히 抽象的이고 概念的인 데서 ◇退하야 切實한 리알리스트로 出現하엿다. 아모리 暴發하려는 感情으로 雄大히 불러 天地를 ◇◇식힐 氣勢가 잇다 해도 그것이 抽象的이고 概念이고 또 象徵的일 때 우리는 아지·푸로的 效果를 人定치 안는다. 우리는 赤駒에게 期待가 만헛슴으로 그가 우리의 期待에서 버서나지 안코 追進할 때 滿空의 謝意를 表하지 안흘 수 업다. 男便으로써 우리들의 '리—더—'로써의 英植. 英植이란 ××家의 ◇◇ 使命을 認識한 同志로서의 안해—와의 當然한 經路와 不可◇의 客觀的 所至를 ◇烈한 ×爭的 意識으로 集團化하엿다. '안해와 英植이' 우리들은 이러한 夫婦들 몃 짝이나 가지엇는가? 前衛로써 不可◇로 當然히 밟을 經路 그것은 우리가 말치 안해도 너무나 잘 안다. 前衛의 안해 그가 밟을 길은 안해로써 滿足이 아니고 同志로써의 滿足일 것이다.

英植이가 ××에서 준 ◇書에 무엇을 물엇느냐. "봄이 얼마나 짓터졋느냐" 하고 뭇는 그의 복밧치는 가슴 우리는 봄이 자터짓고 꼿이 써러지는 것을 憂慮하는 人間이 아닌 것도 잘 안다. 우리의 女人이여! 이 詩篇으로 하야 얼마나 意識化 되엇느냐.

아즉도 個人主義的 句節업지는 안타. 봄의 소息을 알리는 데 잇서서 너무나 데리게이트한 個人的 主觀에 흘으고 말앗다. 그러치만 안해의 意識이 强化되는 데서 이것은 自然 淸算될 것이다.

「無◇泣」에서 보는 赤駒는 너무나 우에서 論한 赤駒와 背馳된다. "오오 친구여! 나의 墮落을 그대지 남으래지나 말라"라고 自認하는 것보다 훨신 더 墮落하엿다 이 詩를 들고 「默想」을 나흔 赤駒와 詩라기는 입이 묵어워진다. 이다지 悲觀할 수 잇나. 이다지 ◇◇할 수 잇나. ×爭的 意識이 完然히 消滅되엇다기보다 ×爭의 目的을 意識 못햇다 하기보다 너무나 '로맨틱'한 絶唱이다.

「雜草」 外 二篇 岸曙
(『大潮』)

이러한 詩篇을 추켜들고 云云함은 헛手苦일 것 갓다. 岸曙 — 우리는 이분을 反動의 極이라고 본다. 큰 詩人으로 待接하야 이가티 虛飼한 作品을 손곱는 雜誌에다 실리어 주는 것은 詩人 업는 朝鮮이 아니면 못볼 現象이라고 생각한다. 이 분은 赤駒의 「默想」 가튼 우리의 詩를 韻律 업고 語感이 좃치 못하고 形式으로 均齊되지 못하고 아모 感銘을 주지 못하는 詩로써 落第物이라고 하실지는 몰으나 우리는 그대의 詩를 見戱的 衝動의 自意的 行動으로 밧게 보지 안는다. 岸曙의 이러한 詩와 兒童들의 優劣은 어느 것이냐.

過去와 現在에 잇서서 岸曙는 끈임업시 우리에게 直接 間接으로 排僞하고 反動하엿다. 막지금 『大潮』에 실린 反動的 詩論이 그러한 것이며 여긔서 取扱하려는 「雜草」란 詩도 그러한 것이다. 岸曙에 눈에 빗치는 우리는 雜草이다. 雜草 以上의 愚草는 아닐는지 雜草라면 ◇服도라도 스지만 꼿이란 그대들의 눈을 줄기는 外에 또 어듸 쓰이랴 「痛笑」 「봄」이란 두 編도 나는 더 말하랴 하지 안는다.

「電信柱뒤에서」

孫在奉(『女性之友』)

冷靜히 冷靜히 省察을 强◇하는 作品이다. 動的인 緊追性은 업스나 버릴 수 업는 手法이다. 何故로 冷靜히 省察되느냐. 이 詩人의 手法은 自然 詩 以後의 詩的 表現에서 배혼 것이 만타. 우리의 프로레타리아 文學은 過去의 諸 文學과 訣別하는 것이나 手法에 잇서서 배홀 바 完然히 업지는 안타. 이 詩人이 이러한 手法을 取하엿다 할지라도 取才內容 그것에 잇서서는 아즉도 한번이라도 뿌르作家가 取才해 보지 못한 淸新한 것이다. 이러한 取才는 必然的으로 '푸로레타리아 · 리알리슴'으로 하야 — 辨證的 構造 알에 — 完成되는 것이다.

「故鄕을 써나면서도」도 成功의 作이다. 한 장의 조희 쪽에서 몸의 自由가 억매여저 잇고 ××을 참어가며 싸호는 作者의 살림사리를 能히 엿볼 수 잇다. 모든 同志와 妻子는 그를 울면서 戰地로 보내지는 안햇스리라. 未知의 짱에는 아즉도 광이 맛을 못 본 곳이 잇다 한다. 그곳의 사람은 참된 指導者를 기다리고 잇다 한다.

「봄비」는 너무나 平凡한 作이다. 「비들기」도 使命을 認識한 일ㅅ군의 進取的 戰意가 보이지 안는다. 以上의 네 編을 通해서 槪念的이고 抽象的인 病弊가 업는 데서 이 뒤에 더욱 조흔 詩篇이 生産되리라고 期待된다.

「過渡期의 愛史 一節」
「金海剛」(『大衆公論』)
「自滅하는 肉의 洪水時代」(『大潮』)

「過渡期의 愛史 一節」 ― 發端은 戀愛로 極히 個人主義的 時代에서 意識을 恢復하고 使命에 服從하야 同志로서 機軸을 새로 세우는 데 作者의 意圖가 잇다. 이 詩人으로써 成功된 作品이라고 보지 못할 것이다. 個人的이고 純情的이든 압날의 接觸을 揚◇하고 同志로써 接觸하는 새날이 展開된다. 赤駒의 「默想」에서 보는 英植이의 안해와 炳昊의 「服兒에게」에서 보는 ××의 어머니와 海剛의 이 詩에서 보는 히로인을 聯立的으로 對照해 볼 때 海剛이 取扱한 이 女性은 過渡期인 만치 熾烈한 意識이 稀薄하다. 그러나 正當에 갓가운 '이데올로기'를 把握한 以上은 全面的 活動이 以後로 始作될 것을 認定한다. 이러한 取才에서 이러한 말을 씀도 當然한 것일지 모르나 海剛 獨特한 雄大한 力量이 넘치는 말을 별로히 차줄 수 업섯슴은 遺憾이다.

「自滅하는 肉의 洪水時代」 ― 여긔서는 海剛의 얼골을 얼마씀 엿볼 수 잇다. 海剛 一流의 手法으로 狂態를 極한 '로쎄이'의 ◇態를 如實히 抽出하야 必然的으로 向할 그들의 方途를 指摘햇다.

제비처럼 미쓰러저 쭈루루
달겨드는 白蛾의 무리!
엣다 바더라! 사랑의 指標다
덩실 내부듯는 豊◇한 살ㅅ덤이
白魚 가튼 흰 팔이 넌즛!
목을 질어감ㅅ고 능청!
느러질 때
고기의 粉香에 숨이 막혀 확

확 달어올으는 全身의 ◇◇◇◇……

第七聯의 句節이다. 海剛이 아니면 이러한 表現이 不可能하다. 짤하서 이러한 表現으로 하야 그들 歡樂에 저무는 무리들의 ◇放한 醜態와 根性을 指摘하야 우리의 ◇意를 衝動한다. 그러나 이러한 조흔 進行을 하는 이 詩는 末端에 잇서서 너무나 不自然한 '푸도칼드'를 뵈어준다. 이러한 歎樂輩들을 누리고 짤으는 潛行◇의 正體가 무엇이냐 愛國志士이냐 經濟難局을 打開해 나갈 志士이냐 좀더 이 詩를 살리는 데서 그것을 ◇然히 區別해야 할 것이다. 그가 意識이 잇는 ××家이라면 구타여 그러한 歎樂輩들을 짤아 潛行할 것이 무엇이냐. 그러치 안타면 '아지푸로'的 效果로써나 單只 우리의 詩로써 感銘을 줄 수 업다.

「새벽으로」 金佑漢(『大潮』)

漠然한 希望에 타는 作者의 부르지짐은 알겟스나 그러한 情勢에 까지 到達한 經路와 原因을 그리고 方面을 辨證的으로 把握하지 아니한 以上 아모 것도 取할 것 업는 作이다. 좀더 概念과 抽象에서 버서나 意識을 '푸로레타리아·이데오로기'에까지 高揚해서 全體的 푸로레타리의 生活을 適切히 把特하라.

「教員의 獨白」』 金三述(『朝鮮日報』)

教員의 말할 것 업는 苦悶이다. 우리의 同志가 얼마나 이러한 不自然한 境遇에서 썰고 잇느냐. 우리는 말할 自由조차 업다. ◇肉勞動者로써 教員 그들은 그 地位를 내여 놋는 날이면 누구나 룬펜·푸로일 것이다. ◇息되지 안흔 意識을 가젓다면 그들에게 함을 수 업는 ××일 것이다. 이 詩밧게 「밤」 「나는 일꾼이다」의 두 편을 합쳐서 뒤날이 期待된다.

「三翼十二房李浩」(『大衆公論』)

사로잡힌 젊은이 미◇中記의 한 句節로 울화가 북바처러저 나오는 듯한 追切한 ◇現도 아니요 그러타고 맥근맥근한 기름진 抒情的 發現도 아니며 平凡 以下의 詩이라 할 수박게 업다.

무엇이 이 졺은이를 매달리게 하엿나? ××家로써 ××한 사로잡힘이 엇다면 웨 좀더 벽돌이라도 녹힐 氣運과 ◇門이라도 ××할 意氣와 엇더한 ××에도 ×××할 ◇가 뵈이지 안은가? 어버이와 어린 누이 생각으로 早緊 꿈화 쩌러진 입사귀 걱정으로 불붓는 울화가 나고 염통에 불쏫이 피여 올은다면 담우나 우리의 期待와는 背馳된다. 當面한 任務를 爲해서 모든 것을 ××할 째까지는 父母가 무엇이냐 妻子가 무엇이냐 좀더 '이데오로기'를 高揚하라.

孫在鳳 「電信柱의 뒤에서」의 續

갈림길 電信柱 여긔서 누나를 맛난다. 이러케 平凡한 事實에서 이러케 우리 生活 ◇態와 意識性을 綜合할 수 잇다.

여긔는 갈림길
이것은 電信柱

이러한 出現은 極히 自然한 것이다. 이러한 出現에서 作者 獨特한 表現이 成立된다. 더욱 전進을 바라고 다음으로 넘기자.

「遺腹兒에게」 金炳昊 (『大衆公論』)
「初分雜咏」(『女性之友』)
「故鄕을 써나면서」(『朝鮮日報』)

이 詩人은 많은 詩篇을 이 달에 뵈여 주엇다. 「遺腹兒에게」는 이 詩人으로써 가장 成功된 作일 쑨아니라 四月 詩中 白眉作이라고 내여 놋키를 서슴지 안켓다.

××家의 둘도 업는 遺腹兒 ××를 對象으로 하야 展開되는 事實 이만치 綜合되고 意識化된 同志들은 終局 푸로레타리아의 勝利를 意味함이다. 그들의 軍營에는 ××에서 病 드러 나와 죽은 ××家 ××의 아

버지도 잇섯다. 그는 前衛엿다. 지금 ××에 엿는 ××의 三寸도 잇다. 나희 좀 만흔 ×先生으로 시작하야 피쒸는 가장 젊은이까지 使命을 認識한 熱烈한 鬪士인 것이다. ××된 同志의 追悼會에 臨하야 遺腹兒에게 期待하고 ◇望하는 것은 當然한 途程이다. 이것을 强要하지 안는 데서 紛亂업시 展開된 醱然한 事實을 把持할 수 잇다. ××家의 後續者로써 ××의 압날을 期待하는 것보다도 現實的으로 展開된 모든 事實을 解剖하는 데서 이 詩篇에 얼마나 血과 血이 부텃느냐. 부르조아 反動評家에게 이 作品을 맛길 때 그들은 "茶飯事예 갓가운 無味乾燥한 說明式의 表現이고 取才이며 韻律 ◇調도 엿볼 것 업다"고 하실 것이로되 形式은 가장 內容을 照應하야 그에게 굿센 緊張을 줌으로 하야 이러한 取才는 가장 鬪爭的인 高熱을 가진 '푸로레타리아 · 리알리씀'이 아니면 成功할 수 업다. 이 詩의 第 五聯을 다시 읇허 보자

맨 나종에 第一 젊은이는 응
—어서커라 그레서 모
든 우리와 함께 너의 아버지의
××를…….
이때에 이 젊은이의 입을손
으로 막는 이도 잇섯다.
그러자 그 젊은이는 두 주먹
을 덕석에다 콱 집흐며
콩낫 가튼 큰 눈물방울을 썰
어들이신다. 고개를 숙이고
—
××야—너는 다만 방글
방글 우스며 압바압바만
불으고 잇느냐!

極度로 興奮된 그들의 ◇함에 차고 가슴이 복받치고 아—그리헤도 鬱憤한 그 가슴을 터노치 못한다. 읇는 이로 하야 無限히도 ◇情을 緊追케 한다.

『女性之友』에 실린 女流 詩篇

李國花의 「옵바생각」 孫三蘭의 「世上의 동무들에게」 金貴德의 「片紙」 朴淑貞의 「工場 언니에게」 李慶子의 「시집사리」 외 다섯 編이 잇는데 이러타고 내여놀 만한 傑作이 업다. 孫氏의 것과 金氏의 것에만은 실낫가튼 希望이라도 두게 한다. ◇在에 갓가운 强化된 意識이 보인다. 女流詩人이 업는 우리들에게는 이러한 분에게 無限히 우리의 希望에서 버서나지 안키를 바라는 바이다. 確然한 '푸로레타리아·이데오로기'를 把持하기와 健全한 '푸로레타리아·레아리슴'을 攄得하는 데서 稔全히 우리의 期待를 滿足시켜 줄 것이다. 金氏의 「片紙」와 李氏의 「옵바 생각」은 아모 것도 바랄 것 업고 李氏의 「시집사리」는 넘우나 때느진 反抗이라고 할까 모든 屈尊을(此間畧)우리는 힘잇는 女流詩人이 輩出하기를 渴望함으로 特히 만흔 부탁을 해두는 것이다.

『大潮』에 실린 其他 詩篇

金在洪의 民謠 두 편에 뵈여주는 取才는 새로운 民謠로서 내여놀 수도 업스며 吳懷◇의 「버들피리」도 閑◇한 무리의 노래임으로 評할 對象이 못되며 許三◇의 「젊은이 동무들아」는 意氣만은 보이나 槪念에 흘러 散漫한 作이다. 우리가 늘 말하듯이 '노래하자' '일하자' '高滅을 처라' '싸화라' 하는 '포스터—' 時代는 벌서 지낫스니 具體的 事實을 잡아 ◇◇하지 안흐면 안 될 것임을 부탁한다. 李春景의 「나의 꿈」은 夢幼的으로 現實을 본다. 그럼으로 非現實이라 할 수 잇다. 이것을 現實에까지 끌어다 보지 못할가. 內容도 漠然한 것이어서 平凡 以下의 作이다. 崔英輔의 「아리랑 노래」도 새 民謠로서 아모 傾向이 보이지 안는다.

『朝鮮』의 其他 詩篇

「故鄕에 도라와서」(李◇)이 詩人의 詩로써 그 前에 못보든 '리알리스틱'한 取才가 뵈인다. 그러나 佳作이라고 할 수 업다. 散漫하고 起伏이 업는 表現이다. 이 詩人에게는 우리는 前날부터 期待를 가지엇섯다. 前進하기를 부탁한다. 「봄의 마음」(沈勳) 이러한 取才는 自然히 主觀的에 흘를 것이고 感傷에 기우러질 것임으로 이 取才로 이 詩는 살아날 수 업다. 이 詩人로은 이 前에 '리알리스틱'한 手法으로 詩를 섯스며 意識도 '푸로'라 할 수 잇섯슴으로 이 詩의 原動力도 우리는 짐작할 수 잇엇지만 우리의 詩라고 내여 노흘 수 업다.

權泰養의 「벗을 보냄」은 牧師의 說敎를 듯는 듯하다. 抽象的으로 社會를 批判하엿다. 「물고 차고 갈기고」 「시긔질투싸홈」 作者는 이 事實을 엇데케 보는가. 한울을 밋는 데서 牧解하는 데서 解決될 줄 아는가. 이 事實을 正當하게 解剖하는 데서 ― 그 原因을 辨證法的으로 追求하는 데서 참된 詩가 생길 것이다. 意識을 轉換하고 '푸로레타리아 이데오로기'를 把持한다면 ◇分의 ◇望은 두겟다.

이 밧게도 高晶玉의 「님이여!」 沼葉의 放浪詩 金玉峰의 數編 赤松峰人의 機編 等이 잇스나 新近으로써 取할 만한 作이 뵈이지 안는다.

이로써 月評은 大概 끗낫다. 『朝鮮之光』이 月末 갓가운 오늘까지나 오지들 안해 取扱할 수 업섯음은 遺憾이다. 『新民』에는 詩라고 一編 뵈이지 안햇다.(잇섯드래도 우리에게 滿足을 주지 못하겟지만은)

끗트로 몃 말을 費할 것이 잇슴으로 簡約하여 적어둔다. 그것은 첫재 『詩文學』의 同人에게 주는 말이다. 일은 三月일이다만은 『詩文學』 創刊號를 보고 우리들과 넘우나 背馳되는 데서 놀라지 안흘 수 업섯다. 詩의 殿堂을 싸려고 藝術至上主義的 詩들을 쓰려고 反動한 것이라고밧게 볼 수 업다. 우리는 前날에 한 두 번 말한 것이 아니다. 何故도 그들 뿌르조아 作家는 沒落하엿다. 새삼스러히 말할 것도 못 된다. 그들의 沒

落과 同時에 歷史的 必然的으로 擡頭한 것이 本來 使命을 가진 푸로文學이 아닌가. 近者에 와서 그들 類廢한 무리들이 斷末魔的 論述이 騷◇히 이러남으로 거긔에 加擔하야 反動하려는 것인가 이러한 步調를 取하는 『詩文學』에게는 우리는 손톱만치의 期待도 두지 안는다. 以後 엇덧한 態度와 얼마나 結束될 것인지 우리는 注視할 뿐 아니라 芟去에까지 힘을 쓰겟다.

新進하는 詩人에게 부탁이다. 우리는 前날에 잇서서도 數次 沒落한 詩人의 沒落된 理由를 指摘하고 新進의 取할 바 方途를 指摘한 일이 잇다. 그리고 新進 輩出을 爲하야 害毒物과도 싸왓다. 오날 紙上에 낫타나는 토막토막의 詩를 對할 때 우리는 만흔 期待를 가지엇다. 그러나 우리의 滿足을 주지 못함은 何故이냐. 그것은 明白히 '이데올로기' 問題이다. 그 다음은 詩의 形式問題이다. 여긔서는 다시 길게 말하지 안흐나 이 두 가지의 重大한 問題를 무◇ 언제까지든지 공◇을 뵈이기만 할 것이오 虛空에 해맬 것이다.

評은 이것으로 막는다. 이 뒤 ◇續하야 쓰기로 約하고 妄評◇謝한다.(終)

『조선일보』, 1930.5.6~5.14

音樂과 大衆

一. 殿堂 속의 音樂

우리는 엇던 意味의 破×者이엿든 것이다. 勿論 建設을 爲한 破×者인 것은 틀님 업섯다. 文學의 領域에 잇서서는 우리의 破×者를 지나 建設者의 任務를 所行한 지 오래이여스나 音樂에 잇서서는 아즉도 그 殿堂과 象牙塔을 破하지 못하엿다.

伯林에서 新歸國한 바이올이니스트가 京城 公會堂에서 演奏를 하엿다. 여름의 시즌에 一流 樂士가 音樂會 열엇다. 新人이 또 나왓다. 쌔즈가 流行을 扮裝하고 엉둥이 춤을 추엇다. 이것들이 얼마나 우리들과 交涉이 잇섯스며 우리들에게 寄與가 잇섯드냐.

지금의 朝鮮의 音樂家! 그것은 完全히 象牙塔 속의 偶像이며 푸로레타리아트와는 沒交涉의 有閑階級人이다. 그들은 自身의 趣味를 滿足 식히기 爲해서 音樂을 배왓스며 漠然한 社會的 地位 (그것도 뿌르조아지주는 名聲)를 앎구며 音樂家가 되엇스며 或은 流行이란 軟弱한 牽制에 쓸려 音樂家가 되엿스며 아니면 宗敎의 宣傳을 爲하야 音樂家가 되엿다. 비록 그들 속에 音樂을 위한 音樂家(社會的 엇든 寄與)가 되엿다 할지라도 그것은 뿌릇조아지들의 享樂的 氣分을 滿足해 주는 대 지나지 안 햇는 것이다.

朝鮮에는 解放된 音樂이 업다. 아니 잇슨지도 몰은다. 「가레스키」나 「落花流水」 갓흔 것은 엇던 의미에서 아주 害毒업시 解放되엇다. 문학에 잇서서 '에로틱한' 文學과 갓치 浪漫主義 文學과 가치 우리들에게는 害毒인 것이다. 학보니 朝鮮에는 大衆을 爲한 音樂 解放된 音樂이 업고 洋屋속의 音樂이며 現實을 써난 音樂뿐이다.

그러면 音樂의 殿堂을 破碎하자! 우리는 音樂에 잇서서 아직은 破×的 任務부터 實行해야 할 것이라. 朝鮮의 音樂家는 象牙塔 속에서 나와 街頭로 나와야 할 것이다.

二. 藝術(音樂)의 價値

藝術의 價値! 그것은 時代를 쌀아 變移되는 것은 事實이다. 同時에 藝術은 社會的 한 現象이다. 十八世紀의 藝術이 二十世紀에 잇서서 그 當時의 藝術的 價値를 가지고 잇지는 못한다. 同時에 藝術은 個人的 娛樂이 아니고 社會的 機能을 가지고 오는 것이다. 쑤르조아 藝術은 崩壞하려는 ××主義를 옹호하는 機能 아래 製作되는 것이며 푸로레타리아 藝術은 無産階級의 長成을 助長하는 目的 알에 製作되는 것이다.

그러면 藝術價値는 가장 價値 잇는 藝術은 무엇이냐 새삼스러히 여긔서 贅言할 必要도 업시 政治的 任務를 所行할 수 잇는대 그 價値評定의 基準이 잇슬 것이다. 여긔서 길게 말할 必要도 업시 音樂에 對해서만 論考하자. 베토-쏀의 第三심포니-가 얼마만한 藝術的 價値를 가젓나. 二十世紀의 오날 우리에게 잇서 그것의 價値는 제로에 가갑다. 잇다면 音樂史的 價値쑨일 것이다. 그러나 그 當時의 이 曲의 價値는 實로 컷든 것이다. 쎄토쏀은 이 曲을 나포레온의 一生을 그려 作曲햇다고 한다. 나포레온은 當時 人心의 的이요 崇敬의 父였으므로 이 曲이 當時에 엇더한 政治的 任務를 所行한 것은 事實이다.

우리에게 價値 잇는 音樂은 엇더한 것이냐. 말할 것도 업시 우리 運動의 政治的 任務를 助成하는 것이라야 한다. 좀 더 細密히 究明하자면 特種의 天才的 人間가치 取扱한 音樂家란 伽藍속에 가치 잇는 音樂은 우리들에게 아모 價値가 업다.

센치멘탈한 메로 音樂은 우리에게 必要치 안엇다. 우리들은 로멘틱한 旋律에 何等의 感興도 니러키지 안는다. 古典的인 交響樂이 잇다 하야도 우리와는 沒交涉이다. 前場에서 戰鬪하는 戰歌로 말미암아 新銳한 戰意를 蘇活식히는 意味의 音樂이 가장 우리에게 素朴한 價値 잇는 音樂인 것이다. 더 나아가서는 一日의 勞動을 慰撫해주며 聽覺을 기겁게 해주는 解放된 街頭音樂이 우리에게 交涉이 잇슬 音樂이다.

三. 아지프로와 音樂

大衆과 接近性이 가장 豊富한 藝術은 音樂이다. 여긔에 戰鬪的인 小說과 感情的인 詩와 그롯데스크한 포스타를 들고 勞動者의 生活을 노래한 自然發生的의 民謠曲과 比肩하야 그 어느 것이 더 만히 大衆을 捕捉하고 더 만히 大衆과 接近되며 더 만히 大衆化되겟는가를 생각해보자. 音樂에 잇서 百퍼센트의 確實性을 가지고 잇다 하여도 過言이 아닐 것이다.

藝術은 生活組織의 한 手段이요. 感情과 思想을 傳染하는 以上 必然的으로 '아지데이순'이고 '프로 쩨카당'이다. 同時에 音樂은 가장 이 모든 任務를 다 할 수 잇스며 音樂家는 '아지데－티－'이며 '프로빠카니스트'이다. 朝鮮의 音樂家는 아즉도 이러한 社會的 機能을 認識하지 못하고 享樂的 滿足과 沒價値한 活動을 하고 잇다. 大衆을 아지푸로하는 데 가장 激烈한 機能을 가지고 잇는 音樂藝術을 새 機軸 알에 밧구어 세우며 殿堂 속에 들어서 底廻하고 잇는 쁘르조아 音樂家를 批判 克服救濟하며 正確한 社會的 認識 안에 意識的 新人이 輩出하는 데서 우리 藝術運動의 本質的 任務인 '아지푸로'를 다할 수 잇슬 것이다. 音樂은 情的으로 動하기 쉽다. 쌀하 '아지'커녕 도리혀 沈滯悲歎에까지 冷却하기 쉽다. 푸로레타리아 音樂家는 이 靜的 一面을 溶劑하고 '라말세이유'가 佛軍을 하여금 泰山이라도 能히 蹈獵한다는 그러한 ××한 ×××의 × 알에도 能히 ××하고 나아가는 意義 下의 動的 一面을 把握하고 活動하여야 할 것이다.

우리의 音樂家는 奇聲 쁘르조아 音樂家의 싸흔 殿堂은 破×하고 批判할 것이며 우리의 藝術運動에 잇서서 가장 組織化되지 못한 音樂藝術을 組織化하고 意識化식히는 데서 우리 藝術運動이 全面的 活動을 할 수 잇다는 것을 認識하여야 할 것이다.

四. 音樂의 大衆化

우리에에 大衆的 '올케스추라'를 組織할 資源이 업는 만치 (이것은 妄想으로 取扱하라) 우리가 二天元짜리 '피아노'를 살 수 업는 만치 쏘 그러한 專門的 技術을 專攻할 餘裕가 업는 만치 우리에게 詩의 音樂化(卽詩를 作曲하며 民謠를 作曲化하며 工場歌를 作曲하며 勞動歌를 作曲하여 聲樂化)가 얼마나 重大한 任務를 씌고 잇는지 알 수 업다. 이것은 詩의 大衆化 問題와 關聯한 問題이며 音樂의 大衆化도 될 수 잇다.

詩人에 依하여 創作된 烧×的인 우리의 詩를 音樂家는 作曲하여 詩의 大衆化하는 同時에 音樂의 大衆化를 해야 된다. 모든 運動層의 團體는 團歌를 製作하여 團員에게 展轉하며 工場에는 工場歌를 農民에게는 農民歌를 勞動者에게는 勞動歌를 製作 宣傳하여야 할 것이다. 音樂會를 우리 손으로 開催하자. 그리하여 大衆的 音樂을 들려주며 無料로 들려주자. 그리고 音樂會를 地方 各地에까지 延長식히자. 巷間에서 열리는 所爲 音樂會 等等 하고 나서는 쁘르 音樂家들의 ×取的 態度를 批判하고 大衆에게 無料로 公開할 것을 强要하자. 文學과 運動을 가치하며 우리의 映畵運動과 合流하여 劇場을 利用하자. 한편 어린이에게는 意識的 童謠를 作曲 宣傳하며 少年雜誌는 이러한 曲譜를 每月 揭載하자.

五. 結論

위에서 論한 모든 問題는 쁘로藝盟의 音樂部의 濬烈한 活動과 아울러서 비로소 成長될 것이다. 文學에 잇서서는 作家들이 얼마간 活動을 持續해오며 映畵에 있어서는 또 만흔 活動이 잇고 美術에 잇서서도 水原地部 等의 活動이 잇고 平壤에는 맛치 劇場이 생겨 活動이 나오고 音樂部家만이 아직 찍소리를 내지 안흐니 우리의 藝術運動이 이 全幅的으로 活動하고 잇다 할 수 업다. 指導理論이 나오고 音樂家가 輩出되어야 한다는 慾望은 藝術의 活動에 依하여 滿足해 주어야 할 것이다. 위에도 말햇지만 우리가 엇든 演奏會를 만든다는 것은 到底히 不可能한 일이며 于先 '合唱團'이라도 組織하여 活動하엿스면 조흘 것이다. 쏘 宗教로 扮裝한 音樂의 ?滅을 을 힘써야 할 것이다.

『음악과 시』, 1930

音樂의 階級意識에 對하야

◇洪蘭坡 氏의 論을 反駁함◇

(上)

一.

階級音樂의 當面한 任務는 첫재로 뿌르조아지—에게 귀속되여 잇는 音樂 全體를 그들의 손으로부터 奪還할 것이요, 第二는 그것을 우리의 音樂으로 하야 大衆의 속으로 街頭로 투입 진출시킬 것이오, 第三은 古典音樂及 浪漫音樂 等을 프로레타리아의 點에서 批判할 것이오, 第四는 그리하야 우리의 손으로 우리의 音樂形式을 創造할 것이오, 第五는 우리의 階級 안에서 技術者를 輩出시킬 것이오, 끄트로는 이리하야 모든 우리의 音樂理論을 確立시킬 것이다. 筆者는 이것들의 細論을 後日로 밀우고 여긔서는 日前에 本紙에 發表된 洪蘭坡 氏의 「音樂과 階級意識」이란 小論을 檢討 反駁하야 그의 뿔조아性을 暴露시키려 한다.

讀者들은 氏의 小論을 읽엇다면 氏가 朝鮮의 뿌르樂壇으로 重鎭으로써 얼마나 非常識的이오 非音樂的인 理論을 내놋는 것에 驚歎하엿슬 것이다. 氏의 態度와 論據가 音樂에 對하여 藝術至上을 標榜하엿스면 차라리 우리로써 論鋒을 들어 그의 誤謬를 指摘해주기에 勇氣가 날 것이로대 氏의 該論은 넘우나 氏로써 可笑러운 幼稚한 理論이엇기로 一笑에 附할 價値밧에 업섯다. 그러나 樂團의 重鎭으로서, 자타가 共認하는 氏로서, 그다지도 樂曲에 대한 理解가 不充分한 것을 同情하지 않을 수 없어 筆者의 鈍筆을 氏에게로 보내는 것이다.

二.

氏는 다른 모든 藝術에 있어서는 階級性을 認定하엿다고 하면서도 音樂에만 絶對로 否定하엿다. 웨 그러한가를 氏의 論中에서 摘擧하면 "音樂이란 本是 何等의 基體的 內容이나 意味를 가진 것은 아니다"라고 하엿다. 그리하야 氏는 다시 다시 "結局 프로 音樂이란 것이 잇슬 만한 可能性이 잇다드라도 그것은 樂曲에 標題로나 或은 樂曲에 部數하는 歌詞의 意味로써만 階級意識을 밝힐 수 잇는 것이오, 樂曲은 그 물건만으로서의 階級性은 잇슬 까닭이 업다"고 하엿다. 이것으로 氏는 音樂家이면서도 얼마나 非音樂的인 理論이며 無智한 言說인가를 讀者는 알 것이다.

氏는 音樂이란(樂曲만은) 何等의 具體的 內容이 업고 意味가 업다고 하엿다. 그러면 氏는 '베토－쎈'의 「月光의 曲」도 '베토－쎈'이 아물다나의 曲에다 이름만을 「月光의 曲」이라고 命題하엿다고 생각하는 모양이다.

氏가 「月光의 曲」의 內容을 說明한 것을 三四次 보앗다. 그 때는 氏는 그 曲의 무엇을 說明하엿는가 樂曲이란 感情의 表現이 아니라고 氏는 밋는가. 「月光의 曲」에서 一部 二部 三部에 니르기까지 달이 東嶺에서 솟아 다시 그것이 暴風雨로 하야 물결이 치고 구름이 덥히고 다시 그것이 平穩으로 돌아가 새 光明을 보일 때까지 樂曲의 進退强弱과 狂奔從出 等은 無意味한 作亂이라고 氏는 밋는가. 다시 例를 들어보자. '미카엘스' 作인 「듸 폴즈 인 듸 폴에스트」는 밤의 寂寞에서 아츰이 될 때까지의 描寫와 그리하야 아츰의 祈禱가 始作되고 다음은 대쟁쟁이의 일이 시작되는 것을 亦是 氏는 無意味 內容이 업는 손作亂으로 밋는가(筆者의 用例는 氏로써 알기쉽도록 프로樂이나 쑤르 樂이니 區別을 짓지 안코 들엇다).

더 나아가 모든 音樂家의 作品의 樂曲 構成은 아모 感情의 表現도 아닌 無內容한 손作亂이라고 밋는가. 씨는 一介의 童謠를 作曲하는 대로 何等의 歌詞의 氣分과 感情을 曲에 表現시키지 안코 盲目的으로 曲을 作成하는가. 들으니 氏는 作曲할 때도 曲부터 맨들어노코 다음에 거긔에 歌詞를 부친다고 하니, 이러타면 氏의 音樂에 對한 理解와 作曲에 對한 理解가 넘우나 淺薄하다 아니할 수 있겠는가.

氏여 우리는 樂曲은 다른 모든 藝術과 가티 生活感情을 表現하는 다시 말하면 어쩌한 '이데올로기'를 表現할 수 잇는 內容과 形式을 具備한 藝術이라고 생각하니 우리의 생각을 錯誤라고 생각하는가. 文學과 美術에는 階級性을 容認하는 氏로써 이러한 '이데올로기'를 表現시키는 다가튼 藝術인 音樂, 다시 말하면 樂家들의 樂曲이 모다 無意味하지 안타는 것을 認定할 것이면 筆者가 다시 藝術의 階級性 어쩌한 必然性으로 出現했다는 것을 究明 안트라도 理解할 줄 알며, 標題와 歌詞만 階級的이면 프로 音樂이 되나 樂曲에는 階級性이 업다는 根本的 誤謬를 깨달을 것이다. 例를 들면 哀調의 斷音階로 構成된 樂曲에다 메이데이歌를 부치어 불은다면 感情表現이 될 것이다.

우리가 지금 한 個의 '심포니'를 作成한다고 하자. 그리하야 어쩌한 工場에서 職工들의 勞動하는 動態를 表現시킨다고 하자. 아믈다나의 曲에다가 이름만 '勞動 심포니-'라고 해서 氣分과 感情表現이 되엇다고 할 수 잇슬 것인가. 이 모든 點에서 氏의 再考를 渴望한다.

그리한다면 氏가 理解에 困難하다는 '푸로 音樂作家'가 盛히 作品을 낸다 하드라도 "어느 點이 푸로音樂으로써 特點인지 어느 點에 階級意識을 숨겨두엇는지"를 알어질 것이다.

三.

'뻬-토벤'이나 '빳하'나 '모찰트'나 '리스트'나 '하이든'이나 모든 古典浪漫 諸樂歌를 埋葬하여야 할 것인가. 氏로써 이것을 絶對로 容認하지 못할 것은 氏로써 當然할 것이다.

氏는 樂曲을 아물다나의 作亂으로 안다면 말이다. 그들 樂歌들의 作品은 모두가 ◇◇淫亂한 宮殿의 所屬이엇고 放蕩無比한 뿔조아지들의 生活感情을 表現하얏스며 哀媛한 '로멘틱'한 頹廢性의 表現들이엇고, 無産階級의 生活感情이 아니엇다.

그러함으로 有閑階級인 氏等으로서는 얼마든지 그들 樂歌들의 作品을 擁護하고 死守하엿도다. 그러나 無産階級으로서의 우리는 容認치 안는다. 그러타. 우리로서도 「月光의 曲」을 들을 때 그 曲의 美에 끌리지 안는 배가 아니다. 그것은 絶對로 藝術的 價値가 具備한 理由로서가 아니다. 우리가 藝術的 價値라는 것은 政治的 任務를 所行할 수 잇는 卽 政治的 價値를 具備한 것을 云謂한다.

그리고 우리는 그들 古典浪漫樂歌들을 盲目的으로 埋葬하는 것이 아니다. 우리는 프로레타리아의 觀點에서 그들의 作品을 批判하는 것이오, 푸로레타리아트에게 有用한 管篁을 取하고 害毒되는 것을 排除하여 우리의 音樂으로써 새로운 樂의 形式을 創造하는 것이다. 그럼으로 氏가 憂慮하는 和聲의 法則이니 樂器이니 音樂 等까지 否認하는 것은 아니다.

그리고 우리가 音樂을 쑤르階級에서 奪還한다는 것도 그냥 그대로 盲目的으로 奪還한다는 것이 아니오. 音의 프로레타리아的 '펄미테이슌'과 '콤비네이슌'에 依하야 프로레타리아의 感情을 表現하며 集團의 意思와 感情을 反映시키는 것에 잇다.

우리가 使用하는 勞動歌와 메이데이歌와 ××歌 等의 樂曲이 旣成 쑤르 樂歌의 曲中에서 引用하엿다 하여도 그것은 絶對로 盲目的으로 採用한 것은 아니오, 그 曲의 氣分이 集團의 意思感情을 表現한 것에 類似함으로 採用하엿다. 勿論 將次에는 훌륭한 우리의 曲을 우리의 손으로 내어 노흘 것이나 文學과 美術이 前代의 形式에서 프로레타리아트에게 有用한 點을 利用한 것과 가티 맑스가 헤겔의 辨證法을 修正한 한 것과 가티 旣成樂曲의 形式에서 長點을 取한다.

四.

氏여, 勞農 러시아에서 지금은 그들의 音樂創造에 얼마나 奔忙하며 얼마나한 實績을 내고 잇는가를 氏는 아는가. 그 뿐이랴. 獨逸만 하야도 多數의 프로 音樂家가 輩出하야 쑤르 音樂과 對抗하고 잇지 안는가. 그리하야 그의 宣傳 等으로 會社까지 設立하야 레코-드를 作成하야 쓴임업시 活動하고 잇다고 한다.

다시 더 길게 말하지 안켓다. 氏는 다른 藝術 部門에서는 階級性을 認定한다고 하니 唯物史觀의 한 패이지라도 認定하엿겟음으로 絶對樂이라는 君主가 獨裁하는 것이 아니고 다가튼 우리의 生活 相識의 機具이오, 經濟的 情勢의 反映인 藝術로서의 音樂이라는 것을 알려 주엇슬 짜름이다.

그리고 氏의 音樂의 大衆化란 것에 對한 觀念은 우리가 提唱하는 音樂의 大衆化라는 것과 性質이 달으다는 것을 말해두고 擱筆한다.

二, 六.

『동아일보』, 1931.3.12~3.13.

自由評壇

新進으로서 旣成에게 / 先進으로서 後輩에게

階級音樂의 確立

一. 階級的 對立

나는 社會現狀으로서 藝術 또는 예술의 階級的 對立에 對하야 愚劣하게도 旣往에 機十次로 論議하엿든 것을 再論하지 안흐면 안 되게 되엿다. 지난 二月中 『東亞日報』에 三日間 揭載된 쁘르조아 樂壇의 大衆인 洪蘭波 氏의 「音樂과 階級意識」이란 一論은 우리의 프로音樂이 現今 달은 모든 藝術 部門보다 理論과 實踐의 兩便이 모다 確然한 存立을 뵈여주지 못한 것을 機會로 하야 確實한 '데마고ㅡ그'엿스며 反動的 言辭이엇다. 氏는 自稱 쁘르的 根性이 업다고 言明하야 讀者를 欺瞞하여 노코 實은 숨길 수 업는 自身의 有閑階級的 正體를 表明하엿스며 樂壇의 巨星으로 自處하면서 音樂에 對한 非常識的 態度를 뵈여주엇다. 나는 우리 音樂의 理論的 展開와 아울러 氏의 態度 乃至 誤解를 論◇하고저 한다.

첫재 氏가 그러한 態度를 取하지 안흐면 안 된 理由를 究明하자. 氏는 이러케 말하엿다. "우리는 果然 쎄토벤이니 싹흐니 모잘트니 하는 古典樂家들을 理◇해야 될 것인가? 그네들의 作品을 불살러 버려야 올흘 것인가? 이보다 큰 罪惡 이보다 더한 愚擧가 어듸 잇슬 것인가?"(「音樂과 階級意識」의 一) 氏의 現在의 地位 쁘르樂壇의 軍鎭으로 自他가 共認하는 地位로써 이러한 態度를 取하는 것은 當然 以上의 當然이다. 氏가 이러한 態度를 취하는데 下等 自己네의 階級에 利害關係가 업는 理由이다. 氏는 그러한 態度를 取할스록 現在의 樂壇的의 地位가 確固하여

지는 것이다. 그리하야 먹는 것과 입는 것에 豊足한 有閑階級으로써의 停樂을 滿足하는 것이다.

"뿌르나 푸로의 階級 如何를 莫論하고 音樂을 듯고 音樂을 말할 때는 自己 스스로가 貴族이 되고 뿌르조아가 되는 일이 만타"(「音樂과 階級意識」의 三) 氏의 이 말은 氏 自身의 有閑階級的 態度를 如實하게 表明한 것이다.

"藝術은 感情의 社會化의 一手飯"이라고 부하린은 말하엿다. 卽 藝術은 感情을 體系化하고 社會化하는 데 重大한 役割을 遂行하는 것이다. 그러함으로 資本主義는 自己 階級의 感情을 社會化하기에 努力할 것이며 푸로레타리아—트는 또한 自階級의 感情을 組織化하는 데 努力하여 各己 自階級의 利益 伸長을 圖謀하는 것이다. 氏의 말대로 古典樂을 否定하는 것이 罪惡이고 愚擧일 것 가트면 '루터—'가 舊教를 革新하고 羅馬法王에게 反抗한 것이 罪惡이고 愚擧일 것인가. 그러타. 舊教를 辯護하는 사람으로서는 當然하게 '루터—'를 罪人으로 밀울 것이다. '쎄—토벤'이나 '모잘트'를 否定하는 것이 氏等과 가튼 뿌르階級에서 본다면 더 以上의 罪惡이 업슬 것이다. 그것은 自己들의 階級安定에 一大危險을 招致하게 하는 緣故이다. 否定하는 便의 立場에서도 맛찬가지로 이러한 利害關係가 잇는 것이다. 그러함으로 뿌르階級과 푸로階級이 絶對로 妥協할 수 업는 것이다. 쎄토—벤의 作品을 말해보자. 「문라이트 · 쏘나타」가 不朽의 名曲이라고 한다. 그러나 그 曲이 우리들 無産階級에 엇더한 利益을 주느냐. 勿論 氏等의 主張대로 一時的陶醉는 된다. 그러나 우리들이 規定하는 藝術의 價値는 陶醉의 程度가 아니다. 차라리 그 陶醉란 것이 無産階級的 良心을 麻痺시키는 毒藥이다. 그 曲은 十八世紀의 뿌르조아的 感情의 表現이다. 無産階級에서 그 音樂을 들려주면 陶醉되여도 그 뿌르的 情緖에 感染이 되여 無産階級的 良心에 弛緩이 생기고 만다. 그러함으로 우리는 '슈벨트'고 '모잘트'고 할 것 업시 封建的 또는 뿌르樂家의 作品을 否定하고 無産階級의 感情生活을 表現한 새로운形式의 作品을 要求한다(氏는 音樂 以外의모든 藝術 部門에만은 階級的 對立을 容認한다고 하니 音樂도 또한 갓다는 것만 알면 될 줄 안다).

二. 樂曲의 內容

氏가 音樂 以外의 藝術 部門에는 階級意識을 容認하면서도 音樂만은 認定하지 안는 理由는 이러하다.

"音樂이란 本是 下等의 具體的 內容이나 意味를 가진 것은 아니나 이것은 곳 音樂과 諸他 藝術과의 相違되는 點일 것이다." 그러면 音樂은 下等의 內容이 업시 아무러케나 된 音響의 交錯인가. '하이던'의 「驚愕交響樂」은 下等의 內容이 업는 雜音(안이 樂音)의 集結인가. 아무러한 音의 交錯에 表題만 命名하면 樂曲이 되는가. 具體的 內容은 업드라도 抽象的 內容은 잇슬 것이다. 「문라이트·소나타」가 달이 東嶺에서 나와 西山에 넘어갈 때까지 靜穩에서 怒濤치는 狂亂에서 다시 靜穩으로 돌아가는 그 樂曲의 進退曲折은 下等의 意味도 업는 아무러케나 된 音響의 交錯이라서야 冥土의 '베—토벤'이 痛哭할 일이 아닌가. 여긔에 氏의 樂曲에 對한 理解가 너무나 非常識的이다.

우리들은 小說家가 工場의 罷業을 題材로 하야 工場勞動者를 아지·푸로하고 詩人이 前衛의 鬪爭 姿態를 읇흐고 畵家가 ×××裁判의 場面을 描寫하야 大衆을 組織하는 것과 가티 無産音樂家도 우리 無産階級 感情을 表現한 樂曲을 내여 우리 階級의 階級的 利益을 獲得하여야 할 것이다.

우리는 過去의 樂聖이라고 하는 모든 樂家의 作品 中에 우리와 背馳되는 感情을 表現한 樂曲은 모조리 拒否하고 우리에게는 魔醉 以上의 毒物이라는 것을 自覺하여야 할 것이다.

그러나 氏와 가티 "푸로音樂이란 것이 잇슬 만한 可能性이 잇다드라도 그것은 한갓 樂曲의 表題로나 樂曲에 附錄하는 歌詞의 意味로서만 階級意識을 밝힐 수 잇는 것이오, 樂曲 그 물건만으로서의 階級性은 잇슬 까닭이 업다" 할 것 가트면 「따뉴브오렌」이란 '왈츠' 曲에 ××歌의

歌詞를 附錄시켜 ××歌다운 ××적 氣分이 나올 理 萬無하다. 쏘 "終局 푸로音樂 云云함은 音樂을 階級意識시킨다거나 푸로化시킨다는 것보다도 作家의 態度 如何에 짤아서 말할 것이오, 絶對樂인 今日의 音樂을 가지고 거긔에 階級意識이나 階級性을 억지로 부친다 함은 下等의 意味도 일우지 못할 것이라고 생각한다"(氏의 論議 三)라고 氏는 말한다. 氏의 말대로 한다면 感傷的 浪漫的 作品을 制作하는 一 音樂家가 態度만으로 "나는 푸로다" "나의 曲은 階級意識을 表現햇다"고 할 것 가트면 그 작품이 一發 無産階級의 感情을 表現한 것으로 化할 것인가. 여긔에 나는 呶呶할 것 업시 讀者 여러분은 氏의 樂曲에 對한 觀念에 誤解가 만흠을 알 것이다.

三. 社會와 音樂

藝術의 發達은 무엇을 依하야 規定되는가, 社會 發達의 道程과의 依存關係는 엇더한가를 音樂으로 例擧하야 洪氏에게 뵈이고저 한다.(부하린의 唯物史觀을 參考함)

먼저, 音樂의 構成要素를 보자.

一. 素材的 物質的 部分 — 音樂上의 技術과 樂器와 樂器의 體制(올케스추라와 콜텟 等)가 잇고 쏘는 樂譜가튼 素材的인 記號와 符合이 잇다.

二. 人間의 組織 — 音樂을 演奏할 때에 모든 人員의 關係(올케스추라 코러스 音樂 創作 等의 때에 人員의 編制 及 모든 樂團과 音樂會 等)

三. 形式的 要素 — 모든 形式的 要素와 音律과 調和(造型藝術의 均齊)

四. ◇式 — 雜多의 形式을 調合하는 方式 쏘는 種類 構成 原理

五. 表現對象 — 엇더케 描寫되엿느냐가 아니고 무엇이 描寫되엿나 하는 描寫의 對象의 選擇

六. 音樂技術의 評論 — 上層 建策의 上層 建策으로써 音樂理論(旅律配合法이니 和聲學이니 하는 學說 等)

그리면 音樂 發達과 社會의 經濟的 及 技術 發達에 原因하는 社會的 發達 一般과의 여러 가지 依存關係를 考察하자.

第 一, 藝術이 어느 程度까지 發達하기 爲하야여는 一定한 程度에까지 發達한 生産力이 必要하다. 下等 生産에 餘暇勞動이 업는 곳 或은 ◇限되여 增加하지 안은 곳에 藝術의 發達을 볼 수 잇다.

第 二, 音樂이 發達하기 爲하야서는 社會 內의 一定한 雰圍氣가 必要하다. 朝鮮의 雅樂이 웨 더 以上 發達하고 展開되지 안 하엿나. 昔日 宮殿에 잇서서 一大 地位를 占하고 잇슬 때에는 技術이 熟達하고 著名한 樂曲의 製作과 아울러 雅樂師가 輩出되엿지만은 現今의 雅樂은 李王職의 骨董品으로 僅僅히 殘滓를 保存할 뿐이며 西洋의 例를 보더라도 一時는 音樂은 宗敎의 看板으로써 讚美歌는 音樂의 큰 役割을 所行하엿다. 그러나 現今은 그러한 讚美歌를 즐겨만 하는 케케묵은 人間의 씩게기는 發現할 수 업다.

짜아서 音樂의 演出하는 役割은 社會◇◇에 社會의 氣分에 ◇留 觀照 ◇◇이 잇는가에 存在한다. 그리하야 結局은 社會◇◇와 그 發達 條件에 依하야 說明될 '階級의 編制'와 그 心理에서 說明할 수 잇다.

第 三, 音樂 技術은 第一 먼저 物質的 生産의 技術에 依存한다. 野蠻人은 피아노를 만들지 못한다. 피아노가 업스면 技術도 업스며 피아노의 音譜를 作曲할 수도 업다. 樂器의 全意義를 理解하랴면 原始的 樂器인 號角과 휘바람 또는 狩獵의 必要에서 發生한 것과 현대의 피아노의 複雜한 構造와 比較하면 알 것이다.

第 四, 人員組織도 한 가지로 直接으로나 間接으로나 社會的 發達의 基礎와 關係하여 잇다. 올케스츄라의 人員編制는 무엇이 規定하는가. 그것은 꼭 工場 안과 속 가티 樂器와 이것들 樂器의 結合에 依하야 規定된다. 卽 人員의 編制와 組織은 音樂의 技術에 依하야 規約되며 또 이 技術을 通하야 社會發達의 基礎와 곳 物質的 生産 그 물건의 技術과 關係한다.

第 五, 形式的 諸要素도 또한 社會生活에 關係한다. 이 要素는 大槪로 有史 以前에부터 存在한다. 그것은 動物界에까지 그러타. 獨逸經濟學者 '칼 · 뷰허'는 말(馬)의 音律에 對한 感覺을 말하되 "音律은 人間의

有機的 性質에서 發生하는 것이다. 그것은 動物의 모든 自然的 活動을 調節하고 에넬기의 使用을 節約하는 要素가티 뵈인다. 疾走 中의 말과 짐을 실은 駱駝는 遊泳 中의 魚類와 함마를 두다리는 대정장이와 가티 音律的으로 運動한다. 音律은 快感을 換氣하고 그리함으로 그것은 勞動을 輕快하게 할 쁜만 아니라 美學的 悅樂의 源泉의 하나일 쁜 아니라 敎育과 感情을 區別함이 업시 모든 人間의 內在하는 藝術의 要素이다"(「勞動과 音律」)고 말하엿다. 그리고 音律은 社會的 諸 關係의 直接 影響을 바더 發達한 것이다. 勞動歌 等의 樂曲은 이러한 基礎 우에서 發生한 것이오. 여긔의 이 音律은 勞動組織의 一 手段이엇다. 이러케 形式的 要素는 有史 以前 아즉 人類가 進化하기 前에 發生하엿슴에 不拘하고 그것은 그 獨自로 發達하는 것이 아니고 社會 發達의 影響을 바더 發生하는 것이다.

'오보렌스키'의 例擧를 빌면 '古代人'은 現代와 가튼 音調를 모르고 同調만을 使用하고 잇섯다. 그 뒤에 그들은 겨우 第八度 音程을 알게 되엇다. …… 그리하야 우리들은 最近까지 追從하는 것임으로 그것은 生活의 複雜化가 人間 心理生理的 性質을 變化하게 함이다.

第 六, 形式의 定型 卽 樣式도 쏘한 社會生活의 道程에 依하야 規定된다. 樣式은 支配的 心理와 '이데오로기'의 具體化한 것이다. 그것은 空間에 浮遊하는 感情 思想 氣分 信仰 感動 等과 大小의 思想 傾向의 表現된 것이다. 樣式은 外的 形式일 쁜만 아니라 거긔에 適當한 直觀的 象徵으로 形式된 內容이다. 生活體制의 歷史는 樣式의 樣式 中에 具體化된다. '하우센슈타인'은 "形態樣式은 社會的 生活力의 反映이라" 하엿다. 古代 希臘의 聖歌와 宗敎的 音樂은 佛蘭西의 奏樂歌 或 ××의 鬪爭歌 「라 말세이유」曲 等과는 相異한 樣式을 가젓고 相異한 構造로 되엿다. 이것들은 相異한 環境에서 相異한 社會的 地盤 우에서 發生된 것임으로 樣式도 相異하다. 宗敎的 聖歌 進軍歌 酒店歌 等도 同一한 方法으로 製作된 것이라도 그 構造는 同一할 수 업다. 이 歌曲은 形式을 通하야 달은 感情 思想과 觀照를 表現한다. 이러한 相違는

그 社會의 諸 階級狀態의 相違에서 發生된다. 더욱 樣式은 顯著히 當面 藝術 生産의 物質的 諸 條件에 影響을 밧는다. 音樂은 樂器의 影響을 밧는다.

第 七, 藝術의 內容(그 主題)은 形式과 쎌 수 업는 것이고 그것은 明確하게 社會的 環境에 依하야 規定된다. 卽 藝術의 內容은 社會 諸 經濟의 一 機能일 쑨만 아니라 生産力의 一 機能이다.

第 八, 音樂理論도 쏘한 前述한 모든 方面과 直接 關係된 것이고 社會生産力의 運動에 支配되는 것이다.

以上에 論한 바에 依하야 우리는 音樂이 (모든 藝術) 超時代의 장승이 아니고 社會情勢의 生産 諸 關係의 反映이란 것을 알 것이며 此等으로 하야 規定되고 發達된다는 것을 알 것이다.

四. 결론

우리는 第一로 技術家가 輩出하여야 한다. 우리의 푸로音樂이 現今에 그 存在조차 認定되지 안는 것은 一人의 技術者도 우리는 가지지 못함이다. 月前에 音樂家同盟이라 하는 쑤르조아樂家들의 大同團結이 成立되엿다. 그것은 무엇을 意味함인가. 그들은 모다 技術者의 團合이다. 그들은 團合으로 하야 左翼 進出을 制止하려 함이다. 그리하야 樂壇에 잇서서 '턱시 — 드'와 燕尾服 자랑을 完全히 하려는 것이며 有閑階級의 '파트론네 — 지'를 專有하려는 反動的 進出이다.

우리의 技術者를 一人이라도 輩出하는 것으로 우리는 푸로音樂의 存立을 貸證할 수 잇스며 쑤르조아에게 歸屬되여 잇는 音樂을 ◇◇하고 音樂의 푸로레타리아的 變化와 結合을 試하야 우리의 音樂을 만들 수 잇는 것이다.

우리가 古典音樂을 否定한다고 洪氏의 생각가티 樂曲의 法式(音程과 旋律에 對한)과 和聲의 法則을 抹殺하는 것이 아니오, 푸로레타리아의 生活을 表現하는 데 適合하지 못한 것을 排斥함이다. 위에서 말햇지만 우리는 쑤르조아에게 歸屬된 音樂을 그대로 返還하는 것이 아니고 音의 푸로레타리아的 '컴비네이슌'과 '펄미테이슌'하는 것이다. 그리하야 우리는 우리의 生活樣式을 表現하기에 適合한 새로운 形式을 創造하는 것이다.

그리하야 우리는 우리의 音樂을 確立하는 것이고 洪氏의 뿌르音樂의 ◇護하기 위하야 自稱 非뿌르 非푸로로 宣言해 노코 하는 音樂의 階級意識抹殺論을 뿌리부터 끈허버리는 것이다.

階級音樂의 當面 任務에 對하야 多小 論하고저 하엿스나 그것은 後日로 밀우고 여긔서는 大略 洪氏의 비로소 制定한 音樂의 ◇然性을 一蹴하고 階級的 對立을 論하엿슬 뿐이다.

(終)

『조선일보』, 1931.5.6~5.12

日本프로劇場同盟【1】

第三回全國大會傍聽記

新聞紙의 報道에 依하면 朝鮮 內에서도 中央을 爲始하여 地方으로 二三의 左翼的 劇團이 結成되엿다고 한다. 모든 프로레타리아 藝術運動이 現在 朝鮮內에서는 프티・쁘르的 運動에 停滯하야 何等의 進展을 뵈여주지 못할 쑨만아니라 勞動者 農民 大衆과의 提携도 全然 忘却하고 客觀的 現勢에 對한 何等의 打開策도 가지지 못하고 잇다. 就中 演劇的 活動에 잇서서는 昨年 末期에 가지게 된 인텔리的 傾向에 빠진 勞動者 農民 大衆을 度外視한 「荷車」의 上演으로 滿足하고 잇는 現狀에 이러한 劇團이 結成되엇다는 것을 우리는 깁버하지 안흘 수 업다.

그러나 우리의 모든 藝術運動이 그러하겟지만은 特히 演劇的 活動은 演劇을上演함으로써 그 階級的 任務를 다하는 것이 아니오, 勞動者 農民 大衆의 層階로 完全한 '特込' 卽 勞動者 農民 大衆의 組織에 有用化하는 데서 ××的 演劇活動의 眞實한 任務를 다하는 것이다. 그럼으로 確實한 批判下에 成立되지 못하고 各自 分散的으로 結成된 中央乃至 開城 海州 等地의 劇團 等을 如何한 進路로 엇더케 指導하여 나가야 할짜의 重要한 모멘트에 處한 現在에 우리는 嚴正한 批判을 겨을리 하여서는 안 될 것이라고 밋는다.

이러한 째에 우리는 日本의 '납프'의 모든 同志가 特히 '프롯트'(日本프로레타리아演劇同盟)의 同志 諸君이 얼마나 果敢한 鬪爭을 하고 잇는가를 可히 배홀 바라고 밋는다. 筆者는 지난 五月 七日 築地小劇場에서 열린 '프롯트'의 第三回 全國大會를 傍聽하고 報道된 一九三◇年度의 活動의 槪略과 決議된 三一年度의 方針을 紹介하야 階級的 諸 活動

의 動力을 封鎖 當하고 거긔에 對한 何等의 積極的 對策도 ◇求치 못하고 언제까지든지 機會主義의 막달은 골목에서 헤매어 社會民主主義的 ◇落에도 必然的으로 向하고 잇는 朝鮮의 모든 同志에게 參考로 보내고저 한다.

三◇年度 '프롯트'의 活動

一九二九年度의 프롯트의 活動 乃至 成果는 技術의 一般的 向上과 演劇을 大衆化한 것에 劃期的 進展이 잇섯다. 그러나 그 大衆化가 工場과 農村을 基礎로 한 프로레타리아ー트가 指導하는 全運動의 線上에 싸은 發展 大衆化가 아닌 것을 嚴密하게 批判바닷다.

三◇年度에 열린 第二回大會에서 決議된 活動方針은 運動의 ××××化이엇다. 그러나 果敢히 活動하는 그들의 우에는 不絶하는 ××이 잇서 全國的으로 ××를 當한 그들은 主要한 指導分子를 일코 左翼的 偏向으로 말미암아 組織의 運用과 메ー데ー等의 記念 컴파니·아와의 結合을 不充分하게 하엿고 大衆의 組織과 移動的 活動을 消極的으로 되게 하엿다. 그리면서도 그들은 記念碑的 活動을 거듭하야 쓴임업시 工場과 農村 쏘는 勞動者街에 移動的 活動을 하야 旣往의 公演 偏重의 誤謬를 批判바닷다. 脚本의 檢閱에 依한 打擊 卽 削餘 等에 依한 完全한 去勢는 日常的 移動的 活動(勞動者農民의 集合體◇ 罷業 小作爭議 等에 簡易한 劇 或은 演藝 歌曲 等을 特込함) '드라마·리ー그' 活動(勞動者 農民 一般學生 모든 觀客의 組織體)으로 하야 任務를 遂行하엿고 ◇◇을 補足하엿다.

演劇活動의 完全한 遂行은 그 對象인 觀客의 完全한 組織에 依하야 비로소 되는 것이다. 演劇運動의 全 任務가 이 觀客의 組織에 잇다 하여도 過言이 아닐 것이다. 이러한 意味에서 '프롯트'는 '基本 테ー제'에서 '드라마·리ー그'의 意義는 强調되엿스며 一般 勞動者 觀客에서도 이의 要望이 잇섯다. 이 '드라마·리ー그'는 一 工場 或은 一 地區 一 學校 或은 個別로 組織되여 勞動者券의 發行으로 그 組織體 內에

演劇을 特込하며 그것을 演劇 內에 動員식힌다. 移動的 活動은 興行的 手段에 依하지 안코 應急的으로 檢閱의 煩弊를 격지 안코 卽刻으로 勞動者의 集合體 爭議所 或은 遠足會에 移動하야 多大한 成果가 잇슴으로 移動演藝團이란 것을 組織하야 演劇쑨만 아니라 歌曲 漫談 等을 뵈여 주엇다. 거긔에 採用되는 脚本의 테 — 마 如何에 依하야 該 勞動者團의 氣分을 多分으로 成할 수 잇다.

三◇年度에 잇서서 戱曲의 制作과 그 內容은 二九年度에 比하야 何等의 進展이 업고 農民을 對象으로 한 戱曲 制作은 殆無하엿다. 形式的 技術的 方面에 푸로레타리아·리어리씀을 基礎로 하야 얼마씀 發展하엿스나 프로레타리아演劇의 形態는 何等의 새로운 領域을 開拓하지 못하엿다.

三◇年度의 '스로 — 간'의 하나로 '勞動者農民劇團의 結成에로!'가 提示되여 거긔에 쌀은 認識 誤謬로 結成된 二三의 劇團이 잇슨 外(그것은 卽時 勸誘에 依하야 解體하엿슴)에 아모 成果가 업섯다.

그 外 重大한 收穫으로 '드라마·리 — 그'에 依한 公演 時의 勞動者觀客의 '퍼 — 센테 — 지'의 增加이엿다.

以上에서 그들의 三◇年度 活動의 概略을 粗雜하나마 마치엇다. 그 活動을 全面的으로 觀察할 째에 비록 部分的으로 幾多의 成果를 擧하엿다 하나 全體로써는 아즉도 全國的 規模에 잇서서 大衆化가 不充分하며 만흔 不備와 ◇◇을 가진 發育 不良的 活動이엿다.

그러하나 그러케 된 根據가 明白하게 究明되고 反省되고 批判된 것은 그 우에 더업는 最大의 成果이며 三一年度의 活動의 方針을 가리처주는 것이다. 쑨만 아니라 이러한 時機에 '文化教育'의 問題를 ××的 프로레타리아 — 트의 組織은 스사로 그것을 問題로서 提示하엿다. 旣 前에 '프로핀탄' 第五回 大會에서는 여긔에 對한 '테 — 제'를 發表하엿다. 이 國際的 原則的 方針이 日本의 情勢에 엇더케 實踐되는가의 具體的 案은 아즉도 究明되지 안헛스나 이것이 藝術運動者와 ××的 勞動組合과의 協力 알에 全運動의 經緯가 되여 廣汎한 大衆的 基礎 우에 展開하는

데에 비로소 그 正常한 健全한 生長을 遂行할 것이라는 見地에까지 到達되여 잇다.

三一年度의 方針

前後 第三期라 規定된 資本主義의 모든 矛盾의 尖銳化와 二九年以來의 未曾有의 大恐慌으로 崩壞의 急角度를 示하고 잇는 現在 쏘베트 建設을 機軸으로 하는 勞動者 農民의 (…中略…) 擡頭는 이 傾向에 一層 拍車를 加하엿다. 이리하야 經濟的 破×은 政治的 ××를 切迫되게 하고 잇다. (…中略…) 이러하야 世界의 資本主義는 各 帝國主義 間의 武裝적 對立 또는 쏘비에트에 對한 共同××을 具體的으로 準備하고 잇다. 한편 社會파시즘과의 握手로 하야 支配階級의 팟쇼化는 漸漸 露骨化하고 잇다.

이러한 經濟的 政治的 情勢는 文化 領域에도 深刻하게 反映하야 쁘르조아지—의 文化 領域에 對한 攻勢와 社會民主主義者의 '팟시즘'로의 變質 等의 廣汎한 푸로레타리아—트의 層에 그 勢力을 侵入식히고 잇다. '에로틔시즘' '딘센스' 獵奇的 興味 等과 가튼 것은 思想에 無關心한 듯하면서도 積極的으로 攻勢를 取하엿스니 伶俐한 工場主는 工場 內의 文化 建設을 僞稱하야 出版物 라듸오 스폿쓰 娛樂施設 等으로 反動的 演藝物로 欺瞞的 扮裝 알에 裝動하고 잇다.

그 外에 文化 建設에 加하는 ××은 날로 加甚하며 演劇에 對한 干涉은 脚本에 對한 檢閱에만 긋치지 안코 演技 裝置 效果 照明에까지 制限을 加하고 잇다.

푸로레타리아文化는 이래 數年間에 急激한 生長을 하엿다. '스폿스' '에스페란토' 等까지도 勞動者 農民의 '이니치아틔—쁘' 알에 展開하기 始作하엿다. 그리고 '푸로핀탄 第五回' 大會는 ××的 文化와 敎育의 活動을 '테—제—'로 發表하엿슴으로 藝術運動은 必然的 轉向期에 잇다. 푸로레타리아의 經濟的 政治的 任務의 ◇明 文化 反動에 對

한 大衆的 鬪爭, 勞動者 及 婦人勞動者의 文化 慾求에 對한 擁護 等을 遂行하야 外◇的 大衆組織을 다할 것이며 그러한 組織과 現在 구성되여 잇는 '납프'의 組織體와 連結 勞動者 階級의 '이니치아틔 — 즘'의 基礎 알에 勞動者 劇團의 國際的 提携 等等이 必然的으로 要求되여 演劇運動의 進路를 提示하고 잇다.

以上 觀點에 서서 客觀的 情勢의 展望과 三◇年度의 成果의 分析 다시 IATB(勞動者劇團의 國際的組織)의 一般 方針을 參考하야 '프롯트'는 當面한 基礎的 任務를 規定 決議하엿는데 以下에 그 槪略을 抄述하겟다.

一, 演劇運動 가운데에 勞動者 階級 '이니치아틔 — 쁘'를 發揮하라!

첫재 職場을 中心으로 한 勞動者 自身의 演劇的(乃至演藝的) 活動을 促進하라. 그러한 活動 안에 職場의 專門的 技術家가 參加함도 無妨하다.

다음 現在 '프롯트' 加盟 諸 劇團 乃至 急進的 劇團에서 陣營 內에로 轉化하고 잇는 劇團에 對하야는 그 構成 멤버 — 의 가운데 勞動者의 '퍼 — 센테 — 지'를 增加식히고 그 劇團活動의 運用 統制 等의 形式으로 勞動者 階級의 '이니치아틔 — 즘'를 發揮하지 안흐면 안 된다(例 勞動者와의 共動에 依한 '레퍼 — 토리'』의 制作 編成, 職場을 中心으로 한 批判會 等等).

셋재 '프롯트' 機關紙 뉴쓰 팜프레트 等을 通하야 勞動者 觀客의 意見을 發表 等等.

二, 全國의 重要 郡市 農村에 '프롯트'의 組織을 ◇大하라!

勞動者 農民의 ⋯⋯. 鬪爭이 잇는 곳에는 文化運動으로서 乃至 '아지프로'의 武器로서의 演劇運動이 發展할 條件은 完備되여 잇다. 그러나 現在 '프롯트' 加盟의 劇團의 數는 겨우 十個에 不過하야 活動舞臺는 極限되어 버렷다.(中略) 萬若 우리가 職場을 中心으로 한 勞動의 素人的 餘興에서 出發을 情力으로 한다면 全國的 組織은 急據히 進展할

것이라고 期待한다.

農村에 對하야는 從來 活動이 殆無하얏스나 農村 靑年文化에 對한 要望은 熾烈하다. 農民組合의 指導下에 傳來劇 歌舞劇 等의 指導◇을 쑤르조아지 ― 들의 손에서 ◇回하야…… 演劇으로서 發展식히지 안흐면 안 된다.

IATB의 決議에 쌀하 될 수 잇는 대로 '아기트 · 프롬프 演劇團'(移動的 아지 · 프로 演劇團)의 確立과 編成할 方針을 세워야 할 것이다.

五. ××主義演劇의 確立

이것은 前 大會 째에 演劇의 '쌜쉐뷔키'化로 가장 强調된 問題인데 三◇年度에는 얼마쯤의 進展을 뵈여주고 잇다. 그러나 아즉 演劇을 大衆의 日常××的 生活에까지 가저들어가 正堂한 成長을 行할 方法을 充分히 가지지 못하야 만흔 成果를 내지 못햇다. ◇◇ 狀態에 잇는 脚本을 充實하게 하기 위하야는 戱曲硏究會가 그 도움이 될 것이다. 그러나 그것을 過重 評價하여서는 아니된다. 그들을 大衆生活과 接觸하도록하야 勞動者 農民의 '이니치아틔 ― 쯤'를 發揮하는 限에서 制作되게 할 것이다.

戱曲의 形態에 對하야는 아모 開拓이 업섯다. "過去의 모든 形式을 批判的으로 攝取한다"는 前年度에 方針에 積極的으로 實踐하지 안흐면 안 될 것이다.

六, 組織의 運用 其他

첫재 四種의 生活形態(大公演 小公演 移動活動 勞動者 農民의 演劇的 活動)을 가장 有效하게 組合하야 各種 '컴파니아'와 쏘는 職場 內의 具體的 鬪爭과 緊密하게 綜合하야 할 것인가, 다음 '프롯트'의 組織의 '民主的 中央集權的 原則' 우에 立脚하야서의 運用方法, 셋재 날로 急進하야 오는 群小 劇團 學生演劇 等에 對한 干與, 넷재 '납프' 組織體와의 共同鬪爭 等의 對하여는 前年度의 成果 우에 立脚하야 更進할 것이라고

附言하면 足할 것이다.

七, 國際的 提携을 確立하라!

이것은 當局으로부터 討議를 禁止當하야 具體的 決議는 못하엿스나 今後의 實踐에 依하야 IATB에 加盟할 것을 共認하엿다.

八, 在日朝鮮人 勞動者에 對한 演劇活動에 對하야. 이 問題는 大阪戰旗座의 提案으로 具體的 討議를 中止 바더 積極的 成案은 하지 못하엿스나 大阪 等地 勞動者의 集團地區에는 朝鮮語 演劇 또는朝鮮人을 위한 演劇이 必要하다는 것을 滿場一致로 決議하야 大阪戰旗座의 旣往에 設置된 鮮語部 가튼 組織과 硏究를 實踐하기로 하엿다.

以上에 今年度의 方針을 大略 述하엿스나 上記한 바와 가티 重要한 決議는 殆半 禁止를 當하야 버렷다.

그러나 '프롯트'의 諸 同志는 全國的 聲◇ 알에 暴風雨와 가튼 ××의 가운데서 勇敢하게도 大會를 씃까지 싸화나왓다. 우리들은 그들에게 滿공의 同志 感謝을 表하는 바이다.

◇三一年度의 슬로—간

△우리들의 演劇活動의 가운데 勞動者 階級의 '이니티아티—즘'을 發揮하라.

△全國의 重要 都市 農村에 '프롯트'의 組織을 擴大하라.

△勞動者 農民을 中心으로 한 '드라마 · 리—그'를 擴大하라.

△社民的 演劇을 撲滅하라.

△大衆的 壓力에 依하야 演劇活動의 自由를 獲得하라.

△中國 朝鮮 臺灣의 演劇活動 發展 萬歲!

結語

今年의 演劇活動은 勞動者 農民의 獨創性 '이니치아틔'와 國際的

提携 等으로 重要한 '모멘트'가 되어잇다. 여긔 對하야 朝鮮의 프로레타리아 演劇活動은 엇더한 길을 밟어야 하겟는가. 國內의 特殊 事情과 이러한 要緊한 '모멘트'와의 結合은 엇데케 하여야 되겟는가. ××的 演劇運動者로 默過할 수는 업슬 것이다. 同志 諸君의 階級的 眞摯한 意見과 實踐이 잇기를 바란다. 朝鮮프로演劇運動에 對한 所見과 새로 結成된 劇團 等에 關하야 若干의 意見 等을 筆者는 執筆中인데 追後 發表될 것이라 생각하나 同志의 만흔 批判을 먼저 바라는 바이다.

(三一, 五, 一九)

『조선일보』, 1931.5.27~5.31.

演劇運動의 出發

◇現階段의 푸로레타리아 演劇◇

一. ABC부터

우리들의 藝術運動은 언제든지 ◇大한 勞動者 農民 大衆을 對象으로 하야 움직이고 잇다. 푸로레타리아 演劇運動은 演劇을 함으로서 그 任務를 하는 것이 아니다. '이와노프'의 「裝甲列車」를 舞臺 위에 上演함으로써 「裝甲列車」의 가진 바 (略)的 任務를 다하는 것이 아니다. 演劇과 勞動者 農民 大衆이 完全히 結合하는 데서 卽 演劇運動의 가운데 勞動者 農民을 動員식혀 그 意志를 反映식히며 演劇으로 하야 勞動者 農民을 (略)動宣 傳하야 階級的으로 有用化함으로써 (略)主義演劇의 任務를 遂行하는 것이다.

모든 藝術 部門이 그러하겟지만은 演劇은 特히 大衆을 相對로 하며 卽接 大衆의 感情에다 訴하는 것이기 때문에 勞動者 農民이 얼마나 動員되엿스며 觀客을 엇더케 組織化되엿느냐 하는 것이 푸로레타리아 演劇의 成果 不成果의 '바로메—터—'가 된다 하여도 過言이 아닐 것이다. 이러한 意味로 昨年末에 우리가 가지게 된 崔承一 演出의 「炭坑父」 「荷車」 「二階의 男」 等을 完全한 우리의 演劇이라고 못할 것이다. 朴英熙(『朝鮮之光』(?)에서)와 評하야 三◇年度의 成果이며 朝鮮푸로레타리아 演劇運動의 前進이라고 하나 정당한 批判이 아니다.

첫재 上演된 그 '레퍼—토리'가 朝鮮의 現階段的 情勢가 要求하는 것이 아니고 上演한 動機에 反階級的 色彩가 보이며 (反動俳優와 管利主와의 結合) 果然 몃 퍼—센트의 勞動者가 動員되엿스며 觀客을 엇더케 組織하엿드냐. 勿論 脚本의 缺乏 檢閱의 峻嚴 經營의 困難 等의 難問

題가 散在하겟지만은 그 事實에 잇서서는 우리들은 어데까지든지 盲目的 ◇的 評을 써나 우리의 演劇의 一步 前進을 위하야 嚴正하게 批判하여야 할 것이다.

그러나 그것이 正當한 出發이 되지 못하엿다 하여도 우리의 演劇運動史의 一步임은 틀림업다.

朝鮮의 푸로레타리아 演劇運動은 이것을 動機로 하야 지금 바야흐로 出版期에 잇다. 過去에 平壤의 '마치 劇場'이 成立을 傳하엿슬 쑨으로 何等의 活動을 못 뵈여주엇고 元山에서도 勞動者劇의 上演을 傳한 바 잇섯스나 이 亦 그 뒤의 活動이 업고 '캅프' 東京支部의 '無産者劇場'은 '올컷트'의 宣言으로 그 存在까지 喪失하엿스며 大邱의 '街頭劇場'도(署)의 干涉으로 하야 아즉 一次의 活動도 試하지 못하엿다. 이러케 우리의 演劇運動史는 擡頭하랴다 消滅하고 말앗다.

最近에는 開城에서 '大衆劇場'이 結成되엿다 하드니 아즉도 實質的 活動을 뵈여주지 안흐며 海州에서는 '演劇工場'의 第一回의 公演을 準備한다드니 그 後報를 아즉 듯지 못하겟다. 다음 우리의 演劇運動의 中央的 헤게모니와 指導權을 掌握할 重大한 役割을 가지고 出生한 京城의 '靑服劇場'은 上演할 '레퍼ㅡ토리'까지 發表한 뒤 아즉 아모 活動을 報하지 안흠은 '無産者劇場'이 過去에 當한 同一한 運命에 잇슴인지 매우 궁금하다.

다른 藝術部門에 比하야 아즉 運動史의 한 페이지도 만들지 못한 演劇運動에 잇서서 엇더케 하든지 運動을 存立식히며 一步를 進出식힘은 우리들에게 許與된 커다란 任務일까 한다. 過去에나 現在나 무슨 劇場 무슨 劇團하고 일흠만 製作하고 何等의 實質的 活動을 못함은 반드시 經營 檢閱 等의 客觀的 條件에만 理由를 부칠 수 업슬 것이고 自體의 組織의 運用 不活潑 活動方針의 根本的 誤謬에도 잇슬 것이다. 筆者는 여긔에 重點을 두고 새로운 進路의 展開, 今後의 活動方針에 對하야 逐項 論述하고저 한다.

二. 反動的 文化

文化領域에 잇서서 '(畧)'의 攻勢와 싸호며 勞動者 農民의 大衆的 基礎의 위에 (畧)的 文化를 樹立해 감은 現階段에 잇서서 重大한 任務일것이다. (中略)

朝鮮 內에 잇서서 (畧)主義 또는 (畧)主義들이 엇더케 文化 反動을 하고 잇는가. 그것과의 (畧)과 ◇◇는 우리의 重大한 任務의 하나이다. 工場 內 園遊會 遠足會 運動會 慰安會 等의 名目 알에 開催되는 (畧)主義의 反動的 文化와 (畧)保健運動 精神涵養 等의 名目으로 開催되는 各種의 運動競技會는 이의 主要한 것이다. 特히 그들이 運動競技의 大衆性을 利用하야 階級意識의 無意識化와 反動精神의 涵養에 힘을 쓰고 잇슴은 우리로써 明白히 알 수 잇는 事實이며 우리의 이에 對한 活動方針과 (畧)쓰포―쓰의 樹立 等이 決定되여야 할 것이다.

그 外에 文化反動의 實例는 朝鮮 內에서 위에 말한 것보다 훨신 큰 것이 만타. 그 仔細를 倒底히 말할 自由가 업지만은 近日 各地의 農民夜學 等의 (畧) 그에 代身하야 니러나는 所謂 文化(畧) 等에서 設置하는夜學과 農民講習會 等과 (畧)敎育 卒業生 (畧)職業 (畧) 等이 그것이다.

演劇運動은 그러한 文化反動에 對하야 엇더한 活動을 하여야 할 것인가. 이 問題의 解決決定이야말로 우리의 當面한 緊急 問題일 것이다.

三. 街頭의 情勢(全部畧)

四. 反動的 演劇

現今 朝鮮의 大衆이 얼마나 演劇運動을 求하고 잇나 함은 反動的 營利 劇團이 現在 大盛況으로 興行을 繼續하고 잇다는 것으로 反證할 수 잇다. 그들 反動的 營利 劇團은 現今의 朝鮮의 大衆이 얼마나 演劇을 盛히 ◇要한다는 것을 잘앎으로 商品으로써 그들은 不絶히 反動演劇을 公開하고 잇다. 現在 觀客 大衆의 大部分은 小市民과 學生層인 것인데 그들은 이 觀客層에게 果然 무엇을 뵈여주고 잇는가. 요즈음 公

演中에 잇는 二三劇團의 '레퍼 — 토리'에서 引用해 보겟다. 그들은 鄕土劇이란 것을 잘 上演한다. 過去에 「아리랑」 가튼 것과 가티 果然 이 類의 劇은 小쑤루層에 쏘는 未組職 大衆에게 보혀서 큰 歡迎을 밧는다. 그러나 그 本質은 무엇인가. 鄕土의 盲目的 愛着이며 (署)主義의 宣傳이다. 그리하야 似而非的 階級性을 뵈이면서 反動的 役割을 쑷까지 다하고 잇다. 假令 그들의 鄕土劇이란 것 中에 無産者階級 云云이 잇슬지라도 그것은 그들의 商策이다.

다음 그들은 '넌센스劇'을 잘올린다. '넌센스' 그것은 무엇을 意味함이냐. 所謂 그것은 無意味요, 階級意識에 對한 無感覺을 말하며 뿌르조아的 遊戱를 말함이다. 戀態悲劇 等은 低級한 '센티멘탈이즘'과 低劣한 '에로틔시즘' 等의 世紀末的 頹廢 氣分의 涵養 鼓吹임을 말할 수 잇다. 더욱이 可憎할 만한 半裸體의 狂亂 '레뷰 —' 等에 잇서서는 反動의 極을 다하엿다고 할 수 잇슬 것이다. 이러흔 上演目錄을 取하는 그들은 經營 興行의 手段이 ◇取的이라는 것이야 더 말할 것도 업슬 것이고 그들의 反動性은 (署)主義의 文化에 對한 ◇◇◇◇◇◇◇◇◇◇◇ 째 할 수 잇슬 것이다.

五. 創意性 發揮

"藝術運動에 잇서서 勞動者 農民 大衆의 이니치아틔 — 즘를 發揮하라."

이것은 우리의 가장 큰 任務의 하나이다. 藝術運動과 大衆이 完全히 結合하려면 거긔에 相應한 條件이 必要하다. 한 개의 小說과 한 개의 演劇이 重要한 問題를 取扱하엿슴에도 不拘하고 勞動者 農民 大衆의 意에 合하지 안코 大衆性이 업다고 한다면 거긔에는 반다시 그 小說 乃至 演劇이 勞動者 農民 大衆과 相合치 안는 무슨 條件이 伏在하고 잇슬 것이다. 우리는 이 問題를 解決하고 우리의 藝術運動이 勞動者 農民의 意에 適應하도록 하기 위하야 우리의 藝術運動에다 勞動者 農民의 '이니치아틔 — 즘'를 發揮하여야 할 것이다. 이 問題의 大部分은 勞

動者 農民의 日常生活과 藝術運動의 密接으로 解決될 것이다.

그리면 演劇에 잇서서 엇더케 勞動者 農民의 '이니치아틔—즘'을 發揮할 것인가. 첫재 職場을 中心으로 하야 勞動者 自身의 促進할 것이다. 卽 勞動者 自身의 演劇을 만들고 勞動者의 손으로 職工會 爭議 等 時에 演藝的 活動을 하두룩 할 것이다(이 問題는 七, 素人劇으로에서 詳細하게 論하겟다).

第二로 우리의 劇團 가운데 卽 劇員 構成 멤버—속 에다 勞動者 農民을 參加식힐 것이며 그리하야 劇團의 運用과 統制의 形式으로 勞動者 階級의 創意性을 發揮케 할 것이다.

公演 時 等은 푸로레타리아—트의 모든 組織과의 接觸面을 廣大하게 하기 위하야 이것은 必要 以上 必要하다. 勞動者 農民과의 共同合意 알에 上演目錄의 制作과 編成 또는 그 職場을 中心으로 한 演劇批判會 各 職場을 代表한 綜合批判會의 開催함은 그 實例이다.

第三으로 機關紙 出版物 等을 通하야 演劇運動에 對한 勞動者 農民 大衆 觀客의 意見의 發表 等이다.

演劇이 勞動者 農民 大衆의 것으로 完全한 것이라면 그것은 그 演劇의 가운데 勞動者 階級의 意志가 反映되여 잇스며 '이니치아틔—즘'이 發揮되여 잇슬 것이다. 우리의 演劇은 過去의 演劇과 달러 一種의 타이프 所謂 新派型에서 버서나 素朴한 勞動者 農民의 形態를 表現하지 안으면 아니 될 必要上 演劇의 위에 勞動者 農民의 '이니치아틔—즘'의 發揮는 必要하다.

六. 移動的 活動

過去에 잇서서 結成된 數個의 劇團이 何等 活動도 못하고 죽어바렷다는 것은 그 劇團의 活動方針에 根本的 誤謬란 무엇인가. 그것은 公演함으로써 全 活動이라고 봄이라 하겟다. 우리는 公演無用論까지 생각하고 십다. 勿論 그것은 極左的 偏向이라 하겟지만은 眞實한 프로레타리아 演劇은 勞動者 農民層의 集合體 內에 移動하야 活動하여야 할 것이다. 現今에 잇서서 營利業者의, 劇場의 借用으로 우리의 劇을 上演한다면 勞動者를 到底히 動員식히기 위하야 入場料金의 低下를 한다면 當場에 經濟問題의 難關에 부댓길 것이다. 이것이 第一로 우리들에게 公演을 許하지 안는 理由일 것이다. 또 우리가 上演하고저 하는 '레퍼―토리'는 檢閱問題에 걸리고 만다. 公演을 할 수 잇고 업는 것은 完全히 여긔에 달렷다. 우리가 如何한 조흔 '레퍼―토리'를 數업시 가젓다 할지라도 '컷트'란 것의 밋헤는 敗北하고 말 것이다. 이것을 大衆의 힘으로 아모럿케도 할 수 업는 오늘 公演의 不成立은 不可避의 事實이다.

現在 公演中인 (畧) (畧)와 (畧) 等等이 鄕土藝術 舞臺藝術 等을 標榜하고 營利的 反動쑤르조아 劇團의 基盤을 굿게 하고 잇는 이때에 우리들은 씃까지 그들과 抗爭 對立하야 그들의 反動性을 暴露하야 觀客大衆에게 演劇 批判의 눈을 열어줄 것이며 勞動者 農民의 가운데 그들의손이 侵入치 못하게 하여야 할 것이다. 그들 營利的 巡廻 群小劇團等이 地方 農村을 巡廻하야 勞動者 農民大衆을 欺滿하고 잇는 것을 우리는 그 正體를 暴露하여야 한다. 그들은 甚하면 무슨 夜◇阮雜特興行 等의 名目을 ◇◇하야 反動演劇을 上演하며 營利의 私服을 채우고 잇지 안흔가.

이러한 情勢에 웨 公演만으로 活動하려 하느냐. 이것을 打開하기에 最適의 方法이 우리에게 許與된 移動的 活動이다. 이것은 爭議 또는 勞動者의 '픽크닉' 其他 集會에 簡便하게 가저갈 수 잇다. 平素에 그러한 때에 스기 위하야 移動劇用의 脚本을 選擇 練習하야 非常時에 가저가도록 해 노흐면 遠足會 集會 等에는 餘興으로 그들에게 뵈여 非合法的 속에 合法性을 獲得할 수 잇다. 그러함으로 公演보다도 그 效果에 잇서서 對衆이 純勞動者라는 데서 훨신 優越할 것이다. 더욱이 그러한 簡便한 移動活動은……場所와 設置 衣裳 等의 經濟的 問題가 해決되고 人員의 名數를 要하지 안음으로 얼마든지 活動할 수가 往往이 잇다.

現在 公演 偏重의 ◇◇를 犯하고 잇는 우리의 劇團은 그것을 清算하고 工場 內로 野外로 農村으로 勞動者 農民의 集合 內에다 移動的 活動을 試하라. 이것이 眞實한 프로레타리아 演劇運動의 一步 前進일 것이다(移動活動에 使用되는 脚本은 卽興的으로 現實的 事件을 取扱해도 조흘 것이며 演劇에만 限하지 말고 漫談 노래 等의 演藝에도 손을 대일 것이다).

七. 素人劇으로

移動的 活動의 任務를 ◇村 內에서 하기 위하야 또는 農民 自身의 演劇的 乃至 演藝的 活動을 하기 위하야 農村의 農民 夜學生을 中心으로 한 또는 農民組合員 青年部 中心으로 한 素人劇的 活動의 擴大促進을 行하여야 할 것이다.

農村 內에 잇서서 素人劇적 活動은 地方에 짜아서는 벌서 구든 基盤과 體驗을 가지고 잇는 곳이 만타. 新聞紙의 報道에만 依하야도 素人劇大會의 消息은 만타. 그러나 過去의 所謂 素人劇이란 것은 新派演劇의 模製이며 人情 美談 正義 活劇 北滿戰爭 等의 奇怪한 茶番이며 그보다 一步를 나갓다면 「아리랑」 갓흔 데서 본바든 鄕土劇이란 것이다.

우리는 過去의 이러한 反動的 素人劇을 ◇遂 撲한 現實問題를 取扱한 減하고 小作料의 引下 勞動條件의 向上 水利組合問題 等을 題材로 素人劇을 만들어내여야 할 것이다. 이 素人劇으로 하면 普通 集會의 名目에도 할 수 잇스며 要項만 提出하고도 할 수 잇스니 農村의 素人劇的 活動은 今後에 盛히 活用하여야 할 것이다.

그 實踐 方法으로 農民組合 青年同盟 等에는 移動劇部를 設置하고 平素에 演劇에 對한 知識의 獲得과 非常時 出動의 準備를 해둘 것이며 그러한 移動劇部 가튼 常設機關을 設置하지 안터라도 農民夜學敎等은 小作爭議 發生 時 또는 集會 時 또는 農閑期 名節 等을 利用하야 素人劇會를 開催할 것이다. 때로는 近洞 近面의 農民組合 農民夜學으로 巡廻 移動도 하며 各 農民夜學의 素人劇部의 交換 活動 等을 行하는 것도 有意義할 것이다.

말할 것도 업시 素人劇的 活動도 ××的 文化敎育의 任務를 하는것임으로 娛樂을 위한 娛樂이 되지 말고 眞實로 階級的으로 有效한 것이 되게 할 것이다. 그럼으로 題材의 取扱은 嚴密한 點에서 할 것은 勿論이요, 鄕土的 感傷에 빠지지 안케 하여야 할 것이다. 特히 移動劇部의 常設機關을 둘 때는 우리 專門的 프로레타리아 劇團員의 積極的 指導를 게을리하지 말 것이며 前項에도 말햇지만은 民謠雜歌 等을 階級的 立場에서 改作하고 漫談 요술 가튼 것도 練習 收得해 노흐면 大衆을 쓰을기에 더업시 必要할 것이다.

八. 觀客의 組織

우리가 演劇을 公演할 때 觀客이 組織되여 잇스면 計劃的으로 公演의 效果를 向上할 수 잇다. 그리고 公演의 一大任務는 觀客의 組織일 것이다. 特히 프로레타리아演劇은 演劇과 觀客과의 一致合同함으로써 演劇에 가진 바 大衆性을 遺憾업시 發揮하는 바이다. 觀客을 組織함으로써 經濟問題도 解決할 수 잇다.

그리면 우리는 엇더케 觀客을 組織할까. 大體 '維特員' '드라마리—그' 등으로써 組織할 수 잇지만은 '드라마리—그'의 便이 우리의 目的을 遂行하기에 조흘 것이다. 維特員은 比較的 分散的이나 維特員의 增員으로 維特會를 結成하면 完全히 組織할 수 잇슬 것이다. 維特員은 公演 時에 招待券을 發行하기도 하고 維特費를 徵收하야 公演 準備에 充當하고 維特員에게 機關紙 '팜프레트' 等을 交付하고 批判會를 開催할 것이다.

다음 '드라마리—그'는 工場勞動者를 中心으로 或은 學生을 中心으로 會社를 中心으로 한 會社員 等으로 하야 組織할 것이다. 勞動者에게는 公演 時에 勞動者券을 發付하고 學生 一般에게는 割引券을 發付하며 勞動者 中心으로 한 批判會 開催 機關紙 팜프레트의 配付 等을 할 것이다.

우리의 演劇 內에 勞動者의 動員 퍼센테—지의 增加하엿다 함은 卽

우리의 演劇의 一步 前進을 意味함이오, 勞動者 農民 大衆의 動員 퍼센테ㅡ지의 增加는 勞動者 觀客의 組織에 잇고 그것은 '드라마리ㅡ그'의 組織과 機敏한 運用으로 完全히 效果를 어들 수 잇다.

우리의 藝術運動을 組織하라! 觀客 大衆을 組織하라.

以上으로써 퍽도 粗雜하나마 取扱하고저 하엿든 問題는 大略 取扱하엿다. 勿論 未及한 것도 잇슬 것이며 또는 問題를 提出한 데 지나고 解決과 方針을 言及하지 못한 것도 잇다. 그것은 다른 同志의 努力 批判을 바란다. 戲曲의 生産 問題에 對하야도 言及하랴 하엿스나 畧하기로 하엿다.

이 拙論이 現下 反動 演劇의 濁流 속에서 조금이라도 우리의 演劇運動에 도움이 된다면 多幸이겟다.

『조선일보』, 1931.7.29~8.5

슈프렛히·콜

演劇의 새로운 形式으로

프로레타리아 演劇의 方法은 말할 것도 업시 藝術上의 辨證法的 唯物論的 方法과 相通하는 것이다. 그럼으로 多様한 形式의 攝用은 프로레타리아 演劇에 許與된 辨證法的인 方法이며 새로운 形式의 打開는 프로레타리아 演劇運動者의 커다란 任務의 하나이다. 朝鮮의 프로레타리아 演劇은 아즉도 그 成長의 第一 階段도 다 經過하지 못하고 잇다. 우리는 運動 그것의 伸長을 위하여 가장 簡便하게 가장 效果的으로 演劇的 手段으로 할 수 잇는 數 만은 形式을 알어야 할 것이다. 筆者가 여기에 쓰려는 '슈프렛히 · 콜'도 그것의 하나이다. 그리고 繼續하야 '산新聞劇' '아기트 · 프놉프劇' '포쓰터—劇' 等의 解說을 쓰려고 한다.

一.

'슈프렛히 · 콜'(Sprech-coro)은 適常한 譯語가 아즉 發見되지 안엇다. '슈프히'는 英語의 '스피—츠'(Speech)와 同義語이며 '콜'은 '코—러쓰' 卽 合唱이란 말이다. 그러니 卽 解釋하면 '말의 合唱'이라고 할 수 잇슬 것이다. 그 外에 譯語로 '合唱詩' 또는 '말하는 合唱' 等이 잇다. 一言으로 말하면 朗讀이 한 사람의 입을 비러서 하는 데 對하야 '슈프렛히 · 콜'은 多數人의 朗讀이다. 卽 一群 或은 一團의 사람이 一時의 한 編의 詩를 朗讀하는 것이다. 그럼으로 朗讀의 演劇化한 것이라고 볼 수 잇는 것이다. 그러나 이것은 演劇의 一 形式으로 만들 수 잇는 것이 안이고 프로레타리아音樂의 새로운 形式이며 同時에 詩朗讀의 一 形式이라고도 볼 수 잇는 것이다.

우리는 '슈프렛히 · 콜'을 프로레타리아演劇의 一 形式으로 工場과 農村 또는 劇場 等 勤勞大衆의 모임 가운대 移動할 때에 (畧)프로劇으로써 有用化하지 안으면 안 될 것이다. 筆者는 그러한 意圖 알에 '슈프렛히 · 콜'의 形式 演出方法 等을 紹介하려 한다.

二.

'슈프렛히 · 콜'은 獨逸에 잇서서 勞動者들이 가진 가장 大衆的인 演技의 方式이 되어 잇다. 이것이 獨逸에서 始作되여 獨逸에서 成長한 만치 獨逸의 勞動者는 이것을 벌서 專門的 技術者가 안인 素人으로써 할 수 잇는 演技로써 充分한 經驗과 造詣를 가지고 잇다. 엇더한 때 엇더한 곳이든지 크거나 적거나 勞動者의 集會에는 반드시 이 '슈프렛히 · 콜'을 演出하야 勞動者 自身의 藝術的 興◇와 末組織 大衆에 對한 (畧)宣傳의 任務를 遂行하고 잇다. 그리하야 獨逸의 著名한 프로레타리아 詩人인 '에릿히 와이넬트'는 이 朗讀用 '슈프렛히 · 콜'用의 詩 製作에 커다란 成功과 프로레타리아大衆의 커다란 信賴를 가지고 잇다.

그리면 웨 '슈프렛히 · 콜'은 프로레타리아의 武器로써 優秀한 것이냐. 첫재로 勞動者의 생각과 感情을 生活 그대로 表現할 수 잇는 것이다. 터저나오는 鬱憤 低嚴한 리듬 機械의 呻吟 부서질 듯한 怒叫 두다리는 함마 밀려드는 (畧) 그리고 空腹과 極度의 疲勞 等等 이 모든 것을 音樂化된 高尙한 韻律이 안이고 直接的인 肉聲 그것이며 勞動者의 물결이며 呻吟이며 고함 그대로이다. 그럼으로 가장 大衆的인 것이다.

둘재 그러타고 低級化한 藝術이 안이며 通俗化도 안이다. 그 리듬이 簡便함으로 하야 굴다란 線을 聽衆의 귀에다 남길 수 잇슬 것이며 複雜한 메로듸—를 必要치 안음으로 하야 音樂의 合唱과 갓흔 만흔 練習과 素養을 必要도 안으며 짤아서 音色의 如何 '소프라노' '테너—'의 區別이 必要치 안타. 勿論 複雜한 伴奏도 不必要한 것이다.

셋재 舞臺的 條件을 그다지 要求치 안음으로 엇더한 場所에든지 自由로 가지고 갈 수 잇다.

넷재 그것이 大衆의 소리요 大衆의 感情의 絶叫임으로 (畧) · 푸로的 效果는 말할 것도 업시 多幸으로 가젓다.

三.

'콜'의 上演을 試하려면 먼저 이에 意◇한 詩가 싸로히 創作되여야 할 것이다. 한 사람의 朗讀과 달러서 길다란 語句는 不適當하다. 길다란 語句를 多數人이 朗讀하면은 그 語義가 不鮮明하게 들리기 쉬운 것이며 길수록 合唱하기에 困難하다.

쏘 演劇의 一 形式으로 試할 째는 먼저 劇的 '앨랜지 —'를 加하여야 할 것이다. 밧구어 말하면 單 한 詩의 朗讀의 合唱으로보담도 充分한 演劇化가 必要하며 簡便한 '제스츄어 —'(動作)도 부치어야 할 것이다. 그 演出의 實例로써 다음의 두 가지를 紹介하려 한다.

먼첨 簡便하고 가장 쉬운 것으로 舊東京프로레타리아 演藝團(新名◇◇◇◇◇) 上演의 「國際勞動者救濟會」(島公◇作) 一部를 이야기하겟다.

(畧)

一, 二, 勞動者 諸君!

一, 二, 三, 同志들이어

全員 — 勞動者救濟會에 들자!

二, 養老院과 孤兒院에

三, (畧) 死者의 遺族과 廢(畧)에게

一, — — 는 慈善事業을 배풀고 잇스나

四, 그러나 그것은 놈들의 欺瞞이다.

一, 사람들의 간난과 매임이 그짜짓 것으로 곳치어지지 안는다.

一, 四, 우리들이 (畧)이 나흔 ◇性子를 救하여야 한다.

二, 돈과

三, 옷과

一, 먹을 것을

二, 三, 주린 農民에게

一, 四, 주린 勞動者에게

二, 三, 四, 주린 아이들에게

一, 그러케 하는 것이

二, 四, 一 을 굿게 한다.
全部, 勞動者 一 을
一, 한 사람을 위하야 모든 사람이
二, 모든 사람을 위하야 한 사람이
全部, 一 勞動者救濟會에들자!

이것은 그 終末의 一部分인데 動作은 업고 네 사람이 適當한 間隔을 두고(손을 펴서 잡힐 만치) 나란히 서서 主로 音調의 抑揚을 부처서 한다. 二의 "돈과"를 强音으로 내고 三의 "옷과"를 低音으로 내며 "주린 農民에게"는 普通 소리로 그 다음의 "주린 勞動者에게"는 그보다 一段 高音으로, 그 다음의 "주린 아이들에게"는 더 一段 高音으로 낸다. 그리하야 맨씃 "勞動者救濟會에 들자!"는 最後의 '크라이막스'가 되는 것이다.

다음은 東京左翼劇場에서 上演한 것으로 조금 複雜化한 것인데 「투툭스부鐵道」라는 報告物이다.

(前略)
第二의 사나히
쎄처라! 렐
올너라 촉◇산◇에!
山은 엽흐로 쒸어
너이들에게 길을 빌우어준다
압길은 엇더하냐
◇◇를 걸려 잇느냐
일치시 河의 激流에
카스켈렌의 激流에

第四의 사나히
발상에서 나려오너라
위태하다 工夫들!

벌서 수만흔 工夫가
일치시 河의 激流에 먹혓다.
카스켈렌의 激流에
부룬다이의 激流에
위태하다.
江에서 다라나라

第一사나히
다리는 걸렷다.
물결도 잠잣다.
물밋 깁히
浚渫船이 파내엇다.
고함처라
목나무(枕木)를 가저오라고
목나무를 敝設하라고

第二의 사나히
옴겨라 목나무를
렐아! 더 다름질처라
되엿다. 다리가
일치시 河에
되엿다. 다리가
카시켈렌의 흘음우에
(下略)

登場人物은 全部 아홉 사람이며 衣裳도 갓추엇든 것이다. 單獨의 朗讀의 部分이 만흠으로 하야 各 節의 抑揚이 細密하게 演出되엿다. 맨 처음 第二 사나히의 것에 "뻿처라!"라는 高聲으로 나와 "山은"에서 普

通會話體로 始作되여 "일치시 河의"에서부터 漸次로 놉하저 가서 第四의 사나히 "위태하다 工夫들"은 絶叫에 갓갑게 하며 "벌서 수만흔"에서는 音調가 突變하야 低音이 된다. 이것은 全部에서 케쓰(小太鼓)의 伴奏을 너어 그 音響效果를 一層 加하고 잇다. 케쓰의 打法은 씃의 第二의 사나히의 "되엿다"(音調도 놉게 낸다)에서 "◇텻시모"(最高) 强打하야 다음은 잘게 구을린다. 仔細한 것은 到底히 여긔서 說明할 수 업다(寫眞은 東京左翼劇團上演의 『투툭스부 鐵道』).

四.

씃흐로 우리는 朝鮮 안에서 엇더케 '슈프렛히·콜'을 프로레타리아演劇의 形式으로 活用되여야 할까. 엇더케 하야 이 새로운 形式에 對한 關心을 喚起할가. 農村에 잇서서 農組靑年部의 素人劇的 活動에 쏘는 工場 內의 演劇同好會의 素人劇的 活動에 有用化될가. 이 問題를 宿題로써 남겨두자.

모든 外國에서는 街頭에서 工場의 休息時間에 野外에 (署)團에 農村에 쏘는 學校劇으로 이것을 試驗하야 커다란 成果를 어덧스며 今後에 漸漸 發達하야 音樂家와 共同活動에 依하야 簡便한 作曲까지 하게 되엿다. 우리는 農村에 잇서서 가장 커다란 活動面을 가지고 잇스며 農村靑年의 自立的인 素人劇的 活動은 우리들 프로레타리아 演劇運動者는 最大의 關心을 가지지 안으면 안 될 것이며 그러한 自立的 演劇運動者와 專門的 運動者의 緊密한 連絡 알에 새로운 演劇의 形式은 充分히 利用하지 안으면 안 될 것이다.

參考로써 다음에 獨逸의 同志 에릿히·와이넬트 作 「一九三二年을 마즈며」를 全部 紹介하려 한다.

一九三二年을 마즈며
에릿히·와이넬트

一.

쏠로1 三百六十 다섯 번의 아츰

合唱團 조금도 달음업는 不安

쏠로2 三百六十 다섯 번의 낮

合唱團 조금도 달음업는 괴로움

쏠로3 三百六十 다섯 번의 밤

合唱團 눈이 쓰이지 안는 疲困

쏠로1 그리고 지금 쏘

合唱團 一九三二年을

쏠로1 마저서

쏠로2 우리들의

合唱團 묵은 疑問이

쏠로2 되도리켜진다.

쏠로3 쏘 한 번 갓흔

合唱團 三百六十五日은

쏠로3 오는가 하고

二.

쏠로1 그러타

合唱團 同志들

쏠로2 아마

合唱團 아죽도 세네 번은 오겟지

쏠로3 아마

合唱團 아즉도 열 번은 오겟지

쏠로1 그러나 回志들

合唱團 落心하지 마라

쏠로2 금년의

合唱團 三百六十五日 동안에

쏠로3 썩은 世上의
合唱團 (署合)늘
1 2 3 우리들은
唱團合 쏘하나
1 2 3 빼여버리는 것이다.

三.
쏠로1 조흐냐
쏠로2 同志들
쏠로3 그러기 위하야는
쏠로1 三百六十 다섯 번의 아츰
2 3 心臟의 불을 태워라!
合唱團 터저나오는 미움을
쏠로2 三百六十 다섯 번의 낮
1 3 목을 쉬게 하여라!
合唱團 동무가 落望하지 안토록
쏠로3 三百六十 다섯 번의 밤
1 2 힘을 길러라
合唱團 오는(署)의 準備로!

四.
솔로1 그러나 同志들
쏠로2 어느 때던지 꼭
쏠로3 새로운 해가 온다.
쏠로1 너의 心臟이
쏠로2 깃브게 급하게
쏠로3 용소슴칠 때가!
쏠로1 三百六十 다섯 번의 아츰

2 3 ×들에게 對한
合唱團 不安은 업다.
쏠로2 三百六十 다섯 번의 낫
1 3 ××의 괴로움은
合唱團 어제 날의 일이다!
쏠로3 三百六十 다섯 번의 밤
1 2 넘치고 남는 우리의 힘의
合唱團 幸福에 물들인다.

五.
1 2 그 때엘낭 나는
2 3 왼 세상의 동무에게
3 1 손을 잡는다.
쏠로1 그때는 깃븜이 터저나와
쏠로2 나라에서 나라로
쏠로3 라듸오의 電波를 보내리라.
合唱團 同志諸君!
1 2 3 오늘엘랑
全員 過歲 잘느냐!

一 九 三二, 二, 二◇

『조선일보』, 1932.3.5~3.10

劇評

實驗舞臺의 「檢察官」

實驗舞臺의 第一回 試演 「檢察官」은 여러 가지 意味에 잇서서 우리는 重要視한다. 그것은 決코 요번의 試演이 朝鮮新劇運動의 힘잇는 出發로써 成功的이엿다는 그들과 同一한 立場으로써가 아니고 그들의 劇運動이 完全한 小뿌르조아 演劇運動으로서 小市民 學生 知識階級의 小뿌르조아 層에다 그 뿌리를 빠치는 데 成功하엿다는 것이며 劇藝術研究會와 海外文學波의 사이에 걸처 잇는 가튼 줄기의 血脈의 鼓動이 反(署)文化電線의 前×에 서 잇다는 것이다.

그들이 日常에 標榜하고 잇는 '小劇場運動' '實驗舞臺運動'에 對하여는 다른 機會에 嚴密하게 批評하기로 하더라도 一言으로서 그들의 運動은 現情勢의 밋헤서 뿌르조아지 — 에게 忠實히 奉仕한다는 것이라고 할 수 잇다. 그것은 요번의 試演의 成果로 빗추어 보아 成果 그것이 證明하는 것이다. 그들이 恒常 尊敬하고 마지안는 日本의 新劇運動의 牛耳인 築地小劇場의 重要한 指導者이면서 그의 全財産과 地位를 新劇運動에다 傾到與하든 地方與志 氏로 하야 "우리들이 關係하고 잇는 新築地劇團(이 劇團은 現在 日本프로레타리아 演劇同盟에 加盟하여 잇다 — 筆者)은 아다십히 築地小劇場에서 試演하엿다. 그때의 우리들의 意圖는 單 한 藝術의 完成, 有閑階級과 小뿌르조아주 對象으로 하야 그 일을 繼續하는 데 不滿을 늣기고 漠然하나마 大衆에게 呼應하며 또 그 演劇을 功利的으로 利用하려는 적은 意圖 밋헤서 演劇은 좀더 社會生活에 結合하여야 한다는 것과 엘리小劇場의 灰色의 溫室이라 할가 氷室이라 할가 하는 곳에서 뛰어나오고 십다는 結果이엿다"라고 말케 한 것은 決코 偶然한 일이 아니다.

實驗舞臺가 '레퍼—토리—'로써 「檢察官」을 取하엿다는 理由를 그 譯者 咸大勳 氏에게 말케 하면 "無◇한 古典劇" 硏究가 안이고 "스탈린 氏가 特히 古典◇◇의 立場에서" "무엇보다 쉑스피어를 모델로 하지안으면 안 되겟다"고 한 것가치 "演劇의 歷史에 잇서서도 演劇의 遺産이 업는 朝鮮에 잇서서는 더욱히 外國의 優秀한 作品을 上演하는 것이 퍽도 意義잇는 일"이기 때문이라 한다.

우리들은 古典과 遺産을 無◇하게 排擊하지 안는다.(文學遺産에 關하여는 다른 同志가 詳論하기로 되어 잇기로 여기서는 말치 안는다) 遺産의 가장한 正堂한 繼承者는 (畧)아—트라는 것을 우리는 잘 암으로이다. 그러나 사베트러시아와 가티 프로레타리아文化의 建設期에 잇는 것과 (畧)主義國家 內의 文化××期에 잇는 때의 文化遺産에 對한 方針은 決코 同一한 것이 안이다. 스탈린의 言明은 正當하다. 사베트의 現在의 文化는 쉑스피어를 取入하기에까지 發達하여 잇슴으로이다. 그러나 朝鮮에 잇서서 곳쉑스피어의 劇의 形式을 쏘 고—골리를 그대로 가저올 수 잇다고는 스탈린은 말하지 안엇슬 것이다. 우리는 모든 古典作品 작품에서 배와야 할 것도 잘 안다. 그러나 그들은 祭壇에 뫼셔 두고 晝夜 崇拜할 것도 못된다는 것도 잘 안다. 쑤르조아 文學史上에서 본 고—골리의 露西亞文學史上의 位置는 푸슈킨의 繼承者요 露西亞 國民文學의 完成이엇다. 카씨린 全然 西歐文學의 背景에서 ◇출하지 못하고 푸슈킨에 일으러 비로소 國民文學을 完成하고 世界文學史上의 위에 首位를 占하게되엿다. 고—골리는 그 國民文學的 創作物은 완전히 푸슈킨에서 相續하엿다. 當時 一九三◇年에서 四◇년까지의 傾向派的 浪漫主義와 나로드니키, 스라부主義와 西歐主義, 自然派와 傳統派의 對立으로 演劇에 잇서서는 새로운 길을 發見하려고 하지 안엇다. 그리하는 가온대서 天性的인 浪漫과 幻想的인 才能, 微細한 觀察, 豊富한 諧謔과 冷笑의 主人인 고—골리는 埋沒된 우물을 파내고 派의 影響이 업는 自然과 人生, 諷刺的인 誠心 그와 同時에 外國의 影響과 技巧的 要素를 演劇에 내쫏고 말엇다.

고—골리의 戱曲 「檢察官」은 事實的인 한 個의 喜劇으로 그 槪況

은 本紙에 譯者 咸大勳 氏의 손으로 紹介되엿슴으로 다시쓰는 手苦를 앗기려 한다. 地方의 都市에 잇서서 官史의 風習을 忠實하게 模寫한 이 戱曲은 마음대로 官金을 ◇◇하고 賂物을 領하는 官僚들의 浪人을 그즛말쟁이 過客흘 레스타콥흐의 손으로 하야 公衆의 압헤다 告白케 하엿다. 그리고 그들의 利得과 그들이 不正한 收穫을 엇기 위하야 重壓에 呻吟하는 被治者 卽 商人 職工 兵士 等의 庶民階級에 對한 不平이 얼마간 나타내여 잇다.

이러한 戱曲의 意圖한 곳은 고―골리는 果然 한 사람의 庶民으로써 支配階級에 對한 不平을 가진 데 잇섯는가. "유모어는 到處에 무처 잇다. 그것을 몰으고 우리는 그 가운데 살고 잇다. 萬若 藝術家가 그것을 舞臺藝術로 完成하면 우리들로 하야 呵呵大笑케 할 것이다"라고 한 고―골리의 말에서도 알 수 잇스려니와 當時의 政治的 素材는 그에 잇서서는 單 한 그의 喜劇의 內容을 豊富케 하고 諧謔과 諷刺의 材料에 지나지 안엇섯다. "喜劇에 集中하여 잇다. 그러나 檢閱을 두려워한다"라고 그의 友人에게 告白한 것 가티 檢閱官에게 對한 正面的인 不平을 갓지 못하엿섯다.

고골―리는 當時의 大檢察官이라고 하는 사람이 잇다면 그것은 잘못이다. 戱曲에 나타나는 거즛말쟁이 檢察官가튼 喜劇의 主人公에 지나지 안엇슬 것이다. 그에 잇서서는 政治에 對한 말성보다도 國民劇 創造의 일이 重要하엿슬 것이다.

그러나 우리가 無理하나마 「檢察官」에 잇서서 엇더한 現代性을 차저내랴면 우리의 손으로 逆用하야 唯物辨證法的으로 앨렌지한다면 어느 程道까지 效果를 낼 수 잇슬 것이다. 實驗舞臺가 第一回 試演의 레퍼―토리로써 이러한 戱曲을 取扱하엿다는 것은 우리들로 보아 프로레타리아―트의 文化 發展의 위에 加하는××으로써의 小뿌르조아文化運動의 特質과 完全히 合致되여 잇는 것을 容易하게 發見할 수 잇는 것이다. 그러나 不幸하게도 그들이 쒝스피어의 戀愛物보다도 즐겨 이러한 興味性을 가진 것을 取扱하야 朝鮮의 觀劇 大衆을 捕捉하랴든 意圖가失

敗하엿다고 볼 수 잇다. 그러타고 絶對로 이 試演의 成果를 輕視하지 안는다. 「檢察官」 그것 그대로의 戱曲 그리고 洪海星 氏의 戱曲에 追從的인 古典的 演出로써는 十九世紀 以前의 露西亞의 風俗에 조금이라도 理解를 가지고 잇는 小뿌르조아 인테리겐챠 以外의 大衆에게는 何等의 興味도 갓게 할 수 업섯든 것이다. 그러나 劇藝術硏究會가 가장重要視하는 卽 그러한 小뿌르조아 演劇運動 所謂 新劇運動의 가장 强固한 支配者인 學生層에서 動員의 퍼센트―지를 놉혓다는 것만을 커다란 事實로써 우리는 보라 한다. 이것은 決코 偶然의 事實로 보아서는 잘못이다. 劇藝術硏究會의 主要한 行動 프로그람으로써 學生劇 問題와 觀客聯盟의 組織 等이 잇다. 朝鮮의 學生劇은 學生 自身의 것이 안이고 完全히 그들의 手中에 들어가 잇다. 요번 試驗에 잇서 學生의 가운데서 技術者를 發見하여 잇다는 것도 놋처서는 안 될 重要한 事實이다.

劇藝術硏究會―實驗舞臺는 벌서 小뿌르인테리層에게 구든 基盤을 獲得하고 말엇다. 各 學校의 團體動員은 決코 單한 入場料의 割引이 안이고 드라마·리―그(觀客聯盟) 組織의 第一步―안이 벌서 完成된 곳도 잇슬 것이다. 初夜의 學生動員은 二十퍼―센트 三十퍼―센트가 안이고 四十 五十을 넘엇슬 것이다. 單只 動員되엿슬 쑨만 안이고 그들을 커다란 滿足과 支持를 舞臺에 던지고 잇섯다. 學生과 인테리層 以外의 觀客에게는 「檢察官」을 喜悅을 주지 못하엿다. 初日의 所見에 依하면 第三幕의 終末씀 되여 벌서 觀客席의 一部는 空虛하여저 잇섯다. 그러나 連 三日間의 觀客動員의 數로 보아 實驗舞臺의 意圖하는 곳은 成功하엿다고 하여야 할 것이다. 다음은 演出 演技 等의 各 技術的 部門에 宣하야 簡便한 評을 해보자.

위에서 말하엿지만은 이 戱曲은 强烈한 十九世紀 쌔의 러시아味가 써도는 風俗物이다. 그리고 戱曲의 構成도 自然的이고 事實에 忠實하여 잇다.

이러한 戱曲의 演出에 對한 演出者 洪海星 氏의 態度는 全然 戱曲에 追從한 古典的 演出方法이다. 氏가 舞臺 經驗이 적은 演技者들을 編使하야 그만치 完成식혓다는 點에 잇서서 讚詞를 앗기지 안는다만은

全體의 演出方法에 잇서서 조금도 새로운 것을 發見할 수 업다. 이러한 演出 프랜은 이 試演이 古典硏究의 그들의 日常的인 固執에 合致하려고 한 것인지는 알 수 업스나 이 戱曲에 잇서서는 風俗劇으로써 觀客에 對한 理解力을 놉히려면 緻密한 事實的인 演出方法이 가장 適當할 것이다. 一例를 들면 序幕에 잇서서 室內에 配置하는 小道具 그리고 效果로써의 李院의 鐘소리 時計소리 等을 考慮하고 "두건 슨 도야지" 갓흔 病院監督 세무랴니—카의 序幕에 잇서서의 扮裝은 두건을 使用하엿드면 더욱 유—모어한 效果를 내엿슬 것이다. 그 外의 場面에 잇서서도 街里의 人◇ 汽車소리 가튼 것도 演出 프랜의 노—트에 쓰여 잇섯스면 조핫슬 것이다.

우리가 確固한 唯物的 辨證法的 演出方法으로 이 戱曲을 演出하엿드라면 좀더 커다란 收穫이 잇슬 쁜만 아니라 舞臺 經驗이 全然 업는 演技者의 編使에도 自信 잇는 結果를 내엿슬 것이라고 말하고 십다. 第四幕에 잇서 市長에게 늘 不當한 搾取를 當하고 잇는 商人들의 檢察官에게의 呼訴는 그러케 成功한 群衆取扱法이 아니엇다. 群衆의 取扱 가튼 대의 唯物辨證法的 方法의 至當性은 우리들이 아니면 알 수 업슬 것이다. 일즉이(一九二三年) "그리프에 셀칼로座에서는 이 「檢察官」을 五人의 各異한 演出家에게 同夜에 演出 上演케 하엿드니 古典劇的 演出과 스다니스라—프스키流의 事實的 演出과 막스·라인할트 式의 怪奇劇的 演出 크레—그 式의 神秘劇的 演出과 映畵劇 演出의 五種으로 한다. 온전히 戱曲은 演出家의 手腕에 依하야 生死와 成功 不成功이 되는 것이다."

演技者의 評에 잇서서는 演技者가 모다 첫 舞臺인 것임으로 그 責任을 演出者에게 갓게 할 수밧게 업다. 大體에 잇서 압헤 말한 바와 가티 演出者의 苦心의 結果가 成功하엿다. 그러나 各人의 性格이 各人의 演技者가 完全히 살렷다고 할 수 업다. 李雄 君의 市長은 보는 사람마다 첫 손쑤락을 굽히는 모양이니 筆者도 거긔에는 異意가 업다. 그러나 市長의 演技中 終幕의 것은 失敗라고 하지 안을 수 업다. 그 外에 申柱民君의 홀레스다콥흐는 演技에 變化가 적고 型에 들어박힌 곳이 만타. 도브휜스키와 보브휜스키의 演技는 너무나 全體에서 쒸여나와 統一을 缺한 感이 잇다. 卽 全 戱曲의 유—모어를 이들에게 다 擔當케 한 感이 잇다. 金曉愛 孃의 市長의 妻는 完全히 이 劇의 全體를 버리고 잇다. 이 配役은 失敗라고 할 수밧게 업다. 全羅道의 사투리를 조금 버서나지 못한 點은 女優로써 出世하기에 너무나 前途가 憂慮된다. 序幕에 잇서서 窓外를 향하야 市長과 아부도—치아에게 말하는 獨白은 듯기에 진땀이 쩌리두록 괴로웟다. 獨白이 만흔 것은 古典劇 形式의 缺點이라고 할 수 잇지만 演出者는 엇더한 方針으로 이 獨白을 演出하엿는지 自信이 업서 보인다. 金玉 孃의 쌀 役도 評價할 만치는 못되나 그 어머니의 獨白의 苦悶을 만히 살려준 것은 孃이다.

그가 서울 出生인 것 갓고 에로쿠—손이 比較的 조오니 指導 如何에 쌀아 조흔 演技者가 될 것이다.

演技의 全體를 通하야 所謂 '新派劇型'의 嚴音을 可及的으로 淸算한 것을 볼 수 잇스나 機械的인 演技가 만흔 것을 發見할 수 잇다.

裝置는 平凡하나 失敗는 하지 안엇다. 그러나 風俗劇으로써의 小道具 配置가 不足함이 만타 效果(에펙트)는 위에서 말한 바와 갓치 演出 方針의 如何로 너무 不用意하다고 할 수 잇다. 衣裳에는 相當한 費用이 들엇는가 보아 完備하여 잇다. 照明에 잇서서도 演出 프랜에 쌀음으로 너무나 變化가 업고 第二幕의 低級 旅館 階段下의 一室 더윽이나 沈鬱한 러시아의 氣分이 도모지 업다. 以上 모든 專門的 部門에 至하야 아즉 더 깁히 批判하고 評價하기에는 아즉 時機가 일은 것 갓흠으로 그만두기로 하고 씃흐로 다시 重言할 것은 實驗舞臺가 學生層에 구든 基盤을 두게 되엿다는 것과 演出에 잇섯스나 演技, 裝置, 效果照明 等 모든 舞臺的 技術에 잇서서 가장 效果的인 方法은 모든 藝術上의 方法과 가티 唯物論的 辨證法的인 方法이라는 것이다. 實驗舞臺에 처음 나온 演技者 諸君의 演技도 이 方法으로 우리들의 便에 잇섯다면 훨신 쌜리 科學的으로 合理的으로 伸長하리라는 것이다.

『조선일보』, 1932.5.10~5.12

朝鮮의 新劇運動

新劇運動이라 하는 것은 小부르조아지—의 劇運動으로서 現段階에 잇서서 프로레타리아 演劇과 嚴密하게 區別할 수 잇는 것이다. 그것이 '硏究的'이고 '試驗室的'인 데 잇서서 더욱히 明白히 區別할 수 잇는 것이다.

現在의 朝鮮에 잇서서 所謂 新劇運動이라는 것이 發生하는 社會的 原因을 삶혀볼 때 두 가지의 形態로 볼 수 잇다. 그 하나는 新劇運動 當事者의 自稱하는 바와 갓치 劇的 傳統을 가지지 못한 朝鮮에 잇서서 劇文化의 建設을 爲하야 卽 "全蘇的 歸一된 文化運動의 一翼으로써의 出現"으로 그 運動 自體가 어느 階級의 것이라는 것을 明示하지 안코 階級的 正体를 隱蔽한 가운데서 나타나는 小부르조아지—의 一段的 特質에 잇서 나오는 運動形態이며 다른 하나는 商品化 卑俗化되여 버린 過去의 新劇運動의 再出發로써 藝術的 理想的인 劇藝術을 建設하기 위하야 再出發하자는 것이다. 그 出現의 社會的 原因에서 보아도 新劇運動이 어대까지던지 푸로레타리아 演劇과 對立하는 것이며 푸로레타리아 演劇과 全然 區別되는 것이다.

우리가 一言으로 新劇運動의 政治的 役割을 말할려면 新劇運動은 急進的 쑤르조아— 乃至 小부르조아지—의 쑤르조아的 自由主義의 獲得을 爲하야 나타나는 것이라 할 것이다.

그럼으로 新劇運動의 當事者는 쑤르조아—지에게 ×意 안인 ×意를 가지고 잇스며 짜라서 프로레타리아 演劇에 對하야 決코 表面的인 敵意를 뵈이지 안는 것이야말로 프로레타리아 演劇으로써 가장 危險한 ◇◇인 것이다.

이러한 朝鮮의 新劇運動에 對하야 우리는 얼마나한 壽命 判斷을 내릴 수 잇슬가 그것은 말할 것도 업시 盲目的인 判斷이 안이고 現情勢에 잇서서의 科學的인 歸結일 것이다.

階級×立이 極히 尖銳化한 때에 잇서 어느 階級에도 屬하지 안는 中間層은 決코 存在하지 못한다는 것은 다시 말할 餘地도 업는 것으로 입으로 빗흐로만 進步的인 것갓치 뵈이는 것이라도 그 政治的 背景이 明白하지 안흘 때는 그것은 반듯이 支配的 位置에 잇는 階級의 것이다.

그럼으로 中間的 態度를 取하고 잇는 朝鮮의 新劇運動은 必然的으로 技術的으로 幾多의 發展을 뵈일는지 알 수 업스나 新劇運動이라는 運動 그 自體로써는 決코 發展하지 못하는 것이다.

朝鮮의 新劇運動을 代表하는 劇藝術研究會와 그 直屬인 實驗舞臺는 現在의 가진 그 中間的 色彩를 멀지 안어 일허버리고 必然的으로 어느 階級에 屬한다는 것을 明示하게 될 것이다.

우리들은 늘 日本의新劇運動의 發達한 발자취를 본다. 그러나 現在의 日本에 잇서서는 벌서 新劇運動은 그 가진 바 役割을 終了하고 프로레타리아 演劇과 그리고 그와 對立해 잇는 모든 쑤르조아 演劇과 팟쇼演劇 社會팟쇼演劇으로 限界線을 明白하게 兩分하고 잇다.

日本의 歌舞伎劇은 그 自體가 封建的 遺物이며 明治維新 以後의 純然한 쑤르조아 데모크라씨를 獲得하지 못한 新興쑤르조지—가 쑤르조아 民主主義運動의 道具로써 歌舞伎 以外의 새로운 것을 要求하엿든 것이다. 그것의 發見으로써 所謂 '壯士극' '書生芝居' 等의 政治劇이 出現하엿스며 明治二十七八年 日淸戰爭의 勝利를 契機로 하야 新興쑤르조아지—가 飛躍的으로 發展함에 싸아 前記의 壯士劇 書生劇이라 하는 所謂新派가 歌舞伎와 對立하야 모든 封建에 對하야 反逆하엿다. 이러케 順調한 發達을 한 新派는 日露戰爭 后의 쑤르조아지—의 不自然한 躍進과 精神的 墮落과 함께 卑俗化하고 말앗든 것이다.

이의 反動으로서 니러난 것이 卽 日本의 新劇運動이며 나려와서는 築地小劇場의 運動이엇다. 卽 當時의 인테리켄챠가 非營業的 理想的 藝術的인 演劇運動을 니르킨 것이다. 다시 말하면 封建制度와 히로이즘을 일허버린 卑俗化된 쑤르조아 이데오로기에 對한 小쑤르조아 인테리켄챠의 反抗이엇다. 그리고 그것이 何等의 階級的 背景을 갓지 못하엿슴으로 藝術至上主義 演劇運動이 안이 될 수 업다.

築地小劇場도 처음 出現할 때는 朝鮮의 實驗舞臺와 갓치 演劇의 實驗室을 標榜하고 나타낫다. 大正十三年에 出現하야 分裂하기까지 五六 年間을 무엇을 實驗하엿든가 외◇의 모든 戱曲을 雜多한 形式을 多樣의 內容을 無節制하게 築地小劇場의 灰色의 實驗室에서 實驗하엿든 것이다. 그러나 決코 거긔서에서는 이러이러한 戱曲이 이러이러한 國家에서 이러이러한 階級의 손에 依하야 엇더케 生産되엿다는 것과 그것이 엇더한 役割을 하엿다는 것과 그 戱曲이 現在에 엇더한 意義를 가지고 잇다는 것과 하믈며 演劇이 現在의 社會의 精神生活 過程에 엇더한 役割을 하고 잇다는 것들은 조금도 實驗하지 안엇든 것이다.

우리가 늘 말하듯이 演劇에 잇서서 그러한 唯物辨證法的 把握과 實踐은 프로레타리아—트만이 할 수 잇는 것이다.

分裂 前의 築地小劇場은 그는 完全히 思想的으로 한 個의 旣成旅團이엇다. 말하자면 後日에 프로레타리아 演劇에 잇서서 分子를 幾許間 內包하고 잇섯다. 그러나 그것은 絶對로 築地小劇場運動의 結果로써가 안이고 그 때의 急迫해저 가는 社會情勢 深刻해저 가는 經濟恐慌은 小뿌르인태리켄챠의 地位를 몹시 흔들어 그 急進的인 氣分을 프로레타리아化하고 푸로레타리아 自身의 손으로 만들기 위하야 싸호고 잇는 것이엿기 때문이다.

이러한 唯物辨證法的인 見解가 잇슴에도 不拘하고 朝鮮의 新劇運動者가 日本의 푸로레타리아 演劇이 築地小劇場에서 ◇◇하엿다고 생각한다면 憫笑를 禁치 못할 일이다. 日本의 푸로레타리아 演劇은 築地小劇場에서 不少의 敎訓과 經驗을 繼承하엿다고 할지라도 決코 그긔에서 發生한 것이 안이고 푸로레타리아—트의 손에서 具體的으로 말하면 一九二◇年의 '日本勞動者劇團'에서 發端하야 表現座, 先驗座, 트랑크劇場 等을 前史로 하야 成長하엿다.

朝鮮 新劇運動 當事者 具體的으로는 實驗舞臺의 諸君이 그들의 新

劇運動의 가운데서도 日本의 築地小劇場이 푸로레타리아 演劇에게 만흔 經驗을 준 것과 가치 朝鮮의 푸롤레타리아 演劇에게 무엇을 주리라고 — 그들의 말을 빌면 "實驗舞臺에서 푸로레타리아 演劇이 나오지 안흐리라고는 斷言 못한다"는 千萬不當의 誤信을 가지고 잇다면 賢明한 君들로써 實로 不賢明한 作亂이라고 할 수박게 업다.

築地小劇場 時代에 잇어서의 社會情勢와 現在의 社會情勢와는 顯著히 달으다. 現在와 갓치 階級對立이 尖銳한 때에 더욱이나 朝鮮에 잇서서 築地小劇場의 흉내를 내어 分數 外의 꿈을 꾼다는 것은 나푸레온이 全 歐洲를 討伐햇던 것을 지금 꿈꾸는 것과 갓다는 것은 두 살먹은 아히라도 理解할 수 잇는 事實이다. 그럼에도 不拘하고 實驗舞臺의 諸君이 이러한 꿈을 꾸어 中間性을 隱蔽하자는 大衆에 對한 一種의 欺瞞策 以外의 아모 것도 안인 것이다. 여긔에 잇서 그들의 階級的 正體는 暴露되는 것이고, 그들의 反푸로레타리아 性이 明白해지는 것이다.

朝鮮의 모든 푸로레타리아文化는 푸로레타리아 自身의 손으로 만들고 잇는 中이다. 그리고 푸로레타리아 演劇도 決코 新劇運動의 가운데서 發生하는 것이 안임은 말할 것 업는 事實이거니와 조금의 惠澤도 닙고저 하지 안코 實驗舞臺와 갓흔 政治的 背景의 不分明한(어느 限度에 잇서서는 鮮明도 하다)데에 잇서서는 敬◇ 안이 차라리 敵意로써 對하는 것이 가장 正當한 方法이다. 現 情勢下의 푸로레타리아 文化는 決코 즐겨 하야 우리들의 陣營을 향하야 모든 데마고 — 그와 挑戰的 態度를 取하는 反動的인 小뿌르조아 文化에서 조금의 惠澤도 닙지 안코 푸로레타리아 제 自身의 손으로 모든 苦難과 暴雨 가운데서 成長하는 것이다. 우리들의 모든 運動에 잇서서 인테리켄차의 參加는 極히 必要한 것이나 正當한 푸로레타리아의 同盟者가 될 수 잇는 것이다.

二.

朝鮮에 잇서서 新劇運動이 一九二◇年에서부터서 發生하야 '劇藝術協會' '文士劇團' '藝術協會' '民衆劇團' '劇文會'그리고 '土月會' 等

을 것처 더욱이 '土月會'에 잇서서 엇더한 意味로서의 에폭크 메—킹을 만들엇슴에도 不拘하고 그대로 成長하지 못하고 座頓한 理由는 어데 잇섯든가.

世上에서는 그 理由를 演劇의 商品化의 結果라고 볼 것이다. 그러나 그 正當한 社會的 原因으로써 우리는 다음의 몃 가지를 들 수 잇다. 첫재로 近代劇運動에 커다란 役割을 한 新劇團體가(例로 土月會) 漸次로 急激化해가는 社會情勢를 너무나 不消化하여 社會와의 接觸面에 '갭푸'가 잇슴으로 인하야 自體를 反푸로레타리아的 反民衆的 立場에다 轉落식혓기 때문이다. 이것은 不可抗의 必然의 것이라고 볼 수밧게 업스며 어느 意味에 잇서서는 벌서 朝鮮에 잇서서도 新劇運動은 그 任務를 終了하엿다고 할 수 잇는 것이다.

다음의 理由로 벌서 大衆의 演劇的 要求는 그러한 小뿌르조아 演劇에 何等의 滿足을 어들 수 업섯슴과 푸로레타리아 演劇의 發生에 依하야 完全히 屬性을 明白케 하엿슴이다. 셋호로는 戰后의 困憊와 恐慌에 依한 커다란 鐵槌는 뿌르조아지—를 하야 그 基礎를 危險케 하엿슴으로 뿌르조아지—는 스사로 自身의 慰安을 위하야 不健康한 아메리카니슴을 輸入하야 新劇으로 하여금 에로·그로·넌센쓰 演劇에까지 卑俗化케 하엿기 때문이다.

이러한 新劇運動의 運命에 위에다 最近 一二年間에 海外文學派의 諸君의 손에 依하야 다시 新劇運動의 中興이니 再出發이니 하고 理論과 實踐을 兼하야 嬌眉를 大衆에게 던지고 잇다. 그러나 위에서 말한 바와 갓치 이 運動은 決코 길다란 運命을 가질 수 업는 것이며 멀지 안하 內在한 政治的 이데오로기—에 不滿을 가진 構成分子의 分解作用에 依하야 階級的 正體를 밝은 곳에 내여노케 될 날이 멀지 안어 올 것이다.

그러나 그들은 말할 것이다. 古典劇文化遺産의 正當한 繼承을 위하야 그것을 紹介 研究한다고 하나 우리들 프로레타리아 演劇은 唯物辨證法에 依하야 모든 遺産을 批判的으로 가장 正當하게 攝取한다. 그러나 日本의 例에 잇서서 築地小劇場의 新劇 遺産이 푸로레타리아 演劇

에 잇서서 決코 그냥 攝用할 만한 것이 못된다는 것은 築地小劇場에서 分裂하야 푸로레타리아 劇團으로써 正當하게 轉換하야 日本프로레타리아 演劇同盟에 加盟하야 잇는 新築地劇團의 諸君이 안이면 알 수 업는 괴로움이다. 東京 左翼劇場이 純粹한 푸로레타리아 劇團으로써 演劇上의 唯物辨證法的 方法의 完成을 위하야 여러 가지 새로운 形式을 開拓하엿슴에 及하야 新築地劇團은 築地劇場 時代의 舊殼에서 — 卽 新劇臭에서 脫出하지 못하야 呻吟하고 잇스며 全員은 그것을 위하야 全 努力을 傾注하고 잇다.

築地小劇場 時代의 山本安英의 地位는 實로 컷든 것이다. 그러나 現在의 푸로레타리아 劇團으로써의 新築地劇團에 잇서서는 너무나 多樣性의 次乏함을 늣길 수 잇다. 쌘 안니라 昔日에 歐洲의 가장 새로운 여러 가지 形式의 演出에 造詣가 깁든 土方與志 氏의 演出方法에 잇서서도 엇더한 맨너리즘한 固定化가 뵈여간다. 村山知義 作「東洋車輪工場」의 演出 后, 批判會에 잇서 作者 村山 氏 말에 依하면 自己가 意圖한 正反對의 方法으로 演出한 곳이 잇다고 土方 氏에게 말하엿다. 그러고 昨年 十一月 左翼劇場과 新築地劇團과의 合同公演인 킬숀 作「바람의 거리」의 演出에 잇서서도 共同演出者 杉本良吉 氏와 土方 氏의「東洋車輪工場」과 킬숀의「바람의 거리」가 모다 唯物辨證法的 方法으로 構成된 戱曲이며 이러한 戱曲에 對한 土方與志 氏의 苦痛은 土方 氏 한 사람의 苦痛이 아니고 新築地 全部가 新築地小劇場 型에서 脫出하려는 全體的 呻吟이 되어 잇다. 이 事實에 잇서서 우리는 新劇運動으로서 實驗舞臺의 劇運動에서는 푸로레타리아 演劇에 주는 아모 것도 업슬 쌘 아니라 도리혀 푸로레타리아 演劇의 成長에 加하는 桎梏이 된다는 것을 敎訓바더야 할 것이다.

씃흐로 重言할 것은 이러한 新劇運動의 正體를 밝은 곳에 내여노키 위하야 그리고 演劇上의 모든 實驗室을 打倒하기 위하야 全力을 傾注하지 안흐면 안 될 것이다. ……(尾)……

『연극운동』 1932.7.15

同伴者作家問題

‖ 同伴者作家一般에 關한 것과 및 放浪的 作家의 非存在性 ‖

◇ **放浪的 作家란 存在할 수 잇는가?**

放浪的 作家! 이러한 名稱은 用語로써 正確한 것일가 問題는 여긔서부터 始作하기로 하자.

放浪的 作家말의 始作은 캅프의 一員인 玄人이 蔡萬植이와 가튼 作家를 일컷는데 使用한 名稱이다. 玄人이 쓴 範圍에 依하면 그 作品行動에 잇서 何等의 組織的인 企圖와 背景이 업시 製作하는 作家(이데오르기에 잇서 프로레타리아的이거나 아즉도 훨신 低勢한 것이거나 그러한 것은 問題되지 안는 모양이다.) 또는 恒常 流動하는 作家(어대서 어대로 流動하는지 모른다)를 放浪的 作家라고 하는 모양이다.

이러한 作家가 存在할 수 잇는가? 存在한다면 이것을 放浪的 作家라는 일홈을 붓치는 것이 正當한가? 絶對로 이러한 作家는 存在할 수 업다. 잇다하더라도 그러한 作家를 일컷는 名稱으로써 放浪的 作家라는 것은 너무나 非科學的이며 事物의 唯物辨證法的인 觀察이 아니다.

正當한 組織으로써 正當한 企圖 알에서 活動하는 프로레타리아 作家(그는 캅프 作家이다)에 對立하는 作家는 朝鮮에 잇서 一連의 民族뿌르조아지作家 乃至 民族改良主義作家와 恒常 이러한 反動作家의 陣營機關에 嬌媚를 팔고 잇는 小뿌르 作家와 그리고 프로레타리아-트에게 뿌르조아에게 팔아먹기를 業으로 하는 極惡한 社會民主主義作家 等 그리고 恒常 프로레타리아트에게 接近하려는 意慾을 가진 우리가 뒤에 말하려 하는 同伴者作家 이외에는 絶對로 存在할 수 업는 것이다.

或은 그때에 잇서서 明白한 正體를 뵈이지 안는 作家가 잇슬지라도

一定한 決定的 時期가 오면 각긔 그 正體를 밝은 곳에 내여 놀 것을 우리들은 正當이 理解해야 할 것이다.

이러한 우리들과 對立되여 잇는 作家群의 어느 部類을 放浪的 作家라고 하는가. 玄人으로써 이러한 用語를 쓴 것은 誤謬가 아니면 안된다. 이러한 非科學的이며 非맑스主義的인 用語는 우리들로써 使用하지 못하는 것일 쁜만 아니라 이러한 非科學的인 用語로 하야 여러 가지 危險性을 招到하기 쉬운 것이다. 玄人은 現在 그러한 危險한 組織에 對한 데마고기와 誹謗을 招到하지 안엇느냐. 여긔에 對하여는 다음에 말하기로 하자.

무엇이 玄人으로 그러한 用語를 쓰게 하엿느냐? 웨 玄人으로 하여금 그러한 誤謬를 犯케 하엿느냐? 그것은 玄人 自身이 事物을 判斷하는데 맑스레닌主義的인 見解가 確立하지 안흔 것을 말함이다. 그가 우리의 同伴者로 轉來하리라고 밋고 그러한 放浪的 作家의 態度에서 組織的인 態度로(組織대로 끌어오기 위하야) 轉換식히자는 意圖 알에 好意를 뵈여 준 蔡萬植이라는 作家는 果然 玄人이 생각하는 同伴者作家가 될 수 잇는 作家이엇든가. 그것은 蔡萬植의 一言에 依하야 完全히 玄人을 失望케 하지 안엇느냐. 蔡萬植은 決코 캅프의 同伴者作家가 되고 십지 안타고 하엿스며 自身은 그러한 現在의 作家로써 滿足하고 잇겟다고 하지 안엇느냐.

作品 評價에 잇서서도 玄人의 見解는 正當하다고 할 수 업섯다. 「工場新聞」(金南天), 「木花와 콩」(權煥) 이 두 作品을 두고 말할 때 一九三一年度에 잇서서 우리들이 가진 最大의 收穫이라고 보는 것은 움즉일 수 업는 事實이다. 캅프는 언제던지 이것을 是認한다. 그러나 絶對로 그것은 最高의 作品은 아닌 것이다. 우리들에게 잇서서 最高의 作品이란 것은 잇슬 수 업는 것이다. 以上의 두 作品이 優秀하다고 固執하는 우리의 根據는 우리가 藝術의 ×××化를 決議한 뒤에 그 方針에 依하야 製作된 最大의 優秀한 作品이기 때문이다.

蔡萬植의 所爲 準備的 質問에 對하야 玄人의 應答은 蔡萬植으로 하

야금 무어라 말케 하엿는가. "캅프는 八個月半만에 母體에서 나온 早生兒"이며 "大衆的 基礎를 가지지 못한 消日거리의 俱樂部"며 "看板만 들어 걸고 잇는 幽靈的 存在"라고 하엿스며 말할 수 업시 無能한 組織이라고 말케 하엿다. 이것이 玄人의 보여준 캅프의 正體라는 것이다. 이러한 極惡한 誹謗과 데마고기를 玄人은 是認할 作家인가. 蔡萬植으로 하야금 이러케 말하게 한 것은 玄人의 論이 얼마나 非組織的이엇스며 嚴密하지 못하엿슬 뿐 아니라 統一을 缺하엿든가. 玄人의 言論組織의 方針과 態度의 解說은 歪曲된 것이며 쏠쉐삐크的 態度라 할 수 업다. 그럼으로 玄人의 一介人의 그릇된 見解에 지나지 안는 것이며 캅프 全體의 意見이 아닌 것이다.

同伴者的 作家의 問題를 重要한 우리들의 任務로써 누구보다도 일즉 問題를 삼는 것은 玄人으로서 완전히 正當한 것이엇스나 그 方針의 究明에 잇서서(放浪的 作家라는 것은 假定하야 거긔에서 同伴者作家를 獲得하자는) 不徹底하고 非組織的이엇스며 明確한 맑스레닌主義的인 見解를 가지지 못하고 臨하엿다는 것 等의 過誤를 犯하엿다고 할 것이며 우리의 組織에 對한 (現段階에 잇서서 우리의 組織의 歷史的 發展段階와 政勢에 適合한 唯物辨證法的인 方法 等을 無視한 實로 危險한)認識이 不鮮明하다고 할 수 잇다. 玄人은 이러한 것에 對하야 嚴密한 自己批判을 내리지 안어서는 안 될 것이다.

極惡한 反動으로써 誹謗的 態度

蔡萬植이라는 作家는 自己에게 말케 하던 프롤레타리아 作品을 쓰는 그리고 將來에 가장 正當한 階級的 作家가 되려고 하는 作家이다. 그러나 그 眞實은 哀惜하나마 現在에 잇서서는 우리의 組織에 對하야 잇는 대로의 誹謗과 데마와 그리고 挑戰을 즐겨하는 反××主義的인 作家인 것이다. 우리에게 對하야 그러한 態度를 取하는 그의 理由는 玄人의 說明 乃至 그에 判斷에 依하야 캅프는 無能한 組織體이며 大衆에게 基礎를 두지 못하고 現在에 잇서서는 全然 活動을 廻避하고 잇기 째문이다.

要×컨대 蔡萬植이라는 全然××主義的인 敎養이 업는 作家로서 素朴한 眼目으로 볼 때에 그러케 뵈이는 것은 絶對로 無理가 아닌 것이다. 그는 組織에 對한 그리고 ××테르가 亂舞하고 잇는 現在의 政勢에 對하야 또 朝鮮의 勞動大衆이 가지고 잇는 組織的 力量에 對한 認識 等을 조금도 가지지 못한 그로서 말이다.

이러한 ××期에 잇서서 캅프의 力量이라는 것은 事實에 잇서서 微弱한 것이다. 이러한 微弱한 組織으로써 그 組織的 方針을 遂行하기 위하야 이러한 政勢에 則하야 어쩌한 活動을 하여야 하는 것에 대하야는 우리들은 具體的 說明을 回避하려고 한다.

우리들의 組織에 對하야 즐겨 誹謗을 일삼는 者는 우리에게 잇서서 가장 미워할 敵이 아니면 안된다. 그가 玄人과 캅프에 對한 準備的 質問이라는 것에 對하야 우리로써는 重要視하지 안는다. 웨그러냐 하면은 우리는 組織으로써 同伴者 一般에 對한 것과 그 外의 여러 가지에 對한 一定한 ××主義的인 方針을 가지고 잇다. 그러나 한 사람의 個人的 質問에 對하야 테-제를 發表하고 中央委員會를 가질 것의 조곰의 必要도 늣기지 안는다.

쁜 아니라 그 어쩌한 質問에 잇서서는 組織에 對한 破壞를 意味하는 것까지 잇다.

「목화와 콩」과 「工場新聞」 等이 "一定한 階級的 企圖下에서 具體的으로 展開식힌 組織的 作品行動임에 틀림업는가? 그러타면 그 物的 증거를 보일 것 또 以上의 作品들로써 大衆과 有機的 關係를 가지고 組織的 活動을 하여서 藝術運動의 全的 任務를 達成하엿슴에 틀림업슬 것이니 그 物的 증거를 보일 것."

이것이 그의 몹시도 듯고저 하는 質問의 하나다. 맛치 判事와 가티 嚴然여한 物的 증거를 가지고 여긔에 證辯하라는 것이다.

이 얼마나 두려운 일인가!

캅프가 朝鮮의 ××的 藝術運動의 主體로써 正當한 組織이라는 것을 알고 現在의 客觀的인 모든 政勢를 안다면 이러한 組織이 이러한 政

勢下에서 活動하는 그 全貌를(그의 말에 依하면 物的 증거) 밝은 곳에 내여노흐라는 것은 너무도 冷徹하지 안은 사람이면 ××的 行動 以外는 아모 것도 될 수 업는 것이다.

그 組織에 잇서서 正當하고 作品活動에 對한 一定한 ××主義的인 方針을 가지고 잇는 組織의 一員으로써 그것이 優秀한 作品이라 하는 것은 그 組織이 가진 一定한 製作方針을 잘 反映식힌 作品이라 할 것이며 짜라서 이것이 組織的인 作品行動인 것이다.

그럼으로 위에서도 말햇지만은 「工場新聞」과 「木花와 콩」 等은 우리의 作品製作 方針을 反映식힌 지금까지에 우리가 가진 作品 中의 가장 優秀한 것이며 그것이 곳 組織的인 企圖 알에서 製作된 作品活動인 것이다.

"캅프는 ××××× 알에 움즉이는 푸로예술 陣營임에 틀림업는가?"

이러한 質問이 蔡萬植이라는 自稱 프로레타리아 作品을 쓴다는 사람의 質問이다. 여긔에 잇서서 우리는 더욱 놀나지 안흘 수 업다. 이 얼마나 無智를 內包한 質問인가.

우리는 이러한 組織에 對한 破壞를 意味하는 質問에 對하야 應答할 만한 優勢한 存在가 아님으로 自重하는 것이다.

여긔에 잇서서 우리는 蔡萬植이라는 作家를 作家로써 삷혀보기로 하자. 그가 말하는 그의 作家的 技能은 "나는 前冊에서도 말한 바와 가티 習作期에 잇슴을 自白한다. 내 作品에 이데올로기-가 鮮明치 못한 것은 나의 表現技術이 不足한 데 큰 原因이 잇다고 밋는다"고 말하엿다. 그러나 事實은 決코 그러한 것이 아니고 그 原因은 다른 곳에 잇는 것이다.

그의 作品이 嚴密한 프로레타리아 作品이 아닌 것은 그의 表現技術이 不足한 것뿐만이 아니다. 그는 自身의 이데올로기-의 薄弱性을 表現技術의 不足이라는 것으로 糊塗하고저 하나 그는 아즉도 이데올로기的으로 完成되지 못한 水準 以下의 作家이며 아즉도 組織的 訓練과 ××主義的인 敎養이 絶對로 업기 때문이다. 이것은 嚴密한 事實이다. 그가 問題 以下의 作品을 가지고 恒常 評者에 對하야 抗辯과 自己의 말에 依하야면 作品에 對한 解說을 하는 것은 그는 벌서 完成된 作家가 되엿스리라고 하는 自慢에서 나오는 作亂이다.

아모리 優秀한 製作 技能을 가진 作家라 할지라도 그 사람에게 一定한 明確한 계급적 世界觀이 서지 못한 때는 그가 아모리 階級的 作品製作을 意圖하엿다고 할지라도 優秀한 作品을 엇기는 困難한 것이다.

아즉도 이데올로기的으로 完成하지 못한 水準 以下의 作家인 蔡萬植에게 最後의 付託은 傲慢한 心理에서 나오는 自慢을 버리고 이데올로기의 向上을 위하야 努力하며 우리의 組織에 對한 誹謗的 態度를 撤去하라는 것이다. 그러케 해야만 君이 意企하는 將來의 優秀한 프로레타리아 作家가 될 것이다.

◇ 이러케 하야 同伴者作家 問題는 提起된다

우리는 玄人이 말함과 가튼 放浪的 作家群에서 同伴者를 發見하지 안는다. 玄人이 말하는 그러한 作家가 잇다면 그것은 放浪的 作家가 아니고 대체의 의미에서 그것이 곳 同伴者的 作家이라고 規定할 수 잇는 것이다. 그럼으로 玄人이 생각하는 것과 가티 同伴者作家란 것은 組織的 긔관에 참가하고 잇는 사람만을 일컷는 가티 생각함은 잘못인 것이다. 여긔에서 問題의 正當한 出發를 위하야 먼저 同伴者란 무엇인가에서부터 시작하기로 하자.

쏘베트에 잇서서 同伴者作家는 文學의 初期的 段階에 잇서서 決定的 役割을 演하엿다. 同伴者라는 名稱을 가진 作家는 反革命과는 嚴格하게 區別되여 잇다. 그것은 말할 것도 업시 革命에 同伴하엿기 때문이며 그럼으로 싸베트 政權의 편이 되엿든 것이다. 그러나 그들은 十月革命의 本質을 커다란 눈으로 보지 못하고 그 가운데의 民族的 動亂, 民族的 觀念의 勝利만을 보앗든 것이다. 卽 그들은 革命을 全的으로 承認하지 못하고 部分的으로만 承認하엿스며 革命의 指導的 役割이 프로레타리아-트에게 屬하는 것이라는 것을 充分히 理解하지 못하거나

或은 全然 理解하지 못하엿든 것이다.

恒常 쁘르조아, 인테리켄차라고 限界線을 처둔 그들은 그들의 主要한 注意를 農民的 本性 빨치잔 農民의 自由 等等의 表現에 集中하엿스며 그들은 西歐文化의 壞滅을 嘲笑하엿고 舊러시아, 인테리켄차의 民主主義的 理想의 破産을 暴露하얏다.

同伴者에 對한 트로츠키와 오워스키의 意見을 보자.

프로레타리아 文化의 否定者인 트로츠키는 『文學과 革命』에서 이러케 말하엿다.

"反復과 沈默의 가운데서 그 生涯를 다하고 잇는 쁘르조아 藝術과 아즉도 存在하지 안는 藝術과의 사이에 多少 有機的으로 ××과 結付되엿스나 그러나 ××의 藝術이 아닌 過渡的인 藝術이 創造되여 잇다." "그들의(註 피리냐크, 이와노쯔, 치호노쯔, 에세닌 等을 말함) 文學 及 一般 精神的인 容貌는 ××에 依하야 그들이 捕促한 그 各各의 一畝에서 作成된 것이다. 거긔에서 그들은 各各 自己流로 受納하야 잇다. 그러나 그들의 個人的의 受納의 가운데는 그들의 全體에 共通的인 特質이 잇다. 그것이 그들을 ××主義에서 멀리하야 거긔에 反對하도록 威脅하고 잇다. 그들은 ××을 全體的으로 把握하지 안엇다. 거긔서 그들의 ××의 ××主義的인 目的은 不可解한 것이다. 그들은 모다 조금이라도 勞動者의 머리를 넘어 希望을 가지고 農民을 보는 傾向이 잇다. 그들은 프로레타리아××의 藝術家가 아니고 ××의 藝術的 同伴者이다".

트로츠키가 同伴者作家는 全體的으로 ××을 把握하지 안은 것이다. 프로레타리아××의 藝術家가 아니고 ××의 藝術的 同伴者라고 한 것은 온전히 正當하다. 그러나 우리가 여긔서 노처서는 아니 될 事實은 프로레타리아 文化否定論者로써의 트로츠키가 이 同伴者의 規正에 잇서서 그것을 어쩌케 反映하고 잇는가 하는 것이다.

그는 該 『文學과 革命』에서 이러케 말하엿다. "프로레타리아-트에 잇서 프로레타리아 文化創造를 위한 期門이 첫재 足하겟는가? 奴隸所有者, 封建君主, 쁘르조아 支配와 달라서 프로레타리아는 그 ××를 短

期의 過渡期로 생각한다. 우리가 社會主義로의 過渡에 對하야 너무 樂觀的 見解에 빠지지 안흘려고 생각한다면 우리들은 社會××의 時期는 世界的 規模에 잇서 몃 달도 아니고 멋해 몃 十年이나 써칠 것을 알 수 잇는 것이다. 그러나 몃 十年이고 몃 世紀도 아니다. 프로레타리아ー트는 이 期門에 새로운 文化를 創造할 수 잇슬 것인가. 이 疑問은 社會××의 몃 年이 極烈한 段階鬪爭의 몃 年이며 거긔에는 破壞가 새로운 建設보다 만흔 자리를 占領할 것이라는 것에 依하야 더욱 當然해진다" 라고 하야 그는 프로레타리아××期의 文化××이란 것을 否定하엿스며 지금의 싸베트의 文化建設의 커다란 成果를 想像조차 못하엿든 것이다. 그럼으로 前引 例에 잇서 "아즉도 存在하지 안흔 새로운 藝術"(註, 過渡期를 지나 無階級의 社會에 잇서서의 藝術을 말함)과 ××가를 結付식힌 藝術을 ××의 藝術이 아니고 뿌르조아 社會에서 敎養을 밧고 어느 程道까지의 能熟한 藝術的 技巧를 가진 小뿌르조아인텔리켄차인 同伴者의 藝術을 過渡期의 藝術로 是認하엿스며 뒤에 생겨나온 左翼同伴者에 分離된 新뿌르조아 作家의 出生을 是認한 것이다.

다음 워론스키는 그의 論文 「現狀과 文藝領域의 러시아×××의 任務」에서 同伴者에 對하야 이러한 見解를 뵈엿다.

同伴者란 것은 "××時代에 生長하야 ××의 勝利를 認定하고 ××에 參加한 것으로 하야 그 直接의 觀察者인 엇던 小뿌르조아와 農民과 인테리켄차 階級의 出身者이다."

同伴者의 最大의 擁護者인 워론스키로써 이러한 見解는 決코 無理가 아니다.

워론스키는 一方의 '나, 포스토' 一派로부터 同伴者作家의 反動性과 非難에 對하야 同伴者를 擁護하엿스며 그가 編輯하는 雜誌 『붉은 處女地』는 同伴者의 作品을 실리엇다. 同伴者에 對한 一方의 攻擊에 對하야 워론스키는 擁護하엿슬 쑨만 아니라 傳統的인 文學槪念에 갓가히 接觸되는 觀念 알에 一層 깁흔 理論的 根據를 發見하랴고 作家의 課題를 "묵은 光榮의 啓示를 위하야"라는 것이 根本的인 스로간이라고 다른 것은 附首的인 것이라고 하엿다.

그리하야 그는 「生活과 現代性의 認識으로써의 藝術」이란 論文에서 藝術文學의 認識的 要素를 압세우고 行動的 要素를 否定하엿다. 여긔에서 '나, 포스트' 一派와의 激烈한 論爭이 始作되여 文學에 잇서서 프로레타리아―트의 헤게모니―의 確立이라는 實로 重大한 事實을 否定하고 러시아文學의 根幹이 되고 러시아 文學의 最有力者는 同伴者이라는 것을 主張하야 結局 프로레타리아文學을 否定하게 되고 古典에 依據할 것을 말하야 그는 畢竟 克服되고 말엇다.

그럼으로 워론스키의 同伴者를 過大評價한 同伴者에 對한 規定은 다시 여긔서 論難할 必要도 업시 틀린 것이다.

同伴的 作家는 싸베트 文學의 初期에 잇서서 더욱이 新經濟政策 實施期에 잇서 커다란 活動을 하야 文壇的 地位를 占하고 잇섯다. 그러나 그들의 曖昧한 二重人格的인 灰色的 入場은 ××의 全線的 進行에 싸라 分化作用을 喚起하지 안흘 수 업섯다. 戰前의 水準에로 復興이 一段落을 뵈여 文化××이 開始될 째 階級××은 一層 激烈하게 되엿다. 新經濟政策의 基盤 우에 發生한 新쁘르조아지는 文學을 通하야 反動하기 始作하엿다. 이러한 反動的 役割을 同伴者의 分化와 그 一部의 病的인 過程을 激化케 하엿다.

左翼同伴者의 一群은 ××을 嘲笑하엿고 白色運動을 理想化하엿고 ××을 正當하게 描寫하지 못하엿든 것이다.

一方左翼同伴者의 一群은 漸次로 프로레타리아―트에게 接近하야 社會主義建設事業에 參加하려고 努力하엿든 것이다.

五六年까지는 同伴者이라는 名稱은 非프로레타리아的 非農民的 싸베트 文學의 全部를 總稱하엿스나 이 名稱은 지금에 와서 그러한 싸베트 作家를 總稱하는 것으로 不適當하게 되엿다. 웨 그런고 하니 舊同伴者의 大部分이 푸로레타리아××의 進行에 反比例하야 右傾하야 벌서 ××의 同伴者가 아니고 그 作品에 잇서서 ××階級으로 移行하고 잇다.

이것이 新쁘르조아 文學의 結成이다. 詳細한 것은 略하기로 하고 그 代表的 作家로써 數月 前 米國에서 日本으로 渡來하야 四五年만에 歸路한 피리냐크 그 사람이다. 그는 國外 亡命 露人의 出版機關을 通하야 小說 『붉은 나무』를 發表하얏는데 그 內容이 極端한 反싸베트的이며 그 形式이 反××的이라는 理由로 問題를 일으켜 싸베트 文壇 最右翼인 同伴者의 組織인 '全露作家組合'에서는 除名되엿다.

싸베트에 잇서서 同伴者問題는 結局 어쩌케 歸結되는 것인가? 이것이 우리가 알어야 할 가장 重要한 것이며 우리가 뵈화야 할 것이다.

위에서 말한것 가티 同伴者의 一部는 新쁘르조아 文學化하엿고 그 一部는 그에 反하야 社會建設에 모든 熱意와 努力을 가지고 프로레타리아―트에 갓가히 하야 同伴者化하고 잇는 것이다.

同伴者는 現在에도 볼 수 잇스며 今後에라도 오히려 存在할 것이다. 이러한 同伴者에 對한 프로레타리아 作家의 態度는 어쩌한 것인가.

"프로레타리아 文學은 우리 文學이 가운데는 프로레타리아 文學도 包含한다. 더욱 明白하게 建設期의 要求에서 脫出할 때에 指導權을 손에 쥘 수 잇슬 것이다. 指導權의 참된 把握은 同伴者에 비겨서의 프로레타리아 文學 成功에 依하야만이 아니고 社會主義建設을 위하야의 프로레타리아 文學의 直接的인 有用性과 必要性의 程度에 依하야 가지고 規正되지 안으면 안 될 것이며 또 推量할 수 잇슬 것이다. 우리들에 잇서서 ◇◇◇한 荷車의 隊列에 무슨 指導權이 必要한 것이다"라고 한 同志 위엘박흐의 말을 보아 어쩌케 프로레타리아 文學의 헤게모니가 프로레타리아 作家에게 잇서야 한다는 것을 알 수가 잇는 것이다. 다시 그의 全聯邦 프로레타리아作家統一同盟 總會에서 「프로레타리아 文學의 헤게모니를 위하야」라는 報告演說에 잇서서 프로레타리아 文學이 同伴者作家에 對한 指導的 立場에 잇서야 한다는 것을 論하엿다.

"創作的 헤게모니에 갓가워가는 템포는 우리들의 文學政策의 諸 問題와 直接的인 關係를 가지고 잇다. 우리들은 同伴者作家에 對하야 指導的 立場에 서지 안으면 안 된다. 그러나 그것은 單只 우리들이 藝術

文學의 領域에 잇서서 ×의 線을 正當하게 遂行하는 우리들의 作品에는 ×의 슬로간이 反映되여 잇는 우리들은 ××的인 文學團體라는 것 가튼 것에 依하야 되는 것이 아니다. 우리들은 中心的 同伴者作家의 作品보다 놉흔 藝術的 水準을 明確하게 한 作品을 製作하엿슬 때에 비로소 同伴者作家에 對한 眞實로 指導的인 立場에 설 수 잇슬 것이다. 그리고 그 때에만이 처음으로 오늘까지 何等의 疑問할 餘地가 업는 文學政策의 領域에 잇서서 프로레타리아 文學의 指導的 役割이 참으로 確立되여 强化해질 것이다.”

여긔에 잇서 우리는 同伴者에 對하는 最大의 教訓을 바들 수 잇는 것이다.

問題는 마즈막으로 一般的인데 들어가기로 하자.

지금 말한 것 가티 前場의 同志 워엘박호의 引用은 가장 正當한 同伴者作家에 對한 態度이다. 우리들의 藝術的 水準은 最高의 것은 아니다. 그러나 現在에 우리가 가진 作品은 朝鮮에 잇서서 프로레타리아 藝術品으로 다른 어느 作家에 비겨서도 그 보다 놉흔 藝術的 水準에 잇다는 것은 우리들은 自信한다. 그럼으로 우리들은 同伴者作家에 對한 指導的 立場을 確保하는 것을 自任하는 것이다.

다시 한 거름 나아가 어쩌케 하야 그들을 指導하여야 가장 正當하겟는가. 여긔에 잇서서는 두 가지로 問題가 갈리어지는 것이다. 그 하나는 아즉도 組織의 박게 잇는 卽 一般的으로 同伴者라 하는 것에 對한 것과 하나는 同伴者에서 同盟者로 우리들의 陣營 內로 獲得하엿슬 때의 再教育의 問題이다.

前者의 說明으로 同志 워엘박호의 論을 引用하기로 하자.

“프로레타리아 作家가 되랴 하는 것은 그들에 잇서서 有機的 問題이다. 그것은 그들의 最大의 自由이다. 卽 그들의 自由한 發展은 프로레타리아的 發展이다. 그러한 意味에서 우리가 프로레타리아 作家라 하는 作家들이 잇다. 그러나 아즉 프로레타리아的으로 쓰려 생각하고 잇스며 그 前부터 그러케 생각하고 그리고 프로레타리아 革命에 有用하기를 바라고 잇섯고 그러나 그것을 하지 못하고 아즉 만흔 것이 그들을 支障케 하고 잇는 이러한 同伴者作家的인 活動分子도 잇다. 그들에 잇서서는 프로레타리아 作家가 되겟다는 意志가 반듯이 恒常 有機的인 自由는 아니다. 거긔에서 同伴者作家 各自에 對해서는 그의 프로레타리아 作家가 될 必要性을 그의 自由에 轉化할 것의 自由를 保證하는 것 가튼 動機를 發見하여 주는 것이 問題가 된다.

卽 그들의 正當한 그리고 깁흔 改造가 問題가 되는 것이다. 따라서 同伴者作家가 우리들의 쪽으로 움즉여 올 것을 도읍기 위하야는 그들 各自에 對하야 各各에게 適當한 態度를 가지고 臨하지 안으면 안 된다 (中略)."

그리면 比等의 同伴者的 活動分子를 어쩌케 改造할 것인가 하는 質問이 나온다. 거긔에 對하야 우리들은 두 가지의 길을 가지고 잇다. 그 길의 하나는 複雜性을 解說하는 것을 조와하는 사람으로부터 종종 推擧하여지는 길이다. 우리 나라 사람들은 몹시도 複雜하다. 그럼으로 原始的 態度로 그에게 對하여서는 안 된다. 諸君은 階級鬪爭에 關한 一般的인 言辭를 가지고 온다. 그러나 諸君의 政治學가튼 것은 放棄하여 버렷다. 그리하면 모든 인테리켄차는 모두 우리의 밋흐로 올 것이다. 라고 그들은 말한다. 이것은 勿論 卑怯한 右翼 日和見主義的 讒言이다. 웨 그런고 하니 첫재 반듯이 모든 인테리켄차가 우리의 쪽으로 오는 것이 아니다. 인테리켄차의 一部는 우리들에게로부터 離說하여 간다. 우리들이 同伴者作家에 對하야 말할 때 가장 興味 잇는 것은 自己가 벌서 同伴者作家가 안이란 것을 自己로써 理解하지 안은 同伴者作家가 벌서 存在한다는 것이다. 이것은 우리의 압헤 提出된 要求가 날마다 不可避的으로 점점 커가서 그리고 가장 激烈한 批評家로서도 우리들의 時代가 自己의 文學에 提出하는 要求에서 좀 뒤떠러진다. 이러케 니러나는 것이다. 만흔 同伴者的 作家들은 언제는 하나의 意見에 包含되든 것이 오늘은 둘의 相異한 敵對한 線이 되는 現像들이 만히 잇다고 하는 것을 理解하지 못한다. 同伴者라는 것은 恒常 同一 "한 場所에 잇는 것이라는 것을 決코 意味하지 안는다."

"同志諸君. 나는 멧 個의 否定的인 것을 引例하엿다. 그러나 그와 反對로 自己改造를 하야 우리들의 同盟者가 된 同伴者作家들 프로레타리아 文學組織을 向하야 卽 우리들에게로 오는 同伴者作家들도 퍽도 만은 것이다. (中略) 우리들은 각 作家에 對하야 責任을 가지고 잇다. 非難하기는 쉽다. 그러나 우리들은 優秀한 맑스主義的 批評을 保證하기 위하야 정말로 각각의 作家에 對하야 君의 誤謬는 이러이러한 곳에서 생겨나는 것이다. 君은 이러이러한 것을 理解하고 잇지 못하다. 그럼으로 君의 創作方法上에 反映되여 잇스며 그것이 君의 作品의 藝術性을 破壞하고 잇다는 것들을 明確하게 알게 하기 위하야 大體 어써케 해야 되는가?" 引例는 이것 쯤하야 긋치기로 하자.

다음 一旦 同盟者로서 組織 內에 獲得한 同伴者에 對하야 우리들은 國際××作家同盟의 決議를 가지고 잇다. 그 前文을 여긔에 引例하는 것은 그만두고 거긔에 問題되여 잇는 主要한 것은 同伴者의 再敎育의 問題이다. 同伴者는 처음에서 말한 것 가티 ××의 全部를 承認하지 안코 그 一部承認도 條件付로 承認한 것이다. 그러한 同伴者가 프로레타리아 作家의 組織內로 轉向하야 同盟者가 되엿다는 것은 그 ××의 一部的 承認을 確保하는 것이다. 그러나 그들에게는 恒常 以前의 小뿌르조아的 自由를 憧憬하고 잇다. 이러한 殘滓를 完全히 排除하기 위하야 同伴者의 ××主義的 再敎育이 必要되는 것이다. 저 안리, 발뷰스를 보라. 우리의 가장 자랑하든 同伴者이든 그는 國際××作家同盟의 決議의 遂行을 廻避하고 以前에로 도라가고 잇지 안느냐.

世界에 잇서서 同伴者에 對한 態度를 그릇하지 안흔 곳은 싸베트 同盟과 日本뿐이라 한다. 日本의 프로레타리아 作家同盟은 同伴者를 恒常 그들의 周圍에 갓가히 하야 그들의 影響下에 두어 指導하엿다. 어쩌한 同伴者가 公然하게 社會民主主義 一派의 가운데 所屬할 째만 敢然히 이와 싸왓다. 이것도 온전히 正當하다. 同伴者 獲得의 問題는 社會民主主義에 對한 鬪爭에 지나지 안키 째문이다.

以上과 가튼 引例에 依하야 우리들의 同伴者에 對한 態度는 充分히 말할 수 잇는 것이다.

우리들의 組織에 對하야 데마와 誹謗함이 업고 그리고 反動的인 그룹 民族主義, 民族改良主義的인 그룹 그리고 모든 改良主義的 그룹에 屬하는 同伴者에게는 우리는 敢然코 決定的인 鬪爭을 할 것이다. 그러나 眞實한 同伴者로써 우리들의 同盟者가 될 만한 作家 쏘는 되고저 하는 作家라면 그가 海外文學波에 잇섯거나 改良主義的인 그룹에 잇섯거나 우리는 반겨 마즐 것이다.

그러나 恒常 指導的 立場에 설 것을 마지 안는다. 그것은 위에서 말한 것 가티 우리가 ××的 組織이기 째문이 아니고 우리가 이제까지 가진 作品의 藝術的 水準이 同伴者의 그것보다 놉헛다는 것을 自信하기 째문이다. 決코 이것은 自慢도 아니다. 嚴密한 事實이며 이러케 하기 위하야 우리는 恒常 藝術的 水準의 向上을 위하야 鬪爭하고 잇는 것이다. 이것은 卽 프로레타리아 藝術의 헤게모니를 위한 鬪爭이며 프로레타리아 藝術의 正當한 發展을 위한 方法인 것이다.

이야기는 이만하고 쯧치기로 하야 이 論을 依하야 同伴者作家 問題에 對하야 正當하게 理解하기 위한 조금의 도움이 된다면 甚幸이겟다. (쯧)

附(前項의 玄人과 蔡萬植에 對한 論을 除外하면 이 論은 언제든지 同伴者作家의 問題로써 獨立한 論文이 되도록 쓴 것이란 것을 附言한다.)

『제일선』, 1932.9.15

文壇 時感

카프 解散 後의 文壇

全州에는 카프에 所屬되어 잇는 十餘 名과 카프의 影響下에 잇섯던 數名의 藝術家들이 治安維持法 違反의 公判을 밧고 잇다. 新聞紙의 報道에 依하면 第一同의 訊問에 對한 그들의 陳演이 大體로 政治에 대한 藝術의 獨自性을 主張하며 카프의 合法性을 主張하엿다. 나는 여기서 政治와 藝術의 價値를 論疑하고저 하지도 안흐며 카프의 合法性을 고답스리 主張하려 하지도 안는다. "藝術家와 政治家는 生理學者의 議論와에 體系와 가려서 生理學者가 直接 解剖의 메스를 풀지 못하는 것과 가티 藝術家는 政治를 論斷하지 못한다"라고 한 朴英熙의 말이나 "詩人은 꿈을 사랑함으로 공산주의 사회를 유토피아로 彼岸으로 사랑하게 되고 한계의 永遠한 背景으로 그것을 꿈꾸고 잇다"는 白鐵의 ◇逆의 可否를 말하고 십지 안타.

이 公判의 結果가 이들의 陳違의 結果가 우리들에게 今我의 朝鮮의 左翼 藝術運動의 行路를 어느 程道까지 暗示하고 잇지 안는가 하는 것만은 指摘하고저 한다. 이 二十三 名의 報告는 朝鮮의 左翼 藝術 分野에서 活潑하게 活動하던 사람들이니 없으나 느즈나 그들이 나오면 다시 小說을 쓸 것이오, 戱曲을 制作할 것이며 詩를 읊흘 것이고 또 脚本을 上演하며 그림을 그릴 것이다. 그러타면 어느 時期까지는—적어도 現在의 이 情勢가 持續되는 때까지는 그들이 ◇◇한 그러한 主張이 多少로 朝鮮의 新興藝術 領域에 影響을 주고 ◇◇할 것이다. 그들의 陳述이 一時的 現想이 아니고 지금의 情勢가 그러케 만들어준 必要的 傾向이라고 본다면 이러한 나의 意見은 더욱이 確保될 것이다.

日本 內地에 잇서서 藝術團體가 全部 解散되고 그들 作家 가운데는

前날의(解散 前) 作家라는 一面이 가진 落照하는 任務와 組織의 政治的 舊約에서 밧는 組織者나 組織의 一員으로써 가진 任務, 이 두 가지의 重疊된 任務를 지고 지금 와서는 政治主義的 傾向이라고 일컷는 그때의 空想에 눌리어 作家로서의 陳述하는 任務는 오히려 等限視되고 政治的인 組織의 일에 關한 任務의 편이 遇然히 結果되엿든 事實을 들어 藝術家는 政治에 典興할 수 업다고 主張되엿다.

이 主張이 지금 日本 內地에 잇서서는 賞定되어 잇다고 하면 ◇◇은 아니라도 그러치 안타고 否定의 긔 人◇을 내들고 나설 作家는 지금의 情勢 알에는 아주 發見할 수 업다. 朝鮮의 今後의 新興藝術壇에도 이러한 바람이 불 것이라고는 朝鮮의 新興藝術이 언제나 日本 內地의 그것의 輪廻를 밟고 왓다는 朝鮮를 보아도 前言할 수 잇슬 것이다. 오늘날까지 海外文學派 諸氏나 그 外의 뿌르文士 諸氏들은 朝鮮의 新興藝術家들은 日本 內地의 그것의 精◇이오 直接的 機◇主義라고 하며 朝鮮의 特殊 事情을 忘却한다고 非難하여 왓다. 그러나 그러나 그것은 非難하고만 시퍼 非難한 것이오, 한 거름 기피 들어서 그러케 되는 것이 當然하며 그것이 決코 直接的 公式主義가 아니라는 것을 理解할 줄은 몰랏다. 웨 그러하냐 하면 朝鮮과 日本 內地의 關係는 地理的으로나 文化의 水準으로나 그러한 順序를 밟게 되는 것이 當然한 形勢이엇든 것이다. 쏘베트 同盟에 잇서서는 創作上 唯物辨證法的 方法이 提唱된 뒤 日本 內地서 그것의 ◇論된 것 가티 또 社會的 리아리즘이 쏘베트 作家大會에서 決議되자 日本서 그것이 곳 組織되어 쏘베트에서는 그러한 述語로 通할 것이 日本 內地에서는 그것을……的 레아리즘이라 하는 것이 可타는 等 論議가 생기는 順序와 가티 朝鮮을 地理的 關係와 特殊한 코-스의 關係로 日本 內地를 것치게 되는 것으로 一見 日本 內地의 것의 뒤만 밟는 것 가티 되는 것이다.

日本 內地에서 藝術의 ××××化가 提唱되엿다고 그것을 直譯하야 朝鮮서 그것을 곳 模倣한 것이 아니오, 日本 內地에서 社會主義 레알리즘이 論議된다고 朝鮮서도 그에 따라 云謂한 것이 아니며 日本 內地

의 藝術團體를 解散햇다고 카프를 解散한 것도 아니다. 또 日本 內地에서 轉向이 流行한다고 朝鮮에서도 轉向派가 생긴 것이 아니다. 모다 그때 그때의 社會的 特殊한 原因과 動機가 잇섯기 때문이다.

公判中에 잇는 前날의 카프의 藝術家들이 멀지 안허서 文壇이라는 城郭 안으로 돌아올 것이다. 그들이 오면 또 한판 떠들썩할 것이오. 東에서 西로만 불고 잇는 지금의 文壇의 바람이 北에서 南으로도 불기 시작할 것이며 氣流의 交叉도 생기고 逆流도 생길 것이다.

이러한 것을 생각할 때에 카프 解散 後의 文壇이란 것과 카프 藝術家들이 업서진 뒤에 文壇이라는 것이 對照的으로 생각된다. 카프의 解散은 盟員의 大部分이 업서진 뒤에 된 것이오, 解散에 可否를 表意한 멧 사람도 活動을 거의 閉塞하고 잇섯던 바이다. 카프 解散 後의 文壇이란 카프의 事件에 지 逆上하야 생각하지 안흘 수 업다.

朝鮮文壇의 左右翼을 通하야 文壇에 생기는 새로운 事件을 社會와의 聯關 미테서 觀察하고 究明하던 사람들은 카프에 所屬된 사람들이 엇다. 곳 이것이 文壇의 어느 누구보다도 事物을 正當하게 把握할 줄 알엇다는 證左가 되는 것이다. 時時刻刻으로 생기는 事實에 社會的 意義를 貶하고 評價를 與하는 것을 게을리하지 않고 하엿다. 이 論議의 소리에게 譭譽貶偏은 만헛스나 이것이 곳 朝鮮文壇에 活氣를 띄우게 하는 것이 되엇고 論議의 꼿츨 피우게 하는 것이엇슴은 누구나 是認할 것이다. 한 번 그들이 自由를 일코난 뒤에 文壇을 생각해 보라. 얼마나 寂寞하엿든가. 비록 때때로 雜誌와 新聞紙의 구석구석에 論說이 잇섯다 할지라도 그것은 아카데믹한 硏究論文이나 純粹藝術이란 좁은 限界에 억매여 가지고 藝術을 象牙塔 속으로 도루 가지고 들어가자는 것이엇스며 그러지 안헛다 하더래도 文壇에 별반은 運動도 印象도 주지 안헛다는 事實이다.

海外文學派 中에서 趙演疑 氏만은 全文壇을 通하야 언제나 視野가 넓고 늘 國際的 眼目에서 問題를 提起하고 論議한다. 要컨대 氏는 '커렌트로픽'을 잘 把握하며 海外文學派 中에는 李軒求 氏와 한가지로 누

구보다도 良心的으로 事物을 取扱하려는 努力이 뵈인다. 今年의 文壇에 잇서서 趙氏마치 文壇의 時事問題를 誠心으로 論한 사람은 업슬 것이며 '안리 바르뷰스'의 逝去 後에 氏의 趣味에 기우러진 ◇息이 잇슬지언정 逝去의 消息과 그에 傳記에 對하야 朝鮮서 第一 먼저 記速한 이도 趙氏다.

1935.11.14~11.15

文壇 時感

協調와 文藝家協會

文藝家協會에 對한 이야기는 달은 項에서 말하겟거니와 鄭寅燮 氏의 말대로 지금의 非常時 世界 文藝界는 廣汎히 協調의 精神이 氾濫되고 잇다. 나는 이러한 時勢的 潮流를 問題삼아서가 아니라 前날까지 카프의 文學的 態度 가운데 過誤라고 指摘할 수 잇는 包容力의 微弱이란 것을 들어 同時에 今後의 朝鮮의 新興藝術運動이 分散되어버리고 個個人의 隨意의 方向으로 줄달음칠 것이라는 前◇아래 今後에는 海外文學派 가운데로 民族文學派 가운데로도 손을 잡고 나려가는 사람이 만흘 것이다라는 것을 말하고 십다.

海外文學派가 國際的 事實을 正確하게 自己들의 趣味에서 나오는 衣裝으로 換衣함이 업시 歪曲업시 報告하는 限 그들의 功勞도 업슬 수 업슬 것이다. 또 新興劇團이 업서지고 今後에도 新興的 色彩를 가진 劇團의 公演이 업슬 것이 明白한 限 良心的이고 非營利的인 劇藝術團體라고는 하나뿐인 劇藝術研究會에 우리는 期待하지 안흘 수 업슬 것이다.

나의 이러한 海外文學派와 劇藝術研究會에 對한 態度는 아마 多少 論議가 될 줄 안다. 웨 그러냐 하면 이것은 極히 微妙한 問題요, 現今의 情勢를 잘 把握하고 今後의 우리들의 갈 길이라는 것을 생각해 볼 때 一次 論議되여야 할 問題이기 때문이다.

지금 朝鮮文壇에는 文壇的 協調의 必要論이 擡頭되어 잇고 文藝家協會의 組織問題가 是非되어 잇다. 協調를 부르짓는 사람은 世界文壇의 非常時的 情勢가 팟쇼의 文化에 對한 重默에 抗하야 文化를 擁護하기 위하야 流波를 超越한 協調의 精神 알에 움즉이고 잇스며 最近

第三 인터내슈낼과 提携하자는 것이 反팟쇼 全線의 確立으로써 이것도 主義와 流波를 超越한 協調의 精神이라 하야 世界文壇에 內包되는 朝鮮文壇에서도 無條件的 協調가 必要하다는 것이다. 이는 主로 鄭寅燮氏의 意見으로써 文藝家協會도 이 文壇的 協調의 具現으로 잇는 것이 업는 것보다는 조켓다는 것이다. 나는 여긔서 文藝家協會나 文壇的 協調의 그 어느 것에도 贊否를 論하지 안코 이 協調를 招來하는 根本的인 動力이 어대 잇는가, 또 朝鮮文壇의 特質이 이 協調와 文藝家協會의 組織에 어떠한 影響을 주고 잇는가를 생각해 보려고 한다.

무릇 協調라든가 團合이라든가 하는 것은 共通되는 利益이나 同一한 目標가 잇슬 때에 비로소 成立되는 것으로 우리가 常識的으로 알고 잇는 일이다. 國際作家聯盟에서 表示된 世界的인 協調의 精神은 그 속에서 어느 程度까지의 進步的인 性格을 發見할 수 잇는 것으로 그 重要分子 中 '지이드'는 最近 左翼으로 轉向한 作家요, '바르뷰스'와 '로랑'은 더 말할 것 업고, 兄弟는 나치스의 迫害로 獨逸을 쪼겨나온 反 팟쇼의 精神이오 '고리키이'는 勿論이고 '쇼오'니 '학스레이'니 하더라도 모다 進步性을 차즐 수 잇는 사람들이다. 이 進步性이 本來로 그들의 意識 가운데 涵有되어 잇섯던 것이건 팟쇼의 文化에 對한 重壓과 緊迫한 國際情勢가 주는 文化에 對한 危懼가 그들에게 進步性을 준 것이건 이 進步性이란 것이 그들의 協調를 可能케 한 動力인 것만은 否認할 수 업슬 것이다. 또 생각할 것은 이 國際的 協調를 可能케 하는 데 이 國際的 作家들의 人格의 完成 그리고 國際文化上 그들의 地位를 優位 등 潤滑油가 된 것이다.

그러나 이것이 國內的으로 局限될 때에는 여긔에 許多한 困難이 橫在하는 것으로 '지이드' '로랑' '바르뷰스'가 國際的 協調에 參加하얏다고 그들의 나라인 佛蘭西에도 全文壇이 協調下에 움즉인다고는 듯지 못하얏스며 米國이나 英國이 그러할 것이고 近隣에서도 펜 倶樂部까지 創立되엇스나 文化擁護를 위하야 全文壇이 協調하지는 못하얏다. 이 原因이 모다 國內的이라는 데서 일어나는 여러 가지의 內在的인 背反

되는 事情에 잇다고 볼 수 잇다. 우리는 여긔서 朝鮮文壇 안에서 內包되어 잇는 協調를 沮害하는 멧 가지의 特質이 업는가를 深究해 보아야 할 것이다.

海外文學派의 諸氏는 그들의 專攻하는 文學의 方面이 外國文學이기 때문에 國際文壇의 動聽에 親熟하기가 다른 사람보다 比較的 만코 또 그들이 中間層이라는 데서 그 時期 時期의 有藥한 階級에로 同化되기 쉽고 더구나 朝鮮文壇의 인텔리的 性格의 表現으로 現今에 밧는 知識人으로써의 苦憫도 클 것이다. 이러한 特質 때문에 海外文學派에 屬한 사람들이 누구보다도 朝鮮에서는 協調를 唱導하기가 쉬운 立場에 잇다고 할 것이다.

新興 文學派에 잇서서도 現今의 어려운 情勢에 잇서서는 다른 意味로 協同을 부르짓게 되는 것의 目的이 各 流波를 通한 것인 以上 各派의 共通된 利益이 統一되어야 되는 것이며 이 協調에 잇서서 指導的 役割을 確保하지 안코는 新興派로서는 合流되지 안흘 것이다. 또 다른 點으로서 鎭重한 論議와 時間이 經過된 다음에라야 全體的 協調의 可否를 決할 수 잇슬 것이다.

다음 民族文學派라하는 一派는 固陋한 民族主義에 사로잡혀 잇는 一派와 所謂 階級的 民族主義라는 것과 民族主義 改良主義라는 前者보다는 比較的 進步된 一派로 난울 수 잇는데 前者와 後者는 質로 보아 協調와 非協調로 兩分해지고 말엇다.

이러한 各 派에 對한 觀察은 各 派의 主觀的 立場에서 본 것이나 三派의 全體的 協調라는 데 이르러서는 極히 微妙한 相互間의 利害關係의 相反으로 協調의 可能이 더 一層 困難하게 됨은 避할 수 업슬 것이다.

또 協調를 沮害하는 커다란 動機를 釀出하고 잇지 안는가 하는 危懼에 新聞 對 新聞의 露骨化한 反立 또는 各 新聞의 社是에서 밧는 文藝面의 制約으로 하야 이러나는 不可相容의 現狀에서도 늣길 수 잇다. 비록 文壇에는 表面的인 衝動을 주지 못하엿다 할지라도 朝鮮日報 對 東

亞日報의 相剋을 들추엇고 最近 東亞日報 偵察隊 대 中央日報 日評과의 說往說來도 들 수 잇다. 아즉도 世間에서는 是非를 말하지 안흐나(生活問題와 功名心은 이것의 是非를 말하기에는 넘우나 體面을 알고 잇슴으로) 謀 新聞에 執筆하는 사람은 謀 新聞과 該 新聞關係의 雜誌에까지도 執筆케 하지 안는다는 事實(이것이 事實이라고 할 證據으로는 謀 新聞의 執筆하는 사람들의 일홈은 謀 新聞과 其社의 雜誌에는 全然 차즐 수 업다)은 文壇人의 感情을 偏屈케 하며 感情을 사는 原因이 되지 안흘 수 업다는 것이 생각 안 될 수 업다.

웨 以上의 것들이 切實히 늣끼어 지느냐 하면은 朝鮮은 쩌―나리스트와 文士의 區別를 模糊하게 만들어 노하 잇서 卽 新聞의 學藝欄을 編輯하는 사람이나 또는 雜誌를 編輯하는 사람은 모두 文壇人이오, 編輯人이고 同時에 執筆者라는 二重性格을 가저서 新聞紙의 編輯으로써의 가진 性格 卽 新聞 自體가 가진 傾向에서 밧은 性格이 文壇人으로써의 性格을 强制하기 쉽기 때문에 新聞과 新聞의 對立과 相爭에 不得已 文壇人으로서의 性格도 參加되고 마는 것이다. 이것의 文壇에 주는 影響은 흔히 文壇의 政治的 對立과 相通되는 것으로 激憤하고 動하기 쉬운 藝術家의 感情을 相害하게 되는 것이다.

이 朝鮮 文壇의 特質은 新聞 學藝面의 編輯人이 文壇人으로써의 性格을 버리고 依然한 쩌―나리스트가 되어 公正한 立場에서 文壇 作品과 評論을 取扱하지 안는 限 그칠 수 업는 痼疾이 될 것이다.

以上에 말한 協調를 沮害하는 어느 特質보다도 우리에게 危懼를 느기게 하는 것은 文藝家協會와 요즈음 우리의 귀에 들어오는 文藝統制라는 것과의 關係이다. 이것을 두고 文藝家協會의 組織에 反對하는 사람도 적지 안흘 것이다. 이러한 危懼는 絶對로 杞憂 早斷이라고도 못할 것이니 日本 內地에는 이 文藝統制라는 것이 말성된 적이 오래며 朝鮮만 하야도 外國映畵의 輸入制限을 主로 目的한 것이나 映畵統制가 잇섯고 배우의 鑑札制 實施는 이것도 統制를 위한 것이 잘 알리어저 잇고 文士를 統制하기 위한 어떠한 工作이 잇섯다는 風說이 잇섯던 것도 事

實이다. 이 統制라는 것을 가장 실혀할 것은 두 말도 업시 新興 文學派들이겟고 지금 文藝家協會 組織으로 주고밧는 말 中에 利用이라 云云하는 것도 이 統制와 相通하는 것이다.

文壇時感

初陳 · 聲 · 省墓가는 사나히

이때까지의 小說은 最近 朝鮮사람으로 東京서 發行되는 雜誌에 發表된 것으로 모두가 ◇最 運動을 取材한 것이다. 「省墓가는 사나히」는 『改造』 八月號에 실린 張赫宙의 것이오. 「初陳」 本誌에 실린 尹鼓◇氏와 朴勝極 兩氏의 各各 ◇◇가 잇섯던 李北鳴 氏의 「文學評」 「◇」 新人推薦號에 실린 것이오. 「聲」은 餘遇尙 氏의 것으로 「文學平欄」 十日月號에 發表된 雜誌作品募集에 入選된 것이다.

張赫宙 氏는 文壇페스트菌 問題 以後로 李無影 氏에게서 攻擊을 當하고 또 지금 金文輯 氏에게서 逢變을 當하고 잇서 만흔 不快에 잠겨 잇슬 것이다. 나는 張氏에게 同情하는 한 사람이나 金文輯 氏의 謀紙에 실린 公開狀에 對하야는 或은 痛快하다고 할 사람이 잇슬지 몰으나 金氏의 넘우나 밋바닥이 보이는 듯한 거의 野卑한 公開狀을 읽고 나는 金氏에게 限업는 遺憾을 늣기는 사람이다. 들으니 氏는 金文輯 氏의 令弟로 金文輯 氏가 朝鮮詩壇에서 살지 안코 東京 樂城서 살고 잇는 것과 가티 氏의 令弟 金文輯 氏도 氏의 公開狀에 告白한 것을 通해 보건대 東京文壇에 多年間 生活한 분이오. 日本文學史 硏究家요. 朝鮮서는 몰으는 틈에 日本文壇에서는 大家로 自處하는 분갓다. 이 公開狀에 公開된 張氏의 「餓鬼道」 夜◇別 後의 事實이 事實아니라고는 나는 主張되지 안는다. 그때의 張氏의 小說에는 뒤에 숨은 補導者로 金氏라는 큰 存在가 잇섯기로 當選하엿다 할지라도 그 後에 數多히 發表된 作品의 表面에까지도 金氏나 或은 金氏가튼 張氏라는 로봇을 操縱하는 指導役이 잇섯다는 것은 金氏의 公開狀을 보아도 알 수 잇는 것이다. 다만 張氏뿐 아니라 누구든지 첫 出發詩에는 先輩나 혹은 先輩가 아닐지라

도 親知의 ◇道가 업지 안흔 것이오, 張氏의 初創詩의 金氏가튼 先輩(?)의 힘이 숨어 잇다고 張氏에게는 恥辱이 될 그리고 또 不名譽될 아모 것도 업는 것이다. 그리고 지금의 張氏의 小說이 完全히 張氏의 것이 되어 잇는 限 조곰도 張氏의 人氣에 損滅이 잇슬 것도 아니다. 그러하기 때문에 金氏의 公開狀은 오히려 金氏 自身의 低勢한 人格만을 表白하는 것이오, 이러한 機會에 朝鮮文壇에다 自己의 存在를 알리자는 利己的 남을 죽이고도 自身이 功名을 날리자는 利己的인 計劃이라고 볼 수 잇다. 李無影 氏의 張赫宙 氏에게 對한 攻擊가튼 것은 우리가 만히 首肯도 할 수 잇는 것이로대 金氏의 것은 到底이 好感을 갓지 못하겟다. 李씨와 金씨의 人格 差異가 各自 글을 通하야 明白히 露現되엇다.

넘우나 張氏의 변호에 疑問을 썻다. 나의 이야기는 이러한 것에 잇지 안헛다. 또 나는 張氏의 全作品을 말하려고도 안흐며 다만 여긔서는 前記 三氏의 小說을 比較的으로 생각해보고 鄭遇尙 氏의 「聲」의 優越함을 말하고저 한다. 張氏의 「省墓가는 사나히」에 對한 當時 東京文壇의 月評을 읽어보면 民族的 特性이 描寫된 佳作이라고 하얏다. 萬若 民族的 特性이 描寫되얏다고 하면 張氏가 描寫한 民族的 特性은 完全히 歪曲된 것이며 事作의 取扱에 잇서 만흔 反動性을 가지고 잇다. 더구나 傑笑라 하는 階級運動者의(亡命中) 形貌가 極히 反動化되어 나타나 잇다.

張氏가 海印寺에 갓다는 紀行的 感想과 傑笑라는 人物의 鬪爭經歷을 結合시키기 위해서 北滿서 北國으로 亡命가는 途中에 잇는 主人公을 朝鮮의 南端에 잇는 海印寺에 잇는 애인의 무덤에까지 차저오게 한 無理를 演出하엿다. 이것은 到底히 생각도 할 수 업는 일이오, 朝鮮을 쫓겨가는 ××主義者인 傑笑가 愛人의 무덤 單只 무덤을 찻기 위하야 二千里길을 危險을 犯하며 왓다간다는 그리고 自己가 亡命中이라는 것을 처음보는 小說家인 作家에게 實吐하얏다는 서투른 感想은 張氏가 自己의 人間性과 情熱을 小說化하기 위하야 亡命하는 ××主義者의 心理와 處地를 잘 몰으며 張附한 危險의 작란이다. 張氏가 東京서는

進步的 作家로서의 地位를 占하고 잇스나 張氏의 政治的 素養과 組織的 經歷의 부족이 이러한 不自然과 無理 그리고 反動的 役割을 시키게 되는 것이다.

이 소설과 가티 ××運動者 의 愛敬問題를 取扱한 데는 조곰도 異義가 업슬뿐 아니라 그러한 內容의 것도 만히 創作되어야 할 것이다.

李北鳴 氏의 「初陳」은 朴勝極의 極讚도 잇섯고 尹鼓◇ 氏의 批評도 잇섯슴으로 나는 더 詳細하게 말하고저 안흐나 「初陳」은 三四年 前에 朝鮮日報에다 李相春 氏의 木板挿畵로 二回까지 連載하다가 新聞의 休刊으로 中止된 「室素肥料工場」의 번역된 것으로 그 뜨라마틱한 內容은 生活面과 勞動場面을 그린 것으로 特記할 만한 作品이엇다. 朴勝極 氏는 이것이 內容으로나 그 말로써도 自然스럽다고 하얏스나 그것은 過評인 것 가텃다. 「初陳」은 內容도 거친 곳이 잇고 말도 오히려 張氏의 것보다 떨어진다고 할 수 잇슬 것이다. 여긔서 나는 鄭遇尙 氏 「聲」을 紹介하면서 張氏의 것보다 李氏의 것보다 優秀하다는 것을 主張하려 한다.

犯人이라는 未決囚는 甚한 ××의 結果로 聲帶를 破裂당하야 말의 自由를 일허버리고 벙어리가 되어 病床에 누어 잇섯다. 犯人은 人間으로써 最大의 不幸이라고 할 말의 自由을 일허버린 것을 조곰도 슬퍼하지도 苦惱하지도 안코 政治犯으로써 놀랄 만하게 節◇를 직히어 가며 洞房의 달은 病床를 慰勞해가며 오히려 自己敎養을 게을리 하지 안코 獨逸國語讀本을 공부하고 잇섯다. 사람으로 갑자기 말을 못하게 된다면 그 밧는 打擊은 實로 클 것이며 主義에 對한 信念이 自身의 큰 不幸으로 말미암아 動搖도 생기기 쉬울 것이다. 그러나 犯人의 이 偉大한 沈鬱과 不幸中에도 進取하자는 氣象과 所信에 對한 구든 信念의 不變은 우리들에게 만흔 感激을 줄 수 잇다.

그의 안해 順姬는 間道에서 아이를 다리고 서울까지 와서 남의 집 행랑사리를 하며 뒤를 보고 잇섯다. 처음 隨人이가 面會를 하러 가서 男便이 말을 하지 못한다는 것을 立會의 看守에게서 들엇슬 때 그 만튼 말을 그냥 들어와 오래 동안 괴로워하얏다. 이러한 順姬에게는 犯人은 벙어리가 된 自己를 기다리고 잇는 順姬를 同情하야 기다리지 말고 다른 男便을 어더가라는 부탁을 出所하는 洞房의 同志에게 傳하엿다. 그러나 順姬는 男便이 自己를 사랑하기 때문에 그러한 소리를 한다는 것을 알엇기 때문에 그러한 말을 하게 되는 것을 알엇스며 男便이 不具者되엇슴으로 더욱 男便을 사랑하여야 하며 男便을 위해 一生을 가티 하지 아니하면 안 된다는 것을 늣기엇다.

大體로 이것이 「聲」이 槪況인대 그가 가진 內容이 ××的 正體를 가진대 잇서서나 말의 使用에 잇서서나 張赫宙 氏의 것보다 一段 위에 설 수 잇다. 「聲」은 모델 小說이나 作者의 取材의 移動性이라던가 그 ××的 見解의 正體한 데 잇서서나 張 氏를 凌駕할 것이다.

李北鳴 氏의 「初陳」은 內容은 張 氏의 것이 反動的인대 비겨 그러치 안흐나 말에 잇서서는 密邱의 것에도 따를 수 업다. 鄭 氏의 압길이 期待된다. (끗)

『조선중앙일보』 1935.11.15~11.22

톨스토이 死後
二十五週年

十一月 二十日에는 톨스토이 死後 二十五週年祭가 露西亞에서 열리게 된다. 그 프로그람을 보건대 年前 톨스토이 百年祭에 지지 안흔 盛大한 것을 想像할 수 잇다. 막심 골키 翁의 名譽議長을 筆頭로 記念祭委員會의 멤버는 教育人民部員 톨스토이博物館 管理者 콤아카데미의 副會長 레모노프·파제예프 等等의 作家 톨스토이 編者 톨스토이 生前의 秘書들이다. 十一月 十九日에는 톨스토이博物館에서 特別展覽會가 열리고 그 翌日 二十日에는 記念祭가 잇고 톨스토이에 關한 여러 가지의 報告가 잇다. 그리고 十月 中旬부터 十二月末까지 各 教授들의 '톨스토이'에 關한 講演이 數次 열리며 유쏘즈키노 記錄映畵工場에서는 톨스토이博物館과 協同하야 톨스토이 晩年의 生活과 葬禮式 때의 光景을 撮影하기로 되엇다.

寫實主義가 廣汎하게 文壇的 潮流가 되어 잇는 此際에 朝鮮서도 톨스토이의 이 記念祭에 記念的 會合이 잇슬 줄 알며 톨스토이의 藝術에 關하야 論議가 잇슬 줄 안다.

朝鮮文壇도 多少로 톨스토이의 藝術에서 滋養分을 吸取하고 잇는 것만은 事實이고 寫實主義가 文學的 方法으로 優秀한 것임을 지금 全般的으로 容認되어 잇는 때에 러시아의 그 傳統的인 寫實主義의 精神이 톨스토이의 天才的인 藝術 具象에 잇서서 얼마나 光輝잇게 發揮되고 잇는가를 우리들 朝鮮의 文人들은 再認識하고 그의 藝術을 우리의 寫實主義의 道標를 삼어야 할 것을 우리는 말하고 십다.

우리는 前例로 보아 레닌이 '꾀―테'를 崇尙하고 쏘베트 同盟에서 古

典이 盛히 硏究되고 '쉑스피어'의 演劇이 넓리 上演되는 事實을 들어 朝鮮의 一部 文人들은 카프가 古典硏究를 拒否한다고 非難하야 왓다. 그러나 우리는 이러한 것을 생각지 안흐면 안 될 것이다. 레닌이 '꾀-테'를 愛讀하얏다고 꾀-테의 藝術과 思想의 全部를 尊崇한 것이 아니오, 이번에 톨스토이 二十五忌祭에 잇서서도 톨스토이의 思想과 藝術에 對하야는 뚜렷한 見解를 가지고 擧行되는 것이다. 톨스토이 百年祭 前後에 잇서서 쏘베트에서는 톨스토이의 藝術과 思想에 對하야는 完全히 批判되고 整理가 되엇다.

톨스토이는 우리가 恒例로 藝術家인 同時에 思想家로 안다. 思想家로서의 톨스토이의 思想은 權力 否認의 니히리스트的 이엇스며 晩年의 그의 基督敎的 宗敎生活은 唯心論者로서의 그를 말하는 것이다. 그 外에도 作品을 通하야 人道主義者로서의 톨스토이도 차즐 수 잇스며 平和主義者로서의 그도 찾즐 수 잇다. 그러나 一言으로 그의 生活의 悲劇的인 '시츄에이슌'을 그의 世界觀과 現實 生活과의 矛盾에서 차즐 수 잇스며 그의 十九世紀 러시아 農民의 生活에 加擔하야 싸혼 그 正義觀과 그의 權力을 否認하면서 權力에 對한 無抵抗主義인 相反하는 精神이라는 것도 말할 수 잇다.

여긔에 톨스토이의 思想이 오늘날 쏘베트의 思想과 서로 容納되지 안는다는 것을 말하게 되어 思想家로서의 톨스토이는 批判되어 버리고 남은 藝術家로서의 그만 尊尙하게 되는 것이다. 이것은 決코 톨스토이를 二分하야 觀察하는 것이 아니오, 톨스토이를 歷史的으로 보는 卽 全體로 보는 것이다.

그러면 藝術家로서의 톨스토이는 어떠케 取扱되는가 앞에도 말햇지만 그의 人生에 對한 深刻한 描寫를 文學의 形式上에서 表現하는 天才的인 完璧한 寫實主義의 手腕 그것은 그냥 그대로 우리의 것으로 繼承해도 조곰의 잘못이 업다는 것이다. 오늘 쏘베트 文壇의 代表的 作家며 世界的 作家인 '파-제예프'와 '쇼로호프'가 톨스토이 影響을 가장 만히 바더 파-제예프의 『壞滅』의 結晶的인 寫實主義와 쇼로호프의

『고요한 동』『開拓된 處女地』에서 보이는 纖細한 코사크 地方의 描寫는 톨스토이의 事實的 方法의 그대로의 繼承이라고 볼 수 잇다.

우리는 '유-고'나 '꾀-테' '쉑스피어'에 잇서서보다도 다른 意味로 또는 切實히 톨스토이에게서 배홀 바가 만타는 것을 말할 수 잇다. 『復活』에서 보여주는 舊러시아의 專制政治의 暴露와 敎會와 農民의 生活描寫에서 볼 수 잇는 熱과 힘 『어둠의 힘』에서 보여주는 暗默한 農民의 生活의 分解的 描寫 모다가 人生에 對한 深刻한 觀察은 天才的인 形象으로 文學에 나타나 잇다. 또 『戰爭과 平和』에 잇서서 集團을 描寫하는 手腕은 우리에게 만히 敎示를 주고 잇다.

톨스토이 死後 二十五年祭를 압두고 우리는 톨스토이를 歷史的으로 觀察하여야 할 것이며 此際에 朝鮮文壇에 톨스토이가 얼마나 한 影響을 過去에 주엇는가를 硏究해 보는 것도 어려움이 업지는 안홀 것이다. 過去의 멧 가지의 記念的 會合을 보건대 그 사람에 對한 追憶談이나 그 사람의 年代記의 說明에만 끄치고 그 藝術과 思想에 現代的 準繩으로 體系化할 줄을 몰랏스며 톨스토이 二十五年祭를 記念하는 데 잇서서도 톨스토이를 그 思想과 藝術의 主觀的 觀念에서 觀察하고 紹介하는데 끄치지 말고 한 거름 나아가 客觀的으로 歷史性 미테서 보아야 할 것이다.

『조선중앙일보』, 1935.11.20

演劇運動과 그 組織

一.

一九三五年 以來 十年은 朝鮮 프롤레타리아 藝術運動의 恥辱의 期間이었다. 日本帝國主義가 滿洲事變을 直前해서 急速히 팟쇼化한 남어지 藝術運動에까지 極惡한 彈壓을 加하야 所謂 新建設事件이란 名目으로 카프(朝鮮프롤레타리아藝術同盟)에 所屬된 有爲한 藝術家를 總檢擧하야 藝術運動을 송두리째 奪去해가고 그 影響下에서 새로 萌芽하려는 組織을 抹殺해버리고 말었다.

이렇게 合法性을 잃어버린 演劇運動은 그 뒤 創作方法의 새로운 探究와 進步的 演劇運動의 牆內에서 生命發展의 構想을 하다가 日本이 對中侵略戰爭을 開始함으로써 부디 自由主義的인 思想 藝術에까지 彈壓을 내리는 바람에 드되어 그 志操까지 强奪을 當하고 말었다. 그 다음에 온 것이 所謂(國民演劇의 創造)라는 時期인데 우리 演劇運動의 最大의 恥辱期였었다.

이 時期에 있어서는 프롤레타리아 演劇活動의 가지가지 動態에 對하야 恒常 敵對的 位置에 있엇고 우리들이 一九三五年의 總檢擧를 當했을 때도 心中 快哉快哉를 부르든 小부로조아的 民族改良主義的 演劇運動人들과 우리는 손을 맞잡고 日本帝國主義 侵略戰爭의 協力演劇인 (國民演劇)을 樹立하는 데 加擔해 왓든 것이니 卽 日本帝國主義는 朝鮮으로 하야금 그 侵略機具의 兵站地가 되고 그 力量의 供給者를 만들기 爲하야 朝鮮統治 三十六年間에 가장 非文明的이고 팟쇼的인 最後의 發惡을 하였다. 한 民族의 言語와 文學을 抹殺하려는 人類史上에 稀有한 바바리즘을 敢行하였고 民族과 血統과 系列을 가장 文明的으로 所重하는 우리의 姓名을 그들의 血族亂雜의 習性을 政◇하는 氏로

代置하였고 精神生活의 自由까지 拘俗하고 神道에의 改宗을 强要하고 所謂(日本情神)이란 自殺方法을 치들고 우리의 새로운 世代를 志願兵, 學兵, 徵兵制 實施로 敵彈防禦의 ◇◇材로 또는 進路設置의 埋築材로 使用하였다. 그 外 增産政策의 苛酷한 行使와 徵用令 實施로 우리들로 하야 마듯이 밥 한 그릇을 배부르게 못 먹게 하고 편히 방바닥에 등을 부치고 잠을 못자게 하였다.

그들은 이 모든 壓政을 强制하기 爲하야 文化運動을 總動員하여 그 宣傳機具로 剋用하얐는대 다른 部門에 있어서 强壓策으로 演究하는 (國語常用)도 演劇에 있어서만 寬大히 하야 演劇이 가진 高度의 宣傳性을 民衆에게 利用하얏다.

우리들 朝鮮 演劇人은 意識으로 無意識으로 總結束하야 殺人教唆와 平和攪亂을 上演하고도 애꾸진 목숨을 保命할 만하엿든 것이다. 우리 演劇人은 이 가장 不愉快하고 不名譽하며 恥辱的인 時期에 지은 民族的 階級的 罪業을 贖罪清算하기 위하야는 無慈悲한 批判과 長久하고 敬處한 努力이 必要할 것이다.

二.

不愉快한 回想에서 低徊하기를 그만두고 우리에게는 八月 十五日을 契機로 해서 許多한 演劇運動의 課業이 賦與되여 있다는 것을 생각하자.

朝鮮演劇은 全體가 過去 數年間 不愉快를 잊어버리기 爲해서 個人으로서는 脫皮 還生하고 劇團으로써는 解放을 敢行하였다. 그리하야 解放이라는 共通된 興奮과 感激으로 建國의 大業 補佐함으로 또는 階級的 意思를 代表함으로 各各 自由奔放하고 高度한 藝術創造의 熱意를 가지고 벌써 多數의 劇團이 誕生하였다. 勿論 이들 가운데에는 八月 十五日 前 惡性인프레의 德澤으로 興行에 依한 致富의 惰性을 다시 利潤 探究에 애써 보려는 者도 亦 不無하며 甚至於 樂劇團 經營者의 一部 또는 거긔에 所屬되었든 樂士 演技者들의 一部는 우리가 가장 雄根하고 眞摯한 態度로 國家創造의 大業에 竭力해야 할 이 時機에 가장 먼저 圖謀한 것이 '땐스홀'과 '캬바레'의 創設에 의하야 輕佻와 浮薄의 精神부터 심으랴 하였다.

이런 새로운 胎動期에 處하야 現象의 가장 正確한 把握과 批判 그리고 거기에 對處할 方針의 確立은 우리들 프로레타리아 演劇人의 重大한 任務의 하나이다. 朝鮮의 演劇人 大部分이 進步的인 氣運에 움죽이고 있고 誕生한 劇團 大多數가 進步的인 看板을 내걸었기 때문에 우리는 어떻게 이 모두를 우리들 편으로 引導하고 戰取하느냐 하는 것이 重大한 當面 問題인 것이다. 그러기 때문에 八月 十五日 以後 몇몇 同志에 依하야 演劇運動의 組織問題가 提起되여 鎭重이 討議되어 硏究되어 왔다. 그러나 아즉도 그 理論이 統一되지 못하고 그 組織方法이 確立되지 못하였다. 筆者는 이 問題를 取扱하기에 許與된 紙面의 大部分을 쓸가 한다.

朝鮮의 解放이 約束되자 朝鮮의 共産主義 運動은 黨 再建을 爲하야 鬪爭해오는 한편 外屬 團體로써의 文化團體의 組織을 要請하였다. 이에 딸아 朝鮮프로레타리아 演劇運動을 爲한 熱誠者 몇 사람이 革命的인 劇團과 프로레타리아 演劇同盟(將次 朝鮮프로레타리아 文化聯盟 乃至 藝術聯盟의 一構成 分子로서) 組織問題를 提起하였다. 여기에 論하야 몇몇이 합의 反對 意見이 있었다. 그 反對 理由는 이러하다. 劇團組織에 있어서 今後 朝鮮의 演劇은 高度의 藝術的 完成을 期하기 爲하야(모스코 藝術座)와 같은 演劇을 朝鮮에 樹立하기 爲하야 그 主流를 形成할 게이지 革命的 劇場을 組織하야 우리가 一九二七, 八年에 犯한 藝術의 政治主義的 傾向에 다시 빠저서는 안 된다는 것이고 同盟組織에 있어서는 現段階에 있어(프로레타리아 演劇)이란 旗幟를 내거는 것은 프로레타리아 演劇을 孤立化시키는 方法밖에 될 수 없고 朝鮮의 演劇 大多數를 우리편으로 戰取해오는 데 오히려 妨害가 된다는 것이었다. 이렇게 하야 革命的인 劇團과 演劇同盟組織論者를 藝術性을 沒却하고 圖式主義를 招來할 極左的인 小兒病者라고 했다.

그러면 果然 그러한가. 八月 十五日 以前까지 演劇을 하여금 日本帝

國主義者의 戰爭 宣傳의 有利한 道具로 맨들어놓고 그 가장 優秀한 指導者로 自他가 共認하고 가장 劣性者로 阿諂을 하든 그들이 八月 十五日 以後에 一躍 藝術論者가 되어 過去 朝鮮藝術運動의 政治的 偏向을 이제 다시 추켜들고 急遽히 擡頭하는 朝鮮의 革命的 情勢가 우리 演劇人에게 무엇을 要求하는가를 忘却해버린다는 것은 너무도 閒心한 일이라 아니 할 수 없다. 그들은 이것을 自身의 藝術的 成熟이라고까지 揚言을 햇다. 그러면 左派(筆者는 便宜上 여긔에 革命劇團과 同盟組織論者를 左派라 하고 여긔에 反對하는 者를 右派라고 假定한다)의 諸君들이 階級的인 熱性으로 當面에 勞動者 農民을 組織하고 革命化시키는 데 必要가 演劇을 하라 햇다고 그들을 極左的 傾向이라 하고 圖式主義라 하야 옳을 것인가. 설혹 그들이 藝術的으로 洗練 못되고 政治的 슬로-간을 露出한 稚拙한 脚本을 上演햇다고 해도 그들에게 同志로써의 感謝를 보낼지언정 藝術을 政治宣傳用으로 썻다고 唾罵치는 아니할 것이다.

右派의 諸君들은 (프로레타리아)라는 이 用語에 對해서 너무도 神經質的인 强迫觀念을 가지고 있지 아니한가. (프로레타리아)를 冠詞에 부첫기 때문에 또는 革命的이기 때문에 圖式主義的이요, 非藝術的이요, 創作方法이 局限된다는 理論은 어디에서 導出햇는가. 左派의 諸君들도 朝鮮의 演劇을 하여금 蘇同盟의 演劇 以上으로 藝術的 完成이 되기를 希求하고 있을 것이다. 그러나 그들은 그러한 길이 우리에게 먼 階級이 놓여 있음을 안다. 蘇同盟의 (勞動靑年劇場)이 藝術的으로 完成하고 大劇場化한 것이 하루 이틀의 勞力으로 된 것이 아니엇다. 그렇게 되기까지에는 많은 內包된 缺陷과 싸화서 비로소 形成된 것이오, (모스코 藝術座)의 藝術이 거의 一世紀라는 年輪을 쌓아서 오늘날 蘇同盟의 자랑꺼리가 된 것이다. 그럼에도 不拘하고 지난 八月 十五日에 비로소 (카이로 宣言)이란 것이 우리들에게 明示되고 우리들의 革命이란 것이 아즉도 멧 階級을 압헤두고 있는 있는 此際에 大藝術을 標榜하고 그 能力을 主張하는 것은 必然 무슨 錯覺에서 生起된 妄想이 아닐는지 생각하건대 右派의 諸君들이 主張하는 演劇이 結局 이 過政에 있어서는 藝術的으로 完成이 되기보다

階級的으로 反逆되기가 가장 쉬운 危險性을 가졌다고 생각한다.

朝鮮의 演劇은 思想的으로는 再武將을 하고 藝術的으로는 白紙로 還元하야 出發함이 옳지 않을까. 우리는 아즉(피스카틀)에게서도 (메이엘흐리드)에게서도(라이로프)에게서도 또는 (란첸코), (스타니스란스키이)에게서도 배혼 바도 없고 築地小劇場과 新脇의 亞流는 있었을지는 몰으나 朝鮮演劇으로써의 한 體系를 세울 만한 主流도 없었고 能力도 없었다. 八月十五日을 契機로 해서 우리는 새로운 構想과 意圖로 一年生으로써 의 初步를 내디디는 것이다. 이런 時期에 있어서 理論的 對立이 아니고 (이데올로기)의 對立이다 아니할 수 없다.

右派의 諸君이 萬若 그 主張대로 安逸하고 平易한 態度로 演劇行動을 해가다가 朝鮮의 勞動者 農民에게 共産主義 藝術家가 아니라는 評言과 非難을 받는 時機가 있더라도 不名譽로 생각지 않겠는가. 또 左派의 諸君이 비록 右派의 諸君한테 極左的이란 斷言을 받어가면서도 오로지 勞動者農民을 爲한 演劇을 爲하야 一에 一을 하고 다시 거기에 一을 加하여가는 方法으로 一時는 비록 藝術的으로 粗拙하면서도 是正하고 批判하야 階級的 任務를 다한다면 榮譽라 아니할 수 있을까.

三.

問題는 組織에 관한 議論으로 옴기자. 여기에 있어서는 다시 論議는 여러 갈래 난호아저 있다. 一은 프로레타리아 演劇同盟組織論者요 二는 그 組織無用論者요 三은 人民演劇論者이다.

먼저 各自의 主張을 羅列해 보면 이러하다. 프로레타리아 演劇同盟組織의 緊急 必要를 主張하는 者는 前項에 있어서 左派라고 假定한 사람인데 前 項에 있어서도 말했지만은 現在의 動向을 보면 朝鮮의 프로레타리아 藝術家들은 그 部門別로 主體的인 組織體를 가지고 그 組織的인 力量으로 勞動者 農民의 生活圈 內에 浸透하려 하는 方針을 세우고 있으며 이 部門別的 組織이 完成됨으로써 藝術運動 全體(將次는 文化全體)의 協議機關인 프로레타리아 藝術同盟은 構成되어 朝鮮共産

黨의 外廓團體가 될 날을 希求하고 있는 것이다. 이 全般的인 形勢에 步調를 맞추기 爲하야 하로라도 빨리 프로 演劇同盟을 組織하자는 것이다.

다음 無用論者는 또 두 種類로 細別할 수 있는데 하나는 演劇이란 劇團活動에 있어서 비로소 始作되는 것이니 個個의 劇團이 形成되여 各自의 活動이 成熟한 다음에 비로소 演劇同盟이 組織되는 것이라는 主張이고 또 하나는 朝鮮 演劇의 지금 情勢가 프로레타리아 演劇同盟을 組織하기에는 아직 危險한 時期에 있으니 爲先 共産主義 演劇人으로서는 主體的 組織을 가지지 말고 今後 誕生하는 各樣各色의 演劇團體를 總 網羅해서 協議機構를 가지고 그 안에서 指導해야 된다는 것이다.

셋째의 (人民劇團)論은 프로 演劇同盟이라는 看板을 걸고 大多數가 進步的 傾向에 있는 演劇人을 한꺼번에 다 包容할 수 없으니 中間的 一時的 組織으로 人民演劇同盟이 이어나가 適當한 時期가 到來하거든 프로 演劇同盟으로 再構하자는 것이다.

演劇은 다른 藝術 部門과 달라서 集團的인 勞作에 依해서 비로소 藝術活動이 始作됨으로 그 特殊性을 認識하고 또 朝鮮의 演劇人 大多數가 進步的인 意慾에 잠겨 있으니 可及的으로 이 全部를 우리의 陣營으로 戰取해가자는 생각에 있어서는 前記에 세 組織의 理論의 共通된 意見이다.

(人民演劇同盟)이라는 廣汎한 名稱으로 一切의 進步的인 劇團과 演劇人을 全部 全攝하자는 第三의 意見에 對해서 第二의 푸로 同盟無用論者로 合流되려는 形勢에 있다. 그러므로 이 人民演劇同盟論에 있어서도 統一된 理論이 서 있지는 아니하나 그들 中에는 처음부터 (푸로레타리아 演劇同盟)이라는 看板을 내걸기가 對內的으로나 對外的으로나 아직은 危險하니 (人民演劇)으로 代置하자는 漠然論도 있고, 푸로레타리아 演劇이란 固定된 範疇에다 演劇을 집어넣어 政治主義的 傾向과 圖式主義化의 危險을 避하면서 平易한 일흠으로 多數의 演劇人을 包攝하자는 具體論도 있다.

그러한 演劇은 劇團活動이 있은 後에 있는 것이니 個個의 劇團이 成熟할 때까지 아모 主體的인 組織을 가져서는 안 된다는 理論을 들을 때 너무도 그 論者가 朝鮮의 現革命的 情勢를 모르는 데서 나온 소리이고, 過去 日本프로레타리아 演劇同盟이나 新協劇團들이 걸어온 時代의 情勢에 處한 方法을 公式的으로 이 情勢에 가져오랴 했든 것이다. 이 理論은 全般的으로 首肯者가 小數 있기 때문에 別로 問題視 되지 아니하였다. 다음 同盟無用論者 中의 하나로 劇界 全般의 協議體를 가지자는 것인대 이 主張의 根據에는 지금의 朝鮮의 革命段階는 뿌르주아 民主主義革命의 길을 것고 있다는 政治的 常識을 藝術運動 全般에 適用해서 프롤레타리아 藝術運動 全體의 主體的 組織을 拒否하려는 실로 危險한 傾向의 하나이다.

이 두 論者가 共通된 點에 있어서 實로 重大한 것을 見棄하고 있다. 그것은 어떠한 때와 境遇를 不問하고 우리의 組織的 力量의 源泉이 되고 藝術運動 方針의 指標를 주는 우리의 主體的 組織을 無用으로 생각한 것이오, 兩者가 다 量的으로 큰 것을 取하고 프로레타리아 演劇運動의 孤立化만 걱정했지 小數하나마 質的으로 純粹한 것이 볼세비키的인 力量이 크다는 것은 잇어버리고 있었다.

演劇人 包攝이 中心問題가 되는 모양인데 그러면 果然 (人民演劇同盟)이라고 해야만 進步的 劇團을 우리 傘下에 넣을 수 있는가 (푸로레타리아 演劇同盟)이라 해서는 다 包攝하지 못하는가. 그 實際에 있어서 演劇人 大多數의 意見을 打診해본 結果 (人民演劇同盟)論者의 걱정은 杞憂에 지나지 못한 것을 알었다. 그들의 進步的인 意慾은 몃 사람이 생각하는 것보다는 훨신 앞서 있어서 프로레타리아 演劇同盟이란 일홈에라도 跳躍加盟하겠다는 決意를 가지고 있었다. 뿐만 아니라 푸로 演劇同盟이라고 해서 떠러져 갈 사람은 (人民演劇同盟)이라도 해도 離脫해버리고 말 사람들이며 그 反對로 (人民演劇同盟)에 加擔할 사람이면 (푸로演劇同盟)에로 바로 加擔할 만치 意識的인 準備가 되어 있을 것이다.

그러기 때문에 여기에 쓸데없는 階段을 만들어 (人民演劇)이란 새로운

範疇를 形成할 必要가 무엇이랴.

歐洲에 있어서는 퐛시즘에 對處하기 爲하야 政治的으로 人民戰線을 形成해서 共同의 敵과 싸홀 때도 있었고 民族單一戰線을 形成하기 爲하야 中國에 있어서는 共産青年同盟까지 解散하고 人民戰線的인 形態를 形成했었다. 이제 國際 파시즘은 總崩壞하고 人民戰線運動의 對象은 變했다. 우리 朝鮮에 있어서 過渡期的으로 人民共同政府가 樹立된다고 해서 우리들의 푸로레타리아 藝術運動을 弱體化시켜서 人民演劇乃至 藝術이란 한 段階를 일부러 造成하야 이 自成한 障碍物을 뛰어넘기 爲하야 우리들의 力量을 헛되이 消費할 必要가 어디 있을까.

한편 劇團을 總網羅한 無色無臭의 協議體를 두고 우리들이 따로히 우리들의 主體的 組織인 朝鮮 푸롤레타리아 演劇同盟의 旗빨 알에 結束하고 前記 協議機關을 通해서 각 團體에 影響을 주고 組織的으로 指導를 해가는 方法은 어떠할까. 이것이 가장 妥當한 方法이 아닐까. 그리기 爲하야는 亦是 먼저 우리들의 主體的인 組織이 必要치 아니할까.

여기에 對해서 더 論議가 必要하고 筆者도 具體的인 意見을 記述해 보고 싶으나 許與된 된 紙面이 벌서 다 되었으므로 提起만 해둔다.

이 原稿가 活字가 되어 나올때는 朝鮮푸로레타리아 演劇同盟이 結成된 뒷일지는 몰은다. 或 은 理論的으로 克服되여 (人民演劇同盟)이 結成되었을지 몰은다. 그때에는 이 小稿는 單只 어느 편이건 同盟結成의 經緯를 述한 것으로 되고 말 것이다.

끝으로 筆者는 勞動青年劇團과 移動劇團運動에 關하야 言及하고자 한 바 있었으나 다음 機會에 밀운다는 것을 附言해둔다.

『인민』, 창간호, 1945.12

민주연극의 체제수립을 위하여

1. 전언

붉은 군대가 진주하고 있는 우리 북조선은 모든 유리한 조건 아래 정치, 경제, 문화 등이 역사적인 의의를 가지고 민주주의적 건설이 수행되고 있다.

일찍이 토지혁명은 수 천년 이래 봉건적 착취 아래 신음하고 있던 조선농민을 제 땅을 제 손으로 경작하고 제 것으로 수확하여 제 마음대로 소비할 수 있는 착취와 구속이 없는 농민이 되게 해주었고 이 감격에 넘치는 북조선 농민은 이제야 자유로운 생활의 의욕을 가지고 춘경 이앙을 승리적으로 마치고 땅 가진 희열을 만끽하고 있다.

이에 호응하여 민주 건국의 앞재비인 노동자들은 생산돌격운동을 일으키어 공장과 광산에서는 건국 생산의 개가가 높이 들린다.

이번에 다시 이들 노동자들과 사무원들을 일본제국주의적 착취기구에서 완전히 해방하기 위하여 노동법령의 실시를 보게 되었다.

북조선에 있어서 토지개혁이 실시되지 밖으로 친일파 민족반역자들 반동배들은 그들의 총역량을 집중하여 북조선의 민주건설을 파괴하려고 온갖 역선전과 파괴공작을 시작하였고 안으로는 농토의 분여를 받은 일부 농민들은 이 역사적인 토지개혁에 대한 확고한 신념을 가지지 못하고 반동분자들이 요언에 움직여 늘 회의와 불안의 속에 지내왔다.

이런 외부적인 반동분자의 일소하기에 충분한 시기적절한 농업현물세를 제정 실시하게 되었음은 토지개혁사업의 확보이며 북조선 임시인민위원회의 인민정권으로서의 일대 성공이라 할 수 있겠다.

이런 여러 가지의 역사적 창건와 민주적 건설이 우리 민족의 영도자 김일성장군의 위대한 지도 아래 성공적으로 수행됨에 따라 문화 내지 예술운동의 조직과 방향도 당연히 근본적인 과제가 제시되어 예술운동의 전 역량은 이 사업의 해설과 선전에 경주함과 동시에 예술적인 과업 위에 거대한 감동과 흥분을 야기하여 민족예술의 새로운 내용이 창조되어지고 있다.

해방 이후 일 년을 마치려는 오늘 북조선예술운동을 개관하면 8·15 직후 오래 동안 다른 문화와 같이 일본제국주의자들의 조선문화 말살의 야만정책 아래 억눌려 있던 민족적 의욕의 발로로 자립연극운동의 활발한 대두와 전문극단이 다수로 결성되었다. 이 시기의 연극운동은 처음부터 조직적으로 전개된 지역도 있었으나 극히 무원칙하고 무정견하게 일어난 지역도 많았다.

북조선임시인민위원회의 성립과 북조선예술총연맹의 결성에 의한 예술운동의 조직체계 확립에 따라 이러한 일시적인 비조직성은 지양되어 연극운동 민주주의 조선 건설사업의 담당자로써 문화노선에 따라 재편성되게 되었다.

이 기간의 연극운동을 엄정하게 논평하면 사상적으로나 기술적으로나 일종의 모색기었음은 틀림없다. 특히 연극의 기술적인 면에 있어서 문예상이나 연출상이나 예기상이나 또는 제반 무대미술이나 초보적인 저열은 불가면의 사실이라 할 수 있다. 그것은 일제시대의 극도한 문화 억압 때문에 위축된 연극기술과 해방 후 최대한으로 고양된 연극운동의 대두로 말미암아 연극기술자의 부족에 의한 결과라 할 것이다.

이에 연극운동은 다른 모든 예술운동과 같이 제3단계의 비약을 수행하여야 할 시간에 들어갔다 할 것이다. 왜 그러냐하면 첫째 북조선의 모든 민주주의 건설은 승리를 얻었고 둘째 예술운동은 조직적인 능동성을 발휘할 수 있는 시기에 도달하였으며 셋째 연극운동은 초기적인 제반 원시성을 비판하고 확고한 자의식이 조성된 조직적 활동과 예술적 비약이 병행해야만 금후 연극의 정상적인 발전이 가능하기 때문이다.

그러므로 제2기에 있어서 당연히 지양되어 있어야 할 것임에도 불구하고 아직도 그대로 남아있는 자연발생적 비조직성은 일부의 극단이 각종 민주주의 단체의 직영이라는 간판을 가지고 있음에도 불구하고 그 실에 있어서는 영리적 직업극단으로서의 성격이 농후하여 노선에 대한 부정확한 파악은 말할 것도 없고 오히려 반민주주의적인 내용을 가진 작품까지며 연극행동의 대상을 공장, 농촌의 인민대중의 가운데에 두지 않고 일부 유리된 소시민층에다 구하였다는 것이다.

초기에 볼 수 있던 여러 가지 결함의 완전한 청산 위에 능동적인 조직의 운용에 의한 지도력의 굴신이 있고 다시 기술적인 비약 예술적인 제고가 있어야 민주연극의 궤도는 정제되는 것이다.

2. 연극운동의 제 결함에 대하여

북조선예술운동은 북조선예술총연맹의 결성으로 우선 그 민주주의적 체계를 세울 수 있다. 각 군, 면, 시에 문학, 연극, 음악, 미술, 영화, 무용, 사진 등 각 부문별로 동맹이 결성되고 그 위에 군, 면, 시, 연맹이 있고 군, 면, 시, 연맹위에 도연맹 다시 그 위에 중앙집권체이며 최고결의 기간인 북조선예술총연맹이 있다.

북조선예술운동의 발전과정에 있어서 이의 합리적인 지도의 통일체계로써 북조선예술총연맹의 조직체는 정당하였다. 그러나 총연맹 결성 이래 반년이 지난 오늘의 북조선예술운동은 획기적인 성장을 수행하였고 이제 능동적인 지도역량을 발휘할 수 있는 시기에 지도하였다.

이러한 중대한 발전기를 앞두고 우리들은 여기에서 조직상에 약간의 자기비판과 반성을 가하지 아니하면 안 될 것이다. 남조선예술총연맹은 결성당시에 조직상 합리적인 정당성을 가졌음에도 불구하고 약간의 결함은 자체의 역량이 증대함에 따라 운동의 지도상에 미치는 영향도 증대해지는 것이다.

즉, 현재의 예술의 조직체계는 조직 원칙으로 모순이 많았다. 예술운동은 각 부문별로 아래서 위로 또 위에서 아래로 종적으로 통해지는 통일적 조직이 세워진 북조선은 단일적으로 통괄하는 동맹 아래 각지방지부가 결성되어야 한다. 이 각 부문별로 된 초고결의기관이 횡적으로 다시 협의체를 구성하므로서 비로서 조직은 정당화한다. 물론 지역별로 (군, 도 단위로)부문별 각지부가 횡적인 연결을 가지기 위하여 협의기관을 가지는 것은 당연한 일이다.

현재와 같이 예술의 지도역량이 증대해가고 조직적 사업이 복잡해 감에 따라 조직상의 결함은 이것의 시급한 극복 청산이 요청된다. 연극운동의 실천 상 조우하는 문제를 예시한다면 현재의 예총 안에 연극운동의 집중적 통일적 최고지도기관이 결여되어 있기 때문에 일어나는 여러 가지의 지도상 조직상 지장은 크다. 임시방편으로 이 지도기관의 대행을 평양시 연극동맹에서 하고 있으나 도저히 이런 고식적인 방법으로는 연극운동의 활발한 발전에 큰 지장을 준다.

그러나 우리는 예술운동 조직의 이러한 현실적 결함의 극복 청산은 기술적인 방법으로 운행되어야 할 것은 말할 것도 없다. 그러므로 예총이 현재의 조직에서 원칙적인 조직에로 재편 이행하는 데는 과도적인 도정을 밟아야 한다. 그러기 위해서 즉 현재와 같이 예총 역량이 증대해 있으나 원칙적인 조직에로 개편되는 데까지 그 역량이 성숙하기를 촉진하고 취성하기 위하여 잠정적인 자치 방법으로 예총이 가진 서기국 경리부 출판부 조직부 국제문화부 등의 사업적인 문서 이외에 예술의 창조적 부서로써 문학부 연극부 등 기타 각 부문별의 부를 두고 각부에 상임위원을 배치하여 각 부문별로 집중적으로 통일적으로 지도해야 할 것이다.

이러한 부의 증설이 신속이 수행되어야 연극운동에 있어서 현실적으로 현출되는 여러 가지 결함이 극복 청산되어 원칙적 조직체로의 재편성이 용이하게 진행될 것이다.

다음 연극운동의 다른 결함은 기획상에도 작품상에도 공연상에도 나타나고 있다.

첫째 기획과 공연상의 결함은 연극의 선정에 통일성과 계획성이 결여되어 있으며 연극운동의 근본이념의 인식이 부정확하다. 극단 자체 내에서 내포하고 있는 불순성은 기획면에 있어서 단적으로 나타날 수 있는 것인데 현재 모 동맹 혹은 모 민주주의 단체 등의 전속이라는 간판으로 공연하고 있는 극단 중에는 해 극단을 지도하고 관리하는 단체의 예술창조에 대한 근본이념이라거나 또는 민주주의건설의 근본방침이 충분히 침투되어 있지 아니하고 무계획적인 비노선적인 연극이 허용되고 있다. 이 원인을 추구하면 지도역량의 부족에도 기인하겠지만 8·15 이후 다량으로 출현한 일부의 영리적 상업극단 내지 상업 연극인들이 민주노선의 확립에 따라 단순한 상업극단으로서는 존속할 수 없는 여러 가지 객관적 조건이 생기자 전기 민주주의적 예술단체나 사회단체에 소속을 자원한 나머지 해 단체들의 부철저한 지도 때문에 결국 기획면에 다분히 불순한 상업주의적 경향이 나타나게 되는 것이다.

이러한 상업주의적인 요소를 내포한 일부의 극단은 그 공연활동에 있어서 도시 중심으로 소시민 관객을 상대하는 것은 불가면의 일이다. 오늘 북조선의 연극운동이 북조선의 민주건설의 기준적인 역할을 하고 있는 노동자 농민을 관객으로 동원하는 것은 도외시하거나 연극을 의식적으로 그들의 가운데 가지고 가는 것을 태만히 한다면 이것은 최대의 결함이라 할 것이다.

다음 작품상의 결함도 연극운동의 치명적 결함의 하나이다. 오늘 북조선에 상연되고 있고 또는 이미 상연된 각본을 검토해 볼 때 내용적으로 민주주의 조선 건설에 근본적으로 부합되지 않고 예술적으로 극히 저속한 것이 많다는 것을 지적할 수 있다. 초기에 있어서 혁명성의 앙양에 일조가 있었다고 할 수 있는 작품이라도 민주주의 노선의 기준으로 보아 극좌적인 편향이 많았고(소위 혁명극이라고 명명된 일련의 각본들), 어떤 것에 있어서는 소위 시국 편승적이라고 할 만치 민주주의에 대한 피상적 관찰이 노현되어 또 이런 작품은 대개 저속한 신파의 범주에 들어갈 수 있는 일면도 겸비하고 있다.

작품상에 있어서 우리 민족에게 실로 거대한 감격을 줄 수 있었던 역사적 위업인 토지개혁과 노동법령이 작가의 시야와 창작의욕에 다대한 소재를 제시하였음에 불구하고 작품화된 수량이 극히 희소할 뿐 아니라 잘못 작품화된 경향도 많았다. 응당히 나와야 할 작품은 나오지 않고 오히려 안일한 방향의 하나인 역사물이 나오고 과거에 많이 상연되었다가 일제의 전시 연극통제 바람에 고저에 들어갔단 것이 다시 등장하는 무원칙성이 많이 나타났다.

이 여러 가지의 결함은 조직에 있어서 지도 기관의 과학적인 확립과 우수한 지도자와 기술자의 합리적인 배치와 교류가 있음으로 해서 가급적 빨리 해결되고 극복될 것이다. 그러므로 제3기인 당면한 시기의 연극운동은 이 여러 가지 점에 치중하여야 할 것이다.

3. 공연극단과 이동극단, 예술 공작단의 임무

연극운동의 실천부대인 극단은 공연극단과 이동극단의 두 가지로 성격을 확립하여야 한다. 공연극단의 가진 바 임무는 극장이 있는 대소도시를 근거로 해서 도시와 그 주변의 노동자 소시민층을 상대로 연극예술을 통해서 그들을 민주주의적으로 계몽하고 조직하며 문화적 생활을 지도해야 할 것이며, 이동극단은 극장이 없는 농촌 광산 어촌에 빈번하게 출동하여 계몽적 조직적 제반 임무를 수행해야 할 것이다.

오늘날까지 북조선에 있는 다수한 극단이 구심적으로 도시공연에 집중하려는 경향을 보였는데 이런 문화의 도시 편중과 상업화하려는 경향을 억제하여 소수의 도시 공연극단을 잔재하게 하는 일방 그 외의 모든 극단을 이동극단으로 개편하여 농촌과 어촌 광산 방면의 이동공연에 전임하게 하여야 할 것이다. 공연극단으로서 인정된 것이라 무시로 농촌에 이동할 수 있는 체제와 작품준비가 있어야 한다. 그리고 이동극단이라 할지라도 단독 혹은 수삼단체의 합작으로 년 수차의 대극장공연을 가짐은 이동극단의 활동을 도시에 소개하고 도시 관객에게서 비판을 구하는데 필요할 것이다.

연극운동의 도시집중 상업주의화하려는 경향을 청산하고 진정한 인민의 계몽 선전 조직 담당자로서 인민문화의 벗이 되겠다는 의도 아래 이동극단의 모범적 역할을 하려고 과반 중앙예술 공작단이 탄생하여 이미 활동을 시작하였고 이런 중앙의 의도를 계승하여 각도 인민위원회의 직할아래 도별 예술 공작단 조직이 지금 진행중에 있다.

"해방된 조선민족의 문화예술의 모든 참된 담당자들은 오늘날 조선민족의 새로운 민주주의 예술 문화건설의 역사적 임무를 완전히 수행하기 위하여 전의식과 행동을 여기에 집중하여야 한다. 조선 문학과 예술은 민주주의 조선 건설을 위한 간결한 투쟁 속에서만이 창조될 수 있고 발전될 수 있음을 우리는 확신한다. 우리 중앙예술 공작단은 조선인민에 복무하는 진실한 예술행동 부대로서 우리 예술 공작이 직장 관산 농촌 어촌 도시에서 조선인민의 대다수를 점한 노동자 농민 근로대중 속에 뿌리박고 근로대중에 의하여 이해되고 사랑받음으로서 그들의 사상과 감정과 의지를 민주주의 방면으로 결합하고 제시하고 조직하는 선전자며 선동자며 조직자로서의 역할을 다하여 민주주의 조선 건설의 참된 차륜이 되고 나사가 되려함을 여기에 선언한다. 그러기 위하여 우리 중앙 예술공작단은 사상상 의식상 행동상 작품상 우리 조선예술가의 진정한 전형이 되어야 할 것이며 그리되기 위하여 부절히 배우고 고칠 것을 여기에 굳게 맹서한다."

이 선언문을 통하여 중앙 예술공작단이 가진 바 문화적 임무와 예술적 경륜과 행동의 방향을 이해할 수 있는 바와 같이 북조선 연극운동의 선봉대며 거화라 할 수 있을 것이다. 일찍이 우리 조선에 진정한 인민을 위한 연극 공작대가 실현된 일이 없었던 만치 이번의 이 장거는 실로 연극사의 일 페이지를 아름답게 장식할 것이다. 더욱이 중앙 급 각 도 공작대는 인민의 절대적인 지원과 정부기관의 과학적인 지도 육성이 약속되어 있기 때문에 그 성과에 다대한 기대를 가질 수 있다.

예술 공작대의 금후의 십전한 활동을 전개하기 위하여 중앙공작단과 각 도 공작단은 유기적인 관계를 가지고 상연 각본과 지도자의 통일적 배정은 물론이지만은 중앙과 지방의 경험을 교환하여 서로 활동공작의 내용을 풍부하게 하고 기술을 향상시켜야 할 것이다.

이 목적을 달성하기 위하여는 먼저 중앙 예술공작단의 기구를 최대한으로 완비하고 공작단의 중추적 역할을 충분히 발휘하여야 한다. 이론적으로 공작단 활동을 체계화할 것은 물론 이거니와 극작 위원회는 북조선 극작가를 총망라해서 각 작가에게 의무적으로 작품을 매월 기편식 제공하는 상시적인 준비가 있는 일방, 극히 능동적인 작가군을 기용하여 수시적으로 생기는 과제를 작품화해야 할 것이다. 그래서 중앙에서는 생산되는 제 작품을 지방에 유기적으로 배정하고 지방에서는 항상 중앙에 대하여 작품의 수급을 요청하여야 할 것이다. 물론 지방 공작단으로서도 극작 위원회를 가지고 자주적으로 각본 생산을 담당도 해야 하며 지방적으로 취급될 특수과제도 작품화 해야 하며 우수한 작품은 이것을 중앙에 제출하여 타지방의 수요에 공급되도록 하여야 한다. 이러한 유기적인 제 과업은 북조선 연극운동이 일사불란의 체계있는 활동이 될 수 있는 모범적 역할이 될 수 있다.

공작단의 연극활동이 조직적이고 능률적일 때 연극운동의 핵심으로서 북조선예술운동 전반에 미치는 영향력은 실로 큰 것이 있을 수 있다.

4. 소인극 운동의 지도와 써클 문제

해방 이후 각지 각 지역에서 병연히 일어난 비전무적 비직업적 자립연극으로서 일어난 소인극 운동은 반세기에 걸쳐 일본제국주의의 조선 문화억압에 대한 반발적인 민족문화 의욕의 발현이었다.

소인극 운동이 수행한 인민대중에게 있어서의 계몽적 선전적 조직적 임무는 실로 거대한 것이 있었다. 금후에도 계속적으로 이 운동은 자연발생적으로나 의식적으로나 일어날 것이므로 연극 당사자는 이 운동을 사상적으로 통일하고 기술적으로 원조하여 이것을 육성하고 지도해야 할 것이다.

소인극 운동이 빠지기 쉬운 두 가지의 옳지 못한 경향이 있다.

첫째 소인극은 비전문적이고 비직업적이라는 순수성을 이탈하고 전문극단을 모방하려는 경향이다. 소인극은 소인으로서의 소박성 순수성이 생명이고 거기에 인문의 자주적인 예술로서의 특이성이 존재하는 것이지 전문극단의 기술을 모방한다면 저속화될 위험이 많을 뿐 아니라 소인극의 본래의 사명이 희박해질 우려가 많다. 이 경향은 소인들의 모임이기 때문에 기술적으로 의지할 데가 없기 때문에 기성 극단이나 기왕에 구경한 어떤 연극의 모방이 되기 쉽다. 이 경향의 극복은 각 도시예술연맹과 총연맹의 연극부에 소인극 지도의 전문위원회를 두고 합리적인 지도가 있어야 한다.

둘째는 이 비직업 비전업적인 소인극이 직업화하고 전문화하려는 경향이다. 어느 농촌 민청에서 또는 어느 공장의 호극 직공들이 소인극을 한번 해보게 되어 다소의 호성과를 거두게 되면 관계자들은 득의 만족한 나머지 제2회 제3회의 연극을 계속적으로 공연하려는 욕망을 가지게 된다. 이것이 조장되면 그들은 그들이 가진 바 민주조선 건설의 일꾼으로서의 중대한 생산임무는 어느 듯이 망각하고 연극만 위주하려 하기 쉽다. 이것은 극히 자연스러운 경향이나 경계하지 아니하면 생산 진영에 지장을 초래할 뿐 아니라 소인극 본래의 정신에서 벗어나고 만다.

이러한 소인극 운동에서 유능하고 소질을 가진 신인이 배출되는 것을 연극운동 주관적인 처지에서 바라지 않는 바는 아니나 그러나 소인극을 하는 당사자들이 전문화 직업화하려는 경향은 막아야 한다. 이것을 막기 위하여는 소인극의 진정한 의의와 사명을 그들에게 인식시키고 그들의 연극욕을 잘 조절하여 농촌에서는 농한기를 이용하고 공장에서는 연2회를 넘지 아니하는 정도에서 이것을 조절해야 할 것이다. 그러나 그들의 왕성하게 일어나는 연극 의욕을 비합리적으로 억제하지 말고 이것을 잘 육성하면서 예술적으로 향상시켜가야 한다.

이 소인극 운동과 밀접한 관계를 가지고 있는 것은 연극 써클 문제이다. 연극은 관객을 앞에 두고 공연을 가지고 이동공연을 하는 것으로 그 임무를 다하는 것이다 아니다. 인민대중에게 연극을 가장 효과적으로 조직적으로 가지고 들어갈 수 있고 연극을 통하여 인민을 조직하고 계몽하여 그들의 예술적 욕구를 충족하고 배양하여 민주역량을 배양할 수 있고 발휘시킬 수 있는 대중적인 소집단이 구성되어야 한다. 이것이 곳 연극 써클인 것이다. 써클 조직의 대강은 북조선예술총연맹의 테제에 명시되어 있으므로 여기에서는 재론하지 않겠으나 농촌과 공장과 학교에 다수의 써클망을 가지고 있지 아니하면 연극운동은 그 성과의 태반은 잃어버리는 것이다.

공장에나 농촌에나 또는 학교에나 다른 예술부문보다는 연극을 좋아하는 사람들이 가장 많다. 이러한 호극인들을 반드시 써클로 조직해가지고 이 써클을 중심해서 관객으로 동원하여 감상하고 관극한 후에 비판회를 가지고 극작에 취미를 가진 사람이 있으면 극작을 유도하고 창작된 희곡을 써클에서 독회를 가져 그것을 비판 육성한다. 그리고 이 써클이 공장 농촌 학교 안에서 커가면 이것이 중심이 되는 소인극 운동을 일으킬 수 있다.

그러므로 연극운동이 있는 곳에는 그 대중관객은 다수의 써클에 조직되어 있어야 할 것은 당연한 일이다. 또 소인극 운동을 반드시 써클이 중심이 되어 일어나야 하며 부용의로 써클이 없는 지역 혹은 지역에서 소인극 운동이 일어난다면 그것을 기회로 해서는 곧 써클 조직에 착수해야 한다.

5. 연극예술의 기술적 제고

남조선에 있어서 극도한 문화 반동은 민주주의 민족문화 수립에 커다란 지장을 초래하고 있는 데 북조선에 있어서는 민주주의 민족예술이 자유스럽고 찬란하게 개화할 유리한 객관적 조건이 구비되어 있다. 그러므로 조선 문화는 북조선이 중심지가 될 것이며 장차 조선 임시민주주의정부가 수립될 때에 북조선의 예술문화는 지도적 역할을 하게 될 것이다.

이러한 의의에서 북조선연극운동이 가진 바 임무는 중대하다. 그러나 북조선 연극운동이 유리한 객관적 조건위에 서 있으면서도 냉정히 반성해볼 때 기술적으로 너무도 어린 것은 사실이다. 이 어린 기술을 시급히 제고하고 국제적인 수준에까지 인상하여야 할 것은 오늘 우리들 연극인에게 부과된 긴절한 임무다. 우리가 일본제국주의의 기반에서 벗어난지 미구하여 민주건설의 초기에 있어서 기술적 형상을 돌볼 여가도 없이 오직 계몽 선전 조직에만 치중해온 것도 사실이며 극단이 과다한 관계로 기술이 분산화 되어 있는 탓도 있다. 그러기 때문에 다소의 기술적 저열도 묵과해 온 바이다. 기술적으로(예술적으로) 우수한 연극일수록 우수한 계몽자 선전자 조직자가 될 수 있다는 것을 생각할 때 우리는 북조선 연극의 전반적인 기술적 제고를 시급히 수행하여야 할 것을 통감한다.

현재 북조선의 문화중심인 평양시내의 극장을 찾아 그 무대에서 상연되는 연극이나 악극을 볼 때 그 중에는 진지한 태도로 연극예술 창조에 애쓰고 있는 극단도 불무하나 어떤 극단은 구태의연한 저속하고 안일한 얘기에 머물러 관객에게 한가한 갈채를 얻으려고 하고 있다. 이러한 태도는 상업주의적 경향을 가진 극단에서 많이 볼 수 있고 극단보다는 악극단에서 더 많이 볼 수 있다. 연기자들의 이러한 진지하지 못하고 부패한 태도는 민주연극건설에 막대한 악영향을 끼치는 것이니 먼저 이러한 연극인을 재교육하여 민주주의 조선건설상에 연극인이 가져야 할 임무를 자각하게 하고 적어도 북조선 안에서는 그러한 좋지 못한 경향을 없애버리도록 해야 한다.

연극의 기술적 제고는 기성 연극인의 재교육과 신인 양성의 관계 설치가 있어야 가능한 것이다. 예술학교의 창설은 부속 실현될 기운에 있으니 이것이 창설되면 기성극단에서 선발한 기성 연기자를 재교육하여 각 극단의 중간 간부로서 지도적 역할을 하게하고 한편 신인을 뽑아 정통적이고 순수한 연극인으로 양성하여 장차 조선연극운동의 중요한 역군이 되게 해야 할 것이다.

극단은 극단 상호간의 기술교환을 빈번히 하여 기술적 시야를 높이고 권위 있는 지도자 연출자 연기자를 초청하여 기술수준을 향상해야 한다.

이상 극히 난잡하나마 북조선 연극의 발전에 일 조언이 된다면 다행으로 생각한다.

『해방기념 평론집』, 1946.8

演出에 對하여

이골차꼬프
申鼓頌 譯

演劇藝術은 먼저 劇作家 演出家 演技者의 藝術을 統一한다. 우리들이 萬若 上演物의 各種成分을 部分的으로 觀察한다면 曲을 劇作家와 上演物의 主要– 關係者인 演技者와 演出作의 觀覽的 形象을 創造하는데 動員된 人物로서의 劇美術家와 作曲家와 발레作家와 그 外 多數의 上演物에 服務하는 스타프들의 創造的 產物로서 觀察한다면 우리들은 이 모든 複雜한 機가 演出者 自体의 "藝術的 統一과 自体의 創造的 調和의" 結果라는 것을 알 것이다.

上演物에 있어서 이러한 統一과 調和를 만들기 爲하여 演出家는 반드시 演出藝術로써 完全히 支配하는 自己事業의 能手가 되어야 한다. 演出家는 누구를 위하여 上演物을 演出하며 그 上演物로써 무엇을 觀客에게 이야기하고저 하며 또는 自己의 演出 計劃과 演出할 上演物에 對한 –를 그리면서 舞台的 表現을 반드시 나려야 한다 이를 爲하여 演出家는 반드시 戱曲과 演出할 上演物에 –되는 일–의 複雜한 問題를 –하여야 하며 그리고 自己의 決定을 實地에 實行하고 實現하여야 한다. 이것이 上演物의 演出인 것이다.

演出–演劇生産의 기초에 있어서 上演物의 創造–에서 되는 組織이며 創造的 指–인 것이다.

演出家의 藝術－이것은 上演物의 演出技術이다. 卽 그것은 劇作家의 藝術을 演技者의 藝術과 舞台裝置家 －曲家 또는 劇－工－이 藝術에 統合시키는 熟速로 成立되는 것이다. 演出家의 藝術과 演出의 正－한 過程은 演劇藝術의 不可分的 部分이며 그의 表現적인 것이다.

쏘베트 政府와 黨은 演劇에 巨大한 意義是與하였다. 우리 나라의 演劇은 우리 時代 의 가장 高尙한 感과 思想을 表現하는 것을 한다. 人民의 思想 우리들의 劇作家의 戱曲 가운데 우러나며 이 德澤으로 쏘베트 演劇이 우리들의 生活에 巨大한 役割을 遂行하는 것은 自然한 일이다.

그러므로 우리는 쏘베트 演出家에게 다만 特殊한 職業的 熟◇과 자만을 自己事業의 能手로 삼을 것이 아니라 自己國家의 全 발전과 人間과 公民의 敎養과 레－닌 쓰딸린 時期의 偉大한 思想의 表現으로도 能手가 될 것을 號召한다. 그러므로 우리들은 쏘베트 演出家에게 環境의 相互 關係的 諸複잡性 가운데서 우리 時代의 산 人物과 새 人間을 舞台위에 表現하는데 熱－하라고 號召한다.

쏘베트 演出家는 반드시 演出藝術과 이에 가까운 美術 音樂 彫刻만을 解明할 것이 아니라 모든 科學의 基本인 맑스 레－닌主義를 반드시 所有하여야 할 것이다.

쏘베트 演出家의 高尙하고 職業的인 質의 形成은 쏘베트 社會의 成員으로서의 質과의 形成과 分離될 수 없다.

쏘베트 演出家의 事業은 業的 利害關係의 狹少한圍에서 生活과 脫－되어 特殊한 演出藝術에 關聯된 有的 問題에만 파고들어가서는 않될 것이다.

藝術的 趣味 藝術生産의 새로운 感覺의 問題는 演出家의 世界觀과

不可分的으로 關聯되는 것이다.

쏘베트 演出家는 반드시 自己의 職務에서 科學的으로 思考하는 人間이며 藝術家라야 할 것이다.

創作過程과 劇場의 日常的 際에서 떠러저 教室의 안에서 演出을 가르칠 수 없다고 하는 見解가 있다. 이 見解는 "演出家라는 것은 만들지 못한다—그는 나와야만 한다"라는 有한 公式과 매우 비슷하다. 이는 옳은가?

演出 專門學校는 우리에게 全然 最近에 設置되었다.

그러므로 우리들의 優秀한 演出家들이 高級 專門學校의 教室에서 나올 수 없었다는 것은 自然한 일이다.

그러나 그들 中에 多數는 言語學 歷史學 哲學 法學筆의 學部를 가진大學의 卒業證書를 자랑하며 가지고 다닌다. 그리고 그들은 演出에는 學習干을 가지지 않고 나아갔다.

그들中의 一部는 사흐노브쓰끼가 한 것과 같이 처음에는 로시야文學을 講義하였고 그리고 生活에 부닥쳤으며 이러한 方法으로 演出家의길에 들어 설랴고 決心하였다.

다음 一部는 戱曲을 썼으며 自己의 創作을 大端히 著明하고 感激的이라고 하는 作家와같이 演技者에게 告하였다.

그리고 自己의 創作 經驗에서 이러한 作家는 同의 戱曲과 上演 物을 興味있게 分析하였다. 이는 흔히 그들의 事業에서 演技者를 도왔으며 그들은 劇당에 가까운 作家들 속에서 能히 演出家를 發見하였다 作家를 爲하여 브이・네미로바츠・단첸꼬는 이렇게 하여 演劇에 들어간 사람이다.

셋째는 고・스・스따니슬라브쓰끼와 같이 幼年 時代부터 劇場에서 놀았으며 一步一步 遊戱에서 業化하였으며 그리하여 自己生活의 自을 만들었다.

그들은 自己 自身을 가르키었고 배울 수 있는 모든 것에서 배왔으며 演技者에게 도움이 될려고 努力하였으며 그들을 爲하여 舞台的 熱—의

法則들을 發−하였으며 그리고 劇作家 −−家 作曲家들과 緊密한 創造的 友誼를 가지고 上演 物을 創造하였다.

브·그·사흐노브쓰끼가 演出에 기우리면 모든 정열과 熱誠과 傳統의 모든 經−을 聖賢이 하였던 그해에 運命은 그의 生活을 찌저버리고 말았다. 그에게는 演出에 關한 最初의 著가 있다.

그는 모쓰크바의 루나촬쓰끼 紀念 國立 演劇硏究所에서 演出科를 設립하는 데 功績을 기쳤다.

이 科의 演出−座는 그의 指導 아래 해를 거듭할수록 쏘베트 演出家의 教養과 教授시스템을 確立하는 目的을 가진 科學的 受業을 進行하였다.

教授綱은 硏究되었고 檢閱도 하여 滿次로 現代的 演出知識에 不可缺한 方式에 到達하였던 것이다.

教授方法도 作成되었으며 演出家 養成의 要請과 課業에 適合하도록 變化되어 있다.

基本 學科目 演出의 教授要綱과 教授方法이 創造되었다.

나는 멀지 아니한 將來에 쏘베트 演出專門學校의 −하고 光彩나는 形体를 볼 것이며 여기에서 결론이 到達할 것이 아니고 벌써 生活觀察의 −한 所有한 그러한 젊은이의 優秀한 代表者이며 그리하여 充分히 成熟하고 文化的으로 發展되어 演出과 이러한 複雜하고 綜合된 學科 위에 二十五 −三十年 동안 自己의 力量을 策中할 수 있을 것을 본다.

이 學校에는 特別히 製作된 舞台와 劇作法과 演技的 熱練 依하여 만드려진 眞止한 科學室과 光練 効果 暄騷한 總分論 意的 트리크 및 還−의 探索을 爲한 硏究室들이 楔齒될 것이다.

이 學校에서는 젊은 學徒들이 一年이 지나면서 隣接해 있는 俳優學校에서 젊은 演接가 될 것이며 二年이 지나면 그들의 大學硏究 劇場에서 自己들의 劇曲을 演出하게 될 것이며 三年 지나면 모쓰코바 레닌그라드 끼예즈 및 그 外의 우리 器의 主要한 劇場의 殘弑된 젊은 實務家−演出家가 될 것이다.

쏘베트 演出의 法則과 基礎의－代 立脚한 實踐은 이 學校의 모든 座의 主要한 乱聽이 된다.

학생들의 獨自的 事業은 演出家 教養과 養成의 가장 性－的인 特徵이된다. 그것은 全教授 時間의 三分의 一이지만은 學校의 授受衡領에 包含되어 있다.

로써야 쏘베트 西－의 演出史는 演劇史의 硏究的 基礎 위에 記錄될 것이며 학생과 젊은 연출가의 教養과 教授위에 當場 없어서는 困難한 知識의 不可缺的 基本이 될 것이다.

巨大한 文化 科學的인 맑스－레－린的 世界觀 生活과의 現代性과의 그것들의 現實的 問題들과의 關聯 소베트 人民과 藝術家의 相互扶助에 基礎한 가장 高尙한 個人的 道德 自己事業에의 服從 우리 나라의 共産主義 建設이라는 義務와 共同目標에의 忠實性 이 모든 것은 쏘베트 演出家의 性格의 基本的 特徵을 決定한다.

演出家의 高尙한 職業的 熱情은 演出家를 爲하여 모든 必要한 訓이 包含되어 있는 正確한 方法的인 完全한 시쓰템에 依한 教育과 養成이 結果일 것이다.

이는 最大 稠領이다. 이는 벌써 部分的으로 루나촬스끼 記念 國立演劇硏究所에서 實現된 것이고 이에 依하여 많은 것이 실현되려 하고 있다.

演出家의 職業的 質과 熱練은 複雜하고 廣汎하다. 作品의 演出家的分－ 登場人物의 性格設定 劇曲의 每 個人物의 地位 役割의 村에 對한 演出家의 創造的 可能性의 가장 좋은 致에 適當한 配役 旣成 演出計劃－上演物이 映像 演出家的 幻想 演技者와 美術家와 作曲家와 그리고 모든 演劇團 극演 等과 같이 業함에 있어서 精－이 모든 것은 演出家의 不可缺的함에 職業的 質과 熱誠인 것이다.

이러한 것들 가운데의 하나 하나는 다 自本의 定義와 上演物 創造過程에서 自本의 法則的 機能을 가지고 있다. 그러기 때문에 가령 幻想은 思演出家的 思索의 高상한 이다. 그러나 萬若 幻想이 劇作品의 題材

에서 생긴 것이 아니고 萬若 作者의 理想을 밝히지 않는다던 것이 아니고 萬若 作者의 理想을 밝히지 않는다면 作者의 文學的 形象을 舞台위에 옮겨놓지 못할 것이며 演出家의 意志대로 안 되는 代身에 그의 藝術味를 墜落시킬 것이며 그러한 幻想은 有益한 것까지도 急速히 割한 것으로 만들고 말 것이다.

上演物은 演出家의 獨自的 藝術과 眞正하고 幻想의 配分을 示威하는 口實이 될 수는 없다.

優秀한 現代的 上演物에서는 演出家의 幻想과 思索은 作者의 理想과 一致되는 것이다.

쏘베트 演劇은 演技者를 上演 物의 基本的 成分과 主要한 關係者로 看做한다. 演出家는 演技者와의 事業에 自己의 時間과 自己의 主義의 基本的 部分을 促求한다. 演出家의 理想은 演技者의 創造를 爲하여 自己의 計劃을 觀客에게 傳하여 마지않는다. 巨大한 文化에 立脚한 職業的 熟練 知識 個人的 人間의 自己의 頑强한 不斷的인 自己修－과의 一致에 있어서의 決定的 世界觀 等은 自己修業에서 科學과 藝術의 統一을 向하여 上向하는 쏘베트 演出家의 創造的 프로필을 決定한다.

부・이・네미로위즈・단첸꼬는－－次全聯盟演出者代表大會에 보낸電報에서 "…… 演出藝術家 演出家의－責的 多角的 役割은 즈달린 時代의 廣大한 社會思想을 貫通하는 모든 藝術的 思想이다"라고 하였다. 이 말은 쏘베트 演劇의 가장 著名한 演出家 中의 한 사람의 말이며 쏘베트演出의 課業을 完璧－缺하게 特徵지었다.

고・스・스따니슬라브쓰끼는 俳優術에 對한 自己의 마감 書籍을 『俳優修業』이라고 命名하였다. 여기에서 그는 俳優術의 職分을 說明하였다. 그 職分은 著名한 俳優며 演出家이며 敎授인 말까지・니꼴라예비츠・또초브라고 하는 人物을 通하여 學生 그루빠인 젊은 俳優들에게 傳達된다.

고・스・스따니슬바브쓰끼는 自己의 著書의 거의 전 章을 獨自的 訓練의 實例와 論議와 또초브가 主宰한 그 課業을 爲한 젊은 俳優들의

觀察로써 채우고 있다.

學生의 日誌를 通하여 고・스・스따니슬바브쓰끼는 演技자의 自己修業이 各種 모멘트에 對하여 說明하고 있다.

이것은 한 自宅에서의 演習이다. 이것은 課業에 對한 說明을 補充해 줄 수 있는 書籍의 書이며 이것은 갑자기 또는 때때로 電車 속에서 自己의 家族들 가운데서 劇場에서 村落과 自然을 觀察하는 것이다.

이것은 받은 指示를 自身과 自己 同志와 때로는 密舍의 同居人과 그리고 動物의 行動까지를 檢討하려는 志向이다.

이것은 感하고 沈思하는 高貴한 時間이며 이것은 自己意志와 自己思索에 從事하는 것이다. 이것은 職務와 舞台와 學舍의 복도와 村落에서의 自己이며 自己批判이다.

이것은 博物館 演癸會相 圖書館 觀覽會의 巡－이며 이것은 相近한 藝術과 또한 科學에 對한 生生한 利割 關係이다.

이것은 敎授와 敎育者들이 提唱하는 그 知識으로 自己完成과 充分하고 深奧한 透澈에 對한 끝없는 志向이다. 이것은 生活과 自然과 自己自身에 對한－되고 停止할 줄 모르는 觀察이다. 이것이 藝術家의 自身修業인 것이다.

스따니슬라브쓰끼 卽 또초브는 自著의 末尾에서 이 事業이 가장 아름답고 完結的인 特徵을 賦與하였다.

"시쓰템만을 조곰 아는 것은 아는 것이 아니다 하여야만 하며 되어야만 한다. 이것을 爲하여 日常的 不斷的 訓練과 藝術家的 經歷와 흐름에서 自己修業은 必要한 것이다. …… 强烈히 希望하라. 그러한 事業을 實踐하라. 自己의 天性을 認識하라. 才質이 實在하거던 그것을 訓練하라. 그러면 너는 偉大한 藝術家가 되리라."

스따니쓸라브쓰끼의 이 『俳優修業』에 對한 생각은 演出家 修業에도 適應되는 것이다.

文學 領城에 있어서 演出者에게는 巨大한 自立的 事業이 必要하기 때문에 그는 반드시 言語 口傳形式 作品의 辯說的 特殊性을 理解하여

야 한다.

近年 若干의 演出家는 劇曲의 基本的 要素 (場面主題)를 不正確하게 上演하였다. 事實 그들은 性格과 劇曲의 形象은 반드시 賦餘하였으나 演劇生産의 言語에 對하여는 거의 말 한 적이 없었다.

우리들의 劇作家에게 每個作家가 가진 그의 製作의 形相的 詩的 獨創的 言語를 要求하지 안는다면 우리들은 現代的 劇作에서 語趣와 語感을 喪失할 것이며 로씨야 西歐의 優秀한 典型의 言語에 對한 演出演技者 修業을 關聯시킴이 皮相的으로 되고 말 것이다.

演劇 高等專門學校의 學生은 自己 敎課의 첫날부터 戱曲에 있어서 言語에 무엇보다도 重要한 意圖를 반드시 理解하고 演出者 演技者가 되기 爲하여는 言語와 對構成과 言語에서 表現된 形象 理解의 特殊한 感情을 自体的으로 發展시켜야 한다.

우리들은 우리 演劇과 우리 劇作術이 高尙한 思想的 指導性과는 判異하다는 것을 正當히 斷言한다. 萬若 劇作術이 固有의 言語로서 指導性의 一部를 表現하지 않는다면 眞正하고 優秀한 思想은 얼마나 喪失될 것인가! 고골리의 「結婚」 그리보에도브의 「智慧의 슬픔」 오스뜨롭쓰끼 쉐스피어 골리끼의 戱曲의 言語의 要素를 없애보라. 그런다면 이를 作家의 作品에서 무엇이 남을까를 생각해보라. 戱曲에 있어서 詩的 形象的 創造的 言語—이것은 觀客에게 影響을 주는 가장 重要한 方法이다.

'演劇的인 것'에 對하여 말할 때 美術家 演出家 연技者의 上演物에 있어서의 事業만을 實例로 들면서 "戱曲이 씌워진 言語가 眞正하고 强力한 要素로써 演劇的인 것"을 나타내고 있다는 것을 잊어버린다.

레브·똘스또이의 '舞台的인 것'에 對하여 말할 때 무엇보다 먼저 그의 言語의 非凡한 힘에 對하여 그의 對話構成과 그의 會話的 形象의 藝術的 表現力에 對하여 確實히 말하여야 한다. 레—닌은 自由主義者들을 論駁하면서 "우리들은 뚤게네브와 똘스또이와 도브로류보브와 체르니쉐브쓰끼의 言語가 偉大하고, 强力하다는 것을 당신들보다 더욱 잘 안다"(레닌 選進十三卷 一八◇一)라고 하였다.

가장 깊은 感動과 關心으로 우리들을 이·브·쓰딸린의 歷史的 演說들을 硏究한다. 그에게 있어서는 언제든지 偉大한 國家的 意義가 로씨야的 人民的 聽明스러운 모든 理解있는 演說에 完全 無缺한 調和로 結合되어 있다.

모든 優秀한 로씨야文學과 戱曲의 代表者들은 情熱的으로 自己의 著述의 言語 修業에 沒頭하였다.

現時의 舞台 藝術家는 舞台를 完全한 尺度에서 評價하지 못할는지 모른다. 舞台 藝術家는 舞台藝術家는 演劇技術의 硏究的 領城에 들어서는 첫거름부터 참으로 複雜하고 非凡한 로씨야文學의 模範과 典型에 깊이 沒頭하도록 하여야만 한다.

우리들의 優秀한 文學作品의 對話的인 面에 對한 硏究에서 당신들의 앞날의 事業을 爲하여 特殊하며 非장히 必要한 그리고 高貴한 言語의 感情 말의 感情은 생길 것이다.

그래서 알렉산들·니꼬라에뷔취·오스또롭쓰끼는 表현力과 音樂性과 形象性으로 非凡하며 自作의 劇曲의 日話的 對話的 表현으로 對自的으로 統合된 巨大한 天下도 우리들에게는 特別히 親近히 理解디어 있다.

그래서 고골리는 또 한번 우리에게 가장 偉大한 詩인－言語의 能手로써 나타난다. 우리들은 네크라소브의 체르니셉쓰끼의 言語를 評價하며 뜰게네브의 言語에 홀린다. 自己敎養의 第一日부터 言語와 미에 對한 注意를 飜覆하는 演出家는 觀察的 事業에서 골리끼와 체호브와 똘쓰토이 作品과 부닥칠 때 自己 手中에 가장 强力한 舞台的 表現力의 武器를 받을 것이다. 演出家는 벌써 그들의 創作의 모든 깊이와 詩人的 志尙性을 感受할 用意를 가질 것이다. 말과 言語의 感情은 오스뜨롭스끼와 몰리엘, 쉐스피어, 체호브, 고골리의 戱曲에 있어서 남아 잇는 舞台의 定礎한 解決에서 演出者와 부닥친다.

演技者와 演出家에게 形象의 深奧하고 心理的인 感情은 때때는 그

形象을 둘러싸고 있는 言語의 形式에서 생긴다. 골리끼의 登場人物들의 言語-이는 그의 內部世界의 性格描寫이며 제호브의 登場人物의 言語-이는 그의 숨겨진 体-과 交-의 精巧한 멜로듸이다.

萬若 生活에서 言語를 듣고 傾聽하는 것에 익숙한다면 文學作品에서 그것을 探求하고 發見할 것이며 自己의 職業에서 言語를 評價할 것이고 배울 것이다.

卽 人間關係의 새 世界는 열릴 것이다. 自然現象 事件 個個의 觀念들은 生新하고 深奧하고 詩的인 意義를 獲得한다. 演技者들은 完成하는 아무 法則이 아직 없었을 때는 劇作家의 言語-산 言語가 演技者의 唯一한 先生이며 助言者라는 것을 언제든지 잊지 않고 記憶하여야 한다. 戱曲은 演技를 爲하여 認識材料도 包含하며 同-에 創作과 舞台形象의 創造에 對한 動機도 가지고 있다.

過法의 偉大한 演技者들은 劇曲에서 劇作의 잔르에서 배우고 敎育받고 또 成長하였다.

쉐프낀과 고골리 모좌르트 쉐스피어 베린쓰끼 오스또롭스끼와 사도브쓰끼의 俳優王朝 엘몰로브와 쉴르렐 사이에는 찢을 수 없는 連結이 存在한다.

言語는 언제든지 그들을 爲하여 舞台藝術의-을 여는 열쇠였다. 그들은 言語로써 作用하였고 많은 現代的 研磨와 舞台藝術의 理論보다 훨신 個人的 演技者的 質과의 結合으로되는 이 武器로써 觀客에게 影향을 주었다.

演劇學과 演出-이는 本質에있어서 舞台藝術의 理論과 實際다. 演出者의 實際는 演劇史와 演劇理論의 깊고 完全한 研究밖에서는 不可能하다. 演出者는 겨우 演劇史의 德澤으로 그에게 選擇된 舞台性-演出-發生과 모든 發展階段을 精究할 수 있는 것이다.

로씨야 演劇史와 쏘베트 演劇史의 研究는 特殊的 意義를 가진다.

比較的 短期間에 로씨야演劇은 完全한 世界的 意義를 創造하였다.

로씨야演劇 文化는 깊은 民族的 根源을 가졌으며 歐羅巴演劇의 歷

史와 生活에서 自立的 助位를 占有하였다. 이것을 攄得하는 것은—演出事業에 獻身하기를 뜻하는 每 個人의 義務이다.

上演物의 創造過程에 있어서 演技者를 相對하는 演出者의 事業은 巨大한 意義를 가지고 있다.

演出者가 演技法의 基本的 法則을 自身이 알지 못하고 그 法則을 自身이 試驗하고 檢査하지 않고 演技者와의 事業을 훌륭히 處理할 수 있을까? 말할 것 없이 不可能하다. 演出者는 훌륭한 演技者가 될 수는 없으나 演技法 講義의 學年을 그냥 지날 수도 없으며 全然 演技者가 아니 될 수도 없는 것이다. 그러므로 演出者가 될려면 每 自己修業에 있어서 모든 演技者的 創作의 要素를 될 수 있는 대로 보담 더 完全히 占有하기 爲하여 반드시 꾸준한 注意를 돌려야 한다.

이에 있어서 그들에게 고・스・쓰따니슬라브스끼의 著書 『나의 藝術生活』과 『俳優修業』의 經密하고 深奧한 硏究는 眞正하고 巨大하고 直接的인 利益을 준다. 特히 이 書籍의 各章은 直接 演技術의 問題에 關聯되는 것이다.

演技者에게서 上演物의 基本을 發見하며 自己의 演出프랜에서 重要한 聯關的 環境을 發見하는 演出者에게는 스따니슬라브스끼의 시스템이 반드시 絶對的으로 完全하고 精巧한 寫가 될 것이다.

共和國 人民俳優 므・느・께드로브는 "로씨아 演劇의 卓越한 明星 고・스・스・따니슬라브스끼는 다만 舞台藝術의 基本을 記述한 理論家일 뿐만아니라 무엇보다도 먼저 산創造的 實際의 人間이었다."

그의 演出者的 演技者的 敎育者的 活動은 演劇史에 巨大한 足跡을 남기면서 五十年 以上을 一絹하였다.

그러므로 고・스・스・따니슬라브스끼에 對하여 말하면서 모든 自己生活行程에서 自己事業의 理論과 實際에서 主張하려고 한 文學 領城의 寫實主義的 방향을 반드시 考慮하여야 한다. 고・스・따니슬라브스끼는 舞台위에 산演技者로써 實現되는 산人間을 보이는 것을 이 方向의 終局的 目的으로 하였다. 그의 創造的 努力과 志向은 이 目的을 實

現하는 데로 기우러졌든 것이다. 시스템에 關하여서는 "이 시스템은 그의多年間의 經驗을 理論的 一船化하는 企圖이며 創造的 實際와의 密接한 關係에 있어서 시스템을 審査하는-作에서만이-民係히 理解되고 說明될 수 있는 것이다"라고 하였다.

一九四一年 陸軍敎育本部에서 演技 敎育協議會에서 므・느・께드로브위 演說-領 演出者는 演技者가 하는 것과 같이 生活과 生活에있어서 人間의 行動을 直接觀察하면서 六端히 많은 것을 얻을 수 있다.

生活과 世界를 보는 것을 배우는 것은 오직 自己에게만 可能하였다. 卽 指導者는 이것이 必要性에 對하여 만할 수 있다. 그러나 이것을 남을 위하여 할 수는 없다. 바로 이 때문에 이것은 마지막 演出修業인 것이다.

觀察의 量은 無制限하다-이것은-正하고 高價하며 그리고 名-한 藝術家의 圖書館이다.

이는 우리들 쏘베트 演劇의 演出者에게 特別히 必要한 것이며 이 課程은 산 生活과 우리 時代의 산 人間을 藝術的 形象으로 舞台에 表現하는 것이다.

이 가운데 있어서의 巨大한 藝術生産과 演劇의 課業은 다만 이러한 或은 지리한 現象의 結果를 表現할 뿐만 아니라 이러한 現象의 發生하는 原因을 밝히는 것이다. 優秀한 藝術의 代表者들은 世界史의 全期間中 이 課業을 自己 創作에 遂行하였다. 쏠라, 바르자크, 몰리엘, 디켄스, 보마쉐, 레브톨스또이, 오스르톱스끼, 골리끼들은 다만 가장 아름다운 藝術作品을 創作하였고 生活의 여러 가지 事件을 解明하고, 熱情的인 形式으로 描寫하였을 뿐 아니라 讀者의 說敏한 頭-에 이 現象을 發生하는 原因을 밝히는 可能性을 또한 주었다.

맑스 엥겔스 레-닌 쓰딸린의 主要著述은 生活에 對하여 모든 表現에서 水久한 生活 運動의 認識 辨證法的 方法에 對하여 우리들의 生活을 앞으로 描進시키며 그들과 步취를 마추고저 하는 모든 사람이 不

斷的이고 巨大한 自己修業의 必要性에 對하여 말하고 있다.

辨證法的 歷史的 唯物論이 本質은 다 아는 바와 같다. 그러나 이 方法의 깊이와 歷史的 意義는 往往히 初學演出家에게는 숨겨진 것으로 남아 있었다. 이는 演出家들이 辨證法的 方法에 對하여 말하는 것과 所一의 方法을 說明하는 온갖 努力에서 引用文을 引一하는 것과 平凡하게 생각하거나 全然 생각하지도 않거나 오히려 때로는 辨證的 唯物論의 方法을 自己의 努力의 創作方法으로써 實踐하려는 決心을 못하는 것으로 이루어지는 것이다.

이는 科學으로서의 맑쓰主義에서 그가 浸入하려는 이 動的인 것을 보는 것을 아직도 오히려 배우려고 하지 않는 것과 맑쓰主義에서 人間性의 歷史를 自己의 解放을 爲한 英雄的 鬪爭을 偉大한 階級的 鬪爭을 보는 것을 배우려고 하지 않는 것으로 이루어지는 것이다. 우리들의 모든 進步와 모든 우리들의 生活은 偉大한 레―닌 쓰딸린의 가르킴과 볼쉐비크黨의 理論과 實踐 우리들의 指導者 스승의 맑스主義的 世界觀의 德澤인 것이다.

그렇기 때문에 우리들은 마땅히 每個 演出家에게 完全한 맑스主義의 創作的 習得과 熱達을 "藝術的 形象에 辨證法的 歷史的 唯物觀의 基本的方法을一的으로 배우는 方法에" 옮겨 노을 것을 要請하였다.

골리끼는 "創作的 技巧을 반드시 알아야 한다"고 말하였다. 演出家에게도 自己 '創作的 技巧'는 채워진다.

만약 우리들의 演出家의 戲曲에 對한一土台의 動機를 가지고 '創作的 技巧'에 對하여 많은 것을 말할 수 있다면 그만치 廣汎하게 演出家의 自己事業과 自己의 생각에 있어서 '創作的 技巧'에 對한一題를 반드시 세워야 할 것이다.

우리들은 演出家에게 맑스主義的 哲學과 레―닌 쓰딸린의 學說을 通하여 自然과 生活과 人間을 認識하는 唯一한 方法을 바라면서 우리時代의 進步的 思想에 偉大한 價値를 가진 그의 上演物의 基礎에 戲曲生産과 創造上의 演出家의 將來의 活動을 考慮하면서 위에서 말한 演

出家의 自立的 事業에 對한 우리들의 要請을 速結하는 바이다.

『문학예술』, 1950.2

演出의 길

느·빼뜨로브
신고송 역

이 론문의 필자는 누구나 아는 바와 같이 一九四九년 十一월에 개최된 조쏘친선과 쏘베트문화순간에 제하여 초청되어온 쏘련 예술가 대표 중의 한 사람이다 그는 지금 쏘련 국립연구대학의 연출과 교수로 계시면서 새연출가 양성에 진력하고 있다. 그는 四十여 년 간의 연출가 생활에서 四백 수개의 연출을 하였다 하며 쓰딸린 상계관인이다. 연출에 관한 저서는 이 론문 이외에도 「연출가는 희극을 읽는다」 「배우와 무대형상」이 있다. 여기에 역출한 론문과 역자가 또한 『문학예술』 창간호에 역재한 「연출에 대하여」라는 론문(필자는 골챠꼬브로 역시 쏘련 국립연극대학의 연출과 교수이다)은 우리 연출학도들에게 좋은 교재가 된다.

막이 내리고 흥분된 관객이 연기자에게 박수로써 환영할 때 극장에서는 극작가가 희곡을 써다주고 배우들이 그것을 상연하고 관객들이 그것을 구경하며 감격하는 듯이 모든 것이 아주 간단하게 되어진 것 같은 인상을 주게 된다.

그러나 이 간단해 보이는 것은 외관적으로 그렇다. 로씨야연극이 발생하고 성립되던 먼 시기에서도 또한 희곡작가의 창작과 연기자들과의 사이에 중개자가 나타났든 것이다 이 사람들은 배우들의 성장과 극장의 번영과 함께 후경에로 밀려났으며 우레와 같은 박수 속에 막이 오르고 관객들의 애호를 받는 배우들이 무대 위에 불리워 나올 때는 이 사람들에 대하여 아무도 생각하지 않았다. 이 극작가와 배우와의 사이의 배우와 관객과의 사이의 중개자들은 로씨야 전 연극사의 기간에 존재하였든 것이다.

해가 지나갔다. 그리고 우리들이 지금 연출자라고 부르는 이 중개적 존재는 연극의 변화에 관련하여 자기의 본질에 변화를 가져왔으나 때로는 연극 발전의 어떤 단계에 있어서는 연출자에 대한 개념의 변화에 관련하여 또한 연극 자체까지도 변화하였든 것이다.

연출이란 관객에게는 보이지 않는 특수한 숨은 힘으로 되나 극장기구내의 생활 가운데서는 비상히 뚜렷하게 존재하고 있다. 연출은 다만 영향을 끼칠 뿐만 아니라 최근 50년간에는 로씨야 연극발전의 단계를 결정하기까지 하였다.

그리하여 우리들은 지금은 이 외관상의 간단성을 지속하려고 노력하며 배우와 관객의 사이에 중개자 즉 연극의 연출하는 연출자가 없다고 하는 즉 브라지밀 이와로비츠 네미로비츠 단첸코가 "배우 속에 용해 된다"고 말한 바와 같이 그러나 아주 없어진다는 의미로가 아니고서 연극을 상연하게 되었다.

연극에 있어서 배우는 그가 바로 희곡의 기본사상을 관객에게 전달하고 그리고 상연물에서 바로 그는 관객과 직접적으로 접촉하기 때문에 중요하고 또 기본적인 고리로 되는 것이다.

그들에게 배우에게 희곡과 상연물의 리해 관계가 일임되어 있으며 그는 극장의 창조상의 리해 관계의 전권을 위임받은 대표자로써 관객 앞에 나서는 것이다.

그러나 극장의 창조상의 리해관계—이는 관객석의 인식의 지배이며 배우는 바로 상연물에서 이 인식의 지배자로의 사명을 가지고 있다 그는 불붙는 듯한 예술가로 되어야만 하며 관객에게 자기의 충심으로서 부터의 꿈을 말하고 자기의 사상을 가지고 관객을 설득하고 매혹케 하고 자기의 감정을 가지고 관객을 흥분케 하며 감격시키려는 것을 열망하여야만 한다.

자기의 마음속에 가지고 있는 것을 나누고 자기의 인간적 내용의 깊이를 다른 사람 앞에 표시하려고 하지 않는 사람은 도저히 배우가 될 수 없다.

보담 정확하게 말하자면 사회와 같이 자기의 정신적 인간적 풍부성을 나누지 않고는 안 되는 그런 사람만이 배우가 될 수 있는 것이다.

우수한 인간적 내용을 말하지 않고 있을 수 없는 것 자기 혼자만이 간직해 둘 수 없는 것—이야말로 배우의 본성 즉 배우—예술가의 첫째의 특징인 것이다. 그리고 둘째로 진정한 배우로써 가져야 할 것은—아이들과 같이 정직한 순진성이다. 이것으로써만이 배우는 성인에 대하여 아무런 사리사욕을 목적하지 않고 상대할 수 있는 것이다. 말하지 않고는 안 되는 것과 정직한 순진성이야말로 진정한 배우—예술가와 광대와의 구별을 짓는 것이며 상연물을 구경할 때 우리들이 무엇보다도 높이 평가하는 것이다. 그러나 무대상에서 진행되는 연기에 대한 특수한 순진한 애정 모든 것에 있어서의 신념 이와 같은 배우들의 질은 극장의 생활과 발전과 아울러 변화되었다 여기에 있어서 연출자는 관객에게 또 의지 아니할 때도 있으며 때로는 아주 명백하게 나타나기도 하는 것이다. 또 연출자와 연출에 대하여 말하는 것은—자질에 있어서 연극에 대하여 말하는 것이 된다 이는 '연출자'의 개념을 '극장'의 개념에서 떼어내고 고립화하는 것은 불가능할 뿐만 아니라 유해한 것이다. 웨 그런가 하면 연출은 독립한 현상이 아니고 복잡한 극장기구의 유기적 일부분이기 때문이다. 아. 므. 구씨모브의 서적 『과거 삼십년 간의 때로부터 그 연극극장들의 정체와 음영』(1948~1976년)을 다시 읽으면서 159페지를 보자.(방점은 저자) 따라서 그는 새 희곡을 통독하고 첫째로 등장인물의 성격과 환경을 리해하고 이에 적응하도록 배우를 각개의 바탕과 솜씨에 따라 배역하며 둘째로 등장인물을 위하여 의상을 선정하고 희곡에 의하여 무대 장치 가구 소도구 등을 정비하며 이 모든 것을 희곡 자체의 내용에 의하여 희곡이 속하는 시대와 시간에 합치하도록 함과 같이 극장사업에 정통하여야만 하는 것이다. 그 외에 만약 희곡 중에 력사적 인물이 있는 때는 연출자는 그것을 연기하는 배우들의 의상 입는 것과 화장하는 것까지도 지도하여야만 하는 것이다. 그리고 그는 희곡의 련습을 시켜야 하며 즉 련습이 배우들과 함께 역할을 연구할 뿐만 아니라 작가가 희망한 그대로 전체장면을 전반적으로 견질하게 되도록 하여야만 한다.

또 계속하여 연출자에게는 그가 개개의 배우에게 모든 정형을 리해하도록 하여야 하는 사임이 있으며 또 필요한 때는 배우를 가르키며 유명한 독백을 읽어주며 개개의 대사에 어떠한 의미가 있는가를 알켜주며 또 그 외에도 매캐 배우들 각자의 등장 시 또는 전 장면의 진행 중에 배우가 등장하여야 할 희곡 중의 위치(이를 통하여 안삼틀이 개이게 되는 바 즉 전체 장면을 말함)를 표시하여야만 하기 때문에 연출자는 반드시 훌륭한 배우가 되어야만 한다. 한 말로 말하면 연출자는 그와 동시에 부분적이지만은 희곡예술의 교사가 되어야만 한다. 그러나 유감스러운 일이지만은 실제는 진인 그렇지가 않다 삼 십 여년 간의 회상을 통하여 한 사람도 연출자로써 앞에서 말한 요구에 적합한 사람은 없었다. 그들 중의 누구나 없이 배우들을 위하여 예술사업에 있어서의 그들의 지도자가 되는 원조자로써의 능력을 가지지 못하고 겨우 있는 힘을 다하여 상관이 될려고 하는 사람들뿐이었다.

배우 막씨모브의 이 의견을 주의 깊게 고찰하고 또 이 시대 즉 백년 전 로씨야 연극의 일반적 문화수준을 도리켜 볼 때 이와 같이 간단명료하게 연출자의 임무를 규정한 것에 놀라지 않을 수 없다. 그리고 이 의견이 배우에 의하여 지어지고 따라서 연극 사업에 대한 배우의 개념이 만들어낸 생각이기 때문에 더욱 가치가 있는 것이다.

과연 막씨모브는 삼 십 여년 간의 회상을 통하여 "한 사람도 연출자로써 앞에서 말한 요구에 적합한 사람은 없었다"라고 비통하게 이 문장을 끝내었다 그리하여 우리들은 이 시대에 연출자의 리론적인 의견을 전연 가지지 못하였기에 그를 신용하여야 하겠지 만은 이것은 신용하고 이시대의 배우의 창조적, 문화적수준이 거기에서 연출자라고 불리어지는 사람들보다는 높았다는 것을 결론 짓는 것이다.

그리고 그들은 이러하였다 오.아.골두베바의 회상록 중 1985년에 관한 곳을 읽어보자.

"그리고 야로슬라브의 연출자는? 그는 련습 전에 희곡을 읽는 습관이 없었다. 그리하여 상연 때에 이르러 겨우 희곡을 알게 되는 것이다 다음과 같은 괴이한 사건이 생겼다는 것은 그는 우리극단의 늙은 희극 배우에게 젊은 사랑하는 사람의 역을 주었다. 그리하여 겨우 두 번째의 련습 때에 잘못 생각된 것을 알았든 것이다 늙은이에게서 역할을 빼앗고 말았다 그러나 이 사랑하는 사람의 역은 이미 다른 사람이 맡았든 것을 다시 맡는다는 것은 자기를 타락시키는 것이다 하여 이 역할을 아무도 맡으려고 하지 아니하였다."

"이 연출가는 희곡의 삭제를 아주 간단하게 해치웠다 희곡을 읽지 않고 몇 마디 남은 대사로써 어떻게든지 의미가 통하도록 하고 긴장면의 군데군데를 잘라버렸다. 그는 자신이 한다면 『하므레트』를 모두 두 시간만에 상연할 수 있도록 만들겠다고 자랑하였다."

오페렛타 배우 알렉싼드라 알렉싼드로브나 스몰리나의 회상 중에 1996년에 관한 곳을 읽어보자!

"…… 아로히뽀브는 제자신이 상당하다고 하는 에쓰페라고 하는 연출자를 발견하여 왔다 자신심도 없고 야심도 없고 머릿속에 선경이 없는 사람이 있다 에쓰페는 오레렛타라는 것은 어데다 압창을 두든지 간에 또는 잘했든 못했든 간에 상관없이 내버려두었다 아주 매혹적인 구경꺼리가 될 수 있다는 재 생각에 따라 연출자로써의 사업을 하였다 이러하였기 때문에 련습에 나오면 무대의 포기로 가까이 접었다 펴는 의자에 앉아서 양말을 짜기도 하며 또는 자수를 하기도 하였다. 그도 일하고 그리고 우리들도 일하며 련습을 한다. 그래서 아무도 서로 방해하지 않는다 때로는 양말에서 떨어지지 않은 채 누구를 칭찬한다. 조용히 안심하고 ……"

나는 수도의 배우 막씨모브의 회상록을 인용하여 지방연출자와 그와를 대비한데 대하여 또 수도의 극장에 이런 따위 연출자가 있을 리도 없을 것이며 또는 없다고 나에게 항의할 것이다.

그러나 막씨모브의 그 회상록에 다시 돌아가자.

연출자의 대담성과 파렴치한 둘째의 실례는 더욱 재미있다. 5막의 비극을 상연하고 있었다. 최초의 벨이 울린 뒤(즉 개막 30분전) 연출부에 앉아서 보드빌인지 필지를 쓰고 있는 연출자에게 조수가 첫 막에 등장할 몇 사람의 배우가 아직 화상실에서 돌아오지 아니하였으니까 연극을 시작할 수 없다는 것을 보고한다.

—그럼 2막째의 사람은 다 있는가? —하고 쓰던 붓을 놓지 않고 연출자는 묻는다.

—다 있습니다 —하고 조수는 대답한다.

—그럼 둘째막부터 하자 —연출자는 결정하였다

그리하여 그날 밤 관객들은 이 비극을 4막으로 만족하였다. 정확하게 말하면 대체 전 5막이었건 아무렇건 상관없는 것이었다.

물론 다수로 이러한 연극 이러한 연출자가 있다는 것을 믿기는 어렵고 또 상상할 수조차 없는 일인 것이다. 그러나 연극상 이런 류의 사실은 많이 잇었다. 나 자신도 극장에서 겨우 39년 동안 바께 일하지 아니한 사람 즉 로시야 극장의 실제를 1908년 이후에 알게 된 사람으로써도 연출자에 관한 슬픈 이야기꺼리를 목도한 사람으로써 많은 이야기를 할 수 있다.

그러나 결국 이상의 실례는 웃음꺼리로 말한 것이 아니고 극장에 있어서 진부적이고 문화적인 사람은 연출자가 아니고 배우였다는 사실이 그렇게 멀지 아니한 시대였다는 것을 확실히 명백하게 하기위하여 여기에 인용한 것이다.

배우들은 자기의 창조적 진보적 사상을 진술하였다 배우들은 일층 완성된 문화적인 연극을 꿈꾸었다. 그러나 그 시대의 연출자는 그러한 생각에 대하여 심려하지 아니하였다. 그렇기 때문에 막씨모브 자신이 다음과 같은 결론에 도달하였든 것이다

…… 그때의 극단에서는 연출자가 극단을 가르키고 배우에게 어떠한 지시를 줄 수 없으리 마치 주역이나 단역 기타의 배우들까지 자기들의 사업을 잘 알고 있는 형편이었다. 희곡을 상연함에 있어서 배우는 개개

의 배우에게 잘 될 수 있도록 스스로가 모든 장면의 등장 퇴장을 배려하고 앉을 자리 모든 동작을 자신이 정리하였다. 그리하여 그 때문에 연극적통일은 항상 원만하였다. 그리하여 연극계의 실정에 대하여 지방의 연극 사업에 이러한 슬픈 결과를 가져온 야로슬라브의 연출자를"이나 많은 에쓰페가 존재하는 사실에 대하여 대답하는 듯이 1897년 3월 11일 제 1회 전로씨야 무대인대회의 연단 상에서 아렉싼를 빠쁠로비츠 렌쓰끼의 목소리는 울려나왔든 것이다.

그러나 일렉싼를 빠브로비츠 렌쓰끼는 다만 연극의 불건전한 슬픈 상태만을 인정한 것이 아니고 그는 이러한 피폐의 유래하는 원인을 훌륭하게 분석하고 해부하였다. 그러나 가장 중효한 점은 이 연설의 끝에서 그가 명백하고 정확하게 이 병폐의 치료방법을 표시한 것이다.

그리고 내가 로씨야의 무대로 하여금 당연히 도달하여야 할 높이에까지 제고시키는 데 필요하다고 생각하는 것은 다음과 같은 것이다.

一. 진지한 레퍼토리 그리고 새 희곡의 매일상연을 절대 금지할 것

二. 항구적극단의 창설

三. 연극의 일반화

四. 무대의 지도자는 연출자인 것

그리고 렌쓰끼는 자기의 제안의 넷째 점을 발전시키고 보충하였다.

"또 보담 더 문화적인 극단일수록 일층 강하게 이 극단에 대하여 연출자—예술가—그러나 다만 이마에 연출자라는 딱지를 붙인 사람이 아니라—에대한 요구가 높아저야 할 것이다."

처음으로 공중적 연단에서 새 의무를 부과 받은 연출자에 대하여 새로운 요구가 제시되었다

단순히 조직자도 아니고 단순히 행정적으로 결합시키는 중개인이 아니고 때로는 흉폭한 상관으로 되는 단순히 "이마에 연출자라는 딱지"를 붙인 사람도 아니고 연출자 —예술가라고 렌쓰끼는 그 형에 정의를 내렸든 것이다. 여기에 당연히 또 연극 사업에 있어서의 연출자의 새로운 임무가 있는 것이다. 그는 1937년 3월 11일 로씨야 연극 예술가의 가장 우

수하고 진보적인 집단가운데서 성숙한 의견을 제의하고 로씨야 연극발전의 새로운 길을 정의하였다. 그리고 끄. 쓰 쓰 따니쓸라브쓰끼와 보. 이. 네미로비츠.단첸코에 의하여 창설되고 개장된 예술극장의 구체화를 가져온 제안을 하였든 것이다 그렇기 때문에 나는 아. 쁘. 텐쓰끼의 연설은 력사적인 것이라고 생각하는 것이다.

1898년 10월 28일 처음으로 모쓰크바 예술극장의 막은 열렸다 그리하여 로씨야 연극의 대담한 혁명가이며 용감한 독창인 예술가 쓰따니쓸라브쓰끼와 네미로비츠 단첸코에 의한 새로운 창조적 원측에 기초한 최초의 공연에 모쓰크바의 관객들은 깊은 감동을 받았으며 매혹되었다.

그러나 사건은 결코 아름다운 상연의 외관상의 단순성에 있는 것이 아니라 용감한 예술가에 의하여 창도되었으며 연출자의 새로운 역할이 확립되고 로씨야 연극발전의 새로운 단계를 구축한 창조성의 이 새로운 말 연출자—예술가에 있는 것이다 그리하여 로씨야 연극의 장례발전의 길은 이 극장기구 이 새로운 창조상의 힘의 취이와 발전에 밀집한 관련을 가지고 있을 뿐 아니라 제약받은 일까지 있다.

연출자—예술가와 배우집단과의 새로운 관계가 발생하였고 이 상호관계만이 최근 45년간 즉 모쓰크바 예술극장의 창립의 순간 이후에 출연한 연극의 변화에 영향을 주고 또 독특한 방법론이 창설된 것이다.

고.쓰.쓰따니쓸라브쓰끼와 브.이.네미로비츠.단첸코는 로씨야 연극사의 새로운 페이지를 열었다. 더 명확히 말하자면 "새로운 력사"가 시작되었다.

"1898년 10월 28일까지의 로씨야 연극계에 관련되는 것은 낡은 력사"라고 말할 수 있으며 10월 28일은 "새 력사"가 시작하는 날이다.

그리고 만약 낡은 력사의 페지의 일류의 배우들과 로씨야 고전극작가들이 귀중한 보석이라고 한다면 우리들의 "낡은 력사"의 첫권의 내용은 그들을 연구하면 알 수 있다. "새력사"의 페지는 이미 일층 복잡한 측면을 가진 광채 나는 금강석에 의하여 빛나고 있다. 그들 가운데의 하나는 종전의 존재하지 않는 연출자—예술가의 새로운 개념이다. "새력사"의 페이지에서는 천재적인 예술가 고 쓰 쓰따니쓸라브쓰끼 브 이. 네미로비츠 단첸코가 자기의 창조적 연출에 의하여 새로운 진보적 사상을 대담하게 용감하게 주장하기 시작하였다. 그들은 새로운 개념을 산출하고 낡은 개념에 새로운 내용을 집어넣고 낡은 사업행정을 타파하고 새로운 미학적 및 륜리적 기준을 정하고 새로운 제작의 형식을 단련하였다.

그리고 물론 이 로씨야 연극의 '새력사'의 방대한 책은 기본적으로 또는 주로 모쓰크바 예술극장의 활동을 포활하여야만 할 것이다. 그 사업이야말로 이 시대의 연극사의 기본적 태도인 것이다. 그리고 로씨야 연극의 모든 풍부성 다양성은 혹은 모쓰크바 예술극장의 추종자에 의하여 혹은 항의자 사이비한 진보적 사상에 의하여 조건적 연극을 만든 예술극장의 사실주의에 반대하는 자들에 의하여 만들어진 것이다.

이 로씨야 연극사의 이 책은 로씨야말기의 연극계까지를 포함하고 있다는 것은 망각하여서는 안 된다. 일본과의 전쟁 1905년의 혁명 반동기 1914년의 제군주의전쟁 그리고 마지막으로 부로죠아 2월혁명—이것이 로씨야 사회가 살았고 로씨야 연극에 영향을 미치지 아니할 수 없는 력사적 사변들인 것이다. 그리고 만약 다른 날 예술극장이 수행한 연극혁명의 특질을 생각하고 로씨야 사회주의의 진보적분자의 진정한 혁명적 정신을 고려하여 상세하게 로씨야 연극의 '새력사'가 저술된 때는 그 페이지를 창건하는 창조투쟁은 명확하게 리해될 것이다.

그리고 이 페이지는 실제로 흥미 깊은 것이 될 것이다. 독자는 유명한 배우 유능한 극작가의 이름 뿐만 아니라 연극계의 지도권을 자기 수중에 잡아 쥐고 간 사람들의 이름—'새력사'의 첫 페이지에서는 아직도 연출자—예술가라고 이름만 불리어져 있을 따름이지 충분한권 리와 완전한 자격 있는 배우—예술가의 창조적동지에 지나지 않던 것이었으나 19년간의 길을 걷고 일련의 연극운동과 투쟁을 지도하면서 드디어 영광스러운 예술지도원의 칭호를 받게 되고 연극사업의 확고한 지도자적 지위에 올라간 연출자의 이름과 자주 만나게 될 것이다.

극장 지배인에서 연출자—예술가를 통하여 예술지도원에까지—이것이 로씨야 연출이 그 자체를 변형하면서 또 연극의 본질자체까지를 변화시키면서 급속히 통과하여온 길이다.

짜라르야 씨의 마감 20년간에 있어서의 연출의 변형을 연구하는 미래의 로씨야 연극사가 혹은 예술연극가는 미래의 독자에게 상세하게 일보일보 이 흥미있는 도정의 복잡성을 전달할 것이다.

력사가로 예술연구가도 아닌 나는 매양 연출개념에 새로운 해명을 부가한 중요한 결절이되는 단계만에 대하여 독자의 주의를 환기하려 한다.

그러나 이 복잡란 길의 기초적인 단계를 기술하고 기록하는 로씨야 연극사의 비상히 량심적인 상세한 사료도 만약 미래의 핵심 즉 각 취이과 정중의 연출에 대한 개념 자체의 변형의 연구를 수행하지 않는 한 우리들도 요구되는 해답을 얻을 수 없을 것이다.

아. 쁘. 렌스끼는 새로운 연출의 장래의 성격을 단순히 '이마에 연출자라는 딱지를 붙인 사람'이라고가 아니고 '연출자—예술가'에 있다고 하여 연출개념의 내용에 전연 새로운 내용을 담았든 것이다. 각층의 단계에 있어서의 연출개념의 내용 변화 이것이 내가 여기서 취급하려고 하는 문제인 것이다.

'극장지배인'은 '예술가'에게 지위를 양보하였다. 이는 당연한 일이며 누구에게나 알 수 있는 일이다. 그러나 그 뒤의 이 개념의 내용은 보담 더 복잡하여 어느 때나 명확하지 않고 극단으로 혼탄하여 있다.

첫째 단계에 있어서 주역배우에게 연극예술가에로의 발전의 원동력인 진보적인 리론에 있어서 사상이 전달표식(바통)을 인계하여 평등한 권리를 가진 배우—예술가의 창조적 동지이며 지도자이었던 연출자—예술가는 그 뒤 독재자 다시는 전재 군주로 변형해 갔든 것이다. 즉 물론 이전과는 다른 창조상의 질에 관한 것이지만은 또다시 '극장지배인' 혹은 '상관'에로 돌아갔든 것이다 독재자화 하면서 즉 모든 것을 자기의 의사에 복종시키고 배우를 순종스러운 명령수행자로 화함으로써 연출자는 배우로 하여금 그의 상상력을 상실케하고 그의 주도성을 마비케 하고 배우의 책임감을 죽이고 과감한 창조적 충동과 의욕을 쇠약케 하며 자유로운 예술가로써 있을 수 없는 것으로 만들고 말았다. 일찍이 '극장지배인' 혹은 '상관'이 즉 단지 '이마에 연출자의 딱지를 붙인 사람'이 배우를 노예화하고 있든 시대에는 필연적으로 배우의 창조적 주도성은 중대하였든 것이다. 왜 그런가 건드리지 않고 전혀 연기 연구의 창조과정의 복잡성을 리해하지 못하였기 때문이다. 그러나 창조 부문의 숙련자이며 전문부인 동시에 오히려 교육자 궁국까지 설명할 수 있는 연출자―예술가가 독재자로 화하고 배우―예술가에 대하여 자기의 의사를 강요하는 매 그가 배우의 창조적 주도성을 노예화하는 것은 필연적이다.

현재의 우리들의 극장의 사정과 금후의 전망으로써 나의 근본적 명제라고 생각하는 연출자와 배우와의 상호관계의 복잡성과 다면성에 대한 연구와 그 해결방책은 만약 우리들이 어데 연출자 또 그것은 어떤 것인가 하는 기본적 문제를 해명하는 것에 있다고 나는 믿는다. 고 아. 르 꾸겔리는 그 쓰 쓰따니쓸라브쓰끼와 브 이. 네밀비츠딴첸꼬를 배우 본래의 창조 자유를 박탈하는 자기의 요구아래 배우를 전채적으로 예속시키는 자라고 비난하였다.

사실을 보자 그리고 이 사실을 해부하고 정확한 결론에 도달하도록 노력하자 하여튼 간에 어쩌하여 이 전제가 출현하였는가를 보자.

"황제 표들 요안노비츠"는 74회의 련습 후에 상연되었다

"샤일로크"―35회

"갈매기"―26회

"헤ㅅ다 가블레로"는 겨우 24회의 연습으로 상연되었다.

우리를 1945년의 쏘베트 극장의 창조일꾼은 24회 26회 74회의 연습이 어떤것 인가를 아주 똑똑히 리해할 수 있다. 그리고 우리들은 대담히 확실을 가지고 그런 것으로는 배우의 창조에 대한 어떠한 전제운운 하는 것은 불가능하다고 단언할 수 있다.

현대의 연극일꾼인 우리들에게는 이 기간이 보통의 소위 희곡상연의 대충의 구성에도 부족하며 항차문제인 전제의 즉 배우의 창조적인 의식에 투철하기 위한 시간이 전연 없다는 것은 명백한 일이다 끄쓰쓰따니

슬라브쓰끼 자신은 그 뒤 그가 연출자로써 배우의 모든 동작을 집에서 생각하고 연출대장에 기입하고 련습장에서 배우에 대하여 자기의 발견한 해결의 정확한 수행을 요구하는 종래의 자기의 연출 방법을 부인한다고 말하였다.

쓰따니쓸라브쓰끼 자신조차 자기의 종전의 방법을 전제적이라고 말하였다.

그렇게 된다면 더욱 나는 쓰따니쓸라브쓰끼가 배우에게 제시한 구체적인 요구 가운데는 진실한 전제는 없었다고 반박하고 증명하고 싶다

연출자는 동작의 모든 모티브를 설명하면서 구체적 동작을 요구한다.

쓰따리쓸라브쓰끼는 그의 연출자적 상상에 의하여 만들어낸 구체적인 정항 가운데 배우를 두고 구체적인 동작을 제안한다.

배우는 유기적으로 제출될 동작을 자기 것으로 하면서 그에 의하여 다시 정항의 실제화 형상화를 수행한다. 즉 어떤 일정한 장면의 연출자에게 필요한 무대상의 분위기를 조성한다.

연기에 있어서 대체 전제가 있는가? 여기에서 연출자와 배우의 기능이 정확하게 분활되어 있다.

연출자는 상연물을 구성하며 배우는 무대에 참가하며 연기를 하면서 무대형상을 창조한다. 무엇 때문에 꾸겔리와 같은 연극을 그렇게 잘 아는 사람이 역시 쓰따니쓸라브쓰끼와 네마로비츠 단첸코의 전제를 비난하고 있는가?

에・르・꾸겔리는 두 가지 문제를 혼돈하고 있다고 나는 생각한다. 첫째로 연출자는 물론 의지적인 기초에 립각한 직업이다. 연출자는 상연물을 연출하면서 즉 상연물의 구성역내에서 대단 명료한 과제를 부여하면서 일정한 요구를 제시하는 것이며 배우로 하여금 이 구성에 간섭하는 것을 용허하지 않는다. 이 부분에 있어서 연출자는 외부에서 독재자와 같이 보일 가능성이 있다 그러나 그것은 그렇게 보일 따름이다.

다음 둘째 문제는 연출자에 의하여 제시된 과제를 해결하는 배우의 자유스러운 상상이다.

그리고 이와 같은 상호관계를 기초로 하여 로씨야 연극의 창조적도표로 된 『표들황제』 『갈매기』와 같은 연출이 생겨난 것이라고 나는 생각한다.

쓰따니쓸라브쓰끼와 네미로비츠 단첸코는 기본적으로 물론 배우에게 그들의 창조에 대하여 충분한 자유를 주면서 상연을 하였든 것이다.

당시는 현재와 같이 련습 시간의 가장 큰부분이 배우의 사색과 상상의 모든 과장의 연구에 소비되기에 믿을 수 없으리 마치 팽창된 장기의 련습이 시행되지 아니하였다. 이 연구를 위하여 쓰따니쓸라브쓰끼 네미르비츠 단첸코는 충분한 시간을 소유하고 있지 못하였다. 혹은 배우의 직관을 충분히 신뢰하고 이것을 불필요한 것이라고 하고 있었는지 모른다.

사실은 움직일 수 없다 현대의 연출자의 한 사람으로써 26회의 련습으로 『갈매기』를 완성할 뿐 아니라 같은 기간 내에 각 배우와 그의 형상의 정신적 생활의 일관한 연구를 수해할 수 있다고 단언할 사람이 있으리라고는 생각할 수 없다.

누구나 없이 아는 바와 같이 현재의 련습 시간은 때로는 무서웁게 장기간에 걸친다. 예로써 '죽은 혼'은 305회의 련습후에 상연된 것이다. 그러나 문제는 이 숫자에 있는 것이 아니다. 그것은 조금도 나의 흥미를 끌지 않는다. 그리고 나의 마음을 흥분시키는 것은 연출자 예술가와 배우와의 상호관계의 변화 력사라고 하는 위대한 비밀을 간직하고 있는 이 두개의 무미건조한 숫자―26과 305와 뒤에 숨어 있는 직업적이 아닌 사람에게까지도 명백한 연출자와 배우의 상호관계인 것이다

이렇게 로씨야 연극에 있어서 독재자와 노예의 상호관계로써의 연출자와 배우의 상호관계는 10월 혁명직전에 연극의 미학전선의 개인주의적 '좌익 연출가' 지도 아래 비상히도 명백하게 나타났다

새 로씨야 력사의 첫 페이지애는 "볼쉐위끼들이 계속하여 주장하는 프로레타리아 혁명은 계속되었다"라고 하는 브라지밀・일리츠 레닌의 기념비적 말씀이 기록되어 있다.

정권을 획득한 새로운 처오한 로동계급은 국가기관의 각 부문을 재건

하고 대부분은 창건하면서 자기의 국가를 구축하였다.

그리하여 기이하게도 독재자와 노예의 상호관계를 보장하는 연극의 이 일류파가 연극의 새로운 마치 혁명적인 것 같은 형식을 주장하면서 재빨리 혁명의 불은 기를 들고 나섰다.

실제에 있어서 형식은 혁명적인것 보다 훨씬 더 하였다 그것은 무엇보다 먼저 상연물의 외관상에 나타났다. 아름다운 장치를 가치는 미술가의 참가는 부르조아적 잔재라고 간주하고 배우는 항상 보통 작업복을 입었고 때로는 전문 우는 새로운 연극을 파악 못하는 예술가라 하여 전문배우반대의 표어까지도 들고 나왔든 것이다.

연출자—독재자는 연극의 일반적으로 낯익은 형식을 파괴하고 표면적인 연극혁명을 수행하였다. 구성주의 기계주의가 쏘베트 무대를 점령하였다. 배우들은 맨 꽁문이에로 몰려나갔다. 연출자는 배우 즉 산 인간이 위대한 사회주의혁명의 사상적 대응을 표현하고 전달할 수 있다는 것에 조금도 신뢰를 두지 않고 새로운 시대의 혁명적 페토쓰 감동을 구성적 무대 광음악 프라카드 영화의 필림커트 라디오 등의 외면적인 수법에 의하여 전달하려고 하였다. 이상과 같은 조건아래서는 필연적으로 그 새로운 내용을 규정하는 연출자와 배우와의 새로운 상호관계가 발생하였다. 독재자는 무제한 전제군주로 화하고 노예는 최후적으로 연극에 있어서 공민권을 상실하고 다만 근무상 기계적인 직책의 수행자로 화하여갔다.

그리고 배우 · 예술가의 지위를 보지하고 노력할 극장은 반동의 락인을 찍히웠던 것이다.

가장 불합리한 것은 이를 극장의 사이비 혁명가들이 상연의 사상 방면을 공연들의 사상적 내용의 깊이를 예술적으로 혁명된 생활을 통하여 해결하려고 하지 않고 외면적으로 표어로써 표시하려고 애를 썼다는 데 있다.

연출자 · 독재자는 형상의 가치 있는 창조를 가지고가 아니고 다만 사회적 마쓰크의 외면적 표현을 배우 · 노예에게 요구하였다. 붉은 수염을 붙인 배우는 반역모화의 사람으로 되고 실크해트를 쓰면 자본가로 되고 털잼바에 장화의 형용은 완전히 진보적 로동자의 정신적 내용과 대치되었든 것이다.

이와 같이 극장공연은 연출자・예술가와 배우・예술가와의 사이의 창조적 호상관계를 기초로 하여 성립된 것이 아니고 전제자의 명령과 노예의 순종적인 무언의 복종을 기초로 하여 성립된 것이었다.

이런 일종의 노예학교를 경유해온 배우에게 대하여 불가피적으로 작용한 여러 가지에 대하여 상세히 이야기하고 검토하는 것은 불필요하다고 나는 생각한다.

그것은 배우・예술가의 창조적지성의 발전의 면에 있어서 격별한 리익을 가져오지 못하였다고 믿는다 뿐만 아니라 이러한 연극의 조류는 장기간 자주적이며 창조적인 배우 적 기초의 발전의 장애로 되었고 결정적으로 배우의 상상력을 죽이었고 주도성을 마비시켰다고 단연 확신할 수 있다

일방 연출자는 명령하는 것에 익숙하였고 동등의 권리를 가진 예술가로써의 배우를 인정하지 않게 되었으며 량 예술가 사이의 상의와 공동작업에 불가결의 것인 창조적인 말을 가지고 배우를 설득하는 능력을 잃어버렸든 것이다.

쏘베트 연극에는 이 시기에 정반대로 대치된 두개의 연극 씨쓰템이 존재하였다 하나는 배우—예술가의 립장을 보지 하느것이오 다른 하나는 연출자적 전제를 주장하는 것이다.

첫째의 씨쓰템에는 로씨야 사실주의연극의 진실한 맹약으로써 모쓰크바 예술극장이 선두에 서있었고 둘째의 씨쓰템에는 레닌그라드에서 '혁명적 연극전선'이라고 불리워지는 통합된 모든 '좌익' 연출가들이다

투쟁은 생활위에 있지 않았고 도리어 사멸 위에 있었다. 그리고 사건은 가두시위에까지 도달하였든 것이다. 나는 잘 기억하고 있다(그때 나는 알렉싼드린 극장의 총장 겸 예술지도원으로 있었다). 즉 어느 맑은 날 통합된 '아카데미주의익 정새'를 강습하려고 극장 앞 광장에 나타났다. "우리들은 목구녁에 굳어진 아카데미주의의 정새 때문에 통곡한다" 하고 사이비 혁

명가들은 력사적으로 호통을 하였다.

그러나 정새는 파괴되지 않고 남아 있었다. 로씨야의 아름다운 창건물은 이 변론적공격의 질풍 같은 급습을 견디어 냈었으며 관객은 종전과 같이 밤에 알렉싼 드린극장의 놀라울만한 관객석을 채우기 위하여 줄을 지었다.

쏘베트 예술발전의 기본 로선으로써 사회주의적 실주의의 방법을 확립하는 1932년 4월 23일의 「문학단체의 개건에 대하여」라는 당중앙위원회의 결정은 연극전선의 광폭한 전투를 진정시켰다. 그러나 '좌익' 연출가들은 자기들의 립장을 내놓지 아니하였으며 지하운동에 들어가 버렸다. 그리고 다만 형식주의와 자연주의의 분쇄만이 이 특수한 연극투쟁을 중단시켰든 것이다.

그러나 중단된 투쟁은 "물과 함께 아이를 퍼내 쓷았다"라는 속담의 하나가 훌륭하게 방식화할 약간의 기이한 결과를 열어 놓았다.

형식주의의 분배 후의 시기는 연출의 경악의 시기로써 특징지어야만 한다. 연출가들은 대다수로 자기의 권력을 버렸으며 상연물 연출의 개념조차가 형식주의의 죄악을 자기에게 은익한다는 것을 두려워하면서 상연물을 상연할 것을 중지하였다. 한마디로 말하면 연출은 자기의 직업을 거절하였다. 연극 활동의 행정에서 순종과 실행에 습관되고 독창적 창조와 개인적 책임의 관습을 버리는 배우의 심리상에 결정적 락인을 주는 특별히 연출의 전제의 폭풍시기 후에 극히 유명한 허황사가 형성되었다.

배우는 구원을 요구하였다. 연출은 상연 물을 상연하는 것은 두려워하였다. 그리고 연출의 직책을 모투리만큼 가만이 바꾸어 놓은 친절한 연극교육학은 여기에 이 형성된 허황사를 급속히 충만시켰다.

극단에는 연출자·교육가의 세풍모가 출현하였다. 그는 배우와 함께 일하는 것을 대단히 아름답게 생각한다. 그러나 상연 물을 상연할 것을 대단 잘못 생각하며 그리고 때때로 또는 완전히 연출이란 무엇인가를 리해 못한다.

연출 전제의 선행 시기에 의하여 테르를 당한 배우는 가볍게 숨을 내

쉬었으며 어떻게 "배우와 함께 아주 훌륭하게 사업할 것을 생각하고 있다"는 이 연출자・교육가를 비장히 사랑하였다.

배우는 뜻밖에 노예에서 학생이 되었다. 전제자는 교육가에서 자리를 내주었다 그리고 연출자와 배우의 새로운 상호관계는 마치 교육가와 학생과의 상호관계로 되었으며 그것은 상연물상에서까지도 나타나기 시작하였다.

무대에는 권태의 바람이 불기 시작하였고 상연물은 하나 하나가 기본적인 위험에 빠졌다. 그러나 모두가 연기진의 일반적 문화수준이 높아졌다고만 변명하였다. 출현한・연출자—교육가의 새 인식은 다만 창조적 창작적 과정에만 자리를 차지한 것이 아니라 또한 극장 포스터에까지 그 반영을 보게 되었다. 전제 시기에서는 상연물을 창조자로써 호화롭게 포스터에 이름을 기입하였든 연출은 연출자・교육가라는 겸손한 칭호로 만족하였다.

물론 연출의 전제시대도 교육적 연출의 단계로 연출 인식의 상이한 핵심을 개척하면서 배우 자신을 변종하였고 제1의 종단도 제2의 종단도 배우・예술가의 창조적 성장과 자유로운 본성의 발전을 촉진하지 못하였다. 제1의 기회에서도 제2의 기회에서도 배우는 창조적 책을 상실하였으며 그의 판타지는 소멸하고 말았다. 그리고 창조 계몽 없이 예술가로써 그러케 천성으로 가지고 있는 자기의 정신적 풍부성을 관객 앞에 개방하는 희망 없이는 독립적 예술가라고는 생각할 수 조차 없는 것이다. 그리고 실제에 있어서 자기의 관객에게 무엇인지를 말하는 그런 배우만이 완전한 배우・예술가일 것이다.

또 제1과 제2의 기회에 있어서 배우의 자유로운 천성은 예술적 조건에서만 제시되었다. 그러나 독립적 책임으로 할 것이 아니라 우리들은 아. 쁘. 렌쓰끼의 배우와 연출자의 상호관계의 정당성을 결정하였든 가장 총명한 연설을 잊어버려서는 안될 것이다. 즉 "보담 더 문화적인 극단일수록 일층강하게 이 극단에 대하여 연출자・예술가에 대한 요구가 높아저야 할 것이다." 렌쓰끼는 밀접한 의존 속에서 배우・예술가들의 집단인

극단의 문화적 수준과 함께 연출자—예술가의 실제 존재를 설정하였다.

연출의 전제시대와 교육가적 연출의 시기에서는 배우집단의 본성은 더 말할 것 없이 렌쓰끼가 몽상하였든 그것과는 완전히 다른 무엇이 되고 말았다. 아무런 순종적 노예근성도 연출자・예술가와의 협동적 사업의 요구를 생기하는 그러한 배우—예술가 집단의 문화적 수준에는 적당하지 않는 것이다.

즉 문화적 집단에게는 연출자・예술가에게로의 요구가 발생하여야만 하며 그리고 연출자・독재자에게는 자기의 계획실현을 위한 순종적자로의 요구가 발생하여야만 하는 것이다.

다만 상호관계를 가진 예술가들의 확실히 창조적이고 우의적인 본성만이 연극예술의 성장과 발전을 예견하는 진보적 토대를 가질 수 있는 것이다.

전제자와 노예를 또는 선생과 생도들의 모든 다른 상호관계는 배우・예술가의 창조의 개성에 유해롭게 반영하는 완전히 다른 어떤 길에 용해된다.

그리고 내부에서 조직적 기초에 의하여 연출의 창조적 사상에 의하여 움직일 수 있는 연극 예술계는 관객에게 언제든지 상연들에서 직접 만나는 배우를 통하여 명백하 해지는 것이다.

관객은 언제든지 바로 배우를 통하여 연극을 접수하며 리해한다. 이 때문에 우리들에게는 연출가와 배우가 로씨야연극에서 50년 동안 걸어온 길이 이와 같이 명백해저야만 할 것이다. 배우의 자유로운 본성은 다시 소생하기 시작한다. 현대 연기계의 우수한 대표자들은 이 배우—예술가의 새로운 길—자기의 명백한 창조적 개성을 소유하는 새로운 질을 가지고 있다. 아・고. 따라소바 고.느.알란쓰까・야・오. 느. 안드로브쓰까야 아. 오. 쓰쩨빠노바 브. 쁘. 마레쯔까야 므. 이・바바노바 스. 그. 빌만스쁘. 기아씬또바 느. 스. 라쉐브쓰까야와 같은 재새대의 녀배우들의 이름들과 느. 쁘. 호델레브 브. 오. 또뿔꼬보 아・노. 그리보브 스. 므. 미호엘쓰아. 아. 호라바 르. 느. 씨모노브 아. 드. 지끼이 아・므. 부츠마들과 같은 남배우들의 이름을 이야기하는 것은 완전히 쏘베트 연극이 어떠한 풍부성을 받았으며 어떠한 새로운 창조적 원측적 지향이 이러한 찬란한 제일급 배우들의 찬란한 거장군 속에 용해되고 있는 가를 리해하기 위함이다. 즉 이 때문에 미래의 연출은 연기자 집단의 문화적 수준에 대비하여야만 하는 것이다.

배우・예술가의 새로운 풍모의 성장과 형성은 연출의 새로운 풍모의 요구를 또한 추가시킨다.

근로자들의 평화스러운 조국에 대한 파시쓰트들의 야비하고 배신적인 침공은 쏘베트 련맹의 모든 공민들의 가장 위대한 애국심을 환기하였다 월쑤를 승리하는 사업은 매개 쏘베트공민의 사업으로 되었다. 전선에서의 전대미문의 영웅주의와 노인들도 녀성들도 청년들도 처녀들과 아동들까지도 참가한 후방의 비상한 로력은 전세계가 모주리 쓰베트련맹의 인민을 찬양하고 우리들의 위대한 승리의 기초에 횡재하고 있는 이 새로운 인간성을 밝히었든 것이다. 나는 조국의 모든 애국자들을 포활하며 위대한 조국 전쟁에 있어서 파시쓰트들과의 전쟁에도 전변시킨 가장 위대한 애국주의 정신에 대하여 말한다.

쏘베트 련맹의 공민 가운데 한 사람도 최초에는 준엄하고 소란스러웠고, 그러나 지금은 자랑스러운 날에 있어서 조국의 구호와 방어 사업밖에 떨어져 있지는 아니하였다. 각 개인은 자기 부서에서 조국 방어의 일반적 사업에 자기의 로력을 투입하기 위하여 가능한 최대한의 것을 행하려고 료력하였다.

쓰베트 예술가들은 모든 공민들과 함께 전생의 초소에 나아갔다. 뜰쓰또이와 씨모노브와 골바또브와 레오노브와 엘렘부르그와 빼르브마이쓰끼의 제론문들 「전선」 「습래」 「로씨야 사람들」 「따쓰의 창」과 같은 희곡들과 그리고 조국 방어를 위한 창조적 무장의 야만주의를 타파하면서 위대한 인도주의적 사상에 대한 확신을 가지면서 급속히 돌진하는 그러한 공격으로 되었든 것이다.

우리들의 연극도 또한 파시즘 타도의 일반적 사업에 포함되었든 것이다.

그러나 우리들에 대하여 배려하는 쏘베트 정권에 의하여 우리를 창조적일꾼들이 배치된 조건은 엄혹한 날을 우리들이 스스로 접수하였든 그 책임성을 리해하지 아니할 권리를 가지지 못하는 그러한 것이기 때문에 우리들은 우리들이 무엇을 행하였으며 우리들이 행하여야만 하기에는 무엇이 가능하였든가를 명석하게 리해하지 않으면 안 된다.

지금 쏘베트연극의 폭풍적 급박한 생활을 주시하면서 이 책임성의 감정은 창조적 일꾼의 의식 가운데서 발생하였다는 것과 쏘베트 연극계에서 약간의 전진이 생겼다는 것을 대담히 확신있게 이야기 할 수 있는 것이다.

나는 무엇으로 하여 이러한 전진을 보는 것인가?

극장들은 점차 자기의 전전의 평온과 무관심에서 빠저 나오기 시작하였으며 매개 극장은 자기의 창조적 인물을 발견하고 자기의 창조적 프로그람과 소여의 예술지도원을 수위로 한 본래의 소여의 집단을 결정하는 것을 지향하고 있다.

이는 또한 이 엄혹한 년간에 우리들의 력사 앞에 제기된 이 새로운 거대한 과업을 임식하는 모쓰크바 연극계에서 특별히 명백하게 관찰되는 것이다.

진실로 이 령역에 있어서 아직도 대단히 적게 실행되었으나 그러나 자기의 과업의 인식은 존재하며 그 인식은 모든 창조적 일꾼들의 의식 가운데서 발생하였다.

우리들의 연극계에서 관찰되는 둘째 것은 배우의 최상급의 역할과 수천의 관색 앞에 나타나면서 자기 스스로가 받아들이는 그 책임성이다. 배우는 관객들에게 작가가 그에게 준 말만을 이야기할 의무가 있는 것이 아니라 또한 관객 앞에서 자기의 우수한 정신적 부를 백만대군의 의식을 지배하는 예술가로써의 배우의 창조적 지성의 부를 개방하여야 할 의무가 있는 것이다. 이는 배우가 직접 관객들과 합체되는 상연 순간에 있어서 배우의 최상급의 지위에서 발원하는 의무인 것이다.

배우는 노예로 있기를 그만두었으며 학생 걸상에서 탈피하였으며 권능있는 예술가로써 무대에 나타났다.

그러면 이것은 연출이 첫 계획에서 퇴각하는 것이며 연출이 첫 자리를 배우에게 양보하는 것인가?

천만에

연출은 배우와 꼭 같이 완전히 상연물 창조의 행정에 있어서 다른 자리를 차리자기 시작한다. 그러나 이 자리는 첫째의 계획으로도 둘째의 계획으로도 관찰되지는 않는다. 그러나 연출자가 배우와 함께 진출하며 '연출자'의 인식 가운데로 다른 내용이 삽입되는 그러한 다른 상호관계에 의하여 관찰되는 것이다.

이는 또한 우리 연극계에서 관찰되는 셋째의 현상이다.

연출자의 새로운 역할은 자기의 하등의 의무도 제거하는 것이 아니고 도리어 반대로 그에게 훨씬 더 거대한 직업적 의무를 지우는 것이다. 즉 배우 집단과의 정당한 상호 관계를 발전하면서 배우의 환상을 해방하면서 배우에게서 개인적 창의성을 분기케 하면서 배우를 신뢰하고 또 독립적 창조적 책임의 령역에서 요구를 제기하면서 상연물을 연출하는 숙련인 것이다.

연출자의 이러한 사업은 배우・예술가의 환상을 침략적으로 노예화하는 것보다도 또는 교육자적 길의 측면에도 배우・예술가의 화상을 추상하는 것보다 훨신 더 복잡한 것이다. 이러한 새로운 상호관계는 다만 정당한 것이며 로씨야 연극의 장래 성장에 비상한 자격을 반드시 주는 창설인 것이다.

극장의 창조적 인물을 의한 책임.

자유한 예술가로써 백만대군의 의직의 통치자로써 배우의 책임.

새로운 직업적 의무에 새로운 창설을 적재하는 연출자로의 책임.

이 세 가지 현상은 아직도 극히 확연하지 않고 다만 아직도 기도하는 것이며 그러나 이미 우리들의 연극계에 실재하고 있는 것이다. 이는 나로 하여금 모든 그의 진보성을 리해하면서 이와 같이 앞을 락천적으로 관망하는 것을 허용하는 것이다.

그들은 연극계에서 현저하며 그들을 육안으로써는 발견하지 못할 것이며 또한 발견하지도 알지도 못하는 것이다. 그러나 곧 그들은 연극예술의 발전에 있어서 결정적 의의를 가지고 있으며 또 바로 그들은 연극계에서 관찰될 것이며 그러나 어떠한 당면한 초공연의 광채와 호화스러운 것은 아니다.

인류 역사에 있은 전쟁 가운데서 가장 위대한 전쟁은 원수의 완전한 붕궤에 의하여 종결되었다.

승리의 깃발은 투항한 백림 위에 나붓기었다.

전쟁의 종결 이는 사격과 폭파와 주검의 끝이다. 그러나 이 보여지는 평온은 만약 또한 부분적 국가의 생활이 의존하는 사상 경향의 긴장한 투쟁이 보담 거대하지 않다면 자기 스스로가 보담 적지 않게 은익할 것이다. 우리의 위대한 조국 진정한 젊은 국가는 승리자로써만 나타난 것이 아니라 그의 주위에 탁월한 인류의 부부이 결합하고 있는 진정한 선진적인 인도주의적 사상의 공표자로써 나타난 것이다.

그러나 우리들은 선진사상의 눈부신 광채는 지하에 사라진 비열한에 의하여 아주 용납되지 않을 것이라는 것과 전쟁 후기는 사회생활에 있어서 비상한 복잡성을 초래하리라는 것을 반드시 리해하여야 할 것이다.

전쟁은 계속될 것이나 그러나 다른 형식으로 다른 병기고에서 다른 무장방식에 의하여 계속 될 것이다.

돌아오는 영웅들의 백만대군를 진심으로 조국을 보호하는 사람들은 당연히 우리들에게 물을 것이다. 즉 "그러면 이 새 전쟁에 대하여 당신들은 어떻게 준비되고 있습니까? 우리들은 자기들의 력사적 사명을 완수하였습니다. 이제는 새 전쟁의 사상 전쟁에서 질풍적 사격을 되부어야 할 당신들의 차례가 왔습니다"라고…….

우리들은 첫 차례로 바로 자기의 예술적 창조물을 창작하는 쏘베트 련맹의 창조적 일꾼들 예술가들의 력사적 책임을 알아야만 할 것이다.

예술적 창작품의 사상적 합목적성과 지향성은 어떠한 장갑철이라도 꿰뚫고 나갈 텔리토란의 힘을 자체에 가지고 있어야만 할 것이다 예술가의 눈의 총명은 쯔이스 광학자들(쯔이스는 독일 광학기계회사의 이름—역자) 보다 더 확실하고 날카로워야만 한다. 연극 전선의 전술가와 전략가는 우리시대의 복잡성에 반드시 적응하여야만 한다.

그리고 우리들이 기억하고 있어야만 하고 간단없이 점검하고 교양하여야만 하는 진정하고 중대한 것, 이것은 바로 쏘베트 공민들 속에서 전쟁을 고무하였고 훈련하였고 단련한 새로운 인간성인 것이다. 나는 자기 조국에 대한 불타는 사랑에 대하여 무비의 영웅주의와 비상한 인간적 겸손에 대하여 가장 위대한 로덕적 인내성과 탁천주의에 대하여 총명과 유모어에 대하여 말한다. 이것들은 쓰베트 공민전쟁에서 위대한 조국전쟁의 시일에 있어서 명백히 밝히어 졌으며 이에 대하여는 전 세계의 인민이 놀라움을 가지고 보았든 것이다.

우리 시대의 모든 복잡을 알지 못하고서 포괄하지 못하고서 예술가는 성과 있게 창조적으로 일할 수 없을 것이다. 그는 불피코 간선을 벗어나 부차적 세로에서 해매일 것이며 중대한 과업의 해결에서 다른 길에로 나가고 말 것이다.

그런데 지금 우리들의 중대한 과업—이는 우리 시일의 예술사상의 리해이며 최근 시기의 목표의 예견이며 최근 시기에 히유의 항행을 앞두고 있는 연극함선의 재정비이며 새무장인 것이다.

극장에 있어서 덕량의 새로운 배치 새로운 상호관계 새로운 결정 새로운 사업행정—이는 우리들에게 호소된 새문제의 주위에 있는 것이다.

창조적이며 선진적이며 리론적 사상—이는 먼 과거에 있어서 중요한 배우들이 지배하든 연극예술 발전을 앞으로 움직이는 사상이며 이는 배우·예술가의 창조적실 험실에서 진정한 핵심에 침투하는 것을 벨린쯔끼에게 도와준 것이며 그 기초에서 연극예술의 천재 쓰따니쓸라브쓰끼와 네미로브치·단첸코가 세계에서 탁월한 극장을 창설하면서 연극혁명을 완성하였든 사상—지금은 어떻게 희미해 졌으며 우리들의 연극예술의 발전에 있어서 가장 가까운 과업을 명백하고 정당하게 형성하는 사람들을 적게 흥분시키고 있다.

우리들은 과도히 자주 상연물의 탐미적 면의 잡다성과 채색의 포로가 된다. 그리고 두려워 하면서 대체로 또한 소여의 상연물이 그 기초에서 창조된 그 발명가적 고안에 의하여 결정된 연극적 현상의 획심에 침투할 것을 생각지도 아니하면서 사소한 특수차에 대하여 토론을 전개한다.

모쓰크바 예술극장의 찬란한 역사를 회상하며 또 한번 대담한 창조적 해결에 의한 주제에 대하여 심사하여 본다. 이 주제들은 『황제표들 이와노비츠』 『갈매기』 『인생희곡』 『인간생활』 『마을의 달』 『까라마조브형제』 『하므레트』와 끝으로 심오한 정찰등과 같은 상연물의 창조기지에서 상정된 것들이다.

이 상연물 중의 매개는 연극 발전을 전집시키는 새로운 창조적 사상을 가지고 있다.

그리고 지금 우리는 대체로 퍽도 안심하였으며 거대한 유선을 점유하면서 사기의 부의 증가에 의한 것 보담도 더 많이 쿡뽄 련속 입장권의 전취에 종사하고 있다.

오늘 날과 닥처오는 래일 우리들 앞에는 재무장 또는 새무장까지도 숙고 하지 않으면서 창조적으로 해결할 수 없는 그러한 거대한 과업이 나서고 있다. 그리고 이 새로운 무장은 확실히 현존하는 가치의 일련의 재평가와 새로운 대우와 새로운 연출자의 다른 상호관계를 열어주는 사업 행정의 신중한 재고려를 초래할 것이다. 그리고 이는 제 순번으로 확실히 새로운 창조적 사상을 열어주는 바 그는 자기의 관객들이 사상과 감정의 지배자로써의 자유로운 배우·예술가의 권리와 의무들을 확정하기 때문에 선진적인 것으로 될 것이다. 그리고 우리들이 명백히 알아야만 하는 이러한 재무장은 우리들의 연극에서 창조적 개입에 의한 부에서 뿐만 아니라 더욱 더 창조적 모순에 의한 부에서 병고없이 평화스럽게 진행될 수는 없다는 것을 반드시 리해하여야 할 것이다. 이 창조적 모순이라는 것은 때때로 창조적 집단에 패쇄되어 있는 잠재하는 정신적 부에 의하여 표시됨을 완전히 허하지 않는 것이다. 어떻게 형식주의 과멸기에 있어서 많은 배우들이 일반적으로 연출자적 직업을 은익하는게 준비되어 있었든가를 회상한다. 이와 같이 간단하게 연극 외 배우에게로의 복귀는 생각되었다! 멜리포메나(희랍 녀신의 이름—역자)의 선견지명이 없는 위엄 있는 신관들은 말한다는 것을 의미한다고 자신에게 명백하게 답을 주지 못하면서 "잘하여야만 된다"라고 말하였다 이러한 거대한 원축적 문제들을 풍속화하는 자들은 로씨아 연극 력사의 바퀴를 뒤로 돌릴 것을 기도하였으며 이 세기의 연극문화 발단의 모든 부를 말살하려고 기도하였다.

희곡 『전선』은 이미 레퍼토리에서 사라졌다. 그러나 이 희곡이 바로 우리들의 극장들을 지나갔음에도 불구하고 이 희곡의 사상적 기도를 우리들의 연극전선은 어쩐지 빠트리고 말았다.

또한 골로브와 으그네브들은 자기들의 창조적 연단을 열지 않으면서 자기들의 관점의 정열적인 토론을 밀어던지지 않으면서 그리고 전진운동을 전연 족신하지 않는 타협적 해결을 때때로 발명하면서 연극에서 평화롭게 생활을 계속하고 있다.

전후의 평온은 일촉즉발의 모순을 내포하고 있다. 그리고 이것을 해결하는 것은 과업의 제기된 시일에 창조적으로 해답을 주는 것은 기본적 문제를 해결하는 그때에라야만 우리들은 해결할 수 있는 것이다.

새로운 연출자·예술가는 무엇을 상상하는가?

새로운 배우·사유로운 예술가는 무엇을 가지고 다니는가?

그들의 상호관계는 어떠한 것으로 되어야만 하는가?

이러한 새로운 상호관계에서 발휘하는 연극사 없는 행정의 새로운 것은 무엇에 있는가?

나는 네 가지 문제를 성장하였다. 그리고 지금 이에 대하여 해답을 주고저 한다.

그러나 나는 이에 대한 해답은 이 론문이 차지하고 있는 것 보다 더 적지 않는 자리를 차지할 것임을 잘 안다. 이 론문에서는 나는 다만 우리 연극계에서 기본적이고 중대한 것으로 해아려지는 이러한 제문제의 설정에 근접하려고 시험하였을 뿐이다.

(1946년판 연극년감에서)

『문학예술』, 1950.2

쏘베트 劇作上의 몇 가지 問題와 우리 劇作에 주는 敎訓

一.

쏘베트 극작과 연극의 발전을 조해하고 쏘베트 인민을 공산주의적 명일에로 이끌고 나아가는 진정하고 전투적인 쏘베트 극작과 연극을 서구라파의 저속하고 진부한 부르조아 연극의 영향아래 두며 그것에 종속시키려 하던 쏘베트 연극평론가의 반애국적 그루빠·세계주의자들의 모든 리론과 활동은 1949년 초두에 이르러 철저하게 분쇄되었다.

다 아는 바와 같이 세계주의는 정치적으로 보아 미 제국주의의 사상적 무기이다. 불조아적 세계주의의 선전은 현재 세계반동과 새 전쟁방화자들에게 특별히 유리한 의의를 가지고 있다.

즉 세계주의는 일시에 여러 나라들에서 민족적 자주성에 대한 인민들의 애국적 감정을 약화시키며 그 나라 인민들을 이 사상으로써 결박하여 무능력하게 만들므로서 그 나라 인민들을 전적으로 아메리카 독점가들의 손아귀에 방임하려고 하는 지향인 것이다.

모든 대소 국가들의 정치적 경제적 자주성을 위하여 투쟁하며 공고한 세계평화를 위하여 투쟁하며 그리고 제국주의자들과 파시스트들의 최후적 발광 앞에 거함과 같이 대립하여 서고 있는 위대한 쏘련에 대하여 비렬한 적대감을 가지고 부르조아 세계주의의 선전자들은 진출하고 있다.

군사적 침략정책의 실시 경제적 팽창정책의 실시와 아울러 새전쟁의 사상적 준비에 광분하고 있는 미 제국주의자들은 배타주의와 군국주의의 독소로서 락후한 주민들에게 해독을 끼치는 한편 세계주의의 독소로서 여러 나라 인민들의 제국주의를 반대하는 투쟁의지를 약화시키려고 한다.

그러므로 세계주의는 제국주의적 부르오자지들의 이데오로기이며 그들이 정복하려고 하는 인민들에게는 정신적 해독물이다.

예술에 있어서의 세계주의란 어떤 것인가 하는 것에 대하여 꼰쓰딴찐 씨모노브의 로눌에 다음과 같이 지적되어 있다.

예술에 있어서의 세계주의는 인민의 국제주의 진보적 사상교육을 조해하려는 지향이며 민족적 토대와 민족적 긍지를 분쇄하려는 지향이다. 이 때문에 세계주의는 사람들을 아주 쉽게 거세된 뿌리 같히 제거하려 하며 미 제국주의의 노예로서 팔아먹으려고 하는 것이다.

예술에 있어서 세계주의는 '인간'은 당당하게 소리를 낸다는 것을 확신하는 락관주의적 평화감각을 반대하는 투쟁이며 사람에게는 미래가 있다는 것과 인민과 국가에는 자체의 미래가 있지 미국 자본의 예속이 있지 않다는 신념에 반대하는 투쟁이다.

예술에 있어서 세계주의는 골끼의 자리에다 사르트라를 대치하고 똘쓰또이의 자리에다 색정문학가 밀러를 대치하고 고상한 계급적 진보적 예술의 자리에 우열한 하리우드의 료리를 대치하려는 지향이다.

이러한 쏘베트 연극평론가들의 반애국자 그루빠, 즉 세계주의자들이 쏘베트 연극계에 있어서 '특별한' 지위와 '권리'를 차지하고 오래 동안 활동하다가 기어코 인민들 앞에 그 반애국적 정체를 폭로당하고 인민의 조소를 받으면서 쏘베트 연극계에서 자취를 감추게 한 힘의 원천은 어데 있는가?

또 전후에서부터 최근에 이르기까지에만 하여도 라우레노브의 『함장의 과오』, 질쏘고브의 『승리자』, 드미찔꼬의 『와뚜찐장군』, 모브존의 『콜쓰딴찐. 자슬로노브』, 빼레웹쪼브의 『남방교차점』, 월따의 『위대한 날』 『우리들의 없어서는 안될 식량』 『어느 한 나라에서』, 로마쇼브의 『위대한 힘』, 쏘프로뇨브의 『어느 한 도시에서』 『모쓰크바의 성격』, 쑤르브의 『거대한 운명』 『푸른 거리』꼬르네이추의 『우크라이나의 초원에서』 『마까르 두브라바』, 야꼽손의 『성채의 생활』 『전선없는 전투』 『두진영』, 쉬메인의 『영예의 재판』, 빠르텐꼬의 『행복』, 류비모바의 『눈송이』, 미하일꼬브의 『나는 집으로 가고 싶다』, 씨모노브의 『로씨야 문제』 『남의 그림자』 등등 그 외에 일일히 헤아릴 수 없는 현시적 테마의 우수한 쏘베트 희곡이 나올 수 있는 가능의 원천은 어데 있는가?

이는 두말 할 것도 없이 다른 예술분야에서나 마찬가지로 쏘베트 인민을 항상 승리에로 이끄는 볼쉐위끼 공산당이 쏘베트 연극과 희곡창작에 대하여 도움을 주기 때문이다.

나는 여기에서 다시한번 1946년 9월 26일에 발표된 「드라마극장의 레퍼토리와 그 개선을 위한 방침에 대하여」라는 전면맹공산당(볼쉐위끼) 중앙위원회의 력사적 결정을 살펴보려고 한다.

이 결정에는 전후 쓰베트 드라마 극장의 레파토리와 현상은 만족할 수 없다고 인정되었다. 쏘련 공산당(볼쉐위끼) 중앙위원회는 레퍼토리의 주요한 결함은 쏘베트의 큰 드라마극장들이 현시적 테마를 취급한 쏘베트 극작가들의 희곡들을 상연하지 않고 있다는 것을 지적하였다.

중앙위원회는 극작가들의 출렬한 사업에 대하여 특별한 주의를 돌리어 많은 극작가들이 현실적인 근본문제에서 리탈되고 있는 것과 인민의 생활과 요구를 모르며 쏘베트 인사의 훌륭한 특징과 성품들을 묘사하지 못하고 있다고 지적하였다. 그리고 이 극작가들은 쏘베트 극장이 쏘베트 제도의 산토대로 되는 쏘베트 국가의 정책을 적극적으로 선전하게 되는 경우에서만이 근로자들의 교양사업에서 자기의 중대한 역할을 수행할 수 있다는 것을 망각하고 있다고 지적하였다.

중앙위원회의 결정서에서의 이 지적은 쏘베트 극작가들이 자기들의 결점과 부족점을 시급히 퇴치하고 당과 인민이 요구하는 새로운 희곡작품을 창작하는데 막대한 의의와 도움을 주었다.

그리하여 쏘베트 극작가들은 자기들의 가장 친절한 당중앙위원회의 결정이 있은 지 불과 2년 반 만에 위에서 렬거한 그러한 많고 우수한 작품들을 창작하였던 것이다.

또 이 결정서에는 드라마극장의 레퍼토리의 불만족한 상태를 또한 원칙적인 볼쉐위끼적 연극평론의 결핍으로도 설명된다는 것이 지적되어 있다. 신문들 문학예술 및 연극 잡지들은 희곡과 극장공연에 대하여 객관적으로 공정하게 평가하는 재능있는 새 평론가를 등요함이 적었고 부분적 평론가들은 희곡과 상연물을 평가함에 있어서 쏘베트극 작과 연예예술의 자상적 및 예술적 발전의 리해 관계에 의거하여 서가 아니라 다시 말하면 국가와 인민의 리해관계에 의거하여 서가 아니라 도리어 그루빠적 우인적 개인적 리해관계에 의거하고 있다고 지적되어 있다.

중앙위원회의 연극평론에 대한 이 지적은 명백히 오래 동안 쏘베트 연극평론에 있어서 해독적 사업으로 하고 있든 세계주의자 반해국자들인 구로비츠와 유조브쓰끼 등과 그들의 동료들을 지적한 것이다.

중앙위원회의 결정 이후에는 구루비츠와 유조브쯔끼는 담정을 개방해 놓고 활동하기에는 곤난하여 졌고 쏘베트 인민들과 진정한 쏘베트 연극인들이 원쑤에 대하여 사상적 공격을 가하는 조건 아래서는 벌써 그들은 로골적으로 해독사업을 하기 어려워졌든 것이다.

그리하여 그들은 어느 새 그들의 후계자들을 시켜 계속적으로 쏘베트 연극과 전한 그로시아 고전을 비방하고 모욕하여 서구적인 것을 찬양하는 등 쏘베트 연극에 대한 적대적 활동을 해왔다. 그러면서도 그들은 때로는 상당히 직접적 형식으로 출연하기도하고 어떤 때는 아주 교활하게 면사포를 뒤집어 쓰고 출현하기도 하였다. 그러나 그들의 죄악적인 사업은 쏘베트 인권 앞에서 볼쉐위끼 당 앞에서 오랫동안 계속할 수 없는 운명에 있었다.

볼쉐위끼 당은 드디어 그들 유조브쓰끼구르비츠와 그들의 후계자들인 말투건·알리뜨만볼샤고브쓰끼 보야드지에브 등과 그들의 장단에 춤추고 노래하는 자들에게 마지막 타격을 가하여 1949년 초두에 쏘베트 연극 평론계에서는 조국 없는 반애국적 세계주의자들의 그루빠들은 완전히 분쇄되고 쏘베트에서 당적 인민적 희곡을 모주리 비방하고 쏘배트에서 가장 오래되고 자랑인 소극장 예술극장 같은 세계적 자랑에 대하여 비방하고 까려고 하며 로씨아 민족을 존경치 않으려는 모든 시도는 숙청되었다.

여기에서 론의하려고 하는 쏘베트 희곡 창작상의 몇 가지 문제는 친혁 쏘베트 연극평론가에서 세계주의자 반애국자들의 활동에 관련이 되는 것이다.

물론 쏘베트에서는 이미 이런 자들은 완전히 숙청되고 또 오늘 내가 여기에서 론의 하려고 하는 문제들도 이미 쏘베트에서는 다 해결된 문제이지만은 이러한 문제를 연구하고 그의 대하여 충분한 인식을 가지는 것은 우리 조선의 극작가들에게 있어서도 필요한 것이라고 생각한다.

그것은 무엇 때문인가? 그것은 누구나 아는 바와 같이 세계주의의 표현은 예술상에 있어서 항상 자연주의 형식주의 유미주의적 제 표현과 관련되는 것이다.

뿐만 아니라 우리 연극과 희곡창작에 있어서는 사실주의적 예술에 적대되는 이러한 제표현과 해방 후 오늘날까지 무자비한 투쟁을 전개하여 오고 있음에도 불구하고 일제적 잔재인 동시에 세계주의와 공통하는 자연주의적 형식주의적(특히 신과적 경향) 경향들이 끊임 없이 나타나고 있기 때문에 우리는 이러한 제표현의 해독적 영향에 대하여 충분한 인식을 가지고 있어야 한다.

또 그뿐만 아니라 우리 공화국 남반부는 해방되든 그날부터 미 제국주의자들의 식민지 노예화정책 아래 산업경제의 미국 사상파와 함께 모든 문화예술은 미국식 퇴폐와 형식주의 유리주의의 제 표현의 독소에 의하여 부탄되고 있는 바 미 제국주의는 이러한 세계주의의 사상적 그 기초에서 남반부 인민들의 민족자주와 통일 독립을 위할 투쟁의식을 거세하려 하고 있는 것이다.

미 제국주의가 세계 제패의 야심과 새 전쟁도발의 기도를 포기하지 않는 한 그들은 항상 어떠한 방법으로서든지 그들의 사상적 무기인 이 세계주의를 선전할 것이다.

그러므로 우리 조선인민이 미 제국주의를 반대하여 투쟁하는 날까지 세계의 진보적 인류들이 반동과 전쟁 방화자들과 투쟁을 계속하는 그날까지 우리는 세계주의와의 투쟁을 던질 수는 없는 것이다.

二.

쏘베트 연극에서는 반애국자·세계주의자 그루빠를 분쇄한 후에 쏘베트 극작과 연극 앞에 나서는 과업은 다음과 같은 세 가지 었다. 즉

첫째로는 쏘베트 극작에서 세계주의자들이 퍼트린 쏘베트 희곡의 무갈등성에 대한 투쟁이며

둘째는 허다한 혼란을 이르킨 '연극적인 것' '무대적인 것' 또는 '흥미'에 대한 문제에 관하여 쏘베트 극작의 전투적 리론이 관심을 돌려야 할 것이며

셋째로는 위대한 로씨아 극작가들의 고전적 유산을 비판적으로 연구하여 창작적으로 습득하는 문제이였다.

이러한 과업들의 근처에 흐르는 기본적인 방향은 누구나 일견하여 평론가―반애국자들이 쏘베트 극작의 발전을 방해하려고 시도하였든 모든 방법들을 철저히 분쇄하는 그것임을 알 수 있을 것이다.

쏘베트 극작계에 있어서는 세계주의자들의 모든 시도를 분쇄하고 그것이 다시 소생하지 못하게 하기 위하여 경각성을 가지면서 세계주의자들의 활동에 관한 모든 해독적 현상들을 분석하고서 쏘베트 극작의 성장과 전진운동에 현실적으로 존재하고 있는 모든 결점들을 극복하는 문제를 즐겨 연구하였다.

쏘베트 극작가들은 쏘베트 극작계의 주인으로서 그들에게 자아비판이 어떻게 필요 하다는 것을 잘 안다.

그들은 쓰딸린 동지의 다음과 같은 말을 명심하고 있다.

"우리들에게 어떠한 자아비판이든지 다 필요한 것은 아니다. 우리에게는 로동 계급의 교양을 높이고 그들의 전투적 정신을 추진시키고 승리에 대한 그들의 사진심을 공고케 하고 그들의 력량을 증가하고 그들에게 나라의 주인으로서 확고히 서도록 도와주는 그러한 자아비판이 필요한 것이다.

그러나 당성의 파괴에로 쏘베트 정권의 와해에로 경재간부들의 약화에로 로동 계급의 '무장해제'에로 이것은 다른 저인의 '자아비판'도 있는

것이다.

당은 이러한 '자아비판'과는 아무런 공통적인 것도 없다는 것은 말할 나위도 없는 것이다.

당은 모든 역량과 모든 방법을 다 하여 이러한 '자아비판'을 반대하여 투쟁할 것임은 말할 나위도 없는 것이다.

이러한 우리들과는 상관 없는 발볼쉐위끼적 '자아비판'과 당성의 양육 쏘베트정 권의 강화 우리들의 건설의 개선 우리들의 경제 간부의 강화 로동 계급의 무장들을 자기목적으로 하는 우리들의 볼쉐끼적 자아비판과의 사이를 엄격히 구별하여야만 한다."(즉 볼쉐위끼적 출판물 1945년 국립 정치서적출판소 『출판자료집』 2집 204페지)

쏘베트 예술에 있어서는 당성을 배양하고 쏘베트르 간부들을 강화 하며 투쟁의 예리한 무기로써 쏘베트 사람들의 이데오로기 전선을 무장하는 그러한 비판의 모법으로서 문학과 예술문제에 관한 당중앙위원회의 력사적 결정이 나타났으며 일련의 필림과 상영물과 산문작품에 관한 볼쉐위끼당의 구체적인 지시들이 나타났다.

영화 『나히모부』의 래덕을 도리켜 본다면 당은 실랄하게 이 영화의 작자들을 비판 하였다. 그들은 볼쉐위끼적으로 이 비판에 대답하였으며 자기의 과오를 정정 하였다. 영화 『청년근위대』의 래력을 회상하드래도 그렇다. 당은 날카롭게 이 영화의 작자들을 비판하였다. 그들은 볼쉐위끼적으로 자기들의 과오를 시정하였다.

이러한 의미에서 볼쉐위끼당의 당정 비판은 쏘베트 극작가들은 예술의 성장을 위하여 예술의 개선을 위하여 투쟁적 립장에서 자기들의 예술을 내부적으로 비판하는 것이다.

쏘베트 극작가들이 무엇보다도 먼저 그들의 과업을 관찰할 때 독자와 관객들의 흥미의 관점에서 본다. 쏘베트 관객들은 그들이 자기 사업령역에서 매 개인들이 수행하고 있는 진정한 사업, 즉 선진적이고 영용하고 과감하며 멀지 아니하여 공산주의를 보게 하는 사업의 하나만을 쏘베트 극작에서 요구하는 것이다.

선진적인 쏘베트 관객과 독자들은 쏘베트 극작과 쏘베트 예술에서 그들 자신들이 생각하고 있는 그러한 사고의 양식을 요구한다. 문학적 양식에 대하여 말하는 것이 아니라 바로 사고의 양식에 대하여 말하는 것이다.

쏘베트 인민은 쏘베트 극작에 있어서 거대한 범위와 광범한 인식에 의한 사고의 양식을 요구한다. 간단히 말하면 그 기초에 당성과 공산주의 승리의 자신이 있는 사고의 국가적 양식을 요구한다.

쏘베트 극작가들은 국가에 있어서나 쏘베트 사람들에게 있어서나 중요한 것에 대하여 써야 할 필요가 있다는 것을 확신한다. 그들은 그들의 능력있고 아름답고 능동적이고 취중 자기의 택일을 확신을 가지고 바라보는 사회를 표시할 필요가 있다는 것을 인정한다. 그들은 쏘베트 사람에게 대립하는 모든 것을 폭로하여야 하며 여기에서 아무런 주저없이 갈등을 발견하는 것이다

이에 있어서 나는 나의 시선을 우리 조선의 관래에 돌려보려고 한다. 우리 공화국은 청소하여 우리는 해방된지 아직 5년이 채 되지 못하며 우리의 연극력사는 아직 모쓰크바 예술극장 하나가 가진 력사보다 길지 못하며 우리들의 관객은 아직 유치하고 세련되지 못하였다.

우리들의 극장에서 『춘향전』이나 『심청전』이나 『장화와 홍련』을 올릴 때는 주야를 가리지 않고 만원을 이루나 우리의 극장에서 『푸른 나라』를 올리고 『어느 한 나라에서』를 올리며 『새로운 모국』을 올리고 『불길』을 올릴 때는 형편은 다르다.

물론 이는 내가 우리 조선 관객 중에 선진적 층이 아닌 락후한 소시민층이 많이 사는 도시를 중점하고 하는 말이다.

그러나 이러한 광경은 우리 관객들에 있어서 일반적 현상이 아니라 우리 관객층에서 선진적 부문하며 백가주의 무분인 우리 인민의 기본 군중으로 되는 관객층을 두고 볼때 나는 우리 관객이 우리 극작과 연극에 대하여 요구하는 점이 쏘베트 관객이 쏘베트 극작과 연극에 대하여 요구하는 것과 공통할 것이라고 생각한다.

이것은 결코 나의 기계적 대비가 아니라 우리 관객층의 기본적 부분 대다수의 뿐은 우리들의 연극에서 자기들의 사고방식을 요구하며 자기들이 확신을 가지고 전진하는 그 길의 교시를 요구한다.

국립극장의 주간 공연에서 『어느 한 나라에서』를 관람하러 오는 이백명의 소시민이 우리 관객의 요구의 대표가 아니고 야간공연에서 8백명의 로동자 인테리 사무원들이 우리 관객의 요구의 기본인 것이다.

물론 나는 거기에서 진정한 우리 관객이 때로는 자기의 훌륭한 고전을 애독하려고 하는 그 지향에 대하여서는 말하지 않는 것이다.

극작가가 희곡을 계획하면서 느끼는 것은 언제든지 극작이란 진정히 엄격하고 복잡하게 조사된 문학형식이라는 것이다.

『푸른 나라』의 작가 수르프르 희곡은 문학 창조형식 중에서 가장 어려운 것의 하나이라고 말하였다.

희곡창작가 · 드라마뚤기야는 관객의 주위에서 세 시간 내지 네 시간 원고지로 400매 내지 500매의 경계를 포과할 수 없는 문학의 종류이다.

이러한 제한된 시간과 지수 내에서 시초와 시말 인문들의 성격 시간의 면모들이 있어야 하며 극작가 생활의 다년간의 경험과 숙고가 집중되고 그러한 고귀하고 기본적인 것을 만들어내야만 한다.

쏘베트 극작가들은 쏘베트 희곡을 편이와 생활에서 뒤집어 놓은 손쉬운 변화를 위한 교활한 제재로 되는 것이 아니며 또 단지 있는 그대로의 생활이 아니고 쏘베트 인사들의 생활의 결정이며 결론이라고 생각한다. 다른 말로 말해서 압축기에 넣어서 세 시간의 무대시간에로 압축된 생활이며, 그러나 그렇다고 해서 생활의 빈곤이 있는 그런 것이 아니고 그 속에서 표현된 묘사의 기술로써 압축된 그런 것이라야 한다고 생각한다.

이에 대하여 씨모노브는 다음과 같이 말하고 있다.

"만약 극작과 같은 예술의 절약적이고 엄격한 외형에 있어서 극작가의 표현이 표본으로 된다고 말하여야만 한다면 많은 사건과 첨대하고 심각한 갈등과 제재가 소요되어야 할 것이다. 나는 형식주의자들의 악명높은 영구적 제재의 대하여가 아니고 쏘베트 관객을 가장 흥분시키고 생활의 제재에 대하여 말한다.

매 거듭 마다에서 국가의 생활이 생기하는 우리들의 조건에 있어서 이 제재들은 엄혹한 체험을 통하여 나온 것이며 지금은 미증유의 힘으로 최단지에 약양된 것이며 우리들의 원쑤들이 예견 못한 것들이다.

쏘련에 있어서 국내 재건을 위한 거대한 전후 계획은 쏘베트 극작가들에 장엄한 제재를 준다. 이 계획은 방호림 지대의 설정 전 지역의 퇴파 전대미문의 거인적 저수지의 설치 미증유의 스케일을 가진 건전 등이며 그리고 중요한 것은 육체적 로동과 정신적 로동파의 사이의 경계를 소멸하는 인테리겐챠로 되는 로동자들 과학에 대하여 혁신적 실재적 군중의 지지 없이는 과학의 장래발전을 생각할 수 없는 아까데미크들을 위하여 이 모든 것을 창설하는 사람들의 생활인 것이다.

공산주의 건설을 위한 쏘베트 사람들의 투쟁에서 쏘베트 사람들을 방해 하는 미 제국주의자들의 모든 시도를 반대하는 모든 투쟁은 쏘베트 극작가들에게 산제재의 거대한 량을 주는 것이며 이 거대한 투쟁은 쏘베트 사람들을 공산주의의 최후 승리에 가까히 가게 하는 매개 쏘베트 사람들의 매개 상업과 어떠한 관계가 있는가를 생각해 볼 필요가 있는 것이다."

쏘베트 극작은 적당한 사상적 길 위에 있다.

그리고 쏘베트 극작의 예술성의 수준을 제고하는 것이 불가결하다는 것과 아울러 내용의 혁신에 관련된 형식의 혁신이 또한 론의 되고 있다.

내용의 흥미에서 출발하면서 가장 완전하게 또 이 시기에 있어서 소박하게 표현하는 지향에서 출발하면서 형식을 완강하고 엄격하게 연구하여야만 한다고 주장되고 있다.

희곡창작에 있어서 이야기의 줄거리에만 전심하는 대화의 진행, 이는 정신 잃은 사람들의 헛소리로 간주되며 이 헛소리들은 희곡적 형식을 처리하지 못하는 것이며 이러한 헛소리의 표본에 다른 헛소리가 계속될 수 있는 것이다.

쏘베트 극작계에서도 이 문제가 론의 되고 있지만은 우리들의 극작에 있어서도 이 문제는 론의 된다. 곧 우리 극작가들이 흔히 사건과 에피소드의 라렬로서 생활을 형상화 하려고 한다. 소설로서 모사할 수 있는 사건이 있고 희곡으로서 표현할 수 있는 사건이 있는 것과 같이 어떤 사건이든지 어떤 에피소드든지 모두가 희곡의 제재로는 될 수 없다. 사건을 통하여 생활을 형상하는 방법, 이 두 가지 방법이 어느 것이 자연주의적 방법에 가까우며 어느 것이 사실주의적 방법인가는 내가 여기에서 해명하지 아니 하여도다 아는 일이다.

三.

쏘베트 극작가의 앞에는 전투적 쏘베트 극작의 리론의 수립과 쏘베트 연극평론의 확립에 대한 과업이 나서고 있다. 먼저 리론 문제에 있어서 최근 년간에 쏘베트 문예과학의 령역에 있어서 특히 극작리론 영역에 있어서 해독적인 리론이 횡행되었다. 이는 평론가·반애국자들의 해독적인 힘에 의하여 된 것이다.

첫째로 쏘베트 극작의 원칙에 대하여 말할 때 쏘베트 극작계에서 횡행된 기이하게 나타났다 사라졌다 하는 쏘베트 희곡의 무갈등론이 그것이다.

만일 고.또레노브의 『그 녀자의 길』에서 아·쓰프로노브의 『모쓰크바의 성격』에 끈치면서 쏘베트 극작의 모든 실재를 리용한다면 쏘베트 극작가의 사랑받는 희곡들 느 쁘고진의 『나의 동무』, 아·쓰-로브의 『쓰딸린그라드에서 멀리』를 인용한다면 모든 이 희곡들에 심각하고 첨예하며 엄중한 갈등들이 설정 되어 있는 것을 발견할 것이다. 이 희곡들에서 발견되는 갈등들은 쏘베트 극작의 무갈등에 대한 허위적 리론을 여지없이 거부하는 것이다.

도대체 이러한 리론은 어데서 발생한 것인가

이 리론은 특히 전후에 화려하게 싹이 텄다. 그때 평론가·반애국자들과 그리고 의식적으로나 무의식적으로나 자기의 리론적 총명에서 진정한 쏘베트 극작가들을 욕하는 '은유'한 자유주의자들은 전후에 쏘베트 희곡에서 의부적 적의 소멸 등장인물 중에서 긍정적 인물이 죽는 독일 파시스트의 소멸이 있은 그때 쏘베트 극작에서 갈등은 끝났다고 성명하였다.

이 허위 리론의 기초에는 특별치 아니한 일로전쟁에서 스사로 번민하였고 전후에 자신의 육체적 피로를 표명하려고 시도하였든 사람들의 도덕적 투강이 있는 것이다. 그들은 공재적인 적과의 전쟁상태에 있을 때 발생한 약간의 자본주의 국가들과의 군사적 협동이 이러한 전쟁 후의 평화적 목가에로 이러한 사상적 불가침 조약에로 화할 줄로 환상하였든 것이다.

이 모든 환상은 그것을 고백한 사람들로 하여금 정치적 막다른 골목에로 쏘베트 예술에 특히 쏘베트 극작의 리론에의 적용에로 끌고 갔든 것이다. 이러한 견해는 결국 무갈등성의 투강적 리론에로 이끌었든 것이다. 이는 다만 투강자들만이 전투적 부르쥬아 이데오로기와의 화합과 무중상태에서 살기를 꿈꾸기 때문에 현실에 존재하고 있는 갈등들이 바로 지금 전후 시기에 있어서 어떠한 첨예성을 가지고 있다는 것을 알지 못하는 것이다.

만일 아주 적은 데서부터 큰 것에 이르기까지의 쏘베트 사람들의 매개 승리를 세계 반동과의 투쟁에서 쟁취한 것으로 평가한다면 만일 이 투쟁에 있어서의 공헌으로써 매개 완성한 건설을 고찰하며, 그 투쟁을 반대하는 매개활동이 의식적이거나 무의식적이거나를 불문하고 결국 쏘베트 사람들의 원쑤를 원조하는 것이라고 관찰한다면 어찌 쏘베트의 현실에 갈등이 없다고 하겠는가.

이에 대하여 유명한 씨모노예브의 말을 빌리어 말한다면

"이 갈등은 유엔총회에서 위신쓰끼가 연설을 하였을 때 침묵과 박수로 나누어지는 회의실에서 시작하여 지방은행의 지점에서 쏘베트 루불리의 지출을 위하여 투쟁 하는 관리에 이르기까지 실제에 있어서 도처에 있는 것이다."

이제 쏘베트 극작에 있어서의 무갈등론을 연구하면서 나는 우리 극작계에 있어서 갈등문제를 연구하지 아니할 수 없다.

조선 인민이 오늘 처하여 있는 형편-이는 쏘련 인민에 처하였던 위대한 조국 전쟁에 비하여는 아무 것도 아닌 것이다. 그러나 우리 민족이 민족적 통일과 국토 안정을 하기 위하여 미 제국주의와 투쟁하는 여기에 있어서는 참으로 우리 민족 전체의 운명을 내걸고 싸우는 거대한 갈등이 있는 것이다.

이에 있어서는 누구나 할 것 없이 이론이 없다.

그러나 우리 북반부에 국한 하여는 일지 우리 인민들의 계급투쟁을 약화시킬 우려가 있는 잘못된 사상이 간혹 나타났으며, 그것이 극작상에도 표현되었던 것이다.

첫째의 례로써 토지 개혁실시법 또는 로동법령 실시법에 일부에서 믿고 있었던 문제를 들지 아니할 수 없다. 토지개혁을 실시했고 산업 국유화를 실시했기 때문에 우리 북반부에는 기본적으로 착취계급이 없어졌다 하여 또는 그러기 때문에 심하면 벌써 우리에게는 불상용적 모순이 없다는 리론까지 횡행하였다.

물론 이 리론은 시정되었지만은 이러한 리론의 영향도 받았겠고 또 우리들 앞에 제기 되는 계급투쟁의 심각한 의의를 인식하지 못한 결과에 우리 문학작품이나 극작품에 계급투쟁에 대한 문제를 심각히 취급하지 못한 경향들이 있었다.

어떤 희곡에서는(물론 초기의 작품이었지만) 토지분배 받은 빈농이든 사람의 딸이 건지주의 아들과 연애를 한다든가 하는 일이 있었다.

또 어떤 인사를 가운데는 아직도 토지받은 농민을 희곡에서 부정적으로 그리지 말아야 한다든가 또는 우리 북반부에 이와같이 반동분자가 마음 놓고 파괴활동을 시킨다든지 하는 것은 우리 보안대와 경비대의 직량을 무시하는 것이다 라는 등의 리론을 내 놓는다.

이는 과연 옳은가?

이에 대한 대답은 작년 말에 김일성 장군께서 우리 예술가들에게 주실 말슴이 내리셨다고 생각한다.

보라 지금 우리 농촌에는 항사 전에 자기가 지주였던 시절을 그리며 농촌 형년 중에 약한 고리를 건드려 부화한 생활을 함께 하면서 정신적으로 사상적으로 우리 농촌을 파괴하려고 하는 경향이 있지 않는가?

흐림 부대의 실례는 너무도 끔직하거니와 우리의 대소공장에 그 외의 약한 그리에서 남조선의 리승만 매국로단들이 파견한 조직적 계통적 파괴가 없다고 누가 단정하겠는가?

쏘베트 희곡 창작에 있어서 세계주의자들의 리론이 무갈등서에 관련하여 우리 조선의 극작가들은 단지 우리의 계급문제에만 생각할 것이 아니라 근로사상 문제나 애국주의사상 문제나 그 의의 모든 문제를 취급하는 주제에 있어서 쏘베트 연극의 무갈등론이 우리에게 교훈을 주지 않는다고 생각하지 못할 것이다.

四.

둘째 문제는 '연극적인 것' '무대적인 것' 다른 말로 하면 '흥미'에 대한 문제이다.

희곡은 관객이 구경하기에 흥미있어야 한다는 것은 무조건적 진리이다.

그러나 '흥미'라는 말을 자체가 그렇게 고정불변한 것은 아니다. 이 말은 여러 시대마다 전언 여러 가지의 개념을 가지었든 것이다. 그렇기 때문에 이는 완전히 관객의 흥미의 별다른 고리를 이루고 있는 것이다.

쏘베트 관객의 흥미의 고리라는 것은 무엇인가?

과연 흥미의 고리와 비교 할 수 있겠는가?

"당신들은 당적 인간이기 때문에 모든 것에 대하여 흥미를 가져야 한다"라고 일찍이 쓰딸린 동지는 하급당 지도자들에게 대하여 말하였다.

쏘베트 사람들은 당원이나 비당원이 나를 불문하고 본질적으로 그들의 생활의 혈연적인 사업인 공산주의 건에 그들이 살고 그들이 투쟁하는 만큼 모든 것에 관심을 가지고 있다.

공산주의의 높이에로 행하는 쏘베트 인민의 운동과 함께 이 흥미의 고리는 변하며 확대된다. 그리고 진정한 흥미는 더욱더 깊게 더욱더 엄중하게 되어 더욱더 거대하게 사회적 지식을 깊이 얻는다.

현실적으로 오늘날 존재하는 쏘베트 관객의 흥미의 고리의 견지에서 본다면 '연극적인 것' '무대적인 것'의 낡은 견해를 다시 항변 심사할 시기란 것이 인정되었다.

쏘베트 관객은 무대상에서 소박하게 주제에다 넘부치고 일상적인 진리 아닌 것을 보는 것을 바라지 않는다. 쏘베트 관객은 연극에서 적극적인 건설자로서 그가 나타나고 있는 시대와 자기 자신과 사기의 조국에 대하여 보고저하며 듣고저 한다. 자본주의 사회에서는 사람은 이 사회의 법률의 야수적 힘에서 품파리꾼으로 되며 그들의 로력은 그들의 생활을 위한일로 되지 못하고 다만 그에게 없어서는 안될 한 조각의 빵을 받기 위한 으레 계속되는 압박으로도 된다.

그들의 생활의 흥미는 그들의 숙사와 공장과의 한 채안에서 가정에 식사 후에 고작 가지는 조그만한 시간에 집중된다. 직업적인 극작가들은 자기의 부르쥬아적 주임의 명령을 실행하면서 생활에 대하여 관객에게 거짓말을 하고 있으며 관객을 위안하려고 설렌다.

그러나 쏘베트 사회의 생활의 직접적 적극적 참가자이며 건설자인 쏘베트 관객이 무대를 구경하고 지금 시대에 대한 희곡을 볼때 결국은 그것이 자기 자신에 대한 것이기 때문에 만일 그들에게 거짓말을 하고 무대 환경이 허위적 표현이고 그들이 잘 알고 관심을 가지고 있는 생활에 대하여 사소한 점에라도 거짓말을 하려고 시도하는 것은 불가능한 일이다.

관객은 '흥미 있는 것'과 '무대적인 것'에 낡고 착잡한 리론에 립각한 모든 소도구에서 훌륭하게 진리를 판명한다.

그리고 쏘베트 극작가들은 쏘베트 극작의 전투적 리론을 수립하면서 무대적인 것과 연극적인 것의 문제에 대하여 기본적인 것을 구명하려고 한다. 그들은 모든 이 말에 포함하여야 할 새로운 개념에 대하여 생각한다.

흥미문제와 이 연극적인 것 또는 무대적인 것은 우리들의 극작에서 고찰해볼 때 적지 아니한 문제가 있다.

우리들의 비교적 오랜 극작가이며 토숙한 드라마뚤기를 가진 극작가들에게 있어서 이 흥미와 연극적인 것과 무대적인 개념에는 우리가 지금 수긍하지 못할 점이 흔히 있다.

박영호 동무의 극작을 볼때 여기에는 과연 오랜 그의 극작생활에서 집적한 그로서의 연극적인 것이 많다.

어떤 시기에는 우리 관객도 '신목이 나오고 그 앞에 정간수를 떠 놓고 제를 지내며 또는 선낭당이 나오는 등의 연극적인 것'에 흥미를 느끼었으나 지금의 우리 관객은 그런 것에는 하등에 흥미를 느끼지 않는다. 이보다도 지금의 우리 관객에게는 새 기계를 발명하기 위한 로동자들의 투쟁과 새 영농방법을 위한 농민들의 투쟁에 더욱 흥미를 느낀다.

'흥미' 문제에 관련하여 최근 박영호 동무의 희곡 『순이』는 우리들에게 많은 문제를 제기하여 준 동시에 우리들이 높은 경각심을 자기의 창작성에 일상적으로 가져야함에 대한 주의를 환기시켜주었다.

희곡 『순이』는 희곡의 자체로서 근래에 드문 형식주의적 작품의 최악의 대표인 동시에 연출 연기 등이 멋지게 맞장고를 처서 얼굴을 지프리지 않고는 다시 말하면 정색하면서는 볼 수 없는 해괴한 연극으로 되었다.

이 연극에서는 희곡 연출 연기 등 삼자가 일치하여 이미 우리들이 타기한지 오래인 낡은 신파적 방법을 재생하였다.

우리는 어찌하여 『태양을 기다리는 사람』에서 건질한 작품을 표시한 이 작가와 『자매』에서 순수한 연출을 한 이 연출가와 해방 후 오늘까지 새로운 연기방법을 습득하려고 노력해 온 이 극단의 연기자들이 이렇게 극악하고 졸렬한 신파환극을 만드러 내었는 가를 리해할 도리가 없다.

이 함남도립극장의 『순이』는 우리가 해방 후 5년 동안 무자비한 투쟁을 통하여 쟁취한 성과의 한 모퉁이 특허물과 지난날의 '동양극장'이나 '연극사'의 연극의 수준에도 퇴보하고 말았다고 해도 과언이 아닐 것이다.

이 연극의 중앙공연의 합평 석상에서 "이는 항일 유격 전사들에게 대한 모욕이다"(『순이』의 내용이 항일유격전의 일삽화이기 때문에)라든가 "아메리카식 보드빌의 형식에 고상한 내용을 담았다"라든가 하는 혹평이 나온 것이 우연한 일이 아니다.

이 연극에서 작가와 연출자와 극장 지도자가 무엇을 오산하였는가? 이는 완전히 오늘 우리 관객의 '흥미' 문제를 잘못 계산하였다. 그와 동시에 우리 연극이 가진 높은 근로 인민교육의 의의를 망각하였다. 이러한 결과에 고상한 우리 관객들의 '흥미' 문제를 도외시하고 낡은 보드빌적 '무대적인 것' '연극적인 것'만을 가지고 만용을 부렸는 바, 결국 소리는 울려왔지만은 그 소리는 우리 관객의 기본을 대표하는 층의 환호의 소리가 아니고 이 연극을 조소하는 소리와 아울러 오래간만에 자기들의 취미를 영희해 주는 이 연극에 '얼씨구나' 하고 쾌재를 부르는 저급한 관객들의 환호의 소리였다. 물론 아직도 우리 관객의 락후한 층 또는 정당하게는 우리 관객의 범주에 둘 수 없는 그런 층에서는 우리 희곡의 별다른 연극적인 것에 흥미를 가진다. 우리 극작가들이 만일에 새로운 우리 관객들의 흥미의 고리를 리해 파악 못하고 다른 '무대적인 것' '연극적인 것'에 관심을 가진다면 그것은 곧 그의 창작에서 자연주의나 형식주의나 유미주의적인 제표현과 공통적인 것을 표시하는 결과를 가저 올 것이다.

五.

마지막으로 쏘베트 극작의 세계 과업인 위대한 로씨야 고전의 연구와 섭취문제이다. 19세기 및 20세기 로시야 고전적 소설들 즉 뿌쉬낀, 레르몬또브, 고골리, 뚜르게네브, 똘쓰또이, 쉐드린, 고리끼 등의 소설은 로씨야 고전문학의 최고봉인 동시에 세계문학의 최고봉으로 되는 것이다.

쏘베트 사람들은 이것을 잘 알며 여기에 대하여 론의하고 저술도 한다.

이제 쏘베트 사람들이 가지고 있는 극작의 보고를 상기하여 본다면 뚜로게네브, 똘쓰또이, 쉐드린의 훌륭한 희곡들은 많지 않고라도 뿌쉬낀의 『모리스고두노브』, 고골리의 『검찰관』, 그리보예도츠의 『지혜의 솔을』, 쑤호어 꼬빌린의 삼부작 오츠또톨쓰끼의 위대한 희곡들 체홉의 희곡들을 가지고 있는 것이다.

19세기부터 20세기의 어느 나라의 문학이 로씨야 문학처럼 극작의 위대한 걸작들을 이렇게도 창작한 그와 같은 명인 작가군을 가지고 자랑할 문학이 있는가? 지난 세기의 껍대기 뿐인 불란서 희곡 국한성이 농후한 볼쥬아 로 쓰딴을 최대의 대표 인물로 내세운 중 쓰크리브 및 라비쉬의 희곡, 버나드 쇼의 형체만이 훌륭하여진 영국 희곡, 딘센 하나만이 본격적 작품을 내여 놓은 쓰칸디나비야 희곡, 그 어느 것을 물론하고 개별적 혹은 전체적으로 보아 로씨야 고전희곡에서처럼 사상문제를 광범하게 제시하였고 그 처름 인민생활을 심오하게 취재한 그런 훌륭한 작품을 내여 놓지 못하였든 것이다.

각종 불죠아에 출중에서도 가장 침태적이고 가장 불죠아적인 서구라파극장은 섹스피어 작품조차 본격적으로 상연할 것을 잊어버렸거니와 항차 오쓰뜨롭쓰끼나 고리끼의 작품을 상연할 것을 생각조차 못하고 있다.

서구라파 극장이 이러한 질적으로 낮은 현상에 처하여 있는 데로 불구하고 쏘련에 있어서 서구 숭배자들인 세계주의자들과 그 아류들은 서구극상들에서 오쓰뜨롭쓰끼나 고리끼가 상연되지 않는데 근거하여 로씨야 희곡의 세계적 의의에 대하여 론쟁하자 덤비는 것이다.

19세기 · 20세기에 있어서 세계 희곡의 최고봉은 곧 로씨야 희곡이였다. 그렇기 때문에 그는 세계적 의의를 가지고 있는 것이다. 오늘과 같은 정치적 사회적 문화적 정세 아래 있는 서구라파에서 로씨야 희곡을 적게 연구하고 잘 상연하지 아니함은 우연한 일이 아니지만은 시대의 변이에 따라 서구라파에서도 로씨아 희곡의 연구와 상연이 빈번해질 때는 도라올 것이다. 이 마즈막 문제에 대하여는 우리 조선의 극작가들도 별반 할 말이 없을 것이다. 나도 그러한 사람의 한 사람이지만은 우리 극작가들은 오늘 과연 얼마나 오쓰뜨롭쓰끼를 연구하며 체홉에서 배우고 있는가. 우리 극작가들이 이미 이 시기에 있어서 오쓰뜨롭쓰끼나 체홉이 얼마나 사상문제를 깊으게 제기하고 있으며 인민생활을 얼마나 투철하고 꿰뚫고 파드려가고 있는가에 대하여 얼마나 연구하고 있는가?

몰론 우리 작가들 가운데서는 과거 일본말로 번역된 것을 읽은 오랜 기억을 통하여 나도 그것을 아노라고 호언할 사람도 있는 것이다. 그러나 나는 오늘 우리들이 새 시대에 처한 극작가이며 맑쓰 레닌주의적 세계관으로 사물을 보려고 하는 안목을 감추려고 노력하는 절적으로 갈라진 오늘의 우리 극작작가로서 우리는 오쓰뜨롭쓰끼를 똘쓰또이를 제홉을 다시 배워야 할 것이 아닌가 하고 나는 생각한다.

우리는 좀 더 현대 쏘베트 극작을 뜨레노브의 『그 녀자의 길』에서 시작하여 꼬르네미치크의 『외과의 크레체트』를 겹쳐 월따의 『어느 한 나라에서』 에이르는 모든 희곡을 통하여 깊이 연구함과 동시에 위대한 로씨야 고전 희곡들에서도 많은 것을 연구하고 배워야 하겠다. 잎새과 쓰뜨렌드베르히를 안다고 자랑하는 것보다 으뜨쓰롭쓰끼와 체홉을 안다는 것이 더 훌륭한 사람이 되는 것을 알아야 할 것이다.

나는 이 졸고를 끝이면서 다시 나의 주의가 『순이』에 돌아감을 어쩔 수 없다. 나의 이 글의 집필과 『순이』의 상연이 우연 시기를 같이 하였고 『순이』는 우리 극작에 너무도 심각한 문제를 제기하여 주었기 때문에 쏘베트 극작의 선진적 경함은 항상 우리들에게 존귀한 교훈으로 된다는 것을 통감한다.

『문학예술』, 1950.5

연극에 있어서 형식주의 및 자연주의적 잔재와의 투쟁

1.

사실주의적 민족연극 창건과 각 극장들에 있어서 민주주의적 레포토리의 창건에 있어서 조선의 연극 일꾼들에게 부과된 가장 기본적이고 본질적인 투쟁과업은 연극상에 뿌리박고 있는 형식주의적 및 자연주의적 잔재와의 투쟁이다.

해방 후 6년 동안에 있어서 우리 연극

일꾼들의 투쟁적 과업의 꾸준한 실천은 거대한 성과들을 가져 왔으며 우리 청소한 공화국 예술분야에 있어서 발전의 속도가 빠른 점에 있어서 연극분야를 드는 일반적인 견해를 보게 되는 것은 연극 일꾼들의 이 투쟁의 제성과에 기인하는 것이다.

연극상에 있어서 형식주의 및 자연주의적 잔재는 연출 연기 장치효과 등 각 부문에 걸쳐 존재하고 있으며 이것들은 연극 예술 일꾼들이 자기의 예술창조의 견해를 맑스 레닌주의에 입각하지 않는다거나 자기들의 이데올로기적 투쟁의 긴장된 끈을 해이한다거나 자기들의 관계를 인만의 이해관계에 밀접히 두지 않는다거나 할 때는 항상 머리를 들고 일어나는 것이다.

우리 연극에 있어서 사실주의를 위한 투쟁과 형식주의적 및 자연주의 잔재를 숙청하기 위한 투쟁에 있어서 가장 강력한 힘으로 되는 것은 소련 연극의 선진적인 경험과 이론이었으며 연극의 천재적 연출자·교육자인 고·스·쓰따니 슬라보쓰끼가 창안한 배우의 씨쓰템의 연구와 그의 실제적 창작에서의 적용이었다.

특히 이데올리기문제에 관한 볼쉐위크당 중앙위원회의 제 결정중 1946년 9월의 「드라마 극장의 레파토리와 그 개선방침에 대하여」와

1949년 말에 실행된 연극 평론가들의 반애국주의 그루빠 숙청의 방침들은 조선의 연극 일꾼들에게도 자기들의 창작 활동상의 강력하고도 명백한 지침으로 되었던 것이다.

"극작가들과 극장들은 반드시 희곡과 상연물에 있어서 간단없이 전진운동을 하는 쏘베트 사회생활은 묘사하여야 하며 위대한 조국전쟁 시기에 명시된 특별한 힘을 가진 쏘베트 사람들의 성격의 풍부한 면의 장래 발전을 모든 방법으로 조력할 것이다. 우리들의 극작가 연출가들은 쏘베트 사람들의 교양사업에 적극적으로 참여할 것이며 그들의 고상한 문화적 요구에 대하여 대답할 것이며 쏘베트 청년들은 건강하고 낙관적이고 조국에 충성하며 또 우리의 사업의 승리에 확신을 가지며 난관을 두려워하지 않으며 곤난을 능히 극복하도록 교양하여야만 한다"라고 드라마극장의 레파토리 문제에 대한 역사적 결정에는 지적되어 있다.

"레파토리에서 무사상적이고 예술성이 저락한 희곡을 제거할 것과 또한 공허하며 무사상적이며 가치 없는 작품이 침입하지 않도록 하기 위하여" 대책을 취할 것이 지적되어 있다.

여기에 있어서 설명할 여지없이 명백한 것은 극장들에서 상연되는 모든 연극을 쏘베트 사람들을 교양하는 위대한 사업에 복무할 것과 공산주의에로 전진하는 쏘베트 사람들의 제특성을 연극에서 예술적으로 형상화할 것을 가르치고 있으며 서구라파적 정치에 무관심한 무사상적 연극 및 형식주의적 유미주의적 및 자연주의 예술이 쏘베트 무대를 통하여 출현하지 못하도록 견결히 투쟁할 것을 지시하고 있다.

이러한 올바른 당적 배려와 방조 아래 쏘베트 극장들은 전후기 있어서 막대한 성과들은 거두었으며 연극평로 분야에 있어 완강히 뿌리를 박고 있던 반애국주의적 세계주의자들을 성과적으로 숙청하였던 것이다.

우리 연극 일꾼들 사이에 있어서 쓰따니쓸라브쓰기의 씨스템에 관련하여 그의 저서 『배우수업』의 연구와 이에 근거한 사실주의적 연출 연기의 창조에 대한 노력은 이미 보편적 현상으로 되고 있으며 형식주의적 및 자연주의적 잔재와의 투쟁에 있어서 쓰따니쓸라브쓰기 씨쓰템의 적용은 실제적인 의의를 가지고 있다.

2.

연극 상에 있어서 형식주의적 및 자연주의적 잔재들과 투쟁에 있어서 우리 연극 일꾼들에게 주는 무엇보다도 강력한 발전의 무기는 비판사업이었다.

물론 예술평론 분야에 있어서 가장 낙후하였으며 아무런 사회적 예술적 역할도 수행하지 못하고 있는 것은 연극평론 부문이다. 우리 연극계에 아직도 연극 창조상의 제문제를 제 때에 정당하게 분석하고 연극인들의 발전에 방조를 주는 권위있는 극평가도 없거니와 연극 일들 사이에 있어서도 이러한 평론적 활동에 대한 관심이 적다.

그러나 연극부문에 있어서의 비판활동의 가장 중요하며 의의있는 형태로써는 합평회가 있다. 정열적으로 광범하게 조직 진행되는 합평회에서 참가자들은 연극 예술의 각종 창조적 부문에 대하여 활발한 호상비판 자기 비판들을 전개하여 왔다.

만약 우리 공화국 연극의 오늘의 발전에 있어서 여러 가지 요인들을 규명한다면 반드시 이 합평사업의 역할을 지적하여야 할 것이다. 연극평론의 빈곤을 가장 많이 느끼는 우리 연극계에 있어서 합평회가 유일의 비판사업의 형태이며 기관인 것이다.

만약 우리 연극 일꾼들이 자기들의 사업에서 이러한 합평회를 통하여 비판 사업을 전개하지 아니하였다며 발전의 속도는 훨씬 더 완만하였을 것이다.

1947년에 상연된 함북 도립극장의 『조국을 위하여』(공훈 작)－1948년에 상연된 강원 도립극장의 『열풍』(박영호 작)－1949년에 상연된 평남 도립극장의 『신선생』(박성덕 작)－1950년에 상연된 함남 도립극장의 『순이』(박보령 작)들을 대상으로 한 합평사업의 성과는 지금도 우리의 기억에 생생하며 그렇게도 냉혹하고 무자비하고 철저하게 형식주의적 및 자연주의적 경향에 대하여 비판사업에 전개되지 아니 하였더라면 그 뒤 함북 도립극장에서는 『산정』(우운선 작)과 같은 우수한 연극이 나올 수 없었을 것이다.

예술사에 있어서 자연주의는 사실주의에 적대되는 것이며 형식주의는 유미주의와 통하는 것이다. 자연주의와 형식주의는 혁명적으로 발전하는 생활의 진리이며 현재 미래 및 과거의 진리 새로운 것을 향하여 나아가는 생활의 타승할 수 없는 운동을 가장 중요한 것으로 간주하는 사실주의와는 정반대로, 정치에 대한 무관심 무사상성 퇴폐주의들로써 특징지울 수 있다. 그렇기 때문에 부르조아지의 예술인 형식주의적 자연주의적 예술은 오늘 인민들의 전진운동 곧 현실을 혁명적 발전을 통하여 진실하게 묘사할 것을 요구하는 사실주의적 예술과는 날카롭게 대립하는 것이며 그렇기 때문에 오늘 세계 제패를 염원하는 미국제국주의자들의 사상적 무기로 이용되는 세계주의의 가장 편리하고 힘 있는 도구로 되는 것이다.

우리는 연극 『열풍』과 『순이』를 다시금 상기한다. 이 연극 『열풍』에서 준렬하게 지적된 것은 자연주의적 수법이며 『순이』에서는 희곡과 연출이 보조를 맞추어 '신파'의 극치를 만들어 놓았다고 규정되었다.

형식주의 연극의 일종으로서의 '신파'적 경향에 대한 투쟁은 조선연극 일꾼들이 집요하고 일상적인 투쟁과업으로 간주하고 있다.

'신파'는 형식적으로 내용적으로 일본 제국주의적 잔재이며 오늘에 와서는 미 제국주의의 사상적 도구인 세계주의로서의 형식주의와 직접 연결된다.

'신파'는 현실에 대한 진실한 묘사 곧 현실의 혁명적 발전을 통하여 묘사한 대신에 비현실적 우연적 '사건성'과 '연극성'을 요구한다. 그러므로 '신파'는 현실성과 예술성과는 아무런 인연도 없으며 사상성에 대하여는 돌아보지도 않는다. '신파'에는 예술적 과장이 아니라 내용 없는 형식적 과장이 지배적이며 심각한 예술적 형상이 아니라 기교적 판박이가 지배적인 것이다.

오늘 아메리카 및 서구라파의 무대를 지배하고 있는 구사사적 퇴폐적 보드빌적 구경거리들은 이러한 자본주의 국가들에 있어서의 연극예술의 파멸을 의미하는 것이며 이러한 연극들은 그 '사건성'과 '판박이'에 있어서 '신파'적인 특성을 가지고 있다. 어떤 나라에서든지 '신파'가 연극계를 지배하는 시기는 연극예술의 파멸을 말하는 것이다.

로씨아에 있어서 연극에 사실주의를 위한 쉐쁘낀의 노선도 1890년대에 와서는 완전히 와해되고 퇴폐적이며, 범속적인 판박이 연극 '신파'가 지배적으로 되었을 때는 완전히 로씨아 연극이 파멸에로 들어섰던 것이다. 이 파멸에서 로씨아 연극을 구출한 것은 천재적 연극 개혁자들이며, 로씨아 예술의 사실주적 진통을 자기들의 창조사업에서 고수한 쓰따니쓰라브쓰끼와 데미로비츠-단첸꼬가 모스크바에 예술극장을 창건한 때부터였다.

위 사실에서 우리는 사실주의만이 모든 예술을 파멸에서 구출하며 높은 계단에로 발전시킨다는 것을 알게 되는 것이다.

연극 『순이』 희곡에서나 희곡의 창작적 '의도'를 일층 명확하게 무대에 구상한 연출에서 '신파'의 극치를 보여주었다는 것은 이 연극이 '사건성'과 우연성과 잘 꾸며진 '연극적' 트라크들로써 참으로 신출귀몰에도 가까운 흥미 전진을 무대에서 보여 준 데 있다. 결과에 이 연극은 무엇을 관객에게 주었으며 우리 연극 창조에 무엇을 기여하였는가.

이 연극이 김일성 장군의 유격투쟁의 한 삽화에 관련되어 있는 극히 중요한 테마를 가졌음에도 불구하고 이 연극이 가진 신파성 때문에 완전히 숭고한 우리들의 수령의 항일유격전은 비속화되니 예술적 외피를 입고 나타나고 말았다.

연극 『열풍』에 있어서는 연기자들이 무대에서 표현한 자연주의적 또는 '신파적' 연기의 덕택으로 사실주의 방향으로 발전하는 공화국 연극에 명백히 대립되는 극악한 연극으로 되었다.

앞에서 이미 지적했지마는 이러한 연극의 옳지 못한 현상에 대하여 우리들은 제때에 철저한 비판을 가하였고 이 연극의 관계자들의 맹렬한 반성을 요구하였다. 그 결과에 『비룡리 농민들』 같은 한 걸음 명백히 사실주의에 가까워진 인민적인 연극을 생산하게 되었던 것이다. 참으로 우리 연극 일꾼들이 비판 사업의 발전적 역할을 인식 못하였던들 우리 연극의 진전을 보지 못하였을 것이다.

3.

그러나 우리 연극에는 아직도 우리들의 뿌리 채 뽑아버려야 할 형식주의적 자연주의적 잔재가 허다히 남아 있으며 그것이 기회를 따라 항상 노출하는 것이다. 반제국주의적 민주주의적 진영을 반대하는 제국주의적 반민주주의적 진영이 존재하며 후자는 항상 그 사상적 무기인 세계주의를 퍼뜨리며 또는 우리 조선을 반세기 동안 일제의 지배 아래서 그의 해독적 연극 '신파'의 영향을 받았기 때문에 그 잔재가 아직도 존재하며 남반부에 있어서 정치 사회 문화를 지배하는 미 제국주의와 조선 인민이 직접 접촉한다는 그것으로 형식주의적 자연주의적 잔재는 완강히 우리 연극에 남아 있고 침입할 수도 있으며 이것에 대한 투쟁이 우리 연극 일꾼들의 일상적 과업으로 된다는 이유는 설명되는 것이다.

지는 6월 말 우리들의 경애하는 수령 김일성 장군께서 전체 작가 예술가들에게 격려의 말씀을 주시었다.

수령께서는 격려의 말씀에서 우리 예술에 존재하고 있는 자연주의적인 수법에 대하여 가장 명백하게 지시하였으며 특히 이 자연주의적 수법에 관련하여 원수를 묘사하는 문제에 특히 언급 하시었다.

"유감스럽게도 우리 작가 예술가들의 작품에는 아직도 그러한 자연주의적 수법이 농후하게 나타나고 있습니다. 이러한 경향과 철저한 투쟁을 전개하지 않고서는 우리의 문학예술의 옳은 방향으로 발전할 수 없는 것입니다"라고 경애하는 수령께서는 지시하였다.

수령께서 지적하신 이 자연주의적 수법에 대하여는 특히 우리 연극상에 있는 자연주의적 및 형식주의적 잔재에 대하여 말씀하신 것이라고 우리들 연극 일꾼들은 일치하여 인식하고 있는 것이다.

경애하는 수령의 이 격려의 말씀이 있은 뒤 우리 연극 일꾼들은 수령의 말씀을 받들고 자기들의 창작 사업에서 수령께서 지적하신 모든 결함들을 숙청하고 우리 연극의 예술적 사상적 수준을 일층 높이기 위하여 수령의 말씀을 깊이 연구하며 그것을 실천하기 위하여 총궐기하였다.

연극 『푸른신호』(박영호 작, 인민군예술극장 상연), 『고지의 별』(이지용 작, 내무성극단 상연), 『탄광사람들』(한봉식 작, 국립극장 상연)은 수령의 격려의 말씀을 받은 뒤에 창작된 작품들인데 먼저 공통적으로 볼 수 있는 점들은 희곡 작가들이 수령께서 지시한 방향에서 종전까지 희곡 창작의 주제 세계에서 취급하지 못하였거나, 또는 미약하였던 점에 뛰어들었으며 어느 정도의 성공을 가져왔다는 점이다. 다음은 연출자 연기자들의 노력에서 볼 수 있는 바 수령께서 지시하신 점들을 받들어 종전에 예술적 형상에 있어서 미약한 점들을 극복하려고 노력하였다.

『푸른신호』, 『고지의 별』에 있어서는 작가들이 우리 인민군대가 전투에서 발휘한 영웅성과 완강성을 묘사하였다. 그들은 인민군대와 대오 내에서 전투생활과 일상적 생활을 단막형식이라는 제한된 양식에 극진히 묘사하였으며 우리 인민의 평범하고 보통적인 자제들인 인민군 전사들이 사상적으로 정치적으로 준비하고 조국과 인민 앞에 가지고 있는 그들의 성스러운 의무를 깊이 인식하고 있기 때문에 발휘할 수 있는 제 특성을 아무런 허식 과장없이 형상화하였다. 여기에는 특별한 비범한 인간이 묘사되어 있지 않으며 오직 그들의 애국적이며 낙천적인 보통인간의 풍부한 감정과 생활이 묘사되고 있다.

물론 이 작품들이 수령께서 지시한 바를 남없이 실천한 완미한 작품들로 되기는 아직 거리가 있지만은 작가들의 입장이 튼튼히 사실주의적 창작방법의 기초 위에 서 있기 때문에 자연주의적 묘사라든가 형식적인 과장들은 무난히 피하고 있다.

『탄광 사람들』에 있어서도 작가는 우리 인민과 인민군대가 발휘한 애국주의 정신 영웅성 낙관주의 등을 묘사하여 인민의 교과서가 되어야 할 예술작품의 역할을 높이고 있다. 연극 『탄광 사람들』에 있어서는 연출가와 배우들이 수령의 말씀을 받들고 종전에 해결하지 못한 점들을 해결하여 미약하였고 불충분하였던 점들을 강화하고 극복하려고 노력하였다.

종전에 있어서 우리의 연극뿐 아니라 전반적 예술작품들에서 원수 미 제국주의자들의 묘사가 정확하지 못하였으며 많은 결점들이 있는 것을 수령께서 명확하게 지적하신 바와 같다. 이 연극의 미군장교 쪽의 형상은 교활하며 가장 포악하며 가장 추악한 야만적인 존재로 묘사하려고 연출자 배우들은 노력하였다. 종전에 미군을 묘사할 때 연출자 배우들이 카리켜 추어화함으로써 원수의 포악한 정체를 완전히 노출하지 못하였거나 포악한 일면만을 그림으로 그 전모를 폭로하지 못한 점들이 극복되어 있다.

여기에서 배우 유원준은 수령의 말씀을 자기의 창조에 어느 정도 성공적으로 체험하였다.

다음 이 연극에서 연출자와 배우들이 성과를 거둔 점은 종전 연기상에 있어서 강렬하게 감득되던 몇 사람들의 연기에 있어서 형식주의적인 과장이 제거되고 사실주의적인 연기를 보여준 것이다. 태을민 한진섭은 공화국의 우수한 연기자들이며 오랜 연기 경험을 가지고 있는 사람이다. 이들의 연기 체계에서는 종전에 많은 점에서 형식적인 과장이 남아 있었고 사실성은 항상 그들의 과장성에 억눌려 있었다. 그러나 이번 연극에 있어서 연출자와 배우들의 꾸준한 노력은 그들이 가진 사실성을 현저하게 강화하고 과장성을 제거하였다. 이는 형식주의적 잔재와의 완강한 투쟁의 결과로 보아야 할 것이다.

이상이 이 연극들을 창조한 일꾼들이 수령의 말씀을 받은 뒤에 거둔 현저한 성과들이다. 이는 중앙에 있는 극단들이 실례이지마는 지방 극단에 있어서도 수령의 말씀을 받들어 자연주의적 수법과의 투쟁을 전개한 결과에 적지 아니한 성과들을 거둔 실례들을 우리들은 가지고 있다.

4.

각 극단들의 연극 일꾼들의 창조 활동에는 특히 앞에서 지적한 세 연극들에는 많은 결함들이 존재하고 있으며 그 결함들은 결국 우리 연극 일꾼들이 수령의 격려의 말씀에 대한 연구가 부족한 것과 수령의 지시를 자기의 사업에 구현하고 실천할 데 대한 대책을 미약하게 수립한 거기에 인한 것이라고 보아야 할 것이다.

결함들 가운데서 여기서 대표적으로 문제하려고 하는 것은 『탄광 사람들』의 연출상의 자연주의적 수법의 잔재에 대한 것이다.

우리들의 영명하신 수령 김일성 장군께서는 우리들의 예술 발전에 대하여 항상 걱정하시며 수차에 걸쳐 우리들에게 유익한 말씀을 주시어 우리들의 예술 창작상에 명확하신 지시를 주셨을 뿐 아니라 우리들 작가 예술가들의 위신을 높여 주시었을 뿐만 아니라 생활상 문제까지 걱정하여 주심이 한 번 두 번이 아니었고 조국과 인민의 운명을 걸고 위대한 조국해방 전쟁을 영도하시는 분명한 시기에도 우리들의 작품들에 주의를 돌려주심으로 우리들 작가 예술가들이 가진 가장 큰 행복이 아닐 수 없다.

수령께서는 연극 『탄광 사람들』을 보시고 전시하 국립극장 일꾼들의 활동에 만족하시었으며 연극의 우결점에 대하여 상세히 지적하시었다. 수령께서 이 연극의 결점들에 대하여 지적하신 말씀 가운데 우리들의 자연주의적 수법에 대한 투쟁에 관하여 영명하신 교훈으로 되는 말씀을 여기에 소개하는 영광을 필자는 가지면서 우리 작가 예술가들 특히 연출가들의 앞으로의 사업에서 수령의 격려의 말씀과 아울러 깊이 연구하며 실천하여야 할 것이라고 생각한다.

수령께서는 연극 『탄광 사람들』의 결함 가운데서 미군 '김은순'에게 감행한 만행이 너무 많이 그려져 있으며 '최창녀'의 추행이 과다히 묘사되었으며 그 막에서 적들이 써붙인 표어의 불필요성에 대하여 지적하시었다.

물론 원수들은 강점 시에 이 연극에서 보여준 바 이상의 포악한 만행을 하였지마는 우리들의 무대상에 항상할 때 그것을 그대로 모두다 보일 수 없는 것이 '최창녀' 이상 더 추잡한 인간이 있었다 할지라도 그것을 그대로 내놓을 수도 없는 것이며 적들이 사용한 구호들을 무대상에 그대로 재현할 때 그것은 역효과 밖에 더 주는 것이 없는 것이다.

수령께서 격려의 말씀에서 “우리 작가 예술가들은 원수들의 만행 그대로를 보인다 하여 그것이 곧 예술이 되지 않는다는 것과 증오심을 더 고취시키지 않는다는 것을 잊어서는 안 되겠습니다”라고 하시었다.

이 말씀을 우리들이 다시한번 심각하게 연구한다면 수령께서 지적하신 『탄광 사람들』의 제결점 중 앞에서 말한 세 가지의 결함을 바로 연출상의 자연주의적 수법의 잔재라는 것을 알게 될 것이다.

“어떠한 예술작품에서든지 자연주의적 요소를 숙청함으로써만이 사실주의적인 예술작품을 창작할 수 있는 것입니다”(격려의 말씀)라고 하신 한 마디는 이 부문에 대한 천언만어로서도 바꿀 수 없는 영명하신 지시인 것이다.

우리들은 이미 수령의 격려의 말씀을 받은지 오래이며 특히 이 말씀을 창작생활에서 실천하기 위하여 『탄광 사람들』의 연습행정에서 노력을 경주하였다. 그럼에도 불구하고 연출자는 여러 가지 문제들을 해결하면서도 자기의 몇 가지 문제들에는 주의를 돌리지 않고 간과하였던 것이다. 이는 연출자에게 책임이 있을 뿐 아니라 국립극장을 지도하는 필자에게 책임이 있는 것이다.

이와 유사한 데는 함남 이동예술대에도 있다. 이 극단에서 상연할 연극 『우정』에서는 아직도 자연주의적 수법을 초보적인 면에서도 완전히 숙청하지 못하였다. 나무에 결박당한 미국 놈의 형상은 마치 그가 하나의 영웅적인 인민같이 보였으며 마을 처녀를 농락하는 대목에 있어서 지나친 공간을 두는 연출적 조치와 방안에서의 여자의 비명소리를 들은 적에게 대한 적개심과 분노를 일으킬 대신에 추잡하고 에로틱한 인상을 관객에게 주었다.

그러면 무엇 때문에 수령의 말씀을 연구함에 있어서 철저하지 못하였으며 말씀을 실제 창작상에 재현함에 있어서 근시안적이었던 것이다. 오래인 연습행정과 중간 합평회들에서도 미리 이러한 자연주의적 수법의 잔재를 발견하고 그것을 시정 못하였다는 것은 아직도 우리들이 자연주의적 수법의 잔재와의 투쟁이 철저하지 못하였고 미온적이었으며 무엇이 자연주의적 잔재인가 조차를 명확하게 판단 못하였던 것이다.

그러므로 우리에게는 영명하신 수령의 말씀을 일층 심각하게 연구하여야 할 문제와 형식주의적 및 자연주의적 잔재와의 투쟁에 있어서 소련 연극계에서 그렇게도 무자비하고 철저하게 실시한 형식주의 세계주의 그 류빠의 숙청에 관련된 경험들을 배워 일층 무자비하여야 할 문제들이 과업으로 우리들에게 남은 것이다.

형식주의적 및 자연주의적 잔재에 대한 투쟁은 일조일석에 그 성과를 보려고 할 것이 아니라 완강하게 꾸준히 지속적으로 전개하여야 할 것이다.

이 투쟁에 있어서 우리 연극 일꾼들은 일분일초도 경애하는 수령의 말씀을 염두에서 잊어서는 안 될 것이다.

『문학예술』, 1952.1

희곡 창작과 언어 문제

1.

다른 문학에 있어서도 그러하겠지마는 특희 희곡창작에 있어서 언어의 의의는 참으로 중대하다.

아·므·고리끼는 그의 저명한 론문 「희곡들에 대하여」에서 "희곡 창작 사업에 있어서 언어가 희곡을 위하여 얼마나 중대하고 결정적인 의의를 가지고 있으며 그리고 청소한 작가들에게는 언어의 연구로 자체를 풍부케 하는 것이 얼마나 긴요한 일이며, 없어서는 안 될 일이란 것은 대단히 명백한 일이다. 작가들의 말의 빈약성, 말의 무미 건조성, 빈혈성, 무개성성들이 우리들의 청소한 극작가들의 일반적인 결함이며 가탄할 결함인 것이다"라고 하였다.

아·므·고리끼의 말은 해방 후 겨우 七년의 력사바께 가지지 못한 우리 공화국의 희곡 창작계를 위하여 특히 대부분이 해방 후에 배출되고 장성한 청소한 극작가들로 된 우리 희곡계를 위하여 극히 타당할 뿐 아니라 명백한 지침으로 되는 것이다.

언어는 희곡 창작의 기본이다. "희곡의 등장인물은 전혀 대화로써 성립된다"(아·므·고로끼) 언어이다. "문학의 모든 비밀은 언어에 있다. 문학어가 없으면 형상이 없으며 있을 수도 없다.(끄·아·뜨레 노브)"

아·므·고리끼와 끄·아·뜨레뇨브의 이 말들 가운데는 희곡에 있어서의 언어의 의의가 철저한 명백성으로 밝혀져 있다. 언어 이는 사상이며 이는 형상이며 이는 생활이다. 언어 형식을 초월하여서는 희곡은 불가능하다.

이와 같이 중요한 희곡 창작에 있어서의 언어 문제에 대하여 우리 극작가들은 유감스럽게도 주의를 많이 돌리지 못하고 있다. 때때로 우리의 극작가들 가운데서 「희곡의 문학성」에 대하여 론의 되기는 하나 이 희곡의 문학성 가운데 언어가 가장 중요한 속성으로 되고 있으며 그렇기 때문에 희곡 작가들은 언어에 대한 연구 특히 급속히 장성하는 우리 인민의 창조적 언어에 대한 연구를 간단없이 완강하게 중요한 과업으로서 실천하여야 할 것이라는 문제에 대하여는 언급되지 않는다.

"희곡의 등장인물은 전혀 대화로써 성립된다"라는 아・므・고리끼의 말이 정당하다는 것은 누구나 인정하기 때문에 우리 극작가들도 자기의 창작생활에서 이 대화의 합법칙성을 연구하는 의미에서 언어에 대한 연구를 일층 꾸준히 하여야 할 것이다.

세간에서 희곡을 평가하는 그 기준에 있어서 중요한 하나의 척도로 간주하는 것은 작가가 언어를 자기 작품에서 어떻게 구사하고 있는가 다시 말하면 오늘의 우리 시대의 작품에서 어떻게 전 인민적 언어를 능숙하게 사용하고 있는가 하는 것임은 당연한 일이다.

대체로 오늘 우리 극작가들의 희곡 창작 생활에 있어서 언어 문제를 그다지 크게 보고 있지 않는 것은 사실이다. 물론 오랜 창작년조를 가진 극작가들은 자기의 언어 구사에 대한 시간적인 숙련과 문학어적인 소양만을 믿고 물론 이는 그들의 실제들 보다는 훨씬 탁월하다 새로운 전 인민적 언어의 어휘 속에 포함될 근로인민의 창조적 언어 소박한 언어에 대한 연구가 부족하다.

그 반면에 해방 후에 배출하였거나 비교적 청소한 극작가들은 우리 조선 말의 고유한 아름다움 인민성에 대하여 심각한 주의를 덜 돌리며 빈약한 어휘와 조경한 대화들 속에 헤매고 있다.

오늘 우리 극작가들에게 언어에 대한 수련 언어에 대한 연구는 중대하고 긴급한 문제로 제기 되여야 하며 높은 관심을 환기하여야 할 때라고 생각되는 것이다.

언어학에 대한 이・브・쓰딸린의 로작은 사회에 대한 맑스 레닌적 과학에 위대한 공헌이며 맑쓰 레닌의 리론의 창조적 발전의 훌륭한 모범이다. 천재적 쓰딸린적 길이와 명쾌성으로써 로작에서는 언어학 제 문제의 기본 문제들이 설정되어 있고 해결되어 있으며 언어에 대한 과학의 장래 발전의 길이 기술되어 있다.

사회현상 가운데서 언어는 그 활동 범위에 있어서 나오는 인간의 활동과 사업을 그 의의에 있어서나 특수한 자리를 차지하고 있다.

"사상 교환은 항구적이고 절실하게 필요한 것이다. 왜냐하면 사상 교환 없이는 자연력과 투쟁에서 필요한 물질적 복리의 생산을 위한 투쟁에서 사람들의 공통적인 동작을 조절할 수 없으며 사회의 생산적 활동에서 성과를 달성하는 것이 불가능하며 따라서 사회적 생산의 자체 존재도 불가능하기 때문이다. 따라서 사회에 대하여서 리해되고 그의 사회 성원들에 대하여서 공통적인 언어 없이는 사회는 생산을 중지하며 붕괴하여 사회로서 존재하기를 그만 둔다. 이러한 의미에서 언어는 접촉의 수단이면서도 투쟁과 사회 발전의 도구이기도 하다"라고 쓰딸린은 지시하고 있다.(이 · 보 · 쓰딸린 「언어학에 있어서의 맑쓰주의에 관하여)

이로 언어학의 의의는 확정된다. 그러나 쓰딸린의 로작의 의의는 언어에 대한 과학으로써 모주리 파내지는 것은 아니다. 거기에서는 쏘베트 국가의 사회주의에서 공산주의에로의 이행기에 있어서와 국제적 결투장에서의 사회주의적 력량과 제국주의적 반동 력탈의 가장 날카로운 투쟁기에 있어서 사회의 경제적 정치적 발전의 가장 기본적이며 리론적이며 실제적인 문제들이 해결되여 있다. 쓰딸린의 로작은 소멸되는 자본주의의 하부구조와 상부구조의 청산을 위한 투쟁의 명백한 전망으로 공산당들을 무장하게 하며 공산주의로 향하는 쏘베트 사회의 넓은 길을 비쳐주고 있다.

쓰딸린의 로작은 과학을 곧 사람들이 어떠한 부문에서 사업하든지를 불문하고 리론적 연구와 보급의 엄격한 과학성, 완전한 력사주의 사회현상의 관찰에 있어서 변증법적 구체성과 전면성, 창조적 대담성, 과학의 발전을 방해하는 모든 것과의 투쟁에 있어서 비타협적 원칙성, 과학의 제업적과 제원칙, 악생활에의 도입들을 사람들에게 아리켜 준다.

쓰딸린의 이 천재적 로작이 우리들의 이데올로기적 사업의 불화를 풍부화하지 아니하는 분야는 하나도 없다.

쓰딸린의 로작은 언어와 불가분의 관계를 가지고 있는 연극 예술 특히 극작계를 위하여 원칙적인 의의를 가지고 있으며 로작의 높은 계단에서의 연구는 연극 예술을 위하여 연극 미학을 위하여 극작을 위하여 절실히 필요하며 유익한 것이다.

이 · 브 · 쓰딸린의 로작은 우리들에게 전 인민적 언어의 다방면적 연구와 '언어를 위한 구성재'로 되는 그 어휘 성분의 풍부화와 기본적 자산과 '언어의 기본'과 언어의 특수상의 본질을 형성하고 있는 언어의 문법적 구성의 연구의 방법을 교시하고 있다. 곧 로작은 우리들에게 언어의 문법적 조직과 언어 구성과 언어의 내면적 법칙과 언어의 민족적 독자성에 대한 주목을 요구하고 있다.

쓰딸린의 로작을 연구하면서 우리들은 로씨야 인민의 문화와 그 말 가운데 있는 그 거대한 풍요성에 대하여 로씨야 사람들이 자랑하는 그 진실을 다시 부러어 하지 아니 할 수 없으며 쏘베트 사람들이 일층 로씨야 고전 유산 연구에 고무되어 그 무진장한 보물을 가운데서 마음껏 자기들의 어휘의 원천을 발견하는 정당성을 인정하게 된다.

쓰딸린의 로작은 문학 및 연극에 있어서와 평론 분야에 있어서의 모든 종류의 번증론들과의 투쟁에 있어서 우리들 극작가들을 무장케 한다.

"동작은 당 정신의 명백화를 방해할 뿐이며 동작뿐 아니라 말도 또한 그러하다"라고 상징적의 네텔랑크는 말하였다. 이러한 사상에 기초하여 그는 현실적 생활 내용이 박탈되고 사회적 문제들과 투쟁에서부터 인간을 공상과 꿈의 세계로 끌고 가는 극작품과 극장 예술을 위하여 투쟁한 사람이다. 이러한 예술에 있어서는 말은 포착할 수 없는 정신 상태와 감정의 상징적 표시의 역할에까지 인하되고 있으며 말은 현실적인 자기의 의도에서부터 말에 결부된 사유 활동의 결과로부터 또 인간의 인식 활동에서부터 '독립한 것' 같이 되고 말았다.

로씨야 연극의 영웅이 될려고 시도하였던 인격 높은 유 · 아이헨왈드는 문학 곧 극작에서 연극 쇠퇴의 원인을 보았으며 "음향 운동 달리 말하면 역할의 동작 부분"이 기본 수단으로 되는 배우 예술을 창조하려고 몸부림을 쳤다. 느・예브레이노브는 무대 예술을 '생물학적 유희작용'의 기능에로 끌고 갔다.

이와 같은 상징주의자들과 미래파들과 기타 모든 퇴폐적 부르주아적 경향들의 대표자들을 산출하고 통합시킨 것은 로씨야 사실주의 희곡 창작에 의하여 표현할 수 있는 생활의 진리에 대한 증오이며 고상한 사상적 연극에 대한 증오이다. 무대적 사상의 초 언어적 포천의 각종 방법에 대한 모든 그들의 잡담은 예술의 사상성과 산 풍부성을 반대하는 투쟁형식으로 되었다.

데카단들과 형식주의자들은 혁명 후에도 무기를 놓지 아니하였다. 반동적 제한적 연극의 제원칙을 직접적으로 공개적으로 전도하는 가능성을 잃어버린 그들은 여러 가지의 모방에 의거하기 시작하였다. 아・타이로보도 사실주의에 대하여 말하였으며 브・메이엘홀드도 '사실주의 정치적 지향성'에 대하여 또한 자기 예술의 혁명성에 대하여 말하였다. 연극 예술의 리상주의는 카멜레온과 같이 자기의 빛깔을 변하였으나 그러나 기본적인 것에 있어서나 중요한 것에 있어서나 그러나 기본적인 것에 있어서나 중요한 것에 있어서나 환경에 적응하면서 그 자체는 그대로 남아 있었던 것이다.

아카데미크 느・야・마르의 비속주의적 사이비 맑쓰주의자적 '새로운 언어학의 황당한 괴오들은 예술적 문학의 발전과 쏘베트 극작계에 영향'을 주었으며 반영되였던 것이다.

각종 형식주의적 세계주의적 류파와 예술상의 경향의 란발 시기인 혁명 후 100년 동안 언어의 온실적 기술적 '재배'에 대한 생명 없는 소콜라철학적 졸론들은 평론에서 각종의 형식주의자들 유미주의자들을 배양하였다. 약간의 가여운 려론가들은 이 유미주의적 메카단적 실습에 '과학적 기초'를 근접시키려고 시도하였으며 데카단적 경향의 대표자들—미래파, 표현파, 구성과 등등이 창작한 언어에 대한 그 반복을 시인하려고 시도하였다.

더욱이 상징주의자들 특히 독일 과학에 있어서 철학적 반동적 경향에 밀접히 관련된 려론가의 한 사람인 안드레이·벨리이는 자기의 시편과 소설 희곡들에 있어서 데카단적 반인민적 특히 유미주의적 언어의 '리론'을 적용하려고 시도하였다. 아·벨리이는 문학에다 정상적인 문학적 언어 대신에 더듬이 말의 '무의미'한 법칙을 도입하였다.

류사한 「개혁자」의 립장에서의 언어에 대한 기술 야유등을 반대하여 아·므·고리끼는 자기의 일생 동안 직접 진출하였다. 그는 새로운 형식의 탐구라는 가면 아래 다만 "로씨야 말을 교묘하게 타락 시킬 것"만을 생각한 아·벨리이와 그에게 류사한 자들이 사이비 개천자임을 론증하였다.

형식주의적 손재간꾼이며 유미주의적 세계주의자인 아·벨리에게는 극작에 있어서 언어의 의곡 방법을 도입하려고 시도하는 옹호자들이 많이 있었다.

실례로 이 년간에 또는 좀 더 일찍이 '구성파'의 선집 중의 하나에서 ("리해로서의 시가") "문학적인 인간—이는 노래하는 동물이다"라는 느·아·마르의 '학설'에 의하여 지지되는 공식이 성립되였다. 이것은 "기술의 새로운 달성에 따라서 인간의 언어의 완전한 변화"의 행정은 이렇게 완만히 진행된다 라고 하는 그것에 대한 유감의 표현은 이미 언어의 건전한 의의를 상실하는 것이다. 이렇게 '언어의 계단적 발전'의 악명 높은 리론은 예술에 있어서 '혁명과'로 자인하는 유미주의적 데카단들의 '과학적 방식'의 서술 속에 반영되여 있다.

이 탁상 공론자들은 "언어는 변화하였고 빨라졌으며 알과베르는 단순화 되였고 속기술은 발명되었다. 그리고 사람의 말은 인후 곧 기구에 관련되고 겨우 양보적인 변경에 관계되고 있는 만큼 우리들에게 사상 교환을 위하여 복무하는 음향적 단편은 우리들을 둘러 싸고 있는 모든 생활이 현저하게 자기의 속도를 빨리하였다는 그것에도 불구하고 현저하게 단축되지 아니하였다"(1722년 선집 『모든 것의 교환』)라는 것을 통탄하였다.

이 리론가들은 자기의 실제적 응용을 구성과 시인들이 쓴 희곡 작품들에서 발견하였다. 물론 그들 중의 많은 자들은 벌써 오래 동안 그렇게는 쓰지 않는다. 그리고 그들의 이전의 작품들은 하나의 이야기꺼리로 되고 말았다. 예술부문에 있어서 계급투쟁은 진행하였고 부르죠아적 데카탄적 문화는 청소하고 겨우 굳어지기 시작한 사회주의 문화를 해치려고 여러 가지로 노력하였다. 서구라파 형식주의적 예술과 그의 반동적 회계적 경향과 밀접히 관련된 이 부르조아적 문화는 마치 혁명적 문화와 같이 울트라적 '좌익'의 가변 아래 서방에서부터 각종의 영향을 가져왔으며 여러 가지로 청소한 쏘베트 극작계를 사실주의적 인민적 위치에서 떼어 놓으려고 시도하였다.

형식주의와 세계주의의 진영에 예속되여 있는 극장 활동가들은 로씨야 고전 유산에 대하여 심대한 모멸적 태도로 대하였다. 고전적 레피토라의 취급에 있어서의 비속화 사회주의자적 경향파 로씨야 극작가들의 고전적 작품들의 아름다운 언어의 형식주의적 파괴한 의곡은 메이홀드 '일파'의 연출자 형식주의자들에 있어서 전형성을 볼 수 있다. 그들은 가장 풍부한 고전적 로씨야 유산을 여러 가지로 랭대하였으며 고골리 그리보예도브, 오쓰또릅쓰끼, 쑤호보-끄뵈린의 희곡들의 언어는 이러한 연출자들의 연출에서 유미주와적 평론가들이 몽상한 '음향적 단편'으로 변경되였던 것이다.

쏘련에 있어서 이러한 형식주의적 유미주의적파의 혈맥을 잇고 있던 마지막 잔손 분자들이 최근년의 이데올로기 투쟁의 결과로 완전히 숙청되었다. 특히 우리 극작가들의 기억에 남는 것은 연극평론가들의 반 애국주의적 세계주의 그루파의 마지막 숙청이였다. 그들이 모쓰크바 예술극장 모쓰크바 소극장 등을 위시한 쏘베트의 모든 아까데미적 훌륭한 극장들의 연극들을 가장 추악한 방법으로 비방하고 중상하였던 것은 우연한 일이 아니다.

쏘베트 극작에 있어서 언어에 대한 당적 관심은 한 두번 표시된 것이 아니며 특히 1946년 10월에 「드라마 극장의 레파토리와 그 개성 방침에 대하여」라는 볼쉐위크당 중앙위원회의 력사적 결정에서는 언어 관계에 있어서 엄중한 비난이 포함 되여 있다.

그 결정 가운데에서는 "극장들에서 상연한 현대적 테마의 연극들 중에서 대부분은 비예술적이고 유치하며 그리고 이 작가들이 로씨야 문어와 민중적 언어를 불충분하게 소유하고서 극히 부정하고 무식하게 쓴 것이다"라고 지적되여 있다.

앞에서 인용한 아・므・고리끼의 술회에서부터 볼쉐이크당 중앙위원회칙 결정이 나오기까지의 년간의 흐름 동안 또는 중앙위원회의 결정이 발표 된 뒤 거의 6년이 되는 오늘에 있어서도 역시 쏘베트 극작계에서는 우수한 쏘베트적 희곡이 다수 창작된 반면에 무미건조하고 생명 없는 말로 쓰이어진 때로는 깨끗하지 못한 통속적인 말과 또는 류창하지 못하며 문학적 표준성이 빈곤한 작품들도 적지 않게 나왔던 것이다.

"간단없이 성장하여 해마다 신선한 이름과 새로운 작품으로 풍부해지는 우리들의 쏘베트 희곡 예술을 위하여 언어와 개선에 대한 문제는 사상적 수준과 예술적 수법의 백방으로 되는 제고의 문제에 밀접한 방법으로 관련되고 있다.

과연 우리들은 약간의 희곡들에서 등장 인물들이 말하는 빈약한 말 때문에 만족을 느끼지 못하는 관객들의 불평을 들지 못하는가! 작가가 그 도움으로 형상의 언어적 성격을 창설하는 예술적 방법의 빈곤 현상의 언어적 성격을 창설하는 예술적 방법의 빈곤성에 대한 남녀 배우들의 불평을 과연 우리들은 많이 듣지 못하는가!"라고 쏘베트 극작계에 있어서 언어 문제의 형편에 대하여 '위대한 힘'의 작가며 쓰딸린상 계관인인 보리쓰 로마쇼브는 그의 론문 「강력한 무기」에서 술회하고 있다.

볼쉐이크당 중앙위원회의 당 출판물은 쏘베트의 훌륭한 극장을 소극장 예술극장들과 그리고 또한 예술에 있어서 반인민적 부르죠아적 형식주의 변형들과 투쟁하는 극작들을 언제든지 지지하였다.

보・이・레닌과 아・보・쓰딸린의 예술 및 문학 제문제에 있어서의 력사적 지시들은 사회주의적 예술과 인민적 사실주의적 희곡 창작을 위하여 거대한 의의를 가지고 있었으며 또 가지고 있다.

고・뜨레뇨브의 「류보비 야료와야」, 브쓰・이와노브의 「장갑 렬차」, 브・라우레뇨브의 「괴멸」, 브・벨로쩰꼬브쓰끼의 「폭풍」, 로・레으노브의 장편소설 「발쑤끼」와, 르・쎄이풀리나이 중편 「비르네야」의 무대 각색들, 그리고 그 외의 저명한 작품들은 인민과 당 출판물들의 지지를 얻었다. 사회주의에의 쏘베트 인민의 전신운동을 표현하였으며 사회주의적 현시성의 주인공들을 표사하였으며 명백한 전 인민적 언어로 창작된 매재 새로운 희곡들을 기록하는 쏘베트 희곡문학의 발전에서 중대한 도표로 되었던 것이다.

극작에 있어서 사회주의적 사실주의를 위한 투쟁은 동시에 전인민적 민족 공통적 언어를 위한 투쟁으로 된다.

쏘베트 극작계는 자기의 훌륭한 작품들에서 전이민적 언어를 주의깊게 수호하면서 로씨야 고전적 희곡문학의 정통과 인민의 언어적 재미를 리용하는 정통을 계속하여 왔다.

쏘베트 극작계는 30년 이상의 자기 체험에서 새로운 표현과 새로운 역사학에 의하여 문학적 언어를 풍부화 하였으며 인민 생활의 내부에서 이를 위하여 재료를 급취하여 언어의 어휘적 구성을 확대하였다. 이 풍부화는 쏘베트 극작품들의 훌륭한 표본인 아・므・고리끼, 그리고 또한 브・마야꼽쓰끼, 알렉쎄이 똘쓰또이 고・뜨레뇨브의 희곡들에서 느・쁘고진, 아・코르네이추크, 브・로마쇼부, 르・레오니로브, 브쏘・위싸네브쓰끼, 고・씨모노브, 고・끄라삐바, 아・아피노게노브, 브・구쎄브, 쓰・미하일꼬브, 아・쑤로브, 아・쏘프로노브, 아・뻴웬초브, 느・윌따들둑의 훌륭한 작품들에서 주의 깊게 고찰할 수 있다.

최근 시기의 젊은 쏘베트 극작가들의 작품들－느・쟈꼬노브의 「지참금 가진 약혼」, 유・체뿌린의 「량심」, 느・빈나꼬브의 「넓은 초원」, 아・씨무꼬부의 희곡들에서 그 등장 인물들의 말에 있어서 아직도 많은 협잡물이 있고 말의 찌꺼기가 적지 아니 함에도 불구하고 전 인민적 언어의 신선미가 감득 된다는 것이 일반적으로 인정되고 있다. 또한 초창적 작가들의 작품들－드・제바또브의 「레바지에서」, 아・쌀린쓰끼의 「첫째

길」, 므·자르드니의 「봄」, 쓰·쁘른꼬뺀꼬의 「봄의 흐름」, 에펜디에브의 「중수」 등에 있어서는 레크놀로기의 부정확에도 불구하고 완전히 인민의 언어에 가까움을 느끼게 된다는 것이 인정되었다.

우리들 극작가들은 인민의 언어를 배워야 하며 그리함으로써 작가의 어휘 구성을 무제한적으로 확대하여야 할 것이다.

우리들의 말은 극작가들은 오늘 우리들과 같이 호흡을 하며 인민민주주의 건설을 위하여 투쟁하고 조국통일을 위하여 헌신하는 동시대 사람들을 가정 생생한 선명성과 풍부성으로 재현하는 것을 고려하지 않고 진보적으로 사업하며 애국주의적 헌신성을 발휘하는 공화국 인민위 살아있는 창조적 표현과는 같지 않고 도리여 판박이와 같은 빈약한 리하의 표현으로 자기의 가진 좁은 제한적인 어휘 집성에 의하여 획일적으로 희곡의 주인공들을 설정하고 있는 일이 많다.

우리는 언어의 빈곤은 사상의 빈곤이라는 것을 언어의 빈곤은 감정의 빈곤이라는 것을 명심하여야 할 것이다.

우리들의 경애하는 수령께서는 문화 예술인들과의 접전 석상에서 하신 말씀 가운데서 "작곡가, 극작가, 음악가, 무용가 및 연기자들은 반드시 인민 생활을 많이 연구하여야 하며 자기들의 창작 사업에 있어서 인민들이 창조하고 인민들의 감정과 숙망을 적당하게 반영한 민족 고전과 인민 가요들을 널리 리용하여야 하겠습니다.

모든 공연들에 있어서 연기자 자신이 인민의 감정으로 체현 되여야 하며, 반드시 인민성을 반영하여야 하며, 인민적 선들을 선명하게 표현하여야 하겠습니다. 오직 이러한 조건하에서만 우리의 예술은 우리 인민의 민족적 특성을 반영할 수 있습니다"라고 하시였다.

이 교사는 우리들 극작가들이 인민의 생활 인민의 감정을 자기의 작품에서 옳게 형상하기 위하여 인민의 언어에 정통하라는 것으로 리해 할 수 있다.

아·므·고리끼가 극작가들과의 담화에서 인민의 언어의 풍부성에 대하여 인민의 판타지의 다양성에 대하여 연구하고 연구하고 또 연구하여야 할 인민의 전설에 대하여 무한한 령감을 가지고 말한 일이 있었다. 쉑스피어는 매개 그의 등장인물이 산 지혜와 사상의 풍부성이 충만하여 있기 때문에 아·므·고리끼의 마음에 들었던 것이다. "쉑스피어의 임의의 히곡에서 당신들은 아무 익살쟁이나 또는 하인을 가져와 보십시오. 그게 얼마나 현란합니까! 얼마나 깊은 지혜의 심연이 있습니까!"라고 아·므·고리끼는 말하였다. 그는 또한 아·느·요쓰뜨릅쓰끼를 인민의 말의 능가할 수 없는 명수로 간주하며 그의 말에 매혹되였었다. 그러나 고리끼는 바로 자신의 극작가이다. 그는 언어 묘사의 풍부성을 가지고 있었으며 인민의 언어를 훌륭하게 알고 있었다.

우리 극작가들이 인민의 언어를 알려고 하지 않고 극히 제한된 어휘에 만족한다면 이는 전인민적 언어에 대한 무식과 언어의 은축 언어 구사의 특수성, 언어 구조에 대한 주의의 결과로 되는 것이다. 이는 이 거대한 인민의 언어적 자연 현상을 피하며 안이한 표준의 좁은 테두리 속애 숨어 있는 결과로 되는 것이다.

이러한 태도는 희곡에 있어서 언어와 풍부화에로는 절대로 끌고 가는 것이 아니다. 진정한 생활 속에 존재하는 가장 풍부한 건축 재료를 리용하는 것, 그 가운데 가장 가치 있는 것을 편입하는 것, 그 가운데서 선명하고 풍부하고 색채에 있어서 다양한 현대 메마른 희곡 작품 바께 다른 것이 나을 수 없다.

인민에 의하여 창조되고 공장과 농촌의 로력자와 전서의 병사들에 의하여 매일 풍부화 되는 전 인민적 언어의 재부의 원천은 작가들을 위하여 폐쇄되여 있을 수 없다. 문학에 집적된 재부를 연구하면서 극작가는 인민의 언어적 창조에 맹목이 될 수는 없다. 그러나 유감스럽게도 우리 극작가들은 아직도 사건과 갈들의 실정에만 몰두 하였지 인민의 언어의 렴려에서의 창조는 연구하지 못하고 있다.

물론 이것은 과거 어떤 극작가들이 후미고나 뒷골목패들의 특수한 사투리에 정통하거나 따기꾼의 언어에 정통하여 자기 작품의 표현의 명료성과 전 인민적 공통적 언어의 질을 손상하던 그러한 편협하고 폐란틱한 경향을 말하는 것은 아니다.

우리 극작자들은 우리들의 허다한 전투 영웅 로력 영웅들을 자기 작품에서 형상화하기 위하여 그들의 의식에 침투하고 그들과 같이 생활을 하며 그들의 숙달과 경험과 생활과 미래에 대한 그들의 관찰의 깊이를 관찰하는 사업을 일층 정력적으로 완강히 계속하여야 할 것이다!

로력자—주인공의 형상화는 확실히 새로운 문제이다. 브・에르밀료브는 『문학신문』에서 「사회주의적 사실주의 리론의 몇 가지 문제」라는 자기의 론문에서 "긍정적 인물의 전진적 성격은 사회주의적 사실주의 문학의 중대한 개혁자적 특성이다"라고 하였다. 그는 계속하여 "곧 그 성격은 작품에 있어서 사건과 주제를 끌고 간다. 그리고 이러한 종류의 작품에서는 력량의 배치는 긍정적 인물은 행동하고 부정적 및 동요하는 인물은 긍정적 인물의 행동에 대답하며 어떻게든지 그들 위에는 반작용한다"라고 하였다.

력사적 사래의 의사에 의하여 우리들의 희곡작품의 중심에 설정된 확실한 인물의 행동은 설득적이며 생리적으로 정당할 수 있다. 동작뿐 아니라 말과 사상이 그의 개성과 정신적 면모의 핵심을 해명할 때에 그에게는 사상과 채색으로 풍부한 말이 필요하며 침체와 전진 운동을 방해하는 모든 것과의 투쟁에 있어서 장애물을 극복할 줄 알아야 한다.

말할 것 없이 이런 종류의 형상은 진정한 령감적인 생활에 의하여 비상히 매혹적이고 선명한 희곡시의 창작을 제기하는 것이다.

극작가는 산 대화의 기록자는 아니다. 그러나 우리 극작가들 가운데는 매개 등장인물들의 말이 정식 없는 통일된 대화만으로 쓰는 사람들이 있다. 극작가는 인간의 언어를 알아야 하며 인민의 어휘 원천을 알아야 하며 자기의 창조에 있어서 견고하고 심각한 기초 위에 립각하기 위하여 글피고 겉핥기가 안 되며 아・므・고리끼가 항상 반대하던 만들어진 말에 사로잡히지 않기 위하여 간단없이 인민의 언어의 연구에 몰두하야여 할 것이다.

아・느・으 쓰뜨롭쓰끼는 깊은 배려와 면밀성으로 산 대화와 언어 발전의 내면적 법칙을 연구하였으며 산 대화를 조사하였다. “우리들은 소여된 타잎의 모자에 있어서 그 표현 방법의 제일 전달을 첫째의 예술적 조건이라고 생각한다. 이것은 말이며 역할의 진정한 론을 구별하는 대화의 조화인 것이다”라고 한 그의 말을 통하여 그의 말에 대한 태도를 알 수 있다.

뿌쉬낀도 대화적 말의 ‘가장 심각한 연구’를 호소하여 “보통 인민들의 방언을 경청하라! 젊은 작가들이여 당신들은 그 속에서 우리들의 신문에서는 볼 수 없는 많은 것을 배울 것이다”라고 말하였다. 그는 또한 “대학의 말을 통일적으로 쓰는 것은 말을 모르는 것을 의미한다”라고 강조하였다.

우리 극작가들 사이에는 지방 사투리의 사용에 대한 가부를 론의한다. 어련 작가는 작중 인물이 지방사투리를 씀으로 하여 일층 그 성격적 특징을 선명하게 할 수 있음에도 불구하고 지방적 사투리는 표준어가 아니라는 것을 우려하여 쓰지 않는다. 심지어는 어떤 작가는 ‘언어 교육적’ 견지에서 지방 사투리의 대사에의 인입을 삼간다. 이 량자는 모두가 지나친 겸손이며 작가의 겸손을 보고 있는 것이다.

물론 난삽하고 전 인민적 언어나 민족 공통적 언어의 규범 속에 들지 아니하는 벽어나 방언을 쓸 수는 없다.

이・브・쓰딸린의 천재적 로작은 우리들에게 지방적 사투리의 사용 문제에 대하여도 해결을 주고 있다.

자주적인 민족어로 발전되지 않는 지방 사투리는 쓰딸린이 지시한 바와 같이 “자기의 독자성을 상실하며 그 가운데 흘러 들어가며 그 가운데서 소실된다.”

함경도 사투리, 경상도 사투리, 전라도 사투리 등등은 각각 민족적 독자성을 가진 독립된 언어가 아니고 조선말이라는 하나의 공통적 민족어 가운데 포함되는 것이다.

이러한 사투리는 우리 인민의 문화 수준이 높아지며 인민 민주주의가 발전되며 도덕적 정치적 유일성으로의 단결이 강화되며 생산이 발전됨에 따라 언제까지나 사투리로 남아 있을 수 없다.

그러므로 우리들의 지방 사투리들은 언어 발전의 내면적 법칙에 따라 어떤 것은 전 인민적 언어, 민족 공통적 언어의 어휘에 포함될 것이며 어떤 것은 소실될 것이다.

작가는 자연적으로 각종의 인물의 구체적 묘사의 필요에 의하여 때로는 지방에서 주서온 탈과 표현에 의거한다. 그러나 그 리용에 있어서 반드시 고려하여야 할 것은 방언 수집자의 방언학적 잡동산이를 대화에서 사용하지 말 것이다.

희곡 창작에 있어서 언어를 위한 투쟁은 다만 형식 문제일 뿐 아니라 희곡 창작과 연극 예술의 사상성 및 사회적 현실성의 문제이다. 쓰딸린의 사회에 대한 맑쓰주의적 과학의 위대한 재산으로 되는 언어학에 관한 전재적 로작은 연극과 연극 과학의 활동가들을 창조적 로력에로 과감한 창조적 탐구에로 극작과 연극 예술의 사상적 예술적 수준의 장구한 앙양을 위한 그리고 연극 과학의 성과적 발전을 위한 투쟁에로 고무할 것이다.

『문학예술』, 1952.10

극문학 발전을 위한 몇 가지 중심 문제

1.

대회 기간에 있어서 우리 극문학은 당 정책의 성과적 수행을 방조하는 과정에서 실로 적지 않은 문제들을 해결하였으며 성과적인 작품들을 내놓았다.

그것은 우리의 무대들과 스크린을 그 어느 때보다도 풍부하게 또한 다양하게 하였다.

그러나 우리 극문학 분야에 포함된 각종 장르들이 다양해지면 해질수록, 또한 우리의 드라마뚜르기야가 발전하면 할수록 우리 극작가들 앞에 계속 중심적으로 남아 있는 문제는 갈등에 대한 문제이다.

우리 극작품들이 현실의 정당한 반영으로서의 첨예한 사회적 갈등을 요구한다는 문제는 새삼스럽게 논할 바 없다.

그런데 우리에게는 극작품에 있어서의 갈등 문제에 대하여 아직 일련의 몰이해가 남아 있는 바 그것은 우선 “극작품에 있어서의 갈등이 예술적 의의만 있는 것이 아니라 정치적 의의가 크다”는 진리를 기계적으로 이해 또는 적용하는 데 있는 것이다.

그러기 때문에 일부 희곡들은 왕왕 현실의 형상적 반영인 것이 아니라 비속한 사회학적 논증에 그치고 있는 것이 사실이다.

그리하여 이런 작품들에서는 생산하고 감동적인 형상들이 독자, 관객들을 흥분시키고 교양주는 그것이 아니라 따분한 설교와 원칙의 강요로 해서 흥미를 주지 못하고 있다.

이와 같이 예술이 특수한 과학이란 것을 깊이 이해하지 못한 극작가들은 갈등의 첨예화라는 미명 밑에 될 수록 어마어마하고 무시무시한 생활관계를 설정하기에 부심하면서 ‘갈등을 위한 갈등’의 길에 떨어지는 바,

이리하여 무모할 정도로 현실을 왜곡하면서 자기 작품의 '정치성'의 우월을 자랑하고 있다.

다 아는 바와 같이 현실 자체가 내포하고 제시하여 주는 갈등보다 더 심각한 사회적 문제는 있을 수 없다.

우리 문학이 생활에 복종하는 것을 자기의 고귀한 사명으로 알고 있는 이상 생활에서 교훈이 될 수 없는 어떻게 묘한 창의 고안도 찬양받을 수 능 벗는 것이다.

우리는 무갈등 '이론'을 반대하는 것과 마찬가지로 '갈등을 위한 갈등'도 반대하는 것이며 이것들은 모두 우리의 희곡을 유해로운 도식주의에로 이끄는 무서운 적이라고 단언할 수 있다.

우리는 지난 기간에 이와 같은 경향으로 떨어진 몇몇 도식주의적 작품을 회상하게 된다. 그것은 『세멘트』, 『젊은 세대』, 『명절을 맞이하는 사람들』 등이며 이 작품들은 한결 같이 예술 작품에 있어서의 갈등의 의의에 대한 작가 자신의 주관적인 소위 '정치적 논증'을 위한 틀이 현실의 진수를 왜곡했다고 말할 수 있다.

우리는 또한 흔히 '생활적'이란 미명하에 갈등 설정에 착오를 가져온 실례들을 말할 수 있다. '생활적 소재', '생활적 갈등', '생활적 언어' 등 그 자체는 물론 정당할 말들이다.

그러나 여기서 결론부터 먼저 말한다면 생활적이란 것은 즉 일면적 진실을 담고 산재해 있는 생활적인 단편들은 그것이 아무리 많고 작품 속에 널려 있어도 결코 생활의 진실이 될 수 없다는 그것이다.

바꾸어 말한다면 작품의 중심적 갈등에 관계되거나 복종되지 않는 생활적인 단편들은 결코 현실의 진수를 반영하는 것으로 되지 못하는 것이다. 또 한번 말한다면 중심 갈등이 허약하고 진실하지 못할 때 부분적으로 있는 생활적인 단편들이 그 소재, 그 복선, 그 언어들에서 다소간의 진실이 있다 하더라고 그것을 결코 진정한 갈등이 될 수 없는 것이다.

희곡 『새길』, 『진달래꽃』, 『어선 전진호』 등이 다소 좋게 평가됐다면 그것은 중심적 갈등의 예리성에 있는 것이 아니라 부차적 소재들 즉 그 인물들의 성격, 에피소드, 언어들에 나타난 소위 생활적인 것에 현혹되어 그것을 진정한 갈등으로 과찬한 데 그 원인이 있을 것이다.

『새길』이나 『진달래꽃』에 대하여 극구찬양하면서 매우 생활적이라고 평가한 일부 사람들에게 있어서는 이 작품에 그려진 생활을 다만 여행가가 느낀 이국적 취미에 많이 기초했다고 말할 수 있다.

보지 못하던 신기하고 색다른 생활에 대한 동경은 물론 필요한 것이며, 귀여운 것이며, 때로는 믿음직하기도 하다.

그러나 이것은 어디까지나 우리 나라의역사적 현실에 기초를 두어야 할 것이다.

다 아는 바와 같이 맑스-레닌주의 미학은 우리에게 본질적인 것과 우연적인 것, 개별적인 것과 일반적인 것을 가릴 것을 요구하고 있으며 그 개별적인 형상의 예술적 심화를 통하여 현실을 반영할 것을 가르치고 있다.

만약 우리들이 『어선 전진호』까지 포함하여 부차적 선과 개별적 에피소드, 또한 긴밀한 생활관계에서 발로되는 것이 아니나 특이한 선천적 성격과 기발한 언어들에 대한 흥미로 해서 갈등의 비진실성, 또는 그 허약성을 가려내지 못한다면 우리의 희곡을 위대한 시대의 위대한 생활의 본질을 옳게 반영하지 못하게 될 것은 자명한 일이다.

그러기 때문에 이 작품들의 긍정적 인물들이 한결같이 개별적 성격에 국한되어 훌륭한 사상과 행동, 언어 등을 통하여 강하게 인민들을 교양하지 못하고 있으며 그러므로 일반화되지 못하고 있는 것이 우연한 일이 아니다.

때문에 희곡에 있어서 어떠한 생활적인 소재와 인물의 나열로 그것이 갈등의 중심에 놓여 있는 생활과 관련이 없거나 희박할 때에는 결코 생활 그 자체의 반영이 될 수 없으며 따라서 작품의 정치 예술적 의의는 적을 수밖에 없는 것이다.

이와 관련하여 우리는 또한 창작 지도에 있어서 일부 관계자들의 맑스주의의 속학적 견해와 그 강요에 의한 해독을 볼 수 있다.

나는 우선 조그만 실례에서부터 이 문제를 말하려 한다.

지방에 있는 어떤 극작가의 호소에 의하며 농업 협동 조합에서 춘경 파종을 끝내고 난 늙은 조합원이 저녁녘에 산비둘기가 우는 소리를 듣고 흐뭇한 감정에서 "옛날부터 산비둘기가 울면 풍년이 든다고 했으니 올해 우리 조합은 풍년이 틀림 없네"라는 대사를 썼다고 한다.

그런데 그 도 당의 선전부 일꾼들은 이것은 비과학적인 미신 사상이기 때문에 안된다고 수정을 강요하여 끝내 그 생활적인 대사를 깎아 버리게 하였다.

또한 인민 군대내 어떤 써클원은 대사에서 "재수 없다"는 말을 썼다고 하여 비맑스주의 사상이라고 상급에게서 비판을 받은 실례도 있다.

이와 같은 소위 '지도'를 자신있게 하는 사람들에게 있어서는 우리 민족의 전통적인 인민적 생활 감정과 미신과의 차이가 혼돈되고 있는 것이 명백하다.

이와 같은 비과학적인 '과학'의 신봉자가 다른 부문을 지도함에 있어서는 능수일 수 있으나 예술을 지도함에 있어서는 매우 유해로운 존재라는 것도 또한 명백하다.

물론 이러한 '지도'가 우리 현실에서 지배적이 아니며 절대적이 아니라는 것은 사실이다. 그러나 이러한 '지도'는 매우 심각하게 우리 극문학 발전에 저해를 주었다.

여기에서 나는 '자유로운 창작적 분위기'와 '창작적 용감성'에 대하여 한마디 언급해야 하겠다. 우리는 이미 오래 전부터 '대담하게 쓰라!'고는 말해 왔으나 아까 말한 소위 '지도'가 적거나 크거나 우리에게 작용한 것이 사실이어서 우리는 항상 대담하게 쓰지 못하였다.

얼마 전 부터 우리에게는 '기본 갈등론'이라는 풍자적인 유행어가 생기었다.

이 말은 얼른 들으면 매우 타당성이 있는 것 같이도 들린다. 때문에 설명을 아니 할 수 없으나 도대체 그 이론 자체가 이론이 아니기 때문에 나도 이론적으로 반박하려 하지는 않는다.

예를 들어 극작가는 당의 정책과 문예 노선에 입각하여 인민들의 사상 개조를 위한 임의의 극적 설정을 의도하여 그것이 인간 문제를 해결함에 있어서 충분히 감동적이며 유익한 것인데도 불구하고 이러저러한 원칙적 자막대기로 재는 경향인 것이다.

그 자막대기는 이론에 의하면 우선 우리 나라의 산업 발전에서 가장 선차적인 것이 중공업 부문인데 작품은 그렇지 않은 부문을 취급했기 때문에 기본 정책과 합치 안 된다. 또는 중공업은 취급은 했으나 기계 공업은 그리지 않았기 때문에 중점적으로 보아 손색이 있다. 또는 기계 공업 부문을 취급한 것은 좋으나 이 부문에서 중심문제는 선반공들의 기술 기능 수준 제고 특히 바이트의 성능 제고를 위한 창의 고안에 있는데 그런 문제가 전면에 나오지 않고 어찌하여 지배인과의 갈등을 들고 나왔는가? 대체로 이러한 식이다.

이러한 논법으로 나가면서 한편 행정지도 간부들이나 당 일꾼은 오늘날 산업 발전의 중추적 역할을 하니까 비판할 필요가 없으며 기술자들은 실제적 역할이 크니까 비판할 필요가 없으며 기술자들은 실제적 역할이 크니까 찬양하는 것이 좋고, 또한 간첩 사건도 우리 내부 일꾼들의 역량이 강하니까 대단한 것은 있을 수 없고 부부간의 문제, 사랑에 대한 문제 등은 생산 문제보다 2차적 3차적 문제이니 안 써도 좋다는 것이다.

이러고 보면 대체 작가는 무엇을 써야 하는 것인가?

어째서 이렇게 우리의 다양하고 다채로운 현실을 협애하고 몰취미한 단일색으로 규격화하여야 하겠는가?

그러나 어쨌든 작가는 그 무엇을 쓰는 것이 직업이다. 그러기 때문에 생활 체험과 미학적 준비가 부족한 일부 극작가들은 정치적 경제적 기술적 문제를 해설하거나 외치고 있으며 이로 하여 유사성과 기록성을 발로하며 도식주의의 구렁텅이로 떨어지고 있는 것이다.

작가 자신이 자기의 이념과 지향과 목소리를 가지지 못하면 못할수록 이러한 '지도'는 작가를 더욱 건지기 어려운 길로 몰아 넣게 될 수밖에 없다.

이와 동시에 우리 극작가 자신들이 한 사람 같이 더욱더 맑스-레닌주의의 세계관과 그 미학과 훌륭한 예술적 기교를 소유하기 전에 또한 작가의 깊고 높은 철학적이며 형상적인 사고가 인간들의 문제에 기울어지지 않는다면 극작품의 갈등 문제를 옳게 해결할 수 없으며 따라서 극문학의 발전도 기하기 어렵다고 생각한다.

다음으로 깊이 생각하게 되는 것은 드라마뚜르기야의 다양성 문제이다.

우리는 최근 기간 그 문학부문에 속하는 장르의 다양성 문제를 가지고 많이 노의 하였는 바, 이 부면에 있어서 적지 않은 성과가 있었다는 것을 인정하게 된다.

씨나리오, 가극 리브레트, 라디오 드라마, 기타 에쓰뜨라다 극 작품들이 왕성하고 광범하게 생산은 되었으나 이것으로써 우리 극문학의 투쟁적 역할을 충분히 다하였다는 증거로 되지는 않는다.

왜냐하면 장르의 다양성은 언제나 보다 높은 드라마뚜르기야를 요구하기 때문이다. 다만 장르만을 개척했다고 해서 우리 극문학의 사상 예술적 질이 제고됐다고 볼 수는 없기 때문이다.

각종 장르가 자기 특성을 충분히 발휘하기 위하여는 그 장르에 알맞은 내용과 형식의 변증법적 통일이 반드시 필요하다.

이것은 훌륭한 드라마뚜르기야에 의하여서만 해결되는 것이다. 우리는 잡다한 장르에 비속한 예술의 범람을 말하는 것이 아니라 다양한 장르에 고상한 예술의 개화를 말하자는 것이다.

때문에 우리에게는 아직도 심각하고 다양한 드라마뚜르기야의 발전을 요구하게 되는 바, 심각한 비극과 예리한 희극의 결핍 상태만으로도 얼른 이해된다.

비극에 대하여 말한다면 이것은 결핍 정도일 것이 아니라 전혀 일방무제 미개간지의 상태라고 말할 수 있다.

나의 생각 같아서도 우리 사회에는 이러한 소재들이 없는 것이 아니라 극작가들이 이 장르에 손대기를 꺼려하고, 더 정확히 말하면 두려워하고 있기 때문이라고 본다.

우리 시대와 제도 하에서는 비극이 있을 수 없다는 협소한 일면적 개념과 소심한 '정치적 고려'에 사로잡힌 극작가들은 우리 사회에 있어서의 비극적 현상들에 대하여 눈을 감는 것을 현실 긍정으로 생각하고 있다.

그러나 눈을 감고는 어떠한 길로도 갈 수 없는 것이 당연한 이치이며 반대로 눈을 더욱 크게 뜨면 뜰수록 사실주의 대로로 갈 수 있을 것이다.

먼저 우리는 비극이란 개념에 대한 새로운 이해가 필요하다.

주지하는 바와 같이 우리 사회에서의 개별적 인간의 비극은 설혹 그것이 그 개인의 운명에 있어서는 비극일지라도 그것은 어디까지나 그가 염원하고 싸워온 우리 사회의 발전과 사회주의 승리를 위한 고상한 과업수행의 길에서 전체 사회의 운명과 결부되어 있는 것이다.

한 주인공의 비극적 운명은 전체 인민의 행복을 위한 고귀한 투쟁적 행동의 표현이며 따라서 그 비극성은 전체 인민들을 감동과 고무로써 교양할 것이다.

이러한 주인공의 비극은 희망과 승리의 산 증거로서 영원히 인민들의 기억 속에 계속 살아 남으면서 행동의 모범으로 될 것이다.

실제에 있어서 이러한 주인공들은—즉 우리들과 우리의 후대들이 모르고 있어서는 죄악으로 도리 그런 주인공들을 우리는 얼마나 많이 알고 있는가!

우리 민족과 조국의 자유와 독립을 위하여, 전 세계 인류의 친선적 평화를 위하여 자기의 비극적 운명을 감수한 자랑스러운 투사들이 얼마나 우리에게는 많은가! 그들은 과거에도 있었고 현재도 있으며 또한 미래에도 있을 수 있다.

이와 같은 자랑할 만한 인간들의 비극을 개별적 운명으로 국한시키면서 정당한 평가를 주지 못함으로 하여, 또한 다만 비극이란 장르적 해석의 협애한 관습으로 하여 고귀한 인간들의 형상을 위한 노력을 우리가 회피한다면 그것은 죄악으로 되지 않을 수 없다.

우리는 또한 희극 장르의 부진 상태에 대하여도 심각히 반성할 필요가 있는 바 며 천 개의 단락물을 제외하고는 역시 미개척 분야라고 말할 수 있다.

이 부문의 부진의 원인에 대하여 말한다면 전혀 극작가들의 소심성에 기인하는 바 이것은 동시에 투쟁에 대한 소극적인 참가를 의미하는 것이다.

우리들은 수많은 우수한 풍자적 및 해학적 문학 유산을 가지고 있다. 그러나 극문학 분야에서는 이 귀중한 유산들에서 배우고 오늘의 희극에 적용하는 사업을 매우 적게 하고 있으며 이는 선진 국가의 희극을 연구 도입하는 사업의 침체성과도 결부되고 있다.

또한 동시에 우리 극작가들의 정치적 열성이 다만 손익은 방식에만 국한되고 대담하게 새로운 드라마뚜르기야의 개척에까지 이르지 못하고 있다는 것을 증명해 주는 실례로 된다. 우리사회에 잔존하는 낡은 것과 추악한 것을 조소로 불살라 버리는데 있어서 가장 강력한 무기로 되는 웃음의 형식은 대부분 짧은 에쓰뜨라다 극 형식에만 일임되고 있는 현상이며, 깊고 무게 있는 희극 형식이 적게 생산되고 있다는 사실은 주목을 돌려야 할 문제가 아닐 수 없다.

부진의 원인으로서 우리들이 자기 비판해야 할 문제는 역시 현실에 대한 무지와 특히 갈등이 예리하게 발현되는 단면들에 대한 세밀한 관찰과 정확한 정치적 평가의 미약성에서 초래되는 바 이러한 약점은 웃음에 대한 미학적 견해의 착오로 하여 더욱 보강되고 있다.

또한 우리들의 소심성은 풍자의 대상을 결정함에 있어서 매우 약삭빠른 고려를 하고 있는 바 대체로 행정 간부나 당 일꾼은 다치지 않는 것이 무난하고 규모가 크거나 문제성이 심각한 것은 건드리지 않는 것이 현명한 것으로 되어 있다. 그러기 때문에 개별적인 성격적인 결함을 가진 인물이나 사회적 일반성이 적은 기발한 사건을 노리고 있다. 이리하여 통쾌하고 예리한 풍자 정신은 발양되지 않고 있는 것이다.

우리들은 마땅히 조소할 것은 조소해야 하는 것이다. 그 조소할 것이란 우리 사회의 전진을 가로막고 자기의 낡은 이데올로기와 생활 법칙을 지속하려는 모든 인간쓰레기들의 추악한 발악과 그 잔재들의 표현에 향해져야 할 것이다.

이와 같이 강력하고 전투적인 무기를 비극이나 희극들이 우리 극작가 자신들의 속성으로 인하여 무디어졌거나 이용치 않고 있다는 사실은 우리 드라마뚜르기야를 시급히 또한 결정적으로 다양하게 또한 심화해야 할 과업을 내세우지 않을 수 없게 한다.

우리는 지금까지 주로 주제의 다양성에 대하여 열성적으로 논의하고 해결하고 있는 것이 사실이다. 그러나 주제의 다양성의 해결은 동시에 무학 작품들의 철학적 심오성의 해결의 의미하지는 않는 것도 사실이다.

우리의 극문학의 정치 사상적으로 중요한 문제에 해답을 주려면 평면적인 주제의 다양성으로 다 되는 것이 아니라 반드시 심오한 사색에 안받침된 철학적 심도를 가져야 하는 것이며 그러기 위하여서는 드라마뚜르기야의 다양한 개척이 반드시 필요하다. 이 문제는 우리 극문학에 대한 일반적 평가가 "대체로 우리의 극작품들이 흥미가 적다"고 하는 문제와 연결되어 있다.

극작품에 있어서 진정한 흥미란 무엇인가?

독자나 관객들이 작품에 대하여 흥미를 가진다는 것은 작품의 사상과 주인공들의 행동과 그 운명이 자기의 사상과 기대어 공감될 때 느끼는 감정이다.

그러기 때문에 진정한 흥미라는 것은 작가 자신의 주관이나 또는 개별적 대중들의 주관으로 결정되고 평가되는 것은 아니다. 작가와 대중이 공감한다는 문제는 사상, 감정, 미학적 취미의 일체의 표현이다. 때문에 이것은 중요하게 정치적 문제이다.

그런데 우리는 극 작품의 흥미 문제와 관련하여 두 가지 경향을 볼 수 있다.

그 하나는 사상적으로는 공감하면서도 인간들의 형상이 미적 취미에 맞지 않는 그것이고, 다음으로는 인간들의 행동의 표현에는 흥미가 있으면서도 사상적으로 명확한 공감을 못하는 그것이다.

전자는 예술적 기교의 미약성에 그 원인이 있으며, 후자는 주제의 문제성이 빈약한데 있다. 그리하여 진정한 흥미는 작품의 정치 사상적 내용과 그 형식의 다양성과 높은 기교의 혼연한 일치에 있다는 것이 명백하다. 여기에 앞서 말한 모든 문제들을 다시 관련시켜 생각하게 되는 바 진정한 흥미는 갈등의 진실성, 그 예리성에 달렸으며 드라마뚜르기야의 다양하고 심오한 개척에도 달렸으며 다음에는 생산하고 독자적인 예술적 기교의 부단한 연마와도 깊이 관련되어 있다.

그러기 때문에 극작품에 있어서 개별적인 생활적 소재의 단편들이 제 아무리 아름답고 흥미가 있다고 하더라도 뚜렷하고 일관된 훌륭한 사상을 밝히는데 복종되어 있지 않을 때에는 진정한 흥미로서 공감될 수 없다. 실로 "구슬이 서 말이라도 꿰어야 보배"인 것이다.

이것은 또한 실제적으로는 쓔제트의 구성과 성격의 형성을 의미하며 이는 웅당 전형성의 문제로 귀결된다. 전형성에 대하여 말할 때 우리는 다시한번 "전형적인 환경에서의 전형적인 성격"이란 진리를 밝혀야 한다. 그러기 위하여는 그것을 다만 당에 사회적 역량의 본질, 당에 사회적 —역사적 본질에 합치되는 것으로서만 규정하는 편향과의 투쟁이 가장 당면한 문제로 될 것이다.

이와 같은 예술의 특수성을 이해 못하는 비속한 사회학적 규정이 우리 극 작품들을 예외 없이 도식주의로 인도한다는 사실을 우리들은 체험을 통하여 뼈저리게 알고 있다. 그러기 때문에 우리는 인간들의 생활 관계의 단면적인 체계 속에, 전형적인 환경 속에, 그것들과의 부단한 호상작용 속에 주인공들을 처하게 해야 하며 이 환경 속에서 그 매 단계와 매 모멘트마다에서 발로되는 개성적인 면모를 통하여 즉 특징적이며 본질적인 특수성을 통하여 보편적 의의를 부여해야 할 것이다. 이렇게 되지 않고서는 강력한 일반성을 가질 수 없으며 따라서 전형이 될 수도 없다. 때문에 개성적인 것을 떠나서는 전형적인 것이 나타날 수 없으며 예술적 형상으로 될 수 없다. 훌륭한 예술적 형상을 통하지 않고서는 어떠한 훌륭한 사상도 확인될 수 없다는 사실을 우리가 재삼 깊이 명심해야 하는 이유가 바로 여기에 있다.

나는 이상과 같이 몇 가지의 문제는 제기하면서 우리의 앞으로의 투쟁의 길에서 호상 방조, 호상 고무해야 할 동지적 혈연적 관계를 강화할 데 대하여 강조하고 싶다. 우리 극작가들은 당원이나 비당원이 나를 막론하고 모두 조선 노동당의 문예 노선을 받들고 나아가는 문예 투사인 것이다.

지난 기간에 우리 극문학은 다른 어떤 시기에 비하여 급속한 성장을 가져 왔다고 하면 그것은 우리들의 일치된 염원, 즉 조선 노동당의 지도를 받들고 우리 문학을 세계적 수준에 올려놓기 위한 공동적 노력의 결과인 것이다.

그것은 동시에 사회주의 건설과 조국의 평화적 통일에 바쳐진 비상한 정치적 열성이었으며 사회주의적 사실주의 창작 방법의 완성을 위한 직접적 노력이었던 것이다.

오늘 우리는 적지 않은 우수한 작품도 가지고 있다. 그 업적들은 그 작가 한 사람의 영예인 것이 아니라 우리들 전체 극작가들의 영예로 되고 있다. 이 영예를 우리들은 동지적 우애로써, 집체적인 지혜로써 더 새롭게 더 빛나게 해야 할 것이다.

그러기 위하여서는 우리의 희곡에서, 씨나리오와 기타 각종 장르에서 우리의 생활과 우리 인민들을 가장 아름답고 당당한 것으로 보이도록 해야 한다.

우리의 극작품들을 인민들의 친근한 벗으로, 유익한 교과서로 되게 하기 위하여 한번 보기만 하면 즉석에서 동감할 뿐만 아니라 오랜 동안 생각게 하는 선명하고 깊은 갈등과 훌륭한 성격들로 채워 놓아야 하겠다.

우리의 위대한 현실과 인간들을 왜소하게 몰취미하게 또한 비방적으로 묘사하는 도식주의, 기록성, 유사성 등 온갖 형식주의적 창작 방법을 퇴치하기 위하여 가장 위력 있는 우리의 깃발, 사실주의의 가치를 더욱 높이 들어야 하겠다.

『제2회 조선작가대회 문헌집』, 조선작가동맹출판사, 1956

작가와 프로레타리아 국제주의

웽그리아에서 반혁명을 도발한 재국주의 지배층들이 반쏘 반공산주의 깜바니야룸 조직하고 수 천종의 부르죠아 신문들과 수백 개소의 라지오 방송국을 동원하여 '적극적'으로 발광하였던 것은 누구나 아는 일이며 그것은 아직도 계속되고 있다. 이 깜빠니야에 물실차기(勿失此機)하고 미국 상전의 낌새에 맞추어 늙은 흉물 리승만이 '궐기'한 것도 괴이한 일은 아니다.

웽그리야에서 류혈적 사변을 도발하면서 미제 지배층은 그들의 음모가 웽그리야에서 '실현'되는 경우에는 다른 구라파의 인민민주주의 나라에서는 몽환 중국, 조선, 월남에서도 분규를 도발하려고 시도하였다.

이 시도는 웽그리야 사변을 계기로 '북진'을 '적극적'으로 부르짖은 리승만의 최근의 발광으로 특징 지워진다. 이 리승만의 일장춘몽극에는 일부 반동 작가들이 출연하였다.

우리의 눈 앞에는 이 가여운 삐에로들의 영상이 력력히 떠오른다. 이 삐에로들은 작가라는 신성한 이름을 붙이기에는 너무도 과남한 옛날 경제리 뒤'골목에서 이름을 날리던 데카단, 주정뱅이, 애비의 주권(株券)과 추수미로 배부르게 살던 저능아—평양에서 서울로 도망간 몇 개 분자들도 끼여 있다.

그러나 이런 자들이 찾기를 갈망하는 그런 경제리도 지주의 땅도 자본가의 고무공장도 우리에게는 없다.

웽그리야의 사변과 관련하여 작가라는 존재와 그 이름이 좋고 나쁘고 간에 세계의 이목에 적지 않게 떠올랐다. 이 사실을 인간정신의 기사인 우리들 작가에게 자기의 고상한 사명에 대하여 심각하게 생각하게 하였고 작가가 수행해야 할 국제주의적 의무에 대하여 인식을 다시 다지게 되었다.

우리로 하여금 슬프게 한 것은 웽그리야의 소수 나마 일부 작가들이 반혁명의 선동에 넘어가서 고귀한 사회주의적 전취물을 내던지려고 한 사실이다. 이는 슬픈 일이기는 하나 우리에게 적지 아니한 교훈을 주었다.

지난 1월 27일 ◇치의 군중대회에서 웽그리야 국무상 마로산은 웽그리야 로농혁명 정부는 진정으로 인민의 리익에 복무하며 사회주의를 건설하는 작가들에게는 최대의 원조를 줄 것이나 반혁명적, 민족적 배타주의적, 무정부주의적 및 소부르죠아적 관점을 가지고 있는 작가들은 어떠한 원조도 받지 못할 것이라고 정당하게 성명하였다.

우리는 이러한 길을 잃은 작가들에게 그들이 하루 바삐 인민과 사회주의적 립장으로 확고히 돌아오기를 충심으로 바라마지 않는다.

웽그리야 사변과 관련하여 우리는 또한 소위 '소베트의 간섭'을 반대하여 발표한 일련의 불란서 작가들의 성명과 이 작가들에게 보낸 소련 작가들의 공개서한을 회상하게 된다. 웽그리야 '폭동에 반동분자들이 끼여들어서 폭동자들의 라지오를 통하여 널리 호소를 보낸 사실'을 잘 아는 그들이, 또한 '쏘련과 사회주의에 대하여 일찍이 한 번도 비우호적인 감정을 표시하여 본 일이 없는' 그들이 이런 조치에까지 이르게 된 그 원인은 우리에게는 너무도 명백하다. 그들 자신이 부르죠아 반동 지배층들의 발악적 선전 깜빠니야에 기만되었으며, 웽그리야에서의 사변의 진실을 남김없이 판정하기 전에 급히 움직이었던 것이다. 이들에 대한 쏘련 작가들의 공개장은 국제주의 정신으로 일관되였고 어디가지나 계몽적이고 우호적이며 확신에 충만되여 있었다.

이제 와서 웽그리야에서의 반혁명의 정체는 샅샅히 밝혀졌으며 웽그리야 사회 로동당과 로동 혁명 정부의 지도 밑에 그리고 쏘련의 원조에 의하여 웽그리야 인민은 반혁명 세력을 급속히 분쇄하고 사회주의적 전취물을 고수하고 세계 평화와 사회주의 위업에 기여하고 있다.

쏘베트 군대는 웽그리야에서 웽그리야 인민이 12년 동안에 구축하여 놓은 사회주의를 구호하였고 웽그리야에서 파쉬쓰트 정권이 복구되고 웽그리야가 구라파 중앙에서 전쟁과 침략의 근원지로 되는 것을 방어하였다. 이에 대하여 제국주의 지배층들만은 갖은 후안무치한 허위와 날조로 쏘련과 공산주의에 대하여 중상을 가하였다.

제국주의 반동 계층이 웽그리야에서 도발한 사변이 프로레타리아트의 국제적 련대성을 약화시키고 공산주의 및 로동운동에 불화를 일으키며 공산당들의 위신과 영향을 저락시키고 로동 계급의 통일을 방해하려던 흉책은 완전히 분쇄되고 말았다.

애급에 대한 제국주의 침략 세력의 군사적 침공, 웽그리야에서의 반혁명 도발, 그리고 중근동에 대한 미 제국주의의 정치 경제적 공세 등 최근의 국제 정세의 추이는 우리들에게 국제적 련대성을 강화하며 프로레타리아 국제주의 사상의 강화를 무엇보다 강하게 요구하고 있다.

사회주의 국가들과 지구상의 평화 애호국가와 민족들의 지지아래 애급과 웽그리야 인민들은 결정적으로 승리하였다. 그러나 제국주의자들의 침략 음모는 이것으로 그칠 수 없으며 침략적 파괴 행동은 계속되고 있다.

제국주의 침략자들의 침략과 전쟁 도발의 음모를 그 걸음마다에서 분쇄하는 데 승리의 담보로 되는 것은 사회주의 국가들, 민족적으로 독립한 국가들 및 기타 평화 애호국가들과 인민들의 단합된 력량인 것이다.

애급을 위시한 중근동의 그리고 아세아 아프리카와 민족적으로 독립한 나라와 인민들에 대한 사회주의 나라들의 친선적 협조에 대하여 제국주의자들은 악의에 찬 충고 중상과 질시를 퍼부며 있지도 아니한 소련과 공산주의 위혁을 구실로 로골적인 정치적 경제적 간섭을 시도한다. 그러나 민족적으로 독립한 나라들에 대한 사회주의 나라들의 친선적 협조는 그들 호상간의 민족적 리익과 세계 평화의 리익에 부합되는 것이다. 이는 국제 생활의 제 사실이 명백히 증명하여 주고 있는 것이나 오직 제국주의자들만이 고의로 이 사실을 보지 않으려고 한다.

사회주의 국가들의 호상간의 단결과 협조는 세계 근로자들 앞에서의 자기의 국제주의적 의무의 수행이며 이는 곧 세계 평화 옹호의 리익에도 최대한으로 부합되는 것이다. 그것은 웽그리야에서 최근의 소련의 군사적 경제적 원조가 증명해 주는 것이다. 만약 쏘련의 원조가 없었다면 제국주의 침략 계층의 기도대로 구라파 중앙에는 전쟁이 근원지가 창설되었을 것이고 세계평화 옹호운동에는 막대한 지장을 가져왔을 것이다.

프로레타리아 국제주의 사상이 강화는 현정세 하에서 국제 로동 계급 앞에서 나서는 중요한 과업이다. 레닌이 가르친 바와 같이 프로레타리아트의 통일은 그가 가진 최대의 무기인데 이 무기를 국제 반동들은 그들의 손에서 탈취하려고 발악한다. 프로레타리아 국제주의는 전체 국제 로동계급에 그들의 귀중한 전취물이며 평화운동의 성새이며 진보적 력량의 지주인 사회주의 진영을 희생적으로 옹호할 것과 복잡하고 곤난한 조건 아래서 평화옹호와 전쟁반대의 투쟁에 용감히 나서고 있는 자본주의 국가들의 공산주의자들을 전적으로 지지할 것을 요구하고 있다.

최근의 쏘련과 중국, 소련과 다른 인민민주주의 국가들의 대표들의 회담, 그리고 중국과 인민 민주주의 제국 대표들의 회담, 중국 대표의 인도를 위시한 아세아의 민족적으로 독립한 제국가들의 친선 방문은 제국주의 지배층의 기도와는 정반대로 사회주의 진영의 단결과 통일이 더욱 강화되고 있다는 것을 증명하였으며 평화적 공존의 5개 원칙에 립각하여 전쟁과 식민주의를 반대하며 세계평화를 옹호하는 위업에서 사회주의 나라들과 민족적으로 독립한 나라들 간의 친선과 협조가 더욱 강화되고 있다는 것을 증명하였다.

세계 평화 옹호사업에서, 그리고 사회주의 국가 호상간이 친선 협조 사업에서 조선 작가들이 수행한 역할은 비상히 크다. 한설야, 리기영 동지들의 활동은 세계 평화 운동에서 중요한 자리를 차지하고 있으며 그들은 위대한 두 사회주의 나라인 쏘련, 중국의 작가들과 우리 조선 작가들과의 국제주의적 령계에 중요한 타수로 되였다. 최근 년에 조선의 많은 작가들이 인민 민주주의 나라들을 방문하여 문화교류, 작가들 간의 친선 사업에 적지 않게 기여하고 있다. 지난해 12월에 인도에 있은 아세아 작가 대회에 참석한 한설야, 서만일 동지들의 국제적 역할은 또한 중요한 의의를 가지고 있다.

최근 적지 않게 발표된 우리 작가 시인들의 기행문, 시초들은 그들의 프로레타리아 국제주의 사상의 실천자며 선전자이다. 그러나 이 중대한 임무 수행에 있어서 결코 우리들은 만족하다고 할 수 없다. 우리들의 문학창작에 있어서 국제주의 사상의 구현과 선전을 할 때의 친선방문 려행에서 얻은 견문과 문학적 령감의 단편적 표현으로 다 될 수는 없으며 몇 개의 기행문적 수필과 몇 편의 시초서 다 할 수는 없다. 위대한 프로레타리아 국제주의 사상을 문학적 형상을 통하여 장편소설로, 희곡으로 도시편으로 표현하지 못한다는 사실은 우리 작가들이 아직도 국제적 안목이 좁다는 것을 말하는 것이다. 쏘련 군대의 조선 해방, 중국 인민의 피로써 지원, 쏘련, 중국을 위시한 형제적 인민들의 조국해방 전쟁 중과 전후 시기의 물심량면의 원조! 이 위대한 사상들이 우리 작가들의 창작 세계를 무한히 풍부히 해주는 소재가 아니고 무엇인가!? 사회주의 대 가정에서 련결 되여 있는 우리들의 현실 생활이 우리의 창작에 국제주의적 주제를 주지 않겠는가

위대한 10월 사회주의 혁명 40주년이 멀지 않다. 10월의 사상은 프로레타리아 국제주의의 사상이다. 맑스-레닌주의는 생활에서 검증된 위대한 학설이며 사회 발전의 합법칙성을 과학적으로 해명한 학설이다. 이 학설을 생활로써 검증한 쏘련의 40년간의 전진과 발전, 그리고 쏘련을 위수로 한 사회주의 대가정의 단합된 위력-이는 바로 인류와 세계의 전진을 담보하는 힘이다.

10월 혁명 40주년을 맞이하는 우리 작가들에게 프로레타리아 국제주의 사상의 더욱 견실한 체현자가 되리라는 요구는 크게 제기된다.

『문학신문』, 1957.2.14

라운규 서거 20주년을 맞으며

라운규와『아리랑』

아리랑 아리랑 아라리요
아리랑 고개를 넘어 간다.

청천 하늘엔 잔별도 많고
우리네 살림엔 한숨도 많다.

아리랑 아리랑 아라리요
아리랑 고개를 넘어 간다.

문전 옥답은 다 어데 가고
쪽배기 신세가 웬 일인가!

이 노래는 우리 민요 가운데 가장 보편적이며 아름다운 것의 하나로 우리들 뿐 아니라 전 세계인민들 사이에서 널리 불리워지고 있다.

왜 이 노래가 이렇게도 널리 보급되며 우리들의 사랑을 받게 되는가?

내가 인용한 것은 이 노래의 두 절뿐이다. 이 외에도 또 여러 절이 있으며 파생된 많은 노래들이 있다. 이 두 절의 「아리랑」 가사에서만도 우리는 일제 통치의 반세기 동안에 조선 인민이 겪은 참담한 생활 면모가 가장 뚜렷하게, 가장 형상적으로, 그러면서도 가장 평범한 말로 묘사 되여 있는 것을 본다.

그렇기 때문에 조선 인민은 이 노래를 그렇게 사랑했으며 지금도 과거의 눈물 겨웁던 생활을 회상하며 이 노래를 부른다.

파생된 많은 「아리랑」 노래가 있으나 우리들이 보편적으로 부르는 이 신민요형의 「아리랑」 노래는 영화 『아리랑』이 세상에 나온 뒤부터 널리 전파 되였다.

영화 『아리랑』은 20년대에(26년)창작 되여 오래'동안 조선 사람의 사랑을 받았으며 심금을 울리고 공감과 격동을 불러 일으켰다. 『아리랑』은 조선영화 발전에 있어서 사상—예술적으로 중요한 기여를 한 작품이며, 조선 관객의 머리에 영원히 남아있을 명작의 하나이다.

영화 『아리랑』은 한 농촌의 이야기를 취급한 영화이다. 일제의 온갖 야수적인 식민지 정책에 의한 착취와 압박으로 농촌은 여지없이 짓밟히고 피폐되여 농민들은 기아로 신음하고 헐벗어 떨고 있었다. 반면에 일제의 비위를 맞추고 일제의 비호를 받는 지주들은 잘 입고 잘 살았으며 그 앞잡이 놈들이 날뛰고 행패를 하였다.

동네의 선각자인 박선생은 젊은이들을 모아 '청년회'를 조직하고 그들에게 민족적 각성과 사회적 의식을 불어 넣어 주었다. 박선생은 젊은이들의 단 결심을 환기시켰을 뿐 아니라 앞으로 농촌을 걸머지고 나갈 인재를 양성하기에 힘을 썼다. 그는 젊은이들 가운데서 최영진과 김헌구 두 사람을 선발하여 서울로 공부하러 보내였다.

한편 지주의 충실한 심부름'군인 마름 오기호는 일본놈 들과 순사들에게 돈과 술을 퍼먹이고 계집을 대주면서 작인들에게는 온갖 악랄한 수단을 써서 고혈을 짜내었다. 농민들은 등이 꾸부러지고 팔다리가 휘도록 농사를 지었건만 가을철에는 한 톨의 곡식도 손에 남지 않았다.

죽지 못해 마름에게서 장리'벼를 구어다 겨우 연명을 하며 삼동과 춘궁을 지내면 이 빚, 저 빚은 농민들의 어깨를 무겁게 누르기만 했다. 이리하여 농민들은 해가 갈수록 더욱 못 살게 마련이였다.

영진에게는 착하고 아름다운 누이 영희가 있었다. 마을은 그에 대한 평판으로 자자했다. 그런데 불시에 서울 공부하러 갔던 그의 오빠 영진이가 정신이상이 생겨 돌아왔다. 그는 미친 사람이었으나 류다른 미치광이었다. 영진이는 동네에서 세도를 부리는 마름 오가나 면장과 순사 같은 자들을 희롱하고는 좋아서 앙천대소 하였다. 그자들은 영진이만 만나면 봉변을 당할 가 슬슬 피하였다.

서울 공부를 끝마친 헌구가 돌아오는 날이였다. 청년 회원들은 기'발을 날리며 그를 맞으러 '아리랑 고개'까지 나왔다. 헌구는 기뻤다. 동무들이 마중나와 준 것이 기뻤고, 영진이와 그의 누이 영희를 만날 것이 기뻤다.

그러나 그의 앞에 펼쳐진 고향 동네는 편안하지가 않았다. 영진이는 미쳐서 둘도 없이 친하던 헌구를 알아보지 못했고, 농민들은 여지없이 령락했고 피패해 있었다. 더욱이 오가와 순사들, 그 외 일본 놈의 앞잡이로 세도부리는 놈들의 꼴을 참을 수 없었고 오가가 영희에게 맘을 두고 온갖 간책을 쓰는 데는 격분하지 않을 수 없었다. 못 본 몇해 동안에 이렇게도 변모한 고향은 헌구를 몹시 괴롭게 하였고 락망하게 하였다. 그러나 그에게는 이 병든 고향을 구할 길이 없었다.

고향에 명절이 왔다. 여지없이 짓밟히고 고혈을 짜인 고향 사람들은 전래의 명절날에 징, 꽹과리, 북을 두드리고 춤을 추며 설움을 털었다. 고향을 버리기로 결심한 헌구도 이날 하루를 락천적인 고향 사람들과 같이 춤추며 보내었다.

마름 오가는 영희의 미모에 흉심을 둔지 오래나 성공하지 못하였다. 이날 오가는 꼭 야욕을 채우리라고 결심하고 영희를 찾았다.

영진이는 오가가 자기의 누이를 희롱하려는 장면을 목도하였다. 영진이는 날이 시퍼런 낫을 들고 짐승과 같은 오가 놈을 내려 찔렀다.

순사들은 영진을 포승으로 꽁꽁 묶어 가지고 읍내 경찰로 끌고 갔다. 묶이여 가는 영진은 「아리랑」 노래를 높이높이 부르며 아리랑 고개를 넘어갔다. 영희, 헌구, 모든 농민들은 눈물을 흘리며 잡혀가는 영진을 보내였다.

이것이 영화 『아리랑』의 간단한 내용이다. 어찌 이러한 일이 이 동네에 한 한 일이겠는가. '아리랑' 고개는 조선의 도처에 있었고 조선 사람의 생활마다에 마을마다에 있었다. "청천 하늘엔 잔별도 많고, 우리네 살림엔 한숨도 많다"라는 설움에 찬 노래를 어찌 이 동네사람들만 불렀겠는가?

이 영화는 조선 사람들에게 자기의 운명을 해결하려면 각종 방법으로 투쟁하지 않으면 안 된다는 것을 력력히 불어넣어 주었다.

10~20년대 우리 농촌의 실정을 사실주의적으로 반영한 영화 『아리랑』은 고 춘사(春史) 라운규(羅雲奎)가 자작 씨나리오에 의하여 자신의 연출과 출연(영진 역)으로 창작한 조선의 영화예술사에 영구히 남아 잇을 명작의 하나이다.

우리는 조선의 탁월한 씨나리오 작가며 천재적인 영화연출가, 배우인 라운규의 서거 20주년을 8월 9일에 맞이한다.

영화 『아리랑』은 10~20년대 조선 농촌의 현실의 한 단면을 진실하게 묘사했으며 당시의 조선 사람의 민족적 빠포쓰를 남김없이 담고 있다. 『아리랑』을 위시하여 그가 창작한 많은 시나리오(창작 씨나리오만도 20편이 넘는다) 특히 『풍운아』, 『사랑을 찾아서』, 『잘 있거라』, 『임자없는 나루'배』 등은 그가 탁월한 레알리스트라는 것을 뵈여 주며 진보적 사상을 가지고 있었다는 것을 말해준다.

라운규는 현실에 대하여 민감하였고 현실을 똑바로 볼 줄 알았으며 비참한 과거의 우리 현실을 자기의 씨나리오들에서 다양하게 반영하였다. 뿐만 아니라 그는 미약하고 소극적이나마 자기의 작품을 통하여(『아리랑』, 『사랑을 찾아서』, 『풍운아』, 『사나이』) 현실에 반항하였고 관객들에게 반항 정신을 고취하였다.

라운규의 이러한 진보적 경향은 결코 우연하지 않다. 그는 이미 18세 때에 3・1운동에 참가하여 철창생활을 했으며 뜻을 품고 일찍이 중국 동북 지방과 쏘련 연해주를 편력하였다.

조국에 돌아온 라운규는 연극영화 운동에 참가하여 예술 활동을 시작하였다. 그는 예술 활동의 첫 시기부터 '신경향파' 문학의 깊은 영향을 받았다. 그는 최서해와 친교했고 그의 작품을 사랑했다. 그의 씨나리오들에는 최서해를 대표하는 '신경향파' 문학의 현실반영 수법과 류사점이 많았다.

특히 라운규는 '카프' 예술 영향 아래 자기의 창작활동을 전개하였다. 당시 영화제작이란 어려운 일이며 일제의 통제와 간섭을 받지 않고는 촬영할 수 없었다. 이러한 실정은 라운규의 영화 창작—씨나리오 창작에 물론 일정한 제한성을 주지 않을 수 없었다. 그러나 그가 창작한 영화들은 조선 관객들의 광범한 지지를 받았고 관객들이 품고 있는 원한과 반항정신을 여실히 반영하였다.

간첩이며 반역자인 림화, 이색 분자인 서광재, 김유영 같은 자들은 라운규의 영화에 대하여 악평하였으며 그가 '카프'의 영향 아래서 사는 그 고귀한 지향에 대하여 항상 쐐기를 박았다. 『아리랑』에서 영진이를 미친 사람으로 만들었다고 하여 이자들은 "조선의 청년들이 영진이와 같이 되면 누가 사울 것인가" 하고 비난했다. 이 얼마나 비속 사회학적인 견해인가.

말년에 와서 라운규는 육체적으로 정신적으로 피로했다. '카프'에 대한 일제 관헌의 탄압이 일층 혹심해가며 '카프' 성원들이 계속 검거 투옥되고 드디어는 '카프'가 해산되는 과정은 라운규의 창작생활에 영향을 주었다. 많은 '카프' 맹원들이 창작적 자유를 잃었을 때 라운규의 창작도 고립무원이 되었고 그는 1937년에 37세를 일기로 고인이 되고 말았다.

그러나 라운규의 씨나리오는 우리 씨나리오 문학의 훌륭한 전공으로 남아있으며 그의 조선영화 예술의 정초자로서의 공훈은 불멸할 것이다.

『문학신문』, 1957.7.25

종파사상은 우리 문학 발전을 저해하는 독소이다

우리 문학은 우리 문학의 혁명적 전통과 혁명적 지향성을 반대하며 우리 문학 대혈의 사상적 통일을 파괴하는 모든 반동, 반혁명과의 투쟁 가운데서 장성 발전하였습니다.

미제의 고용 간첩이며 반혁명 분자들인 박헌영, 리승엽, 림화 도당을 폭로 숙청하는 투쟁에서 우리들은 우리 문학 대렬의 통일과 사상적 순결성을 강화하였을 뿐 아니라 문학 자체의 사상―창조적 수준을 현저히 제고하였습니다. 또한 림화, 리태준 도당들과 사상적으로 결탁되였고 부르죠아 문학사상을 적극적으로 옹호 전파하였으며 반당 종파적 립장에서 우리 혁명문학에 해독을 끼친 박창옥, 기석복, 정률 등을 반대하는 투쟁에서 우리들이 거둔 성과도 그러하였습니다.

이 투쟁들에서 우리들은 항상 문학에서 레닌적 당성 원칙과 순결성을 고수하였으며 창작에서 사회주의적 사실주의의 성과를 확충하여 왔던 것입니다.

박헌영 반당 종파분자들이 그들의 '실천'형 등에서 항상 우리 문학 대렬을 가장 중요한 '침투 대상'으로 간주한 것은 우리 문학이 레닌적 원칙으로 무장된 우리 당의 중요한 사상 전선의 역군이기 때문입니다.

우리 당 8월 전원회의에서 폭로된 최창익, 박창옥, 윤공흠, 서휘, 리필규, 김승화, 리상조 등 반당 반혁명 종파분자들도 역시 우리 문학 대렬에 침투하려고 하였습니다. 이는 이 도당들과 사상적으로 조직적으로 련결된 우리 문학 대렬에 잠입한 우연분자인 홍순철에 의하여 감행되었으며 홍순철의 영향을 받은 일부 견실지 못한 동무들에 의하여 수행되었습니다.

그러나 이번에도 당의 레닌적 예지로 지도되는 우리 문학 대렬은 우리

문학의 당성 원칙을 일보도 양보함이 없이 견절하고 치열한 투쟁을 벌히어 그들의 ◇◇를 폭로 규탄하였으며 그들이 꾸민 독소에 마비된 일부 불성실한 동무들도 비판하고 구속함으로써 우리 문학의 사상-창조적 성과를 확충하고 있습니다.

한설야 위원장의 보고에서도 이미 진행된 토론에서 분석되고 폭로되고 규탄되었지마는 이들과의 투쟁은 아직 끝나지 않았으며 오래'동안 계속 되어야 할 것이기 때문에 나도 그들에 대한 비판을 여기에서 또한번 하는 것입니다.

홍순철 그 자신이 자백하였으며 그의 추종자들이 진술한 사실들에 비춰볼 때 무서운 반당 종파분자입니다. 홍순철은 이미 오래전 박창옥, 서휘, 윤공흠, 김강 등과 사상적으로 깊이 련결되였으며 3차 도당대회 이후에는 그들과 조직적으로 깊이 련결되였습니다. 8월 전원회의에서 폭로된 최창익, 박창옥, 서휘 도당들이 내놓은 반당적이며 반혁명적인 구호들에 대하여 홍순철은 어느 하나에도 빠짐없이 공감했으며 맞장구를 쳤으며 선전했습니다.

홍순철이가 우리 문학 대렬에 잠입하 이래 끼쳐 놓은 해독은 실로 짧은 시간으로는 도저히 다 말할 수 없습니다. 그는 항상 작가들 사이를 리간시킴으로써 자기 출세와 지위를 확보하는데 리용하였고 특히 오랜 창작경력을 가졌거나 혁명력사를 가진 작가들을 적대시 하였습니다. 그는 또한 얼마나 많은 유능한 신인들을 이러 저러한 방법으로 박해하엿습니가' 서기장으로 혹은 부위원장으로 사업하는 동안에 홍순철은 작가들 사이에 불화와 불통일을 조성시키는 것을 일삼아 왔습니다. 그는 이것을 항상 '당에서 위임받은 사상 투쟁'이라는 이름으로 진행하였던 것입니다.

그는 동맹출판기관을 동맹원들의 창작 성과를 골고루 출판하는 기관으로 되게 한 것이 아니라 적지않은 경우에 자기 작품이나 그를 추종하고 그에게 아첨하는 자들의 출판을 보장하는 기관으로 되게 하였습니다. 또 그는 작가기금을 자기의 생활으로 사용하였습니다.

이러한 몇 가지 실례만으로도 홍순철이 모든 '사업'과 행동은 그가 종파에 떨어지고 추종을 분자, 아첨분자를 그의 주위에 집결하여 종파를 구성할 수 있는 필연성을 가지고 있다고 말할 수 있습니다.

홍순철을 우리가 미워해야 할 다른 하나는 우리 문학사의 처음인 '문학사기' 사건입니다.

이에 대하여서는 매우 수치스러운 일이며 다 아는 일이기 때문에 다시 말하고 싶지는 않습니다. 다만 나는 그러한 사기로써 문학에서 '지위'와 '영예'를 가지지 않으면 안 된다고 생각한 홍순철의 그 특징적인 인간성을 미워함과 동시에 불쌍하게 생각합니다.

홍순철의 죄행을 말할 때 우리는 홍순철에게 의식적으로 무의식적으로 리용되고 추종하고 아첨한 일련의 동무들에 대하여 간과 할 수 없습니다.

물론 이 동무들이 반당 종파에 직접 참가하지 않으려 우리 문학 대렬을 파괴하기 위하여 의식적으로 행동하지 않았다는 것을 우리는 잘 알고 있습니다. 그러나 그들은 당성의 미약성과 개인적 약점으로 말미암아 홍순철에게 포로 되여 그의 손 발'이 되어 동맹 내에서 적지 않은 부정적 작용을 놓았던 것입니다.

이 동무들에게서 공통적으로 우리는 무엇을 볼 수 있는가 하면 그것은 그들이 모두 아첨분자이며 불견실한 사람들이며 홍순철에게 기대여 문학적 출세를 꿈꾸던 사람이라는 것입니다. 그들은 당성 원칙보다도 홍순철에게의 아첨이 더 중요했던 것입니다.

물론 이 동무들이 감흥하게 자기비판하고 자체가 가진 아첨과의 투쟁을 강화하며 당성을 단련할 것을 맹세하고 있습니다.

이번 전원회의에서 우리는 창작적 문제에 관련하여서는 더 말할 것 없지마는 홍순철을 위시한 반당 종파분자들과 관련된 문제의 심의에서 그리고 동맹 당조에 진행한 사상투쟁과정에서 우리들은 크게 교양되였습니다.

우리는 한설야 위원장의 보고에서 문학의 당성 원칙과 사상 의지의 통일에 대하여 언급하였고 과업을 제시한 데 립각하여 이 투쟁의 성과를 확고히 하며 정착시켜야 한다고 생각합니다.

그러기 위하여 나는 무엇보다도 우리 작가들이 우리 혁명을 좀먹고 우리의 성과를 탈취하려고 하는 온갖 반당 종파분자들의 준동에 대하여 예리한 혁명적 경각성을 높이면서 우리 문학 대렬 내에서 계급 교양 당성 단련을 강화하여야 할 것이라고 생각합니다.

지금 우리 문학 대렬은 그 어느 때보다도 통일되었으며 단합되었다고 나는 생각합니다. 이제는 아무도 지위에 대해서 이야기하지 않으며 출세에 대해서 이야기하지 않습니다. 이제는 대렬 내의 어느 구석에서도 누가 누구를 잡으려고 하거나 쏨곰닥 거리지 않는다고 생각합니다. 모두가 창작에 대해서 이야기하며 현실에 대해서 생활에 대해서 그것의 창작에서의 반영에 대해서 이야기합니다.

모두가 명랑하며, 유쾌하며, 활기 있으며, 솔직합니다.

우리는 종파사상에 대하여 계속 비판을 가하여야 할 것이고 비판받은 동무들도 역시 자기 과오를 청산하고 유쾌하고 솔직하고 용기 있게 우리 문학 대렬에서 내게 된 데 대하여 우리들은 공동 책임을 져야 하며 앞으로 나는 이런 일이 되풀이 되지 않도록 새로운 결의를 다져야 하리라 생각합니다.

『문학신문』, 1957.11.14

청년들에게 주는 훌륭한 선물

박태영 희곡집에 대하여

박태영의 처녀 희곡집 『우리 나라 청년들』이 세상에 나온 것은 우리 극작계의 훌륭한 수확일 뿐 아니라 글'자 그대로 우리 나라 청년 독자와 청년 문학가들에게는 좋은 선물인 것이다.

왜 이 희곡집이 우리 나라 청년들과 청년 문학가들에게 좋은 선물이 될 수 있겠는가? 그것은 이 한 책에 실려진 『우리 나라 청년들』을 위시한 네 편의 장막희곡과 한 편의 씨나리오가 그 내용에 있어서 우리 나라 청년들의 집단적 영웅주의와 사회주의적 애국주의 및 아름다운 근로정신, 믿음직한 인간성에 바쳐졌기 때문이며, 그의 극작술이 많은 점에서 청년 극작가들의 본보기가 되기 때문이다.

옛날부터 글을 그 사람을 나타낸다고 말하는데 박태영의 희곡을 읽으면 박태영의 사람을 알게 된다. 그는 조국 해방전쟁이 발발되자 용약 종군기자로 락동강 계선까지 포연 탄우를 뚫고 종군하였다.

종군작가 시기와 그 후 전선방문 기회에서 얻은 령감은 그의 희곡 『우리 나라 청년들』로 결정화(結晶化)된 것이다. 희곡 『우리 나라 청년들』은 우리 인민군대의 영웅성을 형상화한 그리 많지 못한 희곡 중에서 우수한 작품의 하나이며 그의 희곡 작품들 중에서도 대표적인 것이다. 이 희곡이 국립 연극 극장에서 상연된 것은 조국 해방 전쟁이 한창 가렬하던 때인바 연극은 관객들에게 깊은 감명을 주었고 후방 인민들에게 전쟁 승리에 대한 신심을 북돋아 주었다.

『대동강반』에서는 박태영의 향토의 향토 사람들에 대한 깊은 애정의 빠포쓰가 표현되여 있다. 그는 평양 태생이며 평양에서 자랐다. 후퇴에서 평양으로 돌아 온 그는 후퇴 기간 적 강점 아래서 향토 사람들의 애국적 투쟁에 대한 사실들을 듣고 무한히 격동되여 오래‘ 동안 이 희곡을 쓰려고 준비하였다.

아동 예술 극장을 위하여 영웅 리 수복집을 집필하려고 그는 리 수복 영웅의 전투기와 그 시기의 1,211고지 영웅들이 미군 10사를 상대로 하는 조국 창사에 길이 남을 전투 실황을 연구했으며 영웅의 고향을 방문하고 그의 성장기의 사적들을 연구하였다.

정전 직후 그가 건설—생산 직장에 파견 되였을 때에 얻은 작가적 감격은 씨나리오 『녀자 선동원』에 형상화되어 있다. 이기에서는 복구 건설과 인민 생활 안정을 위하여 당 정책 실현에 궐기한 청년 녀성들의 투쟁을 그리였다.

이와 같이 작가 박태영을 자기의 작품들을 통하여 우리 나라 력사와 혁명 발전 계단에서 핵심적 역할을 수행하는 청년들에게 무한한 애정으로 대하고 있다.

박태영은 극작가로 뚜렷한 개성과 특색 있는 쓰필을 가지고 있다.

그는 인간에 대하여 깊은 애정을 가지고 있다. 그의 인간에 대한 깊은 애정은 원쑤에 대한 그의 비할 바 없는 증오심과 적개심으로 더욱 강하게 반증된다. 『우리 나라 청년들』에서는 얼마나 많은 사랑스러운 당과 조국의 아들딸들이 그려져 있는가! 중대장 김석기, 장치 부중대장 장일형, 습격조장이며 사공 박로인의 손녀 선옥을 사랑하면서도 수집이 숨기기만 하는 김기주, 습격조원이며 세포 위원장인 강태화, ‘창고’란 별명을 듣고, ‘창고’와 같은 배낭 속에 항상 탄환과 수류탄과 식량의 예비를 떨구지 않는 습격조원 최만호, 대학생 출신으로 생리적 겁을 청산 못한 습격조원 리강, 귀여운 꼬마 련락원 명길복, 련대 군의소 준의며 강의한 처녀의 서탄실, 그리고 박로인과 선옥, 누가 이 청년들을 사랑하지 않으며 누가 이 청년들에게 조국의 장래 운명을 맡기지 않겠는가? 작가 박태영은 이 많은 청년 영웅들의 군상을 도식과 류형에 빠지지 않고 생동하고 특징적으로 그리였다.

희곡이라는 특수한 문학 잔르에서 인간의 성격 묘사는 서술적 언어로 되는 것이 아니라 인물 그 자체가 사용하는 회화적 언어로 된다. 박태영은 간결한 회화용 언어를 통하여 성격 묘사를 하는 데 솜씨가 깊다. 몇 가지 실례를 이 희곡에서 찾아보자.

2막에서 중대는 적을 유인하여 포위 섬멸할 작전으로 진지를 적에게 내주고 일시 후퇴한다. 준의 서탄실은 부상병을 업고 혼자서 밤새도록 전선을 해매다가 돌아와 김석기에게 호퇴게 욕을 먹고 언쟁이 버러졌다.

서탄실 : (가다듬고) 중대장 동무! (울음을 참는다)
김석기 : (억제하며) 어딜 산보하다 오시오!
서탄실 : 산보요? (샐쭉해서) 나는 후퇴에는 빠르지 못합니다.
김석기 : 그래서 동무는 혼자서 전진했단 말요?
서탄실 : 우리는 항상 전진해야 하지 않아요?
김석기 : 동무의 말에 의하면 우리는 비겁한 군인이군.
서탄실 : 그럼 후퇴가 그렇게 빠르단 말입니까?
김석기 : (엑제하다가) 차렷!
(서탄실 어리둥절하다가 《차렷》 한다)
대체 동무는 뭐요. 전쟁에 대해서는 쥐뿔두 모르면서 무슨 권리루 이 애국자들을 모욕하느냐 말요?
서탄실 : 나두 군인이예요.
김석기 : 걷어 치우시오. 그 공식 같은 소린.

불덩이 같이 강렬하고 바다같이 인간성이 풍부한 중대장과 강의한 처녀 준의와의 충돌은 부각적이다.

『대동강반』에서 직공장이며 늙은 기능자의 조춘삼, 어머니, 그의 동무 녀직공 순희, 지하 공작대 련락원 김영, 공장 당 위원장 민수, 늙은 로동자 두성과 같은 인물의 설정은 작가 박태영의 향토 사람—인간에 대한 정렬적인 사랑의 표칭이다. 향토를 지키며 적과 용감히 싸우는 조선 로동당이 길러 낸 사람들의 슬기로운 모습이 이 희곡에서 약동한다.

민수 : 아비아 아바이!

두성 : 이 사람 춘삼이! (춘삼 눈을 뜬다)

춘삼 : 오, 위원장 동무, 여러분…… 나는 하는껏 했습니다.

민수 : 잘 압니다.

두성 : 춘삼이 우리는 이겼다네, 이겼어.

춘삼 : 나는 인제 죽어두 한이 없네. (필녀, 대원 어머니를 부축하고 등장)

어머니 : 여보! (운다)

춘삼 : 울건 없어. 인제 다 돌아 왔는데.

위원장 : 동무 내 당중은 지하실 장'독 뒤에 묻어 놨습니다. (숨이 끊어진다)

어머니 : 여보 여보.

상민 : 필녀 아버지. (일동 운다. 모자를 벗는다.)

두성 : 이 사람 옛말하면서 잘 살자더니 이게 웬일인가? (운다)

필녀 : 오빠. (운다)

순희 : 필녀야!

상민 : 울지 말아. 어머니도 울지 않는다.

순희 : 필녀야!

민수 : 동무들 우리 공장에 중요한 제작기를 끝까지 사수하고 영웅적으로 싸워서 우리를 이기게 해 주신 춘삼 아바이 령전에 맹세합니다. 아바이가 목숨을 지켜 낸 우리 공장을 두번 다시 원쑤들에게 빼기지 말며 영원히 승리를 쟁취하기 위하여 원쑤들에게 마지막 죽음을 주는 날까지 용감히 싸워야겠소.

(일동 호응한다.) (포'소리 들린다)

(제4막에서)

이는 희곡의 대단원 부분의 영웅적 서사시의 한 장면이다.

작가는 자기 인물을 깊이 사랑하며 그 사랑은 인물의 발전으로 표시한다. 물론 이는 긍정적 인물의 형상화의 일반적 원칙이기는 하나 박태영은 희곡 『리 수복 영웅』에서 발전하는 인물들의 언 파레이드를 보여 주었다. 인간의 발전의 동기와 요인과 환경과 시간은 각양하다. 영웅 리수복의 발전 과정은 우리 인간 발전의 하나의 진형이다. 작자는 이 간결한 형식의 년대기적 희곡에서 명료하고 인상적으로 묘사하였다.

박태영의 극작술에 있어서 특징적이며 남의 추종을 쉽게 허용하지 않는 점은 그의 대화법이다. 그의 대화법은 깎고 다듬고 새겨낸 조각과 같이 간결하고 세련되여 있다. 그렇기 때문에 그의 대화는 매우 형상적이다.

희곡을 쓰는 사람들은 누구나 없이 간결하고 압축적인 대화를 쓰려고 노력한다. 그것은 장황하고 평면적이며 서술적인 대화는 관객을 감격시키고 끌어 잡기 힘들기 때문이다. 그러나 그러한 대화를 무난하게 쓰기는 누구에게나 쉬운 일도 아니며 성공하기 쉬운 일도 아니다. 우에서 인용한 구절들에게 이러한 특징을 찾아 볼 수 있었지마는 다음과 같은 구절은 더욱 특징적이다.

최만호 : (느리게) 그런가 하면 중대장 동무와‘ 같은 돌부처두 있지.
김석기 : (걸음을 멈추고) 불티가 내게루 미쳐 왔군.
최만호 : 글쎄 불이야 바람 부는 데루 가는 걸요.
김석기 : 동무들은 나를 그렇게 보는 모양인데 미안하지만 내게는 이미 사랑하는 사람이 있소.
일동 : 야! (웃는다)
누굽니까? 우리 아는 사람입니까?
일동 : 누굴까?
리강 : 미인입니까?
김석기 : 그렇소.
최만호 : 건강합니가?
김석기 : 그럼.
강태화 : 나이는요?

김석기 : 그건 비밀이요.
일동 : (생각하며) 비밀이라?
리강 : 지금 그 준의 동무 아닙니까?
김석기 : 뭐 어째?
리강 : 륙감입니다.
김석기 : 아니요, 알으켜 주지, 우리 어머니요.
일동 : 난 또, 속았구나.

(『우리 나라 청년들』 제1막에서)

이 한 구절만 읽거나 듣고도 그전에 무슨 이야기가 진행되었으며 지금 이야기의 고리가 무엇이며 앞으로 뭣이 이야기될 것인가를 명확하게 포착, 또는 리해할 수 있다. 다른 례로

(리수복 지도를 감회 깊게 보고 섰다)
학생1 : 야 군대가 또 나간다. 평양으로 가는게지?
학생2 : 평양으로 해서 전선에 갈거야.
핵생1 : 젠장 확 다는데. 우린 언제까지나 후방에서 이러구 있는단 말이야.
오지영 : 남조선의 인민들이, 더구나 학생들이 얼마나 우릴 기다리겠니, 해방된 서울 학생들까지 의용군으로 나가구 있다는데.
학생2 : 그러게 말야.
오지영 : (수복을 찬찬히 보고) 수복아!
리수복 : 응?
오지영 : 뭘 생각하고 있니?
리수복 : 난 인제 생각할게 없다.
오지영 : 생각할게 없다니 그래 군대에 나가는 걸 단념했단 말이냐?
리수복 : 아니야, 난 군대에 나가기로 결심했다. 어머니의 승낙두 받았어.
오지영 : 학교서 안 되면 어떡할테야?

리수복 : 난 어떡허든지 가겠어.

오지영 : 그래두 안 된다면?

리수복 : 군당에든지 군사 동원부에든지 직접 가서 탄원할테야.

(『리 수복 영웅』 제3장에서)

원쑤를 무찌르고 조국의 완전 해방을 열렬히 희망하는 청소년들의 전선 지원에 대한 감정이 견결한 대화들에서 충분히 표현되여 있다.

박태영의 극작술의 또 하나의 특징은 사건 발단과 전개, 복선의 이입 등에 군더더기가 없고 빈틈이 없이 째여져 있으며 구상력이 강한 것이다. 조직이 엉성한 희곡에서는 어느 한 대목을 잘라 버려도 사건 련결이 별반 중단되지 않는다. 그러나 박태영의 희곡의 경우에는 이런 칼질을 쉽게 하기 곤난하다. 어느 한 구절도 다 쓸 데가 있으며 제자리를 차지하고 있다. 이는 그의 희곡들의 임의의 구절을 듣고 보아도 공감될 것이다.

희곡문학은 어느 쟌르의 문학보다도 들어가기가 힘든 쟌르이다. 이 희곡집은 극작가 박태영이 희곡의 세계에 이미 깊이 들어가서 독자적 체뤼를 보여주고 있는 것을 말하여 준다.

일부 작가들 사이에서는 박태영의 대화법에 대하여 의견들을 가지고 있다. 즉 그의 대화법은 좀 고답적이며 하이칼라적이며 인테리 냄새가 풍긴다고도 하며 또는 지나치게 기교를 부려서 진실감이 덜 하다는 것이다. 이러한 의견에 대하여 나도 강감하는 사람의 한 사람이나 나는 그것을 결코 박태영의 약점으로 보지 않는다. 만약 이러한 특징을 약점으로 보아 제거하거나 개변하라고 한다면 그것은 박태영의 개성과 자기 쓰필을 버리고 성격과 특징 없는 박태영이 아닌 다른 극작가가 되라는 것을 말함이다. 그렇게는 될 수 없는 것이다. 우리는 작가의 개성과 자기 쓰필을 없애라고 할 하등의 권리를 가지고 있지 않다. 우리는 그의 개성과 쓰필이 더욱 완성되기를 바랄 뿐이다.

『조선문학』 1958.3

부르죠아 사상과의 철저한 투쟁을 위하여
주로 『불'길』, 『가족』을 중심으로

김일성 동지를 수반으로 하는 우리 당 중앙 위원회는 우리 문학의 현 상태에 대하여, 우리 문학의 장래 발전의 길에 대하여, 그리고 우리 작가들의 창작 생활의 모든 부문에 대하여 항상 두터운 관심과 주의를 돌리면서 그들의 창작성과의 앙양을 위하여 백방의 지도를 준다.

그것은 작가들이 우리 당 사상 사업에서와 우리 나라 근로자들의 공산주의 교양 사업에서 자기 임무를 원만히 수행하도록 하기 위함이며, 작가들이 자기의 작품을 가지고 우리 나라 사회주의 및 공산주의 건설에서 정체함이 없이 참가하며 천리마를 탄 기세로 계속 전진하며 계속 혁신하는 인민들에게 충실히 복무하게 하기 위함이다.

이는 곧 우리 당이 작가들의 수행하는 역할을 중요하게 평가하기 때문이며 작가의 창작 사업을 우리 혁명 발전에서 고귀한 것으로 인정하기 때문이다.

우리들 작가에 대한 김일성 동지의 두터운 관심과 당 중앙 위원회의 주도한 지도 대책은 우리 작가들의 창작 활동의 발전을 부단히 촉진하였고 그 창작 활동의 안받침으로 되는 작가들의 사상 의식 발전을 추동하였다.

김일성 동지와 당 중앙 위원회는 항상 우리 작가들이 당 정책을 적극 지지하며 그 정책의 충실한 선전자가 되며, 로동 계급의 사상으로 자기를 무장할 뿐 아니라 오늘 로동 계급과 그 충실한 동맹자들이 수행하는 혁명에서의 모든 긍정적 생활들을 형상화할 때 작가들을 지지하였으며, 그들이 낡은 부르죠아 사상의 포로가 되어 생활 현실에서 진실과 허위를, 새것과 낡은 것을 분별하지 못하고 우리 현실의 혁명적 전진에 결정적으로 보탬을 줄 대신에 호리타분한 것을 주려고 할 때에는 그런 작가들을 지지하지 않았다.

우리 작가들은 당의 지도 아래 새것, 진실한 것, 혁명적인 것의 적극적 지지자로, 우리 나라 정치 경제적 발전의 매 계단에 적극 참가하는 투사로, 당의 붉은 전사로 교양 되였으며 훈련되였다.

이 과정은 결코 평탄하지 않았으며 치렬한 계급투쟁을 동반하는 사상투쟁 가운데서 작가들은 당성을 단련하고 점차적으로 당의 사상, 붉은 사상으로 무장되여 왔으며 작가 대렬의 질적 강화와 순결성의 유지가 실현되여 왔다.

그러나 우리 작가들이 아직도 부르죠아적 사상 잔재로부터 완전히 해방되지는 못하였으며 때때로 창작에서 그 여독이 엄중하게 발로 되여 오늘 우리 근로대중의 사상 감정과는 전혀 공통성이 없는 작품들이 산생되고 있다.

조선 로동당 제 3차 대화의 보고에서 김일성 동지는 "일부 문학 예술인들은 아직 과거 사회에서 물려받은 자유주의적 산만성을 극복하지 못하였으며 문예 분야에 인민의 원쑤들이 뿌려 놓은 악영향을 청산하지 못하고 있습니다"라고 지적하시면서 "우리의 문학 예술인들은 앞으로 계속 문학예술에 있어서 반동적 부르죠아 사상을 반대하는 견결한 사상 투쟁을 완강히 전개하며 사회주의 레알리즘의 창작 방법에 엄격히 립각하여 자연주의, 순수 예술의 각종 표현들을 반대하여 견결히 투쟁할 것입니다"라고 일상적 투쟁 과업을 제시하시였다.

우리들은 이 교시를 받들고 거대한 창작적 앙양에로 전진하면서 작가 대렬에 끼여든 우연 분자들, 반당 종파 분자들, 부르죠아 사상의 전과자들을 반대하여 타협 없는 투쟁을 전개하였다.

우리 작가 대렬의 사상 의식 속에는 부르죠아 사상의 잔재가 아직도 완강히 뿌리를 박고 있으며 그것은 그들의 생활에서만 때때로 표현되는 것이 아니라 그들의 창작에서도 표현 되였다. 창작에서 낡은 사상 잔재가 표현된다는 것은 곧 그들의 사상 가운데 내포하고 있는 부르죠아 사상의 잔재가 그들로 하여금 현실을 보는 데 있어 맑스-레닌주의 미학관으로써 현실을 관찰하는 것을 필연적으로 제한하는 것이다.

그렇기 때문에 우리 당은 당 창건 첫날부터 작가 대렬의 사상 의식의 개변과, 공산주의적 당성 단련을 위하여 백방의 대책을 강구하였으며 그 투쟁 과업을 제시하였다.

해방 후 문학예술 발전을 위한 당 중앙 위원회의 모든 결정, 김일성 동지의 모든 교시에는 언제나 작가, 예술가들 사이에서 부르죠아 사상을 철저히 숙청하는 문제를 중요한 과업으로 제기하고 있는 것은 우연한 일이 아니다.

작년 10월 14일 김일성 동지는 작가 예술가들 사이에 아직도 부르죠아 사상이 엄중하게 잔재하고 있으며 그것은 최근 시기의 그들의 창작 활동과 생활에서 로골적으로 표현되고 있다는 것을 지적하시면서 우리 작가 예술가들은 이 부르죠아 사상을 철저히 숙청하기 위하여 더욱 완강하게 투쟁하라고 지시하시였다.

우리 나라 근로자들에 대한 공산주의 교양 사업에 있어서 우리 문학과 예술 작품, 특히는 영화, 연극이 수행하는 역할을 고려할 때 일부 우리 극작가들의 사상 체계와 현실을 관찰하는 태도와, 그것들의 표현으로서의 씨나리오, 희곡들의 경향은 로동 계급의 사상과는 전혀 공통성 없는 엄중한 것이 있음을 간과할 수 없다.

김일성 동지는 작년 11월 20일 전국 시, 군당 위원회 선동원들을 위한 강습회에서 하신 연설 「공산주의 교양에 대하여」에서 "우리가 하루속히 사회주의의 높은 봉우리에 올라 서기 위해서는 근로 대중을 공산주의 사상으로 더욱 튼튼히 무장시키지 않으면 안 됩니다.

철저한 사상 교양 사업과 사상 투쟁을 전개하지 않고서는 혁명의 전진을 보장 할 수 없으며 이미 얻은 승리를 공고히 할 수도 없습니다"라고 현 시기에 있어서 근로자들에 대한 공산주의 교양이 우리의 혁명적 전진 운동에 있어서 가지는 합목적성에 대하여 지적하시였다.

그런데 최근에 창작된 우리 극작가들의 일련의 씨나리오, 희곡들에는 근로자들의 공산주의 교양에 엄중한 해독을 끼칠 수 있는 것들이 있었고 이러한 것들은 일부 일'군들의 독단주의로 말미암아 영화로, 연극으로 제작되거나 상연 되여 국가에 막대한 손실을 주었다.

특히 씨나리오 『불'길』(윤두헌, 홍건), 『불나비』(윤두헌), 『형제』(서만일, 김승구), 희곡 『가족』(서만일) 등에서는 우리의 비약하는 현실이 란포하게 외곡되고 있으며 영웅적 로동 계급이 모욕되고 있으며 당 정책이 로골적으로 비방되고 있다.

이 작품들에서는 그들 자신들이 가지고 있는 부르죠아 사상이 현실을 보는 눈과 나라의 사회주의 건설과 혁명적 로동 계급에 대한 태도와 당의 모든 정책에 대한 태도를 규정하고 있으며 제한하고 있는 것이다. 즉 그들의 세계관과 미학관을 자본주의 시대에서 물려받은 그대로이며 맑스-레닌주의적 세계관, 미학 관과는 대립되는 것이다.

씨나리오 『불'길』에는 작가들의 생활에 대한 부정적 태도가 로골적으로 지배하고 있다. 물론 우리 생활에는 긍적적인 것과 함께 부정적인 것이 있는 법이다. 그러나 이 작가들은 당'적 립장에 서있지 못하고 혁명과 인민의 리익에 복무하는 립장에 서 있지 못하며 그리고 구체적으로는 황해 제철소에서 용광로의 건설에서 발휘되니 로동자, 기술자들의 위훈이 우리 조국과 인민을 행복한 공산주의적 명일에로 이끌고 가는 거대한 전진이라는 립장에 서지 못하였기 때문에 우리의 로동 계급을 비렬하게 모독하였으며 사회주의 시대의 지식인을 부정적으로 보고 있으며 나아가서는 오늘과 같은 위대한 현실을 꾸려놓은 원동력인 우리 당 정책을 비방하는 데까지 도달하였던 것이다.

이 작자들의 우리 생활 현실에 대한 이러한 태도와 립장은 반사실주의로 일관되여 있으며 이 작자들에게서는 당성이 완전히 결여 되여 있는 것이다. 만일 그들이 우리 당의 사상으로 철저히 무장 되였고 우리의 현실 생활에서 진정한 로동 계급의 사상으로 호흡한다면 절대로 씨나리오 『불'길』에서와 같이 그렇게는 현실이 모사될 수 없다.

그러면 『불'길』에서는 어떻게 우리 당 정책과 우리의 영웅적 로동 계급과 사회주의로 교양된 새로운 지식인들이 란포하게 중상적으로, 야유적으로, 부정적으로 그려져 있는가?

김일성 동지는 황해 제철소 제1호 용광로와 해탄로 조업식에서 하신 연설에서 “용광로와 해탄로 건설에 필요한 방대한 기자재를 공급하며 우리가 일찌기 경험하지 못한 복잡한 기술 문제들을 해결하기 위하여서는 중첩되는 난관들을 타개하지 않으면 안 되였습니다. 그러나 우리 당은 우리 로동 계급이 자기의 애국적 열성과 무궁무진한 창조적 재능을 발휘함으로써 모든 난관을 극복하고 이 어려운 공사를 기한 내에 능히 완성하리라는 것을 확신하였습니다. 당신들은 영웅적 위훈으로써 우리 당의 신임에 훌륭히 보답하였습니다. 오직 전체 로동자, 기술자, 사무원들이 당과 정부의 결정을 받들고 불면불휴의 헌신적 투쟁을 전개함으로써만 폐허 우에서 이 어렵고도 방대한 건설 공사를 성과적으로 보장할 수 있었습니다”라고 하시면서 이 용광로 건설의 규모의 방대성, 기술 문제의 복잡성, 로동자, 기술자들의 당에 대한 헌신성과 건설 공사에서 발휘한 영웅성에 대하여 지적하시였다.

과연 씨나리오 『불‘길』에서 이러한 면모들이 반영되여 있는가? 전혀 그렇지 못하다. 작자들은 이 건설 공사를 어디까지나 과거 왜놈들이 만들어 놓은 락후한 용광로의 ‘복구’라고 고집스럽게 주장하고 있을 뿐 아니라 남아 있는 로체우에 비둘기가 깃들고 민들레가 피여 나는 등 왜놈들이 만든 용광로에 대한 향수를 숨기지 않고 있다.

뿐만 아니라 작자들은 이 건설 공사가 당 중앙 위원회의 직접 지도 아래 여기에 동원된 로동자, 기술자, 사무원들의 헌신적인 투쟁과 영웅적인 위훈은 물론 전 인민적인 지원으로, 다시 말하면 참으로 방대하고 복잡하고 치밀한 통일적인 설계와, 기술과 로력으로 이루어졌다는 사실을 간과하고 있다. 작자들은 방금 대학을 졸업한 몇 사람의 기사들의 설계도에 의하여, 몇 사람의 현장 로동자들이 주동이 된 송풍기의 복구에 의하여 용광로가 ‘복구’된 것처럼 사실을 왜소화하여 묘사하였다. 이 작자들이 본 난관이라는 것은 로동자들과 기사들과의 대립, 송풍기를 복구하느냐 수입하느냐 하는 것, 스끼프 공사가 비로 말미암아 위험에 빠진 것 등 뿐이다. 작자들의 립장이 모호하기 때문에—아니 명확하게 당'적 립장에 서 있지 못하기 때문에 이 거인적 건설에서 수행하고 있는 당'적 지도를 간과하고 있는 것은 그렇게 괴상한 일이 아니다. 우리 현실 생활의 위대한 빠포쓰는 이 작자들의 창작적 빠포쓰와는 전혀 딴 세상의 것이다.

우리 로동 계급을 모욕하고 비방하는 사상은 씨나리오의 도처에서 부닥칠 수 있다.

부기사장은 로동자들이 생명을 걸고 지켜 온 송풍기를 "그까짓 낡은 것 엿이나 사 먹지요" 하고 조소했으며 경험 많고 당에 대한 충성심과 조국과 인민에 대한 고귀한 자기희생적 정신으로 충만된 로련한 로동자들에 대하여 "아바이들도 인젠 그만큼 고생했으면 사회 보장으로들 넘어가지요" 하고 모욕하고 있다. 이 부기사장의 사상이 곧바로 작자들의 사상인 것이다.

기사인 인수는 "기술이란 막 로동과 다릅니다. 우격다짐으로 해명될 게 아닙니다. 기술이란 결국 고상한 예술입니다. 두뇌의 산물입니다. 이걸 똑똑히 명심해둘 필요가 있습니다" 하며 로동자들의 고귀한 창의 창발을 모욕하고 있으며 긍적적으로 그런 녀기사 금순이도 "조급해 하지 마세요. 두뇌로 하는 일은 힘으루 하는 일처럼 간단하게 되는 게 아닙니다" 하고 맞장구를 친다.

이는 곧 작자들이 가지고 있는 기술에 대한 신비성을 등장인물을 통하여 토론한 것에 지나지 않으며 작자들이 우리 현실에서 정신 로동과 육체 로동의 접근, 기술과 로동, 리론과 실천의 통일이라는 위대한 전변들에 대하여 전혀 객관적 태도를 취하고 있거나 간과하고 있다는 것을 증명하는 것이다. 그렇기 때문에 이러한 작자들의 태도도 로동 계급을 모욕하는 기분 이외에 아무것도 아닌 것이다.

늙은 로동자 억쇠가 "…… 누가 이 송풍기를 고치군 돈을 먹겠다나 한자리를 하겠다나……" 운운하게 한 것, 부기사장이 "아, 당신이 지배인이요, 상이요" 하고 폭언을 하게 한 것 등도 작자들이 가진 로동자들에 대한 모독적 사상의 표현일 것이다.

작자들은 복잡한 기술 문제를 해결하지 않고는 불가능한 용광로 건설을 부기사장과 갓 대학을 나온 인수, 금순과 같은 기사들에게 맡기고 있으며 더구나 이 부기사장과 인수란 인물은 부정적으로 설정하고 있다. 용광로는 몇 사람의, 더구나 아무런 경험도 없는 대학 출신의 몇 사람의 지혜에 의하여 건설되는 것이 아니고 기술 그루빠의 집단적 지혜에 의하여 해결되며 그 기술 집단의 사업의 선두에는 언제나 우리 당의 총명한 지도가 엄연히 존재하는 것이다.

뿐만 아니라 작자들의 기사—지식인에 대한 태도는 전혀 우리 당의 지식 분자에 대한 정책을 왜곡하고 있으며 오늘 우리 당과 국가의 기술 인재 양성 정책과는 공통성이 없다.

적자들은 기사장이 아니라 부기사장을 내세웠으며, 학교를 갓 나온 기사 모두가 아니라 금순 한 사람을 긍정 인물로 설정하였다고 하여 일이 다 된 것으로 생각하였으나, 이 씨나리오에는 용광로 건설에 기사장은 물로 다른 기술자라고는 아무도 등장하지 않으며 모든 기술적 문제는 부기시장이 맡아 있고 인수도 설계상에 제기되는 기술 문제를 책임지고 있는 것으로 설정하였으며 금순은 다만 설계도를 작성하는 기술—실무적 일'군으로 되여 있는 것이다.

이렇게 부정 인물들의 기도로서는 용광로는 복구될 수 없으며 또 그러한 인물 배치도, 그러한 인물 자체도 실지는 존재할 수 없는 것이다. 이는 작자들이 현실을 모르고 오직 탁상에서 작위적으로 고안해 내온 것에 불과한 것이다.

우리 당은 오늘 우리 나라 사회주의 건설에서 지식인들이 수행하는 역할의 중대함을 인정하고 그들이 선진적 새 기술로 무장하는 것은 물론 맑스—레닌주의 사상, 리론으로 무장하도록 백방의 대책을 실시하여 온다. 그리하여 수많은 과거 시대에 교육 받은 기술자들을 꾸준히 재교육함으로써 우리 당의 훌륭한 지식인 대렬을 확충하고 있다. 우리 당의 교육 방침은 리론과 실천의 긴밀한 결합이며 우리 나라와 선진 국가들에서 실재 건설과 생산 행정에서 검열된 모든 리론들을 가르쳐 주며, 배운 리론들이 실천에서 다시 검열된다.

뿐만 아니라 우리 학생들은 우리 나라 사회주의 건설과 조국의 평화적 통일 위업 달성을 위하여 투쟁하는 근로 인민들의 자세들이며 그 학생들의 적지 않는 사람들이 실제 로동을 통하여 단련 되였고 조국 해방 전쟁의 포화 가운데서 단련된 사람들이다.

『불'길』의 부기사장을 그렇게도 로동자들에 대한 폭군—관료주의자로 대학 졸업생들을 그렇게도 기술의 신비주의를 선봉 하는 사람들로 묘사하였고 처음부터 끝까지 기술자 진영과 로동자들을 첨예하게 대립시킨 작자들의 사상은 전혀 부르죠아적인 것 이외에 아무것도 아닌 것이다.

정전 후 많은 야금 공장들에서 로체 내에 굳어진 지금(地金)의 처리에서 몽키를 사용하여 처리한 것은 보편적인 사실이다. 이 용광로 내에 응고 되여 있는 지금도 몽키로 깨뜨려 내게 된다. 그런데 이에 참가한 로동자들은 몽키를 비조직적으로 '절도적' 방법으로 손에 넣게 된다. 당이 제시한 기일인 5·1절전으로 요광로 건설을 완수하여야 하는 대 건설사업 체계 내에서 하나의 몽키 장치가 이렇게 비조직적으로 해결될 수는 없다.

그런데 작자들은 마치 몽키 문제가 아주 큰 문제인 것처럼 설정하고 로동자들로 하여금 몽키를 남의 직장에서 몰래 훔쳐 내는 모험을 하게 함으로써 인공적인 갈등을 꾸며 냈다. 만약 몽키가 필요하다고 정당하게 제기된다면 어데선들 그것을 보장해 주지 않겠는가?

작자들은 주요한 인물의 하나인 늙은 로동자 억쇠를 '로력의 희생자'로 죽게 하는데 사태가 이에 이르면 우리 로동 계급을 모욕하고 당 정책을 비방한 것도 극도에 말하였다고 말하여야 할 것이다.

억쇠를 죽이고 억쇠가 죽어야만 하는 작자들의 의도와 사상은 바로 그것이 우리의 원쑤들의 사상을 그대로 대변하는 것이다.

김일성 동지들 위시한 당과 정부의 지도자들이 직접 참가하고 전체 조선 인민이 축하하여 마지않는 우리 나라 로동 계급의 위대한 승리의 축전을 작자들은 억쇠의 죽음에 대한 장송곡으로 '장식'하였다. 이 악의에 가득 찬 모욕을 우리들은 도저히 참을 수 없다.

억쇠의 죽음으로 작자들이 이 씨나리오에 '비장성'을 주며 영화를 '영웅적 서사시'로 되게 할 심산이였고 그것이 곧 작품의 예술성을 높이는 것이라고 생각하는 거기에 바로 이 작자들의 부르죠아적 미학관의 본질이 있는 것이다.

억쇠가 죽어야 할 필연적인 리유, 타당성은 어느 구석에서도 찾을 수 없다. 억쇠와 같은 인물이야말로 용광로의 조업식에 첫자리에 참가하여야 할 것이고 오래 살아서 행복을 누려야 할 것임에도 불구하고 작자들은 용광로의 건설이 완성 단계에 들어 간 시기에 전혀 타당성없이 죽게 함으로써 인공적인 '비장성'을 부여하려고 하였다. 작자들의 현실에 대한 통단이 이렇게까지 발전하면 언어도단이다.

작자들은 왜 이렇게도 엄중한 결함들을 가지고 있는 씨나리오를 쓰게 되였는가? 그것은 전혀 작자들의 현실에 대한 부르죠아 주관주의적 태도 때문이다.

로동자들과 기술자들의 대립 문제, 기술자 진영을 부정적으로 설정한 문제, 우리의 대학 졸업생들에 대한 문제, 몽키 문제, 억쇠의 죽음 문제, 기타 전반적으로 작자들이 취급하고 있는 문제들이 우리 현실을 부르죠아적 사상 관점에서 관찰하고 있는 데로부터 산생된 것이며 작자들이 우리의 위대한 현실의 본질에 깊이 침투하지 못하고 그 가운데서 현실 발전의 기본 동인으로 되며 우리 극작가들이 전형적으로 묘사하여야 할 성격들과 갈등들을 찾지 못하고 그 대신 협소한 주관에서 측정한 인공적인 사건과 인물들을 작위적으로 희롱하고 있는 것이다. 이 씨나리오에서는 우리 당의 령도의 거대한 힘을 아무데서도 볼 수 없으며 당의 령도 아래서 진행되는 행정적 지도 체계도 볼 수 없으며 당과 인민의 통일 아래 형성되는 우리 근로자들의 믿음직한 도덕적 풍모도 볼 수 없다.

윤 두헌의 영화화되지 못한 씨나리오 『불나비』에 있어서도 작자의 현실에 대한 태도는 동일하다.

동시에 이 씨나리오를 읽으면서 감독 되는 것은 무엇보다 윤 두헌의 창작 태도이다.

우리 글 쓰는 사람들은 한 줄의 글을 씀에 있어서도 현실을 정확하게 인식하고 그것을 진실하게 묘사하기 위하여 남모르는 투쟁과 고심을 한다. 이러한 작가들의 창작 과정은 훌륭하고 가치 있는 것의 탄생을 위한 진통이며 고민인 것이다. 그 진통이 크고 고민이 심할수록 탄생되는 것은 훌륭하며 가치 있는 것이다.

어느 틈에 '대가'가 되었고 '큰 간부'가 된 윤 두헌은 이미 오래 전부터 작가적 태도에서 안이했고 불견실했고 타락했던 것이다. 『불'길』이 정전 직후에 김책 제철소에서 취재한 내용으로 썼다가 불합격된 『용광로에 종이 울린다』를 황해제철소로 장소를 바꿔 놓은 것이라는 사실은 그가 작가적 태도에서 얼마나 불견실하며 지위를 리용하여 가족주의적 관계로 형성된 '체계'에 의하여 영화화하려고 한 파렴치한인가를 말하는 것이다. 이렇게 '저명'해지고 '대가'가 된 윤두헌과 그 가족주의 '체계'는 오만 무례하게도 이 영화에 대한 당 중앙의 충고도 듣지 않고 제작해 버렸다는 사실은 듣는 사람으로 하여금 격분케 한다.

『불나비』에 있어서의 윤두헌의 작가적 태도 역시 불성실하기 짝이 없다. 이 작품에 있어서 작자는 완전히 무사상성을 드러냈으며 예술성이 저급함을 폭로하였다. 이 씨나리오를 한번 읽으면 작자가 현실을 조금도 연구하지 않았고 오늘 우리 생활의 각 부면에서 반혁명 분자들이 집요한 파괴 공작을 하려고 시도하며 인민들과 내무 일'군들이 어떻게 경각성 높이 반혁명과의 투쟁을 하고 있는가를 전혀 모르고 있다는 것을 곧 알 수 있으며 작자는 이 씨나리오를 그가 사랑하는 과거의 청진의 '뒤'골목'의 술상 머리에서 썼다는 것을 알 수 있다.

윤두헌의 이 사상성과 예술성이 전혀 없는 람조품을 역시 '지위'를 가지고 팔려고 했으나 엄청나게 작품이 저렬 했기 때문에 영화 일'군들이 속지 않은 것은 만분 타당한 일이였다.

『불'길』과 『불나비』에 있어서 작가적 태도를 말할 때 윤두헌의 부르죠아 사상은 매문주의에로 자신을 필연적으로 타락시켰다는 것을 부언하지 않으면 안 될 것이다. 우리 작가 대렬에 끼여든 부르죠아 사상의 소유자들이 공통적으로 매문주의였다는 것은 필연적인 일이다. 매문주의는 작가가 돈'벌이에 열성을 발휘할 때, 그리고 공명을 빨리 세우고 출세를 하려고 기도할 때 반드시 빠지고 마는 부르죠아 사상인 것이다. 성실하고 량심적인 공산주의 작가들은 이 매문주의를 가장 경멸하고 미워한다.

희곡 『가족』 역시 작자가 가진 부르죠아적인 사상체계와 현실에 대한 태도 및 문학에 대한 작가적 태도에 대해서 론의가 된다.

작가서 만일이 이 희곡에서 가장 애착을 가진 것은 한만근이란 인물이며 그 인물의 안케르인 것이다. 그러면 작자는 그 인물의 어디에, 그 인물의 안케르의 어떤 경력에 그렇게 애착을 흥미를 가졌는가?

『가족』의 첫와리안르에서 득자는 로련한 축로공 길창훈에 의하여 육성된 능력 있는 축로공 한만근이 이미 전쟁 전에 우리 화학 공업 기지인, 이 희곡의 사건이 전개되는 비료 공장을 떠나 방랑하다가 전쟁 기간 후퇴도 못하고 치안대에 참가하였고 적이 물러간 뒤 공민증을 타지 못하고 전전하는 것, 그리고 정전 후에는 처가인 길창훈의 집으로 돌아와서 다시 비료 공장 복구 건설장에서 일하게 되자마자 간첩 권일평에게 걸려들어 범죄를 하게 되는 것을 보게 된다.

바로 작자가 이상과 같은 한만근의 안케르에 애착을 깊이 가지고 있는 거기에 문제가 있는 것이다.

작자가 한만근이라는 인물을 설정한 목적이 어데 있으며 왜 이런 인물을 설정하게 되였는가? 그것은 두 말할 것 없이 작자가 우리의 현실을 희롱하고 야유하자는 데 있으며 우리 로동 계급에 대하여 엄혹한 객관적, 부르죠아적 관계로 보기 때문이다.

로동 계급의 한 사람인 한만근은 그를 길러 준 길창훈과 어머니인 비료 공장을 떠나 타관으로 가야 하며, 후퇴도 않고 치안대에 가담해야 하며, 3년간이나 공민증 없이 살아야 하며, 정전이 성립된 뒤에라야 겨우 비료 공장으로 돌아오게 되며, 그리고 간첩의 손아귀에 들어가야 할 아무런 현실적 필연성도 객관적 조건도 없는 것이다.

작자는 한 만근을 통하여 우리 로동 계급을 룸펜 프로레타리아로, 적 앞에서 비굴한 변절자로, 갈팡질팡하는 비혁명적인 계급으로 보는 것이며 우리 당의 관대정책도, 공화국의 공민의 권리 옹호와 견실치 못한 작가의 '창의 고안'에 의하여 조작된 '로동자' 한만근은 치안대에서 '심부름'을 한 정도의 죄를 자수하지 않고 오히려 그것을 숨기기 위하여 3년간을 류랑했고 공민증도 타지않고 출몰하였다.

이러한 '갈등을 위한 갈등'은 우리 로동 계급에 대한 모욕이 아닐 수 없고 현실에 대한 부르죠아적 태도가 아닐 수 없다.

작자가 이 희곡에서 가장 앞선 발키며 '문제성'이라고 제기한 문제는 남편을 폭격에 잃은 길창훈의 며느리 문계숙의 계혼 문제이다. 더구나 문계숙의 결혼 상대는 죽은 남편과의 가장 가까운 친구며, 그 '중매'의 역할을 전 시아버지가 있는데 그것으로 '문제성'이 더욱 '심각'해지는 것이다. 작자의 기이한 '문제성'으로 하여 우리 나라의 아름다운 도덕과 미풍, 고상한 인간적 심정들이 무참하게도 유린되고 모독되는 것이다.

문계숙이로 하여금 그의 죽은 남편의 동지며 친우인 사람에게 개가케 하는 것이 문계숙과 작자까지 합친 그 주위의 사람들의 훌륭한 인간성을 말하는 것인가, 아니면 문계숙이로 하여금 공장을 지키며 싸우다가 폭격에 죽은 남편을 생각하며 그의 조국에 대한 헌신을 자랑하며 남편을 사랑하는 간절한 심정 속에서 당분간 살게 하는 것이 인간성의 풍부함을 보이는 것인가? 두말할 것 없이 후자의 편이 당시 독자들과 관객들을 교양함에 유익한 것이다.

희곡 『가족』의 첫 와리안토에서 사회주의적 현실을 리탈하고 우리 로동 계급을 모욕한 점들은 이 외에도 여러 가지가 있으나 그 당시 이미 출판물들에서 분석 비판 되였기 때문에 여기서는 상세히 언급하는 것을 피한다.

『가족』은 이러한 결함들이 있기 때문에 그 첫 와리안트가 발표되고

(1954년 9월 『조선문학』) 상연되였을 때(1955년 1월 국립극장에서) 정당한 지적들이 있었고 작자에게 그 수정을 제기하였던 것이다.

작자가 가진 현실에 대한 부르죠아적 립장은 둘째 와리안트에서도 시정되지 않았으며 작가적 태도에서 성실하지 못한 것이 표현 되였다. 즉 한만근이란 인물에 대한 작자의 애착은 집요하게 남아 있었으며 현실 부정의 태도는 의연 계속되였다. 한만근이 치안대에 참가한 문제, 3년 동안 방랑하면서 공민증을 타지 못한 문제, 간천 권 일평에게 유혹되여 끌려 들어가는 문제 등은 작품 수정에 3년이란 긴 시간을 소비하였음에도 불구하고 전혀 고쳐지지 않았을 뿐 아니라 한만근의 자기 계급의 위업에 대한 더욱 악의에 찬 중상적 태도는 일층 성명성을 띠고 강조 되였다.

이렇게 작자의 한만근이란 인물에 대한 애착, 즉 우리 로동 계급에 대한 부르죠아적 태도는 도저히 변경될 수 없는 완강성을 가지고 있었던 것이다.

이렇게 불성실하게 수정된 대본을 서만일은 '지위'를 리용하고 그가 가진 '능숙'한 '외교술'로 극장 창조 집단에 떠맡겼으나 집단은 서만일과 같이는 우렬 하지 않았고 흐리타분하지 않았기 때문에 둘째 와리안트에 대하여 극히 랭정한 태도를 취하였다. 그는 이렇게 불성실하게 수정된 대본을 창조 집단에 맡여놓고 '작가가 창조 집단과 함께 현지 답사를 가며 훌륭한 관계를 취하는' 사람은 자기가 유일한 사람인 것처럼 떠벌리면서 집단을 롱락하려고 하였다.

부르죠아 사상을 철저하게 소유하고 있는 윤두헌, 서만일 등의 상술한 씨나리오, 희곡들과 그들의 작가적 태도에서 우리는 어떠한 교훈을 받게 되는가?

우리 작가들이 당의 전사, 붉은 전사라는 영광스러운 자기의 본질에서 벗어나며, 자기 계급, 로동 계급의 립장에서지 않고 로동 계급의 사상으로 호흡하지 않는다면 혁명의 비참한 락오자가 되고 말 것이다. 오늘 혁명의 고조기에 처하여 김일성 동지는 "공장과 광상, 농촌과 어촌, 이르는 곳마다에서 공산주의의 붉은 기치를 높이 들고 우리의 전체 근로자들이다 붉은 사상, 공산주의 사상으로 무장한 혁명가가 되도록 노력해줄 것"(「공산주의 교양에 대하여」에서)을 당의 사상 전선의 주요한 전투원인 우리 작가들에게도 간곡히 요구하고 있다. 뿐만 아니라 작년 10월 14일의 교시에서도 오늘 전체 근로자들이 당의 부름에 따라 사회주의 건설에 모든 정열을 바쳐 거대한 전변을 일으키고 있는 때에, 일부 작가 예술가들 중에는 아직도 부르죠아 사상을 청사하지 못하고 현실에 둘러앉아 있을 것이 아니라 현실 속에 뛰여 들어가 그 예리한 감수성으로 인민에게서 배우며 준비된 것을 가지고 인민을 가르쳐주는 창작 사업에 일체의 정력을 기울여야 할 것이며, 부르죠아 사상을 철저히 숙청하기 위한 강한 투쟁을 전개할 것이며 그렇게 함이 없이는 우리 문학예술의 발전을 기대할 수 없다고 간곡하게 당부하였다.

윤두헌, 서만일 등 일부 작가들은 자기가 의거하여야 할 발판을 떠나 그러한 해독적인 작품을 썼으며 그러한 비공산주의적 도덕 품성을 소유하게 되였다. 이러한 작가들은 물을 떠난 고기와 같이 우리 시대에서는 곧 호흡이 끊어지고 만다는 것을 알아야 할 것이다.

만약 이러한 작가들과 같이 생활하며 현실에 대한다면 오늘 우리 나라의 위대한 혁명적 전변과 세인을 놀래우는 기적적인 사변들에서 로동 계급과 그 견실한 동맹자 근로 농민들이 공산주의 건설자답게 사고하고 일하고 생활하는 고상한 정신적 품성, 탁월한 성격, 훌륭한 도덕적 풍모를 도저히 발견하지 못할 것이다. 작가가 만약 이렇게 된다면 오늘 우리 나라 전체 근로자들에 대한 공산주의 교양을 강화하는 사업에서 작가가 수행해야 할 거대한 임무에서 물러날 뿐 아니라 그 작품은 직접적으로 공산주의 교양 사업에 해독을 줄 것이다. 그렇기 때문에 이러한 부르죠아 사상을 청산하지 못한 작가들의 그 현실에 대한 태도, 창작에 대한 태도들의 반당적, 반인민적 본질에 대하여 우리는 랭철한 비판과 반격을 가하는 것이다.

최근 기간 우리 극 문학 부문에서 물의를 일으키고 비판을 받은 작품들이 적지 않다. 『농민』, 『족제비』, 『멀고도 가까운 곳』, 『강물이 풀린다』

등에 있어서는 『불'길』, 『가족』들과 대차가 없다는 것에 대하여 우리는 관심을 돌리지 않을 수 없다. 『농민』의 작자 황의현과 같이 이미 작가 대렬에서 떨어져 나간 사람은 말할 것도 없고 아직 우리가 기대를 걸고 있는 『족제비』, 『멀고도 가까운 곳』, 『강물이 풀린다』의 작가들이 현실에서 생명력을 발휘하고 있는 우리 당 정책을 보지 못하고 현실에서 본질적인 것과 비본질적인 것과, 주되는 것과 부차적인 것, 교양적인 것과 비교양적인 것들을 관별하지 못하는 극히 미약하거나 불견실한 세계관, 미학관을 소유하고 있는데 대하여, 그리고 이 모든 것이 현실에 대한 부르죠아적 사상 관점에서 유래한다는 데 대하여 간과할 수 없는 것이다.

또한 우리 극작가들 중 신인들에 속하는 사람들이 아직도 생활 현실에 대한 밀접한 련계를 가지지 못하고 확고한 공산주의자적 태도를 가지지 못하고 있는 문제에 대하여 역시 우리는 간과할 수 없다. 『왁새 날아든다』, 『그들의 문제』들의 작가를 위시한, 이러한 작가들은 현실에 대하여 진실하고 소박하게 뛰여 들 대신에 그들의 극히 소시민적 부정확한 현실관과 얕은 기교의 척도로써 현실을 재고 있는 것이다.

그렇기 때문에 『족제비』, 『멀고도 가까운 곳』, 『강물이 풀린다』, 『왁새 날아 든다』, 『그들의 문제』의 작가들에 있어서 문제되는 것도 그들이 소유하고 있는 부르죠아적 사상 체계의 철저한 숙청과 로동 계급의 사상—혁명적 맑스—레닌주의적 사상으로 무장하는 것이다.

우리는 이 작가들에게 기대를 걸고 있으며 그들이 윤두헌, 서만일 등의 창작 태도에서 쓰라린 교훈을 누구보다도 민감하게 받아들일 것을 바란다.

흐루쑈브 동지가 「문학 및 예술과 인민 생활과의 밀접한 련계를 위하여」에서 지적한 다음과 같은 구절을 우리는 상기한다.

"우리는 맑스—레닌주의 원칙들로부터 물러서며 양보하는 데 의하여서가 아니라 원칙적 로대에 립각하여 문학과 예술의 모든 력량을 공고화하며 결속시킬 것을 원한다. 이 공고화를 위하여 원칙적 비판과 자기비판이 전개된다. 이 비판은 오류를 범한 사람이 자기의 오류를 인식 시정하며 발을 땅에 튼튼히 붙이며 창작 열의를 제고하도록 도와준다. 비판과 자기 비판과 자기비판 전개하면서 이러저러한 일'군들의 과오가 우연한 것인가 또는 그것이 그의 견해의 계통성, 그의 행동의 일정한 로선을 반영하고 있는가를 주의 깊게 살펴야 한다."

영화 연극에 대한 우리 근로자들의 수요의 증대, 그들의 미학관의 발전, 그리고 영화, 연극의 근로 대중 속에서 수행하는 공산주의 교양자적 역할 등을 고려할 때 오늘 우리의 씨나리오, 희곡 창작의 질, 령적 제고는 절박한 문제로 제기된다.

우리 극작가들은, 생활 현실의 토대에서 리탈하고 로동 계급의 사상에서 물러 나간, 일부 부르죠아 사상의 침습에서 헤여나지 못한 사람들의 전례를 교훈으로 하여 우리에게 아직 남아 있는 부르죠아 사상을 철저히 뿌리채 뽑아 던지고 당의 전사, 붉은 문예 전사답게 사고하고 생활하고 창작하여야 하겠다.

『조선문학』, 1959.3

사회주의적 사실주의 기치를 더욱 높이자!

우리 당 문예정책의 중심적인 요구는 언제나 우리 문학예술 작품들의 사상—예술성의 수준을 부단히 높이는 데 알려져 왔다.

이는 우리 문학 예술의 유일한 창작 방법인 사회주의적 사실주의의 기본적인 요구인 것이다

우리 극 문학은 해방 후 15년 동안에 사회주의적 기치를 높이 들고 적지 않은 창작적 성과를 거두었다.

우리 나라에서 사회주의 혁명이 고조되고 전체 인민이 당의 호소에 고무되어 천리마를 탄 기세로 공산주의 사회의 문어구를 향하여 돌진하는 때에 당은 전투적 문학 장르인 우리 극문학에 대하여 근로자들의 공산주의 교양자로서의 자기 임무 수행을 창작의 사상—예술적 질 재료로써 대답하라고 지시하고 있다.

이를 당에 이 책으로서 우리 작가들이 더욱 성실에 접근하고 직접 로동을 통하여 남길 경험을 축적하게 한 당의 조치의 현명성은 최근 로동 현장에서 보내오는 작가들의 편지와 창작으로써 확증되고 있다.

경험은 이 작자들이 우리 현실을 전혀 알려고 하지 않았거나 우리 현실에 대하여 랭혹한 객관적 립장, 관조적 태도를 취하였다는 것이다. 이러한 작가적 태도는 바로 부르죠아 작가의 창작 태도인 것이다.

그렇기 때문에 이 작자들은 우리 현실을 왜곡 하였을 뿐 아니라 지어는 우리 당 정책과 우리 로동 계급의 로력적 위훈을 모욕하거나 중상 비방한 것이다.

우리 극작품의 사상—예술적 질 제고에 있어서 극작가들이 가장 중요하게 관심하여야 할 문제는 근로자들에 대한 공산주의 교양이다.

극작품들이 공산주의 교양자로서의 임무를 수행하려면 오늘 사회주의

혁명 수행을 위한 투쟁의 중심에 서 있는 근로자들의 전형적 성격들을 생동하게 창조하여야 할 것이다. 생산에서 기적을 창조하며 혁신을 일으키고 있는 근로자들의 인간 성격은 낡은 인간의 평면적인 기준으로는 도저히 측정할 수 없다.

그들의 끝없는 당과 조국과 인민에 대한 충성, 혁명 사업에 대한 정열, 새 것에 대한 민감성, 그리고 풍부한 인간적 풍모—이 모든 것은 우리 시대의 새로운 인간의 내면세계인 것이다.

우리 극작가들은 이러한 새로운 인간들의 성격을 심오하고 다양하게 예술적 형상을 통하여 전형화하고 일반화하여야 한다.

오늘과 같이 격동적이고 혁명적인 시기, 시시각각으로 변혁이 일어나고 있는 시기의 주인공들을 작가들이 창작에서 도식화한다는 것은 있을 수 없는 일이다.

풍만한 소재들은 우리 현실의 어디에든지 있다. 작가들은 다만 대담하게 그 소재 가운데 뛰여 들며 그 소재를 창작적 대담성으로써 예술적 재현에 옮겨야 한다.

발전된 공업—농업 국가로 된 우리 나라의 5개년 인민경제 계획을 금년 내로 완수하려고 불꽃 튀는 생산 투쟁을 전개하고 있는 인민, 생활의 모든 면이 급거히 장성 발전되고 있는 우리 인민 대중의 정신생활에 좋은 량식이 될 수 있는 것은 사상 예술성이 높은 문학예술 작품이다.

이 영예로운 창작적 과업을 원만히 수행하기 위하여 우리 극작가들은 사회주의 기치를 더욱더 높이 들어야 하겠다.

『문학신문』, 1959.3.1

극문학의 일보 전진을 위하여

1. 시대적 감격과 극문학

현대성으로 충만된 우리 극문학의 15년은 우리 나라 문학사의 여러 페지들을 아름답게 장식하였을 뿐 아니라 오늘과 같이 찬란한 무대 예술의 발전에도 크게 기여하였다.

현대성과 깊이 관련된 우리 극문학이 15년 동안 걸어 온 길을 당 문예 정책이 가리키는 영광스러운 길이다.

『김영일의 죽음』(조명희), 『총공회』(한설야), 『일체 면회를 거절하라』, 『산상민』(송영) 등에서 확립된 전투 정신과 사실주의적 전통, 그리고 『아버지는 이겼다』, 『유언을 받들고』, 『피바다』 등에서 우렁차게 울려나온 혁명적 전통들은 우리 극문학에 의하여 전적으로 계승되었으며 그의 고귀한 피와 살로 되었다.

우리 극문학이 지난 15년간에 한 번도 반인민적, 반 사실주의적 조류에 자리를 내주지 않고 오직 줄기차게 사회주의적 사실주의의 기치높이 전진하여 올 수 있었던 그 생활력은 이 해방 전 극문학의 인민성과 혁명적 전통을 정당하게 계승한 거기에 기인하며 당의 극문학으로서 우리 인민의 충실한 애국주의 및 공산주의 교양자의 역할을 수행하여 온 거기에 기인한다.

평화적 민주건설시기, 조국 해방 전쟁시기, 전후 복구건설시기 등에 극문학이 거둔 성과들에 대하여는 그만두고라도 우리는 최근 연간, 고조된 혁명의 물결과 인민의 거세찬 천리마 행진에 발맞추어 독자들과 관객들의 심금을 울리고 그들의 애국주의와 공산주의 교양의 양식이 되는 적지않은 성과작들을 창작하였음을 자랑차게 이야기할 수 있다. 이를 위하여 『밀림아 이야기하라』, 『불사조』, 『위대한 힘』, 『조선의 어머니』, 『형제』, 『이순신장군』 등의 희곡들을 비롯하여 더 많은 실례들을 들 수 있을 것이다.

인민 경제 각 부문들과 우리의 사회, 정치, 문화 등 모든 영역에서 1959년 12월 확대 전원회의와 1960년 8월 확대 전원회의의 결정들을 집행하고, 청산리 방법을 실천하는 과정에서 일대 변혁이 이룩된 금년은 우리 극문학에서도 지난 어느 해보다도 풍작을 이룬 해라고 할 수 있다.

이는 8·15 해방 15주년 기념 전국예술축전을 계기로 집중적으로 표현된 것이기도 하다.

혁명 전통을 형상화한 『해바라기』(박령보), 『조국 산천에 안개 개인다』(이종순) 등과 우리 시대의 천리마 기수들과 노력 혁신자들을 취급한 『견습공의 일기』(김형), 애국자 김제원 동지의 투쟁을 그린 『농민 김제원』(한태천), 군사분계선 지대 농민들의 생활을 보여준 『분계선 마을에서』(이지용) 등을 비롯한 일련의 작품들이 축전 무대를 통하여 발표된 것이다.

물론 이 중에는 우리 극문학 발전을 말해주는 많은 희곡들이 있는 반면에 완성을 가져오기 위해서는 더욱 다듬어져야 할 작품들도 있다. 그러나 동원된 모든 작가들이 진지한 현실 탐구에 기울인 창작적 태도에 있어서나 공산주의적 전형 창조에 대한 미학적 견해에 있어서나 그리고 극작술에 있어서나 우리 극문학 발전이라는 커다란 운동에서 이러저러하게 기여하였다.

이 희곡들은 우리 인민이 공산주의에로의 위대한 전진 운동에서 이룩하고 있는 다양하고 풍부한 정치 도덕적 풍모를 생활 긍정의 생동한 화폭으로, 시대적 감격의 높은 음조로 형상화하였다.

지금 우리들이 살고 있는 시대를 우리들은 김일성 시대!, 노동당시대! 라고 자랑높이 부른다.

이 시대를 김일성 동지는 조선 인민의 민족적 명절인 8·15 해방 15주년 경축 대회에서 하신 보고에서

"우리는 짧은 기간에 사회주의의 기초를 성과적으로 건설하였으며 낙

후하던 우리 나라를 자립적 경제 토대를 가진 사회주의적 공업-농업 국가로 전변시켰습니다. 우리 인민의 생활은 날로 향상되고 있으며 민족 문화와 예술은 꽃피는 시기에 들어섰습니다. 전체 근로자들은 번영하고 융성 발전하는 자기의 조국을 자랑하며 행복하고 보람찬 생활을 즐기고 있으며 더욱 광명한 앞날을 향하여 계속 천리마를 탄 기세로 달리고 있습니다"라고 규정하시었다.

우리 극작가들은 김일성 시대, 노동당 시대를 지배하는 시대적 정신과 시대적 감격으로 자기들의 희곡을 관통시키고 있다. 우리 극작가들의 빛나는 혁명 전통을 예술적으로 재현하는 데 높은 관심과 정력을 기울이고 있는 것은 당연한 일이다.

우리 인민은 사회주의 건설을 완성하고 공산주의의 휘황한 앞날에로 이행하는 역사적인 사변에 처하여 자기의 애국주의적 노력을 더욱 발휘하고 당 주위에 자기들의 단결된 역량을 더욱 굳게 집결시키며 혁명의 전취물을 수호하고 최후의 승리를 달성함에 있어서 김일성 동지를 선두로 하는 30년대 항일혁명투사들의 고상한 혁명정신, 열렬한 애국심, 승리에 대한 확고 부동한 신심 등을 모범으로 하고 있는 것이다.

극작가들은 숭고한 혁명투사들의 공산주의적 성격으로써 우리 근로 인민들의 공산주의 교양에 이바지하고 우리 문학의 공산주의 전형 창조의 보물고에 보탬을 주고 있다.

희곡들에서 창조된 공산주의 전형들은 우리 인민들의 당적 사상 체계 확립과 정치 도덕적 자기완성을 위한 의식적 투쟁의 길잡이로 되고 있다.

『해바라기』의 여빨찌산 대원 김순실, 『조국 산천에 안개 개인다』의 박승룡, 『공산주의자』의 이재순, 『조국의 아들』의 마동회, 『수령을 따르는 어린 투사들』의 명길, 연숙 등 아동 혁명단원들을 비롯한 많은 빨찌산 대원들은 김일성 동지의 직접적인 영도를 받으면서 중첩하는 난관들을 극복하고 오직 최후의 승리에 대한 움직일 수 없는 신념으로 살아가며 오직 조국과 인민을 위하여, 고기가 물을 떠나서는 살 수 없는 것과 같이 유격대는 오직 인민에게 의거하며 인민을 위하여 복무하는 혁명적 군중

관점에 서 있으며 고상한 혁명적 동지애와 철저한 프로레타리아 국제주의 정신으로 무장되고 있는 특성들로써 우리 독자들과 관객들에게 당적 사상 체계의 확립과 공산주의 교양에 도움을 준다.

우리 당 정책에 의하여 영도되고 그 정당성과 생활력이 발현되는 우리나라 현실의 혁명적 발전과 그 풍부하고 다양한 내용은 극작가들에게 공민적이며 시대적인 감격으로 생활의 진실에로 침투케 하며 왕성한 창작 의욕을 돋구게 한다.

우리 시대에 있어서 문학과 예술의 임무는 첫 자리에는 김일성 동지가 교시한 긍정적 모범에 의한 인간의 공산주의적 감화와 개조이다.

그러므로 우리 극작가들은 자기 희곡의 주인공들의 중심에 당 위원장, 천리마 기수, 노력 혁신자, 애국자들의 형상을 놓는다.

이러한 새 인간들로서 『견습공의 일기』의 당 위원장 조삼손, 작업반장 박춘실, 『새 인간들 속에서』의 당위원장 장윤옥, 『농민 김제원』의 김제원, 『먼해구에서』의 당 위원장 김성녀, 『고지 위에 붉은 기 휘날린다』의 기사장 이철민, 『별들은 무수하다』의 성반공 정범, 『분계선 마을에서』의 조합원 성례들이 우리를 매혹케 한다.

이상과 같은 인물들은 우리의 동시대인들의 군상으로 우리 앞을 지나가는 것이 아니라 뚜렷한 개성과 심오한 정신세계를 가진 새 인간—공산주의자들의 전형으로서, 선명하고 생동하는 예술적 형상성에 의하여 깊이 우리의 심장을 뜨겁게 한다.

전변의 속도가 빠른 것, 생겨나는 사건들이 격동적이고 비범한 것, 그리고 다양하고 풍부함에도 불구하고 항상 비 반복적이며 극적인 것 등은 우리 현실의 특징이다.

이러한 현실은 극작가들에게 필연적으로 창작적 대담성과 발전된 극작술을 요구하게 한다. 결코 어떠한 유형으로써는 시대의 주인공들의 복잡한 심리와 정신세계를 개성화하지는 못하며 어떠한 도식과 자막대기로써는 기적으로 충만된 현실의 진실한 면모를 그리지 못한다.

그러므로 금년에 창작되었고, 축전 무대를 통하여 보여 진 희곡의 작가들은 생활에 깊이 침투함으로써 그 진실을 인식하기에 힘을 기울였고 자기의 극작술을 한걸음 진전시킴에 노력하였다.

몇 해 전만 하여도 인물들이 도식과 유형에 빠지었다는 것이 우리 극문학에 대한 비판이었으나 지금은 이 문제는 주되는 약점은 아니다.

우리 극문학의 발전에서 주요한 특징의 하나는 민족적 특성의 구현이다. 『불사조』, 『형제』, 『조선의 어머니』, 『위대한 힘』들에서는 더 말할 것 없고 『해바라기』, 『조국 산천에 안개 개인다』, 『농민 김제원』, 『분계선 마을에서』, 『견습공의 일기』, 『별들은 무수하다』 기타 희곡들에서도 민족적 특성들은 공산주의적 성격의 주요한 요인의 하나로 되어 있는 것을 보게 된다.

김순실은 프로레타리아 국제주의자며 철저한 공산주의자다. 그의 이 공산주의적 성격의 주요한 속성들은 그의 소박성, 근면성, 우아성, 강의성들이다. 바로 이러한 속성들은 그의 민족적 특성을 이루는 것 이외에 아무것도 아니다.

우리 나라의 천리마 작업반 운동을 소련에 있어서의 공산주의 브리가다 운동의 이식이다 모방으로 생각하는 사람은 1956년 12월 전원회의 결정과 당의 붉은 편지에 고무된 우리 나라 근로자들이 우리 공업과 농촌 경리의 특수성과 우리 현실의 혁명적 발전의 특수성에 알맞게 창안한 사회주의 경쟁의 새로운 형태이며 대중적 공산주의 학교로서 우리 생활 현실에 적응한다는 것을 인식하지 못하며 『견습공의 일기』에서 민족적 특성을 발견하지 못할 것이다.

민족적 특성은 『농민 김제원』에서는 토지 문제와 그 해결 방법들(토지 개혁, 개간, 집약적 영농 기타)과 김제원의 당과 국가에 대한 충실성과 애국주의의 표현 방법들에서도 뚜렷이 구현되어 있으며 『분계선 마을에서』는 인물들의 사고방식, 언어구사, 생활 정서들에서 선명하게 나타나고 있다.

2. 혁명 전통 형상화의 태도

박보령의 희곡 『해바라기』는 우리 극문학을 영광스럽게 했고 빛나게 한 금년의 가장 큰 성과의 하나이다.

작가는 공산주의자 김순실의 매혹적이며 격동적인 성격과 고상한 정치—도덕적 품격을 심오한 내면세계에서 개성화하였다.

김순실의 형상이 왜 이렇게 우리를 매혹케 하는가? 우리는 김순실에게서 보통 사람의 평범한 면모 가운데 심오하고 고상한 공산주의자의 비범한 성격이 구현되는 것을 발견하기 때문이다.

김순실이란 형상의 탄생 작가 박령보가 30년대 항일 빨찌산 투쟁의 역사에 깊이 침투하고 이 혁명 투쟁 참가자들의 정치 도덕적 전 면모를 통찰한 정확한 탐구 사업의 총적 위에서 가능하였던 것이다.

이 희극에서 우리는 김순실과 위만군 중대장 방진동의 두 형상을 성격의 상이한 발전 정황에서 볼 수 있다. 일견 김순실의 성격은 완성된 공산주의자인 것 같다. 역사적이거나 현존하거나를 불문하고 어떠한 인물일지라도 시간적 과정에서는 항상 발전하는 것이다.

김순실이 전투에서 적에게 사로잡혀 왜놈 지도관 집의 식모로 일하게 되면서부터 마지막으로는 방진동의 위만군 중대 병사들을 이끌고 반일 투쟁대오로 나아가게 되는 때까지의 모든 시간의 흐름에 따라 전개된 사건과 환경은 그의 성격 발전의 과정이다. 이 과정에서 확고부동한 것은 "태양을 따르는 해바라기와 같이 언제 어디서 어떤 역경에 놓여 있더라도 굴하지 말며 난관을 박차고 진리를 향하여 싸울 줄 알아야 한다"는 김사장의 교시를 정확히 실천하려는 결심과 노력이며 혁명 투사로서의 지조이며, 적에게 대한 증오심, 승리에 대한 신심 등이다.

그가 포로가 된 것, 왜놈 지도관의 식모로 된 것, 중국 인민들과 위만군 병사들 사이에서도 혁명의 변질자로 지탄을 받는 것, 위만군 병사들 사이에 반일 사상이 배태하고 있다는 것, 이런 환경 가운데 마을의 중국 노인의 아들 아붕에 대한 왜놈 지도관의 야만적 폭행으로 인한 반일 감정의 격화된 것 등 제기된 사건 가운데서 그는 정황을 정확히 포착하고 판단하고 처리함에 있어서 공산주의자로서의 사고와 재량이 필요한 것이다. 이러한 과정에 그의 성격은 공산주의자로 더욱 발전해 가며 확립되어 가는 것이다.

이렇게 김순실의 성격의 내면적 발전에 대조하여 방진동의 성격 발전은 외향적으로 상승선이 뚜렷하다. 방진동은 중국 사람으로 민족적 양심을 가진 지식층의 사람이나 출세, 지위, 체면 등 소부르죠아적 심리와 민족의 양심과의 사이에 심각한 모습을 가져오지 않을 수 없다. 이러한 그의 내면 투쟁은 결국 김순실의 줄기찬 계몽의 힘 앞에 긍정적 측면의 승리를 가져오게 한다.

3막 2장에서 왜놈 지도관에게 맞아 빈사 상태에 빠진 아붕을 구출하기 위하여 누구의 피로 수혈하는가 하는 긴장된 장면에 방진동의 양심은 자기 피를 제공하려고 제기하게 한다. 그러나 순실의 계몽은 여기서 더욱 강하게 그를 공격한다.

> 진동 (번민에 사로잡혀 있다가 몹시 흥분된 듯 일어나 칸 우에 걸터앉으며) 그건 안되오, 군의 선생이 피를 뽑아 주구려, 내 피를 뽑소!
>
> 순실 (방 진동을 똑바로 바라보다가 그의 팔을 조용히 내리우며) 당신의 피에는 단 것이 있어요 …… 일본 피가! 이 어린 것은 오늘 당신을 부르면서 몹시 원망했을 겁니다.
>
> 진동 (격분하여) 뭐야? 건방진 소리마!
>
> 순실 (침착하게) 건방진 소리요? 세상은 체면만 차리거나 남의 흉내로써만 살수 없어요. 의사 선생, 어서 이 피를 뽑아 주세요. (팔을 내민다.)

이러한 순실의 강한 계몽과 교양은 방진동의 성격에 발전에 크게 작용한다. 그는 순실의 날카로운 비난 앞에 "건방진 소리마" 하고 외면상 반발은 하지만은 심리상으로 받는 충격은 그의 발전에 중요한 요인으로 되는 것이다.

작가 박령보는 포로가 된 발찌산 여대원이 적들 가운데 앉아서 위만군 병사들의 민족적 양심과 계급적 의식을 깨우쳐 궐기케 하는 비상한 극적 정황을 통하여 순실을 위시한 많은 긍정 인물들의 성격 발전을 특징적으로 보여 주었다.

이종순의 희곡 『조국 산천에 안개 개인다』는 장백의 갑산덕 빈농의 아들 박승룡이가 평범한 농촌 청년으로부터 항일 빨찌산 대열에 참가하여 수많은 전투 과정에서 공산주의자로 완성되어 마지막에는 가장 힘든 공작—빨찌산 부대의 국내 진공을 위한 중요한 정보를 가지고 국내에서 돌아오다가 적에게 체포된 정치 공작원 문영을 탈환하는—임무를 과감하게 수행하는 행로를 그렸다.

작가가 이 희곡에서 말하려고 하는 두 가지 굵다란 사상의 흐름이 있다. 그 하나는 항일 빨찌산과 인민의 관계이며 다른 하나는 항일 빨찌산의 백전백승하는 불굴의 의지며 승리의 신심이다.

인민들의 모든 생활고와 충정을 통찰하고 있는 빨찌산들은 개인들의 가정 상 문제로부터 조선 사람 부락의 전반적 운명에 이르기까지 세심히 보살피고 있으며 그렇게 함으로써 그들 속에 조국 광복회의 조직망을 깊이 뿌리박고 나간다. 빨찌산은 극빈한 생활로 하여 신부의 치마 저고리감을 장만 못하여 젊은 청춘 남녀가 성혼을 못하는 것을 알고 몰래 옷감을 그들에게 보내준다. 한편 인민들 속에는 "서쪽 하늘에 이름 모를 새벽이 생겼다", "백두산 마루에 영장이 나타났다"는 전설로 신비화된 항일 빨찌산들의 활동이 점차 그 강력한 불패의 투쟁을 눈앞에서 보게 되어 조국 고광복에 대한 희망과 투쟁이 장성된다.

빨찌산들의 객관적 정세를 엄밀히 과학적으로 타산한 위에 세워지는 변화무쌍한 조직 정세를 엄밀히 과학적으로 타산한 위에 세워지는 변화무쌍한 조직 방법과 적들의 어떠한 '소탕작전'도 '집단 부락 계획'도 그리고 간악한 이간 책동을 물리치는 전술들의 탁월성이 희곡에서 선명하게 그려지고 있다.

이 모든 것은 김일성 동지의 영도 아래 조직되고 훈련된 항일 빨찌산들의 풍부하고 다양한 투쟁 생활의 한 부분의 묘사임에도 불구하고 독자들과 관객들은 이 희곡을 통하여 항일 빨찌산들의 심오한 정치—도덕적 면모와 높은 맑스—레닌주의적 전략 전술을 절실하게 감득한다.

작가는 박승룡의 발전을 개념적인 전투과정의 묘사를 통하여 보여준 것이 아니라 그의 개인적 드라마의 기구한 전변 속에서 그것을 빨찌산 투쟁의 역사적 사명과 유기적으로 연결함으로써 감격적으로 보여 주었다. 특히 박승룡의 운명을 대담하게 직접 김사장의 형상과 연결시킴으로써 희곡이 가지는 무게를 더욱 첨가하였다.

작가 이종순은 박승룡의 형상과 함께 문영과 조국 광복회원 한 장록의 형상도 감명 있게 그리고 있다. 문영이가 체포되어 적들 앞에서 보여주는 빛나는 공산주의자의 높은 기품과 지조는 깊이 독자와 관객의 가슴을 치며 한 장록의 낙천적인 성격 가운데 깊이 뿌리박고 자라는 항일 정신과 투쟁력은 흥미를 자아낸다.

희곡 『조국 산천에 안개 개인다』의 작가가 김사장의 형상을 직접 무대에 등장케 한 것은 우리 극문학의 중요한 사변의 하나이다. 희곡이 문학으로 독자들에게 읽혀지기만 할 때와 달라 김사장의 형상이 직접 무대에 등장할 때는 적지 않은 제한성을 받게 됨을 면치 못한다.

이 제한성이라 함은 심오한 김사장의 형상을 완벽하게 묘사하는 조건들이 직관적인 무대 형상에서는 제약되는 그것이다. 엄격하게 이야기하여 이 희곡은 김사장의 직접적인 등장으로 관객의 괌탄은 일단 집중시키나 작가의 묘사력, 연출자, 연기자들의 형상력의 제한으로 말미암아 관객은 불만을 가지게 된다.

이 밖에도 이 희곡은 전반에 비하여 후반에 덜 째였고(특히 6장은 사건도 선명하지 못하며 줄거리가 인정되지 못했다.) 박승룡의 선과 김사장의 선의 유기적 연결이 아직 미약한 약점들이 있으나 우리 독자들과 관객을 공산주의 사상으로 교양하는 데 적절한 작품이다.

30년대 공산주의 운동의 혁혁한 투사며 김일성 동지의 친근한 전우이며 혁명을 위하여 고귀한 생명을 바쳐 최후의 순간까지 굴하지 않고 싸운 조선의 아들들인 이제순, 마동회 동지들의사적을 그린 희곡 『공산주의자』와 『조국의 아들』들도 감동을 준 작품들이다.

전기적이며 영웅 서사시적인 이 희곡들은 이 혁명 선열들의 전열적인 혁명적 사기, 의욕, 왕성한 투지, 혁명과 조국에 대한 숭고한 희생심, 견실한 당성들로써 우리 시대의 근로 대중 특히 노동 청년들의 교양에 중요한 역할을 수행한다.

『공산주의자』에 있어서는 마지막 장인 재판정의 이제순 동지의 빛나는 형상은 압도적인 감명을 준다. 여기에서 일체 관헌은 공산주의자 이제순을 심판하려고 했지마는 도리여 이제순은 조선 인민의자유와 독립의 유린자며 이익과 재부와 트럭의 착취자며, 생명의 도살자며 대륙 전쟁의 방화자인 원수 일본 제국주의에 대한 준열한 심판을 내린다. 즉 심판을 받은 것은 이제순이가 아니라 일본 제국주의자들이다.

불을 뿜는 듯한 진리에 대한 주장, 칼로 에이는 듯한 일제의 죄행에 대한 논고를 통해서 공산주의자 이제순의 형상은 높이 깊이 그 정신세계의 밑바닥에서 울려 나오며 독자와 관객을 한없이 격동시킨다.

이 제순의 육신은 도살자—제국주의자들의 피 묻은 손에 의하여 쓰러지나 그의 고매한 사상은 영생 불멸코 조선 사람의 심장 속에 남아 고동친다. 이것이 바로 위대한 공산주의 사상의 승리이다.

희곡 『공산주의자』는 이제순 동지의 이러한 공산주의 사상을 격조 높은 혁명적 낭만성으로써 감명 깊게 묘사하였다.

『조국의 아들』에서는 마동희 동지의 소년 시절의 장성 과정과 빨찌산 대열에 들어가기 전까지의 혁명 사상의 발전과 투쟁 생활이 사실주의적으로 묘사되어 후반보다 더 깊은 감명을 준다.

『조국의 아들』은 전반이 감명을 주고 『공산주의자』는 마지막 장면이 감명을 많이 준다는 여기에 이 희곡들이 가지는 결함이 있다. 이 희곡들은 이제순, 마동희 동지들과 같은 혁혁한 혁명 선열의 전기를 취급했는데 왜 전막을 통하여 독자와 관객을 꽉 틀어쥐지 못하는가.

이는 이 작가들이 자기 작품의 특성을 요구하는 정확한 통일된 형식(스찔)으로 일관시키지 못하는데 기인한다. 다시 말하거니와 이 작품들은 혁명가의 전기를 그린 영웅 서사시적 희곡들이다. 그러므로 작가들은 응당 스찔을 격조 높고 앙양된 혁명적 낭만성으로 일관시켜야 할 것이였다.

그런데 『공산주의자』에 있어서는 최종장을 제외한 모든 장면들에서는 이러저러한 생활적인 디테일 속에 이제순 동지의 거대한 형상이 용해되고만 느낌을 준다. 그러나 혁명적 낭만성만이 영웅 서사시적 희곡에 정확한 스찔이라고는 할 수 없다. 『공산주의자』나 『조국의 아들』이나 최종 장면은 성격은 공통적인 데가 있다. 그렇기 때문에 『조국의 아들』도 전막을, 『공산주의자』의 마지막 장면과 같은 스찔로 일관하는 것이 좋았을 것이다. 라는 논리도 설 수 있다.

그러나 『조국의 아들』의 전반에서 풍기는 생활의 시대적 진실성이 이 희곡의 전반에서 흥미를 끌고 가는 그러한 방법으로 후반 특히는 최종 장면까지 일관할 수도 있다. 그런데 이 희곡의 최종 장면은 가장 서투른 수법으로 형상되었다.

『조국의 아들』은 전막을 통하여, 『공산주의자』는 최종 장면을 제외한 모든 장면들에서 주인공들의 내면세계를 퍽 피상적으로 그렸다. 생활적인 디테일들은 심리와 정신세계로 깊이 침투되지 못하고 외형적인 이러저러한 사건들과 에피소드들로 바꾸어져 있다.

이 두 희곡은 읽은 독자나 연극을 구경한 관객의 마음에 불만을 품게 하는 이유가 바로 이런데 있는 것이다. 이제순 동지와 마동희 동지들의 혁명투쟁의 역사가 현실적으로 너무도 크고 빛나게 우리 생활과 밀접하여 있기 때문에 그것의 예술적 형상화를 통한 재현이 여간 감동을 주지 않고는 독자와 관객들의 미학적 요구에 충분히 대답하기는 어려운 일이다.

이 희곡들의 작가들은 작가적 사명에서 사회적 관심 앞에 커다란 책임을 수행해야 하는 것이다. 이제순, 마동희 동지들의 혁명 투쟁 역사에 관련된 자료들은 더욱 풍부해지고 있으며 그들에게 대한 우리 인민들의 존경과 흠모는 날로 장성함과 아울러 그 예술적 형상화에 대한 대중의 미학적 요구도 날로 발전함은 당연한 것이다.

그러므로 이 작가들은 가장 힘든 주제를 맡았다고 말하여야 할 것이며 이 책임을 수행하기 위하여 계속 희곡의 완성에 힘을 써야 할 것이다.

극문학 뿐 아니라 우리 문학의 전반에 걸쳐 혁명 전통으로 근로 대중에 대한 공산주의 교양의 중요한 수단을 삼는 당 정책의 요구이기도 하지마는 대개 항일 빨찌산 운동 참가자들의 높은 인간적 성격의 풍부성, 혁명에 대한 충실성, 희생심, 필승의 신념, 그리고 그들의 투쟁과 관련된 매개 사건, 매개 에피소드의 극적인 내용 등은 우리 극작가들에게 창작 의욕을 돋구며 영감을 주며 격동케 하기 때문이다.

많은 극작가들이 항일 유격전의 전적지들을 찾아 참가자들의 생활의 자취들을 찾아 정열적인 탐구의 길에 나섰고 결과에 우리 극문학의 보물고에 들어갈 많은 성과작들을 내놓았다.

혁명 전통이 우리 극작가들을 격동케 하고 그들에게 창작적 열의를 돋구는 소재인 것은 사실이나 이에 대한 우리들의 작가적 태도는 일층 더 신중해야 할 것이다.

그러나 아직도 항일 빨찌산들의 회상기나 읽고 그 에피소드들에서 얻은 인상과 즉흥으로 혁명 투쟁사와 역사적 환경, 인물의 내면세계 등을 깊이 연구함이 없이 극적 형상을 시도하는 안이한 경향들이 있다. 그런 결과에 씌여 진 희곡들 중에는 고귀하고 빛나는 불멸의 혁명 투쟁의 역사와 전통을 비속화하거나 도식화하는 경향을 찾아볼 수 있다.

대체로 혁명 전통을 이렇게 안이한 태도로 비속화 또는 도식화하는 작가는 오늘 소용돌이치는 현실생활의 거류 속에도 감히 뛰어 들어가지 못하는 그런 사람이다. 이런 작자에게는 우리는 혁명 전통을 비속화하지 말고 대담하게 현실에 먼저 뛰어들라고 권고하고 싶다.

우리 문학사의 경험이 가르쳐 주는 바와 같이 생활의 진실에 깊이 침투되지 못하고, 인간 성격의 내면 세계에 접근하지 못하고는 현실의 도해밖에 나올것이 없으며 도식주의와 비속화가 나타나는 것이다. 내면 세계에로의 침투가 없기 때문에 외형적인 사건과 에피소드에 매달릴 수밖에 없는 것이다.

우리 극작가들은 혁명 전통의 형상화에 더욱 정열을 기울임과 동시에 비속화, 도식화의 경향과 간결히 투쟁하여야 할 것이다.

3. 천리마적 현실의 본질에 더욱 접근하자

김일성 수상의 11월 27일 교시의 정신에 입각하여 볼 때 금년 축전에서 보여 진 희곡들 중 오늘의 현실을 그린 작품들이 공통적으로 오늘 우리 당의 노선이며 정책인 천리마 사상의 기본 내용과 이 사상에 의하여 새로이 형성되는 인간성격의 특질들을 여실하게 보여준 것이다.

『견습공의 일기』는 어느 정도 긍정적 대답을 주고 있다.

김일성 동지는 청산리 당 총회에서 하신 교시에서 우리 일군들이 형식주의와 사무실적 작품을 고치고 작업 현장에 내려가서 대중과 같이 일도 하고 생산을 조직하면서 당 정책을 침투하고 대중을 교양하라고 가르치셨다.

이러한 일군으로 우리는 『견습공의 일기』의 당 위원장 조삼손을 발견한다. 작가는 부분적 장면들에서 '농' 잘 하며 '농'을 잘 받는 조삼손을 그림으로써 당 일군들의 품격을 불성실하게 한 약점은 있으나 항상 군중의 움직임, 목소리, 생각 그리고 생산의 형편을 꿰뚫고 있으며 제때에 문제를 해결하고 요구하여 대답한 당 일군을 그리려고 하였다.

조삼손은 인간의 고귀함을 알 뿐 아니라 그가 책임지고 수행하는 사업이 인간과의 사업임을 잘 알고 있다. 그렇기 때문에 그는 인간이 움직이며 숨 쉬고 있는 현장에 항상 있으며 인간을 지극히 사랑하며, 말썽꾸러기인 견습공 김태일에 대한 비판과 그를 다른 데로 조동시키자는 의견들이 제기됐을 때에도 그만이 태일의 개조의 날을 믿는다. 그는 우리 시대의 집단주의 사상은 어떠한 결함있는 인간도 그것을 개조할 수 있다는 것을 확신하며 또 자기에게 그렇게 하여야 할 의무가 있다는 것을 느끼고 있다.

작업반장 박춘실의 정신적 내면적 세계는 아주 깊다. 독자와 관객은 김태일과 같은 청년이 춘실의 지대아래 들어오는 순간부터 그의 운명 해결에 대하여 확신을 가지게 된다.

희곡 『견습공 일기』는 틀림없이 금년의 우리 극문학의 성과의 하나이다. 그러나 당 일군 조삼손의 형상이 흥미를 끌고 박춘실을 정치 도덕적 풍모가 풍부하다고 하여 이 희곡이 완벽하다는 것을 의미하지 않는다.

작가는 당 일군으로서의 조삼손의 성격 창조에서 풍부한 인간성, 포용력, 그리고 인민적 작풍 등을 그의 내면생활에 의하여 보여 줄 대신에 적지않게 작가의 '재간'에 의한 '장난'과 '롱'으로 표현하고 있다. 이러한 결과는 당 일군으로서의 조삼손의 성격에 손실을 주고 있다.

또한 이 희곡은 천리마 작업반 운동을 전면적으로 그리지 못했으며 "하나는 전체를 위하여 전체는 하나를 위하여"라는 집단적 공산주의 학교인 천리마 작업반 운동을 제한된 몇 사람들 (조삼손, 박춘실 기타)의 활동을 통하여 보여준다.

천리마 작업반 운동은 집단적으로 되는 생활 규범, 작업태도, 학습 방법 등의 공산주의화일 것이다. 더 쉬운 말로 바꿔 말한다면 산 모범의 창조일 것이다. 그렇다면 이 희곡은 산 모범의 창조를 위한 인물들의 긍정적 성격이 더 양적으로 질적으로 체현되어 있어야 할 것이다. 그러나 작가는 태일의 자유주의, 직공장 호라동철의 관료주의, 작업반장인 오명옥의 성격적 결함 등에 더 많이 주의를 돌렸으며 이러한 인물들의 행동의 물결 속에 산 모범의 창조는 생각조차 하기 힘들게 만들었다.

이 희곡, 특히는 조삼손과 박춘실의 형상에 깊이 끌리는 관객들이 이 희곡에 대하여 이러저러한 의견을 가지게 되는 이유는 바로 거기에 있는 것이다. 태일을 위시한 네 명의 견습공들이 적거나 크거나 간에 산 모범의 창조를 통하여 자기 발전의 과정을 보여 주며 그렇게 함으로써 천리마 기수의 대오에 들어서게 된다면 이 견습공들의 얼굴 가운데서 우리 시대의 노동 청년의 도덕적 풍모와는 좀 거리가 먼 다른 것을 발견한다는 독자들의 불만을 미연에 막을 수 있었을 것이다.

뿐만 아니라 이 희곡은 천리마 시대의 새 생활 가운데 사는 새 인간들의 격동적인 창조적 투쟁을 파고 들 대신에 태일의 스파나 사건을 둘러싼 극히 사소하고 우연적이며 인공적인 갈등을 태일의 운명 해결의 중요한 매듭으로 삼았으며 춘실의 작업반이 마지막 장면에 천리마 작업반 창호를 받기는 하나 이 작업반이 천리마 작업반 창호를 받을 수 있는 구체적인 집단적 투쟁은 보여주지 않았다. 이러한 방법은 작가가 형식주의적 방법으로 천리마 작업반 청호를 쟁취한 소식이나 전하는데 그쳤기 때문에 독자와 관객은 구체적 사실로써는 춘실의 작업반이 영예로운 청호를 받게 된 것을 믿기가 어려운 것이다.

우리 희곡들에는 거의 예외 없이 이러저러한 형태로 당위원장의 형상이 등장한다.

이서영의 『새 인간들 속에서』는 우리 극문학에서 전면적으로 당 일군을 그린 첫 작품이라고 말할 수 있다.

이 희곡의 당 위원장 장윤옥은 『견습공의 일기』 조삼손의 형상과는 대조적이다. 조삼손은 청산리 방법으로 사업하면서 활달하고 유쾌한 성격으로 문제를 구체적으로 실질적으로 해결하는 능수인데 비하여 장윤옥은 성실하고 자기 반성적이며 세심한 판단과 조직으로 문제에 대하여 적극적으로 전개력 있게 공세를 취하며 해결하는 인물이다. 그렇기 때문에 여기에서는 다른 희곡들에서 보는 것과 같은 정치적 결론이나 주고 시비를 갈라 판결이나 내리며, 공허한 '정치적 술어'로 '명령', '지시'나 내리는 사람인 것이 아니라 자기의 사업에 포괄되는 모든 사람들과의 관계에서 모든 사건들과의 관계에서 먼저 산 인간으로 등장하며 세심한 어머니로 등장한다.

그러나 장윤옥의 형상에는 아직도 부족한 점이 있다. 먼저 그의 많은 사업이 우리에게 감동을 많이 못주며 신뢰를 덜 가지게 한다. 이렇게 되는 주된 원인은 작가가 설정한 '새 인간들'이란 범주가 독자나 관객들에게 절실하게 안겨 오지 않기 때문이며 이 희곡의 사건들의 시간적 환경이 오늘의 천리마 작업반 운동에서나 청산리 방법 실천에서 우리가 체험하는 더 절박한 생활 감정과는 상거가 있기 때문이다.

과연 이 희곡에 등장하는 인물들 중이 어떤 사람들이 '새 인간들'인가? 김태식을 위시한 노동자, 기술자들의 얼굴에서 우리는 새 인간들을 찾을 수가 없다. 노동자들의 중심에 서 있는 태식의 얼굴 가운데는 불평, 자유주의 등 낡은 습성이 더 크게 울려 나오고 있지 새 인간으로서의 특성은 아주 적게 엿보인다. 그보다 그에게서는 좀 '특이한' 괴벽스러운 성격을 많이 보게 된다.

새 인간은 바로 천리마 시대의 기수들이다. 작가는 이 희곡의 주제를 바로 천리마 시대의 중요한 한 내용을 이루며 우리 나라 공업 발전과 기술혁명에 역사적인 역할을 수행한 주을 아마 공장에서 봉화를 올린 공작기계 새끼치기 운동에서 취하였다.

이 역사적인 전변의 한 단서로 되며 기적들의 모태로 되는 격동적인 공작 기계 새끼치기 운동의 첫 봉화는 작가의 손에 의하여 너무도 왜소하게 빛이 없게 감동성 없게 묘사되었다. 작가는 진짜 새 인간들인 공작기계 새끼치기 운동의 창시자들을 그리려고 하였으나 『새 인간들 속에서』는 장윤옥을 둘러싸고 있으며, 그들 속에 장윤옥이가 사업하는 사람들이 새인간으로서의 우리를 격동케 하고 매혹케 하는 생활을 덜 보여주기 때문에 장 윤옥의 형상도 또한 뚜렷하게 두드러질 수는 없는 것이다.

또한 희곡이 장윤옥을 주인공으로 설정한 만큼 그가 많은 일을 하고 있고 많은 사람과 대하고 있다는 것은 사실이나 우리는 군중 속에서, 생산 속에서 일하는 그를 적게 보고 사무실에서 일하는 그를 더 많이 보게 된다. 작가가 무대 장면 설정을 사무실에 많이 설정했고 생산 현장을 적게 설정했기 때문에 이렇게 되는 것은 아니다. 비록 무대의 모든 장면이 당 위원장의 사무실로 되었다 할지라도 그가 군중 속에서 군중과 같이 생활하며 생산도 조직하고 학습도 하는 사람임을 신뢰케만 한다면 장면이 어데 설정되었는가가 문제되지는 않는 것이다.

『고지 위에 붉은 기 휘날린다』는 불멸의 조소 친선을 주제로 하였고 우리 건설 사업에 종파 분자들이 남긴 교조주의, 형식주의의, 여독과의 투쟁을 그림으로써 일정한 성과를 거두었다.

그러나 이 희곡은 아름다운 이야기, 흥미 있는 인간 관계 등을 설정하고 있으나 사건의 전개가 아직도 적지않게 생산 공정의 도해에 관련되어 있고 인간들의 심오한 내면세계를 천명하지 못하고 있기 때문에 감명을 덜 준다.

『먼 해구에서』와 『별들은 무수하다』에서는 작가들이 천명하려고 하는 극적 빠포스가 현실의 면모를 정확하게 갖추지 못하고 작가의 세계와 독자의 세계의 사이에 간격을 두고 있다. 분명 작가는 자기 자신의 현실의 역사적 화폭 속에서 공민적 빠포스를 느끼었고 그것을 희곡을 통하여 높이 노래하고자 하는 문학적 정열을 가지고 있는 것은 분명하다. 그러나 소재에 대한 이러한 작가의 정열, 의욕과 실제 창작된 형상과의 사이의 이러한 차이는 무엇으로 설명할 것인가? 그것은 작가의 극작술－형상력의 문제일 수도 있고 연극 창조 과정에서의 연출자, 연기자들의 재현에서의 변형일 수도 있다. 그러나 이 두 희곡들에서는 현실 생활 가운데서 극적 갈등으로 될 수 있는 소재의 선택에 벌써 무리가 있는 것을 본다. 『먼 해구에서』의 어로 기사 김관호, 심해 선단 지휘선장 김경칠, 그리고 초급 당 위원장 김성녀의 인간관계 설정의 심한 우연성은 독자들에게 벌써 신뢰감을 주지 않는다. 『별은 무수하다』에서도 역시 인간관계와 갈등의 설정에 인공적인 것이 있다. 한 고향에서 이 산간 지대의 신건설 공장으로 온 한 형제 같은 세 사람의 선반공 정범, 효식, 기택 등의 호상 관계는 현실 발전의 객관성 가운데 노동 청년들의 운명이 해결될 대신에 적지 않게 작가의 붓끝에서 부자연하게 희롱된 느낌이 있다. 이 두 희곡에 모두가 독자의 가슴을 치는 감격이 적은 것도 이에 기인하는 것이다.

『먼 해구에서』의 환경이나 『별들은 무수하다』의 생활이 우리 시대의 노동 청년들로 하여금 격동케 함에 충분하다. 그럼에도 불구하고 그 속에 사는 인간들의 형상들은 색채가 선명하지 못하며 기백이 없다.

이 희곡들의 대조적 특징들에서 우리는 무슨 교훈을 받게 되는가?

그것은 우리 극작가들이 자기의 극작술의 기본에 두고 있는 생활적 갈등의 극적 형상화에서 얻어지는 교훈이다.

『별들은 무수하다』, 『먼 해구에서』 뿐만 아니라 적지 않은 희곡들에서 극작가들이 소위 '첨예한 갈등', '흥미 있는 극적 갈등'을 추구하는 나머지 생활적 논리에 맞지 않는 인위적인 인간관계나 사소한 오해, 인공적인 착오 등을 '설정'해 가지고 독자와 관객으로 하여금 믿지 않게 하고 있다. 믿지 않는 곳에서 감동을 찾을 수는 없는 것이다.

우리는 위대한 오늘의 우리 현실을 인위적으로 가공함으로써 빛을 잃어 버리게 할 대신에 먼저 현실을 있는 그대로라도 진실하게 묘사하여야 할 것이다. 어제 날 화전민의 아들이 오늘 새로운 채탄 기준량을 수립하고 노력 영웅이 되며 자유주의자, 이기주의자들이 모인 낙후한 작업반을 공산주의적으로 일하고 생각하고 천리마 작업반으로 발전시키는 이면에 우리 일부 극작가들이 생각하는 그런 협소한 인간 정신의 세계가 있겠으며 난관과 애로와의 투쟁에서 생활적 진리가 감격 없는 승리하겠는가!

우리 극작가들은 산 모범으로 교양하고 감화하는 문제와 생활에서 극적 갈등을 진실하게 포착하는 문제를 더욱 깊이 연구하지 않고는 현실의 정확한 반영은 불가능하다는 것을 다시 인정하여야 하겠다.

4. 극작가와 집단과의 관계

언제나 느끼게 되는 것은 극문학 특히 희곡의 운명은 무대적 재현과정에서 이렇게 또는 저렇게 결정되는 일이 많다는 것이다.

"좋은 작품을 만나야 연출가가 산다", "좋은 연출가를 만나야 작품이 산다." …… 이런 말을 많이 한다. 작가의 편에서 하는 말, 연출가의 편에서 하는 말, 모두에 수긍되는 점이 있다. 극문학은 무대적 형상을 통하지 않고는 그 참된 가치를 알지 못하는 그런 문학인만큼 이러한 복잡한 관계는 언제나 따르게 된다.

그러나 이러한 말들은 관점에서 정확하지 않다. 희곡은 연극 집단의 창조적 집체성에 의하여 언제나 완성될 운명을 지니고 있는 만큼 작가 한 사람의 희곡이 연출가의 운명을 결정하고 또 그 반대로 될 수는 없는 것이다.

실지에 있어서 하나의 희곡이 연극 창조 집단의 집체적 작업 과정에서 완성되어 훌륭한 성과를 거두는 예도 많이 보며 그 반대로 집단의 작업이 잘못된 것으로 하여 아주 못쓰게 되고 마는 그런 실례도 적지 않게 있는 것이다. 작가와 집단과의 작업이 원만히 되는 가 못 되는가는 희곡의 운명을 좌우하는 결정적 요인이다.

연극 창조의 이러한 객관적 법칙에 융합되지 않는 '고집 센' 작가들과 창작 집단 간에 왕왕 문제가 생기며 연극 집단의 사상-예술적 수준의 미약으로 희곡을 못 쓰게 만들어 작가의 얼굴을 상하게 해 놓은 일도 있다.

그러나 극작가와 연극 창조 집단 간의 유기적인 협조와 호상 신뢰와 존경에 의거한 집체적 창작 태도는 연극 창조에서 어길 수 없는 원칙이며 윤리이다.

우리 극문학의 최근 성과에 포함되는 많은 작품의 경우를 보아도 그 뒤에 숨어 있는 이러한 작가와 집단과의 아름다운 집체적 창조 관계가 있는 것이다.

연출자를 수위로 하는 연극 창조 집단의 기본 임무는 희곡에 담아진 작가의 사상 세계의 정확한 재현이며 천명이다.

그런데 문제가 이렇게 해결되지 않고 전혀 달리 해결되는 경우 즉 작가의 사상과 의도와는 전혀 달리 전혀 딴 것으로 해결되는 경우도 있는 것이다. 내가 말하려고 하는 것은 작가와 집단 간의 협조적 사업의 원칙이 잘못 이해되고 잘못 실천된 결과에 작가의 얼굴은 전혀 온데 간데없이 되었을 뿐 아니라 아주 쓸모없는 것으로 만들어 버린 절대로 배격해야 할 그런 관계인 것이다.

극작가들은 지금 당의 정확한 문예 정책에 의하여 현실 속에 깊이 침투하며 당 정책을 세심히 연구하여 주어진 주제를 높은 사상-예술성으로 형상화하기 위한 정열적인 예술의 시간들을 보낸다. 이 기간에 극작가들은 많은 사람들과 생활도 같이 하고 담화도 진행하면서 생활 속에 깔려 있는 극적 소재를 얻어내기 위한 꾸준한 관찰을 계속하는 한편 취급하려고 하는 주제와 관련된 일체의 당문헌, 국가적 문헌은 물론, 사회 여론보도 기사들 지어는 이론적 참고 서적들까지를 정밀하게 연구한다.

이러한 정열적이며 노력적인 탐구의 시간이 경과한 다음에 그 탐구된 지식의 총적 가운데서 극적 소재들을 추려내고 그것을 다시 정비하고 체계를 세워 극적 구상의 단계에 들어간다.

이러한 과정은 무엇을 의미하는가? 그것은 주어진 주제에 관련된 넓고 깊은 지식이 극작가의 머리속에 형성된다는 것을 의미한다. 이러한 광범한 지식의 축적이 없이는 극적 구상의 세계에 한걸음도 발을 들여놓을 수 없는 것이다.

이러한 과정을 밟은 다음에 희곡을 써가지고 집단을 찾아오는 극작가와 집단관의 협조적이며 정열적인 창작 과정의 전 기간을 통하여 가장 중요한 사상은 집단이 작가를 존경하고 신뢰하는 것이어야 한다. 만약 이 존경과 신뢰의 관계가 설정되지 않으면 집체적 창작 과정은 첫 수간부터 파탄과 곡절을 동반할 것이고 결과는 결코 좋아지지 않을 것이다.

물론 내가 말하는 경우는 집단의 의견을 통 무시하는 작가의 편에서 집단을 존경하고 신뢰하지 않으면서 집단의 좋은 건설적인 의견들을 접하려 하지 않고 고집만 부리다가 말썽만 일으키는 그런 작가를 연두에 두는 것이 아니다.

『노을 비낀 땅』의 창조과정은 우리들에게 아주 교훈적인 경험으로 된다. 내가 아는 범위에서는 이 작가는 당의 농촌 기계화 방침이 나오자 이 새로운 역사적 사변을 형상화하려고 12월 확대 전원회의 결정의 연구는 물론 기계화 선구자 대회에 직접 참가하고 여라문 군데의 협동조합과 농기계 작업소를 찾아다니며 수개월 동안 노력적인 탐구를 한 결과에 이 작품을 창작하였다.

말하자면 이 잡단은 8·15해방 15주년 기념 전국 예술 축전에 참가할 준비를 제일 먼저 착수했던 것이다. 그러나 결과는 축전이 다 끝난 오늘까지 연극을 완성시키지 못하고 있다.

물론 이 희곡의 작가가 아직 젊고 경험이 부족한 것은 인정한다. 그러나 그의 정열적인 창작적 노력과 탐구의 결과에 얻어진 희곡에 대하여 집단은 존경과 신뢰의 관계로 협조하고 집체적인 창작과 과정에 들어가야 할 것이었다.

무엇이 이 희곡으로 하여금 아직도 무대에 나오지 못하게 하였는가?

그것은 명백하게 작가와 집단과의 호상관계 때문이다. 이 집단에서는 작가를 존경하지 않고 신뢰하지 않은 결과 작가의 세계를 전혀 무시하고 작가의 창작의도와 사상과는 관련이 없는 다른 의도와 사상으로 작가에게 집단의 이름으로 '요구'했고 또한 작가도 그것을 '접수'했던 것이다.

결과에 작가는 집단의 '의견'은 무엇이든지 모조리 '접수'해 가지고 무제한하게 작품을 수정하다 보니 결국은 바지저고리를 다 벗어주고 남은 것은 딴 작품이 되고 말았던 것이다. 이 경우에 작가에게도 집단에게도 잘못이 있다.

그러나 시연 무대에 나타난 『노을 비낀 땅』은 청산리 사상과 방법을 가장 정확하게 체현할 의무가 있는 이 집단이 청산리 방법과는 아주 거리가 먼 관료주의적이며 형식주의적인 관리 위원장과 이당 위원장을 무대에 내어 놓았으며 그 외에도 모든 등장인물들을 개성이 없고 생명이 없는 형상들로 만들고 말았던 것이다.

이것은 반년 이상에 걸친 집체적 노력의 결과인 것이다.

작가는 집단의 의견을 존중하고 그에 귀를 기울일 의무가 있다. 그 의견들이 자기의 작품의 사상-예술성을 높이는데 도움이 되는 것들은 대담하게 접수하여 작품을 보충하여야 할 것이다. 그러나 작품에 도움을 주지 않는 의견을 이러저러한 방법으로 요구할 때는 그것을 맹목적으로 접수할 수 없는 것이다.

집단은 작가에게 도움을 줄 수 있는 의견을 신중히 선택해서 결코 행정적 방법으로 '요구'해서는 안 될 것이다. 작가에게 주어진 주제에 대하여는 작가가 가장 많은 지식과 준비를 가지고 있다는 것을 이해하고 작가를 신뢰하여야 한다. 특히 조심해야 할 것은 극히 단편적인 한 연기자의 의견을 경솔하게 결정적인 의견과 같이 작가에게 '접수'시키려는 경향이다.

『노을 비낀 땅』의 창작 과정은 우리 극작가들에게 경고를 크게 준다. 작품의 얼굴을 전혀 딴 것으로 만들어 놓고 또 개악해 놓았을 때 작가가 어찌 안심하고 집단에게 작품을 맡기겠는가! 시연무대를 통한 이 희곡은 우리당이 요구하는 방향과는 너무도 거리가 먼 것을 본다. 희곡의 원형은 내 가아는 범위에서는 약점은 있었지마는 당 정책을 충실히 체현하려 한 것이였고 사건과 인물들의 상호 관계도 극적 갈등의 논리성 가운데 비교적 순조롭게 서술하고 있었던 것이다.

『먼 해구에서』의 경우에도 창조 집단이 작가의 의도에 과도히 침범한 결과 작품의 원형을 많이 다르게 해놓은 점들이 있다.

형편은 다르나 『별들은 무수하다』의 경우는 작가와 집단 간의 협조가 원만히 되지 않았다는 것이 알려져 있다.

작가와 집단의 협조적 창작의 원칙이 아직도 이렇게 낮은 수준에 있어야 하겠는가! 해방 후 15년간의 극문학이 걸어온 길을 많은 귀중한 경험으로 이 방면에도 우리를 가르치고 있다.

아름다운 협조적 창작관계, 호상 존경, 호상 신뢰의 관계가 확실하게 세워져야 하겠다.

우리 극문학에서 현대성의 구현과 민족적 특성의 확립은 우리 극문학에 있어서 주체의 내용을 형성한다. 그렇기 때문에 현대성과 민족적 특성의 중심 사상은 시대적 사상, 시대적 정신이며 극작가는 이 시대적인 사상, 정신에서 받는 감격으로 자기 창작의 초미의 문제로 보아야 할 것이다.

김일성 수상이 11월 27일 작가 예술인들에게 주신 교시에서 거듭 강조 하신 것은 바로 우리들이 자기 창작에서 오늘의 천리마적 현실을 어떻게 반영하고 있는가 하는 문제이다.

오늘의 천리마적 현실의 특질은 무엇인가?

어제까지의 공칭 능력은 오늘에 와서는 벌써 낡아빠진 것이 되고 말며 과거 일제가 7년이 걸려 지은 집의 10배도 더 큰 집을 불과 1년에 지어 낸다. 8메터 타닝반과 3천톤 프레스를 만들어내며 세계에 자랑할 비닐론 공장을 우리 손으로 만들어 낸다. 어린 처녀가 낙후한 작업반을 솔선하여 맡아서 선진적인 천리마 작업반으로 개조해 놓으며 늙은이들조차 90을 환갑으로 알고 노력 전선에서 일떠서게 하고 있다.

저기 지평선에 바라다 보이는 공산주의 문어귀에 빨리 도달하기 이하여 남이 열 자국을 걸으면 우리는 백자국을 뛰고 남이 10리를 가는 동안에 우리는 백리, 천리를 달린다.

이러한 우리 시대의 주인공들의 감격적인 모습들을 선명하고도 심오한 현상적 재현으로 우리 독자와 관객들을 격동시키고 그들에게 용기를 돋구어 주고 낙천주의를 고취해 주는 그런 희곡이 금년 축전에 참가한 13편의 작품 가운데 몇 편이나 있었는가?

노동자들의 써클의 집체작으로 된 『한 작업반에서』(신의주 모 방직공장)가 보여주는 것과 같은 생동화는 천리마 기수의 전형들이 산 모범으로 관객을 강력하게 교양주고 감화하고 있는 그런 희곡이 우리 전문적 극작가들의 작품에 있었는가!

불행히도 우리는 이 물음에 대하여 아니라고 대답하여야 할 것이다.

그러므로 우리 극작가들은 아직도 자기들이 직면하고 있는 이 천리마적 현실의 본질을 모르며 이 현실 속에서 시시각각으로 탄생되고 있는 수백 수천의 새 인간들의 정체를 모르고 있는 것이다.

이 새 현실, 새 인간을 모르고 어찌 우리 극작가들이 천리마 시대에 호흡하고 있다고 할 수 있으며 우리 극문학이 천리마 시대의 초미의 문제에 대하여 당과 인민의 물음에 대답하고 있다고 할 수 있겠는가!

그렇게 때문에 우리 극문학은 현대성 구현에 있어서 아직도 심대한 결함과 부족점을 내포하고 있다. 연극 예술이 인민들의 공산주의 교양에서 초 병적 역할을 수행하고 못하느냐 하는 문제의 해결 관건은 전혀 우리 극문학이 현대성 구현에서 우리들의 필봉을 더욱 초미의 현실 반영에로 돌리느냐 못 돌리느냐 하는데 달려 있는 것이다.

천리마 기수인 우리의 동시대인—새 인간들의 형상을 그 성격의 개성적 특징에서 심오하게 그리지 못한 예들은 거의 예외 없이 어느 작품에서나 발견할 수 있다. 뿐만 아니라 우리 극작가들은 자기의 동시대인—새 인간과 그들이 만들어 내는 역사적 현실을 반영하는 작품을 아주 드물게 쓰고 있다.

왜 이렇게 되는가?

그것은 아직도 우리 극작가들이 새 현실과 새 인간을 전혀 보지 못하거나 인식하지 못하기 때문이며 비록 보고 인식한다 할지라도 보는 안광이 공산주의적이 못되고 피상적이기 때문이다.

우리 극작가들은 천리마적 현실에 대하여 누구보다도 민감하다고 자처했으며 또 현실 속에 깊이 침투한다고 자인했다. 그러나 그 민감성과 침투가 정확한 공산주의적 안광과 척도로 비추어졌다면 극문학이 당의 요구에 충분하게 대답하였을 것이다.

우리들이 천리마적 현실의 더 활발한 반영으로 우리 인민이 잘 살게 된 오늘과 더욱 잘 살게 될 내일에 대하여 더욱 높은 긍지와 용감성과 낙천주의를 가지고 나아가게 하는 진실로 강력한 공산주의 교양의 무기가 될 희곡을 많이 창작하는 것만이 우리 극문학을 일보 전진시 크는 것이 도리 것이다.

『극문학』 3, 1961.2

갈등은 언제나 긍정과 부정간의 투쟁이다

이미 본보에 소개된 바와 같이 지난 2월 14일 평양 견방직 공장 최춘자 천리마 작업반원들과 그 외에 많은 혁신자들의 참가 아래 나의 창극 대본의 초고에 대한 현지 합평회가 진행되었다.

너무도 감격적인 미담과 많고 빛나는 혁신적인 업적 앞에 나는 너무나 감격하여 그들의 훌륭한 성과들과 감동적인 생활 기풍들을 나의 작품에 소재로서 그대로 라렬하였으며 쉽게 해결하였던 것이다.

많은 합평 참가자들이 일치하게 지적한 것은 질 제고를 위한 생산 혁신과 인간개조에 달성한 성과들의 바탕에 깔려져있는 긴장된 난관과의 투쟁, 실리적 고통들을 홀시하지 말아야 한다는 것이였으며 이 작업반 부직공장이며 수리공인 박찬오는 작가들이 천리마 작업반의 성과에 대하여 지나치게 과장한다고까지 말하였다.

이 합평회에서 나는 심각한 교훈을 받았다. 이 공산주의 집단의 성원들은 생활의 진실을 반영하는 사회주의적 사실주의 문학의 미학적 원칙을 작가인 나보다 더 명백하게 알고 있는 것이다. 박찬오의 말은 우리 작가들이 현실을 피상적으로 보며 허위적으로 분식하는 데 대한 경고이기도 하다.

지금 지상 토론에서 론의 되고 있는 생활과 갈등문제에 대하여 이 좌담회 참가자들이 명확한 대답을 주고 있지 않은가!

우리 시대의 천리마 기수들의 긍정적 모범의 형상화 문제와 관련하여 나타난 '좋은 것과 더 좋은 것' 간의 투쟁이라는 '명제'에 대하여 나는 동의하지 않는 립장에 서 있다.

무엇 때문에 일부 평론가들이 이러한 부정확한 용어를 낡은 보따리에서 끌여내여다가 현학적인 론의를 일으킬 필요가 있는가?

오는 우리 시대의 특징이며 우리당 정책의 위력한 창조력의 발현이며 우리 당이 맑스—레닌주의 사상 교양사업에서 실천적으로 해결한 인간 개조 문제는 우리 작가들을 무한히 흥분시키고 격동케하고 있다.

우리를 흥분시키고 격동케하는 생활 그 자체의 운동 발전은 언제나 낡은 것과 새 것과의 치렬한 대립 투쟁 가운데서 진행되고 있는 것이다. 만약 우리 생활에서 새 것과 낡은 것, 긍정과 부정간의 투쟁이 소멸된다면 (그럴 수는 절대로 없다) 사물 현상 뿐 아니라 인간의 사유의 발전 그리고 극문학에서의 사건의 발단, 대립, 투쟁, 전개, 비약, 해결, 통일도 다 없어지고 사실상 세계는 존재할 수 없을 것이다.

극문학에서 감동에 대한 문제를 소위 '좋은 것과 더 좋은 것' 간의 갈등으로 모호하게 만들어 놓은 견해는 오늘 극문학 그 자체를 위하여, 천리마 기수들의 극적 형상 창조를 위하여 결코 그 어떤 리론적 타당성도, 생활적 의의도 갖고 있지 못하다. 그런데 어떤 극작가는 벌써 우리 생활에는 아무런 모순도 없는 듯이 생각하면서 생활의 진실을 외면하기 시작하였으며 어떤 극작가는 첫재 막에서는 '좋은 것과 더 좋은 것', 둘째 막에서는 '더 좋은 것과 그보다 더 좋은 것', 세재 막에서는 '그보다 더 좋은 것과 또 그보다 더 좋은 것' 간의 투쟁을 그리겠다는 의향까지 내놓고 있다.

이러한 현상들은 명백하게 우리 극문학 발전에 일정한 제동기적 작용을 할 것이다.

우리 시대의 주요한 특징의 하나인 인간개조라는 이 위대한 사상의 본질이 무엇인가? 그것은 두말할 것 없이 공산주의적 사상과는 용납되지 않는 낡은 사상을 가진 사람의 사상을 개조하여 공산주의적 사상의 소유자로 육성하여 다 같이 공산주의 사회에로 전진 운동을 하자는 것이다.

인간 개조—이 자체는 치렬한 낡은 것과 새 것과의 투쟁의 합법칙적인 과정인 것이다. 그러므로 이것을 결코 '좋은 것과 더 좋은 것' 간의 투쟁이라는 희미한 안개로 덮어 버릴 수는 없다.

내가 동의하지 않는 중요한 리유는 그들은 당이 요구하는 긍정적 모범으로 감화 교양한다는 공산주의 교양의 방법에 대하여 아주 피상적으로 리해 하고 있기 때문이며 우리 시대에 위대한 현실에서 일어나는 훌륭한 혁신과 미담들을 뒤에 숨어 있는 긴장된 투쟁을 간과하는 근시안적 현실 관찰의 태도를 가지고 있기 때문이다.

이러한 견해, 태도는 필연적으로 사회주의적 사회주의 문학의 기본 원칙에까지 잘못된 해석을 내리게 되는 것이다.

엄호석은 '좋은 것과 더 좋은 것'과의 투쟁은 낡은 것과 새것과의 투쟁의 한 형태이기 때문에 이러한 갈등이 문학작품에 취급되어야 한다고 주장하였다.

'좋은 것과 더 좋은 것'과의 투쟁이라는 개념 자체가 극히 부정확할 뿐 아니라 그것이 새것과 낡은 것과의 투쟁의 한 형태라고 보는 것은 전혀 그릇된 견해 일은 더 말할 여지 없다.

엄호석을 위시하여 '좋은 것과 더 좋은 것' 간의 갈등을 주장하는 일부 평론가들의 눈에 보이는 소위 '더 좋은 것'보다는 낡았다고 하는 그 '좋은 것'은 결코 좋은 것이 아니라 량자 간의 모순이 발생한 이상 그것은 새것에 의하여 부정되어야 할 낡은 것이다.

그들은 그 '좋은 것'이 일정한 기간 혁명의 리익에 복무했기 때문에 '낡은 것'으로 규정할 수 없다고 한다. 그렇다면 그것은 '더 좋은 것'과 갈등을 일으킬 성격의 것도 아니며 엄호석의 주장과 같은 낡은 것에 부류에 들어가지 않는 어디까지나 새 것이며 긍정적인 것 외의 아무 것도 아닐 것이다.

그들이 감히 낡은 것이라고 규정하기를 두려워하는 그 '좋은 것'이 혁명에 리익에 복무한다면 그것은 낡은 것이 아닐 것이며 혁명의 전진을 방해하는 것이면 그것은 좋은 것이 아닐 것이다.

그러므로 생활에서도 문학에서도 언제나 갈등은 새 것과 낡은 것, 긍정과 부정 간의 긴장된 대립 투쟁인 것이다. '좋은 것과 더 좋은 것'과의 투쟁이라는 부정확하고 불명확한 용어로 분식될 수는 없을 것이다.

평양 견방직 공장 최춘자 천리마 작업반에서도 '두 사람이 두'대 말아

보기'라는 운동이 발기 되였다. 두 사람이 이 두 대를 말아보니 일견해서는 아무런 혁신 같지 않다. 그러나 한 사람이 한 대를 볼 때와는 달라 두 사람이 같이 보면 한 기대의 실이 끊어지거나 고장이 나도 기대를 멈추는 시간이 단축되며 기술이 높은 사람과 낮은 사람으로 배활하기 때문에 낮은 사람의 기술 장성도 될트며 기대를 보살피는 시야가 가까와지고 넓어지는 등 우점이 많다.

이리하여 두 사람이 네 대, 여섯 대, 여덟 대로 발전하고 있으며 전 공장에 일반화되고 있다.

그렇다고 하여 두 사람이 두 대 말아보는 방법은 낡은 것으로 되고 만 것이 아니라 여전히 혁신적인 방법으로 기술이 어린 직포공들에게 오래 남아 있을 것이다.

우리 시대의 천리마적 생활을 그 내재하는 대립 투쟁을 통하여 보지 않는다면 결코 생활의 진실을 열어 보지 못한다. 대립된 사물 현상들 간에 사소한 '차이'로만 보이는 것도 그것은 격렬한 대립 투쟁에로 전화하며 량자는 조화로써 통일되는 것이 아니라 새 것에 의한 낡은 것의 부정에 의하여 통일되는 것이다.

우리 시대의 특징인 공산주의자들의 집단적 배출의 내용을 이루고 있는 인간 개조와 대중적 혁신 운동이 어찌 준엄한 난관과의 투쟁 없이 진행된다고 생각하겠는가.

흥남 비료 공장 병원 일'군들과 함흥 의학대학 학생들의 장거가 아무런 투쟁도 없이 우연히 순간적으로 생겨났겠는가?

김일성 동지는 일지기 공산주의 교양에 대한 교시에서 "우리가 진행하는 혁명은 곧 온갖 낡은 것을 분쇄하고 새 것을 창조하는 투쟁입니다. 새 것과 낡은 것의 투쟁, 진봉와 보수와의 투쟁, 적극과 소극과의 투쟁, 집단주의와 개인주의와의 투쟁, 총체적으로 사회주의와 자본주의와의 투쟁—이것이 우리가 하는 혁명 투쟁의 내용입니다"라고 하시였다.

자신이 이러한 혁명을 위한 투사가 되며 낡을 혁명 투사로 개조하는 투쟁에는 불가피적으로 외'적, 내'적 장애물을 배제해야 하는 것이다.

우리 당 중앙위원회는 우리 나라에서 사회주의적 생산 관계가 전일적으로 지배하게 된 조건 아래 당원들과 군중들을 공산주의 교양하는데 긍정적 모범으로 감화하는 방법을 내세웠으며 그 긍정적 모범의 전형인 김일성 동지를 선두로 하는 항일 빨치산들이 15개 성상에 걸친 항일무장투쟁 과정에 이룩한 빛나는 혁명 전통으로 전체 인민 대중을 교양할 방침을 수립하였다.

이 방침은 제1차 5개년 계획 수행 과정에서 생활력을 발휘하였으며 우리 인민의 모든 위대한 창조력과 투쟁력의 동인으로 되였다. 아래는 인민 대중으로부터 우로는 지도 간부에 이르기까지 모든 사업 부문에서 레닌적 당성원칙, 당적 사상 체계, 프로레타리아 국제주의, 공산주의 적 생활기풍, 혁명적 군중 관점에 선 사업 작품, 승리에 대한 신심, 혁명적 동지애, 원쑤에 대한 비타협적 투쟁, 맑스—레닌주의 학습 기품 등의 확립을 혁명 전통에서 배우고 있는 것이다.

이렇게 우리들의 정치, 사상, 도덕적 생활 규범에 헤아릴 수 없이 강력한 혁명성과 투쟁력을 주는 항일 빨치산들의 회상기에는 온갖 형태의 생활적 갈등이 반영되어 있는 것이다. 항일 빨치산들의 투쟁엔 상상하기조차 어려운 난관과 장애에 대한 극복정신, 승리에 대한 움직일 수 없는 신심이 있기 때문에 오늘의 혁명 과업 수행과 기적을 산생하는 추동력으로 되는 것이다.

새 인간, 산 모범, 천리마 기수의 전형의 형성과정에 아무런 투쟁도 없고 난관도 없다면 우리에게 감동을 줄 수 없으며 교훈적 의의가 적다는 것은 생활이 가르쳐주고 있다.

지상토론에서 한형원은 감격을 주면 갈등이 있으며 그 갈등은 극문학에서 통칭하는 그런 갈등이 아니라 소위 '좋은 것과 더 좋은 것'과의 투쟁으로 된다는 듯이 말하고 있다.

이 평론가는 혁신이 일어날 때는 반드시 락후한 것이 방해하며 이것은 생활의 법칙이라고 하신 김일성 동지의 교시를 전당하게 인용하면서 생활적 갈등에 대한 인식을 옳이 규정하고서도 오늘의 산 모범, 공산주의 전형의 본질의 리해에 이르자 '감동'이니, '좋은 것', '더 좋은 것' 때문에 론리가 흔들리고 말았다.

『즐거운 일터』는 그것이 하나의 미담으로 감동을 줄 수 있다. 그러나 거기에 담긴 갈등은 극적 또는 문학적인 갈등인 것이 아니라 인위적 갈등이다. 제2작업반은 제1작업반을 도와주려고 했기 때문에 '더 좋은 것'이라는 견해가 생활적 갈등 문제의 정당한 해결을 방해하고 있다.

극작품은 그 형식의 이하를 불문하고 갈등이 결정적 의의를 가지고 있다. 『즐거운 일터』에서 보여준 바와 같은 우연한 '불일치'나 '경쟁' 그리고 제1작업반과 제2작업반이 가열로 수리를 우연히 같은 날 하게 된 것으로부터 생기는 사소한 '당황'과 '계획의 파탄' 등으로는 극적 갈등을 형성할 수 없다는 것은 누구에게도 명백하다.

이 작자가 장도령과 오씨의 '불일치'를 보수와 혁신의 대립으로 보고 제1작업반에 동지적 협조의 정신이 희박한 사실을 낡은 것으로 보는 명확한 관점이 있었다면 이 희곡은 면모를 달리하였을 것이며 이러한 사소한 '오해'나 우연한 '불일치' 등의 인공적인 '계략'으로 대치하지 않았을 것이다.

그러므로 일부 토론자들이 소위 '좋은 것과 더 좋은 것'의 갈등을 운운하며 희곡작품은 갈등이 없어도 된다고 리해하는 것은 전혀 생활의 외곡이다.

어떤 형식의 문학이고 간에 문학적 갈등을 무시할 수 없다. 그것이 비록 짧은 오르체크나 수필일지라도 생활 현실의 정확한 반영을 기도한다면 생활 속에 일어나고 소멸하는 변증법적 통일을 방관할 수는 없는 것이다.

더구나 극문학이 긍정적 주인공의 성격 발전, 교의 예지, 그의 성실성, 혁명에 대한 열정과 충실성 등을 선명하게 보여 주려면 그가 살고 있는 주위 환경에서 일어나는 낡은 것, 부정적인 요소들과의 긴장된 투쟁은 물론 그 자신의 내면적인 심리적 투쟁까지 포함한 극적 갈등을 그려야 한다.

어떤 토론자들은 극적 갈등이 없거나 또는 미약해도 희곡이 성립된다는 것을 론증해 보려는 헛된 수고를 하면서 마치 '정극'이 아닌 희극이나 보드빌에서는 갈등이 없어도 되는 듯이 주장한다. 그것이 보드빌이건 촌극이건 극 문학 형식이라면 어떤 것을 불문하고 첨예한 갈등이 있어야 한다는 것은 움직일 수 없는 사실이다.

만약 우리 극작가들 가운데서 갈등에 대한 이러한 부정확한 견해에 이끌려 자기의 희곡 창작에서 마치도 '좋은 것과 더 좋은 것'과의 투쟁이라는 그런 모호한 '환상'을 가진다면 그 작품은 무맥한 것으로 될 것이며 독자와 관객을 감동시키지 못할 뿐 아니라 2~3시간을 관람석에 앉혀 놓지도 못할 것이다.

전국예술축전 농촌부락 써클 경연에 대한 총화적인 론문 「천리마 시대의 예술」에서 한설야 동지는 갈등문제에 대하여 심오한 분석을 가하였고 생활적 갈등의 반영으로서의 예술적 갈등에 대한 명확한 규정을 내렸다.

한설야 동지는 제기된 미학상 문제에 대하여 언급하면서 갈등에 대하여 "생활적인 갈등은 결코 어떤 작가가 임의로 만들어 놓은 것과 같이 그렇게 단순하며, 일면적이며 직선적인 것은 아니다. 생활은 언제나 낡은 것에 대한 새 것의 대립으로 특징적이며 각이한 움직임의 총체로서의 복잡성을 가지는 동시에 하나의 새로운 통일에로 나아가는 합법칙적인 발전 방향을 보여주는 것이다.

또 그 속에 각이한 여러 가지 움직임도, 서로 다르면서 바탕이 같은 움직임도 있고 서로 아주 다른 바탕의 움직임도 있다. 서로 바탕이 다른 움직임 중의 대표적인 것은 낡은 것과 새 것의 움직임이며 긍정적인 것과 부정적인 것의 움직임이다"라고 규정하였다.

우리들은 이에 기초하여 앞으로도 더 토론을 계속하여야 하리라고 생각한다. 아직도 나를 위시한 토론자들은 우리 생활의 진수에 침투함이 부족하다. 그렇기 때문에 더 생활적 축적에 기초하여 우리 시대의 천리마 기수들의 생활 속에 보여지고 있는 그 다양하고 풍부한 내용을 미학적으로 분석하여야 하며 그렇게 함으로써 작가들에게 진실한 도움을 주어야 할 것이다.

『문학신문』, 1961.3.14

생활 체험이 주는 교훈

회곡 『5작업반의 일기』에 대한 지상 토론을 총화하면서

평양 제사공장 최정희 2중 천리마 작업반 문학 써클 집체작인 연극 『5작업반의 일기』가 조선 로동당 제4차 대회경축 전국예술축전 생산 직장 및 학교 부문 써클 경연에서 호평을 받았다. 이 희곡을 『문학신문』에 게재하고 신인들의 지상 토론에 붙인 것은 응당한 조치였고 교양적 의의를 가진 논의였다.

어제 지상토론을 총화하면서 이 희곡과 지상 토론 작가들의 토의에 대한 나의 소감을 이야기 하려고 한다.

지상토론에 신인들을 부르면서 편집국이 제시한 과제들은 정당하였다. 즉 작년 11월 27일 작가, 예술인들에게 주신 김일성 동지의 교시와 관련하여 문학 창작에서 가장 중요한 초미의 문제로 제기된 천리마 현실의 생활 체험을 창작에서 정당하게 진실하게 반영하는 문제, 현재 우리 문학 예술계에서 광범히 론의 되고 있는 천리마 기수 성격 창조와 갈등 문제 그리고 희곡 창작의 예술—문제들에 걸치어 토론 전개를 제시하였던 것이다.

토론 참가자들은 한결같이 이 희곡에 천리마 기수의 전형을 창조함에 있어서 성공한 작품이란 것을 인정하였으며 희곡 창작에 참가한 집단 성원들이 자기들의 산 생활 체험에 기초하여 허다한 우여곡절과 난관, 그리고 그것들을 타계해 나가는 인내성 있는 긍정 교양 방법, 생산 혁신 등 풍부한 생활의 화폭 속에서 희곡의 미학적 요구에 적응하여 솜씨 있게 전형화하고 개성화 하였다고 인정하였다.

작년 11월 27일 교시 이후에 극문학 분야에서 우리들은 아직 부끄러

운 일이나 당의 요구에 충분히 부합되는 천리마 현실을 반영한 작품을 많이 내놓지 못하였다. 『우리는 행복해요』가 있지만 그것은 교시 이전부터 오래 동안 준비해 오던 작품이다. 다만 『산울림』이 우리 시대의 새로운 갈등에 관하여 새로운 문제를 제기하였고 또 희곡 예술에 새로운 경지를 열어 놓아 주목을 끌고 있으며 『붉은 선동원』이 농촌의 길 확실인 리신자의 형상을 취급하여 일정한 성과를 거두고 있다. 그러나 적지 않은 연극, 영화들은 아직도 천리마 현실을 진실하게 반영하지 못하였다.

『5작업반의 일기』가 우리의 주목을 끄는 것은 바로 이 문제에 있다.

『5작업반의 일기』를 위시하여 축전에서 보여 진 많은 로동자 써클들의 연극, 경악극, 스케취들이 생동한 현실을 보여 주며 천리마 기수들의 성격들이 뚜렷하게 관객들의 심금을 두드려 주고 있는 비밀을 풀기는 그리 어렵지 않은 문제다.

길확실 로력 영웅의 공산주의자적 성격, 그의 인간 개조에 대한 빛나는 성과 그의 당에 대한 충성심, 풍부한 인간 정신 등등은 오늘 모든 사람들이 잘 알고 있다.

이 모든 것의 일면을 우리는 연극 『우리는 행복해요』를 통하여 예술적으로 형상화 된 것으로 보았다. 『5작업반의 일기』에서는 전자와는 또 다른 각도에서 길 확실의 면모를 보게 된다.

『5작업반의 일기』의 성공해서 기성, 신인을 불문하고 문예창작에 관여하는 모든 사람이 받은 커다란 교훈을 생활의 진실 속에 깊이 침투하면 할수록 더 좋은 작품이 나온다는 그것이다. 나 자신의 경험에 의하더라도 창극 『아름다운 시절』에서 천리마 기수들의 형상화에 적지 않게 불만족한 전들이 있는바 그 가장 큰 원인은 작가의 내가 주인공들의 생활 속에서의 체험이 미약한 거기에 있다.

『5작업반의 일기』는 중막 희곡이며 작가 집단이 취한 쓰레도 자기들의 연극 써클의 력량과 무대 조건 등을 타산한 나머지에 택하여졌다. 이러한 관계로 희곡 창작에 일정한 제약을 전제하면서 그에 적합하게 극적 내용도 선택 처리했고 기교도 적응시켰다.

이것은 이 희곡의 장점인 동시에 약점이기도 하다. 토론자들이 공통적으로 이 장점과 약점을 지적하고 있다. 뿐만 아니라 이러한 약점은 결코 이 희곡을 크게 손색시키는 것은 아니라고 인정하고 있다.

장면을 한 곳 고정하고 거기에 락후한 5작업반에 김성실(길학실)이가 온 뒤에 천리마 작업반 칭호를 받게 되는 날까지의 긴 시간과 복잡한 사건을 집약 처리한 이 창작 집단의 능숙한 형상력과 구성력에 대하여 누구나 없이 찬사를 던지고 있다.

이것은 결코 쉬운 일이 아니다. 우리 써클들의 예술 축전 경연에는 종합적으로 여러 단체가 여러 종목을 가지고 나오는 관계로 이러한 희곡쓰기를 택한 것은 백 번 정당하며 장려할 일이다.

이러한 소재에 이러한 이야기를 담자고 결심한 창작 집단 앞에 크게 장애물로 나타난 것은 매개 등장인물의 성격 발전의 선을 따라 가면서 구체적으로 묘사할 수 없는 조건이였다. 그래서 집단이 취한 대책은 소개자를 설정하고 그의 설화를 통하여 예비 설명도 하고 중간련결도 하는 것이다.

이 소개자의 선한 방법을 쓴 데 대하여 토론자들이 찬동하지 않았다. 이 희곡에서는 이런 설화에 의한 방법을 리용하지 않고는 사건의 전모를 도저히 전달하기 곤난하기 때문에 나는 창작가들 집단의 편에 선다. 『불사조』에 설화 방법이 성공하였고 그것이 적절한 방법이였다면 그것은 희곡 『불사조』가 자체의 스켈상 요구에 적응하였던 것과 마찬가지로 『5작업반의 일기』에서도 설화 방법이 불가피적으로 필용되였으며 성공적이라 할 수 있다.

창작 집단은 이 희곡에서 소개자 외에 13명의 등장인물을 설정하고 있다. 13명이란 등장인물은 이런 형식의 희곡으로서는 적은 수효가 아니며 많은 수효도 아니다. 인물이 적고 많은 것으로 희곡의 우렬을 규정할 수는 없다. 그 인물들의 매개 성격을 그 운명의 변화에 따라 이렇게 발전시키고 있으며 뚜렷한 형상으로 관객 앞에 어떻게 재현하고 있는가가 문제이다.

이 희곡은 13명의 등장인물들의 운명 발전을 모두 구체적으로 명확하게 보여주지 못할 만큼 차요적 인물들이 풀어야 할 것이였다고 하는 지상 토론은 타당치 않다. 물론 모든 인물이 다 뚜렷한 형상으로 매혹적인 인물로 보여준다면 그것은 훌륭한 일이다. 능숙한 작가일수록 자기의 매개 인물들을 그것이 비록 극히 부차적인 인물일지라도 그에게 뚜렷한 성격과 행동선을 부여함으로써 관객 앞에 선명한 형상을 보여줄 줄 안다. 이러한 기로는 한 마디의 대사, 한 순간의 행동으로써 가능하다.

나의 견해에 의하면 이 희곡의 인물 형상에서 가지고 있는 결함은 전체 등장인물들 남김없이 성격적으로 형상화하지 못한 데 있는 것이 아니라 창작집단이 중요 인물로 규정한 인물들의 행동선이 중단이 있고 전혀 애매하게 그려져 있는 거기에 있다. 토론자들이 정당하게 지적한 바와 같이 혜순의 재차 탈출의 동기와 그 이후의 생활은 전혀 그려지지 않았으며 옥금이는 '해'군'으로 설정해 놓았으나 형상으로서는 전혀 묘사되지 않았다. 혜순의 행동과 생활선을 중단 없이 묘사하는 것은 이 희곡 스켈로서는 아주 힘든 문제이다. 그러나 창작집단이 더 고심한다면 약점을 보강할 길은 얼마든지 찾을 수 있을 것이다. 무대 장치의 약속 때문에 혜순이가 뛰여나간 함흥이라든가 다른 장소를 따라 갈 수 없더라도 밤' 중에 다른 반원들이 평화스럽게 잠들고 있던 때라든가, 즐거운 오락이 진행되고 있는 때 혜순이 혼자 합숙의 창'가에 나타나서 자기의 심리적 투쟁을 독백 형식으로라도 표현할 수 있을 것이다. 또 옥중의 선을 뚜렷이 하는 것은 몇 군데 대사를 주입될 것인데 창작집단이 이 인물에 대하여 소홀히 하였다.

토론자들이 제기한 이 희곡의 약점은 그것이 연극을 손상시키는 치명적인 결함으로 되지는 않는다 할지라도 약점은 약점으로 남아 있다. 그러니 창작집단은 자기의 작품을 완성시키기 위하여 접수하는 것이 필요하다.

창작집단에 도움을 주기 위하여 미발표 지상 토론 참가자들이 제기한 가치 있는 의견에 기초하여 또 나의 생각도 포함하여 몇 가지 의견을 더

첨부하려고 한다.

이 희곡이 비록 무대는 한 곳으로 고정했고 한 작업반에 극한 된 이야기에 기초하고 있으나 전부 5장이며 시간상 흐름으로는 몇 달 동안이며 내용상으로 보면 이 공장에서 가장 락후하던 작업반이 천리마 칭호를 받게 되는 데까지 이른다. 또한 형식으로 보아 짧은 단막극이 아니라 200매에 가까운 중막이다.

김성실이란 주인공이 누구나 다 알고 있는 길학실 로력 영웅이며 충실한 공산주의자이며 인간 개조의 명수이다. 그렇기 때문에 관객은 아무런 의견 없이 그의 력량에 대하여 신뢰하고 그가 능히 이런 일을 할 수 있다고 확신한다. 그러나 김성실이 당에 의거하지 않고 당 핵심에 의거하지 않고는 이런 큰일을 할 수 없는 것이다.

이 희곡에서 여러 군데에 성실과 작맹 반장인 형옥이 당 위원회를 찾아가고 오고 한 것이 대사에 나오기는 하나 형상적으로는 전혀 그려지지 않았다. 자애로운 어머니와 같은 당의 손'길, 어느 곳에나 닿는 당의 손'길−이것은 성실의 사업을 추진시키는 힘이며 그 사업성과의 담보이다. 난관 앞에 굴하지 않고 승리에 대한 확신성을 가지고 앞으로 나아가는 성실의 뒤에는 언제나 당 단체가 있고 당 핵심이 있는 것이다. 그러므로 이만큼 긴 형식의 희곡으로서는 창작집단들이 이 문제에 대하여 고려를 돌려야 하였다고 나는 말하고 싶다.

성실의 성격 발전에서도 좀 평탄한 감이 있다. 그가 이미 4작업반을 천리마 작업반으로 개조했고 확신도 가진 인물이지만 새 현실에 부딪쳐 내면적인 고민화 투쟁도 반드시 동반하였을 것이다. 그러므로 작가로서는 이럴 때 더 형상으로 발휘할 의무가 있는 것이다.

끝으로 사소한 것들이기는 하나 득실을 낸다면 다음과 같은 의견이 있다.

혜순의 탈출 기도와 관련하여 치마 소동은 아주 효과적인 복선으로 설정되었다. 그런데 반장의 치마를 또 혜순이가 입고 있는 것으로 되어 있는데 이에 대하여는 아무런 설명도, 해결도 없다. 혜순이가 반장의 치마를 몰래 입은 것인지 성실이가 이미 준 것인지 명확히 해야 할 것이다. 그러나 혜순이가 몰래 입은 것으로 하지는 말아야 한다.

혜순이 재 탈출하는 동기도 좀 더 명확히 해야 할 것이며 그렇게 하자면 직장에서 혜순이의 행동에 미해결점을 남겨 두어야 할 것이다.

다섯 개 장면 간의 시간상, 시간상 련결을 더 정리할 필요가 있다. 1장의 화단 이야기, 3장의 학단 이야기, 4장의 불이야기—이런 환경 설정을 통하여 장면 간의 시간 상 흐름이 명확하지 않으며 중복감을 준다.

향선을 20리 떨어진 곳에 집이 있는데 합숙생으로 규정되어 있다. 집이 있고 반원들이 홀어머니의 생활을 도와준다면 통근생으로 설정하고 사건 관계도 그렇게 처리하는 것이 좋겠다. 승환이는 새벽부터 손풍금을 켜고 다니는데 이것은 이상하다.

이상과 같은 점들을 모두가 사소한 일이나 매개 장면들과 매개 인물들과의 관계에서 더 정리해야 할 것이다.

희곡 『5작업반의 일기』는 김일성 동지가 작가, 예술인들에게 주신 작년 11월 27일 교시 이후에 우리 문학예술이 거둔 성과의 하나이며 생활 체험, 현실 침투와 창작에 관한 통제에서 기성, 신인들 불문하고 커다란 토론과 경험을 주는 작품이다.

현실 속에 위대한 생활을 창조하고 있는 천리마 기수들이 문학작품을 더 광범하게 창작하는 운동을 전개한다면 『5작업반의 일기』에 못지않은 훌륭한 성과 작품들이 보다 많이 나올 수 있다는 것을 경험을 보여 주고 있다.

문학 써클원들이 이에 솔선모범이 되여 전체적인 지혜를 모아 문학예술의 화첩을 보다 풍만하게 꽃 피우자.

『문학신문』, 1961.10.27

갈등문제의 론의와 나의 의견

우리들은 우리 당의 총로선의 천리마 운동의 충실한 선전자가 되어야 하며 근로자들에 대한 공산주의 교양 사업의 유능한 담당자가 되어야 하며 사회주의, 공산주의를 건설하는 우리 시대의 주도적이고 지배적인 사상의 전달자가 되어야 한다.

우리의 발전된 현실은 대립과 모순의 성격이 종전의 그것과는 달라졌다는 것을 보여주고 있다. 적대적 계급이 없고 개조 못할 사람이 없는 우리 사회에서는 현실 발전의 모순이 대립되여 있는 사회적 대립 간의 비타협적인 투쟁으로 표현되지 않는다.

이 사실은 우리 현실에 극성이 없다는 것을 의미하지 않는다. 우리는 우리 시대의 영웅적인 주인공들인 천리마 기수들—진실하고 충직하게 당과 인민에게 헌신하는 인간들의 성격 가운데서 극성을 발견할 수 있으며 발견하여야 한다.

천리마 기수들이라 하면 모두가 동일하지는 않다. 그들이 공산주의로 가는 목적은 동일하지마는 개인적 성격에는 차이가 있으며 부여된 경제적, 생산적 과업의 실천 방도를 찾는 데에 있어서는 전혀 서로 달리 할 수 있으며 당성, 의식 수준, 원칙성들에 있어서도 정도의 차이가 있다. 이것은 현실이다.

이러한 차이들 속에서 주로 우리 시대의 극성이 발현되는 것이다.

경희극 『산울림』에서 송재가 령오와 정자의 대상으로 볼 대신에 관객과 독자들의 의 따뜻한 웃음 속에서 콧물을 자아내는 것은 그가 당 정책을 충실히 집행하였고 두메산'골을 지상락원으로 만들었으며 공산주의를 지평선에 바라보는 고지를 향하여 계속 전진하려고 하는 열렬한 투쟁과 저항을 가졌으나 성과에 자만하여 심지어는 전진을 멈춤으로 하여 집단의 전진에 제동기적인 역할을 수행하게 된 대문이며 그는 일시적 정체와 락후를 취소하고 다시 결단과 함께 나아갈 인민이란 것을 확신케 하기 때문이다.

『산울림』이 보여 주는 바와 같이 생활의 변화와 함께 모순과 갈등의 운동과 그 성격이 달라졌을 뿐이지 생활의 극성과 갈등이 미비하겠다든가, 취소되었다든가 한 것은 아니다.

극적 갈등의 본질은 언제나 새 것과 낡은 것 간의 투쟁이다. 이것을 다른 말로 표현한다면 극적 갈등의 본질은 긍정과 부정 간의 투쟁이다.

이러한 규정이 우리 시대의 갈등 천령에서 산생한다고 생각해서는 안된다.

우리나라에서는 낡은 것과 새 것과 투쟁이 각여한 사회 계층에 속한 인간들에 의하여 형성되지 않는 반면에 모든 사람이 공산주의적 새 인간으로 장성하고 천리마 기수로 발전하는 과정－인간 장성의 운명 과정에서 일어나는 다양한 대립 속에서 형성된다.

송재는 일시적으로 발전을 멈추었지마는 조만간의 다시 발전의 걸음을 시작할 사람이다. 그러니 송재와는 관계집단의 발전을 제한한다. 석철의 경우에는 왕성한 발전 과정에 있기 때문에 자기 자신과 주위에 대화 요구가 크다. 이로 말미암아 다른 긍정적 인물에게도 부딪치는 경우가 있다. 이러한 의식수준의 차이, 요구성의 차이가 서로 부딪칠 때 극성이 발현되며 극적 결말이 조성된다.

천리마 현실을 반영하는 우리 극작품들에서는 적대적 인물은 자취를 감추었으며 부정 인물들도 보이지 않는 경우도 많다. 이런 작품들은 더욱 많이 창작될 것이다.

부정인물의 성격이 보이지 않는다고 하여 생활의 반영에서 장성과 발전의 운동 과정을 안 보일 수는 없다.

그것이 없이는 현실 자체도 통제할 수 없을 뿐만 아니라 극작품의 형성도 불가능하다. 장성을 위한 운동이 있는 곳에서는 반드시 대립과 모순이 있으며 대립과 모순은 어느 하나의 극복을 초래한다. 이 극복되는 사상, 견해, 불참 등은 부정적인 것이다.

이 생활의 법칙은 예술작품의 심화과정에도 달라질 수 없다.

강능수 동무의 론문 「리 론의를 요구하는 문제」(『문학신문』)와 윤세평 동무의 론문 「천리마 현실의 반영과 극적 갈등 문제」는 발전하는 현실의 모순을 질책하게 반영하며 괴로운 극적 갈등 등을 천명하기 위하여 진지한 규명을 했고 문제 해결에 적지 않은 도움을 주었으나 일면적이라고 생각하는 견해도 있다.

갈등에 긍정과 부정과의 투쟁이라는데 대하여 위로를 가질 것이 아니다. 강능수, 윤세평 두 동무가 다 같이 인정하는바 그대로 우리 시대의 갈등 성격이 달라졌다는 것이 동참의 긍정과 부정의 대해 운동 즉 현실 발전의 운동이 종전과 다르다는 것을 강조하여야 할 것이다.

'부정 인물'과 인물 성격의 '부정적 일면'에 대하여 동일시하지 말아야 할 것이다. 부정 인물이 없고 긍정 인물만 나오는 희곡에 극적 갈등이 있는 리유는 긍정 인물이면서도 성장과정에서 사회생활에서 사람과의 부딪치는 면에 있어서 극복되어야 할 태도, 행동, 성격, 견해들을 발전시키기 때문이다.

송재의 경우가 바로 그렇다. 이런 경우 그 인물 자체는 긍정에 의하여 부정될 대상은 아니지만 그의 자만과 경고는 반드시 부각되어야 한다.

이 문제는 작가가 우리 현실을 그리는데 어떤 부정 인물을 선택할 것인가 하는 문제와 관련된다.

『두른산 속에 꽃이 핀다』에서는 물론 인물 모두 반대하고 나서는 관리부위원 등을 부정 인물로 선택했다. 실제 이런 생활을 했을 수도 없으며 이렇게 될 아무런 근거도 없다.

같은 관리 간부를 개조 대상으로 선정하였으나 『산울림』의 송재의 경우는 그가 천리마도 탔고 당 정책도 관찰하려고 하나 일시적으로 성과에 도취하여 자기 생각이 낡은 것인 줄 모르는 그런 인물을 택하였기 때문에 성공하였다.

『붉은 선동원』에서는 리기주의적 통능 격신 조합원, 도시진출을 꿈꾸는 청년, 오해로 말미암아 일시 삐뚜러졌던 소시민적 남성들을 부정 인물로 선정했고 그들이 철벽같은 핵심들의 왕성한 전진 운동과 긍정적 모범들 속에서 필연적으로 개조되여 훌륭한 결단의 성원이 되는 과정을 뚜렷이 보여 주고 있다.

갈등문제에 대한 토론에 참가한 모든 사람들이 문제의 중심은 발견된 생활 현실의 모순을 어둡게 하며 진실하고 생동하게 재연할 것인가 하는데 두고 있는 것은 정당하다.

『인간에 대한 지극한 사랑』, 『꽃피는 시절』, 『꽃은 계속 핀다』, 『공장은 나의 미학』, 『녀교원』들의 성공한 작품도 있고 실패한 작품도 있지만 목적 과정의 진실성, 다양성, 심오성 등의 문제를 두고 말할 때는 철저하게 론의 되어야만 한다.

적지 않은 경우에 작가들이 빠지기 쉬운 환경은 '인위적 갈등'의 연출이다. 이러한 함정에 빠지게 되는 원인은 여러 가지 경우가 있다. 그 중에서도 작가들이 천리마 현실을 심오하게 체득하며 그 속에 깊이 침투하지 못하는 것이 원인이다. 천리마 현실은 결코 직선적인 것이 아니며 단순한 것이 아니다. 깊이 침투하지 않고 대상적으로 접하여서는 복잡한 천리마 현실의 본질도 파악 못하며 다양한 내용을 리해할 수 없다.

생활 현실에서는 합법칙성을 가지고 있는 갈등도 다가와 고조와 도식 때문에 갈등은 위안 갈등으로 되고 만다. 『인간에 대한 지극한 사랑』, 『꽃피는 시절』의 박의사와 손의사의 경우도 그러하다.

왜 그렇게 되었는가.

강능수 동무는 그 원인은 작가가 "낡은 드라마뚜르기야의 수법의 잔재에 의하여" 마치 이런 "경험주의자가 설정되지 않으면 갈등 성장에 부족한 면이 있으며 극의 첨예성이 약화되는 듯이 생각하는 것"에서 찾고 있는데 이런 견해엔 동의할 수 없다.

이런 인물의 선정이 낡았으며 도식적인 것이 아니다. 그것은 심화되지 못하였기 때문에 도식이 된 것이다. 만약 작가가 이런 인물들 외과 과장 강하종의 성격 발전에 유기적인 혈안을 가지고 더 진지하고 심오하게 그렸다면 작품의 성과에 보람을 둘 수 있었을 것이다. 강하종의 자기 발전을 위한 내연적 투쟁에 어떤 경험주의적 의사의 존재가 이제 불필요하다고 단언할 수 있겠는가?

생활적 갈등은 예술적 갈등으로 진실하게 반영하는 문제는 극작가의 드라마뚜르기야에도 많이 ◇◇◇ 새로운 갈등을 발전하였음에도 불구하고 그것이 곁은 형상성을 밟지 못하고 관객을 흥분시키지 못하는 것은 과거의 작가의 기교의 부족에 특히 기인한다. 예술적 기교는 기교 자체의 수련에서 달성되는 것이 아니라 현실 체험과 리해의 심도 발전된 현실적 모순 성격의 정확한 리해의 기초 우에 발전하는 것이다. 우리 현실의 중요한 과정을 세밀히 분석하고 해부하여 그 속에 침투하지 못하며 그것을 일반화하자 못하고 예술적 수단으로 재현 못하는 작가가 취하고 양성하는 길은 도해와 도식이다.

윤세평 동무의 론문에는 다른 곳에서도 모호한 서술이 있다.

그는 경희극 기타 일부 극형식에서는 극적 갈등이 형성되지 않는 경우도 있다고 결론하였다.

그는 그렇게 명백하게 극적 갈등이 없이는 극작품이 성립되지 않는다고 단언하면서도 극적 갈등의 다양성이란 ◇◇ 갈등 이외도 극작품은 성립된다고 실혀 모순적인 결론을 내재하고 있다. 여기에 대하여 강능수 동무가 동의하지 않은 것은 정당하다.

갈등이 다양한 것과 갈등이 없는 것과 어찌 동일하겠는가. 만약 갈등이 없는 극작품이 있다면 그것은 결코 감동한 것으로 되지 못할 것이다. 『산울림』은 경희극이다. 여기에 어찌 갈등이 없는가. 실로 다양하고 첨예한 갈등이 잇다.

극적 갈등문제에 대한 론의는 더욱 계속되어야 한다. 그것은 모두가 인정하는 바와 같이 생활 현실에서는 모순이 합법칙적이고 선명하다고 해도 그것을 예술적으로 재현함에 있어서는 문제가 간단하지 않기 때문이다.

천리마 현실 속에서도 그 전진을 장애하고 결단의 리익에 통치되는 그 무엇이 있다. 그것은 일반적으로 보수주의, 경험주의 또한 자만 자박이라고 불리워진다. 그런 것을 직선적으로 창작 실천에 옮겨 놓고 보면 그것은 색채가 없으며 관객들의 총회를 끌지 못하며 도식으로 본다.

현실의 발전을 변화를 줄 수 없도록 하는 통로다. 이렇게 하면 기만하게 현실 속에서 체험한 것을 재현의 발전하는가에 작가들의 노력을 집중한다. 이리하여 성공하는 작가도 있고 갈등을 조급히 연출하는 작가도 있다.

지금에 있어서 평론의 역할을 발견될 우리 시대의 갈등 성격의 규정에만 지지하게 대들고 있을 것이 아니라 창작된 작품들의 인물 성격의 심오화 분석과 그 리론적 일반화나 방조로 평론의 본래의 임무를 활발하게 수행하는 데 있다. 그런 의미에서 『산울림』, 『붉은 선동원』 『꽃은 계속 핀다』 등의 성과를 더욱 규명하며 인물 성격들을 분석하여야 하며 새로 나오는 작품들의 갈등에 대한 평가가 주워져야 한다.

『문학신문』, 1961.12.12

천리마 현실과 희극

리동춘 작 『산울림』에 대하여

우리 당은 사회 발전 행정에서 나타나는 모든 낡은 것과의 투쟁에서 풍자적 수법을 강력한 무기로써 활용할 것을 항상 지시하였고 우리 작가들은 연암의 풍자 문학의 전통을 계승 발전시킬 것을 늘 말하여 왔다.

그럼에도 불구하고 이 부문에서 성과를 거두지 못한 것은 우리 극작가들이 관심을 덜 돌렸고 노력이 부족한 것 이외에는 다른 리유는 없다.

이러한 때에 극작가 리동춘의 『산울림』은 우리 극문학에 새롭고 빛나는 보탬을 주었을 뿐 아니라 희극 문학 발전에 강력한 홰'불을 쳐들었다.

다음으로 희곡 『산울림』은 우리 시대의 천리마 현실의 예술적 재현과 성격 특히 희극적 성격 창조에서 극히 긍정적인 대답을 주고 있다는 것은 최근 우리 극문학이 거둔 사상—미학적 성과의 하나이다.

작년 11월 27일에 주신 김일성 동지의 교시를 실천하는 과정에서 우리 극문학 분야에서도 일련의 창조적 성과를 거두었다. 한도수의 『우리는 행복해요』, 백인준의 『두메 산 속에 꽃이 핀다』, 조백령의 『붉은 선동원』, 김윤종, 리서향의 『꽃은 계속 핀다』 등은 우리 시대의 공산주의자—천리마 기수들의 풍부하고 다양한 생활적 도덕적 면모들을 생동하게 보여 주었다.

그러나 천리마 현실의 위대한 전진에 비하여 우리 극문학이 거둔 성과는 너무나 왜소하며 김일성 동지의 교시와 당의 요구, 인민의 목소리에 대답하기에는 너무나 불충분하다. 그것은 10여 개의 극장의 1년간의 창작 총화가 웅변적으로 말하고 있다.

『우리는 행복해요』에서는 공산주의자길 확실의 형상은 생동하게 그려졌으나 그를 이끌고 나가는 당 위원장의 형상을 전혀 비현실적으로 그리였다.

『두메 산 속에 꽃이 핀다』에서도 우리 시대의 영웅이 고립적으로 천리마 사상—행동을 보지 못하고 대지에 발을 붙인 시대의 주인공을 그리지 못했다.

희곡 『산울림』은 당 대회를 앞두고 알곡 100만 톤 증산을 위하여 투쟁하는 산간지대 농업협동조합의 생활을 희극적 수법으로 정확하고 진실하게 묘사하였다.

김일성 동지가 지적하신 바와 같이 희곡 『산울림』에는 누구도 쉬지 않고 분주히 일하고 있는 오늘 우리나라 농촌의 현실이 진실하게 그려졌을 뿐 아니라 진보와 계속 혁신을 위한 생활적 투쟁이 반영되여 있으며 공산주의를 향하여 나아가는 우리 시대 사람들의 건전한 웃음과 락천주의 그리고 꿈들이 담겨져 있다.

이것은 쉬운 일이 아니다. 작자 리동춘의 수기에서도 토론된 바와 같이 그도 역시 11월 27일 교시를 받들고 그것을 관철할 결의를 다지면서 현지로 갔다. 그는 현지에서 처음에는 극적 소재가 될 만한 '갈등'을 찾지 못하고 지대를 옮기려고도 했으며 나중에는 머리 속에서 '갈등'을 고안해 내려고도 했다.

적지 않은 극작가들이 현실을 이렇게 피상적으로 보거나 고안해 낸 결과로 창작된 작품은 절뚝발이가 아니면 빛이 없는 것으로 되였으며 다수 경우에 '현지 취재'를 하고도 작품은 쓰지 못하고 말았다.

그러나 작가는 격동적인 우리 시대 농촌의 생활 가운데서 그 본질적인 것을 포착할 수 있었기 때문에 그 본질을 포착하기 위하여 생활에 더욱 깊이 파고들어 갔기 때문에 『산울림』의 산생을 가능케 하였던 것이다.

이것은 아주 교훈적이다. 이것은 아직도 현실에 접근하지 않으며 현실에 접근한다면서도 깊이 파고들어 가서 생활의 본질과 그 생활을 추동하고 전진시키는 법칙을 발견할 줄 모르는 일부 작가들에게 커다란 경종으로 된다.

김일성 동지가 "도처에서 기적들이 일어나고 모든 사람이 공산주의적 새 인간으로 변하고 있으며 천리마의 대진군이 버러지고 있는 우리의 현실을 생동하게 묘사하며 시대의 영웅인 천리마 기수들의 전형을 창조하는 것이 무엇보다도 중요합니다. 오늘 우리의 생활은 새 사회를 더 빨리 건설하려는 근로자들의 불굴의 의지와 락천적인 정열로 들끓고 있으며 인간에 대한 지극한 사랑과 집단주의적 도덕이 구현된 무수한 미담들로 차있습니다. 작가, 예술인들은 이 보람찬 생활 속에 깊이 침투하여 우수한 문예 작품들을 세상에 내놓음으로써 사람들의 사상을 개조하고 대중을 혁명 위업에로 고무하는 데 적극 기여하여야 하겠습니다."(「조선 로동당 제4차 대회에서 한 중앙위원회 사업 총화보고」에서)라고 하신 과업을 작가 리동춘은 현지 작업의 개시로부터 작품의 완성에 이르기까지 훌륭하게 관철하고 있다.

희곡 『산울림』에서 갈등이 어떻게 설정되고 있으며 갈등을 이루고 있는 생활적 바탕이 무엇인가?

『산울림』의 갈등은 천리마 현실의 합법칙적 요구에 근거한 전진하는 사상과 전진을 저해하는 사상 간의 갈등과 위대한 개혁의 본질적 일부를 이루고 있는 자연 개조, 자연 정복에서 산생되는 인간과 자연과의 갈등이며 이 자연 개조를 위한 투쟁 가운데서 역시 발현되는 진보와 보수와의 갈등이다.

작자는 이러한 갈등 속에서 우리 앞에는 개조 못할 사람이 없으며 정복 못할 난관이 없다는 천리마 기수들의 시대적 정신을 천명하는데 성공하였고 인간에 대한 지극한 배려와 집단주의적 도덕을 구현할 수 있었다.

또한 작가는 무대를 농촌 현실에 잡으면서 그것을 희극 형식을 빌어서 묘사하는 데 성공하였을 뿐 아니라 사회적 현실의 부정적 현상, 락후한 것들을 폭로하고 조소함으로써 그 존재를 부인하고 불살라 버리는 것을 목적으로 세운 것이 아니라 뒤떨어진 사람들을 긍정적 모범으로 감화시키고 개조시켜 공산주의를 향하며 전진하는 대렬 속에 남김없이 이끌고 나가는 것을 목적으로 세우고 있는 것은 정당하였으며 우리 시대의 희극의 사명을 정확하게 규정한 것으로 된다.

사회주의적 생산 관계가 유일적으로 지배하며 당의 혁명적 군중 로선이 승리하고 있는 우리 천리마 시대에는 극복되여야 할 부정적 인물은 많지 않다. 희곡 『산울림』에서 일련의 인물들은 적은 사업성과에 도취하여 자만자목하고 더는 전진하기를 그만두려는 사상적 부정면을 가지고 있으면서도 역시 그들은 공산주의를 지향하며 자기 주관적 견지에서는 당 정책을 가장 충실하게 집행한다고 생각한다. 이런 사람들은 본질적으로 나쁜 사람들이 아니며 전진 운동을 일시적으로 멈춘 사람들이다.

그러나 나쁜 사람은 아니라 할지라도 전진을 그만둔 사상, 진보를 저해하는 사상 그 자체는 어디까지나 부정인 것이며 그것은 긍정적 사상 행동과의 사이에 타협되지 못하고 용납되지 못 할 갈등, 대답을 형성하는 것이다.

관리 위원장 리송재는 어떤 인물인가? 옛날에는 정배살이를 보내던 두메 산 속이였고 베치마 하나 가지고 안 사람들이 돌려 입었고 동네 두루마기를 만들어 놓고 출입을 했고 장가를 갔던 그런 곳을 전체 조합원들을 추동하여 오늘 지상 락원을 만들었다. 그는 청산리 방법을 정치사업과 경제 사업에 적용하여 일상적으로 조합원들과 같이 로력하며 밭머리에서 생산 협의회를 열며 포전 선전실을 꾸려 놓고 사상 사업과 생산을 밀접히 결부시킬 줄 알며 매개 조합원들의 살림살이, 건강 상태에까지 세심한 주의를 돌리고 조합원들의 써클 사업에도 백방의 배려를 돌린다. 그의 중요한 장점은 조합원들을 묶어세우고 앞으로 밀고 나가는 조직력과 추진력이 있을 뿐 아니라 당 정책과 결정 지시는 충실히 집행했으며 관철하려는 열의를 가지고 있는 것이다.

이상과 같은 장점들만 가지고 보면 아주 훌륭한 모범적 관리 위원장인 것이다. 사실 조합을 이렇게까지 꾸린 그는 어제'날까지는 나무랄 데 없는 관리 간부였다.

그러나 지금에 있어서는 그는 갈 데 없는 보수주의자로 되였다. 그의 보수주의는 낡은 영농 방법을 고집한다거나 경험주의에 빠졌다거나 새로운 것에 모색하다거나 하는 그런 보수주의가 아니다. 그는 당에 내세운 새로운 영농 방법은 솔선 실천하였고 문제를 혁명적으로 해결하려는 대담성도 가지고 있다.

그의 오늘의 보수주의는 얻은 성과에 도취하여 자만 자목하는 것으로부터 주관주의적 편견이 싹트기 시작했고 관료주의화하기 시작했으며 전진을 멈추었을 뿐 아니라 앞으로는 정치적 암둔에까지 떨어질 수 있는 그런 사상적 병'집으로 된 것이다.

"…… 이것 두 저것 두 다 해버렸으니까 할 게 없지 보오, 우리 당 12월 전원회의 정신과 북청회의 정신이 우리 조합 주변 산마다에 꽃을 피우고 있지 않소, 그런데도 우린 만족하지 않는단 말이요, 어떻게 하면 더 알곡 증산에 이바지할 것인가, 그래서 삼혼작 문제도 내놨고 돌각담까지 들추자는 의견을 내놓지 않았소."

이와 같이 이제는 할 일은 다 했다고 생각하는 송재에게는 제대 군인 황 석철의 모든 제기는 황당무계한 잠꼬대며 몽상으로밖에 생각되지 않는다.

이러한 그의 사상적 병'집은 더욱 전진하고 발전하려는 조합 사업에 제동기적 역할을 놀기 시작했으며 조합원들 특히는 청년들의 래일에 대한 꿈을 실현을 짓밟아 버릴 위험성을 가지고 있는 것이다.

이상과 같은 관리 위원장 리송재를 우리는 미워할 수는 없다.

제2작업반장 리말수의 경우도 그러하다. 그의 보수주의는 송재의 그것과는 색채가 다르다. 새것을 시작할 때는 낡고 낯'익은 것에 향수를 느끼면서 저울질해 보는 '낡은 형'의 보수주의인 것이다.

그러나 그도 한 번 옳다고 생각하고 결심만 하면 모든 사람의 선두에서서 나아가며 당 위원장, 관리 위원장의 지시는 충실히 집행할 줄 아는 미덕을 가지고 있다.

도립 극장에 가서 가수가 되겠다는 생각으로 한동안 들떴던 처녀 옥음, 애정 문제의 일시적 오해로 하여 농기계 창안 사업을 중단하는 청년 기선 등도 다 조합에서는 없어서는 안 될 귀중한 일'군들이다.

옥음, 기선은 말할 것도 없고 송재, 말수는 우리에게 아주 정이 가는 소박한 사람들이며 조합의 기둥들이다.

작가 리동춘도 자기 작품의 희극적 성격의 중심인물로 설정한 송재와 말수에게 커다란 애정을 기울이고 있다.

이것은 바로 작가가 현실을 대하는 정당한 태도의 표현이며 현실 긍정의 시대적 사상의 표현이다. 김일성 동지가 교시하신 바와 같이 작가는 갈등 설정과 부정적 성격의 처리에서 이와 같이 우리나라 현실에 정확하게 부합시키고 있는 것이다.

희극 『산울림』에서는 자연 개조, 자연 정복을 중요한 홍수 난 강물 건너는 문제를 설정하였다. 사회주의 건설이 성과적으로 진행되고 사람들의 의식이 공산주의적으로 교양되고 공산주의를 지평선에 바라보면서 천리마로 달리는 우리에게 있어서 중요한 투쟁 대상은 자연의 정복과 개조이다.

이 조합에서는 이미 관개 시설도 완성했고 경사지도 개간했으며 가까운 데 얻어 낼 수 있는 땅은 다 얻어 냈다. 앞으로 홍수의 근원까지 근절하기 위한 치산치수사업을 더 진행하고 산에 이르기까지 자동차'길을 닦고 강마다에 교량을 설치할 방대한 과업이 남아 있는지마는 당면하여 점령할 고지는 범바위산 개간으로 경지 면적을 확장하는 것이고, 제4막에 설정된 것과 같이 홍수 난 강을 집단주의와 대담성으로 정복하고 개간된 범바위산 밭의 제초를 제때에 보장하는 것이다.

범바위산 개간 문제를 제기한 설철과 그를 지지하고 나선 민청원들의 의견을 반대하는 송재의 리유는 로력 문제였다.

송재의 주관적 견해에서는 더욱이 보수주의에 빠진 그의 사상 상태로서는 그것이 불가능한 일이였다.

제3막에서 석철과 금단을 위시한 민청원들의 옥음이의 집에 모여 범바위산 개간 문제를 한참 토의하고 있을 때 금단이가 석철을 '교양'하고 있는 줄만 믿고 그를 방해하지 않으려고 달수와 송씨를 밖으로 데리고 나온 송제는 그로서는 범바위산 개간을 반대하는 '정당한' 리유를 말하고 있다.

말수 "나야 무슨…… 좌우간 경지 면적이 넓어진데다가 사혼작을 했겠다 자급 비료는 물론 화학비료까지 더 많이 냈으니 풍년이야 갈 데 없지요."

송재 "그렇다고 마음을 놔서는 안 됩니다. 아차 잘못하여 농사일이 드디여 나가기 시작만 하면 논밭머리에 매달려 산을 못 뜯어 먹을 수도 있으니까요……."

송재는 로력의 긴장 상태를 고려하여 짠 계획을 조금도 어김없이 실천하면서 수상 동지의 교시대로 산을 뜯어서 현금 분배도 증대시켜 조합 살림을 작년보다 더 향상시켜야 한다고 생각하기 때문에 범바위산 개간 같은 것은 절대로 불가능하다고 굳이 생각하고 있다.

그러나 민청원들은 리당 위원장의 지도 아래 로력 예비를 찾아내고 농기구를 개량하며 돌격대를 조직하여 범바위산 개간을 결의한다.

제4막에서 송재는 홍수 난 강을 앞에 두고 개간된 범바위 산밭의 제초를 제때에 보장하는 '혁명적' 방법은 60리'길을 달음박질로 우회하는 길밖에 다른 방법이 없다고 생각하고 있을 때 송재의 립장을 지지하는 달수를 제외한 많은 조합원들, 심지어는 서 로인까지도 어깨를 걸고 단합되여 집단적으로 강을 건너지고 진짜 혁명적 방법을 제기하였으며 리당 위원장 락주는 석철과 더불어 '습격조'를 조직하고 대담하게 라'줄을 매고 강을 먼저 건너가서 조합원들의 집단적 도강을 보장한다.

이러한 락주, 석철을 위시한 천리마 기수—조합원들의 대담성과 혁명성은 바로 항일무장투쟁 시기에 김일성 동지를 선두로 한 공산주의자들에 의하여 이룩된 혁명 전통의 계승이며 락주와 석철과 같은 인물도 포함한 용감한 우리 인민군대가 조국해방전쟁 시기에 발휘한 집단적 영웅주의의 발현인 것이다.

집단의 중심에 서 있는 긍정적 성격들로서 리당 위원장 락주, 제대 군인 석철, 선동원 금단 기타 인물들을 우리는 발견한다.

이러한 농촌의 천리마 기수들의 계속 혁신 계속 전진의 줄기찬 운동에 송재와 달수의 일시적 락후와 침체가 제등기적 역할을 수행하였으나 질풍과 같이 줄기차면서도 커다란 날개와 같이 너그러운 공산주의에로의 전진 운동은 송재와 달수도 빼놓지 않고 한 대렬에 묶어 세워 목적의 고지로 나아간다.

제대 군인 석철의 성격은 독자들의 주의를 집중한다.

석철의 성격 가운데에는 인간성의 거침없이 뻗어 가는 선량성과 무궁무진한 재질과 지혜가 번뜩이는 총명심과 계속적 티끌이 묻지 않은 소박성, 우리 시대 청년들의 본질적 측면인 락천성이 넘쳐흐르고 있다.

이러한 석철의 안목에는 조합의 현실과 관리 간부들은 물론 조합원들의 사상동태가 일목요연하게 조합이 계속 혁신 계속 전진의 길을 걸으려면 무엇을 해야 하고 옥음이를 개조하려면 어떻게 해야 하며 송재 달수 같은 인물이 어떤 길을 밟고 바로 서게 될 것이고 애정 문제에 대한 금단과 기선의 오해가 어떻게 풀릴 것인가를 다 타산하고 있다.

석철에게 있어서 가장 강한 무기는 락천주의며 분방한 공상력이다.

작가 리동춘은 사랑스러운 인물인 황석철에게 희극적 성격을 부여함으로써 일층 더 사랑스럽게 만들었다.

석철은 발전하는 인물이다. 어제 같이 제대되여 아직도 사회생활의 이러저러한 그림자에 물젖지 않았다. 그렇기 때문에 곧이곧대로며 순박하고 이를테면 '세련'되지 못하였다. 이러한 면들은 복잡한 사회생활의 이러저러한 단면과 희극적 정황에서 관객과 독자들의 웃음을 자아내는 것이다. 이 웃음은 조소인 것이 아니라 그가 사회적 생활의 도정에서 행동과 사고가 공산주의적으로 더욱 정리되고 세련되며 완성될 것을 희망하는 웃음인 것이다.

관객들과 독자들은 그가 짬짬이 조합원들과 단화에서 피력할 분방한 몽상—래일에 대한 꿈이 하나씩 하나씩 현실화 되여 가는 것을 볼 뿐 아니라 석철과 마찬가지로 혁명적 랑만으로 그득한 가지가지 꿈을 꾸게 된다.

석철은 모든 것이 다 되였고 더는 할일이 없다고 생각하고 있는 송재와 같은 관리 위원장과 달수와 같은 작업반장이 있는 동안 자기는 할 일이 없다고 생각하고 다른 조합으로 가 버리려고 결심한다.

이것은 확실히 퇴보이며 난관 앞에서 굴복이다. 석철과 같은 인물 성격에 이런 면을 설정한 것은 손실을 주는 것이며 이는 작가의 잘못이라고 할 수 있겠는가? 그럴 수 없다.

아직도 핵심들과 손을 잡지 못한 조합에 도착한 지 얼마 되지 않는 석철로서 전진하는 힘의 원천인 당의 령도를 받지 못하는 석철로서 이러한 퇴보와 굴복은 있을 수 있는 일이다.

만약 제때에 락주가 리당 위원장으로 오지 않았으면 석철은 다른 조합으로 뛰고 말았을 수도 있다. 그러나 락주의 도착은 석철에게 새 힘을 주었던 것이다.

리당 위원장 락주의 형상에서 우리는 연설하는 당 위원장이 아니라 청산리 방법으로 실천하는 당 위원장들을 보게 된다.

적지 않은 희곡에서 우리는 하는 일 없이 자꾸 등장만 하는 당 위원장들, 연설만 하고 결론만 짓는 당 위원장들을 보았다.

그러나 『산울림』의 당 위원장은 많이 나타나지도 않을 뿐만 아니라 한 번도 연설과 결론으로 문제를 해결한 것이 아니라 실천하는 구체적 형상으로 보여 주었기 때문에 아주 선명하며 인상적이다.

사혼작을 하면 17톤의 알곡을 더 생각할 수 있음에도 불구하고 송재와 달수의 주장으로 삼혼작에 그쳤을 때 락주는 서 로인의 당콩을 가지고 능숙하게 유도하여 조합원 대중의 동의를 얻는다. 군중이 할 수 있다는 일을 송재도 달수도 반대하지는 못하리라는 것을 그는 잘 알고 있다.

제4막에서 홍수 난 강을 건너는 문제로 옥신각신할 때 석철과 더불어 몸소 '습격조'가 되여 용감하게도 강물은 먼저 건너가서 모든 조합원들의 도강의 안전을 보장한 락주의 형상은 좀처럼 잊혀 질수 없는 강력한 인상을 관객에게 준다.

제3막에서 범바위산 개간 문제를 가지고 송재의 립장을 지지하며 범바위산 개간을 반대하여 오는 달수에게 락주는 100만 정보 개간에 대한 내각 결정 77호가 발표된 신문을 독보케 하는 수단은 아주 능숙한 사람과의 사업 방법이다.

이와 같이 『산울림』에서는 산 당 위원장—일하는 당 위원장의 형상을 창조하는데 성공하였다.

처녀 금단의 형상도 아주 매혹적이다. 오해로 인하여 석철의 사랑이 옥음에게로 옮아 간 줄 알고 심리적 타격을 받고 고민하면서도 일에 충실한 그의 형상은 집단의 리익을 위하여 개인의 리기를 복종시킬 줄 아는 공산주의적 미풍의 모범으로 된다.

서 로인의 형상에서 우리 시대의 늙은이들이 90이 환갑이라는 김일성 동지의 교시를 받들고 날로 젊어 갈 뿐 아니라 청년들 틈에 끼여 그들 못지않게 로력적 위훈을 세워 천리마 진군에 보조를 맞추는 시대적 정신의 발현을 본다.

이상과 같이 희곡 『산울림』에서는 락주, 석철, 금단, 서 로인 등을 위시하여 우리 시대의 영웅들인 천리마 기수들의 전형적 형상들이 선명하게 창조 되여 있다.

연극 『두메 산 속에 꽃이 핀다』와 『산울림』에 대한 김일성 동지의 교시는 11월 27일 교시를 받은 이후에도 이렇다 할 현저한 전진을 보여 주지 못하고 있는 우리 극작가들에게 현실에 대한 작가적 태도, 생활적 갈등과 예술적 갈등에 대한 문제를 명확하게 해명해 주시였으며 우리들이 더 대담하게 창작을 전진시킬 수 있는 용기를 북돋아 주시었다.

희곡 『산울림』의 갈등을 단순한 '오해'나 '분규'의 고착으로 이루어지는 갈등이라고 규정할 수는 없다. 여기에는 진보 행정에서 진보의 걸음걸이를 멈추려고 하는 엄연한 보수와의 투쟁이다. 혹자는 이 희곡의 갈등의 본질을 오해나 분규로 보려고 하는데 그것은 잘못이다. 이렇게 보는 사람은 오늘 우리 시대의 전진하는 현실 속에서는 부정이 많이 못하기 때문에 긍정 인물간의 오해나 차이만으로써도 극적 갈등을 이룰 수 있으며 그것이 채 극적 갈등을 이룰 수 있으며 그것이 채 극적 갈등으로는 되지 않더라도 우리 현실이 그렇기 때문에 훌륭하고 재미있는 희곡이 된다고 말한다.

오해는 많은 경우에 극작가들이 극적 정황을 빚어내는 데 리용한다. 그것은 극성이 있기 때문이다. 오해가 단순한 극성으로 있기 때문이다. 오해가 단순한 극성으로 머물러 있는 동안은 갈등이 될 수는 없다. 오해가 극성을 가지고 있으며 그것으로 하여 흥미 있는 극성 경황이 조성되기 때문에 오해만으로도 갈등이 형성되며 이것이 바로 전진하는 우리 현실의 생활과 갈등을 극적 갈등으로 재현하는 것이라고 말하는 견해를 나는 동의하지 않는다.

오해가 갈등으로 될 수 있다. 극성과 극적 정황의 내용이 다 갈등으로는 될 수 없다. 오해가 대립되는 극적 인물 성격들 사이에서 호상 작용하면서 전진을 저해할 때에 비로소 갈등으로 된다. 그것은 긍정 인물간의 오해일지라도 한 인물의 오해가 사건의 전진이나 정당한 해결을 방해할 때는 부정적 역할을 놀기 때문이다 .

전진하는 우리 현실을 반영하는 희곡에서 갈등은 다양하다. 그러나 일단 그것이 갈등으로 출현할 때는 반드시 긍정과 부정의 대립이며 부정은 긍정에 의하여 극복되여야 한다. 긍정과 부정의 대립은 긍정 인물과 부정 인물의 대립일 수도 있고 한 긍정 인물과 다른 한 긍정인물이 일시적으로 가지고 있는 부정면(이는 그의 사고 행동으로 표현되는 성격의 일면이다)과의 대립일 수도 있다. 우리 현실은 급속도로 전진하고 훌륭한 긍정적 모범으로 충만되여 있고 부정적 사실은 극히 적다. 그러나 전진 운동을 하고 있기 때문에 우리의 현실 생활에는 각양한 모순이 있는 것은 사실이다. 이 모순이 단순한 오해 분규 차이의 교차르뜨, 다양하며 첨예한 극적 경황을 이루고 있는 극작품이 있다고 하여 극적 갈등이 없어도 훌륭한 극작품이 될 수 있다는 결론을 얻을 수는 없다.

『산울림』의 경우에 송재와 달수를 우리가 부정 인물로 보지는 않는다.

그들의 성격에서 성과에 자만 자목하고 전진을 멈춤으로 하여 자기 자신들의 발전까지 정지하였을 뿐 아니라 전체의 전진을 정지시키는 부정적 면을 극복하여야 하였기 때문에 작가는 석철, 락주, 금단 기타 핵심들로 되는 긍정적 성격들과의 갈등을 조성케 하였다. 희곡 『산울림』이 높이 평가되는 주요한 면은 곧 작가가 현실 생활에서 부정을 과장하지 않고 한 사람도 버릴 사람은 설정하지 않고 첨예한 극적 갈등을 형상화한 것이다.

김일성 동지가 『두메 산속에 꽃이 핀다』와 관련하여 갈등을 대하여 교시하신 바와 같이 『산울림』의 작가는 긍정을 내세우기 위하여 부정을 설정하였으나 우리 현실 생활을 정확한 시대정신에 립각 과장 없이 파악하고 있다.

극적 갈등이나 생활적 갈등이나 그 해결은 다 변증법적 유물론의 법칙에 의하여 해결된다. 그것이 불상용적이거나 상용적이거나 간에 일단 극적 갈등으로 형성되었을 때는 불가피적으로 긍정과 그 긍정에 의하여 극복되어야 할 부정간의 투쟁인 것이다. 갈등에 대한 이러한 견해를 우리 생활 현실이 날로 전진하고 있고 긍정으로 충만되여 있기 때문에 도식적이라고 하는 견해는 아무런 타당성을 가지지 않는다.

희곡 『산울림』의 기본 주인공이 누구인가? 송재인가? 석철인가? 하는 론의가 있다. 송재가 기본 주인공이라고 단언하는 사람은 이 희곡의 모든 희극적 정황이 그에 의하여 형성되기 때문이라는 데 론거를 두고 있다.

희곡에 있어서 기본 주인공은 극적 정황을 많이 만들어 내는 것으로만 될 수 없다. 물론 그럴 수도 있으며 특히 희극의 경우에는 그런 경우도 많다.

그러나 『산울림』에 있어서 모든 희극적 정황이 송재에 의해 만들어진다고는 말할 수 없다. 이 희곡에서 문제의 발단이 송재 한 사람에게 있는 것은 아니다. 석철이가 이 동네에 오지 않았다면 이 연극은 성립되지 않으며 송재는 당분간은 가장 훌륭한 관리위원장의 위신을 조합 내에서 유지할 것이다.

그러나 석철이란 인물의 출현으로 말미암아 송재의 위신에 파탄이 생기지 시작했다. 많은 희극적 정황의 원인은 석철에게 있다. 석철이 없이는 이 희곡은 성립되지 않는다. 그러므로 희극적 정황을 누가 조성하느냐 하는 리유로 이 작품의 기본 주인공을 단정할 수는 없다.

희극이기 때문에 희극적 성격이 기본 주인공이라는 소박한 견해는 물론 성립되지 않는다. 그렇다고 하여 송재와 석철의 두 사람이 다 기본 주인공이라고 할 수 없다.

『산울림』에서 기본 주인공은 석철로 보아야 정당하다. 석철, 락주, 금단, 송재, 달수 등등이 모두가 주요 인물들이며 조합에서는 없어서는 안 될 인물들이다.

작가가 전진을 멈추는 자만으로 하여 보수주의에 떨어진 사람들에게 경종을 울리자는 것은 이 작품 창작의 주요 의도 속에 포함시킨 것은 사실이다.

그러나 이 조합이 당면하여 할 일, 그리고 래일에 할 일은 무엇인가? 농촌을 기계화하고 대자연을 극복 개조하며 조합의 생산 공간을 최대한으로 넓히고 수입을 더욱 높이며 모든 과학 문화의 성과들을 도입함으로써 도시와 농촌의 차이가 없는 공산주의 사회를 여기에서도 만드는 것이다. 이것은 석철의 꿈이며 우리 당이 우리 농민들을 이끌고 나아가는 길이다. 이것이 작가가 가장 중요시 한 기본 의도이다.

두말할 것 없이 이 기본 의도의 중심에 선 사람은 석철이다. 그렇기 때문에 이 희곡의 기본 주인공은 석철이여야 하며 그렇게 밖에는 될 수 없다.

그렇기 때문에 극적 정황을 만들어 내는 것만으로는 기본 주인공으로는 될 수 없다. 송재는 주요 인물 가운데서도 연극에서 차지하는 비중이 높기는 하나 작가의 커다란 사상을 대표하는 석철을 이 작품의 기본 주인공으로 보아야 정당한 것이다.

우리는 석철, 송재와 같은 인물 성격 창조에서 보여준 작가의 다양하고 능숙한 수법에 대하여 여러 측면으로 연구할 필요가 있다고 생각한다.

모든 평자와 독자들이 인정하는 바와 같이 『산울림』에서 작가 리동춘은 희극적 성격과 희극적 정황의 통일을 훌륭하게 보여주고 있다.

그것은 부여된 희극적 성격들과 설정된 희극적 정황들이 수 없이 교착되고 뒤엉키면서도 정황이 성격의 발전과 해결에 적절하게 작용하며 규정짓고 있을 뿐 아니라 인공적이 아니며 싱겁지 않고 자연스럽고 유기적이란 것으로 설명할 수 있다.

이러한 성과는 희극 쟌르의 발전에 커다란 기여로 되며 작가가 희극 창작에 우수한 자질과 기교를 가지고 있다는 것의 실증이다.

관리 위원장 송재의 형상에 대한 주관적 판단, 독단으로 빚어내여진 웃음과 극적 정황은 도처에서 볼 수 있다.

제1막에서 송재는 석철의 풍부한 꿈을 농촌 현실에 안착되지 못한 사람, 말썽'군으로 간주하고 그를 설복과 교양으로 안착시키기 위하여 적당한 립장과 능력을 가지지 못한 금단에게 석철의 교양을 위임하는 데서부터 웃음은 터져 나온다. 그리하여 제2막에서는 범바위산에서 로인과 함께 개간지 탐색하러 간 석철을 조합에서 도망쳐 간 사람으로 인정하고 기여코 찾아서 교양함으로써 계속 '안착'시킬 대책을 세우며 제3막에서는 범바위산 개간 문제를 토의하려고 금단을 찾는 석철을 보고 금단의 석철에 대한 교양사업이 꾸준히 진행되는 것으로 판단하는 것으로 발전한다.

송재의 주관과 독단이 빚어내는 웃음은 그가 그렇게도 반대하여 오는 범바위산 개간을 위한 민청 돌격대 조직을 필요하고 옥음의 집에서 나오는 석철에게 돌격담 들추는 로력 조직인 줄만 속단하고 "동무들의 열성이야 대단하오" "좋소 나는 동무를 우리 조합의 핵심이 될 수 있다고 인정하오." 하는 대목에서 고조되며 제4막에서는 락주와 석철이 '습격조'를 조직하고 이미 강을 건너갔으며 조합원들은 집단적으로 도강할 결의가 확고히 되였을 때까지도 그는 자기의 이른바 '혁명적' 방법을 고창하면서 그것을 실행하려는 행장을 차리고 나오는 대목에서 웃음은 절정에 달한다.

달수와 송씨와의 관계, 금단과 석철과의 관계, 옥음과 기선과의 관계를 통한 극적 정황의 교차는 제3막에서 가장 고조되였으며 또한 작가의 희극적 수법의 능숙성도 여기에서 가장 뚜렷이 표시되였다.

작가는 예술적 과장의 수법을 도처에서 능숙하게 사용하고 있다. 이 예술적 과장들은 등장인물들의 독단, 오해, 분방한 공상 그리고 사건의 우연한 일치와 불일치, 대조 등의 수법을 빌어 실현되였다.

이 예술적 과장들은 결코 저속한 희곡화인 것이 아니라 희극적 성격과 정황들을 더욱 부각시키고 날카롭게 하는데 도움을 주고 있다.

희곡 『산울림』에서는 결함도 있다. 물론 그것이 작품을 심히 손색 주는 것은 아니다.

제1막의 밭머리 써클 공연은 잘 짜여지고 날카로운 희곡의 희극적 정황에 비하여 퍽이나 산만하여 문학성이 적다. 작가는 재미있는 희극적 정황의 하나로 설정하였으나 그리 아름답지도 않으며 좀 싱거운 데도 있다.

제3막과 4막에서는 좀 지리한 대목들이 있는가 하면 이 두 막 사이의 비약이 독자들에게 불만족을 주기도 한다. 비슷한 희극적 정황의 반복 즉 웃기려고 하는 작가의 기도가 밑바닥에 깔려있는 수법의 과다한 반복은 지리감을 주기 쉽다. 독자들은 계속적으로 생산한 방법에 의하여 웃기지 못하면 대담하게 간결화 하는 것이 필요하다.

제3막과 4막 사이의 사건의 비약은 그대로도 납득은 되나 설정된 희극적 성격들을 범바위산 개간을 실행하는 로력 행정에서 생길 수 있는 흥미진진한 희극적 정황에서 더욱 발전시킬 수 있는 기회들이 있었을 것이다.

희극적 정황이라고 하여 모든 정황들이 인물의 성격 발전에 도움을 주는 것은 아니다. 『산울림』의 희극적 정황 가운데 인물의 품격에 손상을 주거나 불필요하다고 인정되는 것들도 있다. 실례로 제3막에서 석철이 옥음을 감화하는 장면을 오해한 기선과 금단이 눈물을 머금고 서로 손목을 잡는 것은 독자들에게 불필요한 오해를 줄 뿐 아니라 금단의 품격을 손상시킨다.

보드빌을 '경희극'이라고 번역하는 것이 타당하다고 인정하자. 형식을 풍자극, 보드빌, 파르스(소극) 등으로 나눠 볼 때 희곡 『산울림』은 보드빌이다.

연극도 포함한 『산울림』은 우리 극작가들에게 많은 교훈을 줄 뿐 아니라 천리마 시대의 새 인간들의 성격 창조, 현실 생활과 갈등 특히는 희극 창작문제 등에 대하여 많은 연구 자료를 제공하였다. 나의 이 글은 이 희곡에 대한 하나의 견해일 따름이다. 갈등 문제도 더 토론들이 진행됨으로서 시급히 정리된 결론이 나와야 할 때가 왔다.

그것은 『산울림』과 『두메 산속에 꽃이 핀다』에 대한 김일성 동지의 교시에서 우리 시대의 시대적 정신과 그 가운데 내포되어 있는 전진과 락후, 발전과 침체를 반영하는 극적 갈등의 처리에 대한 방향이 명시되여 있기 때문이다.

『조선문학』, 1961.12

신소설에 대한 회상

신소설의 나이는 내 나이와 비슷하다. 리해조 『자유종』, 『구마검』, 『빈상설』이나 기타 작가들의 『원앙도』, 『계명성』, 『황금탑』, 『월하가인』, 『요지경』 같은 신소설이 모두 내가 난 1907년 전후에 세상에 나왔다.

내가 철이 들고 지식에 대한 욕망이 생기고 새것에 대한 동경심이 일어나기 시작한 것이 열 살 이후니까 이러한 신소설들은 내 눈으로 보고 내 귀로도 듣기 시작한 것은 아무리 일러도 1919년 3·1운동 이후의 일이다.

당시 경상도의 한 벽촌인 나의 고향(언양)에도 '동명학교'라는 사립학교를 중심으로 하여 계몽기 신문화 운동의 영향이 미치고 있었다. 이러한 '개화'운동의 바람을 받고 우리 집안에는 이를테면 두 가지 소설 독자 그루터가 있었다. 한국 말엽 지방 소관리(아전)였던 아버지와 중부는 '구 소설파'였고 작은 삼촌과 형, 그리고 겨우 국문을 해득한 누님은 '신소설'파였던 것이다.

지금 기억이 쇠퇴해서 생각이 되풀이 나지 않으나 『빈상설』, 『월하가인』, 『방옥저』 같은 것을 읽은 것 같다. 우리 집안의 '신소설파'의 영향으로 나도 읽게 된 것이 틀림없다.

일체 사대주의 사상을 버리고 우리 민족의 유구한 문화와 력사, 지리 등을 백방으로 알아야 된다고 주장하면서 또한 온갖 봉건적 억압을 반대할 것을 호소한 신소설은 청소년시절 나의 꿈을 키워 주었다. 나는 지금가지도 신소설에서 받은 사상적 및 문학적 영향을 소중히 형상한다.

오늘날 우리가 『빈상설』, 『자유종』 등 진보적인 신소설 작품들의 문학사적 의의를 천명하면서 당시의 독자들을 외세 배격, 인권 옹호, 자유,

반봉건 사상으로 계몽하는 데 지적함은 실로 우연한 것이 아니다.

우리 동네에는 3·1운동 때 만세 시위가 좀 늦게 미치어 왔다. 당시 보통학교에 다니던 나는 4월 초성 일본인 교장 인솔 아래 동네 뒤에 있는 학교림에 나무를 심으러 갔었다. 그날은 장날이였는데 갑자기 장터에서 만세 소리가 나고 일본 '수비대'가 쓰는 총소리가 들려왔다. 나는 동무들과 함께 심던 나무와 연장을 팽개치고 장터를 뛰어 내려가서 만세 부르는 군중들과 함께 "조선 독립 만세!"를 불렀다. 그때는 그저 그렇게 만세를 부르는 것이 무척 좋았고 신명이 났다.

이러한 3·1운동 후의 기운과 신소설에서 받은 영향은 나를 새것에 대한 갈망에로 불러 일으켰고 독서열을 고취하였다.

이 시기부터 나는 문학수업에 뜻을 두기 시작했으며 내가 문학수업을 시작 한 때는 이미 신소설 시대는 지나고 신소설은 벌써 낡아진 잡화 부스러기와 섞여서 밤색 표지의 15~20전 짜리 통속소설로 취급되고 말았다. 그리고 그때는 이미 현대문학의 시기에 들어갔으며 조선에서 프로레타리아 문학운동이 배태하기 시작한 것이다.

물론 신소설들이 황색본으로 천대를 받기 시작은 했지마는 그것이 19세기 말과 20세기 초에 걸쳐 조선의 '신사상'운동, 계몽운동이 거대한 역할을 수행하는 것은 굴할 수 없는 사실이며 현대문학의 선행자로서 응당한 문학사적 의의를 차지하였던 것도 부인할 수 없는 일이다.

또한 현대어에로 몰아오는 과정에 있어서 '신소설' 작가들이 언문일치와 어휘 확장에 끼친 공적은 확대하였다.

봉건적 가부장과 가정의 모순과 비극을 주제로 한 『빈상설』은 주제적 비극 인물 형상에 있어서 현대성에 접근하였으며 봉건 가족의 가장인 서정길의 운명과 그 인간적 고민은 소설의 이름이 보여 주는 것과 같이 귀밑머리에 서리'발이 치기 시작한 인간의 성격을 뚜렷이 보여 주고 있다.

이와 같이 신소설은 소설적 구성과 사건의 전개, 인물 성격의 부각, 현대어의 도입 및 정화에서 선구자적 역할을 훌륭히 감당하였다.

또한 잊지 못할 것은 『리순신전』, 『을지문덕전』, 『강감찬전』 기타 적지 않은 민족 영웅 전기들이 출연하였던 사실이다. 특히 『리순신전』은 심오한 애국주의 사상과 생동한 묘사로 충혼이 감동적인 전기였다.

외적들의 침입을 영웅적으로 쳐 때려치고 조국을 수호한 민족 영웅들의 전기는 당시의 사회적 요구에 대답한 훌륭한 문학작품들이였다.

또한 『토끼전』, 『장끼전』 등과 전통적으로 련결된 우수한 인민과 주제의 신소설도 있었다.

나는 신소설을 읽을 때를 회상하면서 그것들은 모두 우리 문학의 귀중한 재보이며 문학사상 커다란 의의를 가지는 작품들이었음을 새삼스레 느끼게 된다.

나에게 많은 영향을 준 신소설들이 지금 내 앞에 있으면 다시 한 번 해독해 보고 싶은 생각이 난다. 지금 다시 한 번 통독한다면 나로서 신소설의 문학적 의의를 더 새롭게 의식할 것은 틀림없다.

『문학신문』, 1962.7.6

혁명 투사 형상에서 커다란 전진

연극 『공산주의』를 보고

교통성 예술극장은 이미 1960년에 상연하여 일정한 평가를 받은 연극 『공산주의』(남궁만 작, 리석진 연출)를 개작하여 금번 축전 참가 작품으로 다시 내놓았다.

이것은 이 극장이 그동안 만 2년에 걸쳐 이 작품을 완성시키기 위하여 끊임없는 탐구와 꾸준한 노력을 계속해 왔다는 것을 의미한다.

이러한 탐구와 노력의 열매는 훌륭하게 맺어져서 이번의 연극 『공산주의』는 그전의 것보다 면목을 일신하고 현저히 좋아졌다.

이 극장 창조 집단의 이러한 노력, 예술에 대한 진지한 태도에 대해 응당 높이 평가해야 할 것이다.

김일성 동지의 사랑하는 전우의 한 사람이며 불굴의 혁명 투사인 리제순 동지를 훌륭한 무대적 형상을 통하여 보여 주는 것은 절실히 필요하며 그만큼 힘든 일이다.

그러나 교통성 예술극장은 집체적인 지혜와 힘을 발동하여 혁명투사의 진심한 풍모를 부각하기 위해 꾸준하게 노력해 온 결과 불굴의 혁명 투사 리제순 동지의 형상에서 적지 않은 성과를 거두었다.

금번 교통성 예술극장이 출연한 연극이 종전의 연극보다 좋아진 점들을 비교해 보면 우선 혁명 투사 리제순 동지의 형상에서 종전에는 개념적이며 추상화된 리제순을 보았다면 이번에는 훨씬 생활적인 리제순, 군중 속에 살고 있는 인간—리제순을 볼 수 있었다.

연극은 리제순 동지가 '십가장'의 직책을 지고 '친일적'인 일'군으로 가장하여 일제 군경의 눈을 속이고 늠름의 '신용'을 얻으면서 다른 한편으로는 군중을 쟁취하고 결속시키는 어려운 투쟁의 이모저모를 생활적으로 감명 깊게 보여 주었다.

특히 연극은 군중을 장악한다면 반드시 김일성 동지의 조직적 손'길이 닿으리라는 굳은 확신을 가지고 합법적 야학을 운영하면서 인민들을 반일 사상으로 무장시켜 나가는 리제순 동지의 혁명 활동을 구체적인 생활을 통해 재현하였다.

즉 연극의 1막과 2막에서는 신흥촌 인민들의 날로 비참해 가는 생활, 일제 군경의 만행, 그들과 결탁한 지주들의 횡포 등이 시대적 환경과 심각한 극적 정황 속에 그려지면서 리제순 동지의 혁명 활동을 정면적으로 보여 주었다.

때문에 인간—혁명 투사 리제순 동지의 성격적 발전이 진실하게 형상될 수 있었다.

다음으로 이번 연극에서는 리제순 동지의 혁명 활동을 통하여 김일성 동지의 전략전술의 탁월성을 더욱 뚜렷하게 부각하고 있었다.

연극에서 보여준 바와 같이 작가와 창조 집단은 리제순 동지가 장백현 일대에 조국 광복회 조직망을 광범하게 확대하고 인민들을 반일사상과 애국주의 정신으로 묶어세울 수 있은 것은 바로 김일성 동지의 직접적인 지도를 받으면서 전개된 투쟁이였다는 것을 형상적으로 천명하고 있다.

그리고 병상 청년에게 '자위대장' 공작을 시킴으로써 적들의 눈을 속이고 혁명 사업에 많은 리익을 가져 오게 한 것 등도 바로 김일성 동지의 탁월한 전략전술을 집약적으로 보여준 장면이였다.

다음으로 이 연극은 신흥촌 인민들의 생활, 그들의 사상 김일성 유격대에 대한 그들의 동경과 신뢰 등이 더 생동하게 그려지고 있다. 이는 종전에 없던 야학 마당 앞(1막)과 밭머리(4막) 장면 등을 설정함으로써 달성 되였다.

무엇보다도 중요한 전진은 종전에 보였던 재판정 장면을 대담하게 없앤 그것이다. 종전 연극에서 작가는 리제순 동지의 용감한 법정투쟁을 통하여 재판 받고 론고 받는 것은 리제순 동지가 아니라 바로 일제라는 것을 보여주려고 기도하였으나 그것이 생활적으로 진실하게 그리지 못하였기 때문에 혁명가의 높은 정신세계를 옳게 보여줄 수 없었던 것이다. 뿐 아니라 작품 스켈 상으로 보아도 그 재판정 장면은 다른 모든 장면과는 통일되지 않은 삐여져 나오는 장면 이였다. 그렇던 재판정 장면을 작가는 대담하게 없앴음으로써 작품의 통일을 현저하게 가져 오게 하였다.

이상과 같은 연극『공산주의』의 개작과 발전시킴에 있어서 창작 집단의 노력이 큰 것을 우리는 엿볼 수 있다.

연출자는 이번 개작 과정을 통하여 정력적으로 인물들의 내면세계를 추구하였으며 극적 정황의 조성에 노력하였다. 연출자는 또한 연기자들의 행동 지도에서도 강한 통일성과 인내력을 보여 주고 있다.

이 연극의 전막을 통하여 리제순 동지의 사업을 헌신적으로 돕는 안해, 최재련, 권선생, 록금 등 혁명 투사들과 병삼, 윤종, 리휘, 장로인, 학봉, 옥임, 만수를 위시한 신흥촌 인민들이 세밀히 형상화 되었으며 최령, 김세보 서사 등 부정 인물들이 잘 그려졌다.

황영일의 리제순 형상은 현저하게 좋아졌으며 혁명가의 성격을 창조하는 어려운 과업 수행에서 긍정적인 결과를 가져왔다. 유춘님의 채련 역, 김석환의 리휘 역 등은 소박하고 자연스러운 연기며 홍세희의 윤종, 권정봉의 옥임, 김덕창의 병삼, 백인의 최령, 동석렬의 세보 역 형상 태도의 진지성이 뚜렷이 보인다. 기타 록금, 권선생, 서사, 장로인 역 등도 순수하게 형상되어 있다.

교통성 예술극장은 연극『공산주의』를 완성하기 위하여 정력적인 집체적 작업을 진행해 온 그 기세로 한걸음 더 전진할 필요가 있다.

이번 연극이 종전 연극보다 현저히 발전되고 좋아졌다. 하나 아직도 결함들은 근본적인 것이 아니고 극복될 수 있는 것들이다.

희곡으로서 아직도 전반과 후반의 흐름에 불통일이 있다. 전반에 생활적인 바탕이 강하게 깔려 있는 반면에 후반에 들어가서 진실성이 부족하다. 이것은 극작술 상으로도 중요한 문제지마는 작품에 아직도 작가가 처음에 보여 주었던 재판정과 같은 그런 형식의 요소를 완전히 청산 못한 것이 실증한 고려를 돌릴 필요가 있다. 이것은 곧 새로운 극작법과 낡은 극작법과의 사이의 분계점이다.

리제순 동지는 탁월한 혁명가이나 평범한 조선의 아들이다. 그는 농민 속에서 자라났고 농민 속에서 일한다. 그의 모습에서 진정히 농민다운 모습은 일거일동에서 빚어 나와야 할 것이다. 그런데 이 연극에서는 아직도 소박성, 인민성이 부족하여 그의 형상에서 작가의 추상된 혁명가의 '형상'이 엿보이며 작가의 말이 간간이 튀여 나온다.

록음의 형상은 흥미 있게 소개 되였으나 뒤는 아주 평범하게 되고 말았다. 적의 형상 특히 최경부의 형상에 진실성이 모자란다.

전반적으로 대사에서 아직 작가의 말, 생활적이 아닌 말들이 튀여 나오고 있었다.

이러한 결함들은 교통성 예술극장 창조 집단의 이 연극 양성을 위한 계속적인 투쟁을 통하여 극복될 것이라고 확신한다.

『문학신문』, 1962.8.24

더욱 선명한 사상성과 다양한 예술성으로!

극문학에서 천리마 기수 형상 문제와 관련하여

작가, 예술인들에게 주신 김일성 동지의 1960년. 11월 27일 교시를 받들고 극작가들은 『붉은 선동원』, 『산울림』과 같은 사상 · 예술적으로 우수한 희곡들을 창작한 성과에 뒤'이어 금 봄에도 『지평선』, 『청춘의 활무대』와 같은 희곡을 통하여 천리마 기수들의 감동적인 형상들을 창조함으로써 극문학 발전의 눈부신 모습을 보여 주었다.

김일성 동지께서 연극 『붉은 선동원』을 관람하시고 주신 교시에서 농촌 생활을 형상화하는 데서는 많은 성과를 거두었으나 로동 계급의 형상들은 아직도 불만족스럽게 창조되고 있다고 지적하신 말씀을 지침으로 하여 로동 계급 형상 창조를 금년도의 주된 창작 과업으로 내세우고 이 문제 해결에 력량을 돌렸다.

그리하여 『지평선』, 『청춘의 활무대』를 위시하여 로동 계급을 형상한 작품들이 속출하였다.

『지평선』, 『청춘의 활무대』 등은 로동 계급의 형상 창조에서 새로운 전진을 이룩하였으며 6개 고지 점령을 위하여 당의 부름에 궐기한 우리 관객들을 흥분시켰고 로력적 위훈에로 고무하였다.

희곡 『지평선』은 사상 · 예술적으로 적지 않은 문제들을 제외하였고 그것에 대하여 능숙한 대답을 주었다.

여기에는 우리 당의 농촌 기계화 정적 관철에 얼떠선 선구자들의 모습만 보이는 것이 아니라 숙천 교시 이후 변천된 우리나라 농촌 현실이 약여하게 반영되였다.

또한 여기에서는 공산주의적 인간성(주인공인 중대장을 통하여)의 넓고 깊고 다양한 바탕이 그려지고 있는바 그러한 풍모를 갖춘 인간 형상은 그 어떤 거인적 형상을 통한 것이 아니라 극히 평범한 보통 인간의 면모를 통하여 그려져 있다. 중대장 사업의 한 토막을 빼놓고 보면 지어는 별로 크게 눈에 안겨 오지 않으나 그가 한 모든 사업을 총괄하여 보면 참으로 폭 넓은 인간 형상이 방불하게 우리 눈앞에 살아 있는 것이다.

희곡 『청춘의 활무대』는 『산울림』에서 거둔 희곡 분야의 성과를 한걸음 더 전진시키면서 수산물 80만 톤 고지 점령을 위하여 투쟁하는 이 부문 로동자, 기술자들의 생활을 진실하게 반영하였다. 여기에서는 희극적 정황과 희극적 성격들이 생활의 론리를 따라 전개되고 발전됨으로써 『산울림』보다 훨씬 더 생동한 현실감을 독자들과 관객들에게 주고 있다.

극문학이 해결해야 할 문제들과 약점들은 의연히 남아 있으며 특히 천리마 기수들의 형상 창조에 있어서 불만족한 점들이 적지 않다.

우리 극문학 앞에는 항상 다음과 같은 몇 가지 사상・예술상 요구들이 제기되고 있다. 첫째로 주제・사상의 명확성과 구체성이며 둘째로 인물 성격의 선명성, 셋째로 첨예한 목적 갈등성, 넷째로 훌륭하게 붙인 극적 구성과 격동적인 극성, 다섯째로 언어(대사)의 생동성과 함축성이며 여섯째로 깊은 철학성과 다양한 예술성 등이다.

이러한 요구는 희곡이 문학작품으로서 가져야 할 불가정한 최소한의 기본 조건들이며 이 외에도 더 많은 요구성을 제기할 수도 있는 것이다.

최근 창작된 일부 희곡들에서는 주제・사상이 모호하며 주제-사상과 관련하여 기본적으로 해결해야 할 문제들을 해결하지 못하고 있다. 최복선의 『우리 어머니』는 소재들과 설정된 정황들을 문제 해결에로 집중시키지 못하고 작품의 사상을 흐릿하게 만들어 놓았다. 이 희곡에서는 후대들을 공산주의자로 교육 교양하는데 당의 방침을 바로 인식한 새 원장 아래서 교원들과 원아들이 초등학원을 어떻게 하나의 붉은 집단으로 꾸려가는 가가 주제일 것이다. 주인공 봉희의 형상은 선명하지 못하며 락후한 원아 두찬과 길남의 개조가 봉희의 진정한 어머니다운 사업 방법과 품성에 의하여 이루어지는 과정이 아주 불선명하다.

작가는 봉희의 형상을 정력적으로 구체적으로 파고들지 못했으므로 봉희라는 주인공의 성격이 뚜렷이 안겨오지 않는다.

김형의 『번영하라 우리 조국』에서는 무엇이 주제·사상인지 불명확하다. "주어진 환경 속에서의 새인간의 탄생", "집단적 영웅주의는 기술의 신비성을 깨뜨린다" 이러한 막연한 추상으로 주제를 규정할 수는 없다. 이 희곡의 상연을 보고 누구나 없이 공통적으로 느낀 것은 "무엇인지 알 수 없다", "아무런 감동도 주지 않는다" 하는 두 가지였다. 이 희곡에서는 18메터 기둥 세우는 일, 110메터 굴뚝을 50일간에 건설하는 일 등 여러 가지 문제들과 사건들, 그리고 많이 활동하는 인물들을 설정하였으나 작자가 의도한 "대중의 능력을 믿을 뿐 아니라 매개 일'군들의 지혜를 송두리째 발휘케 하며 그들을 기술로 무장하도록 추동해 나아가는 당 분조장 리정삼의 사업은 전체 반원들을 최후의 난관 돌파에로 나아가게 한다"라는 사상을 밝혀내지는 못하였다.

희곡 『월봉 마을 사람들』이 그처럼 무맥하고 무미건조한 작품이 된 것은 작가가 세포 위원장 호철의 형상을 통하여 해결하려고 하는 주제–사상을 구체화하지 못한 데 원인이 있다.

작가는 호철을 계급적 원칙에 튼튼히 서서 분계선 마을에 있는 한 작업반을 붉은 집단으로 꾸리기 위하여 그 선두에 서서 여신 착취하는 형상을 보여 주려고 기도하였다. 작품 사상의 기본을 여기에 두었음에도 불구하고 이산 작칙하는 인간의 사상 그 자체의 구체성까지는 밝히지 못하였다.

선명한 인물 성격과 형상을 통하지 않고 개념적인 공식만 가지고는 이 신작칙이라는 새로운 기품, 새로운 사상을 구체적으로 재현할 수는 없는 것이다.

『우리 어머니』의 봉희의 경우도 동일하게 이야기를 할 수 있다. 봉희의 형상이 그와 같이 모호하게 된 것은 그의 성격 발전의 평면성 때문이다.

우리의 위대한 현실에서는 나날이 새 인간들이 속출하고 있다.

그렇게 천리마 기수들은 결코 류형의 반복이 아니라 참으로 자기의 특징적인 혁신적 사업 방법과 성격적 특징으로 다른 사람들과 구별된다. 현실은 이러하고 우리가 알고 있는 봉희의 원형은 평범하지 않다. 그러나 무대에서 봉희는 일반적이며 개념적인 초등학원 원장으로 보일 뿐이다.

희곡 『날개』, 『월봉 마을 사람들』, 그리고 『우리 어머니』, 『번영하라 우리 조국』에서는 첨예한 극적 갈등이 없으며 『아득령』에서는 다른 극단에 달아난 현상이 나타나고 있다.

『날개』에서는 작가가 주제・사상을 끌고 나가는 데 알맹이가 되어야 할 극적 갈등을 찾지 못한 결과 기술 문제를 해결하는 데 아무런 의의를 가지지 않는 경희와 준식과의 사이에 그것도 아주 희미한 갈등을 중심적으로 설정하였다.

『날개』나 『월봉 마을 사람들』의 작가들이 추구한 소위 '조용한 연극'의 사상은 희곡의 생명인 극적 갈등의 약화를 가져왔다.

그 결과는 필연적으로 기록주의가 산생되지 않을 수 없었다.

『우리 어머니』의 경우에도 볼 수 있는 바와 같이 갈등 문제는 주제・사상과 인물 성격 형상 문제와 관련된다. 여기에서는 갈등이 극히 미약하기 때문에 인물 성격도 모호하며 결말에 뚜렷한 감동적인 형상물이 보이지 않는다. 락후한 길남과 두찬이, 두 부정 인물의 선은 극적 정황을 만들어 주기는 하나 주인공 봉희의 생활과 행동에 깊이 작용하지는 않는다.

이상과 같이 극적 갈등을 찾아내기 힘든 희곡과 대조적인 문제를 제기한 것은 『아득령』이다. 이 희곡에는 독자들을 격동시킬 수 있는 훌륭한 청년 건설자들의 생활 단면들을 잡았음에도 불구하고 인공적으로 '첨예화'시킨 갈등 때문에 로동자들의 형상이 진실치 않거나 기형화되였다.

희곡의 극성과 극적 정황의 조성 문제는 작가의 극작 기로에 속하는 문제들이다. 일반적으로 우리 극작가들의 극작술에서 구성의 미약성을 볼 수 있다.

천리마 현실이 주는 감동적인 사건들과 이야기들을 많이 가지고 있음에도 불구하고 그것들을 긴박한 극성과 정밀한 정황 속에서 활용하지 못하고 있다.

『우리 어머니』나 『월봉 마을 사람들』이 실패한 원인의 일부도 이 점에 있다. 『지평선』, 『청춘의 활무대』 등은 작가들이 자기 작품의 구상에서 이미 성공을 차지하고 있다.

극적 정황 내지 극성은 첫째로 인물 성격의 발전 과정에서 발현되어야 한다. 그것은 물론 환경의 변화로써도 조성될 수 있다. 그러나 이 경우에도 환경의 변화는 인물 성격 발전의 필연적으로 련결되어야 할 것이다. 그러나 일부 희곡 물에서는 인물 성격의 발전 과정에 필연히 관련되지 않은 우연적인 환경의 변화를 조성하고 있는 것을 볼 수 있다. 『번영하라 우리 조국』에서 록동우가 이는 전진은 성공한 것이나 『여기도 1,211 고지』에서 사고를 발생시킨 것이나 『우리 어머니』에서 밝혀트를 쥐게 한 것과 같은 것은 바로 이런 설정이다.

이상에 언급된 희곡물 외에 작가들의 극작술의 필요한 숙련된 구성하는 변화문제와 극작에서 철학성과 예술성에 대하여도 앞으로 계속 진지하게 론의해야 할 것이다.

『문학신문』, 1962.12.21

현실을 더욱 정력적으로 탐구하자

금년에도 우리 극 문학은 커다란 창작적 성과로써 극장 무대와 영화관 영사막을 장식하였으며 여섯 개 고지 점령을 위하여 용감하게 투장하는 근로자들에게 정신적 량식이 되는 선물을 드릴 수 있었다.

연극 『청춘의 활무대』, 『지평선』, 『청년 시절』, 『공산주의자』, 『근거지 사람들』, 『박연암』, 『두만강』, 무용극 『유격대의 딸』, 『붉은 기'발』, 『밝은 태양 아래』, 영화 『새 봄』, 『강건너 마을에서 새 노래 들려온다』, 『돈화의 수렴 속에서』 등은 관객들의 환영을 받은 작품들이다.

희곡 『지평선』은 농촌 기계화에 대한 당의 방침을 관철함으로써 알곡 500만 톤 고지를 점령하기 위해 나선 한 뜨락드르 증대 일'군들의 생활을 중심으로 협동농장 농민들의 투쟁을 감명 깊게 보여 주고 있다. 우리는 이 희곡을 통하여 농촌 지원에 나선 우리의 젊은 로동 계급이 얼마나 희망찬 미래를 사랑하며 인간적으로 높은 품격을 가지고 있으며 혁명에 충실한가를 볼 수 있다.

이 희곡이 가지는 중요한 의의의 하나는 김일성 동지와 교시와 당의 정책이 이러한 일견 평범하면서 기질이 평범하지 않은 숨은 영웅들에 의하여 생활 속에서 실현되고 있는가를 알 수 있게 하는 그것이다.

희곡 『청춘의 활무대』에서 작가는 수산물 80만 톤 고지 점령에 나선 이 부문 로동자, 기술자들의 생활과 생산 투쟁의 일면을 경희극 형식으로 형상화하는 데 성공하였다. 바다의 랑만, 수산 부문에서 일하는 청년들의 랑만의 하나의 명랑한 생활의 화폭으로 그려졌으며 80만 톤 고지 점령을 위한 그들의 끓어 넘치는 의욕과 정열이 관객을 흥분시킨다.

씨나리오 『새 봄』은 알곡 고지 점령을 위하여 중요하게 제기되는 로실 개량과 과학적 시비 체계와 도입을 위한 협동농장 농민들의 투쟁을 취급하면서 협동농장 농장원들의 아름답고 미더운 생활의 비폭을 펼쳐 놓고 있다.

금년에도 우리 극문학은 혁명 전통의 형상화에서 큰 성과를 거두었다.

희곡 『청년 시절』에서는 박마말 동지가 김일성 동지의 직접 지시를 받고 국내 혁명투쟁에 일대 전환을 가져오면서 혁명의 새로운 력량—청년물을 투쟁을 통하여 교양하고 훈련하는 정열적이고 인내성 있는 투쟁을 전개하는 사업을 감격적으로 그리였다.

무엇보다도 혁명 전통 형상화에서 커다란 수확은 무용극 대본에서 『유격대의 딸』과 『붉은 기'발』이 거둔 성과다.

이 두 대본은 우리나라 무용극 반전에 크게 기여하였다.

씨나리오 『돈학의 수렴 속에서』는 김명화 어머니의 정상을, 희곡 『공산주의자』에서는 리계순 동지의 형상을 각각 사상 예술성의 깊이에서 재현함으로써 우리 시대의 천리마 기수들의 사업을 고무함에서와 청소년들을 혁명 정신과 공산주의 사상으로 교양함에 있어서 기여를 할 수 있었다.

송영의 희곡 『박연암』은 탁월한 조선의 사실주의 작가며 실학사상의 대가며 애국자인 연암 박지원의 사상과 성격을 심오한 형상으로 재현함으로써 우리의 력사극 창조에 커다란 보탬을 주었다. 작자의 손에 의한 이러한 훌륭한 력사적 인물들의 희곡화는 오늘의 청소년 뿐 아니라 우리 근로자들을 다방면으로 고양하는 데 커다란 의의가 있다.

이상과 같은 성과들은 우리 극작가들이 김일성 동지의 1960년 11월 27일 교시를 받들고 당 정책을 창작에서 구현하기 위하여 정력을 기울인 결과에 얻어질 것이다.

금년의 극문학 분야의 수확을 충화하면서 다시 한 번 느껴지는 것은 극작가들이 현실 탐구를 더 정력적으로 해야 하겠다는 것과 문학적 기량을 한층 높여야 겠다는 것이다.

『조국이여 번영하라』, 『아득령』, 『날개』 등이 취급한 현실은 실지에서 우리 인민을 격동시켰으며 우리나라 사회주의 건설의 찬란한 기록 가운데 중요한 한 페이지를 차지하는 사변물이다. 그럼에도 불구하고 이 작품들은 관객을 흥분시키지도 감격시키지도 못 하였다.

생활에서 평범한 이야기로 훌륭한 능력을 가진 작가나 예술가의 손을 거쳐 예술적 형상을 받으면 독자와 관객을 흥분시키고 감동케 하는 예술 선풍이 되는바 허물며 감격과 흥분으로 찼고 격동되지 않을 수 없는 기적이 시시각각으로 일어나는 천리마 시대의 현실 속에서 어찌 독자와 관객들을 격동시키는 작품을 쓰지 못하겠는가.

작가의 기술은 생활을 떠나 독립적으로 발전하는 것은 아니다. 작가가 현실 속에 깊이 들어가서 그 속에서 맑스 레닌주의를 우리 현실에 창조적으로 적용한 우리 당 정책이 어떻게 생활력을 펴고 있는가를 정확히 관찰하고 체험하는 가운데서 자기의 세계관, 현실관이 확립되여 나가며 그 과정에 작가적 기교도 장성 발전하는 것이 아니겠는가!

1968년은 금년의 6개 고지 점령을 위한 투쟁에서 얻은 성과를 공고히 하면서 2~3년 내에 인민생활을 획기적으로 향상시킬 새로운 고지 점령의 태세를 갖추는 해이다. 그러므로 래년에 우리 로동 계급의 로력 투쟁은 한층 더 눈부실 것이다.

이러한 환경에서 1963년도 우리 극문학 앞에는 계속 로동 계급 형상화에 창작적 정열을 쏟아부어야 할 것이다.

최근 우리 극작가들은 김일성 동지의 11월 27일 교시와 연극『붉은 선동원』 관람 후에 주선 교시 및 4차 당 대회가 문학예술 분야에 제기한 과업을 받들고 그것을 반드시 창작에서 해결하려는 굳은 결의 아래 현지로 나갔다. 그들은 무진장한 소재 로동 계급의 기적과 위훈이 깃들이 있는 생활 현실을 찾아서 그 속에서 살며 호흡하며 사색하며 글을 쓰리라.

앞으로의 극문학 발전을 위해 많은 기대를 가지게 된다.

우리의 생활은 한없이 흥겹다. 오늘도 좋거니와 래일은 더 좋은 것이다.

활짝 꽃 핀 우리의 생활을 노래로 채워야 할 우리 작가들의 책임을 참으로 무겁다.

래년에는 우리 로동 계급의 영웅적 로력 투쟁・천리마적 전진을 훌륭하게 반영한 더 많은 씨나리오와 희곡과 리브레트물이 창작되여야 하겠다.

『조선문학』, 1962.12

일제의 만행을 규탄한다!

피를 빨리우고 뼈를 깍이웠다

장기 집권의 야망을 품은 박정희 도당들의 매국 배족 행위는 날이 갈수록 후안무치한 도를 더해가고 있다. 특히 이 군사 깡패들이 일본 군국주의자들의 남조선 재침기도의 영향 하에 '한일회담'을 조속히 '타결'함으로써 푼전을 얻어 쓰려고 날뛰고 있는 그 추악한 행동들이란 민족적 량심을 한 쪼각이라도 가진 사람들로서는 도저히 참을 수 없는 정도이다.

일본 제국주의! 말만 들어도 골수에 사무쳤던 원한과 증오가 치밀어 오른다.

반세기 동안이나 조선 인민에게 이루다 형언할 수 없는 압박과 착취, 중세기적 만행을 자행하던 일본 제국주의를 우리는 자자손손에 이르도록 잊을 수 없다.

얼마나 많은 조선 인민들이 일제 총검에 희생되였으며 얼마나 많은 사람들이 조상 전래의 땅과 집과 강산을 빼앗기고 남부녀대 멀리 동북 만주로 일본으로 류랑의 길을 떠났더냐! 얼마나 많은 독립 운동자들이 진보적 사상의 소유자들이, 그리고 공산주의자들이 일본 제국주의자들의 총검과 교수대의 이슬로 흩어졌으며 고문과 악형의 희생이 되었는가!

일본 제국주의 군경들은 과거 조선에서 합법적 운동 부문인 문학예술 활동가들에게도 참으로 잔인하고 참혹한 육체적, 정신적 고문과 만행을 감행했다. 우리들의 로작가들인 리기영, 송영, 박세영을 위시하여 과거 진보적 작가, 예술가들은 모두가 여러 차례 걸쳐 일제 경찰의 야수와 같은 고문을 받았고 감옥에서 학대를 받았다.

시인 권환, 장치가 리상춘, 연기자 김승일은 1934년 '카프'맹원 검거 때 일제 경찰의 모진 고문으로 말미암아 거의 폐인이 되었으며 결국 김승일과 리상춘은 출옥 후 얼마 되지 않아 세상을 떠나고 말았다.

불타는 투지와 천재적 소질을 가졌던 정열적 연기자 김승일, 미래에 대한 뜨거운 념원과 청신한 회화적 구도를 가졌던 미술가 리상춘 이들은 그처럼 희구하던 오늘의 사회주의 조선의 붉게 핀 문학예술의 꽃을 보지 못하고 일제에게 청춘으로 목숨을 잘리었다.

일본 제국주의는 마지막 시기에는 '치안 유지법', '보호 관찰법', '예방 구금령' 등 온갖 야만적 악법의 올가미와 그들을 들씌워 소위 '사상범'을 '근멸'하려고 광분하였다.

놈들은 한 번 감옥살이를 하였거나 체포된 일이 있어 놈들의 '요시찰 명부'에 기록된 사람들은 때때로 잡아다 '그 동안' 한 일에 대해 '일기'를 쓰게 하였다. 사람이란 사회적 존재이며 생활에서 사람과의 접촉을 하게 마련인데 '일기'의 구절에 '사상범'이던 친구와 만났다는 기록이라도 나오면 놈들은 "무슨 이야기가 진행되였는가"를 캐기 시작하였다. 문학에 대한 이야기 또는 한담을 했다고 사실대로 이야기하면 놈들은 "공산주의를 신봉하는 놈들이 모였을 때는 공산주의에 대한 이야기를 할 것은 당연한 일인데 거기에 대하여 더 자세히 쓰라"고 터무니없는 강요를 한다. 이런 '유도 심문'과 고문을 겸해서 몇 달 동안에 걸쳐 처음에 불과 몇 장 밖에 안 되던 '일기'는 수십 수백 장으로 되며 나중에는 공산주의에 대하여 '협의'하였다는 '치안 유지법' 위반으로 '기소'한다. 이렇게 되여 징역살이를 또 하게 되거나 잘 되도 '기소 유예'란 이름으로 '보호 관찰법'에 회부하여 각 도에 있는 '보호 관찰사'의 관할 아래 두고 일거일동을 감시하며 소위 '항변화'하기 위한 온갖 '조치'를 다 하였다.

놈들이 '보호 관찰' 대상자들에게 실시한 '조치' 가운데 '미소기'라는 만행이 있었다. 겨울 기온이 령하로 내려가는 시기에 '보호 관찰인'들은 바다나 강으로 데리고 가서 발가벗고 물속에 뛰어들게 하였다. 이렇게 하여 '일본 정신'으로 머리를 '정화'한다는 것이였다. 이 얼마나 어처구니없는 일인가!

'예방 구금령'을 조직한 놈들은 '요시찰인'들의 움직임이 위험하다고 생각되면 언제 어데서나 잡아다가 재판도 없이 가두었다.

여기에 걸리면 죽기 전에 밝은 세상을 보지 못하게 된다. 민족의 자유와 혁명을 위하여 자기의 청춘과 정열을 바쳐 싸우다가 일제 군경에 검거되여 오랜 령어 생활을 하던 애국자들이 수없이 이 극악한 '예방 구금령'으로 서대문, 마포, 대전 감옥들의 어두운 감방 안에서 신음하였다.

패망을 앞둔 일제의 최후 발악은 더욱 극심했다.

놈들은 각지에서 '요시찰인'들을 총 검거하여 학살 또는 투옥하였다.

이름만 들어도 치가 떨리고 이가 갈리는 불구대천의 원쑤 일본 제국주의 잔당들이 미제의 사족 아래 박정희 도당들을 구슬려 가지고 또다시 남조선의 전반적 경제 분야는 물론 군사부문에 까지 검은 마수를 내리고 있으니 어찌 이를 허용할 수 있겠는가.

일본 놈들의 광산과 공장에서 피를 빨리우고 뼈를 깎이우던 쓰라린 해방 전 그 생활이 남조선 인민들에게 또다시 강요 될 수는 없다. 우리 땅에 나는 고량진미는 왜놈들이 다 앗아다 먹고 조선 사람들은 비지죽 천신도 못하던 그런 처지를 남조선 동포들에게 또 맛보게 할 수는 없다. 우리나라의 자원으로 일제가 또다시 무장하여 '대동아공영권'의 '주인'이 되려는 야망을 분쇄하려야 한다.

일본 제국주의자들은 조선 인민의 불구대천의 원쑤이다.

일본 제국주의자들이 우리 땅에서 또다시 활개를 치며 조선 사람들을 마음대로 착취하고 탄압하고 학살하던 지난날을 다시 회복하려는 인간 백정 박정희 도당들은 조선 인민의 심판을 면치 못할 것이다.

남조선의 파괴된 인민경제를 복구하고 실업과 기아, 부패와 질병을 없애고 인민들이 행복하게 살 수 있는 밑천공화국 북반부의 반석 같은 사회주의 건설의 성과가 우리들에게 있다.

우리는 '한일 회담'의 음모를 분쇄하고 남조선 인민의 온갖 불평의 화근인 미 제국주의 군대를 철거시키고 우리의 힘으로 조국의 평화적 통일을 하루 바삐 가져오기 위하여 싸우자.

『문학신문』, 1963.1.16

우리의 귀중한 예술적 재보

국립 인형극장 예술에 대하여

수도에서 소년 궁전, 동물원, 아동 백화점 등이 아동들의 인'기를 비상하게 끌고 있는 것과 같이 국립 인형극장의 인형극도 수도의 아동들이 가장 좋아하는 것의 하나로 되었다. 아동들이 인형극을 얼마나 좋아하는 가는 인형극장이 가장 많은 관객 대상을 가지고 있으며 한 개 상연물이 가지고 있는 막대한 공연 수'자로서 긍변적으로 말할 수 있다. 이와 같이 인형극은 벌써 아동들과는 땔래야 땔 수 없는 생활의 밀접한 한 부분으로 되였다.

최근에 상연된 『꼬마 사령관』, 『별난 너구리』를 구경하고 있는 아동 관객들의 모습을 본 사람이면 그들이 얼마나 형채 나는 눈으로 때로는 흥분하고 분격도 하며 대로는 동정도 하고 만족도 하는 안면 표정으로 두 주먹을 불끈불끈 쥐기도 하고 안도의 한숨을 내뿜기도 하며 이야기의 세계에 깊이 끌려 들어가고 있는가를 알 수 있었을 것이다.

유치원 원아들은 그들을 위하여 특별히 창작한 소품 인형극인 『낚시에 걸린 여우』, 『알투기와 바두기』, 『돌배나무』를 구경하면서 기쁨을 참지 못해서 깡충깡충 뛰며 데굴데굴 굴기까지 한다.

이렇듯 우리 아동들의 생활에 깊이 침투되고 있는 인형극 예술에 대하여 , 그 인형극을 창조하는 예술가들의 활동에 대하여 사회적 관심도 점차적으로 높아지고 있는 것은 매우 반가운 일이다.

인형극은 그 형식 자체의 특수성에 의하여 아동들의 흥미를 집중시킬 수 있는 장점이 있으며 그것을 아동 교양에 중요한 수단으로 리용될 뿐 아니라 성인들의 사회적 교양 수단으로도 큰 힘을 가지고 있다.

우리나라에는 인형극의 고유한 유산이 있다. 『꼭두각씨 놀음』은 그 대표적인 것인데 오랜 세월을 두고 전문가 또는 비전문가들에 의하여 상연됨으로써 성인 관객들을 교양하였다.

『꼭두각씨 놀음』이 량반 압제에 대한 인민들의 반항사상을 반영하면서 인형의 특수성에 의하여 량반 계급을 신랄하게 야유 풍자하였던 것이다.

인형에 의한 풍자 가 높은 효과를 거둘 수 있는 점은 인형극이 비단 아동 교양 수단으로 될 뿐 아니라 성인들에 대한 유력한 교양 수단으로 될 수 있다는 것을 말하는 것이다(외국에서 인형극장은 주간에는 아동관객을 대상하는 상연물을 공연하고 야간에는 성인 관객을 대상으로 하는 풍자적 상연물을 공연한다).

우리나라에서는 인형극의 훌륭한 전통이 있었으나 일본 침략자들의 식민지 통치 아래서 발전하지 못하고 짓밟히고 말았으며 일부 지방에서 민속 유물로 겨우 형태를 보존하고 있었을 따름이였다. 이러한 사정은 우리의 전통적 인형극의 현대 상연물로서의 발전을 가로막고 말았던 것이다.

해방 후 우리 당의 올바른 문예정책에 의하여 인형극 복구 개조를 위한 연구 사업이 꾸준히 진행되여 왔었다.

그리하여 1959년 4월 5일에 전문적 인형극장이 발족하게 되였으며 단막 『밥 곡식의 왕』, 중막 『무연이』와 같은 인형극이 아동들은 물론 성인 관객들의 주목을 끌게 되었다.

전문 단체로서 우리 인형극장이 사업을 한 시일은 이와 같이 불과 8년밖에 되지 않았으나 그동안의 인형극 예술 발전의 자취와 성과를 보면 참으로 놀라운 것이 있으며 글'자 그대로 장족의 발전을 수행하였다.

지금 우리의 국립 인형극장은 국제 인형극 련맹(본부 쁘라가)의 당당한 성원으로 그 예술은 세계적 수준에 도달하고 있다.

우리 인형극 예술의 이러한 급속한 발전에 리면에는 인형극 예술가들의 진지하고 겸손한 숨은 노력이 있는 것이다. 그들은 우리나라의 뿌리 깊고 인민적인 인형극 전통을 계승하고 우리 당이 열어준 예술 발전을 위한 대로를 자유롭게 활보하면서 10년을 하루와 같이 눈에 띄지 않는 노력을 기울여 오늘과 같이 빛나는 성과를 달성하게 한 것이다.

인형극이라 하면 그것은 어린 아이들의 장난'감이요, 대수롭지 않는 사람들이 대수롭지 않은 힘을 들여 만들어 낸 것이겠거니 하는 사람들이 있다면 그것은 큰 잘못이다.

인형극 배우도 연극배우와 마찬가지로 육체적 훈련을 하며 화술을 련마할 뿐 아니라 인형을 조종하는 특수한 기술을 훈련한다. 연극배우들이 몸에 분장을 하고 무대에 출현하여 관객과 직접 대면을 한다면 인형극 배우는 나무로 깎아 만든 작은 인형의 얼굴과 몸을 통하여 산 인간의 감정과 심장을 전달하기 위하여 관객이 보이지 않는 곳에서 땀을 흘리는 것이다.

현재 우리 국립 인형극장이 적용하고 있는 인형 조종체계는 "종'대" 조종을 적용하고 있다(손'가락 조종, 실 조종 등으로 하는 체계도 있다). 이 "종'대" 조정법은 우리 나라의 '꼭두각씨' 인형 조종법을 발전시킨 것이다. 인형의 전신 운동(전진, 후퇴, 조약 등)과 머리 동작은 인형의 몸체 속에 꽂혀져 있는 한 팔로 조종하며 인형의 두 손의 동작은 손에 매여져 있는 "종'대"로 조종한다. 그 외 특수한 조종은 손과 "종'대"로 하게 된다.

"종'대" 조종 체계에 의한 인형극에서는 인형의 다리 동작은 보이지 않도록 한다(물론 다리 동작을 강조해야 할 필요가 있을 때는 "종'대"로 다리 동작을 보인다). 다리의 동작을 보일 수 없을 만큼 조종법이 힘들고 제한 받기는 하나 다리 동작을 보일 수 있는 실 조종체계에 비하여는 인형의 활동을 신속히 자유자재로 할 수 있는 유리한 점이 있다.

국립 이형극장의 인형극 예술은 『홍보와 놀부』의 상연(1957년)으로 화고한 예술적 토대가 구축되였다. 우리의 불멸의 인민 창작 『홍보전』이 가진 동화성, 우화성은 인형극으로 재현함에 아주 적절한 작품이다. 제비가 『보은표』의 씨를 갖다 주는 것, 박 속에서 금은보화가 쏟아져 나오는 것, 착한 홍보는 영화로 보답되고 악한 놀보는 재앙으로 징벌을 받게 되는 등은 아동들의 흥미를 깡그리 집중시킬 수 있다. 또한 이런 '환상적'

동화의 세계는 인형극 수단에 의한 표현이 가장 적절할 뿐만 아니라 용이하다.

『흥보와 놀부』의 상연은 이 극장 인형극 예술(조종, 연출, 미술, 인형제작 등) 토대를 확고히 하는데 기여하였을 뿐만 아니라 우리 민족적 인형극의 품격을 확정하는 데도 크게 기여하였다.

우리의 인민 동화 『혹 뗀 이야기』의 인형극화(1960년)는 『흥보와 놀부』와 함께 인형극 예술의 토대 축성에 크게 기여하였다.

이 두 인형극은 그 예술적 내용으로나 민족적 특색으로나 또한 인형극의 기술로나 세계의 어느 나라 인형극 수준에 비하여도 손색이 없다.

국립 인형극장이 거둔 아동 교양적 및 예술적 성과의 주요한 부분은 이 극장 집단이 창작한 현실적 주제의 작품이 차지한다. 『터졌습니다』, 『말나라를 찾아서』, 『태정이의 과업』, 『오늘도 노래한다』, 『꼬마 사령관』 등이 그것이다. 이 작들에 포괄된 현실적 아동세계는 매우 한계가 넓다. 여기에는 모범 소년단원들의 생활도 있으며 조국해방전쟁 시기에 전선 가까운 지대에 사는 소년들의 원쑤 격멸의 불타는 투지도 있으며 아동들을 과학적 환상 세계로 끌고 가는 매혹도 있으며 남반부 아동들의 용감한 투쟁 모습도 있다.

이 작품들은 계급의식, 과학 사상, 근로정신, 고상한 도덕적 품성 등 다양한 내용으로 우리 아동들을 다방면적으로 교육 교양함에 크게 기여한다.

인형극장의 상연 종목 가운데는 『우쭐한 토끼』, 『뿔난 너구리』, 『낚시에 걸린 여우』, 『알루기와 바두기』와 동화적 우의(寓意)로써 아동들의 품성 교양에 이바지하는 작품들도 있다. 이런 작품은 특히 년령이 낮은 아동층의 관객들에서 많은 환영을 받았다.

국립 인형극장의 인형극 창조 활동은 아동 교양으로 유력한 수단으로서의 역할을 하는 한편 각급학교 아동들 사이에서 써클 인형극 운동의 열의를 왕성하게 고취하였고 직장 써클에서도 인형극이 나오게 하는 자극을 주었다. 인형극장 집단들은 자기의 전문적 창조와 기술 련마의 그

다망한 짬을 얻어 써클 연극의 발전을 위하여 기술적, 물질적 지도 방조를 아끼지 않았다.

인형극장은 짧은 기간에 능숙한 인형극 배우들을 수다히 육성하였으며 유망한 신인들이 계속 배출되고 있다.

『꼬마 사령관』의 용수, 『홍보와 놀부』의 적은 노미, 『혹 뗀 이야기』의 간난이, 『말나라를 찾아서』의 송이, 『오늘도 노래한다』의 영남 역과 같은 아동 주인공 역할을 성공적으로 창조한 연기자 진은경은 우리 관객들의 커다란 사랑과 환영 속에서 인형극 연기의 길을 탄탄히 닦아왔다.

진은경과 함께 이 극장의 초창기부터 시작하여 인형극 연기자로서의 확고한 터전을 마련하여 놓은 배우로서 김윤배(『홍보와 놀부』의 마당쇠, 『뿔난 너구리』의 곰, 『혹 뗀 이야기』의 간난이 아버지), 김복녀(홍보의 안해, 『말나라를 찾아서』의 문옥, 『꼬마 사령관』의 용수 할머니), 송봉준(놀보, 『꼬마 사령관』의 분대장)등은 관객들에게 친숙한 이름들이다.

최근 년간에 관객의 환영을 받기 시작한 많은 신인 연기자들 가운데는 김준기(『꼬마 사령관』의 봉익, 『낚시에 걸린 여우』의 곰), 오정옥(『꼬마 사령관』의 인숙, 『오늘도 노래한다』의 순복), 강진도(『혹 뗀 이야기』의 복실이, 『뿔난 너구리』의 뿔난 너구리)와 같은 이들이 빛나고 있다.

인형극의 터전을 개척하고 연기자를 육성하며 성과적인 상연 종목들을 창조하는 사업에서 사령관의 임무를 수행하는 연출가 허일과 미술가 류동일의 공로는 그 누구보다 크다.

또한 강문규(인형제작), 리인철(조명), 서정로(효과), 김복룡(의상)과 같은 이름도 간과할 수 없다.

우리 인형극 예술은 비록 현재의 수준이 높다 하나 아직도 자기 발전의 첫 단계에 놓여져 있어 더욱 빛나는 발전이 약속되고 있다.

인형극의 가일층의 발전을 위하여는 인형극장이 가지고 있는 자체의 약점을 보강할 뿐만 아니라 작가 특히 아동문학 작가들이 인형극 대본을 많이 써줌으로써 직접적으로 참가하여 사회적 관심이 더욱 높아져서 각 방면의 방조가 돌려질 것이 요구된다.

인형극장 자체가 해결할 문제는 더욱 폭 넓고 능숙한 배우들을 많이 그리고 시급히 인형 조종술을 완성할 것이며 인형 제작 기술을 현저히 높일 필요가 있다.

아동들의 년령, 계층별 상연 종목을 일층 풍부히 함과 동시에 성인 관객을 더 많이 이입하기 위하여 성인 대상의 풍자극도 창작할 필요가 있다.

우리 아동들을 계급의식으로 교양할 수 있는 작품을 더 많이 창작함과 동시에 풍부한 우리나라 인민 창작과 동화, 우화 등도 더 많이 인형극화할 필요가 있다.

인형 조종술의 개인적 기술을 높이기 위하여 콘첼트용 종목(인형, 독연)도 창작할 필요가 있겠다고 생각한다.

『문학신문』, 1963.4.9

전진하는 우리 문학

조선 인민은 공화국이 창건될 그날부터 나라의 주인이 되여 일본 제국주의를 온갖 잔재를 청산하고 나라에 새로운 제도를 수립하는 길에 들어섰다.

지난 기간 조선 로동당의 세련될 정도로 받들고 자유와 독립을 고수하며 사회주의 혁명과 사회주의 건설을 수행하는 길에서 위대한 성과를 달성하였다.

세기적 락후와 빈궁에서 허덕이고 있던 우리나라는 다시 소생과 번영의 길에 들어섰으며 지금에 와서는 생기발랄하고 힘이 약동하는 부강한 나라로, 고도로 발전된 민족 문화를 가진 문명한 날로 되였다.

도시와 농촌에서 사회주의는 전면적으로 승리하였고 선진적인 사회주의 제도는 반석과 같이 꾸려졌으며 자력갱생의 혁명적 기치를 높이 든 우리 당과 인민의 불굴의 투쟁에 의하여 과거 식민지 반봉건 사회였던 우리나라는 자발적 민족 경제의 튼튼한 토대를 가진 강력한 사회주의 공업・농업 국가로 전변되였다.

우리 인민들은 아름답게 꾸려진 도시와 농촌에서 살면서 그 누구도 의식주에 대한 근심 걱정 모르고 전일보다 생활을 내다보며 희망찬 나날을 보내고 있으며 김일성 동지를 수반으로 하는 조선 로동당 중앙위원회 주위에 한마음 한 뜻으로 굳게 통치 빛나는 앞날을 향하여 천리마의 기세로 계속 힘차게 앞으로 달리고 있다.

당의 혁명적 지도 아래 전 인민적 운동으로 전개될 천리마 운동은 생산과 건설에서 세기적인 기적을 창조하고 있으며 전체 인민이 한 사람도 빠짐없이 공산주의 래일의 행복을 향하여 나아가게 하는 강력한 추동력으로 되고 있다.

유구한 력사와 찬란한 전통을 가진 우리나라 민족 문학예술에 오늘날과 같이 전진할 개요를 열어 놓았다.

거창한 혁명의 전진과 그에 동반하는 자립적 계급투쟁, 새로운 사회주의 제도와 발전한 새로운 인간의 탄생, 새 인간의 론리 도덕의 발양 전국 방방곡곡에 휘황하게 펼쳐진 생활의 화폭 속에서 울려 퍼지는 행복의 노래 등등은 우리나라 문학예술에서 응당한 반영을 보았다.

우리 문학은 당의 수중에 장악된 유력한 사상적 무기로써 우리나라 근로 대중과 청소년들을 공산주의 사상으로 교양하는데 크게 이바지하고 있다.

해방 후 우리 문학은 1930년대 항일무장 투쟁에서 터득된 영광스러운 혁명전통을 계속하여 새로운 시대 당'적 문학, 인민의 문학을 전면적으로 개화 발전시키기 위하여 사회주의 적 사실주의를 기치를 높이 추켜들고 거대한 성과를 거두었다.

우리 작가들은 당의 문예전선에 립각하여 김일성 동지께서 매 시기 문학예술 분야에 주신 교시들을, 철저히 관철하기 위하여 항상 현실에 깊이 침투하여 인민 대중과 함께 살면서 우리 시대의 주인공들을 우수한 예술적 형상을 통하여 반영하여 왔다.

우리 작가들은 조국과 인민에게 자유와 행복을 가져다주기 위하여 자기의 고귀한 청춘을 바쳐 백두 밀림과 장백의 설원에서 15개 성상을 하루와 같이 세운 조선인민의 우수한 아들들인 1930년대 항일 혁명투사들의 형상을 발견하는 것은 자기의 풍부한 창작 임무로 간주하고 정열을 기울여 왔다.

우리 작가들은 과거에 우리 인민들이 겪어온 간고한 생활과 투쟁을 창작에 반영하여 계급사회의 본질과 인민들의 투쟁 정신을 반영함으로써 우리 시대의 근로자들과 청소년들과의 계급 교양에 이바지하였다.

우리 문학의 주인공들인 곰손이, 김창희, 최병훈, 리두심, 김순실, 리순자, 김일복 등등 우리 작가들에 의하여 창조된 형상들은 오늘 광범한 독자 대중의 사랑을 받고 있으며 그들의 생활에 정신적 량식으로 되고 있다.

이 외에도 많은 항일 투사, 인민군 전사, 천리마 기수들이 우리 작가들의 형상적 재현에 의하여 성격의 부각을 받았고 독자들의 공감을 불러일으켰다.

우리 문학이 달성한 이러한 업적들은 순탄한 로정에서 이룩된 것은 결코 아니다. 언제나 당의 문예정책에 의하여 령도되고 확고히 맑스・레닌주의 미학관으로 무장한 우리 작가들은 온갖 부르죠아 문학 조류와 투쟁들을 완강하게 전개하여 왔으며 국제무대에서 혈혈하는 현대 수정주의와의 투쟁에서도 철저하게 맑스・레닌주의적 립장에서 사회주의적 사실주의 기치를 철저하게 고수하였다. 우리 문학예술은 어떠한 바람에도 흔들리지 않고 확고부동했다.

당의 현명한 문예정책에 의하여 우리나라 군중 문화예술은 전래없이 개화 발전하고 있으며 창작에서 심미주의는 산산이 부서져 나가고 있다.

우리나라는 광범한 근로 대중 속에 문학예술이 활동하고 있으며 대중적인 창작이 진행되고 있다. 이는 문학이 우리 인민들 자신의 것으로 되었다는 것을 말하여 준다.

공화국 북반부의 문학의 이러한 융성 발전을 이야기할 때 늘 한날 한시에 해방되었고 같은 피'를 이였고 같은 말과 글을 쓰는 남반부 인민들의 처지와 남조선 문학 형편에 대하여 우리는 잊을 수 없다.

미 제국주의들의 강점화 식민지적 략탈의 결과는 남반부 인민들의 생활을 더는 어찌할 수 없는 막다른 골목에 몰아넣었다. 남조선 인민들은 미제의 어떠한 '원조'도 어떠한 형태의 교화 정권도 자기들을 불행과 아사로부터 덫에 나가게 할 수 있다는 것을 알았다.

오늘 남반부의 반동적 문학예술은 미제 식민지 형체에 복무하고 있다. 남반부는 퇴폐한 미곡식풍화의 바람으로 우리 민족의 선진적이며 고귀한 문학예술 전통을 완전히 말살 당하고 있으며 질식 상태에서 헤어나지 못할 저편에 빠지고 있다.

우리 작가 예술인들은 남반부의 반동적 문학예술과 미국식 풍화와의 투쟁을 한시도 멈출 수 없다.

조선민주주의 인민공화국 창건 15주년에 제하여 조선 인민들에게 보내는 조선 로동당 중앙위원회의 호소문에는 우리 작가, 예술인들이 수행하여야 할 과업들을 명시하였다.

이 과업들을 관철하기 위하여 우리 작가들은 당 문예정책을 높이 받들고 더욱 현실에 깊이 침투하여 대중 속에서 돋우며 정신적 량식으로 되는 훌륭한 작품들을 더 많이 창작하여야 하겠다. 이것은 또한 남반부의 문학에도 고무를 줄 것이다.

우리 문학예술에 찬란한 개화 발전을 위하여 우리 작가 예술인들은 당 중앙위원회 주위에 철석같이 단결하여 자기들의 창조적 정열과 재능을 백방으로 발휘하자!

『문학신문』, 1963.8.13

조국에 영광을!

영광스러운 우리 조국—조선민주주의 인민 공화국의 년륜에는 벌써 열다섯 줄이 그어졌다.

우리 조국이라는 나무는 굳건한 줄기에 가지들은 싱싱하게 자라나고 사회주의 제도라는 대지에 돋어 나는 완강한 뿌리로부터는 무한한 자양분을 섭취하여 억년수로 번영하리라!

제 아무리 세차고 모진 비'바람이 불어 날쳐도 이 나무는 털끝만큼도 움직이지 않을 것이다.

이런 조국! 이러한 조국을 가진 행복한 인민! 이러한 인민의 정신적 재보의 하나로 되는 우리 문학! 이것들을 생각할 때마다 항상 무엇보다 먼저 이 조국을 구하고 찾기 위하여 청춘과 목숨을 바쳐 싸운 항일 혁명 투사들에게 다함없는 감사의 정을 품게 된다.

15개 성상! 이 긴긴 세월의 날개 다에 항일 빨치산들은 '쟁예'를 자랑하는 백만의 관동군, 조선에 주둔한 일본군, 경찰, 위만군에게 불벼락을 안기고 무리죽음을 주고 승전고를 울렸다.

사나운 눈보라, 무서운 혹한, 굶주림, 말 그대로 천신만고 다 겪으면서 싸워서 승리하였다.

이 영광스러운 승리의 진군, 초인간적인 전투 행적! 그 진두에 항상 김일성 원수께서 서 계셨다.

그이들의 슬기로운 투쟁이 있었기 때문에, 그 이들의 찬란한 승리가 있었기 때문에 우리는 지금 번영하는 자기 조국의 품 안에서 행복한 생활의 나날을 보내고 있다.

해방 후 조국 력사의 15년 간은 우리 당이 거둔 승리의 기록이다. 세상 사람들은 우리 당을 가르켜 진정한 새 형의 맑스·레닌주의 당이라

하며 맑스·레닌주의 제 원칙을 자기 조국의 현실을 에 창조적으로 적용함으로써 나라를 선진적인 사회주의적 공업·농업 국가로 만들었고 인민들을 넘쳐흐르는 행복에 젖게 한 통일되고 세련된 불패의 당이라고 부른다.

세상 사람들은 우리 조국의 번영 발전하는 사회주의 공업, 농업을 부러워하며 온갖 공산주의적 과학 문화의 찬란한 총파들을 부러워한다.

우리 인민 대중을 혁명적 앙양에로, 온갖 기적과 천리마적 진군에로 불러일으킨 우리 당은 금번 당 중앙위원회 제4기 제7차 전원회의에서는 또다시 당 중앙위원회가 제시한 새로운 과업을 성과적으로 수행하기 위하여 전당과 전체 인민이 천리마의 대진군에 한 계단 더 높이 박차를 가함으로써 사회주의 건설에서 새로운 대고조를 일으키도록 불러일으키고 있다.

우리 조국의 앞길은 태양을 밝힌 것 같이 휘황하며 우리 인민의 앞길은 무연한 대통로로 펼쳐져 있다.

이러한 위대한 조국, 보람찬 행복을 꾸리는 15년간의 살림살이의 중심에는 지난날의 항일 투사들이 서 있다. 그이들은 찾은 조국의 새 살림을 마련하기 위하여 밤낮을 이어 글'자 그대로 불면불휴의 투쟁을 전개하였으며 조국이 침략자들의 발굽에 짓밟힐 위험에 처하였을 때에 인민을 불러 일으켜 조국의 촌토를 지키고 민족의 운명을 보위하는 성전을 승리에로 이끌었다.

폐허 우에 자력갱생의 혁명정신으로 사회주의 건설이 시작되자 그이들은 또한 천리마 진군의 앞장에 나섰다.

우리는 우리들의 위대한 령도자이시며 영령한 수령이신 김일성 원수께서 사회주의 건설의 나날에 항상 진두에 서 계시고 전우들과 함께 국가 대계와 인민 복리를 경륜하시는 모습을 일상적으로 본다.

그이가 우리 당을 령도하고 계시기 때문에, 그이가 인민대중을 불러일으키셨기 때문에 우리 조국의 번영하는 오늘이 있을 수 있었다.

40년 가까이 문필로 살아온 나는 그 전반을 암담한 일제 통치 아래서 보냈고 그 후반을 공화국의 품에서 보냈다.

일제 통치 하에서 값없이 보낸 생활에 대해서는 더 말하여 무엇하랴.

실로 일제하에서는 나는 극히 미미한 존재 없는 작가였다. 그러나 공화국 품안에 안긴 그날부터 나는 항상 당의 두터운 신임과 사랑을 받는 문예전사로 되였다.

그렇기 때문에 나는 더욱 작가로서의 조국 앞에 지닌 책임, 당 앞에 지닌 의무에 대하여 한 순간도 잊을 수 없다.

우리 작가들이 쓴 글은 당'적 문학이며 조국을 위한 문학이다. 인민을 계급의식, 공산주의 사상으로 교양하는 문학은 조국 문학인 동시에 세계 문학이다.

이런 문학은 후손 만대에 전해질 것이며 후세 사람들의 존경을 받을 것이다.

조국이 번영할수록 작가된 보람은 크다. 조국의 하늘 아래서, 조국의 땅 우에서 조국의 숨'결이 닿는 모든 곳에서 사람들을 격동시키는 서사시적인 사변들이 끊임없이 일어나고 있다. 이것들은 우리 작가들에게 령감을 주며 창작적 충동을 불러일으킨다. 작가는 누구나가 다 우리 시대의 현란한 생활의 대 화폭을 자기의 작품에서 예술적으로 재현하고자 하는 창작적 욕망을 가지게 된다.

동시에 작가들은 조국의 통성 발전과 풍만한 인간들의 정신세계의 제한 없는 계발을 가져 오기 위하여 싸운 영광스러운 항일 투사들의 감동적인 투쟁사적을 예술적 형상을 통하여 표현하여야 할 의무를 느끼게 된다.

조국이 나에게 안겨준 이 풍만한 창작적 감흥과 제한 없이 자유로운 창작적 조건들을 남김없이 활용하여 더 우렁차게, 더 아름답게, 더 빛나게 조국을 찬양하고 이 조국을 찾고 조국을 꾸리기 위하여 생애를 바쳐 싸운 그이들에 대하여 노래하리라!

『문학신문』, 1963.9.13

창조적 성과의 빛나는 결정체

『송영 선집』 제1권에 대하여

『송영 선집』 제1권으로 장막 희곡집이 출판된 것은 저자와 독자들을 위하여 매우 기쁜 일이다.

이 책에는 창작 생활의 첫 출발부터 조선의 사회적 사실주의 극문학의 운명과 함께 40년 동안 꾸준히 투쟁하여 온 송영의 주옥같은 빛나는 장막 희곡 6편이 수록되어 있다.

1923년 반일 문예단체인 '염군사'의 기관지 『염군』 2호 발표한 유산계급의 우매하고 부패한 생활을 풍자한 작품인 『백양화』를 첫 희곡으로 한, 저자의 긴 극작 생활의 대표작들인 이 희곡물은 이미 무대물과 출판물을 통하여 관객과 독자 대중에게서 사랑과 지지를 받았으며 그들을 애국주의로, 계급의식으로 교양하는 데 큰 기여를 하였다.

이 희곡물은 극문학의 후진들과 신인들에게 그 열관한 높은 사상·예술성과 능숙한 극작술, 풍부한 어휘와 정확한 자료, 작가적 정열과 성실성으로 하여 고귀한 경험과 모범을 주고 있다.

해방 전 작품(1938년)인 『김삿갓』은 소재 자체가 반항과 풍자와 해학의 시인 김삿갓인 데다가 송영의 가장 유표한 특징의 하나인 풍자, 익살, 기지 등을 확고한 사실주의 수법에 의거하여 종횡 무진하게 구사하였기 때문에 희곡의 사상 예술성은 매우 다양하고 심오하다.

가정적, 개인적 불평으로부터 리조 봉건통치 제도에 반항하는 소극적 방법인 방랑의 길에 나선 김삿갓이 점차 당시 붕괴에 직면한 봉건관료 제도와 부패한 통치자들에 대한 강한 현실 부정의 태도에로 발전하여 불공평, 부정에 대한 날카로운 풍자와 비판을 가하며 억압받고 빈한한 인민에 대하여 강한 인도주의 정신을 품게 된다. 이러한 그의 전 생애를 작자는 3막 6장 때의 시간과 공간에 압축하고 집약하여 형상화하였다.

희곡에 제1막에는 주로 주인공 김병연이 편협하고 불공정한 지방원들의 조치에 의하여 백일장 장원에 급제하고도 폐쪽의 자손인 때문에 쫓겨난다.

이로 하여 불평을 품고 한 잎 삿갓에 몸을 의지하고 방랑길을 떠나는 주인공을 보여 주고 있다. 여기에서 작자는 오서방의 입을 통하여 리조 봉건 통치자들의 학정과 수탈로 말미암아 억눌린 인민들의 불평이 '홍경래 란'이라는 형식으로 폭발된 그 원인에 대하고 말하고 있으며 또 량반과 상인, 적손과 서손 사이의 신분적 차별 대우, 조상의 '죄'가 자손까지 미치게 되는 봉건제도의 불합리성에 대하여 김삿갓 자신이 품은 항의를 말하여 주고 있다.

제2막에서는 유명한 김삿갓의 풍자시 「원생원」을 빌어 탐관오리 김판서와 부패한 량반들인 원생원, 문첨지, 서진사 등을 기생 계향의 집에 끌고 와서 통쾌하고 예리하게 풍자하고 있다. 오만한 량반인 원생원이 김삿갓의 발목에 잡혀 조카로 되고 마는 사건, 원생원은 원숭이로, 문첨지는 모기로, 서진사는 쥐로 규정되는 대목, 계향의 꾀에 걸려 기생집 출입하는 정체를 숨기기 위하여 삿갓을 쓰고 왔던 김판서는 김삿갓으로 오인되여 원, 문, 서 등 세 사람에게 묵사발이 되도록 욕을 먹는 장면들은 참으로 포복절도할 희극적 정황들이다.

제3막은 이미 로경에 이른 김삿갓을 붕괴의 빛이 더욱 농후하고 인민들에 대한 탄압이 발악적으로 강화되는 시기에 출현시킴으로써 당시의 현실에 대한 강한 부정적 분위기를 넘쳐나게 하였다. 여기에서 김삿갓은 통치자들의 횡포에 대한 인민들의 원성, 저주, 불만, 반항 등을 대변하고 포리들에 의하여 묶여가는 것으로 끝을 맺게 했다.

희곡 『김삿갓』은 김삿갓이 가진 반항정신, 풍자정신, 인도주의 정신을 빌어서 작가가 붕괴 전야에 처한 리조 봉건 통치제도를 신랄하게 비판 폭로한 사회 풍자 희극이다.

해방 후 평화적 민주건설 시기의 한 모범 로동자 가정의 애국주의적 투쟁 모습을 그린 『자매』는 일제의 소위 대동아 전쟁 시기, 암담하던 해방 전 시기와 해방 후 격동적인 혁명의 시기의 한 쌍의 자매가 어떻게 각이한 운명의 길을 걸어서 발전하는가를 그렸다.

"아버지가 지주한테 소작을 떼우고 우리 삼남매를 거느리고 아버지는 나를 업고 어머니는 승남이를 업고 언니는 몽당바리 치마에 맨발을 벗고 앞을 서고 해 넘어 가는 까치고개를 넘"었다. 아버지 서삼룡은 구들 고치는 자유 로동자가 되여 쓰라린 그날그날을 살아 가다가 큰 딸 경옥은 던 5백량에 상인의 후처로 팔았고 작은 딸 정옥은 쌈 잘하는 로동자에게 시집보냈다. 이리하여 두 자매는 각이한 운명의 길을 걷데 되는 바이는 당시의 전형이다.

경옥은 로동'군의 딸이라고 시부모의 수모를 받으면서도 잘 입고 잘 먹는 부유한 생활에 젖어 로동 계급의 사상과는 멀어져 버린다. 그의 남편이 해방 전에는 일제에 아부하고 해방 후에는 모리 간상배가 되여 귀중한 인민들의 재산인 공장 기계를 협잡하여 치부를 해도 자기 일신의 안이하고 호사스러운 생활만 생각하고 나라의 번영과 인민의 행복 같은 것은 념두에도 없다.

정옥은 쌈패인 로동자에게 시집을 가서 못 살지만 계급적 지조를 버리지 않았으며 해방이 되자 녀성 로동자의 선두에 서서 일제가 파괴하고 간 공장을 복구하는 데 참가하였으며 2개년 인민 경제계획의 완수를 위하여 있는 정력을 다 바쳐 일함으로써 모범 로동자가 되고 인민회의 대의원으로까지 선출된다.

작가는 자매의 운명 발전을 우리 혁명 발전의 제 정항에 유기적으로 결부시켜 굴곡 있게 그렸다. 경옥은 마지막 순간에 가서 인민의 거대한 전진과 혁명의 거침없는 발전 속에서 인간들의 발전, 몰락의 각양한 길을 보았고 로동 계급의 사상에로 다시 돌아가서 로동을 통하여 다시 바른 길을 걸을 것을 결의하게 된다.

이 희곡에서 해방 후 인민경제 복구에 있어서 공장의 주인으로 된 로동 계급의 애국적인 군상들을 우리는 다양한 형상을 통하여 보게 된다.

송영은 조국 해방전쟁이 최후 승리를 거두고 있는 무렵에 우리 인민 대중을 미제 침략자를 증오하는 사상으로 교양함에 있어서 크게 기여한 희곡 『강화도』를 썼다.

『강화도』는 1866년 조선 침략에서 패배한 미 제국주의자들이 소위 '문죄'란 이름 아래 현대적 무장을 갖춘 군함 5척과 1,200여 명의 군대를 동원하여 오만하게 강화도에 침입하였다가 용감한 조선 군사와 인민들의 손에 의하여 격퇴된 1871년의 '신미양요'의 력사적 사실에 근거하여 씌여진 애국주의적 작품이다.

작자는 사료에 충실히 근거하여 당시 미제가 영, 불 제국주의자 및 신흥 일본과 결탁하여 '수호친선'과 '선교'를 간판으로 얼마나 파렴치하고 오만 무례한 침략 행동을 감행하였는가를 폭로함과 동시에 용감한 조선 군대와 지혜롭고 애국적이고 근면한 조선 인민이 일치 협력하여 마지막에는 맨주먹으로 흙과 물을 뿌려가면서도 끝끝내 적을 격퇴하고 조국의 영예를 수호한 투쟁 모습을 보여 주었다.

이 희곡에서 작자는 인민들을 애국사상으로 계몽한 실학파 학자들의 애국운동을 묘사하면서 이 운동이 적의 래습에 처하여 인민들을 궐기하게 하는 중요한 힘이였다는 것을 보여 주었다. 또한 희곡에서 작자는 제국주의 침략자들의 상투 수단으로 퍼뜨린 종교의 해독으로 민족을 반역하는 천주교도의 죄악을 극적 정황 속에 묘사함으로써 독자들의 증오감을 불러일으키고 있다.

이 희곡이 가진 특징의 하나는 그 내용의 력사성에 따라 시대적 색채를 정확히 재현하면서 미제 침략자들을 반대하는 조국해방전쟁 시기의 조선 인민의 투쟁정신과 지향에 맞게, 다시 말하면 현대적 의의를 정확하게 부여하고 있는 데 있다.

송영은 1956년 장기간에 걸쳐 항일무장 투쟁 전적지들의 현지답사와 자료 수집 려행을 하였고 그 뒤 혁명전통에 대한 심오하고 체계적인 연구 사업을 전형한 결실로 희곡 『애국자』의 내용을 가극화하여 인민 상을 수여받은 『밀림아 이야기하라』로써 혁명 전통 무대화에 기여하였으며 우리 인민들을 항일 빨치산 투사들이 보여준 그 백전백승의 혁명정신, 애국주의, 고상한 인간성, 도덕적 풍모 등을 소유한 공산주의자로 교양하는 데 거대한 공헌을 하였다.

희곡 『애국자』의 주인공 최병훈은 김장군의 지시를 실천하기 위하여 적의 앞잡이 '구장'으로 가장하고 끝까지 비밀을 엄수하며 동지와 자식에게서까지 '비방', '모욕', '적대시'를 당하면서 인민 혁명군의 작전의 대승리를 가져오게 한다.

작자는 최병훈의 투쟁 행정과 최후 운명을 영웅 서사시적 화폭 속에 그리고 있다.

주인공 최병훈은 김일성 동지께서 받은 임무를 수행하고 유격대원들과 딸 복순을 위시한 동네 사람들에게 안기여 숨을 거두면서 이렇게 말한다.

"…… 윤선생님, 할 일도 다 못하고 그것도 변변히도 못하고 이렇게 먼저 간다고 장군님께 내 대신 사과해 주세요. 그리고 애들아 나를 바로 이 자리에 묻어다오. 죽어서도 우리 군대가 왜놈을 소탕하던 저 아래 밀림을 두고두고 실컷 보게 …… 아 백두산 언제 봐도 백두산아, 어디서나 보이는 백두산! 애들아! 노래를 불러라, 나는 오래 동안 노래를 불러보지 못 했다."

고요히 잠자듯 숨을 거둔 밀림 속에서 병훈이가 오랫동안 구장 노릇을 하느라고 부르지 못한 혁명가가 높이 우렁차게 울렸다.

이것은 바로 백두의 밀림이 영원히 이야기 할 영웅 서사시의 하나이다.

"…… 아 승리의 그 노래로 하여 밀림 속에 꽃보라로 변하였으며 그 꽃보라는 멀리멀리 조국 산천에 뒤덮이여 사람마다의 가슴 속에 혁명의 불'길을 일으켰다.

아 그러나 그 노래 속에는 고귀하게 피여 만발한 아름다운 꽃송이들이 그 얼마나 많았겠는가? 그리고 불 속에서도 타지 않고 죽일 수도 없는 애국의 새, 조국의 새 그 이름도 빛나라 불사조, 불사조들이여! 수없이 많고 갈수록 더 많아만 지는 혁명의 화신이여 불사조!"

이는 작가가 연극에서 작자를 대신하여 등장시킨 선동원의 하나가 하는 말이다.

희곡 『불사조』는 바로 항일 빨치산들이 어떠한 곤경에 처하여서도 그를 이겨내고 원쑤를 무찌르며 혁명을 승리에로 한 걸음 한 걸음 전진케 하는 고귀한 투쟁 정신을 노래한 작품이다.

『영웅 소대』의 소대장 리두성, 선전대원 김순옥, 후방 부관 박령, 중국인 군의 손의사, 아동단 출신 전투원 최소년, 그리고 통신원 한복남 이러한 항일 빨치산의 전형을 통하여 작자는 우리 당의 혁명 정신인 불요불굴의 투쟁 정신과 자력갱생의 정신을 숨 막힐 듯한 긴박 속에서 감동적으로 보여 주고 있다. 후방의 깊은 밀림 속의 암굴에서 식량도 없고 약도 없고 의료기구도 없는 환경에서 '치료도 전투 의무'라는 사령관의 지시를 집행하며 온갖 곤난을 겪어가며 가장 위험한 순간에도, 가장 절박한 순간에도 살아서 혁명을 위하여 다시 싸워야겠다는 정신과 서로 돕고 서로 고무하는 동지애에 고무되여 그야말로 굴할 줄 모르는 불사조를 그렸다.

희곡 『불사조』는 우리 혁명이 간고하고 미제가 아직도 조국 남녘땅을 강점하고 있는 조건에서 청소년들을 간고 분투의 정신으로, 원쑤에 대한 증오 사상으로, 자력갱생의 혁명 정신으로 교양하는 훌륭한 교과서이다.

희곡 『박연암』에서는 작자는 18세기 중엽 리조 봉건제도의 질곡 속에서 실학사상의 전파와 인민들의 반항투쟁을 배경으로 하면서 실학 사상가이며 사실주의 작가인 박지원의 전기를 그렸다.

희곡은 박연암이 26세 때 사색당파의 란쟁과 부패한 관료 통지배자들의 비행에 분개하여 나라와 백성들의 형편을 우려하며 학문을 탐구하기 위하여 6년 간 북한산성에 집거하여 『방경각 외전』에 수록된 소설물을 창작하던 시기로부터 시작하여 45세 때 황해도 연안 협에 귀농하여 농민들 속에 살던 시기까지를 포괄하였다.

이 기간에 걸쳐 작자는 연암의 제자들을 위시한 그를 지지하는 사람들 그리고 당시 득세하여 연암의 학문을 비방하고 박해하던 홍보연 도배 등 실재한 인물들과 김포의 폭동 농민인 장억쇠, 그의 처 리금옥 등 허구적인 인물을 적절하게 배합하여 당시의 사회적 정치적 형편을 유기적으로 그렸다. 연암의 풍자 세계는 희곡의 곳곳에서 각양한 긍정 인물들을 통하여 보여 진다. 특히 제3막 서울 인왕산 근처의 정자에서 주연을 베풀고 향락을 하는 홍보영 일당을 기생 송죽과 여기 나타난 연암 자신이 통렬하게 풍자하고 타폐하는 장면은 작자의 능숙한 희곡 세계의 하나일 것이다.

송영의 장막 희곡 선집을 손에 쥐면서 잊혀지지 않은 것은 일제 검열에 걸려 무대 상연이 실현되지 못한 채 사라져 버린 몇 편의 장막 희곡이다. 그 중 대표적인 것은 1932년 '카프' 직속 극단 '신건설'이 상연 준비 중이던 『산상민』인 바 여기에서는 일제 시기 한 로동자의 가정과 그 계급적 각성 과정과 투쟁을 그렸었다.

또한 해방 후 2개년 인민경제 계획 수행 시기의 로동자들의 투쟁을 그린 『승리는 전진한다』와 4천 마력 압축기 생산에서 거둔 로동 계급의 위훈을 형상화한 『사랑』과 창건된 인민군대 생활을 그린 『젊은 성새』 등은 적 강점 시기 원고 채 없어지고 말았다.

송영의 극작술의 특징과 기교들은 그의 단막 희곡물과 함께 『선집』에 수록된 장막 희곡물에서 집중적으로 나타나 있다.

『문학신문』, 1963.10.18

선명하고 감동적인 성격 창조의 길

금년도 극작품을 중심으로

금년 연극축전은 희곡들의 주제 사상 면에서 중요한 특징을 보여주고 있다.

즉 그것은 투지개혁을 의한 투쟁을 위시하여, 조국해방전쟁 시기 우리 인민군대와 인민들의 영웅주의, 제국주의의 침략자, 지주, 자본가 등 계급적 원쑤들의 죄악의 폭로, 수정주의, 사대주의를 반대하는 투쟁 등등 당원들과 근로자들 속에서 계급 교양을 강화하는 데 대한 당 중앙위원회 정치위원회 결정 적신을 반영한 것이 압도적 다수를 차지하고 있어 우리 희곡들이 그 어느 때보다 주제 사상의 선명성을 기하고 있다는 것이다.

『대하는 흐른다』, 『아침노을』, 『오누이』, 『새 살림』, 『서희장군』, 『습격』, 『조군실 영웅』 등 관객들을 감동시킨 우수한 작품들이 비교적 많다는 것도 금년 연극 축전의 특징일 것이다.

특히 동명의 장편소설을 각색한 『대하는 흐른다』는 금년도 연극 축전에서 제일가는 성과적으로 원작이 가진 거대한 시대적 희곡물을 제한된 시간과 공간의 연극에서 선명하게 압축하여 감명 깊게 보여줌으로써 우리 극문학 발전에 커다란 기여를 하였고 근로자들의 계급 교양에 훌륭한 교재를 제공하였다.

『아침노을』은 깨끗하고 정리되고 세련된 감명적인 연극이다. 이 연극은 우리 시대의 극적 갈등 문제와 관련된 중요한 토론 문제를 우리들 앞에 제기하고 있다.

이 희곡이 처음으로 발표되었을 때(『조선문학』 7호) 독자들은 누구나 없이 작가가 연극으로 되기는 좀 어려운 소재를 가지고 무난하게 꾸몄다는 느낌이었고 그것이 연극으로 상연되었을 때 과연 관객을 감동시킬 수 있을까 하는 위구를 가지였다. 그러나 상연된 연극을 보고 이러한 위구가 전혀 부당한 것이였다는 것을 알게 되었다.

연극에서 우리 시대의 새로운 인간들의 생동한 형상들이 사람들을 격동케 하며 천리마 시대의 새 생활과 그 주인공들의 새로운 륜리의 아름다움 화폭을 보게 된다.

『새 살림』은 극적 갈등 취급에서 문제가 제기 되기는 했지마는 그것이 시정되어 금년도 축전의 성과 속에 포함하는 데 손색없는 작품이다.

인형극 대본 『오누이』는 아동들을 계급의식으로, 계급적 원쑤들을 증오하는 사상으로 교양하는 데 대비의 수법을 적용한 퍽 재미있는 작품이다. 작품은 아동 생활의 특수성에 적용하게 구체적이며 선명한 형상을 보여 주었다. 과거 생활을 보여주는 작품들에서 지주나 자본가들의 비인간적 폭악성 일련만 강조하는 경향을 벗어나 이 작품에서는 주인공들의 투쟁을 진실하게 배합하여 보여주었다.

금년 축전에서는 두 권의 장편소설을 각색한 연극이 나왔는데 전기의 『대하는 흐른다』와 『개마고원』이 다 성공한 것은 앞으로 대작소설을 연극 혹은 영화로 각색하는 사업에서 보다 왕성한 기초로 된다. 『개마고원』에서 각색자들은 원작의 의도를 살리기 위하여, 또는 소설이 제시한 중요한 정황들을 넣기 위하여 세심한 연구와 노력을 기울였다.

『서희장군』은 고려시대 북방 거란족의 침략을 반대하여 싸운 인민들과 명장들의 애국주의를 그리면서, 사대주의 사상에 통격을 가했고 특히 우리 시대 반수정주의 투쟁을 밀접히 련결시킨 높은 사상성을 가진 작품이며 력사들과 현대성 구현 문제 해결에 기여하였다.

『습격』은 이미 조선 인민군 창건 15주년 기념으로 창작된 작품이며 그동안 공연과정을 통하여 다듬어졌고 관객들의 긍정적 평가를 받았다. 우리는 이 희곡이 조국 해방전쟁을 묘사한 작품이 적게 나온다는 인민들의 요구가 높아진 때에 창작되었다는 거기에만 의의를 강조하는 것이 아니라 이 희곡의 문학적 성과에서도 진지한 작가적 노력을 평가하는 것이다.

이런 종류의 희곡에서 나오기 쉬운 류형적인 인물이 있기는 하나 여기에서는 조국해방전쟁이라는 력사적인 사변에 직면하여 개개 인간들의 운명 발전을 통한 각이한 성격을 그렸다.

시대의 전형들을 창조함에 있어서 작가는 세심히 탐구했고 오늘의 인민군 전사들에 대한 군사적, 계급적 교양을 위하여 고려를 돌렸다.

강계 청년 발전소 건설장의 젊은 영웅들의 로력적 위훈을 그린 『아득령』은 제작된 부터 3년째 축전에 참가하여 이번에는 그 성과를 인정받았다. 우리 시대의 로동 계급의 성격 창조를 위하여 집단이 3년 동안에 인내성 있게 꾸준히 탐구하고 노력한 결과 아직 약간의 결함은 있으나 긍정적 평가를 받게 된 것은 좋은 일이다.

『조군실 영웅』, 『붉은 별』, 『지하 전선』, 『동트는 대지』, 『하늘을 이고 같이 살 수 없다』, 『이 대오를 잊지 말라』 등은 모두가 훌륭한 소재와 착상을 가졌고 관객들에게 일정한 감격을 준 연극들이며 결함과 약점들을 수정한다면 좋은 연극으로 될 수 있는 작품들이다.

그러나 금년 축전에 참가한 희곡들이 대체로 주제 사상이 선명하고 현시기 당의 교양의 요구에 적용한 긴요한 문제들을 취급하였음에도 불구하고 특출한 것이 적고 형상성이 미약하며 미완성된 것이 많았다는 것을 일반적 결함으로 지적하지 않을 수 없다.

이상 금년 예술 축전 연극 부문을 희곡을 중심으로 간단하게 개괄하면서 창조와 경연 과정에서 얻은 경험, 교훈과 제기된 몇 가지 창작 실천상 문제에 대하여 말하려고 한다.

희곡 『아침노을』은 극적 갈등에 대한 근본적 문제와 재검토를 제기하였고 천리마 현실의 반영에 있어서 극적 갈등 취급의 방향을 제시하고 있다. 한편 희곡 『새 살림』은 우리 극작가들이 극적 갈등 실천에 있어서 놓치기 쉬운 편향에 대하여 또 한 번 경고를 주었다.

금년에 들어와서 극적 갈등에 대한 론쟁들이 많이 진행되었으나 본질적 문제에 대하여는 아무도 건드리지 못하였다.

희곡 『아침노을』은 다음과 같은 문제를 우리 앞에 제기한다.

극적 갈등은 사회적 모순의 반영이라고 우리가 인식하고 있는데 이 작품의 주인공이 겪고 있는 심리적 갈등(어떤 론자들은 극적 갈등에 대한 론쟁에서 "내'적갈등"이라고 했다.)이 사회적 모순이겠는가?

이 문제에 있어서 우리는 사회적 모순이란 적대적으로 대립되어 있는 사회에서는 불상용적 모순이고 사회주의 사회에서는 상용적 모순이며 낡은 사상과 새로운 사상 간의 모순이다. 그런데 개인의 심리적 모순이 사회적 모순으로 볼 수 없다면 극적 갈등은 사회적 모순의 반영이라는 종래의 인식을 허물어 버려야 할 것이다. 즉 사회적 모순만이 극적 갈등으로 되는 것이 아니라 우리 시대에 와서는 개인적 모순이 극적 갈등으로 된다고 보아야 할 것이다.

『아침노을』에는 형태와 성격의 이하를 불문하고 엄연히 갈등이 있다. 주인공 주일의 성격 발전 과정에서 보여주는 심리적 갈등도 있고 작가가 선명하게 규정하지는 않았지만 역시 축산반장 정식의 성격에도 약간의 낡은 사고방식이 남아있다. 그러나 갈등이 '첨예'하지는 않는다. 모든 문제가 아주 자연스럽고 현실적으로 처리되고 해결되었으며 추호도 불필요한 과장이나 인공적인 긴장도 없다. 그런데 연극은 커다란 감동을 주며 관객으로 하여금 깊이 느끼게 한다. 무엇이 그렇게 하였는가? 여기에는 우리 시대 농촌의 새로운 인간들 외관상으로는 평범하지마는 내면생활에는 높은 공산주의 륜리와 인간성이 있는 인간들의 특징적인 성격들이 움직이고 있다. 이런 인간들의 일상생활은 유표하게 확연한 점은 없지마는 공산주의적 도덕이 생활 규범으로 되였고 일단 유사시는 모든 것을 희생하고 나라와 인민과 당을 위하여 헌신하는 높은 정신세계를 보여준다.

이런 인간들의 형상에 있어서 갈등의 '첨예화'로만 그 성격이 창조될 수는 없다. 작가는 자기의 주인공의 성격 창조에서 갈등의 '첨예화'의 낡은 수법을 쓰지 않았다.

가진의 영웅들이 위대한 공훈을 세움에 있어서 반드시 낡은 것과 새것과 투쟁과정에 있는 것은 아니며 방화수 소년에게 인간에 대한 지극한 사랑을 베푼 의료 집단 성원들이 보수주의나 리기주의와 투쟁을 하면서 세인을 놀라게 한 것은 아니다. 그런데 극작가들이 실지에도 있지 아니한 낡은 것과 새 것과의 '첨예한' 투쟁의 '낡은 방식'을 삽입했다.

그러나 『아침노을』은 낡은 것과 새것 간의 첨예한 투쟁 없이도 감동적인 연극으로 되었고 『새 세대』는 전혀 '갈등'이라고 할 것이 없어도 사람을 흥분케 하는 영화로 되였다.

여기에 우리 극작가들 앞에는 갈등에 대한 과거의 기준이 낡지 않았는가? 그렇다면 새로운 극적 갈등의 리론적 규정과 그 실천 방도에 대한 연구와 토론을 진행할 과제가 제기된다고 생각한다.

지난 10월 22일 김일성 동지는 신의주 연극단의 연극 『새 살림』을 감상하시고 이 연극은 아주 중요한 문제를 취급하였으나 갈등을 옳게 설정하지 못하였다고 하시면서 이런 결함을 고치면 아주 훌륭한 연극이 될 수 있다고 지적하시었다. 김일성 동지는 작가들이 우리 시대의 천리마 현실과 그 주인공들의 새로운 인간 성격 창조에 있어서 갈등을 과장하는 경향이 있다는 것을 말씀하시였다.

작가는 『새 살림』에서 극적 갈등을 '첨예화'하려는 목적 아래 우리 시대의 기술 교육을 받은 장유공 강은숙의 성격을 아주 비현실적으로 설정하였기 때문에 자본주의 사회에서나 볼 수 있는 아주 경박하고 자유주의적이며 소시민적인 심성과 꼭 같은 인물로 되였다. 우리 시대에는 이런 인물이 존재하지 않는다. 작가는 이런 전형적이 아닌 인물 성격을 인위적으로 '고안'하여 새 것과 '낡은 것'과 '첨예한' 갈등을 빚어내려고 하였다.

또한 희곡에서는 생산 지도원 김경식과 남성 로동자들 간에도 비현실적인 인공적 갈등이 설정되여 있다. 작가는 공장의 기계화를 위한 투쟁 과정에서 남성 로동자들의 역할을 강조하려는 나머지 기술을 소유한 생산 지도원이나 기타 남성 기능공들의 역할을 모두 무시해 버렸다. 우리 기업소들의 위대한 혁신들이 집단적 로력에 의하지 않고 몇 사람의 특정된 인물이나 특히는 녀성들의 힘만으로는 실현되지 않았으며 그렇게 될 수도 없다.

갈등에 대한 이러한 설정은 우리들 전체 극작가들이 공통적으로 가지고 있는 갈등 과장성의 경향성에서 촉발되는 반영이다. 적지 않게 우리 극작가들은 갈등을 과장하여 '첨예화'하지 않고서는 희곡이 되지 않는 듯이 생각하고 있다. 낡은 기준에 사로잡힌 이러한 갈등에 대한 리해를 우리 극작가들은 자반성해 볼 필요가 있다.

금번 축제에서 제기된 갈등 문제에 대한 심오한 론의는 우리 극작가들 앞에 초미의 문제로 제기되고 있는 로동 계급을 형상화한 대작, 걸작을 많이 써야 할 과업의 해결을 위하여서도 필요하다.

다음은 로동계급의 형상화 문제와 관련하여 금번 축전 참가 희곡들은 일정한 교훈을 주고 있다.

축전에는 로동 계급을 취급한 연극이 우에서 지적한 작품 외에도 『지하 전선』, 『붉은 별』들이 있다.

『아득령』과 『지하 전선』은 희곡의 서두에서 중요한 문제를 제기하고 극적 정항과 인물 성격의 발전에 아주 흥미 있는 전제들을 깔아 놓았음에도 불구하고 장면의 진행과 함께 인간 성격과 사건이 더 심오해지지 못하고 생활이 점점 좁아짐으로써 인간들이 희미해지고 있다. 『붉은 별』에서도 마찬가지로 흥미 있는 문제와 인간 성격들을 제시해 놓고 온갖 사말적이며 왜소한 철도일'군들의 생활에 제기되는 미담들을 기계적으로 덧붙임으로써 주인공들의 성격을 개화시키지 못하고 있다.

축전을 통하여 또 하나 중요하게 극작가들 앞에 제기되는 문제는 우리 극작가들이 극작 기량과 언어 수련을 높여야 하겠다는 것이다. 많은 작품들이 약점을 가졌고 더 거둘 수 있는 성과를 거두지 못하고 있는 것은 극작 기량 때문이다.

『하늘을 같이 이고 살 수 없다』의 례에서 보는 바와 같이 작가는 아주 흥미 있고 교양적 의의가 있는 소재를 잡았음에도 불구하고 작가의 극작 기량은 훌륭한 희곡으로 만들지 못하고 있다.

『서희 장군』에서는 작품의 사상이 심오하고 현 시기 초미의 문제를 력사적 사실에서 찾았으며 극적 구성도 잘 되여 있으나 작가의 언어에 대한 수련과 조예가 깊지 못한 탓으로 시대적 색채가 덜 나며 예술적 홍취도 삭감된다. 이 연극을 보면 현대인들이 과거 시대의 옷을 입고 현대생활을 과거의 인명과 지명을 빌어 생활하고 있는 감을 많이 준다. 이는 언어 관계에서 오는 것이다.

우리 극작가들에게는 극작 기량과 언어 구사를 높이는 데 대한 자기 수업이 절실히 요구되고 있고 이 문제도 반드시 해결되어야 할 것이다.

집체 창작 방법에 관한 문제, 희곡과 연출과의 관계 문제, 조국해방전쟁을 그린 작품에서 류형적 인물과 사건의 류사성이 반복되는 문제, 토지개혁을 그린 작품에서도 류사성이 발로되고 있다.

금년 축전은 극문학의 새로운 고조를 위하여 반드시 해결해야 할 몇 가지 문제들을 우리에게 제시하였다.

우리 천리마 시대 주인공들의 선두에서 있는 로동 계급의 형상을 감명 깊게 보여주는 훌륭한 희곡을 많이 쓰는 영광을 획득하기 위하여 우리 극작가들은 극적 갈등 문제에 대한 김일성 동지의 교시를 깊이 연구할 뿐만 아니라 1960년 11월 27일 교시 정신은 더욱 철저히 관철하기 위하여 현실에 일층 깊이 들어가서 천리마 기수들의 내면생활을 심오하게 파악하며 그것을 예술적으로, 높은 형상성으로 재현하기 위하여 극작 기량의 제고에 노력하여야 할 것이다.

『문학신문』, 1963.12.31

희곡과 말

희곡에서는 말에 대한 요구가 매우 높고 준엄하다. 희곡은 각별히 말을 존중해야 할 문학 쟌르의 하나이다. 극작술의 높낮이나 수련정도는 말은 어떻게 형상적으로 구사하며 정확하고 다양한 어휘로 인물 성격을 어떻게 창조하는가에 크게 달려 있다.

그러나 우리 극작가들의 언어에 대한 조예나 수련정도로 따져보면 내남없이 얼굴을 붉혀야 할 정도이다.

그러한 사정은 희곡들에 왕왕 말이 집약되지 못하고 조잡하며 형상성이 미약하고 설명을 하는 편향들을 낳게 하고 있다. 이런 경향을 특히 현실적 주제의 희곡물에 심하다. 등장인물들이 개성과 특징이 없는 류사한 말들을 한다. 열 사람이 등장 하거나 스무 사람이 나오거나 매개 인물은 개성적이고 특징적인 말로써 다른 인물과 뚜렷이 구별되여야 겠는데 그렇게 된 작품이 드물다. 그러나 실생활에서는 천 사람이면 천 사람, 만 사람이면 만 사람이 다 제 말로 말하며 눈을 감고 물어도 구별된다. 희곡에서 인물의 성격이나 외양까지는 표현하기 물론 어렵다. 그러나 직업, 지식 정도, 출신, 관습, 년령 등의 차이로부터 필연적으로 생기는 인물들의 말씨나 어휘의 차이를 무시한다면 그것은 희곡의 중요한 형상 수단을 잃어버린 것으로 될 것이다.

말꼬리를 잡고 시비를 걸거나 까다로운 트집을 부릴 필요는 없으나 임의의 작품을 들어봐도 이러한 형상 수단에 대한 무관심이 눈에 띄운다.

희곡 『습격』의 작자는 비교적 정확하고 참신한 현대적 언어를 사용하는데 세심한 주의를 들리는 작가이다. 이러한 작가의 작품에서도 작품 인물들에 개성적 언어를 주는 데는 그다지 주의를 돌리지 않았다.

여기에 덕삼, 성국, 인철 등 여러 사람의 정찰병들과 전사들이 나오는

데 모두가 꼭 같은 투의 말을 한다. '덕삼'이나 '현도'와 같은 인물들에게는 성격적 언어를 줄 수 있는 조건이 많다. 그럼에도 불구하고 작가는 여기에 주의를 돌리지 않았다.

이런 례는 『청춘의 활무대』의 세 사람의 해병 제대 군인인 젊은 여로공들의 경우에도 마찬가지다. 작가는 해설이나 다른 인물의 대사를 통하여 누구는 키가 크고 누구는 성미가 급하고 누구는 심가하고 등등 성격을 '설명'하고 있으나 인물 자체의 말을 통하여서는 그 개성, 특징을 그리지 못하였다.

어려운 한'자 어휘를 쓴 것부터 잘 된 것이 아니지만 그것도 부정확하게 쓰고 있다.

『청춘의 활무대』에서는 '삼십륙계 줄행랑'을 '삼십륙계 주랑랑'으로, '시시부지'를 '시시부시'로, '미꾸라지'를 '미꾸락지' 등으로 부정확한 말들을 쓰거나 사투리를 쓰고 있으며 『풍구』에서는 기뿔이란 말을 잘못 리해하여 쓰고 있다. 기뿔이란 일의 중요한 부분을 말하는 것인데, 여기에서는 기계란 뜻으로 쓰고 있다.

어떤 력사적 주제 희곡에서는 한 군장이나 벼슬아치가 어떤 일을 허락하는 일을 윤허한다고 썼는데 윤허란 많은 임금이 어떤 일을 허락하는 이외에는 쓸 수 없는 말이다.

력사적 주제 희곡에서는 언어는 더 복잡하고 어렵다는 것은 내남없이 다 인정하는 바이다.

어떠한 력사적 시기를 취급했다고 하더라도 우에서 이미 말한 인물에 개성적 언어를 부여하는 것과 함께 관객들이 현대 언어 리해 할 수 있는 말을 시켜야 하기 때문이다.

그러면서도 시대감과 시대적 특징, 분위기를 내자면 말에 또한 시대성을 담아야 한다. 가령 고려시대의 한 관인을 형상하는데 그 시기 그가 실제 쓰던 말들을 그대로 쓴다면 오늘의 독자와 관객은 도저히 리해할 수 없을 것이며 그렇다고 하여 그런 인물이 전혀 현대인이 쓰는 말 그대로 쓴다면 시대감, 시대적 분위기는 전혀 표현할 수 없을 것이다.

18세기 농민들이 농기구란 말을 쓰는 것보다 농장기라는 말을 쓰는 것이 더 자연스러울 것이며 고려 사람이 달'밤에 시를 읊조리면서 '령감이 떠오른다'기보다는 '시흥이 도도하다'는 말이 더 적합할 것이다.

새로운 말을 함부로 만들어 내는 경향도 , 우리 인민의 말이 아닌 수식어를 람용하는 경향도 경계해야 할 것이며 우리말을 해야 한다고 하여 현대적 의의가 없거나 이미 낡아버린 말이나 벽어(僻語)를 끄집어내는 경향도 경계해야 할 것이다.

또한 희곡에서도 고유 조선어를 많이 쓰기 위한 노력을 하여야 한다.

희곡에서 인물들의 형상성을 높이는 데 있어서 1차적으로 해결하고 관심을 돌려야 할 문제는 극작가들이 형상적 언어를 찾고 언어에 대한 조예와 축적을 높이는 데 있다. 우리 극작가들은 누구나 없이 언어 문제를 소홀히 하던 지난 일을 뉘우치자!

『문학신문』, 1964.2.25

새로운 것, 독창적인 것을 발견하고 개척하자

상반년에 발표된 단막희곡을 읽고

상반년에 우리의 기관지들에는 적지 않은 단막희곡들이 발표되였다. 『메아리』(허용삼, 『문학신문』 1월), 『고원에 피는 꽃』(한복룡, 『문학신문』 2월), 『적후 삼 십리』(리태환, 『청년문학』 2호), 『아버지의 소원』(한률모, 『청년문학』 2호), 『새벽에 있은 일』(한태갑, 『문학신문』 3월), 『몽고비』(림병순, 『청년문학』 3호), 『로천갱』(신봉출, 『청년문학』 4호), 『불씨』(림병규, 『청년문학』 6호), 『영예로운 직무』(박윤영, 『문학신문』 6월) 등이 그 것이다.

단막희곡은 다장면의 형식의 장막 희곡과는 달라서 더욱 제한된 시간과 공간에서 우리 생활의 극적인 단면들을 집약적으로 재현하는 독자적인 예술적 요구와 특성들을 가지고 있다.

그렇기 때문에 단막 희곡 창작에는 고도의 극작술이 요구되며 그런 만큼 단막희곡은 소설과 같은 산문에서는 말할 것도 없고 장막희곡에서도 찾을 수 없는 독특한 예술성과 묘미를 가지고 있다.

이와 아울러 단막희곡은 집약된 극적 조직과 압축되여 반영된 생활의 박진성 그 형식의 단출함 등으로 하여 전투적 문학 쟌르의 하나이기도 하다.

우리 시대 천리마 현실의 혁명적인 발전 면모와 기동적이며 다양한 내용은 단막 형식에서의 반영을 절실하게 요구하고 있다.

근로 대중 속에서의 공산주의를 교양 수단으로서, 근로 대중 자체의 왕성한 문화 활동, 특히는 기동 선동대, 써클 활동의 전투적 수단으로서의 단막희곡의 의의는 매우 중요하다.

우리는 단막희곡의 고귀한 전통과 유산을 가지고 있으며 풍부한 경험도 가지고 있다. 오늘 단막희곡의 전통과 유산을 계승 발전시키면서 이 전통적 쟌르에 대한 인민대중의 요구에 대답하는 영예로운 과업은 거의나 신인 극작가들에 의하여 수행되고 있다.

그들은 로동 계급의 형상 창조에 주요한 관심을 돌리고 있다.(『메아리』, 『아버지의 소원』, 『새벽에 있은 일』, 『몽고비』, 『로천갱』) 그들은 정치 사업의 중요한 하나로서의 후방 공급 사업의 강화(『메아리』), 집단주의 긍정적 모범에 의한 개인 공명주의 극복(『로천갱』), 로동자들의 기술 혁명에 있어서 학습의 중요성(『아버지의 소원』), 기술 혁신과 그를 장애하는 보수주의와의 투쟁(『새벽에 있은 일』), 인민생활 향상을 위한 지방 산업에 발전에 있어서 지방 원천의 동원(『몽고비』) 등 다양한 주제사상으로 초미의 문제들을 취급하고 있다.

또한 그들은 혁명 전통과 인민군대 형상 창조에 큰 관심을 돌렸다. 혁명과 조국을 위하여 목숨을 아끼지 않으며 혁명 동지를 위하여 자기를 희생하는 공산주의적 동지애를 발휘하고 슬기롭고 용감한 아동단원들이 인민 속에 혁명의 불씨를 심는 것을 보여 주는 『불씨』, 영용한 정찰병들의 척후 활동을 그린 『척후 삼십 리』가 그것이다.

신인 극작가들은 새로운 주제에 개척에서도 성과를 거두었다. 『영예로운 직무』에서는 『인생의 첫 길을 열어주는』 중요한 임무를 수행하는 유치원 교양원의 생활을 그렸다. 『고원에 피는 꽃』에서는 현실과 로동에 뿌리를 박은 과학만이 인민을 위한 과학이며 과학 자체도 발전한다는 것을 체험한 젊은 인테리와 과학을 아직 '탐구'의 서재 속에서만 이루어진다고 생각하는 과학자의 의견 상하를 그렸다.

새로운 주제의 발견과 아울러 새로운 쟌르의 개척에도 주의는 돌려지고 있다. 『새벽에 있은 일』은 단막희곡에서 경희극 쟌르 개척을 시도하였다.

신인들의 단막희곡에서는 다양한 극적 정황과 날카로운 극적 갈등 가운데서 인물들의 성격을 창조하려는 진지한 노력들이 기울여지고 있음을 볼 수 있다.

『불씨』의 아동단원 광춘과 인철의 형상은 이 작가에 의하여 새롭게 일반화된 전형인 것이다. 『적후 삼십 리』에서 독자들은, 시시각각으로 돌변하는 적후의 정황 속에서 영웅성과 함께 온갖 총명과 기지를 발휘하여 적의 기도를 교란 좌절시켜 전투를 승리에로 결속하는 대담무쌍한 정찰병들을 보게 된다.

천리마 기수 형상에 있어서 극적 갈등의 예리성에 대한 미학적 요구에 작자들은 긍정적으로 대답하고 있다. 『영예로운 직무』는 평범한 생활 속에서 예리한 갈등을 발견하였고 『로천갱』에서는 보편적인 갈등을 예리하게 그렸다.

상반년에 발표된 단막희곡들은 이상과 같이 우리 근로자들의 공산주의 교양과 극문학 발전에 적지 않은 보탬을 주었다.

그러나 전투적 쟌르의 단막의 집을 일층 재고함으로써 날로 장성하는 독자들과 관객들의 미학적 수요에 충분히 대답하기 위하여서는 반드시 극복해야 할 문제도 없지 않다.

『영예로운 직무』, 『불씨』 등이 독자들의 흥미를 끌게 된 것은 무엇 때문인가? 이 작품들에서는 새로운 주제의 발견, 새로운 인물의 성격 창조, 새로운 쟌르 개척 등 다소나마 새로운 것, 독창적인 것이 있기 때문이다.

『몽고비』, 『메아리』, 『아버지의 소원』이 평범한 작품이 되고 독자의 흥미를 끌지 못한 데는 작가들이 아무러한 새로운 것도 건드리지 못한 데 리유가 있는 것이다. 『고원에 피는 꽃』의 경우에는 작자가 비록 새로운 주제 류의를 하였다고 하나 그것의 천명을 위한 아무런 독창적인 성격 형상도, 갈등의 예리화를 위한 극성의 조성도 발견하지 못하였기 때문에 흥미 없고 빛깔이 희미한 작품으로 되고 말았다.

매개 작품은 새로운 것의 창조이며 독창적인 것의 개척이다. 작가는 이것을 성취하지 못한다면 거기에는 필연적으로 다른 사람의 것의 반복이 있을 수밖에 없으며 도식에 빠지게 되는 것이다.

천리마 현실의 반영에 있어서 극적 갈등의 예리화와 진실성 문제에서는 일정한 리론적 성과들이 있었으나 실천상에 있어서는 아직도 풀려지지 않은 채 남아 있는 점들도 있다. 이 사정은 단막희곡에서도 반영되고 있다.

『몽고비』의 갈등 설정과 그 해결에는 진실성도 필연성도 없다. 기능공의 작업반원 리정녀가 모시 천 시제품 생산을 반대하는 동기도 명확하지 않으며 필연적인 극적 계기도 없다. 동시에 봉남이와 같은 소년이 깊은 산에 들어가서 어른들도 발견하지 못했던 모시를 발견함으로써 갈등을 해결한 방법도 진실성이 희박하다. 이 희곡에서는 갈등 설정과 그 해결이 인위적으로 처리되였다.

『메아리』와 『아버지의 소원』에서는 작자들은 좁은 주제를 건드렸음에도 불구하고 극적 갈등을 생활의 론리에 맞게 심화하고 예리화하지 못하였으며 후자의 경우에는 주제 사상조차 희미한 결과를 가져오게 하였다.

우리는 종종 발표된 단막희곡들이 일반적으로 흥미가 적다는 의견들을 듣게 된다. 이런 의견들은 주로 일반 독자들에게서보다는 연출가들을 위시한 극장 측에서 더 많다.

왜 이렇게 되는가? 주지하는 바와 같이 희곡은 그 길이의 여하를 불문하고 독립된 문학작품인 동시에 극장의 무대에 상연하는 것을 예정하는 문학이다. 읽어서는 재미있으나 상연해서는 재미없는 희곡도 있다. 그러나 훌륭한 희곡이라면 읽어서도 재미있고 상연해서도 재미있어야 할 것이며 그것은 특히 극장 일'군들을 흥분시켜 무대 우에서 실현되여야 할 것이다.

흥미가 없다는 것도 극적 갈등과 극성에 관련한 문제이다. 긴장된 극적 정황들이 많지 못하든가 생활에 론리에 맞는 예리한 대립과 갈등이 없을 때 인간들의 성격은 선명하지 못하며 매력을 가질 수 없는 것이다.

극적 흥미와 관련하여 문제로 되는 것은 신인 작가들이 아직도 무대적 경험이 적거나 무대를 모르는 것이다. 그렇기 때문에 주제를 옳게 잡고 인물 관계도 바로 설정하였음에도 불구하고 극적 정황이 미미하거나 갈등이 예리하지 못하게 처리되고 있는 것이다. 이런 희곡들에는 사건들이 무대 뒤에서 처리되는 일이 많고 무대에서는 장황한 대화들만 늘여 놓고 있는 것이다.

이것은 우리 신인 작가들에게 극성, 갈등 문제를 충실한 극적 조직 기법 혹은 극 줄거리의 전개나 희곡적 언어 구사와 같은 실기적인 기량이 미약한 점에서 초래된다. 『척후 삼십 리』가 사건과 정황 자체의 복잡성에도 기인하지마는 극 조직 수법상 결함으로 산만함을 면하지 못한 것도 이 점에 있다.

다음 희곡의 제명은 주제 사상을 단적으로 천명하여 예술적 여운을 주는 데 중요한 역할을 한다. 좋은 희곡에 적합하지 않은 이름을 붙여서 손실을 보는 때도 있고 매혹적인 이름에 비하여 텅텅 빈 내용을 가진 희곡도 있다.

『영예로운 직무』라는 제명은 문학적인 맛은 없으나 소박하게 주제 사상을 뚜렷이 표명하고 있고, 『메아리』는 이름 자체도 여운이 긴 산울림이지마는 자기 자신의 잘못을 뉘우친 경리원 안수가 부르는 "당 위원장 동지!" 하는 소리가 멀리 메아리쳐 갈 때 막이 서서히 내린다. 아주 문학적인 제명이다. 그러나 『몽고비』란 제명은 주제 사상과는 아무런 관련이 없고 문학적인 데도 별로 없다. 산간지대에 많고 주인공이 좋아하는 새라는 것뿐이지 극 줄거리와도 관련이 없다. 울 줄도 모르며 나무 둥지에 있는 벌레를 쪼아 먹는 소리가 난다 해도 딱따구리의 소리와 같이 아름답지도 않다. 그러니 문학작품의 제명이 될 매력이 별로 없는 이런 것을 택할 필요는 없을 것 같다.

극작 수업에서 가장 중요한 것은 언어에 대한 수련이다. 특히 신인들에게는 더욱 그렇다.

희곡의 언어는 문학적 서술이나 수식어인 것이 아니라 생활적 대화이다. 그러므로 매개 등장인물들은 그가 하는 말(대화)을 통하여 자체의 직업, 지식 정도, 성격, 습성, 취미 , 지방 별 등을 나타낸다. 그렇다고 하여 아무런 선택도 없이 자연주의적으로 생활어를 그대로 묘사하는 것이 아니라 간결하고 명백하며 함축성 있고 형상적인 생활어를 창조하여야 하는 것이다.

극작가는 풍부한 생활적 언어의 어휘를 가지고 있으면서 그것을 능숙하게 사용할 줄 알아야 한다. 어휘의 축적은 노력과 수련으로 이루어진다. 생활 경험이 많고 적은 것도 어휘 축적에 정비례하지마는 중요한 것은 자기의 어휘를 부단히 확대하기 위한 극작가의 노력이다.

『메아리』, 『새벽에 있은 일』의 작가들은 비교적 언어 구사(대화 구성)에 능숙하나 다른 작가들의 언어에는 결함이 많다. 가장 현저하게 눈에 뜨이는 것은 말의 성격들이 무시되고 있는 것이다. 임의의 희곡에서 례를 들어 보면 『로천갱』의 채광 소대장인 창호와 혐덕은 성격이 현저하게 다름에도 불구하고 작가가 인물들에 준 말에는 아무런 성격적 차이, 습성이나 취미의 차이도 발견 할 수 없으며 『영예로운 직무』에서는 교양원들인 연실과 금자의 말이 서로 구별되는 특성을 가지고 있지 않다. 이 사정은 다른 작품들에서도 마찬가지다.

실제 생활에서 사람들은 백 사람이면 백 사람이 다 자기의 말로 생활하며 눈을 감고 목소리만 들어도 누구의 말이지 분간하게 된다. 이 사실은 음색이나 성량의 차이에서 오는 리유도 있지만 그 밖의 성격적인 특징에서 오는 리유도 많다. 능숙한 극작가일수록 자기 희곡의 인물의 언어에 개성을 뚜렷이 주고 있다.

다음 신인들의 언어상 결함은 어휘의 빈약성과 함께 말의 부정확성에도 있다.

어깨가 으슥했겠다, 또는 우쭐했겠다라는 뜻의 대사를 '한 어깨가 올라가겠군'으로, 몸 둘 바를 모른다는 말을 '몸 가질 바를 모른다'로, 누구에게란 말을 '누구께'(께는 존칭어다)로, 아버지가 딸에게, 그의 남편이라 할 대신 '랑군'(이것도 존대해서 부르는 말이다)으로, 약을 칼로 썰다하는 대신에 '쏠다'(이 말은 쥐와 같은 동물이 이로 물건을 갉아 내거나 사람이 남을 모해한다는 뜻이다)로 쓰고 있는 등 이러한 실례는 얼마든지 들 수 있다.

희곡에서 전반적 등장인물을 통하여 지방색을 나타내려고 하거나 한 사람의 성격을 특별히 두드러지게 하는 등 특별한 경우에 방언(사투리)을 쓸 수도 있으나 표준어를 쓰는 것이 원칙이다.

그러나 신인 극작가들의 작품에는 작자가 표준어를 몰라서 방언을 쓰고 있는 경우가 많다.

'켠'(편 또는 쪽), '김이 문문 난다'(무럭무럭 난다), '여때'(여태), '언뜬'(빨리),

'여직'(아직) 등 많은 방언을 발견할 수 있다.

말은 문화수준과 교양 정도, 품성의 표현이다. 뿐만 아니라 문학운동 특히 희곡의 무대 실현에 있어서 언어는 대중의 언어 교육과 정화 운동에 중요한 역할을 논다.

『아버지의 소원』의 초중 학생 성길의 대사에도 발견되지마는 적지 않은 작가들이(특히 아동문학 작가 중에서도) 아이들의 간투사(間投詞)에 '씨!'란 말을 쓰는 것을 발견한다. 이 말은 어떤 모로 연구해 보아도 상소리에서 나온 말이다. 이런 말은 반드시 쓰지 말아야 할 것이다.

우리의 전투적 문학 쟌르인 단막희곡의 사상 예술적 질을 결정적으로 높이며 위대한 천리마 현실의 혁명적 발전 면모를 제때에 반영함으로써 그것이 인민대중의 공산주의 교양의 강력한 무기가 돼야 한다는 것은 누구에게나 주지되고 있는 사실이다.

그런데 이미 앞에서도 강조한 바 있지만 오늘 이 중요한 쟌르의 운명이 신인 극작가들에게만 일임되고 있다. 그런 반면에 단막희곡 창작에서 성과를 올렸고 또 조국해방전쟁 시기와 전후시기를 통하여 그렇게도 감동적인 단막희곡을 많이 쓰던 극작가들이 지금에 와서는 아주 관심을 덜 돌리고 있다. 물론 그들이 장막희곡 창작에서 훌륭한 성과작을 이미 많이 내놓았고 지금도 거기에 전념하고 있기 때문이기는 하나 전통을 고수하고 더욱 발전시키며 날로 가증해지는 대중의 요구를 원만하게 충족시키려면 신인 극작가들에게만 맡겨 두고 방관할 수는 없는 것이다.

단막희곡이 형식이 짧다고 하여 그것이 문학의 입문이며 신인에게나 맡겨 둘 일이고 '기성 대가'들은 '긴' 형식 '큰' 작품이나 창작하면 그만이라고 생각하는 사람은 물론 있지 않을 것이다.

모든 극작가들이 장막희곡을 창작하는 한편 단막희곡을 반드시 써야 할 것이다.

이것은 신인 극작가들의 사상 예술적 기량을 높임에 있어서도 의의 있는 일일 것이다.

『문학신문』, 1964.8.21

제4부

시 / 소설

시

妓女圖

늬는 선하폄을 깨물어도
사나히 질겁다.
내 마음은 늬가 주는 술잔에서
百里나 먼 곳에 있건만은

사나히에게는 행복하다
늬의 短歌는 늬의 聲帶를
거의 機械的으로 울려나오것만
사나히에게는 아름답다

늬의 微笑는 명주보에 싼 거즛 우슴이건만
사나히에게는 반갑다

늬 머리낭자는 조선법으로 꽂었고
篦빛골동단 늬 저고리
한쪽자락을 고요한 湖水 여울 치듯이 꽂은 늬 치마
마늘짝 같은 늬의 버선발 맵시 모도가 떳떳한 조선법이다

端正한 늬의 械姿 속에는
곻은 마음이 있을 것이고

곻은 마음 가운대는
참된 사랑도 숨었을 것이지

늬의 참된 사랑을 받을 사람은
百里나 먼 곳에 이것만은
사나히는 늬의 곁에서 끝없이 느낀다.

『풍림』, 1937

短篇小說

姙娠

一.

그는 직을 일코 고향에 돌아오든 바로 그 날 밤 안해의 몸에 이변(異變)이 생겻슴을 짐작하얏다. 경험에서 나온 판단은 아니엇스나 결혼 한 제 다섯 달 밧게 넘지 안어 아즉도 처녀의 그것에 가까울 부드러운 감촉이 남아 잇서야 할 안해의 유방이 별로히 구더진 것 가티 감촉될 때에 그는 직각적으로 그것이 임신을 의미함이라는 것을 생각하얏다.

"몸에 전보다 달러 젓다고 시픈 것은 업소."

그는 이러한 그의 안해로서는 능히 알아 채릴 수 잇는 말이라는 자신을 가지고 물어 보앗다.

"달라진 것이라니요. 뭣이 달러저 뵈입니까."

청색 전구(電球)의 어더운 광선을 통하야 우스면서 반문하는 안해의 얼골은 그의 질문이 적중하얏다는 것을 말하는 듯도 하고 무슨 뜻의 소리인지 도모지 몰으겟다는 듯한 표정 가텃다.

그는 그의 질문의 뜻을 다시 설명하기가 넘우도 멋적은 듯 시퍼 이십여일 전에 그의 퇴직(退職)이 확정될 때 그를 위안차로 차저왓던 그의 안해를 생각하고 다시 그가 학생시절에 호긔신에서 읽어본 일이 잇는 생식학의 서적 가운데 잇던 임신으로 하야 여자의 몸에 나타나는 증후(證候)라는 구절을 생각하야 보앗다.

그러나 어전지 "안해가 임신하얏다……"는 것이 확신할 수 잇는 것 가텃다. 아버지가 된다는 기쁨은 그에게는 조곰도 업섯다. 실직(失職) 이 주는 불안 가운데 최근의 한 달은 생활문제로 하야 넘우도 머리를 썩키엇든 것이다. 그럼으로 안해가 임신이라는 것을 직각하엿슬 때 그의 불안은 더해질 수 밧게 업섯다. 안해의 수입으로 아이 하나의 양육쯤은 해

나가리라고 애써 불안을 덜고저 하엿스나 아이를 가지게 되면 그의 안해의 직업 부인으로서의 명이 길지 못하리라고 생각하자 따뜻한 안해의 여패 누어 잇스면서도 납덩어리가튼 침울이 그를 엄습하엿다.

넘우도 부자연한 침묵이 방 가운대 더돌앗다. 그는 침묵을 깨트리랴고 말을 꺼집어 내랴 하엿스나 말꺼리를 갈이지 못하엿다.

"몸에 변화가 업섯소."

그는 그만 두랴다가 그를 차지한 불안이 다시 이러케 물어 보게 하얏다.

"내 몸에 변화를 내가 몰을 리 잇겟소."

이러한 안해의 자신잇는 대답에는 더 물어 볼 여지가 업는 듯하여 그는 거긔에 대한 말은 두엇다.

그러나 일주일 지나지 못하야 그의 직각이 억단(臆斷)이 아니엇다는 것을 그는 알게 되엿다. 안해에게는 달마다 잇서야 할 것이 업서진 까닭이다. 결혼 한 지 날이 깁지 못하고 직업의 관계로 늘 서로 갈려 잇섯스나 그는 안해의 경우 잇는 날은 알고 잇섯다.

"당신은 기쁜 일을 나에게 숨기랴고 하얏소?"

그는 기쁜 일이라는대 제 자신 우슴을 늣기며 그날 밤 사실을 숨기려던 안해를 원망하엿다.

"나도 처음 당하는 경험이라 어이 그리 속단해서 말할 수 잇섯슬까요. 경우란 임신이 아니라도 끈어지는 일도 잇스니까요."

안해의 변명은 조곰도 무리가 아니엇슴으로 원망할 바도 못 되엇다.

안해의 임신이 사실이 되고 보니 그는 다시 불안에 잠겨젓다. 넘우도 현실적인 생활문제를 압두고는 아버지가 되고 귀여운 아기를 가운데 두고 소위 단란한 가정이라는 것이 오리라는 기쁜 장면을 생각해 볼만한 공상력은 그에게서 진연소말해 가 버리고 업섯다.

그냥 두기에는 넘우도 큰 문제 가틈으로 그는 금후의 생활문제를 가운데 두고 안해의 관심을 이리키기 위하야 이야기를 아니 할 수 업섯다. 그에게서 실직 때문에 잇는 불안과 울분을 조곰이라도 덜어 볼려고 안해는 생활문제라던가 경제문제 가튼 것은 조곰도 말하지 안코 잇스면서도 당연히 차저올 곤액에 대한 우려에 적은 가슴이 떨고 잇는 것쯤은 그도 능히 짐작할 수 잇엇다.

“그래. 당신은 이 일을 어이 처지하엿스면 조흘까요.”

길다란 예비설냉 가튼 이야기 끄테 여자인 안해의 용단력을 우려하고 얼마쯤은 도덕적인 자책(自責)을 늣기며 바로는 말하지 못하고 이러케 비스듬이 물어 보앗다.

“처지라니요.”

그가 예기(豫期)한 바와 틀림업시 그의 말이 무엇을 의미함인가를 안해는 이해하지 못하엿던 것이다.

“아이를 나흘 작정이요.”

그는 지루하야 이러케 말햇다.

“낫지 안는 수가 잇습니까.”

“임신 중절하는 것이 어떠하겟소.”

“……”

안해는 대답이 업섯다. 가늘게 몸을 떨엇다. 그제야 그의 말의 듯을 알앗던 것이다. 도덕적인 생각이 안해의 머리를 먼저 스치여 갓던 것이다.

“아이를 나아서 무엇으로 기를 수 잇겟소. 내가 다시 직을 구하게 될 때까지는 언제까지든지 생활의 위협이 끗치지 안을 테니까. 세상에 나온 아이에게도 그런 불행이 업슬 것이오…… 우리의 생활이 안정될 때까지는 아이를 낫치 안는 것이 올치 안켓소.”

그는 그제야 바로 말문을 터 노앗다.

“언제 나아도 나흘 것이라면 이대로 두는 것이 올치 안흘까요.”

안해의 머리 속에는 이러난 싸홈은 결국 도덕적인 것이 승리를 햇던 것이다. 그에게도 물론 임신중절에 대한 구체적인 방법이 성안되여 잇섯슴은 아니엇다. 안해의 생각이 이러하다면 그는 더 말할 필요가 업슬 것 가타다.

“내가 다시 직업을 구할 때까지는 아히의 양육은 당신이 책임을 저주어야 하겟소.”

그는 이러케 다짐을 하고는 말을 끈헛다. 그의 그러한 다짐에는 안해도 승낙의 대답을 하는 수 밧게는 도리가 업섯다.

안해의 몸 부피에 아즉도 아모 외면적인 변화가 보이기 전에 그는 동경으로 건너갓다. 문학청년답게 열정적이든 생활이 점차로 현실적인대로 기울어저 가는 과정에 잇던 그는 실직으로 하야 한층 더 억세게도 현실에다 목을 매달고 말앗다. 그리고 동경에 온 뒤의 그는 어떤 단체에 몸을 가담하게 되자 그의 속에 부리박고 잇는 소시민성(小市民性)도 점차로 버려저 가고 잇섯다.

동경 온 제 칠 개월 만에 그의 안해에게서 아들을 보앗다는 소식이 왓다. 일이라는대 모든 정락을 쏫고 잇는 그에게는 그가 아버지가 되엿다는 새로운 사실도 다시는 그 일개인을 중심한 문제 가튼 것을 기피 생각할 시간적 여유가 적엇다. 그러한 것이 생각될 때가 잇다면 의식(意識)이 질적으로 비약한 현재의 그에게는 고향에 남겨저 잇는 안해가 몹시도 빈약하고 불만한 것으로 생각되는 것이엇다. 더옥이 아이를 나앗다는 것과 그의 안해가 주장해서 나앗다는 것들을 생각하니 안해가 몹시 미웁기도 하엿다. 그러나 현재의 그의 생활 방법의 절반 이상이 안해의 로동에서 나오는 것이고 안해와 제 자신 사이에 생긴 의식의 개차(開差)가 그에게도 책임이 잇다는 것을 생각할 때 안해를 원망만 해도 안 될 것 가탓다.

동경 온 제 일 년 반 만에 그는 제 자신 개인에 관하지 안한 일로써 서울로 자리를 옴기게 되엿다. 서울로 가는 도중에 그는 고향에 들어 일 개월 동안의 휴양을 엇게 되엿다.

아이를 그는 첫 대면 하엿다.

"오빠! 이것이 누군 줄 아오."

누이들이 우스며 안겨준 그의 아이를 들어다 보고도 그는 도모지 얼골의 표정을 변하지 안엇다. 돌연히 바다안은 아이가 자신의 아이라고 하여도 아버지의 애정이 조곰도 쏫아 나지를 안엇다. 물론 그 때의 그의 순정은 리유업는 안해에게 대한 불만과 비난으로 아예 마비되여 잇섯던 탓도 잇섯다.

그가 아이에게 귀여움을 느끼게 되기까지는 장시간이 걸렷다.

"이것이 내 아이인가!"

이러케 생각해 볼 때 우슴밧게는 아모 것도 나오지 안엇다. 처음에는 의무적으로라도 아이를 귀여워해줘야 안해의 마음도 섭섭하지 안하리라고도 시펏스나 두 날째 되던 날 아츰 밥상을 밧자마자 아이가 똥을 내갈기는 바람에 미움조차 생길 듯 하엿다.

사흘째 되던 날 누이의 등에 어피어 어머니의 젓을 어더먹고 찬바람 가운데를 돌아온 아이가 기침을 내쏘들 때 아이의 괴로운 표정 가운데서 비로소 그는 애정의 소생을 늣기엇다. 누이의 정열적인 가리침으로 아이가 겨우 돌아가는 발음으로 "아빠, 아빠"를 련발하며 기어들 때는 아이의 빰에다 그는 입을 맞추어 주엇다.

이리하야 일헤가 지나고 열흘이 지나자 그에게는 아이가 더 귀여운 것은 업슬 것 가탓다.

안해가 오전 여덟시에 출근하야 저녁 여섯 시라야 돌아오게 됨으로 그동안 세 번은 아이를 업고 젓을 먹이고는 와야 하엿다. 이러한 왕래가 더욱이나 삼동의 추위에 아이의 발육과 건강에는 여간한 저해를 가저다주는 것이 아니엇다. 아이가 기침으로 밤잠을 자지 못하고 얼골이 새밝앗게 질려서 콜록거리는 꼴과 싸흘수록 나타나는 대변의 부조화를 볼 때 말할 수 업는 련민(憐憫)의 정이 솟아낫다. 그리고 그 감정은 결국 깁다란 애정으로 아이에게 돌아가는 것이엿다.

하로 종일 일에 시달려온 안해는 저녁 수깔을 노차마차 이튼날 아츰까지 죽은 듯이 잔다. 밤중에 아이가 눈을 뜨고 어미 찻는 군호를 고함쳐도 안해의 귀에는 잘 들리지 안을 때가 만핫다. 한 번 두 번은 안해의 괴로움이 심할 것을 생각하야 안해를 동정하엿스나 여러 번 거듭하고 보니 안해가 넘우도 무감각한 것 가터서 꾸지람하기 시작하엿다.

"아이 길르는 사람이 그러게 조심성이 업서 어떠케 하오."

"처음 올 때는 그다지 미워 뵈이던 아이가 이제는 그러케 귀여워젓스니 다행이오."

안해의 조소도 갓고 기쁨도 가튼 이 말에는 그는 할 말이 업섯다.

아이의 첫 돌이 불과 한 달밧게 남지 안헛슬 때 그는 서울로 올러갓다. 차장 속에서도 그의 눈에는 아이의 노는 귀여운 양자가 살아지지를 알앗다. 돌날이 왓슬 때 그는 다녀오구도 십엇스나 일이 명령하는대 딸아 그는 당분간 서울을 떠날 수 업섯다. 그는 아이의 돌 선물에 아이에게 식기와 수저라도 사 보내고 십헛스나 그것이 과분한 즛이고 소시민적 근성이라고 할까 하야 그만 두엇다.

그는 다시 일에 몰두하기 시작하엿다. 한 달이 지나고 두 달 다섯 달 달이 거듭함에 딸아 그는 아이의 생각을 다시 니저 버리게 되엿다.

二.

어찌할 수 업는 일로하야 그는 두 해동안 령어(囹圄)의 몸으로 보내엇다.

출옥하던 날 그의 머리에는 몃칠이 지나지 못하여 대부분은 문허젓스나 이 년 동안 생각에 생각을 거듭하야 꾸며진 프로그램이 잇섯다. 지난 사 오년 동안 그는 제자신의 비약적인 발전으로 하야 안해의 사이에 크다란 도랑이 생겻슴을 부인할 수 업섯다. 안해와의 사이가 그럿케 된데 대하야는 물론 그 죄가 안해에게만 잇는 것은 아니엇다. 안해의 직업이 안해의 성격과 의식을 더 발전 식히는데 아무 도움이 못되는 종류의 것이므로 엇던 것의 지도가 업시는 발전을 바라지 못하엿던 것이다. 그래서 그는 출감하면서 곳 이 안해의 재교육에 관한 프로그램을 가장 급한 것으로 결정햇다.

안해는 인테리인 탓으로 사물(事物)의 합리적 리해는 능하엿다. 그가 업는 동안 당해온 인욕(忍辱)은 그의 프로그램을 실행하는대 커다란 성의와 포옹할 준비를 가지고 잇섯다.

안해에게 대한 프로그램도 그 식인의 기능성을 가지엇스면서도 대부분은 실행 못하엿거니와 외부의 사정은 그가 업는 동안에 상상 이상으로 변하고 말엇다.

이러한 정세와 가티 가정안의 경제적인 여러 가지의 변화는 그에게 혼란만 더하게 할 뿐이엇다. 외부적인 정세의 불리와 고립은 그 자신의 무능력을 하엿슬 뿐 아니라 가정 내의 변화와 아울러 그리하야 사상에 대한 회의(懷疑)까지 가지게 하는 때가 잇섯다.

이러한 사상적 혼란 가운데 안해가 또 임신하얏다는 것을 솔직하게 고백햇슬 때 그의 머리는 극도로 혼미에 빠젓다.

그에게는 첫재 아이가 배이기 전부터도 산아제한에 관한 지식은 만히 잇섯다. 동경에 가 잇는 동안만 하야도 그 곳의 산아제한 운동의 내용과 방법을 잘 알고 잇섯다. 그럼으로 임신에 대한 예비적 방어의 방법을 얼마던지 쓸 수가 잇섯다. 그의 안해의 두 번의 임신이 다 방법의 불확실성에서 나오는 불가피의 임신은 아니엇다. 그는 임신 후의 '임신중절'이라는 것이 용이하게 된다는 생각에 피임 방법의 실행을 대수로이 녁이지 안헛든 것이다.

지금 다섯 살 난 첫재 아이가 부자연한 양육으로 하야 늘 알코 잇슴으로 그 미테 드는 지출이 말할 수 업는데 또 하나 아이가 늘면 생활은 영영 궁지에 빠지고 말 것이다. 사실 그가 직업을 엇지 못하면 아이를 나치 안어도 안해 혼자의 수입으로는 지탕해 갈 수 업게 되어 잇섯다. 아이를 보아주던 누이도 그가 업는 동안 싀집을 갓스니 또 아이가 나면 아이 볼 사람도 하나 늘여야 할 것이다.

이러한 직면한 생활의 위험은 그에게 보다도 그의 안해에게 더 크다란 불안을 주엇다. 첫재 아이를 나코서 어든 경험은 경제적으로만 안해를 핍박하지 안헛다. 남의 어머니로써 왼 몸둥이를 아이 양육에 던저 노치 못하고 직업에 억매여져서 아이에게 사랑의 기갈까지 맛보게 하는 것이 몹시도 가슴 아픈 노릇이엿다.

그러타고 직업을 버리고 아이 길러기에 전력을 다할 수 업는 현재의 처지를 생각할 때 이번에는 그보다도 안해가 더 초조한 마음으로 임신을 중절하자는 상의를 내노핫던 것이다. 이리하야 요번에는 두 사람의 동의 알에 실행하기로 작정하얏다.

그는 이제까지 임신중절이란 용이하게만 되는 것인 줄 밋고 잇섯다. 그러나 정작 실행하랴고 해보니 그것이 쉬웁지 안키로 그는 위선 낭패하얏다. 그가 동경에 잇슬 때 들은 바에는 그 곳의 산아제한 운동에 관계하던 사람들은 용이한 방법을 알고 잇다는 것이다. 그런대 그것은 물론 합법적아 아니엇고 또 지금은 그 단체도 업고 통신도 업는 그로서는 그 방면에는 상의할 수 업다는 것을 처음부터 단념하엿다.

그에게 조곰 남아잇섯던 도덕적인 가책은 생활의 위협이라는 당면한 것 아페는 형적조차 업시 숨어 버렷다. 이제까지 그는 법률적 구속이라는 것을 운동의 관계로 대수로이 생각하지 안헛다. 그러나 그가 한 번이 법률의 수레바퀴에 갈리고 나온 지금에는 그에게는 법률이란 엄연한 존재 아페 지난날과 가튼 영웅적인 태도를 취하지 못할 무슨 약점이 잇는 것 가탓다. 그가 현재 실행하랴고 하는 임신중절도 아모 정당한 합리적 리유가 업는 이상 이 법률적 가책에 대한 기픈 경계가 필요하얏다.

먼저 그는 절친한 의사에게 사정을 터노코 상의해 볼까 하엿다. 리해가 잇고 그의 사정을 알 만한 사람이라면 그의 이 상의에 응해주리라고 미더지는 것이엇다. 그에게는 두어 사람의 절친한 의사가 잇기는 하얏다. 그러나 하나는 그와는 동향이고 소학 중학이 동창이엇스나 지금은 ××병원 연구실에 잇슴으로 거긔로는 말할 수 업고 또 하나 현재 개업 중에 잇는 사람이 잇섯스나 여긔 또한 거리가 상거하야 저 편의 응락이 잇서도 안해의 직업의 관계로 가지를 못할 곳이다.

이러케 여긔저긔하고 의사를 물색하는 동안에 안해는 임신 둘재 달을 마지하얏다. 어더한 방법이던지 삼 개월이 지나면 모체가 밧는 위험들이 만을 것임으로 나머지 한 달 동안에 어떠한 방법이든지 적당한 것을 구하랴고 애를 썻다. 그의 안해도 그가 일방 분주하는 동안에 신장염이라는 리유로 의사에게 합법적 수술을 해달라고 해보앗다. 그러나 그것을 오진한 의사도 드물겟슴으로 의사의 절실한 훈계만 듯고 거절당하고 말엇다. 안해도 이러케 거절을 당하고 보니 여자다운 수치심과 분함을 참을 수 업섯다.

가티 일하는 한 사람의 동료가 임신을 축복하엿슬 때 그의 안해는 낭패해서 그것을 부인해 노코는 얼골만 붉히엇다. 한 사람, 두 사람 임신이란 것을 눈치 챈 사람은 늘어가고 시긔는 점점 느저가니 그의 안해는 초양력

정월 초나흘 그는 그의 아이를 다리고 안해와 가티 그 병원을 차젓다. 개인 경영으로는 지나치게 큰 한 말로 말하면 이 집도 돈 모둔 병원이엇다.

정초라 그런지 환자도 업고 마작, 음주, 경마 탐색들 여러 가지의 도락을 가지고 금년에는 부회의원으로 출마까지 한다는 원장은 이웃 어던 사람집 설술이 불러가고 업섯다.

"이거 누구여!"

현관에 나온 간호부에게 안해는 통성명을 햇드니 간호부가 안으로 전하는 소식에 의사의 안해는 반기며 뛰어 나왓다. 사십이 가까운 의사의 안해는 전 날의 미인이던 자태를 그대로 남기고 충만한 영양에 아즉도 이십이 남즛한 듯이 정력적으로 뵈엿다. 그와는 소학교 이후의 첫 대면이나 안해와는 최근까지도 늘 상종하고 잇섯다.

의사의 안해의 뒤를 따라 그 집의 두 따님이 나오고 의사의 장모가 나왓다.

"자! 이리 안즈시오."

응접실 난로가에는 반가운 사판이 벌어젓다.

"아이가 퍽도 잘 있구나!"

의사의 안해는 그와 아이에게 과자를 갓다주라고 겨테 섯던 간호부를 식엿다. 이 집의 두 아이는 큰 편이 여덜 살이고 알이 여섯 살이다.

그는 이 집에 처름 들어오던 처음부터 불쾌를 늣기엇다. 늘 알키만 하는 그의 아이의 불량한 발육과 이 집 아이들의 터질 듯한 발육을 비교해 볼 때 오지 못할 곳에 온 듯한 생각이 낫다. 다시 그의 안해의 직업에 조달려 ◇로 한 사이의 의사의 안해의 부한 계급의 부인다운 풍유한 양자와를 비교해 보기가 몹시 마움 압픈 일이엇다. 그는 제자신의 초라한 차림과 빈약한 얼골을 그들의 아페 오래동안 두고 잇는 것이 그에게는 몹시도 굴욕인 듯 시펏다. 그리고 그들과는 이럿케 현격한 생활의 차이를 가진 그가 더구나 생활의 위협의 리유로 임신중절의 수술을 간청온 것이 그들의 귀에는 애원 가티 들릴 것이오. 일시적이라도 그들에게 굴복하는 것이 아닐까하고 생각할 때에 이 자리를 그만두고 안해를 다리고 돌아가고 시펏다.

"아이들의 옷은 사서 입히는 것보다 는 손수 짜서 입히는 것이 따뜻하기도 하지만 훨신 경제적인 못해드군."

그의 아이에게 사입힌 외투가 크다는 말끄테 자긔의 아이들의 포근포근한 편물의 의복을 가리치며 의사의 안해는 불만이라는 것은 아즉도 늣겨보지 못한 얼골에 만족한 듯이 적은 딸을 안엇다. 어머니를 닯아 두 딸도 장차 미인이 될 얼골 바탕이다. 한가한 어머니의 정성껏 짜서 입힌 옷속에 감겨 불행이라는 것을 몰으고 잘 아는 두 아이는 새로온 그의 아이가 달은 세상에서 온 진객(珍客)이나 되는 듯한 얼골로 보고 잇섯다.

그는 더 참을 수 업섯다.

"저는 볼 일이 좀 잇스니 먼저 나가봐야 하겟습니다."

오기 전부터 그는 의사와는 아즉 면식이 업스니 긴요한 상의는 안해가 하기로 하고 그는 먼저 나오기로 약속되여 잇섯다.

"아니, 지금 선생도 오라고 기별을 햇고 점심도 만드는 중이니 안즈시지요."

의사의 안해는 일어서서 그를 도루 안즈라고 하얏다. 그 때 맛침 의사가 돌아오지 안엇스면 그는 기어코 나왓슬 것이다.

비만한 것은 의사다운 특층이나 그게 무투라한 얼골과 산발한 머리 간단업시 터저나오는 너털우슴은 퍽도 야성적(野性的)으로 뵈엿스며 '뽀헤미안' 가튼 늣김도 잇섯다.

"이것 참 반가운 손님들이오. 언제 왓대소"

평안도 말소리가 야성적인 음향으로 터저나왓다.

그는 의사와의 이십분에 가까운 교담으로 얼마나 의사가 락천가이고 생활이라던가 빈곤이라던가에 대하야 무관심한 가를 알엇다.

"의사들 중에는 아들을 보지 못하는 사람이 참 만타요."

아즉도 아들 못 본 것이 이 집의 가장 큰 불만이오. 지금 임신 중의 아이가 아들로 태여나기가 이 집의 소원이엇다.

"아들 귀엽게 생겻소."

의사의 그에게 보내는 인사엿다.

"동생도 보니 몸이 무거웁군."

의사의 안해의 그의 안해에게 보내는 인사엿다.

점심준비가 다 됏다는 바람에 그는 필요업는 체재를 이 집에 더하지 안흐면 안되겟다. 식당으로 가는 도중에 그는 그의 안해에게 그 이약이는 하지 말고 가자고 햇다.

한 시간 뒤에 그는 그의 안해와 아이를 다리고 그가 형무소에서 나오던 때와 가튼 시원한 늑김을 가지고 병원을 나왓다.

이리하야 그는 안해의 임신 중절에 대한 모든 열의(熱意)를 거의 다 내던젓다.

안해는 최후적으로 ××을 먹겟다고 하얏다. 그것을 먹으면 안전율이 만코 불행이 모체가 영향밧는다 하여도 멧 주일만 누우면 되리라는 것이다. 안해의 비장한 결심에 동의하여야 될가 그는 오래 생각햇다.

그가 동경 잇슬 때 관계하든 극단이 독일 극단에서 상연된 『치안, 카리』(靑酸加里)라는 연극을 상연한 일이 잇섯다. 독일 헌법에는 낙태의 죄를 엄벌하고 잇섯다. 이 헌법은 산아에 대한 하등의 사회적 보장(保障)을 밧지 못하는 독일의 빈민에게 치안, 카리의 사용을 만케하엿다. 이 독약의 사용으로 하야 귀중한 생명을 일허 버리는 사람이 허다하엿다. 무사히 목적을 도달한 사람은 극소수에 지나지 못하엿다. 이 연극의 내용은 이러한 독일에서 어던 젊은 로동부인이 임신과 집세 괴수(馘首)등의 이중 삼중의 딜렌마에 빠져 결국 '청산가리'를 사용하고 극도의 고통을 밧고 넘어지는 애처로운 것이다.

그는 이 연극을 다시 생각해 보앗다. 안해의 결심에 동의 할 수 업섯다.

四.

안해는 임신 사 개월이엇다. 안해가 임신한 줄은 안해의 외부적 변화가 벌서 다 알리고 잇섯다. 이러케 그들의 류산 계획은 실패하고 말엇다.

"내가 직업을 엇두록 하겟소."

이것이 그의 변명이엇다.

"이 아이를 나하야 저 것이 좀 건강해 지겟지요."

이것이 안해의 단념의 소리엿다.

그는 애써 안심하랴고 하얏다. 목욕탕에 가서 머리를 감고 힘껏 찬바람을 마섯다. 얼마쯤 불안이 들한 듯하엿다.

밤중에 곤히 자던 안해는 그가 일으키는 바람에 놀라서 일어낫다.

"우리들의 이러한 계획을 햇다는 것을 조곰도 긔록에 남겨두지 마오."

그는 만일을 위하야 타태미수죄에 걸릴까하는 념려도 안해에게 이러한 부탁을 한 것은 아니다. 잠자리에 누은 그는 불면증(不眠症)에 빠저 곳업시 잡념을 하고 잇섯다.

"간간이 일긔를 적긔는 안해가 이것을 긔록해 두지나 안햇슬까"

"배 속에 들어잇는 아이가 자라서 이 긔록을 본다."

이까지 생각하던 그는 돌연 무서운 공상을 하게 되엿다.

아이가 나면 그를 닮아 열정적 일 것이다. 만흔 예술가적 정열을 갓고 잇슬 것이다. 아버지와 어머니의 과거를 존경할 줄 아는 자식이 될 것이다. 예술가다운 공상력으로 아버지와 어머니가 남긴 긔록 가운데서 어머니와 아버지가 바든 가지가지의 굴욕을 그려볼 것이다. 우연이 어머니의 일긔 한 페이지에 임신 중절을 계획하엿던 것을 발견한다. 그것이 제자신의 태중에 잇슬 때의 것임을 안다. 나지 못햇번 햇던 자신이 낫다는 것을 알엇다. 불쾌한 표정 그리고 미친 듯한 우슴. 그는 이 이상 더 생각하기가 넘우나 두려웟다. 안해를 니러켯던 것이다.

"긔록한 것은 업소."

안해의 이 대답에 그는 겨오 안심을 햇다. 그는 다시 자리에 누엇다.

그러나 그는 다시 타태계획이 잇섯다는 것을 성장 후 알게 된 자식 자신의 존재의 가티를 부인하고 자포자긔의 길로 다름박질처서 결국은 악덕(惡德)의 곳이 되어 세상에도 무서운 범죄를 하게 되지 안홀까 하는 탐정소설가튼 공상에 빠저 잠을 자지 못하엿다.

―(끗)―

『조선중앙일보』 1936.7.10~7.16

제5부

출판 / 서적물

소인극 하는 법

*. 自立演劇 指導書

머리말

우리들 演劇運動 關係者는 昨年 八月 十五日 以後에 全國的으로 ◇然히 이러난 非專門的인 演劇活動을 옳은 路線으로 指導하기 爲하여 그 資料를 提供하고 技術的인 援助를 애끼지 아니하며 그 發展에 努力해왔다. 이것은 오로지 이 自立演劇 運動의 意義가 크고 民衆에게 미치는 影響力이 偉大하며 朝鮮新演劇 運動의 一翼的 任務를 遂行하는 것을 잘 알기 때문이다.

그러나 坊坊曲曲에 이러나 이 運動에 時間的 理由, 距離關係 人員不足 等으로 우리는 그 要請과 需要에 골고루 應하지 못한바 많았다. 이러한 때 自立演劇을 計劃하는 사람들이나 이것을 指導하고 援助해야 할 處地에 있는 우리들이나 서로 똑같이 느끼는 것은 素人劇을 技術的으로 指導하고 모든 方面에 指針이 도는 出版物이 必要하다는 것이었다.

多幸으로 素人劇用의 一幕脚本이 넉넉하지는 못하여도 每月 雜誌에 揭載되고 單行本이로도 나왔으며 今後로 繼續的으로 刊行될 것이다. 그러나 素人劇하는 法을 記述한 著者는 아직 그 刊行을 보지 못하였다. 이 小著가 이 方面의 要請을 充足시키기에는 너무나 未備할지는 몰으나 朝鮮自立演劇 運動의 一助가 되면 多幸이라 하겠다.

끝으로 '素人劇'이라 하는 用語에 對하여 一言하여 둔다. '素人'이란 말은 日語인데 漢語辭典에도 없는 말이다. 佛語의 '아마츄어'는 이 말과 同義인데 우리말에는 適當한 譯語를 發見할 수 가 없다. '아마츄어'는 '디테란토' 卽 好事家를 뜻하는데 演劇의 好事家라면 演劇을 道樂

이나 遊戱로 하는 것을 말한다.

그래서 우리는 '自立演劇'이란 말을 써 보았으나 亦是 適切하지 못한 感이 있었다. '素人'을 '시로또'로 읽지 않고 '素人劇'을 '소인극'으로 오래동안 習慣的으로 써온 우리에게는 벌서 이것이 우리말 化해 버린지 오래다. 그러므로 우리는 言語 發達의 歷史的 必然性에 따라 偏狹한 생각을 버리고 귀에 익지 않고 不便한 新譯語로 代置할 것 없이 벌서 우리말 化해버린 '素人劇'이란 用語를 그대로 쓰기를 主張한다.

六十運動의 二十周年記念日에

第一, 素人劇의 意義

一, 素人劇 運動의 社會的 意義

素人劇은 非專門的인 自立演劇運動은 말하는 것이다.

八. 一五 解放以後에 素人劇 運動은 놀랄마치 ◇然히 京鄕 各地에 이러났다. 農村에 있어서는 農民組合 靑年團體 或은 文化團體에서 都市에 있어서는 工場 學校 等에서 公演을 가지어 演劇運動의 一翼적 任務를 遂行하고 있다. 이것은 오래인 동안 日本帝國主義의 抑壓 아래 다른 大衆運動과 같은 運命에서 ◇息되어 있다가 日帝의 敗退와 함께 活潑한 蘇生을 보게 된 것이다.

演劇의 起源을 ◇及해 보면 演劇이 單純한 一個人의 娛樂이라던가 趣味의 行事로써 始作된 것이 아니고 한 民族, 한 集團(都市나 部落)의 大衆的인 祝典이었다. 勿論 宗敎的 意義가 主가 되어 있었지만은 이렇게 始作된 演劇이 漸次 發達함과 同時에 宗敎的인 儀式에서 離脫하고 藝術的인 形態를 가추게 되고 職業化되어 現代의 演劇에까지 發展되었다.

生 當初에 가지고 있던 宗敎的인 意義를 除外하면 그 對 社會的인 意義는 오늘의 素人劇 運動과 同一한 것이라고 할 수 있을 것이다.

素人劇 運動의 目的은 演劇 趣味를 가진 사람의 興푸리와 구경ㅅ군

들의 單純한 慰樂이어서는 아니된다.

ㄱ. 素人劇 運動은 民衆啓蒙의 役軍이 되어야 한다.
ㄴ. 素人劇 運動은 民衆의 生活에 藝術的인 香薰을 주어야 한다.
ㄷ. 素人劇 運動은 自主的이고 創意的이라야 한다.

二. 警戒해야 할 몇 가지

그러므로 다음에 指摘하는 方向으로 墮落해서는 안 된다.

ㄱ. 素人劇 運動은 몇 사람의 好劇 青年들의 작란ㅅ거리가 되어서는 안 된다.

ㄴ. 素人劇 運動이 眞實性과 啓蒙性을 가지지 못한다면 百害는 있을지어정 一益도 없다.

ㄷ. 素人劇이 職業化해 버리면 素人劇 運動으로서 그 生命을 잃어버리게 된다.

農村과 工場에서 素人劇을 하고 學校에서 演劇部에 籍을 두고 있는 사람들을 世上에서 演劇狂으로 指彈하고 或은 不良輩視하고 不健實한 人物로 對하는 傾向이 있음은 이런 好劇하는 사람들 中에 素人劇이 가진 本來의 使命을 認識 못하고 작란거리나 遊興物같이 上演하기 때문이다. 그러므로 素人劇에 關係하는 사람은 眞實한 態度를 堅持하고 素人劇 運動도 朝鮮文化 運動의 重要한 任務를 가지고 있기 때문에 素人劇에 關係하는 自身이 文化運動의 有力한 役軍이란 것을 自覺하고 同時에 自信과 矜持를 가지고 觀客의 信賴를 받도록 努力해야 할 것이다. 그렇지 않고는 素人劇 運動의 所期하는 目的 達成은 어려웁다.

素人劇은 어데까지던지 素人劇이라야 하지 萬若 職業化한다던지 職業化할 傾向에 빠진다면 그 瞬間부터 그 素人劇 運動은 墮落이라고 할 수밖에 없다. 이런 傾向은 極히 쉽게 이러날 수 있는 것으로 素人劇을 한 번 꾸며서 上演한 結果 成績이 좋고 觀衆의 好評을 얻게 되면 上演

하는 當事者로서는 自然 自身이 생기고 趣味가 더해저서 回를 거듭함에 따라 職業化하고저 하는 傾向으로 기울리게 된다. 그리하야 職場에 있는 勞動者는 맡은바 職務를 放棄하고 農村青年은 農耕을 게을리하고 學生은 學究를 怠慢해 버리고 만다. 勞動者가 職務를 放棄하고 農民이 農耕을 怠慢하고 學生이 授業을 不誠實히 한다면 勞動者 農民은 그 天職을 逸脫하는 것이고 學生은 學徒로서 墮落하고 마는 것이다.

그러므로 適當한 時期를 봐서 一年에 二回의 程度로 定期的으로 上演하던지 工場에 있어서는 그 工場의 記念日이라던가 春秋의 職工慰安會라던가 五月의 勞動祭 라던가를 選擇할 것이고 農村에 있어서는 農繁期가 아닌 同期 初春이 좋겠고 學校에서는 그 學校의 開校記念이라던가 學校 演劇部의 定期的인 年中 行事로서 春秋 二回 程度에 그치는 것이 옳을 것이다.

第二. 指導와 企劃

一. 指導者의 地位와 그 選定

素人劇을 上演하려할 때 指導者가 充分한 企劃과 組織的인 進行과 强力한 統率을 行하지 못하면 非專門的인 好劇人들의 集團 事業이기 때문에 進行이 澁滯되고 支離滅裂되는 일이 많다. 勿論 여기에 말하는 指導者라는 것은 演出이나 演技 指導者를 말하는 것이 아니고 素人劇 上演이 企劃되어 그것이 開幕되고 終結이 되어 뒤ㅅ일의 整理에 까지 一切의 遠行을 擔當하는 사람을 말하는 것이다.

그러나 이 指導者의 選出이 素人劇 行動의 成功 不成功에 미치는 重大한 점의 하나가 된다. 指導者는 主催하는 團體 工場組合 青年同盟 等 의 文化部에서 演劇에 經驗이 있는 사람이나 或은 文化的인 行事 開催에 經驗이 있는 사람들을 選出하고 適當한 사람이 없을 때는 關係者 同人 中에서 推薦하여 그의 統率을 받아야 할 것이다.

朝鮮演劇同盟에는 素人劇 指導를 爲한 專門委員會가 있다. 萬若 自主的으로 適當한 指導者를 發見하지 못할 때는 演劇同盟 書記局에 相議하면 언제던지 企劃과 脚本과 演出 等에 旦하여 指導를 애끼지 아니할 것이다.

二. 企劃上의 여러 問題

素人劇의 企劃은 다음과 같은 세 가지의 要點에 依하여 세워저야 한다.

ㄱ. 製作上의 問題

ㄴ. 經濟上의 問題

ㄷ. 施設上의 問題

이 여러 가지 問題를 包含한 企劃事業은 絶對로 指導者의 獨斷에 매끼지 말고 企劃 會議를 열어 充分하고 線密한 討議와 民主主義的인 意見交換이 있은 다음에 決定된 方針을 指導者가 擔當 進行 시켜야 한다.

먼저, 製作上의 問題로서는 上演脚本(레퍼트리)의 選定 演出者(演技者)의 選出, 演出者의 選擇, 舞臺, 裝置, 照明에 關한 擔當者 決定 練習日順決定 等이 있는데 이 問題는 脚本, 演出, 裝置, 照明 等의 各 項에서 詳述되겠으므로 여기에는 省略한다.

다음 經濟上의 問題로 製作費, 練習費, 施設費 上演費 等과 比等 諸般費用의 辨出方法 等이 있다.

討劃하는 素人劇 上演이 單只 工場이나 部落이나 學校 內의 啓蒙, 娛樂 事業일 때는 諸般 費用은 勿論 主催 團體의 該當 會計에서 支出되겠지만은 組合이나 學校의 基金調達이나 收益金의 利用이 上演目的에 附隨될 때는 經濟的인 企劃이 달을 것이다.

製作費로서는 脚本料, 舞臺裝置製作費, 衣裳費 其他로 區別할 수 있는데 素人劇에 있어서는 諸般費用을 極히 節減해야 할 境遇가 많음으로 脚本도 可及的 自主的으로 創作하도록 하되 그럴 實力이 없을 때는 雜誌

에 發表된 것이나 演劇同盟에 申請하여 適當한 것을 얻게 되면 專門的인 劇團이 아니므로 素人劇 奬勵의 뜻으로 脚本 上演料 같은 것은 支出하지 않고도 可能할 줄 안다. 衣裳도 新調를 하면 現今 같은 物質高에는 莫大한 費用이 必要하므로 關係者들의 自用을 借用하도록 할 것이다. 勿論 特殊한 경우에는 新調하는 길 밖에 道理가 없다. 舞臺裝置에 所用되는 費用은 그 構調의 豪華簡素를 不問하고 應當한 支出을 해야 한다.

素人劇이니 人件費는 不必要하겠으나 演出者를 招聽해오면 交通費, 最少 程度의 謝禮金은 支出해야 할 것이고 練習 進行에 따라 夜半까지 或은 終日 練習이 있을 때는 中食이나 夜食을 提供해야 할 것이다. 그러나 이것도 出演하는 同人諸員이 素人劇에 對한 熱情과 自己特性의 情神이 發現되면 中食이나 夜食도 自辯 或은 節減할 수 있을 것이다.

施設費로 볼 수 있는 것으로 講堂을 使用할 때는 舞臺 構成에 所用되는 材木의 購入 或은 賃貸 使用, 電線施設 幕製作 等이 必要하고 劇場을 쓰게 되면 劇場 使用料가 必要하다.

三. 劇場 使用料

劇場은 公演이 有料로 一般에게 公開할 때와 主體 團體의 自體 內의 行事일 대와는 使用料에 差別이 있다. 또 有料일 대에도 公演의 目的이 國家的이고 收益金이 慈善事業에 使用될 때 以外는 稅務署에서 入場稅라 하여 一定한 率로 稅金을 徵收해 간다. 劇場의 使用料는 無料公開일 때는 一日幾許라는 使用料를 받게 되는데 大都市와 小道市 郡邑에 따라 差異가 있겠지만은 劇場主의 素人劇 目的에 對한 理解程道와 또는 情實關係 交涉如何에 따라 使用料 增減은 可能하다. 有料公演일 때는 劇場側에서는 總 入場料金에서 一定한 步率로 分配를 要求한다. 그 때는 主體 劇團側의 所要된 費用(食費, 宣傳費, 交通費 等)은 主催者가 劇場側에서 所要 費用 (劇場內外의 宣傳費 新聞廣告費 映畵 上映이 限定되어 있을 대에는 필림 使用 中止에 對한 ◇償◇ 定料 等)은 劇場側이 各自로

負擔하고 主催側이 六割 或은 七割 劇場側이 四割 或은 三割(이것을 各自 負擔四六制 或은 三七制라 한다)로 分配하고 前記 各自의 費用을 總 入場收益에서(稅金을 除外한) 主催側이 六割 或은 五割 劇場 側이 四割 或은 四割五分로 分配한다.(이것을 總 ◇◇ 四六制 或은 四 · 五, 五 · 五制라 한다) 이 劇場과의 收益分配率도 固定不動의 것은 아니다. 이것도 交涉 如何에 따라 有利하게 決定이 되는 수도 있자. 이 分配率은 日帝時代의 日本資本主義의 劇團과 觀客搾取 苛◇하 方法의 殘滓인 것은 틀림없으나 아즉은 이것이 慣例로 現行하고 있다. 그러나 이 不合理한 分配率이 朝鮮 演劇運動 發展上의 큰 桎梏임은 말한 것도 없고 우리 政府가 樹立되면 이것은 當然히 改善 撤廢될 것이다.

四. 免稅는 이렇게

免稅를 申請하는 方法은 收益金의 使用方途가 營利的이 아니고 慈善的인 意義가 있으면 公演 一週日 前에 所定의 樣式(稅務署에 물으면 아르켜 준다)에 收支 計算書를 添附하여 申請한다. 免稅가 許容될 때는 承認한다는 證明書를 내주게 되니 그것을 劇場側에 提示하여 收益金 會計時에 稅金을 찾아와야 하나 決算 報告書를 (領收者 添附) 稅務署에 提出하므로서 이 免稅許可는 完決되는 것이다.

이 入場稅라는 것도 日帝의 戰時稅의 하나인데 軍政廳에서는 建國途上의 財源으로서 이것을 그대로 實踐하고 入場料 十圓까지에는 一圓 二十八錢 十圓 以上은 躍 三割의 入場稅를 徵收하고 있다. 이것도 演劇運動의 發展을 沮害하는 障碍物이다. 우리 政府가 樹立되고 文化政策이 確立되면 이런 戰時稅는 當然히 消滅될 것이다.

五. 施設과 觀客動員

끝으로 施設上의 問題인데 舞臺가 되어 있는 講堂이나 劇場을 使用

할 때에는 別問題이겠지만은 舞臺를 施設해야 할 境遇에는 演劇脚本의 內容에 따라 舞臺의 大小를 設計하고 設備해야 한다. 이런 設備에 關한 進行은 可及的 出演者들의 手苦를 빌지 않고 다른 準備委員의 손으로 進行이 되어야 할 것이다.

上演이 無料로 公開되거나 或은 主體 團體의 關係者에 局限되어 觀覽될 때에는 警察當局에 集會屆를 내야 하고 有料로 公演될 때는 興行許可를 얻어야 한다. 이 興行許可는 上演脚本의 概要(줄거리)와 出演者 住所姓名을 記入한 人名簿를 添附해야 하는데 一切의 手續은 劇場에서 履行해준다.

이러한 諸般 企劃을 科學的으로 세워서 組織的인 進行을 해야 될 것이며 製作上의 諸般 準備와 施設準備 宣傳 觀客動員 等이 事業의 並行的으로 進步되어야 素人劇은 圓滿하게 上演된다.

企劃事業의 重大한 하나는 觀客 動員이 있는데 이 觀客 動員은 有料無料 公演을 不問하고 絶對로 重要해야 할 것의 하나다. 될 수 있는 限의 多數人을 動員해서 한 사람이라도 더 觀劇하게 해서 素人劇이 가진 바 本來의 任務를 完遂하게 해야 한다.

觀客動員과 宣傳과는 不可分의 關係를 가진 것인데 觀客 動員의 成功 不成功은 專혀 이 宣傳事業에 매여 있다. 充分하고 效果的인 法으로 計劃하는 素人劇에 對해서 觀劇 慾을 喚起시켜 놓고 組織的인 動員을 꾀하여야 한다.

第三, 脚本의 選擇

一. 脚本의 地位

素人劇을 하는 데에 第一 解決하기 어려운 問題가 이 脚本의 選擇이다. 適當한 것이라고 認定되는 脚本이 여러 가지가 候補로 있을 때에도

選定은 어렵지만 素人劇은 해 보기로 되었는데 가장 重要한 脚本이 手中에 없고 關係者 中에 脚本을 쓸 수 있는 재간 있는 사람도 얼른 나타나지 아니할 때는 第一着으로 어려운 關門에 逢着하는 것이다.

二. 自主的으로 創作된 短幕物로

素人劇 中에도 學生劇은 硏究的인 意義가 있기 때문에 좀 特殊性을 가질 수 있음으로 오늘날까지 學生劇은 主로 飜譯劇으로 長幕物을 올려왔다. 그러나 筆者는 學生劇 뿐 아니라 어떤 素人的이던지, 될 수 있는 限 自主的으로 創作된 短幕物을 올리도록 主張한다.

素人劇의 가장 重要한 目的의 하나인 啓蒙的인 任務를 遂行하기에는 가장 適切한 方法으로 有能한 同人 中에서 自主的으로 創作하는 것이 좋다. 取才內容, 脚本의 主題(테마)도 그 時期에 適切한 時事를 取扱한다던가 그 工場 內의 事情 그 鄕土의 實情을 그린 것이 좋을 것이다. 그래야만 觀劇하는 사람들도 身邊事이기 때문에 興味를 가지게 된다. 職場에서나 農村에서나 또는 學校에서 이런 것을 動機로 해서 作家가 輩出되기를 朝鮮의 演劇運動 全體가 熱望하고 있다.

長幕物보다 短幕物을 權하는 理由로는 自主的으로 脚本을 創作하는데는 長幕物보다 短幕物이 쉬울 것이며 演出이라던가 練習 費用 等 여러 가지 面에 있어서 短幕物이 손쉬울 것이다.

三. 觀客은 어떤 脚本을 좋아하나

素人劇의 意義는 素人劇을 하는 사람들로서는 演劇이 가진 娛樂性을 通하여 大衆을 啓蒙하고 大衆生活에 藝術的인 情感을 도꾸는 ◇◇이 되게 하자는 目的 意識性이 介在해 있지만 보는 觀客의 편으로서는 자미난 구경ㅅ거리가 왔으니 하로밤 娛樂하자는 생각 以外에 아무것도 없다. 그러므로 이런 觀客의 心理를 沒却하고 大衆을 啓蒙하는데 偏重

하여 演劇으로서의 줄거리의 發展이 貧弱하고 興味를 喚起함에 적고 生硬하고 無趣味한 校訓的이나 演說的인 臺詞가 많이 羅列되어 있으면 그 脚本은 失敗라고 할 것이다.

直接的인 臺詞에 依하지 않고 자미있는 가운데 아름답고 좋은 演劇을 보고나면 觀客의 머리에는 演劇이 가진 藝術的인 香氣가 永久히 사라지지 않고 남아서 그것이 日常生活의 感情을 支配하게 되는 것이다. 이것이 演劇이 가진 偉大한 힘이다.

우리 朝鮮 사람의 演劇보는 傾向을 보면 外國보다 퍽 差異가 있다. 이것은 朝鮮 사람의 文化水準이 낮다는 것을 말하는 것이나 그렇다고 해서 이 事情을 無視하고 外國의 水準에 따르라고 한다면 觀客을 消化不良症이 되게 하고 말 것이다. 朝鮮觀客은 極端히 올리고 웃키는 것을 좋아한다. 그리고 戀愛劇을 즐겨 한다. 不純해지고 墮落해버릴 憂慮가 없는 程度로 손수건 없이는 觀劇이 안되도록 울려주고 腰折腹痛을 하도록 웃켜주는 가운데 素人劇이 所期하는 目的 意識性을 남겨주도록 해야 한다. 臺詞가 좀 길거나 動作이 稀少한 對話 連續되면 "따분하다"는 一言으로 그 演劇을 재미없는 演劇으로 決定해 버리고 만다. 靑年男女는 戀愛劇과 活劇을 좋아하고 女子는 大體로 悲劇을 좋아한다.

이러한 觀客의 心理를 잘 把握하고 처음부터 끝까지 興味津津한 가운데서 구경하고 보고나서 "아, 자미 있었다", "잘한다"는 말이 客席에서 나오두록 脚本을 써내는데 作者의 苦心이 있고 脚本 創作의 어려운 點이 있다.

四. 이런 脚本을 準備하자

먼저 形式에 있어서 短幕物로 所要時間이 三十分 乃至 한 時間즘 되는 것으로 하로밤에 두 가지 或은 세 가지를 上演할 수 있는 것이 좋을 것이다. 四百字 原稿紙 한 장이면 大略 一分 間의 時間이 所要되는

데 短幕物로서는 三四十枚 程度 많아서 五六十枚가 適當하다. 썩 興味 있는 것이 아니고는 一幕에 五六十分 以上 觀客의 注意를 舞臺에 集中하게 하면 지루한 感을 倦怠를 느끼게 할 憂慮가 있다.

登場하는 人物數는 十名 程度로 하는 것이 適當하다. 너무 多數를 要하면 素人들로서 演劇을 할 만한 제조를 가진 사람을 구해내기에 過度한 힘이 들겠고 또 너무 人員數가 적으면 輩劇이 자미 없어지고 興味를 削減하다. 十名 程度로 하되 主要한 役割은 三四人으로 하고 女子 登場人物은 可及的小數로 하는 것이 좋다. 勿論 女職工들만이 한다던지, 女子 靑年部라던지 女學校에서 한다면 그렇지 않겠지만은 그 以外의 境遇에는 아직 우리 朝鮮의 實情으로서는 舞臺에 出演할 수 있는 女性이 많지 못하다. 우리의 父兄들의 머리에는 演劇을 아직도 不純한 것으로 알고 墮落한 靑年 男女들이나 하는 것으로 아는 아직 退治 못된 封建思想이 殘滓해 있기 때문에 極히 깊은 理解를 가진 家政의 兒女子가 아니면 舞臺出現을 했다간 시집조차 못 가게 되는 일까지 생긴다. 이런 點을 考慮에 넣어 女子의 登場人物은 極少數로 해야 한다. 그렇게 하는 한편 素人劇運動에 關係하는 사람들은 우리 父兄이 이런 封建思想을 하로 빨리 淸算하두록 努力할 것이고 素人劇 出現이 契機가 되어 靑年男女의 사이에 不純한 關係를 매저 父兄에게 信用이 失墜되는 일이 없두록 警戒해야 할 것이다.

다음 素人劇의 內容에 있어서는 確實한 主題가 있고 無意味한(넌센스) 눈물과 우슴으로 主題를 흐릿하게 하지 아니해야 한다. 지금 우리들의 現實로 取材하여야 할 主題는 實로 많다.

ㄱ. 一般的인 것

民族統一 問題, 三八道線 問題, 民主主義에 關한 것 反팟쇼 日本帝國主義 侵略史의 한 토 막 親日派 民族 反逆者 問題, 謀利輩 문제, 反戰에 關한 것 聯合軍의 優越를 取扱한 것 革 命鬪士의 傳記를들 反戰鬪爭의 歷史 封建思想의 淸算에 關한 것

ㄴ. 勞動運動에 關한 것

待遇改善 八時間勞動制 實施 社會保險制의 實施 메이데이의 關한 것 反動勞組合에 關한 것 組織問題 良心的 資本家의 協調問題 罷業에 關한 것 愛情問題 等

ㄷ. 農村 問題에 關한 것

小作料 문제 土地改革에 關한 것 迷信打破에 關 한 것 組織問題 託兒所問題 食糧問題.

ㄹ. 其他

女權◇護 學園自治, 兒童愛護, 厚生生活에 關한 것 等.

素人劇에 출현하는 演技者들은 글字 그대로 素人들이기 때문에 演技는 專門家들이 아니라는 것을 念頭에 두고 脚本을 製作 或은 選擇해야 한다. 너무 動作이 어렵다거나 ◇◇하고 複雜한 動作이 必要하다거나 하면 素人劇 用의 脚本으로서는 不適當하다고 할 수 있다. 그리고 舞臺裝置도 너무 複雜하지 않두록 해야 한다.

五, 素人劇에 適當한 作品들

ㄱ. 八・ 一五 以後에 創作된 것

1.『黃昏』宋影 作(藝術運動 創刊號)

親日派와 民族 反逆者를 싸고도는 非良心과 良心의 葛藤을 取材한 것인데 作者一流의 유모어가 處處에 交錯되어 있으며 눈물로 終結되는 좋은 脚本이다. 難點은 老婆役으로 힘드는 人物이 必要한 것과 臺詞가 좀 긴 것이다.

2.『結實』申鼓頌 作(新建設 創刊號)

農民組合 組織이 動機가 되어 農村에 남아있는 封建的 關係와 싸호

는 것인데 解放 以後 많이 上演되었다.

3. 『黃昏의 마을』 金二植 作(人民藝術 創刊號)

滿洲移民 問題를 取材한 것이다.

4. 『닭싸움』 李基永 作(우리 文學 二號)

解放을 繼起로로 해서 農民들이 이우ㅅ간의 모든 感情的 劃策을 淸算하고 生活을 改造하여 農村 再建을 위하여 一治 結束하는 좋은 作品이다.

5. 『서울 갔던 아버지』 申鼓頌 作(우리문학 創刊號)

罷業工의 應? 惡質 資本家의 暴露를 取材한 것.

6. 『初夜』 韓炳珏 작(人民藝術 創刊號)

아름답고 깨긋한 作品이나 좀 藝術 至上主義的이다.

7. 『철쇄는 끊어졌다』 申鼓頌 作(藝術 創刊號)

슈프레히 · 콜(誦劇)인데 퍽 效果的이고 迫力이 있어 많이 上演되었으나 지금 政勢로는 臺詞를 좀 修正할 데가 있다.

8. 『보똘의 軍服』 金史良 作(赤星 創刊號)

徵兵으로 갔던 靑年과 병신인 그 아우가 日本帝國主義와 어떻게 싸왔다는 것을 그린 作品인데 民族的인 義憤에서 拍手喝采가 連發하는 좋은 作品이다.

9. 『고개ㅅ길』 申鼓頌 飜案(前線 創刊號)

오토 · 뮤러 作인 『荷車』를 朝鮮의 現實에 附合하두록 飜案한 것인데 이 『荷車』는 벌서 오래 前부터 進步的인 素人劇 脚本으로 名作인 것은 周知되어 있다.

10. 『해방』 李箕永 作(新文學 創刊號)

徵用忌避, 學兵忌避, 賭博, 供出怠慢, 竊盜 等으로 많은 사람이 收容되어 있는 北鮮 어느 駐在所 留置場의 八月十五日 風景이다. 좋은 作品이다.

ㄴ. 八 · 一五 以前의 作品

퍽 많은 作品이 있으나 그 大略을 作品名과 作者만을 記錄해 둔다.

新任理事長, 主婦 經濟學, 一切面會謝絶, 護身術, 黃金山(以上 宋影), 十五分 間(金雲汀), 이 大監 망할 太監(朴勝喜) 즘생, 祭祀(柳致眞) 木花, 晩雷, 아들(朴英鎬), 上下의 집(鄭朴民), ◇晏(金鎭壽) 童僧, 海燕, 서글픈 才能, 碧空, 心園의 挿畵(咸世德), 傳說(南宮滿) 토성낭, 수수 떡(韓泰泉), 줄행낭(沈載淳), 堤防을 넘은 곳, 뒤ㅅ골목, 어머니(李薯鄕), 狂風(金永壽), 理想鄕(韓 路檀), 바다와 男便(秦雨村), 대낮에 꿈꾸는 사람들, 守錢奴(李無影), 곱장칼 訃音(金永八).

ㄷ. 外國 作品

外國 作品은 實로 莫大한 數爻가 있으나 素人劇으로 上演하기에 適切한 것은 드물다.

말도적놈(버나드 · 쇼), 勝者와 敗者(꼴 스워지), 카스리니 · 푸리팡(이예츠), 바다로 달리는 騎手, 谷間(싱그), 貧民院, 달뜰 무렵(그레고리 夫人), 長男의 權利(로빈슨), 술의 起源(톨스토이), 사랑과 주검의 작란(로맨 · 로랑), 離別은 즐겁다(르나르), 죠르쥬 · 당땅(모리엘), 炭坑夫 二層의 사나이(싱크레어), 고래(유진 · 오닐), 荷車(뮤러), 푸른 앵두(슈니쯔렐), 곰(체홉), 돈(마이겔 · 골드), 小英雄(빈스커이).

長幕物로 베니스의 商人(쉑스피어), 守錢奴(모리엘), 地平線 저즘(유진 · 오닐), 法律의 ◇(골스워지), 朝日 商會(하이엘스만), 生命의 果實(톨스토이), 復◇의 神.

日本作家의 作品 中에도 進步的이며 自由思想을 鼓吹한 作品이 많으나 當分間 우리는 이런 것의 上演을 觀客의 感情에 비춰어 삼가해야 할 것이다.

第四, 演出法

一. 演出이란 무엇인가

演劇은 文學이나 美術이나 또는 音樂같은 藝術과 달라서 綜合藝術

이라 한다. 綜合藝術인 演劇을 學問的으로 規定하는 데는 여러 가지 說이 있으나 이 小論은 그러한 어려운 것을 究明하는 것이 目的이 아니므로 그것을 避하고 演劇을 構成하는 여러 가지 素材를 分析해 본다면 文學으로서의 脚本 美術로서의 舞臺裝置 衣裳 小道具 照明 音樂으로서의 音響 及 音樂효과 舞踊으로서의 演技시스템 等으로 난홀 수 있다. 이 모든 藝術이 渾然一體가 되어 形成되는 것이 演劇藝術이며 그러므로 演劇을 綜合藝術이라 한다. 綜合藝術의 特徵으로서 그 어느 特性部分이라도 缺陷이 있고 不均돌이 있다면 綜合藝術의 生命은 벌서 죽고 마는 것이다.

前項에서 脚本 選擇의 重要性을 말했는데 이것은 脚本의 選擇이란 課業이 演劇上에 있어서 絶對한 重要 役割을 가지고 있다는 것을 말했음이고 脚本 그 自身이 演劇에 있어서 가장 優립에 屬하는 藝術이란 意味는 아니다.

우리가 한 間의 집을 新築하는데 먼저 좋은 材木을 選擇해야 할 것이다. 그러나 아모리 材木만을 좋은 것으로 골라 놓았다 할지라도 그 材木을 깍고 다듬는 대목의 技術이 拙劣할 때는 훌륭한 建築物이 되기는 到底히 바랄 수 없다.

演劇에 있어서 演出이란 일은 마치 이 建築家의 役割과 같은 地位에 있다. 演出家라는 建築家는 脚本과 裝置 照明衣裳 俳優라는 建築用材를 驅使하여 演劇이라는 建築物을 세운다. 그러므로 演出家의 演出力量에 따라 기와집도 되고 오막사리도 된다.

素人劇에 있어서는 演出家의 役割과 任務는 專門劇團에 있어서의 그것보다 더 廣範圍하다. 專門劇團에 있어서의 演出者는 演出 프렌을 樹立하고 脚本을 整理하여 自己의 演出프랜 위에 다 裝置, 照明, 衣裳, 效果演技 等 諸素材를 綜合하여 藝術的 調和를 끝내고 그것을 舞臺위에 다 形象한다 다음에 役割을 마치는 것이다. 그러나 素人劇에 있어서는 훨신 多角的인 指導任務를 遂行해야 한다. 素人劇을 上演하는 모든 企劃面의 指導 演技의 指導 裝置 프랜과 그 製作 照明과 效果의 프렌과 實務 擔當 衣裳 小道具 製作의 指導 舞臺監督의 代行 一切의 製作의 指導는 勿論 經濟 上 施設 上의 모든 일에까지 能動的인 역할을 해야 한다.

二. 演出이 하는 일

가. 脚本選定

演出할 사람들의 力量과 人員 數를 參고 酌하고 情勢에 適應한 脚本을 選擇한다(脚本 項 參照)

나. 配役 決定

脚本이 決定되었으면 그 脚本에 指定된 登場人物에 따라 役割을 配定한다. 이것을 配役이라 한다. 이 配役을 定하기 前에 두 가지의 重要한 일이 있으니 먼저 登場人物의 性格年齡을 調査하고 다음은 演出할 演技者의 力量이나 演風의 調査가 있어야 한다. 脚本의 登場人物의 性格 年齡의 調査는 脚本을 通 容易하게 되겠지만은 演出者의 力量이나 演風의 調査는 그렇게 容易할 수 없다. 늘 演劇을 하는 사람이거나 一次라도 素人劇에 出現하는 것을 보았으면 大略은 짐작할 수 있어 누구는 老人 役이 能하였고 누구는 靑年 役이 適當하였고 누구는 惡漢 役이 훌륭하였다는 經驗 記憶을 綜合해서 調査를 할 수 있지만은 全然 처음 出演이라면 그 力量과 演風을 짐작하기에 困難하다. 이 調査는 두 가지 方法으로 할 수 있다. 한 가지는 適當한 脚本을 提示하여 그 臺詞中 老役과 靑年 役의 두 種類를 指導해 주어 처음에는 數次로 거듭하여 朗讀을 시켜보고 連次 能讀해지면 演出者가 感情과 抑揚을 가추어 老役과 少役 區別하여 臺詞를 말해 들려서 그대로 흉내를 내게 해 보는 것과 또 한 가지는 各自가 過去에 어떤 劇團의 公演을 본 印象으로나 제일 좋아하는 演技者의 舞臺 上의 臺詞를 흉내내게 해본다. 卽 徐一星

朴濟行 卞基鍾 金東圭 太乙民 梁白明 氏 같은 老役 演技者들의 臺詞 흉내 黃撤 沈影 朴昌煥 韓一松 朴學 氏 같은 젊은 役의 흉내 等을 내게 해 본다. 이 두 가지 方法으로 그 사람의 力量 素質 演風(勿論 初心者이니 自己 것으로서는 旣成된 演風이 없겠지만은)의 片貌를 짐작할 수 있다.

이 두 가지의 調査가 끝나면 그것을 資料로 해서 配役이 理想的이라고는 할 수 없어도 어느 程度로는 合理하게 決定을 할 수 있을 것이다. 그러나 素人劇의 配役은 發表할 때 그것이 決定的인 配役이라고 宣言하여서는 안 된다. 미定的이라고 미리 宣言해 두던지 或은 사람이 餘裕가 있으면 一役에 두 사람 式의 配役을 定하여 練習이 進行되면 그 사람의 適不適은 곧 알 수 있으니까 그것이 알려지게 된 뒤에 最後的인 決定을 버려야 할 것이다.

演出法의 實際를 보이기 爲해 以下에 金史良 氏 作인 『보똘의 軍服』(赤星 創刊號 所載)을 例로 들어 說明해 보겠는데 配役에도 實例에 따라 이야기하겠다. A 農民組合文化部에서 素人劇을 한다고 假定을 하자. 『보똘의 軍服』에는 다음과 같은 登場人物이 必要하다.

서분이네(十九歲) 七星의 애인
봉이(十七歲) 七星의 누이동생
이뿐이(十九歲) 둘의 동무
보똘이(二十歲) 七星의 아우 병신 종바보
박첨지(六十五歲) 서분네 아버지
가네다(四十二歲) 갈보장사 양복쟁이
老婆(六十二歲) 七星의 어머니
나까무라 순사
헌병 그 외 동리 사람 여럿

以上 最少로 주려서 열 네 사람의 登場人物이 必要한데 女子가 넷(老一 少三) 그 外는 모다 男子(老 一, 中年 四, 青年 四)이다. 그런데 A農組에

서는 青年部員 中에 男子는 數가 자라는데 女子는 겨우 適當한 사람 出演할 수 있는 사람이 세 사람밖에 안 된다. 이럴 때에 演出者는 配役에 있어 여러 가지로 考慮를 한다. 이것은 脚本 整理 等 演出 效果에 들어가기 前에 脚本을 數次에 걸쳐 精讀한다. 열 번도 좋고 스무 번도 좋다. 그래야만 作者의 意圖를 살릴 수도 있으며 그러기 爲해서 演出者로서 作品의 心象(이메이지)을 把握하고 作品에 對한 正確한 解釋도 내려지는 것이다. 이 精讀의 결과 『보똘의 軍服』에 있어서는 老婆를 老人으로 고치면 女演技者의 不足도 解決할 수 있고 男子가 비록 많아도 素質과 力量이 不足한 사람이 많을 때는 一人二役도 考慮될 수 있다.

다. 脚本 整理

이 脚本 整理는 專門演劇에 있어서 '텍스트 · 레지이'라고 불러지는 것인데 演出課業은 脚本整理로서 殆半 以上이 進步되는 것이므로 極히 重要한 일의 한 가지에 들어간다. 왜 그러냐면 脚本 整理가 있고 그것을 經過하는 中에 作者의 意圖도 살리고 演出의 '이메에지'도 把握되어 完全한 演出 프랜(計劃)이 確立되기 때문이다.

前◇한 配役에 있어서 老婆를 老人으로 變更하는데 따라 이러나는 前後關係이 調整 또는 臺詞의 修正도 이 脚本 整理의 하나이다. '봉이'가 그 어머니인 老婆의 動靜을 第三者에게 이야기할 때 '어머니'라고 불려지는 臺詞는 必然的으로 '아버지'로 修正될 것이며 아들 '七星'을 軍隊에 面會하러 갈 때 어머니가 떡을 비저갔다는 '봉이'의 臺詞는 '아버지'로 變更됨에 따라 아버지는 떡을 빚는 技術이 없으므로 '봉이' 손수 비졌다고 修正되어야 한다.

出演者의 力量에 依하거나 時間의 短縮이 必要할 때나 演劇全體의 調子(톤)를 마추기 爲하거나 臺詞에 不必要하고 重複된 句節이 있다거나 할 때는 演出者의 權限으로 긴 臺詞는 部分的으로 消滅(커트)한다.

『보똘의 軍服』은 開幕이 되자 우물ㅅ가 봉이 서분이네 이뿐이 세 處女가 十五分 以上에 걸처 對話가 오고간다. 이런 대목은 觀客에게 지루하고 따분한 感을 줄 수 있는 憂慮가 많다. 이것을 조곰이라고 避하는 方法은 臺詞를 消滅하고 速度(템포)를 빨리 하는 길 밖에 道理가 없다.

이뿐이 "언니 언젠가 그이가 말하는데 서양에서는 독일 군대가 쪼껴들 제 속방나라의 늙은이, 어린이애 여자 할 것 없이 모두가 장기를 들구 나서서 독일놈들을 처부셨기 때문에 다시 독립을 했대누 바로 지금 일본놈들두 쪼껴 들어온대 …… 언니 우리도 때가 왔다구 나서하면 호미자하도 들고 나서야 하우(後略)"

이러한 臺詞 中에 消滅할 수 있는 곳이 있는가를 잘 吟味해 본다면 독일병정이 조껴날 때 속방나라 사람의 鬪爭한 이야기는 觀客으로서 理解하기도 어렵거니와 반다시 없어서 줄거리에 錯誤가 생길 것도 아니니다. 이때에 演出者는 勇斷을 내리어 '언니 언젠가 …… '에서 '다시 독립을 했대누'까지 削除해 버리고 '일본놈이 쪼껴온다'는 句節부터 始作하다. 이런 데는 充分히 吟味하면 얼마던지 發見할 수 있다. 그러나 注意할 것은 함부로 '메스'를 휘둘러 여기저기 無定見하고 亂暴한 手術을 加했다가 作者의 意圖하는 藝術的인 效果를 抹殺하는 結果가 되지 않게 할 것이다.

이 脚本은 西道가 舞臺로 되어 있기 때문에 地方色을 豊富하게 表現하기 爲하여 西道 사투리가 많이 쓰이어저 있다. 그러므로 이것을 西道에서 上演하거나 專門劇團이 上演할 때는 그럴 必要가 없겠지만은 西道 아닌 地方에서 이것을 그대로 上演한다면 觀客이 理解하지 못할 때가 許多할 것이다. 그러므로 사투리는 標準語나 該地方 사투리로 修正되어야 한다. 名詞에는 '고들폐기' '길짱귀' '물구지' '올바스' '兄에' 等 動詞 副詞 等으로는에 '하대니' '그렇때나' '있드래나' '드래누' '때워간다' '치라우요' '정' '아니루다' '죽을라' 等을 다른 것으로 고처야 할 것이다. 그리고 보똘이가 부르는 노래에 장타령과 개부르는 것이 있다. 이 두 가지가 모두 西道에서 불리어지는 것으로 되어 있는데 可及的이면 이것도 그 地方에서 잘 알려지는 것으로 代置하는 것이 좋다. 더구나 장타령은 地方마다 特色이 있다. 西道에서는 "바 사렸다 사련장 코푸렀나 홍성장 왜각내각

사지장 한다리 절둑 봉천장 오줌 찔찔 지린내장 방귀뀠다. 구린내장…… ”으로 불리어지는 代身에 嶺南에서는 “울갔다 울산장 술이 가바도 못보고 미그러졌다. 밀양장 미그러워 못보고 코풀었다. 흥해장. 더러워서 못보고 아가리크다 대구장 너무 널러 못보고……”가 불리어진다.

이 脚本 整理는 앞에도 말했지만은 作品의 意圖를 破壞하지 아니하는 程度로 演出者의 自由대로 可能하다. 專門劇團의 演出에 있어서는 크게는 한 場面 全部를 削除하는 수도 있고 幕이 내릴 곳을 暗轉(막을 내리는 代身 照明만 끄고 이 場面을 轉換하는 것)하는 일도 있고 場面과 場面의 順序를 바꾸는 일도 있다.

라. 演出 프랜

1. 演出의 根本 方向

脚本을 精讀하고 整理가 끝나면 演出 프랜을 세우는 일에 들어간다. 첫째 演出의 根本方向을 決定해야 한다. 이 根本 方向을 大綱으로 演出은 行해지고 演劇은 舞臺위에 創造되는 것이다. 卽 이 根本方向이 演出手法의 方向도 規正하며 모든 素材도 여기를 向해 集注하고 이것을 살리기에 努力한다. 다시 建築에 비겨보면 住宅을 짓나 事務室을 짓나 店鋪를 짓나하는 것과 마찬가지다.

『보똘의 軍服』은 오래동안 日帝가 戰爭에 몰리어 날로 形勢가 不利하게 되니까 最後의 發惡은 植民地 朝鮮으로 하여금 앖아갈대로 앖아갔다. 物資는 供出로 人材는 徵兵 徵用으로 그 위에 春窮은 農村으로 하여금 窮乏의 窮地에 빠지게 해 버리었다. 이런 憂鬱하고 悲憤한 心痛에 휩쓸려 있는 西道 어느 農村 抑壓當할 대로 當하고 搾取當할 대로 當해서 껍질만 남은 朝鮮 사람들의 마음속에 실오락이 같이 흐르는 日本은 敗退한다는 希望과 血管 속에는 달귀어도 달귀어도 말을 줄을 모르는 朝鮮民族의 피가 흐르고 있었다. 七星이란 强制로 志願兵이 되어 갔던 靑年이 脫走해서 中國에 있는 義勇軍을 찾아가고 그 동생 병신이고 바보인 보뚤이는 늙은 어머니와 어린 누이를 殘忍無道하게 묶어가는 日本의 憲兵과 巡査와 對抗하여 그들을 죽인 다음 저도 헌병의 銃彈에 쓰러지며 日本놈과 戰爭해서 이겼다는 法悅에 넘친다. 동리 處女들은 駐在所에 電話줄을 끊고 불을 놓아 이에 呼應한다.

心痛한 속에 굳센 불타는 民族的인 鬪爭을 鼓吹하고 鬱憤한 電園 氣속에도 보뚤이의 익살머리스런 言動으로 明朗한 一脈이 흐름으로 해서 結末에는 더욱 民族的 悲憤을 强調한다. 이것이 이 脚本 演出의 根本方向이라 할 것이다.

2. 人物의 性格究明

다음은 登場人物의 性格을 究明해야 한다. 演劇에 登場되는 人物의 性格은 實踐的으로 그 사람의 타고난 것과 演劇의 進展 環境에 따라 後天的으로 ◇成되는 것으로 區別할 수 있고 또 이 두 가지의 混合된 것으로 出現되는 때도 많을 것이다. 脚本에 따라 登場人物의 性格이 아주 平凡하고 或은 不分明한 것이 있으나 主要한 役의 性格은 脚本의 吟味와 精讀에 依하여 把握되는 것이다. 또 性格은 年齡과 關聯시킬 수 있는 것이니 萬若 脚本이 登場人物의 性格 描寫에 模糊하고 平板的인 데가 많으면 演劇이 따분해지기 쉬우니 이것을 求하기 爲해 演出者는 登場人物에 適當한 性格을 賦與해야 할 것이다. 登場時間이 極히 짧고 性格을 復興하기에도 困難할 境遇에는 어떤 特種의 習慣 ◇性을 創造하는 것도 좋다.

『보뚤의 軍服』의 重要 登場人物로 '서분네' '이뿐이' '봉이'란 세 處女 '七星' '보뚤이' 五人이 있고 그 다음 程度로 '가네다' '朴僉知' '老婆'의 三人이 있고 그 外는 모두 잠간 잠간 나온다(여기에 重要하다든지 잠간 나온다든지 하는 區別은 方便上 區別이지 決코 어느 것은 重要하니 取扱 重點을 두고 어느 것은 잠간 나오니 粗忽히 해도 좋다는 意味가 아니다).

'서분네'는 沈着하면서 決斷性이 있고 '이뿐이'는 그 戀人(登場하지 아니하나 '배근'의 偶像的인 影響을 받아 勇敢한 데가 있고 또 快活하다 '봉이'는 年前의 아버지 別世 집안의 기둥인 오빠 '七星'의 去就不明 面會不能 等으로 環境에 依하는 優蔚에 沈滯되어 있다. 그리고 잊을 수 없는 것은 이 모든 各自의 特性과 아울러 農村 處女의 素朴性이 共通으로 가지고 있는 것이다. '七星'은 젊은 靑年이나 定芽를 批判하고 勇敢하고 決斷力이 있고 朝鮮民族의 解放을 爲해 生命을 바치고 싸호겠다는 뜨거운 愛國熱에 넘처 있다. 그러면서도 冷徹한 態度 鎭重한 行動을 가질 수 있는 度量과 理性이 具備되어 있다. '보똘'은 作者의 指定에 병신이며 바보로 되어 있으나 白痴나 理性이 全無하다거나 智慧가 低勢한 程度는 아니다. 多少 理智의 發達이 身體의 不具 때문에 不充分한 程度이기는 하나 不正에 對한 憎惡感도 있고 兄弟間의 눈물겨운 友愛도 露出되여 있으며 結局은 愛族的인 擧動도 보이고 悲壯하면서 自信에 넘처 最後를 마친다. 잠간 나오는 人物은 大概 性格은 알 수 없으나 適當한 性格이나 習◇(말더듬이 채머 손짓 等)을 賦興하는 方法으로 效果를 얻을 수 있을 것이다.

이렇게 究明된 性格을 出現者에게 잘 說明하고 認識시켜 演技指導에 努力해야 한다.

3. 登·退場의 時間과 方向

人物은 開幕 前부터 位置에 있는 것과 開幕 後 所定된 時期에 登場하는 두 가지로 舞臺에 出現하며 指定된 時期에 登場해서 舞臺에서 消散한다.

退場의 時期는 大體로 脚本에 指定되어 있으나 作者의 頭腦에서 착出된 (机上의)時間 옮볼 때에 前後에 多少의 蹉跌이 생긴다. 이런 境遇에는 舞臺의 實際를 가장 잘 아는 演出者가 自己의 프랜上에나 正確한 機會를 定해야 한다. 또 演劇의 電園氣◇成의 必要上 所要한 때보다 미리 登場을 시켜야 할 必要도 생긴다.

登退場의 方向에 있어서는 舞臺의 構造區分 等을 詳細히 알아야 하지만은 그것을 繁多하고 複雜하기 때문에 非專門的인 素人劇에 있어서는 簡略한 몇 가지만 使用하는 것이 좋을 것이다.

舞臺는 客席을 向하야 右便을 '바른편'이라 하고 左便을 '왼편'이라 하며 後方을 '正面 안쪽' 前方을 '全面 앞'이라고 불러진다. (舞臺用語는 아직 統一되여 있지 아니하므로 設定적으로 筆者는 이렇게 쓴다)

이 네 가지의 根本方向을 알면 '바른편' '왼편'에도 '안'과 '앞'의 區別로 兩分할 수 있어 여러 가지로 活用할 수 있다. 그러므로 脚本에는 單純하게 '바른편' 退場이니 '왼편' 登場이라고 指定되어 있더라도 '바른편 앞'이나 '왼편 안'으로 詳細하게 프랜을 세울 수 있다. 어떤 脚本에 있어서는 登退場의 方向이 全然 指定되어 있지 아니하는 때도 있다. 이럴 때는 演出者가 決定해야 하고 作者가 指定해 둔 方向일지라도 演出上의 必要에 따라 變更할 수도 있는 것은 勿論이다.

4. 때(機會)란 뭣인가

演劇이란 앞에서도 말했지만은 綜合되는 藝術이고 多數의 사람이 舞臺 上에서나 舞臺 뒤에서나 協同하므로서 生産되는 藝術이기 때문에 '때'(機會)라는 것이 鐵과 같이 지켜저야 하고 合致되어야 한다(이 '때'는 過去에 舞臺 上에서 '키까께'라는 日語로 使用되어 왔다)

혼자서 모든 것이 進行된다면 多少 '때'가 맞지 아니해도 觀客에게는 별로 어색한 데를 느껴지지 않겠지만은 여러 사람들을 協同에서는 한 사람의 臺詞를 딴 사람이 받고 한 사람의 어느 臺詞 끝에 '때'를 마추어 登退場이 있고 어느 動作 때에 해가지고 밤이 되고 불이 꺼지며 動作에 맞두록 拳銃의 爆音을 내야하며 어느 動作 어느 臺詞에 幕이 나려저야 한다는 '때'는 물샐틈없이 合致되어야 한다.

演出 課業의 重要한 하나는 이 '때'를 마추는 것이라 할 수 있다.

5. 位置에 對한 프랜

一般 登場한 人物이 固定된 자리에 不動한 姿態로 終幕이 되는 演

劇은 別로 없다. 가령 屍體가 어느 場面에서 처음에서 끝까지 있었다고 하더라도 이것은 벌서 演技者(登場人物)의 範圍에는 들지 않고 차라리 小道具에 屬한다.

登場人物의 動作은 不斷한 位置의 變更(발의 動作)으로 終始된다. 椅子에 앉은 채로 처음에서 끝까지 하마 듸의 臺詞도 없는 人物도 있을 수는 있으나 特別한 環境 以外에는 坐立의 交錯가 있어야 單調를 免한다.

그러므로 한 사람이 登場해서 退場할 때까지의 位置의 ◇則的 프랜이 서 있지 않고 每回마다 位置에 變化가 있어서는 안 된다. 汽車가 軌道 밖을 다른다면 이것은 ◇線이라 하야 事故로 取扱한다. 演技도 所定된 軌度위에서 運行이 되어야지 放恣하게 내달으면 ◇線이란 常規를 버서나는 結果를 現出하고 만다. 演出에 있어서 이 位置의 決定은 마치 鐵路施設에 있어서 沈水와 土砂의 關係 傾斜 橋梁 等을 科學的으로 設計하여 軌度를 놓게 되는 것과 같이 人物과 人物, 人物과 道具 等의 關係 아래서 舞臺 上의 軌度를 定해야하며 演技者로 하여금 이 軌度 上에서 움지기게 해야 한다.

그러나 이 動作 位置를 너무 機械的으로 생각해서 演技者를 演出 프랜에 過度히 얽매어서는 안 된다.

位置는 演技者에게만 있는 것이 아니다. 大小道具에도 있다. 道具는 演技者의 動作과 位置에 많은 拘束性과 制限性을 갖이고 있는 것이다. 이 道具라는 對象物이 놓여저 있는 最小限의 空間인 舞臺에서 演技者로 하여금 最大限의 動作을 하게 하는 것은 位置 프랜의 綿密하고 科學的이고 創造的인 樹立에 있다.

6. 演技 照明 裝置 效果 等의 프랜

專門 演劇에 있어서는 演出者의 根本方針에 따라 그것을 繼承하고 引受해서 演技者는 演技에 關한 裝置家는 道具에 關한 電氣 擔當者는 照明에 關한 效果 主任은 音響 效果에 關한 等의 各自의 細密한 프랜

을 세우게 되니 素人劇에 있어서는 演出者가 이 모든 것을 獨擔해서 하는 때가 많다.

그러나 便宜上 이 모든 것의 說明은 그 項에서 하기로 한다.

마. 演出과 그 指導法

1. 練習 日程 決定

素人劇 上演을 決定하고 脚本이 採擇되고 開幕 할 날이 確定되면 練習과 準備의 進行을 組織的으로 計劃的으로 되어야 한다. 漠然한 態度 無計劃的 인 進行을 하다가는 큰 狼狽를 招來하게 된다.

脚本이 採擇되어 練習을 着手하는 날에서부터 開幕하는 날까지의 日數를 計算해서 日程을 定하는데 三十日間이란 期間이 있다고 假定한다(專門劇團에서는 十五日 乃至 二十日間의 練習이 있고 極히 切迫한 事情이 있을 때는 一週日 程度로 開幕하는 일도 있으나 素人劇에 있어서는 最少로 三十日의 練習은 있어야 된다)

第一日은 脚本 朗讀會 配役發表

第二日은 演出者 프랜 發表 舞臺朗讀

第三日 第四日도 臺詞朗讀

第五日부터 第十五日까지 臺詞 練習

第十五日부터 第二十五日까지 動作 練習

第二十六日부터 第二十八日까지 總演習

第二十九日 第 三十日은 舞臺練習 初日 開幕

이 配定을 보면 脚本의 朗讀에 全日數의 七分之一 舞臺 練習에 三分之一 動作 練習에 三分之一 總演習에 六分之一의 比로 되어 있다.

勿論 이렇게 練習이 進行함과 竝行해서 施設 道具 衣裳 照明 效果 宣傳의 諸部門에서도 準備가 있어야 하여 演出者는 여기에 不斷의 配意를 해서 指導 監督하고 綜合해야 한다.

2. 臺詞 朗讀의 目的

脚本 朗讀 配役 發表 演出 프랜 發表가 끝나면 配役대로 演技者의 臺詞朗讀에 들어간다. 이것도 臺詞練習에 屬하는 것이지만은 特히 區別하는 것은 그 目的이 다르기 때문이다. 臺詞 朗讀에서는 主로 그 臺詞가 가진 意味語感을 把握補充하고 表音을 訂定함에 目的이 있다. 그러므로 여기에서는 臺詞의 抑揚을 붙이지 않고 低聲으로 冷靜하게 臺詞의 內容과 語感을 取得하도록 해야 한다.

3. 臺詞 練習

臺詞의 內容이 把握되고 그 意味가 解釋되고 發音이 訂定된 다음에는 本格的인 臺詞 練習이 始作된다. 臺詞 練習은 脚本의 順序 配役에 따라 進行되기도 하고 한 사람 한 사람의 配役을 해서라도 한다. 이러는 가운데 內容 把握과 發音에 精通도 하며 臺詞의 抑揚을 붙인다. 抑揚이란 臺詞 하나하나의 악센트(發音에 特히 힘을 주는 것)를 말함과 同時에 臺詞에 센텐스(文章의 句節)의 音聲의 높낮이를 말함이다. 배(船) 배(梨) 배(服)가 액센트(高低淸濁)로 區別되여 정실(精實)과 정실(正室) 대장(大腸)과 대장(隊長) 상하(上下)와 상하(常夏)의 區別 等도 高低淸濁(上聲去聲)에 依하는 것이다. 한 句節의 抑揚은 感情의 表現上 必要하며 臺詞의 單調를 避하는데도 必要하다. 『보똘의 軍服』에 例를 들어보면

이뿐이 "그렇게 극성스레만 생각지 말아 그래야 간 사람이 잘 도라온데" 하는 臺詞에

서분네 "잘 도라와? 그놈들이 그대로 곱게 돌려 보낼테야……아니 하기는 七星이두 그놈들 손아귀 속에서 잽힌채루 만만히 죽을 사람은 아니야"

라고 서분네의 對句가 있다. 이 서분네의 臺詞를 보면 '잘 도라와?'는 反向이니 當然히 末尾에 높여야 할 것이며 '그놈들이 그대로 곱게 돌려 보낼 테야' 하는 句節은 日本帝國主義의 强壓에 對한 激憤의 發願이

니 宜當히 이 句節 全體가 高調되고 强聲으로 말해야 될 것이며 그 다음 '아니 ……' 以下 끝까지는 서분네의 혼자ㅅ말도 되여 이뿐이에게 주는 말도 되니 前句에 比해 語勢를 나추야 할 것이다. 이러한 例는 各役의 臺詞마다 있다. 한 單語 한 句節이라도 順調로 고처질 때까지는 열 번 백번 飜複해서 練習하는 가운데 結局 完全히 圓滑히 될 것이다.

演技者는 個人 差라는 것이 있어 素質의 差異로 한 번 두 번에 바로 잡히는 사람도 있겠으나 사람에 따라 다른 사람의 十倍 百倍 努力이 必要하는 수도 있다. 그러므로 練習의 進行 中 한 사람의 臺詞의 矯正 指導에만 停滯하게 되면 다른 演技者에게 倦怠를 느끼게 할 憂慮가 있고 進行에 支障이 있기 쉽다. 그러므로 全體指導 後에 個人 指導의 時間을 定해서 個別的 指導를 해야 한다.

4. 動作 연습

十餘日의 臺詞練習이 끝나면 各自의 臺詞의 臺詞는 音調(외이는 것)할 度程에 이르런다. 그래서 드듸어 動作練習에 들어간다.

演出 프랜에서 決定된 登退場의 方向 及 時間 舞臺 上의 動作 臺詞의 感情은 이 動作 練習에서 비로소 具全한 綜合이 되는 것이다.

動作練習의 詳細는 演技法에서 說明될 것이므로 여기서는 略하나 動作 練習도 臺詞 練習과 같이 全體的 指導와 個別的 指導의 別로 進行해야 한다는 것을 잊어서는 안 된다.

動作 練習에서 '때'를 마추는 것에 放心을 해서는 안 된다는 것은 말할 것도 없다. 한 사람이 아모리 옳은 發聲과 抑揚과 아울러 좋은 動作을 했다하더라도 그 相對者가 그것을 받는 '때'를 놓친다면 아모 것도 안 된다.

5. 프롬 프팅

專門劇團에서는 日字의 關係로 많지 못한 練習日數로 臺詞를 充分

히 暗通하지 못하고 幕을 열게 된다. 그러할 때는 한 사람의 擔當者가 舞臺의 或은 옆 그런 設備가 있는 劇場에서는 舞臺 앞에서 臺詞를 읽어준다. 演技者는 그것을 받아가며 演技를 한다. 이 臺詞 읽어주는 일을 '프롬프팅'이라 하며 읽어주는 사람을 '프롬프터'라 한다.

이 '프롬프팅'은 이러한 目的으로서만 하는 일이 아니다. 아모리 오래 동안의 練習이 있었다하며 오래 期限을 두고 그 脚本을 上演해 왔다. 할지라도 '프롬프팅'이 붙어 있어야 한다. 이것을 '後見'이라고 번역도 되는 것을 보아 演劇全體의 進行上 後見이란 큰 役割을 遂行한다. 演技者도 神이 아니고 機械가 아니므로 그날의 '컨디슌'에 따라 臺詞에 막히는 일이 不無하다. 이러한 때는 '프롬프팅'이 危機를 求한다.

그러나 專門劇團에서는 不眞實한 演技者가 있어 이 '프롬프팅'에 依支하여 臺詞 暗通을 게을리 하는 弊端이 많다. 그러므로 素人劇에 있어서는 絶對로 이런 것을 警戒해야 한다.

臺詞의 暗通이 되기 前에는 動作 練習에 들어가서는 않된다. 그러나 短時日에는 完全暗通을 어려우니 動作 練習에 들어가면서부터 臺本을 손에서 놓아 버리고 '프롬프팅'을 들어가며 練習을 進行한다.

素人劇에서는 '프롬프터'를 專門的으로 둘 수 없는 경우가 많음으로 全員이 交代해서 맡던지 登場 數가 적은 사람이 맡게 할 것이다.

6. 總演習

動作練習이 끝나면 總演習에 들어간다. 總演習이란 大道具를 놓고 小道具를 쥐고 衣裳을 입고 化粧을 하고 效果를 넣어서 照明을 비최어서 하는 綜合的인 練習을 말함이다. 그러나 大道具(舞臺 裝置)를 놓고 照明을 비최는 것은 劇場이나 上演할 本 場所가 아니면 할 수 없기 때문에 이 모든 것을 具備한 練習은 舞臺 練習때에 미루고 그 外의 使用할 수 있는 것만 가지고 練習하는 때가 많을 것이다. 손에 가지고 하는 小道具 같은 것 效果는 可及的 總演習 前부터 竝行해야 하는 것이 좋다.

總演習은 綜合的으로도 하는 일편에 衣裳練習 化粧練習 道具練習 等으로 區別하는 일도 있다.

7. 道具調查 衣裳調查

總演習 前에나 舞臺練習 前 에 舞臺裝置와 小道具 等이 프랜대로 製作되었는지 衣裳이 數爻가 맞게 製作되었으며 몸에 맞는지 그리고 各 配役 別로 分配해보는 等을 道具調查 衣裳調查라 한다. 이 調查는 準備進行 上 반듯이 舞臺練習 以前에 꼭 해야 한다. 開幕直前에 무슨 옷이 모자라느니 무슨 道具가 없는니 하여 빌려드린다. 裝置에 문이 잘 못 달려 곳치느니들 하고 混亂을 이루키어서는 안 된다.

8. 舞臺 練習

이 舞臺 練習은 汽車를 맨들어 試運轉하는 일이다. 公開上演 때 하는 그대로 最後와 綜合課業이다. 바퀴는 바퀴 달릴 자리에 달렸는지 굴둑은 제자리에 뚤렸는지 警笛은 소리가 잘 나는지 汽關手는 제자리에 앉앗는지 軌道에 異形은 없는지 '시그낼'은 제 '때'에 내리는지 이 모든 것이 試運轉에서 綜合되듯이 脚本採擇 以來 지금까지 해 온 여러 가지 課業의 總決算을 해보는 것이 總演習이다.

舞臺 練習에도 充分한 時間을 가지고 數次로 되푸리 해서 觀客 앞에 내놓아 꺼릴 것 없고 허물할 때 없는 것이란 自信이 생기두록 되어야 한다.

바. 舞臺監督의 일

專門劇에는 舞臺監督이라는 職分이 傳任으로 있어야 하나 素人劇에는 演出者가 兼任해야 하는 때가 많다고 앞에서 이야기했다. 演出者를 다른 데서 招聘해왔다면 開幕 初日 以後는 舞臺監督이 進行을 맡아야 할 것이고 自體內部에서 演出者를 選定했을 대는 舞臺監督의 事務도 봐야 한다.

演出者를 機械의 設計者라 하면 舞臺監督은 이 機械를 움지기는 사람이다. 機械를 움지기기 爲해서는 機械 掃除도 해야 하고 生油도 해야 하며 材料 製品의 荷造 等을 監督해야 한다. 演出者가 作者의 意圖를 繼承해서 프랜을 세우고 모든 部分에 指導를 加하여 演劇을 創造하여 舞臺 上에다 올려놓으면 舞臺監督은 이 演出者의 프랜을 받아 舞臺의 해서 모든 進行을 監督指揮한다.

舞臺監督의 任務는 이렇다.

1. 出演者의 統率
2. 道具 等 配置 指揮
3. 開幕의 準備
4. 開幕閉幕의 信號
5. 登場의 時期 信號
6. 舞臺轉換의 指揮
7. 終演 後의 뒤ㅅ整理

以上으로서 演出에 關한 이야기를 마치려고 하는데 어떤 項目에서는 너무 專門的으로 치우친 데가 있을 것이나 素人劇도 작란거리로 아모렇게나 해치우는 것이 아니고 朝鮮演 劇運動의 眞摯한 一翼的 任務를 遂行하는 것이므로 素人劇의 指導도 될 수 있는 대로 演劇指導의 正道에서나 眞實하게 行해저야 할 것을 念願으로 說明을 進行시켰다.

第五, 演技 法

演技는 臺詞와 動作과 化粧으로 分할 수 있다. 그러나 化粧은 別項에서 說明하기로 하고 여기서는 臺詞와 動作에 關해서만 說明하겠다.

一. 基本 練習法

演技의 基本 練習法은 素人劇에 있어서는 專門 演技者를 맨드는 것이 目的이 아니므로 不必要하다. 素人劇에 있어서는 職場의 作業農耕學究의 餘暇를 타서 練習을 進行하는 것이므로 大概는 時間에 制限이 있다. 이런 制限이 있는 時間을 가지고 ◇長하게 基礎的인 基本練習부터 細密히 할 수 없다. 그러므로 素人劇에는 脚本이 決定되자 곳 脚本에 卽하여 配役에 所要되는 限界 內의 演技에 局限해서 練習한다. 그러나 여기에서는 形式 上 基本 練習의 方法을 概略的으로 說明해 두겠다.

가. 發聲法과 臺詞의 發音

發聲法이란 어떻게 하면 목에 苦痛과 疲勞를 주지 않고 自然스럽고 客席에 잘 通하두록 말소리를 내는 法이다. 演劇의 發聲法은 音樂의 그것과 同一하다. 音樂에서는 아름다운 소리만이 要求되나 演劇에서는 때로는 濁聲 乞音도 要求된다.

사람의 聲音은 發聲器關을 通해서 나온다. 聖帶가 있는 咽喉 입술이 혀 이ㅅ몸 口◇ 鼻孔 橫隔膜 等이 發聲器官이다. 呼吸에 依해서 배속에서 나오는 空氣가 聲帶에 振動을 이르켜 거긔에서 이러난 소리는 口?안에 있는 여러 器官과 鼻孔 橫隔膜 等에 부디치고 共鳴되어 發音이 되어 나온다. 이런 發聲器官을 自然스럽고 充分히 使用하는 것이 發聲法의 秘訣이다. 아래ㅅ턱을 안으로 댕기면 목구덕이 自然의 形態로 벌어진다. 입술을 크게 使用하고 입을 크게 벌려 아래ㅅ배에 힘을 주고 呼吸의 伸縮과 調節을 自然스럽게 해야 한다.

言語의 發音으로 正確하게 練習을 해야 할 것은 말할 것도 없다.

나. 顔面 表情의 練習

사람의 顔面에 나타나는 表情은 喜怒哀樂의 表現이다. 그러므로 顔

面表情은 우슴과 우름과 노여움 等으로 區別해서 練習해 본다.

우슴에 微笑苦笑 嘲笑 哄笑 大笑 放笑도 있고 울며 웃는 것 悲悵한 우슴 狂人의 우슴 부드러운 우슴 사랑의 우슴 可笑러운 우슴 假笑 等이 있다.

우름에 慟哭 弟泣 속우름 悲痛한 우름 분한 우름 안타까운 우름 사나이다운 우름 반가운 우름 哀惜한 우름 假짜 우름 等이 있다.

노여움에도 激憤 悲憤 侮辱받은 노여움 期待에 어그러진 노여움 違約당한 노여움 失戀背信의 노여움 等等이 있다.

다. 거름거리

손의 動作은 特定한 것 以外에는 反射的으로 臺詞 이行되여 나온다. 基本的인 練習은 特히 없다. 그러나 動作의 大部分에 발에 있으므로 거름거리의 動作 上의 位置는 重要하다.

緩步 速步 狼狽한 거름 戀人과의 散步 醉步 도둑놈의 거름 몰핀 中毒者의 거름 어정어정 걷는 것 아장아장 걷는 것 껑충껑충 걷는 것 疲勞한 거름 老人의 거름 女性의 거름 等으로 練習해 보는 것이 좋다.

라. 動作 練習

極히 基本的인 綜合 動作의 練習 課題를 몇 가지 提示하겠다. (臺詞 없는 것)

1. 飮食하는 動作(味覺의 表情을 넣어서)
2. 休息 就寢 起床
3. 사람(親舊 愛人 웃어룬 아래ㅅ사람)을 만날 때
4. 車輪을 탈 때
5. 술 醉한 때
6. 싸홈(肉 戰 칼싸홈 拳鬪 총싸홈)
7. 竊盜 强盜 劫奪

8. 門扉의 開閉
9. 밀고 댕기는 것
10. 옷 입고 벗는 것 신발 신ㅅ고 벗는 것
11. 各 職業의 特性
12. 여러 가지 競技와 動作의 즘
13. 其外 日常生活의 茶飯之事

마. 리듬 體操

演技者의 ◇肉과 骨格의 均衡的 發達과(舞臺 上의 安定全을 爲하여) 呼吸의 伸縮熟練 演技의 리듬化를 目的하여 리듬 體操를 演技者는 반듯이 해야 한다. 리듬 體操란 日常 時에 하던 라디오 體操 같은 것인데 舞踊演劇에는 '달크로즈'의 리듬 體操가 使用되고 있다. 이것은 指導者한테서 敎授를 받지 않고서는 어려우므로 라디오 體操같은 것을 改造해서 使用해도 좋을 것이다.

二. 演技法의 秘訣

素人劇에서 利用할 수 있는 演技上의 秘訣을 몇 가지 指摘하겠다.

1. 臺詞를 빨리 暗通하는 것이 動作에 앞설 수 있는 秘法이다. 언제까지던지 臺詞를 외이지 못하고 臺詞에 拘束을 받게 되면 演技의 練習이 自由롭게 될 수 없다.

2. 脚本에 精通하고 演出者의 프랜을 빨리 把握해야 한다. 脚本을 精讀해서 脚本의 目的하 는 主眼點을 發見하고 그 全體性 아래서 自己가 맡은 配役의 地位를 正確하게 單判해야 하고 演出者의 프랜을 잘 理解하두록 하며 한 번 指示받은 것 訂正받은 것은 다시 注意 안 받도록 銘心해야 한다.

3. 自己가 맡은 役의 性格을 充分히 理解하고 把握하고 創意的인 演

技프랜을 세워 볼 일

4. 熱狂的인 練習을 할 것 혼자서 壁을 向해 남의 귀에 거슬이도록 남이 보고 狂人이라는 욕을 듣두록 할 것

5. 動作은 크게 하고 觀客의 눈에 깊은 印象이 남두록 할 것

6. 發音을 正確하게 할 것

7. 客席을 두려워 말 것

8. '때'(機會)를 놓치지 아니 할 것

9. 혼자만의 演技만을 표나게 하랴고 애쓰지 아니할 것

10. 態度를 眞實하게 가질 것

11. 버릇을 버릴 것

12. 老役

年老한 사람은 呼吸이 짧다. 그러므로 숨이 가쁘다. 發音이 低聲이 된다. 그러므로 老役에서는 臺詞를 띠엄띠엄 노리게 해야 한다. 春骨이 彎曲해지는 自然 生理를 본따야 한다. 그러나 特히 剛直하고 깐깐한 老人은 聲音도 높고 말도 빠르고 허리도 굽지 않다는 것도 알아야 한다.

13. 젊은 役

臺詞와 動作에 熱情이 있어야 한다. 더구나 女子 役에는 매력이 있어야 한다.

14. 惡役

印象的이라야 하며 惡人으로여 一見해도 알 수 있는 特徵을 表現해야 한다. 무서운 눈ㅅ짓을 하던지 너털우슴을 웃는 것도 한 方法이다.

15. 울 때

울 때는 눈물을 흘리고 소리를 내는 것보다 어깨를 덜먹거리고 눈물을 씨처 크게 해야 한다. 女子는 옷고름이나 치마자락으로 씨치고 男子는 주먹으로 씻는다.

16. 모든 動作은 演劇的으로

웃는 것도 그렇지만 演劇 舞臺 上의 모든 動作은 迫眞性이 있는 模倣이다. 우는 動作에 정말 눈물을 흘리고 울어서는 안 된다. 때리는 境

遇에도 정말 相對者의 따귀를 처서는 안 된다. 매치고 꽂치는 것도 정말 이어서는 안 되고 매치우고 꼰지우는 편에서 넘어가고 쓸어저야 한다. 演劇의 動作은 模倣이다. 우는 흉내를 내야하고 때리는 흉내를 내야 한다. 흉내를 냈음에도 不拘하고 觀客의 印象에는 참을 줄 알게 하고 참같이 느끼게 해야 한다. 이것이 演劇의 迫眞性 이다.

17. 動作은 因果關係를 確實히 알고 해야 한다. 무슨 原因으로 어떤 目的으로 그 動作을 해야 하며 그 動作의 結果를 相對에게 어떤 動作을 要求하나 하는 것을 알아야 한다.

18. 退場이 바른 편 일 때는 몸을 바른 편으로 回轉하고 왼편일 때는 왼편으로 回轉해서 退場해야 한다. 이것은 궁둥이를 객석에 보이지 않기 爲한 方法이다. 그러므로 登退場 때 뿐 아니라 舞臺 上에서는 演出이 指定한 必要 以外에는 궁둥이를 客席에 돌리지 아니해야 한다.

第六, 舞臺 裝置

素人劇의 舞臺裝置는 될 수 있는 限 自主的으로 簡素하게 獨創性을 發揮해서 하기를 主張한다. 豊富한 資金이 있고 꼭 專門家를 빌릴 必要가 있을 때는 專門 裝置家에게 考案을 받고 製作專 門人에게 製作을 으 매개거나 看板店에 매낀다. 요사이의 物價高로는 專門家에게 매껴서 豪華한 本格的 舞臺를 裝置하려면 場面에 萬圓 가까운 像算을 해야 한다 그러므로 여기서는 專門家를 利用하지않고 獨立的으로 적은 費用一로 될 수 있는 裝置法을 說明하겠다.

舞臺裝置는 어떠한 일을 가르침이며 道具란 무슨 말인가 順序로 이것의 說明부터 하자. 舞臺裝置는 演劇을 舞臺 上에 進行시키기에 必要한 家屋 植物風景, 家具 等을 맨들어서 舞臺위에 채려 놓는 일을 말함이고 道具란 舞臺 裝置에 依해서 맨들어진 모든 것을 道具라 한다. 道具는 다시 大道具 小道具로 分하여 大道具는 家屋・風景・植物 等을 그린 背景과 그림폭을 말함이고 小道具는 다시 小待道具와 常備道具

로 난호아 俳優가 손에 들고 舞臺에 나가는 것은 小待道具이며 미리 舞臺에 나와 있어 俳優가 演劇 중에 使用하거나 그냥 보기 爲하여 두어 둔 것을 常備 道具라고 한다. 例를 들면 지팽이 모자 가방 담배 손수근 等은 小待道具요 책상 의자 궤짝 金庫 花盆 電話라도 電工夫가 架設하랴고 들고 나오고 金庫도 새로 사들일 때 옴겨오면 小待道具요 담배도 미리 나와 있고 손수건도 미리 땅에 더러저 있으면 常備道具다.

專門 舞臺의 大道具는 一村角의 오리 木으로 테두리를 짜고 그 위에 廣木을 붙이어 물감(顔料)을 阿膠풀에 풀어서 그림을 그리어 製作한다. 廣木 代身에 부관(베니아 板)을 쓰는 일도 있고 兩者를 竝用하는 수도 있다. 이 廣木 부관 오리木 等의 價格이 몹시 高騰하며 물감(顔料)은 빗싼대 使用하는데는 專門的인 技術 經驗이 必要하다.

이런 困難한 裝置方法은 素人劇에서는 可及的 避하고 廉價이고 創意的이며 簡素한 方法으로 하는 것이 좋다.

一. 黑幕 裝置法

黑幕 한 장으로 가장 簡單하게 效果낼 수 있는 法이 곳 이 裝置法이다. 黑幕은 大概의 學校에나 團體에서 가지고 있는 것인데 이것을 빌려 쓰면 不過 機十圓으로 裝置가 된다. 黑幕을 所有한 데가 없고 빌리기가 어려울 때는 廣木 한 통이나 그 三分之二로 되는 것이다. 黑幕을 한 벌 作成해 두면 素人劇 때 뿐 아니라 그 外의 集會 때에 많이 所用된다.

黑幕이 準備되면 그 다음은 白紙 테이프(白紙를 가늘고 길게 잘른 것)과 ◇紙用 핀(私務用으로 스는 바늘 같이 맨든 洋釘)만 있으면 어떠한 背景이라도 簡單하게 短時間으로 卽席에서 된다. 勿論 여기에는 才幹있는 創意性이 發揮되어야 하지만은 그림에 素質이 있는 사람이면 오랜 생각을 아니해도 될 것이다. 黑幕을 처놓고 테이프로 室內 野外 어느 편이던지 必要에 따라 그 特徵있는 線畵를 그리면 된다. 핀은 테이프를 幕에 固定하는데 쓴다. 풀로 붙이어도 되지만은 白紙를 붙인 표적이 뒤에 남기 쉽기 때문에 手苦가 많더라도 핀으로 붙이어야 한다.

室內의 氣分을 내랴면 좀 높은 곳에서 들창을 表現하는 線을 그리고 適當한 자리에 미다지 유리窓을 洋室 朝鮮室의 區別에 따라 마음대로 그리면 된다. 野外는 먼 곳에 산이나 그리고 山 밑에 내를 그리고 가까운 곳에 길을 그리면 氣分이 날 것이다. 어떤 곳이던지 頭腦를 活用하면 容易하게 된다.

어떻게 背景을 만들어 놓고 室內면 洋室일 때는 테이블 椅子를 빌려다 놓고 花粉 時計 電話機를 빌려다 두면 그만이고 朝鮮 방이면 장농 보료 안석을 빌려두면 富裕한 집이 되고 궤짝에 헌 이불이나 얹어두면 가난한 집이 된다. 野外가 우물ㅅ가이면 수양버들이나 큰 가지로 몇 가지 베어다 세우고 싸리 수수깡 나무가지 等으로 울타리나 맨들어 세우고 우물을 맨들면 그만이다.

다만 主意할 點은 테이프의 그림은 線으로 感情을 表現하는 것이므로 簡略할수록 效果가 나는 것이지 複雜하면 오히려 效果를 죽인다.

테이프로 場面에 依한 情景을 그리지 않고 黑幕을 들르고 小道具만 놓아도 훌릉히 될 수 있다. 이 黑幕의 活用法은 그 幅이 無限이 넓다.

二. 植物 利用 法

室內의 情景은 植物을 利用해서 簡單하게 된다. 이 方法은 大道具와 小道具를 統一하여 小道具만으로 裝置를 하는 것이다. 미다지 유리 窓 等 손쉽게 빌릴 수 있는 實物을 세우고 適當한 家具를 裝置하면 된다.

野外는 各種의 나무가지를 끊어다 세우고 짚단을 쌓고 돌멩이를 길ㅅ거리에 두면 情景이 成立될 수 있다.

三. 屛風 利用法

어느 家政에던지 屛風은 있다. 이 屛風을 可及的 키 큰 것으로 二三

帖만 빌려다 背景 대신으로 뒤에 들르고 小道具를 裝置하면 훌륭한 室內가 된다.

四. 백노지 마분지 利用法

그림에 재조있는 사람이 있으면 白露紙를 여러 장 이어서 그 위에 물ㅅ감(染色用)으로 그림을 그리어 背景을 맨들고 그 外의 그림폭(나무 언덕 碑石 草花 等)은 마분지를 適當한 型으로 오려서 물ㅅ감으로 彩色을 한다.

이 方法에 注意할 것은 백로지는 찌저지기 쉬우니 裏面에 창호지로 부 할 것과 마분지는 그대로는 彩色이 곱게 묻지를 아니하니 白紙를 表面에 부해서 그 위에 그림을 그려야 한다. 마분지는 그 위에 그림을 그리어 水分이 번지면 말른 뒤에도 평평하지를 못하고 우글쭈글해지기 때문에 이것을 防止하기 위해서 裏面에 나무를 대이어야 한다.

五. 本格的 裝置法의 槪略

專門家들의 裝置 製作法을 參考로 簡略하게 說明해 두겠다.

裝置家가 脚本에 依하여 또는 演出者와의 協議에 依하여 決定된 프랜으로 裝置의 '데사인'(圖案)을 그려 내놓다. 그 '데사인'을 製作人이 받아서 '데사인'에 添附된 製作 設計圖대로 製作을 始作한다. 먼저 所定된 尺數에 따라 오리 木으로 테두리를 뒤에 짠 그 위에 廣木을 잔못으로 붙인다. 廣木 使用에 依한 세트(裝置)는 大槪 直線的으로 짜지는데(門 벽 기둥 等) 利用되고 曲線的인데(나무 산 언덕 等)에는 베니야 合版을 뒤에 오리목으로 힘살을 넣어 利用된다.

이렇게 圓形이 組成되면 齋料로 彩色을 着手하는데 여기에 쓰는 齋料는 水性齋料로서 各 色의 顔料를 阿膠를 녹힌 풀물에 풀어서 使用된다. 그 色別과 齋料 名은 다음 같다.

白色－胡粉(초벌칠 用)

同－亞鉛華(情密畵 用)

(前記 두 가지 齋料는 現在 入手가 困難하므로 白色카세인－壁齋料 －을 代用한다)

黃色－코롬밀

靑色－◇靑

赤色－洋朱

綠色－파레스그린

黑色－黑

褐色－베니가리(赤黃土)

大略 以上의 諸色으로 混合配色해서 任意로 色彩를 表現한다. 이 顔料는 물에 녹지 아니하는 性質이므로 반드시 膠着시키지 아니하면 使用 途中에 剝落하고 만다. 膠着하기 爲하여 阿膠 물에 풀어서 그린다. 푸는 데는 一時에 풀물을 많이 넣으면 練拌이 아니된다. 처음에 少量의 물풀을 넣고 充分히 練合을 한 뒤에 풀물을 添加해서 눅게 한다. 그런데 水彩畵의 畵具와 같이 물로 色의 濃淡을 表現되지 않고 油畵와 같이 白色을 婚加하므로 淡白해진다는 것을 잊어서는 안 된다. 어느 程度로 희여진다는 것을 미리 요량을 해서 그리지 아니하면 乾燥 後에 所望의 濃度가 나지 아니할 것이다.

끝으로 附言할 것은 廣木 붙인 그대로는 그림을 그리기에 齋料가 잘 묻지도 아니하고 우굴쭈굴해질 憂慮가 있다. 이것을 避하기 위해서 미리 阿膠 물에 胡粉을 풀어 一次칠을 해서 말리면 팽팽해진다. 胡粉 대신에 카세인을 칠해도 좋다(카세인 中에는 膠分이 包含되어 있다) 그리고 阿膠는 많이 넣으면 잘 붙고 오래 떠러지지 아니할 듯하나 實은 그 反對로 量이 많으면 待久性이 도로혀 減少하고 脫落한다. 그러나 阿膠를 더운 물에 녹혀서 두 손 꾸락 끝에 조곰 발라서 거반 말은 듯 할 때 손꾸락을 붙이어 보고 겨우 붙는 듯한 感이 있을 때가 適當하다.

第七. 照明과 效果

一. 照明 法

照明 法에도 專門的인 方法에는 어려운 學理와 機具設備가 必要하다. 部分的인 投光을 爲하여 스포트라이트(投光器)가 必要하고 全體的 照明을 爲해서 포터·라이트와 푸트·라이트(投光器가 있고 部分的照明을 爲해 스트리프(光桶)가 있으며 色의 區別(黃昏 새벽 달밤 白晝 밤)을 하기 爲해서 各種의 '제라친'을 쓰고 光度의 漸減減增을 爲해서 抵投器가 使用된다. 이 모든 것의 調節及 點滅은 配電盤이란 錯雜한 裝置 위에서 行 해진다.

素人劇에 있어서는 이런 高價하고 複雜한 器具와 設備는 使用하기 어려우며 電燈이 없는 僻村에서 上演될 때도 많음으로 電氣照明에 依한 專門家的인 方法은 利用할 수 없다.

그러므로 部分的 照明이니 全體的 照明이니 하는 細密한 表現은 할 수 없다. 그러니 天井 登으로 물통(바께스)의 밑을 뚫어 소케트를 꽂은 것을 二三 燈 달고 百 乃至 二百 와트의 電球를 使用하면 되고 脚光으로 舞臺 全面에 五育 茖의 百와트 불을 켜고 그 光線이 客席으로 새지 않도록 舞臺에 集註되도록 '쇄드'나 庵蔽用 사깡을 씨우면 된다.

光九의 漸增漸減은 不可能하나 色彩는 人造絹을 所定의 빛으로 電球 위에 시우면 된다. 이럴 때 注意할 것은 천이 電球의 熱에 타서 火災를 이렇기지 않도록 할 것이다.

電球를 쓰지 아니하는 地方에서는 石油램프나 아세칠렌 燈을 쓸 수 밖에 道理가 없다.

素人劇이라고 해서 이러한 手工業的 原始的 方法으로만 滿足하라는 것은 絶對로 아니다. 電氣에 常識이 있고 손재조가 있는 사람이 있으면 스포트·라이트는 어렵지 않게 만들어 질 것이다. 생철로 상자를 만들고 소케트를 앉히우고 '볼록 랜즈'를 前面에 기우면 훌릉한 投光器가 된다.

二. 效果法

效果(에펙트)라는 것은 演劇의 場面에 氣分을 表現하고 雹圍氣를 醉出하기 爲하여 音樂을 律奏하는 것과 여러 가지 擬音을 내어 演劇의 實感을 내게 하는 일을 말함이다.

前者를 效果 音樂이라 하여 레코-트 演奏나 樂器의 實際 演奏로 行해지는데 사람이 殞命을 하는 場面에(運命심포니)를 伴奏하거나 슲은 場面에 短簫를 넣는 等이 그 實例이다.

後者는 主로 擬音인데 개 짖는 소리 바람소리 비소리 波濤소리 새소리 汽車 지나가는 소리 총소리 말굽소리 벼레소리 等이다.

레코-드는 蓄音機로 돌리면 되나 擬音은 特別한 器具와 方法이 있다. 效果는 效果的으로 해야 하며 그 强弱과 始終을 「때」에 마추어야 한다. 擬音法 中에 恒用되는 것 몇 가지를 說明하겠다.

1. 바람소리 텐트地 같은 두텁고 强한 천을 벼훑는 機械(稻扱器)의 바퀴 위에 덮어 놓고 바퀴를 돌리면 된다.

2. 비소리 실에 콩을 단 것을 여러個 부채살에 매달아 부채를 흔들면 비소리가 난다.

3. 버레소리 磁器를 깨뜨려 진 것을 서로 應酬한다.

4. 파도소리 버들상자에 콩을 두어되 쯤 담아서 그 상자를 左右로 기우려서 낸다.

5. 소우는 소리 소리가 크게 나는 피리를 손바닥 속에 넣어서 분다.

6. 새소리 새도 여러 가지가 있으나 일홈 없는 산ㅅ새들의 소리는 가늘게 만든 호들기로 낸다.

7. 개소리 고양이 소리 닭소리는 사람의 입으로 흉내내는 길 뿐이다.

8. 우뢰소리 세멘트를 混合하는 鐵板을 매달아 놓고 連續打한다.

9. 大砲소리 우뢰소리 낼 때 쓰는 鐵板으로 낸다.(或은 樂隊用의 大鼓로)

10. 機關銃 소리 前記 鐵板을 쇠꼬챙이로 連打한다.

11. 汽車소리 轟音은 前記 鐵板을 손으로 흔들어내고 煙氣뽑는 소리

는 미다지 같은 것을 비를 쓰러서 낸다.

12. 小銃 拳銃소리 아이들의 遊戱用의 딱총 火藥을 三四發 망치 끝이나 나무토막 끝에 종 우로 싸서 묶어 두었다가 發射의 瞬間에 마루바닥이나 돌가루 벽에 두드린다. 火藥이 없을 때는 나무토막으로 마루바닥을 强打해서 낸다.

13. 말굽소리 나무로 만든 밥공기(없으면 木製의 祭器)를 兩손에 들고 벽에다 대이고 두 드린다.

그 外 여러 가지 소리를 硏究에 따라 손쉽게 낼 수 있고 즘생의 우는 소리는 사람이 입으로 흉내낸다.

그리고 이 擬聲도 요사이는 電氣 蓄音機를 利用해서 레코-드로 낸다. 여러 가지 擬音을 吹込해서 파는 것이 있다.

第八. 化粧과 衣裳

一. 化粧의 目的과 化粧品

化粧法도 專門 演劇人의 것은 그 手法이나 使用되는 化粧品까지도 素人이 쓰기에는 어려운 데가 많다. 化粧品의 使用法이 첫재 熟練해야 하며 이 化粧品은 朝鮮서는 産出되지 아니하다. 現今은 求得할 방법이 없다. 最近 서울서 맨들어 市販하고 있는 것이 있으나 價格도 빗사고 品質은 低惡해서 使用 不可能한 形便이다.

이 舞臺用 化粧品은 '그리스·페인트'라는 것으로 油脂性 化粧品이다. 佛蘭西 도오랑 會社의 製品이 世界的으로 有名한 關係로 '그리스·페인트'를 '도오랑'라고 불으는 것이 一般化되어 있다. 이 佛製 '도오랑'은 日本輸入이 끊어진지 벌서 오래라서 다른 會社의 製品이 쓰이어 졌으나 日本 東京 淺草는 舞臺用 化粧品 專門店인 '百助'商店에서 製造 販賣하였다. 이 '도오랑' 使用法도 어렵고 값도 빗싸니 素人劇에는 不適當하다.

그러므로 素人劇에서는 普通 化粧品을 使用하든지 日本 歌舞技 化粧式으로 물 化粧法을 利用하면 좋다. 化粧品으로 콜드크림 口洪 먹眉? 白粉(水錬) 等 工業用 재土와 '辯柄' 水彩畵用 畵具 等을 準備한다. 재土는 所謂 '도투'라는 것으로 木工이 책상이나 이남박을 만들 때 '와니스'나 '옷' '기름'을 칠하기 前에 地色을 내기 爲하여 칠하는 것으로 日本 名으로 도노꼬라고 불리어진다.

普通 化粧은 얼골을 整齊하고 아름답게 하는 것이 目的이겠지만은 舞臺 化粧은 그 目的이 다르다. 舞臺 化粧은 各 配役의 特徵을 强調해서 觀客에게 印象을 깊게 하려 함이다. 老役은 老人으로서의 特徵을 標示하고 强調하며 惡漢은 一見 惡徒로서의 印象을 주도록 할 것이며 바보는 顔面이 理智的으로 不通一되어 있는 것을 直感케 하고 美女는 얼골에 魅力을 느끼도록 해야 하며 職業的 特徵(巡査)刑事, 福德房 主人, 鑛山人, 事務員, 뚜쟁이, 妓生 等等)을 一見해서 앟도록 해야 한다.

二. 距離, 照明, 裝置와의 關係

舞臺 化粧은 舞臺와 客席과의 空間的 距離의 關係 照明과의 物理的 關係 裝置와 衣裳과의 對照 關係를 잘 把握하지 아니하면 안 된다. 客席에서 舞臺는 最短 四五메터-에서 最長三四십메터-의 距離가 있다. 大劇場이면 이 以上으로 延長되겠지만은 素人劇의 境遇는 훨신 縮小된 것이다. 또 素人劇은 野外나 假設舞臺에서 上演될 때도 많음으로 이러한 때는 大劇場 以上 으로 延長된다. 이러한 距離의 關係에 있어서는 舞臺化粧은 線이 굴고 大膽해야 한다.

照明의 色彩에 따라 化粧色에 많은 變化을 준다. 우리가 밤에 布木店에 나가 훨신 軟黃色인 줄 알고 저고리ㅅ감 말라왔드니 다음 날 아침 밝은 날에 보니 濃黃이었고 濃紺色인 줄 알고 洋服 천을 말랐드니 찬랄한 푸른 비치었드란 實例와 이 照明과 化粧의 關係가 꼭 같다.

太陽光과 달라서 電光은 黃色이 죽어 버린다. 그러므로 누런빛을 많이 썼는데 舞臺에 나가니 客席에서는 蒼白해 보이는 일이 많다. 또 月夜를 表現하기 爲해서 푸른 '제라틴'으로 電光을 가리웠을 때는 얼골이 全般的으로 蒼白해짐으로 特徵色이 죽은 憂蔚가 있다는 것을 念頭에 둘 必要가 있다.

舞臺裝置의 色彩, 卽 室內로 例로 들면 벽들의 빛과 얼걸의 化粧의 對照를 생각해서 化粧이 裝置에 減殺되지 않도록 해야 한다. 野外의 風景에서 짙은 綠陰이 찼다든가 白雲이 漫漫해서 萬物이 히다던가 할 때 얼걸 빛의 對照的 位置도 考慮해야 한다. 衣裳과의 關係도 同一하다.

三. 化粧의 實際

먼저 바탕(基礎) 빛을 칠한다. 물분(水白粉)에 입술분(口洪)을 섞어서 水彩畵의 畵具로 濃淡을 加減해서 바탕 빛을 낸다. 다른 方法으로 재土(地分)에 '黃土'를 調合해서 물에 섞어 바탕칠을 한다. 이 바탕칠은 얼골 全般에 均等하게 퍼어져야 할 것이다. 젊은 役은 붉은 빛이 많이 들고 老役은 희게 한다.

바탕칠이 均等하게 되면 明暗을 만든다. 코의 가장자리라던가 눈시울이라던가 뺨의 變曲部라든가를 좀 더 진하게 한다.

얼골만 化粧을 하고 손과 목 其他 露出하는 部分을 내버려두면 안된다.

이렇게 基本 化粧이 다되면 눈의 化粧에 들어간다. 얼골 表情의 全部는 眼色으로 알 수 있듯이 눈의 化粧은 重要하다. 사람의 눈은 舞臺에 登場하면 實物 그대로는 客席에서는 너무도 적게 보인다. 그러므로 눈에 반듯이 검정으로 눈자위를 그리고 擴大해야 한다. 이것을 해야 舞臺에서도 눈이 살아 보이고 눈의 表情이 뚜렷이 나타난다. 必要에 따라 女子는 쌍까풀을 그리기도 한다. 그 다음에는 눈썹을 그리는데 이것도 實物보다는 굵게 진하게 그려야 한다.

얼골에 주름이란 것은 顔面 上에 있어서 그 사람의 性格 表現에 큰

役割을 한다. 實은 주름이란 그 사람의 性格에 依한 顔面 筋肉의 習慣으로 되는 것이다. 밤낮 높은 地位에서 號令이나 하고 威嚴을 피우는 사람은 兩眉間에 내川字를 그리고 心身의 苦痛이 있는 사람은 眉間과 코를 찡그리고 늘 웃는 얼골로 好人인 사람은 입ㅅ가에 주름이 생겨있고 好色漢은 밤낮 남의 女子를 엿눈질 하기 때문에 눈시욹에 깊은 주름이 생긴다.

이러한 性格과 職業에 依한 주름의 特徵을 舞臺 化粧에서는 잘 살리고 利用해야 한다.

老役의 化粧은 바탕칠부터 달라야 하지만은 주름을 잘 살려야 한다. 주름을 그릴 때도 纖細하고 곱게 그렸다가는 舞臺에서 何等의 效果를 못낸다 굵고 單純하게 主要한 것 몇 個만 그리면 所企의 效果는 充分이 난다.

毛髮 수염의 化粧도 重要하다. 얼걸만 精密하게 해놓고 수염과 머리털을 疏忽히 한다면 절룩바리 化粧이 되고 만다. 老役의 머리는 물분으로 白髮을 맨들면 된다.

수염은 머리카락 羊毛 명주실 等으로 맨든다. 맨들기에 힘들면 簡單한 것은 먹으로 그려버리는 것이 좋으나 特히 긴수염 코ㅅ수염으로는 카이젤 수염 히틀러 수염 중국인 수염 等과 턱수염과 구래나룻는 만들어 붙이어야 한다. 수염 만드는 法은 손제주가 있고 硏究心이 있는 사람이면 無難히 된다.

수염을 살에 붙이는데 膠着用으로 '니쓰'를 쓴다. 이 '니쓰'는 송진(松脂라는 것인데 藥房에 가면 있다. 藥房에 없으면 樂器店에 바이올린 활에 쓰는 것이면 더욱 좋다)을 가루를 내어 알콜(酒廳)에 넣어서 잘 녹혀서 만든다.

化粧을 지울 때는 콜드크림으로 한다. 콜드크림이 없으면 물로 지어도 좋다.

四. 衣裳

化粧을 하는 것과 衣裳을 입는 것을 合처서 扮裝이라 한다. 아모리

臺詞를 잘 하고 動作이 能熟하더라도 그 人物과 扮裝이 동이 떠면 實感이 안 나고 效果는 죽는다. 젊은 사람이 扮裝 하나로 恰以 老人과 같이 보이며 二十 넘은 사람이 扮裝에 따라 十餘歲의 어린 아이로도 보인다.

專門劇에서는 特殊한 衣裳(古典物이나 外國物)은 衣裳 硏究家의 '데사인'과 考證을 받아 正確한 樣式과 現代的 特徵을 把握한 다음 製作한다. 素人劇에서는 이렇게는 될 수 없으니 近似한 것을 빌리고 꾸어 마추어야 한다. 지금 같은 物價高에는 衣裳의 新調는 不可能하다. 그러나 新調하지 않고는 도저히 빌리기 어려운 것은 할 수 없다. 平凡한 衣裳, 日常 쓰는 것은 그 役을 맡는 사람이 自用을 가지고 오든지 自手로 몸에 맞는 것을 빌려 오두록 責任을 지우는 것이 좋다. 그렇지 않고 한 사람이 多數人의 衣裳을 多數로 구해들이면 힘도 들고 몸에 맞지도 아니하기 쉽다.

第九. 演劇 用語 몇 가지

樂劇 '뮤직·프레이'의 飜譯인데 朝鮮에서는 所爲 樂劇團이니 歌劇團이니 하는 데서 歌謠와 音樂을 揷入한 演劇

가극 '오페라'를 말하는 것인데 朝鮮에서는 이 歌劇과 樂劇을 混用해서 樂劇의 뜻으로 쓰고 있다. 그러나 本格的인 오페라는 決코 지금 朝鮮에서 上演되고 있는 그런 俗樂한 것이 아니고 高度의 音樂藝術이다.

近代劇 『잎센』『스토린 드벨히』의 樂曲과 그 演劇運動에서부터 始作된 演劇을 말함인데 資本主義가 封建制度와 代置됨에 따라 政治 思想 經濟의 모든 分野에 이러난 變革은 演劇上에도 反射되었다. 『잎센』의 近代劇 運動은 演劇上의 뿌르조아 民主主義 革命이었다.

古典劇 歷史上으로 古典에 屬하는 時期의 演劇(希腦劇, 羅馬劇, 英佛獨의 各 古典劇)을 말함이다. 그러므로 古典에 屬하는 時期와 事件을 取材해도 그것은 歷史劇은 되나 古典劇은 될 수 없다(春香傳, 李舜臣傳 等). 朝鮮은 正確한 意味에서 演劇雇錢이 없다. 그러나 演劇傳統과 有産이 오래되지 못한 朝鮮에서는 '탈춤' '꼭두각시'(假面劇 人形劇) 等이 古典에 들

어갈 수 있다.

歷史劇 歷史上의 人物을 그 時代의 政治 面에 結付시켜서 쓰여진 것 歷史劇의 意義는 그 時代의 時代精神이 現代의 進步하는 民主主義 情神의 源泉이 되고 새 朝鮮建設의 文化的 推進力이 될 것이지 封建的 정신의 鼓吹 盲目的인 英雄崇拜 王政의 追幕이 되어서는 안 될 것이다.

演劇文化 文化로서의 演劇은 實로 重要한 地位에 있다. 演劇은 人類가 가진 發達된 文化形態다. 文化의 發達 없이 한 國家 한 社會의 發展은 볼 수 없다. 우리 朝鮮의 民族文化 樹立이란 크다란 課題 中에 演劇運動이 가진 바 責任은 크다. 그러므로 우리들의 演劇運動이 興行 資本의 弄格物이 되고 商業主義에 墮落된다면 演劇文化樹立은 絶望이라 할 것이다.

演劇運動 近代 演劇은 完全히 劇場 안에 鐵城하고 말았다. 더욱이나 舞臺와 客席과는 딴 世界같이 嚴然한 區別이 되었다. 이 結果로 劇場에 入場料를 支拂하고 구경 갈 수 없는 사람 農村 같은 劇場 設備가 없는 곳의 사람들은 演劇文化의 惠澤을 입을 수 없게 되었다. 이 現像도 資本主義 制度의 缺陷으로 이러나는 文化의 都市集中의 一端이다. 새로운 文化建設에 있어서는 이 文化의 都市偏重을 克服하고 全國의 坊坊曲曲에 文化를 均割해야 한다. 移動演劇도 이 任務의 하나를 遂行하기 爲해 少數의 人員과 簡單한 道具로 農村 山村 等 常設劇場이 없는 곳 學校, 工場, 會社 等으로 演劇을 能動的으로 가지고 들어가는 運動을 擔當한다.

演劇運動 朝鮮에 있어서 宸極運動은 朴陶山 玄聖完 金史良 氏 等의 所爲 新派(日本에서 이러난 壯士劇 新派劇을 그대로 直輸入한 것)에 對抗하여 잎센 以後의 歐美의 正統的인 演劇을 朝鮮에 樹立하자는 運動이었다. 新派라는 畸形的 演劇形態에서 正統的인 演劇을 主唱하고 지켜온데 그 功績겼었고 小市民에 依하여 小市民들의 藝術至上主義의 演劇 試驗的인 演劇으로만 自縛하고 安堵한 缺陷이 '新建設'(朝鮮프로레타리아 藝術聯盟 카프 所屬) 創立 以後의 左翼 演劇人들에 依해 批判 指摘되었다.

自立演劇 工場, 農村, 學校 等에서 自立的 自主的으로 演劇 愛好者들의 손에 依하여 이러나는 演劇運動이다. 素人劇도 自立演劇의 하나이다. 이 自立演劇의 하나이다. 이 自立演劇의 派撥한 發生은 우리 演劇運動의 重大한 힘이 된다.

演劇써클 工場, 農村, 會社, 銀行, 學校 等에서 演劇을 愛好하고 觀劇을 잘 다니는 사람들이 모여서 같이 演劇구경도 가고 구경 갔다 와서 批評도 하고 演劇에 關한 硏究도 하는 親睦團體이다. 이 演劇써클을 많이 만드는 것은 演劇運動의 큰 任務이다.

劇場問題 劇場은 劇場을 使用하는 藝術家들의 것이 되어야만 옳은 劇場文化(演劇, 映畵, 音樂, 舞踊)를 樹立할 수 있다. 우리 朝鮮을 帝國主義日本이 植民搾取 手段으로 多數의 劇場(全 劇場 數의 九割 以上)을 建築하고 興行 資本을 通하여 演劇人과 觀客 兩편에서 搾取해왔다. 朝鮮이 解放됨과 同時에 이 劇場은 相當히 文化人의 손에 돌아가야 할 것임에도 不拘하고 아직것 惡質的인 謀利輩를 朝鮮文化 樹立에는 손톱마치도 良心的인 熱意가 없는 者들의 手中에 龍斷되고 있다. 이 問題의 完全한 解決이 없이는(劇場의 國營, 公營, 或은 文化人에게 營利權을 委任) 演劇의 發展과 演劇人의 生活安定은 바랄 수 없다.

悲劇 '트라괴디'의 譯語 演劇이 슲은 結果(主人公의 주검, 不幸, 事件의 不幸한 解決 또는 未解決)로 끝나는 것을 悲劇이라 한다. 눈물만 난다고 덮어놓고 悲劇은 아니다.

喜劇 '코뫼디'의 譯語 事件이 圓滿하게 解決되는 演劇 무턱대고 웃기기만 하는 笑劇과는 달으나 喜劇이라면 巷間에서는 우스운 演劇으로 通用한다.

連鎖劇 演劇에 다가 映畵의 場面을 挿入한 것이다. 朝鮮서는 玄聖完座가 始創했다. 演劇 舞臺에서는 表現하기 어려운 것을 映畵로 翠影하여 時間의 急速化 스릴의 助長을 했기 때문에 一時는 人氣를 크게 끌었다. 그러나 現今같이 發聲映畵가 發達되어 감에 따라 이런 原始的인 形態는 退車하고 만다.

스타시스템 名俳優 重點主義다 몇 사람의 著名하고 人氣있는 俳優를 팔기 爲하여 宣傳도 企劃도 配役도 그런 사람을 中心으로 해서 하고 소위 스타 以外의 演技者들은 밑에서 깔려만 지내게 되는 制度이다. 이것도 興行 資本主義의 罪惡이다. 數人의 名俳優 人氣俳優의 손에 依하여 되는 것이 아닌 以上 이 制度를 없애지 않고는 옳은 演劇이 發展할 수 없다. 朝鮮의 觀客 中에는 演劇을 보러가지 않고 名俳優 人氣俳優의 얼골을 보러가는 觀客이 많다면 얼마나 寒心한 노릇이랴.

幕과 場 幕이 한 번 나리면 一幕이러 한다. 原則으로는 한 가지 演劇에 事件이 一段落을 지운다거나 다음 幕에 새 發展이 想像 될 때에 幕을 나린다. 그러나 舞臺轉換의 形便 上 事件이 段落되지 않고도 場面을 바꾸기 위하여 또 幕을 나린다. 이러한 때는 幕은 나려도 몇 幕에 몰지 않고 몇 場에 들어야 한다. 가령 春香傳에 처음 場面이 廣寒樓고 다음이 春香의 집이라면 場面은 다르다 할지라도 李道令의 春香에게 對한 求愛은 이 두 場面으로 一段落이 된다. 이러한 때는 廣寒樓에서 暗轉이 되고, 春香의 집에서 幕이 내리는 것이 一般的 原則으로 兩 場面을 第一幕 第一場 第二場으로 區別한다.

스다프 人的 養成 陣用을 말한다. 映畵에서는 製作陣用을 말하는데 演劇에서는 '앞 스타프' '뒤ㅅ 스타프'로 스인다. 前者는 舞臺에 出現하는 演技者를 가르치고 後者는 舞臺 뒤에 일하는 一切의 生産陣(演出 裝置, 道具 效果 照明 等)을 가르친다.

脚色 小說이나 傳說을 戱曲으로 編成하는 創造的 事業이다. 남의 戱曲에 加筆하는 것을 潤色이라고 한다.

테마 作品이 目的하는 主題, 春香傳의 主題는 戀愛가 아니고 封建的, 專制 郡守의 惡政 打倒라야 할 것이다.

레파토리 演目 或은 上演 目錄이라고 飜譯한다. 한 劇團 한 劇場은 自己의 레파트리가 가장 큰 財産이다. 이것에 衣하여 그 劇團의 歷史, 傳統, 傾向 目標를 遺知할 수 있다. 그러므로 레파트리 編成이란 企劃事業의 最高의 劇團運營의 生命이라 할 것이다.

마리네 伊太利 말의 아침이란 뜻인데 演劇에는 晝間 興行이란 듯으로 쓰인다. 外國에서 映畵는 每日 '마티네'가 있으나 演劇에는 日曜日 名節에만 있다. 朝鮮같이 一日 二個 甚하면 三個가 每日 같이 ◇讀되어 酷使하고 있으니 이러고 어찌 演劇人들의 保健이 憂慮안되랴.

독백 '모노로그'의 역어, 舞臺에서 혼자 지꺼리는 臺詞를 말한다. 外國 演劇은 獨白이 길고 朝鮮觀客은 獨白이 길면 싫어한다.

暗轉 舞臺의 場面을 轉換할 때 照明을 끄고 어두운 中에 하는 方法 '다크·췐지'의 譯語 全然 照明을 꺼버리면 作業이 困難하므로 照明을 끄고 暗轉 幕을 '次 내려 놓고 다시 低光의 불을 켜고' 作業을 한다.

溶明과 溶暗 映畵의 페이드· 인(F·I) 페이드 아울 (F·O)에서 나온다. 照明을 漸次로 밝히게 하는 것을 溶明 그 反對로 漸次 어둡게 하는 것을 溶暗이다.

『소인극하는 법』, 신농림출판부, 1946. 8.

농촌 연극 써-클 운영법

一. 농촌에 있어서 군중문화사업과 연극 써-클 운동

우리 공화국 북반부에 있어서는 토지개혁의 거대한 성과 위에 이를 일층 확고 발전시키는 농촌 경리 사업이 활발히 전개됨과 동시에 각종 군중문화사업이 또한 근로 농민대중 가운데서 활발히 싹트며 건장하게 육성되고 있다.

특히 군중문화사업 가운데서도 가장 활기를 띄고 그 발전의 속도가 빠른 것은 연극 써-클들의 활동일 것이다. 이의 총활로서는 一九四八~九년에 있어서 八·一五해방 경축 써-클 연극 경연에 출연한 각도대표의 농촌 연극 써-클들의 연극을 들 수 있다.

오늘 우리 공화국에서는 전문적인 극단들이 우리 민족연극을 옳은 사실주의적 방법으로 창조하여 많은 성과를 거두고 있는 한편 직장과 농촌, 어촌, 학교 등에서는 자립적인 연극운동들이 성대히 전개되고 있는 것이다. 이는 오늘 우리나라의 근로인민들이 자기 생활에 있어서 문화적 수준을 높이기 위한 적극적인 표현인 것이다.

우리 공화국 북반부의 농민들은 一九四八년도 인민 경제계획에 있어서 농촌경리부문의 예정숫자를 승리적으로 달성하였다.

조선민주주의인민공화국 최고인민회의 제二차 회의에서는 북반부의 인민경제 부흥발전을 위한 一九四八년 계획 실행총결과 一九四九~一九五◇년 二개년 계획에 관한 법령을 채택하였다.

농촌경리의 二개년 계획완수는 토지개혁의 성과를 더욱 공고히 하며 농민대중의 생활수준을 일층 높일 뿐만 아니라 전체 근로인민들의 생활향상을 위해여 량곡의 증산과 경공업원료를 다량으로 생산하는 등으로써 우리나라의 경제토대를 철벽과 같이 굳게 하여 반동파와 미제국주의

자들에게 타격을 주게 되는 것이다. 그러므로 이는 곧 우리인민들의 국토완정과 완전 독립 쟁취를 위한 투쟁과 부합되는 것이다.

농촌에 있어서 모든 군중문화사업은 인민경제 二개년계획 완수에 결부되어야 할 것이며 농민들로 하여금 계획달성에 추동하는 거대한 힘이 되어야 할 것이다.

고립된 방향에서 전개된다면 아무려한 군중문화사업으로서의 역할도 놀지 못하는 무의미한 노력과 시간소비에 끝나고 말 것이다.

나는 이 강좌에서 어데까지든지 농촌에 있어서 군중문화사업을 인민경제 二개년계획과 긴밀히 결부시키는 방향에서 이야기하려고 하며 이미 조직된 연극 써―클은 어떻게 운영할 것이며 아직 조직되지 않은 곳에서는 어떻게 써―클을 조직할 것인가에 대하여 이야기 하려고 한다.

농촌에 있어서 모든 군중문화사업의 근원지는 두 말 할 것 없이 민주선전실이다. 그러므로 연극 써―클의 본거지도 민주 선전실이 되어야 할 것이며 일상적인 지도와 운영에 대한 기본적인 대책 방침들이 여기에서 울어 나와야 할 것이다.

오늘 연극 써―클들의 발전 정도를 볼 때 생산직장들에서는 비교적 높은 수준에 있으며 또 일상적인 지도가 미치고 있으나 농촌들의 연극 써―클들은 락후한 상태에 있고 지도사업이 일상적으로 전개되지 못하고 있다.

그는 생산 직장들은 주로 도회지의 부근에 있는 관계로 거리상 전문적인 연극단체와 또 지도일꾼들과 접촉할 기회가 많은 대신에 농촌은 대개가 원격한 지대에 있어 전문극단이나 지도적일꾼들의 지도를 받기 어려운 형편에 처하여 있기 때문이다. 특히 산간벽지에서는 아직도 연극과 영화를 한 번도 구경해보지 못한 농민들이 많이 있는 형편으로 이방면의 사업이 전연 미치지 못하고 있다.

써―클운동이 진행되고 연극 써―클이 조직되어 있는 농촌에 있어서도 그 진행방법과 지도방법은 극히 행사적인데 치우치는 경향이 있고 일상적으로 추진되고 있지 못하고 있다.

다시 말하면 농사일이 바쁘지 아니할 시기를 택하여 농촌청년들이 연극을 하기로 하고 각본을 선택하고 련습을 진행하여 이것을 공개하게까지 만들어 일단 공연을 하고나면 그 사업은 그만 그것으로 끝나고 아주 연극 써—클 사업은 중단되어 버리고 만다. 항구적인 써—클 조직을 가지고 공연이 있을 때라도 일상적인 훈련과 연구 사업이 진행되어야 할 것이다.

공연을 목표로 한 사업과 일상적인 훈련 연구사업에 있어서 연극 써—클은 어떤 일을 하여야 할 것인가.

공연사업

첫째. 조직정비

연극 써—클에는 다음과 같은 조직과 거기에 이르는 인원들을 배치하여야 한다.

총책임자(위원장)—써—클 사업을 전체적으로 책임지고 지도하며 계획을 수립하여 민주선전설사업과 밀접한 련락을 취하여 농촌에서 각 정당 및 농맹과 민청 녀맹들과 련락하며 써—클 사업을 총괄하고 써—클 연극으로 하여금 군중문화사업으로서의 기능을 충분히 발휘케 하는 전체 역할을 담당하여야 한다.

연출자—연극을 기술적으로 꾸며내고 전도하는 일은 연출자의 책임이다. 연출자가 실제로 하는 사업에 대하여는 연출하는 법을 설명하겠지마는 연출자는 써—클에 누구보다도 연극을 잘 알아야 하며 모든 사물을 옳게 판단하며 바로 보는 정치적 수준을 가진 재간 있고 유능한 사람이 이것을 담당해야 한다.

연기자—무대에 나가서 실제로 연극을 하는 배우다. 그러므로 아주 간단한 한 막짜리의 연극을 상연한다고 할지라도 九~八명 내지 十여명은 있어야 하며 거기에서 적어도 천제 연기자수의 三◇%의 여자가 있어야 한다. 좀 복잡한 연극에 있어서는 二十명 이상의 연기자가 필요한때도 흔히 있는 것이다. 연기자는 신체가 좋고 말을 똑똑하게 하며 행동이 민첩하고 재주가 있는 사람이면 아무라도 될 수 있다. 군중 앞에서 수집어하고 남 앞에서는 말소리가 뱃속으로 기어들어가는 사람은 연기자가 되기는 좀 어렵다. 그러나 활발하고 명랑하며 진보적이며 민주의식이 뚜렷한 오늘 우리 공화국 북반부의 농촌청년들이면 누구나 써-클 연극에서 연기자가 될 수 있다.

무대 장치자-연극을 할 수 있도록 무대 위에 집을 만들어내고 산과 나무들 꽃 울타리 등등을 꾸며내며 배경을 그려 붙이는 사람이다. 그림에 재간이 있고 손재주가 있는 사람들 골라서 이 책임을 맡긴다.

조명효과 책임자-전문적인 극단에 있어서는 조명(전기 불을 리용하여 시간과 장소의 여러 가지 변화와 분위기를 표현하는)이라는 사업은 대단히 복잡하고 기술을 필요로 하며 예술적인 구상도 필요하는 써-클 연극에 있어서는 전기에 대한 상식이나 있고 색을 골라 쓸 줄 아는 사람이면 된다. 더구나 전기가 없고 카-바이트나 석유로 조명을 해야 할 농촌에서는 더욱 단순하다.

효과는 여러 가지 소리(새소리, 물소리, 바람소리, 기차소리, 군중의 소리) 등등을 무대 뒤에서 내는 일인바 이것도 전문극단에서는 복잡한 기술과 방법이 필요하나 써-클 연극에서는 조명책임을 맡은 사람이 겸하여도 훌륭히 감당 할 수 있다. 만약 효과가 많고 복잡하여 단독 책임자를 낼 필요가 있으면 음악에 대한 소질이 있고 귀가 밝은 사람을 택하면 된다.

대도구 및 소도구 책임자-이것도 전문극단에서는 각각 여러 사람이 필요하나 주로 단막극(單幕劇)을 울리는 써-클 연극에서는 무대장치가 주가 되고 여기에 조력하는 사람 二~三명을 내면 된다. 만약 장면이 여러 번 바뀌고 소도구를 많이 필요로 하는 각본을 상영할 때는 대도구일꾼 三~四명 없어도 상관없으나 다만 소도구를 많이 만들어야할 경우는 수공을 잘하는 손재간 있는 사람을 선택할 것이다.

무대감독-전문극단에는 반드시 무대감독이 있고 조수까지 필요로 하나 써-클 연극에 있어서는 연출자가 겸임해도 좋다.

둘째. 각본선정

연극에 있어서 가장 근본적인 요소인 각본을 선정하는 것은 중대한 사업의 하나이다. 각본선택을 잘하고 못하는 데 따라 그 써－클 연극의 성과가 좌우된다. 각본선택의 방법에 대하여서는 다른 구절에서 상세한 설명이 있으므로 여기에서는 그 중요성만 지적하여 둔다.

셋째. 배역(配役)과 연출계획 수립

연출자가 자기사업을 개시하는 기본사업이 이 배역과 연출계획 수립이다. 여기에 대하여서도 연출하는 법을 이야기할 때 상세히 설명하겠다.

넷째. 련습 진행

련습일정표(練習日程表)를 작성하고 이에 따라 시작되는 것이 연출자와 사업의 중심이며 연기자의 공연전의 중심사업이다.

다섯째. 장치제작, 의상준비, 소도구, 조명장치, 준비 련습이 진행되면 한편으로 무대 장치자는 연출계획에 기초하여, 자기의 장치계획을 세우며 그 계획과 도안(圖案)에 따라 만들기 시작한다. 그러기 위하여는 여기에 필요한 기구와 물자들을 준비하여야 한다.

또 한편에서는 연출 계획에 따리 지정된 의상을 제작하든지 빌려올 것이며 소도구도 만들고 빌려올 준비를 하며 조명에 필요한 도구, 색지, 색천 등을 준비한다.

여섯째. 공연준비

총책임자는 련습의 진행과 기타 준비의 진행에 따라 공연장소를 준비하여야하며 관객을 동원할 조직과 선전을 시작하여야 한다. 극장에서 공연을 할 때는 무대에 곧 준비가 필요하지 않으나 무대가 없는 회의장이나 민주 선전실, 학교강당 등에서 할 때나 또는 마당에서 할 때는 소위 가설무대를 만들어야 한다.

써－클 연극은 입장료, 수입료를 목적하지 않는 군중 문화사업이기 때문에 될 수 있는 대로 많은 농민대중을 동원하여 그들로 하여금 연극을 감상케 하여야 할 것이다. 그러기 위하여는 관객을 동원하며 선전하는 계획들을 면밀히 세울 것이며 이를 조직적으로 추진하여야 한다.

일상적 사업

첫째. 비평사업과 연극 감상

써-클에서 한 개 연극을 공연하고 난 뒤에 그 공연의 성과에 대하여 반드시 비평회를 가져야 한다. 여기에는 써-클원들만이 참가할 것이 아니라 다른 종류의 써-클원(음악 문학 등)과 사회단체 일꾼들과 관객들 가운데서도 몇 사람을 참가시켜야 할 것이다.

비평회에서는 그 공연에서 나타난 우점을 추려서 일상적 훈련과 연구의 산 재료로 만들어야 하며 결점들을 지적하여 발전을 가져오는 동기를 만들어야 한다.

또 비평회에서는 전체적인 우결점만을 말 할 것이 아니라 연기자, 개개인의 연기에 대한 상호비판이 있어야 하며 각본, 연출, 장치, 조명 효과 등등에 걸쳐 세세한 비평을 해야 한다.

비평 사업에 있어서 다만 자기 써-클 연극에만 국한할 것이 아니라 다른 동네의 써-클 연극 또는 전문극단의 연극을 구경하고 거기에 대하여 비평하여야 한다. 이는 연극을 보는 눈을 높이며 다른 극단의 우수한 연기를 본받는 강력한 방법인 것이다.

둘째. 각본연구

전문작가들이 창작한 단막각본, 장막각본들을 많이 모아서 이것들을 연구하는 것인 일상적인 써-클 지도 사업의 중요한 한가지다.

각종 각본들을 연구하고 분석하고 그 구성법과 그 주제의 취급 방법들을 캐보는 것은 써-클원들로 하여금 각본에 대한 지식을 넓히며 각본을 볼 줄 아는 안목을 높이게 한다. 즉 어떤 각본이 잘된 각본이며 어떤 각본이 농촌에 적합한 각본인가를 판정하는 실력을 양성한다. 그 뿐만 아니라 많은 각본을 연구한다면 그것을 통하여 얻은 지식으로 써-클원들이 직접 자기들의 생활을 재료로 하여 각본희곡을 창작하려는 의욕을 돋구게 한다.

셋째. 연기 련습

연기하는 동무들은 연기 련습을 일상적으로 하여야 한다. 일정한 각본을 선정하여 그 각본에 나오는 매개 인물의 연기를 련습하기도 하며 또는 일정한 과제를 내세워서 그 과제에 따라 매개 연기자들이 각자로 동작을 해본다. 가령 동작에 있어서 호미로 김을 매는 동작, 무거운 텃가마니를 지게에 지고 언덕길을 걸어가는 동작, 담배를 물고 집신을 삼는 동작들은 농민들의 일상생활에서 나오는 가까운 실례를 과제로 한다. 이러한 초보적인 동작에서 시작하여 점차로 어려운 동작, 가령 현물세를 일착으로 완납하고 난 다음의 기쁜 동작, 회의에서 과오를 지적받고 어두운 발걸음, 걸어오며 새로운 결심과 각오를 하는 동작 같은 심리가 변하는 과정을 표현하는 복잡한 동작에로 발전할 것이다.

넷째. 랑독

동작 련습과 아울러 랑독을 해야 한다. 성락을 하려면 발성(發聲)하는 법을 배워야 하고 연기에서 대사(臺詞)를 하는데도 발성하는 법을 배워야 한다. 이것은 어려운 전문적인 방법도 있지마는 결국 목적은 대사를 구경하는 사람에게 잘 전달되고 그 대사가 가진 감정을 잘 알아먹게 하는데 목적이 있는 것이다. 그러므로 어떤 각본의 한 구절이든지 소설이나 시든지 또는 신문기사의 한 구절이라도 좋으니 적당한 것을 골라 소리를 높여 높낮이(억양이라고도 한다)를 붙여 발음(發音)을 분명히 하여 랑독 련습을 할 것이다.

다섯째. 연극지식학습

이상에서 말한 실기적(實技的)인 기본 련습을 하는 한편 연극에 관한 지식 연출하는 법, 장치 만드는 방법, 조명 법, 효과법등에 대하여 전문적에 치우치지 않는 정도로 상식적인 문제에 대한 강좌를 가지고 써－클원들로 하여금 이를 받도록 하여야 할 것이다.

이상의 일상적인 연극 써－클 사업은 결코 전문적 연극인을 양성하기 위한 사업이 아니라 우리의 농촌 연극 써－클 사업은 인민경제二개년계획에 있어서 농촌경리 계획을 초과달성하는 생산투쟁에 적극적인 도움을 주며 내일의 투쟁의 원천력이 되도록 해야 할 것이다.

오늘 우리 공화국의 문학예술은 날로 발전하여 이미 높은 수준에 도달하고 있다. 특히 전문극단들의 연극은 그 발전 속도가 놀라울 만치 비약적이며 우수한 민족연극이 강조되고 있다. 이에 따라 우리 써－클 연극들도 언제까지나 신파연극의 흉내에 끄치고 있을 것도 아니며 작란거리에 머물러 있을 것도 아니다. 우리 써－클 연극들이 고상한 예술적 수준에 도달하는 것은 곧 우리민족의 문화예술의 고상한 발전에 커다란 원천력이 되는 것이다. 그러므로 써－클에 있어서 일상적인 훈련과 연구 사업은 절대로 태만히 하여서는 안 될 것이며 소홀히 하여서도 안 될 것이다.

그러나 다만 주의하여야 할 것은 써－클 사업은 어데까지나 군중문화사업이며 전문적 예술운동이 아니라는 점을 잊어서는 안 될 것이다.

생산직장에서나 농촌에서나 써－클 사업들이 생산에 지장을 주어서는 군중문화사업의 근본목적과 배치된다. 써－클원들이 써－클 사업에 열중한 나머지 생산이나 농경에 태만하고 전문화하려는 경향과 절대로 투쟁하여야 한다.

그러므로 농촌 써－클에 있어서는 위에서 말한 그러한 일상적 지도사업을 전개하는데 절대로 주의할 것은 농촌 경리사업이나 다른 조직사업, 사회단체사업을 도외시하거나 뒤로 미루기까지 하면서 이에만 치중하는 일이 없도록 할 것이다.

농촌경리사업과 그의 중요한사업에 지장이 없도록 일 개월에 三～四차 정도로 一차에 一～二시간쯤으로 중단 없이 일 년을 통하여 일상적으로 사업을 전개한다면 농촌에 있어서 써－클 연극은 질적으로 비약할 것이다.

농촌 연극 써－클은 一개면에 최소로 한 개는 있어야 할 것이며 큰 동리와 큰 부락에 있어서는 리 단위로 또는 부락단위로 조직하여도 좋을 것이다.

써－클을 새로 조직하는데 있어서 이웃동리나 면에 먼저 조직된 써－클들의 경험을 충분히 참작하여 섭취할 것이며 민청원을 중심으로 하여 열성분자들이 모여서 민주 선전실을 근거지로 하여 정당들과 사회단체의 지도아래서 조직할 것이다.

써－클 조직은 특별한 전문적 기술로써 되는 것이 아니라 연극을 애호하는 열성분자들의 열성으로써 되는 것이다. 물론 써－클 문화사업에 대한 지도서 출판물들을 연구하고 거기에서 얻은 지식을 활용하는 것을 필요로 한다.

농촌에 있어서 연극 써－클을 조직하여 그것을 운영하는데 있어서 농민들의 자립적 활동에만 방임하여 들 수는 없다.

이에 있어서 전문적은 일꾼들의 지도와 방조는 절대로 필요하다. 그러므로 농맹문화부의 일꾼들은 이에 대한 계획적인 사업을 전개해야 할 것이며 농민극단과 각도의 이동대와 또 수시로 조직 파견의 산간벽지 농촌연예대들은 공연사업을 진행하는 한편 농촌에 있어서 써－클 사업을 반드시 지도하는 책임을 져야 할 것이다.

수가 많지 못한 농민극단, 이동대, 연예대들이 농촌에 출동하는 기회는 농촌에 있어서는 극히 희귀한 일로 一년에 한번 그런 전문단체의 래방을 접하기도 어려운 형편이다. 그러므로 전문단체들이 농촌에 출동하였을 때는 농촌써－클들로서는 희귀한 기회며 천재일위의 기회를 극히 효과업으로 하여야 할 것이다.

이상으로 농촌에 있어서 연극 써－클을 운영하는 기본문제와 원칙문제들에 대하여 간단하게 이야기했다.

二. 연출이란 어떠한 일인가

연극은 희곡(戱曲)이라고 하는 문학작품(文學作品)이 있어야 하고 연기자(배우)들의 육체적 움직임과 말을 통하여 우리 인민들의 생활과 감정을 그리는 것이다. 그러기 위하여는 그 분위기(雰圍氣)를 나타내고 환경 곧 사건이 버러지는 장소의 모습과 시간의 변화를 보이기 위하여 무대장치(舞臺裝置), 전기조명(照明) 등을 해야 하고 나오는 인물의 직업, 성격, 환경을 뵈이기 위하여 의상(衣裳) 옷을 입혀야 하며 전체 사건진행의 분위기를 맞추고 실감(實感)을 내기 위하여 음향(音響) 효과(効果)를 내야 한다.

연기자의 연기에는 다분히 무용적(舞踊的) 요소의 음악적 소양이 필요하며 장치에는 미술(美術)과 효과에는 음악 등이 그 본질로 되어 있다. 이렇게 연극은 문학 미술 음악 무용 등 여러 가지 예술이 한데 어울려 된 것이기 때문에 종합예술(綜合藝術)이라고 한다.

이런 양식(樣式)이 다른 여러 개의 예술을 종합하는 연극은 작가가 한 개의 소설을 쓰고 미술가가 한 폭의 회화를 그리는 그러한 단순한 창조과정(創造過程)과는 다르다. 여기에는 복잡한 종합적 사업이 필요하며 이 여러 가지 예술요소에 동원되는 사람들을 장악하고 배치하고 움직이게 하는데 특별한 사업을 해야 한다.

이사업이 곧 연출이며 이사업을 담당하는 사람이 곧 연출가(演出家)다. 그러므로 연출가는 마치 한 대의 자동차를 만드는데 설계도를 작성하고 그 설계도에 의하여 만들어진 부분품들을 어루만지어 움직이는 자동차로 꾸며 내놓고 그자동차가 잘 움직이는지 혹은 원한치 못한 데가 있는가를 검열하는 기사의 역할과 같다.

그러므로 연극에서는 이 연출이란 사업이 대단히 중요하다. 아무리 좋은 각본이 있고 좋은 배우와 장치가가 있다 할지라도 연출의 방향이 틀렸거나 기술이 부족하다면 훌륭한 연극이 되기는 어려운 것이다.

농촌에서 써―클 연극을 하는데 연출을 담당한 사람은 어떤 조건이 필요한가? 써―클 연극에서는 이연출자가 전체를 지도하는 사람으로 된다.

각본—희곡을 선택하고 그것을 분석하여 그 각본이 관객에게 주려고 하는 기본 목적과 방향을 바로 잡으며 연기자를 통솔하고 장치, 의상, 조명, 선전 등 모든 부면의 계획을 세우고 이를 검열 지도하는 만능적인 역할을 해야 한다.

써—클 연극에서 연출자가 될 수 있는 사람은 연극에 대한 다소의 지식과 소질이 있을 뿐 아니라 정치적, 사상적 의식수준(意識水準)이 높은 사람이라야 될 것이다. 작가가 희곡에서 주려고 하는 목표를 뚜렷이 파악하고 이것을 무대 위에 나타내려면 사물(事物)을 바로 판단할 줄 아는 능력이 있어야 할 것이다. 기사가 기계를 설계하는데 만일 한 부분에 한 개의 학리(學理)에 맞지 아니한 라사못 또는 치차(齒車)를 집어넣었다고 한다면 그 기계는 제대로 돌지 못함과 같이 연출자가 각본의 해석과 내용의 파악을 잘못한 게 있다면 상연한 결과 옳은 연극이 되지 못 할 것이다.

이렇게 중대한 역할을 하는 연출자는 써—클 연극에 가장 많이 출연한 연기자 가운데서 선출하여도 좋을 것이다.

각본을 어떻게 선택할까

써—클 연극에서 각본을 선택함에 있어서 무엇보다 관심하여야 할 것은 과분한 욕심을 내지 말고 자기의 힘에 적절한 것을 골라야 한다. 특히 가제 조직한 써—클에서 힘에 겨운 각본을 선택하였다가는 성과를 얻지 못할 것이 명료하다. 처음에는 쉽고 간단한 것에서 시작하여 기술도 발전되고 경험도 가지게 되어 력량이 장성됨에 따라 점차적으로 어려운 것에도 옮아가야 할 것이다. 뱁새가 황새를 땋다가 다리가 찢어지는 격이 되어서는 안 될 것이다.

(가) 일막물을 선정하자

써—클 연극에 있어서도 기술이 장성하면 기술상 어려운 점이 많은 다막물(芗幕物)도 상연할 수 있을 것이다. 一막물을 주로 상연하는 것이 좋겠다. 장막물은 등장인물도 다수로 요구되며 연출하기도 어려울 뿐 아니라 비용도 많이 든다. 그러나 一막물에는 비교적 인원도 적게 들고 연출상에 복잡한 문제도 적을 것이다.

그러므로 여러 점에서 보아 써—클 연극에는 모두가 一막물을 장려하며 작가들도 一막물을 많이 쓰게 된다.

(나) 등장인물의 수효

각본을 택하는 데 있어 그 각본이 요구하는 등장인물수와 자기 써—클이 가지고 있는 사람수효를 잘 고려하여야 한다. 써—클원의 수효는 적은데 등장인물의 수효가 많다고 하면 상연불가능이 된다든가 써—클원 이외의 사람을 동원하여야하는 성가시운 일이 많다.

一막물은 특별한 경우에 등장인물수가 수십 명 되기도 하지만은 일반적으로 五, 六명에서 八, 九명 정도의 것이 많다.

이런 정도가 써—클에서 상연하기에 가장 적절하다고 생각한다. 등장인물 중에 여자 수효가 얼마나 되는 것도 중요하다. 여자를 너무 요구하면 실제 어느 써—클이든지 여자가 적은 형편이니까 상연 상 곤난할 것이다.

또 등장인물 중에 특별한 재주라든가 기술을 필요로 하는 각본은 실제 택하기 어려울 것이다. 가령 등장인물가운데 바이올린이나 피아노를 잘 연주하는 것을 요구한다면 써—클원 가운데 그런 기술자가 없다면 상연불가능한 것이다.

(다) 기술상 문제

대개 등장인물이 복잡하거나 또는 특수한 기교(技巧)를 많이 필요로 하는 각본은 가급적 피해야 할 것이다. 특히 조직된 지 시일이 오래지 않은 그런 써—클에서는 단순하고 쉬운 각본이라야 할 것이다.

장치와 조명 의상등도 너무 복잡한 것은 피하여야 할 것이다. 써—클에서는 전문적인 기술자들은 없으며 충분한 비용도 없고 자료도 구하기 어려운 형편인데 방대한 장치가 필요하거나 의상을 많이 만들어야 하는 그러한 각본은 택하지 말아야 할 것이다.

(라) 각본의 내용

각본의 내용이 오늘 우리 인민과 조국의 리익에 부합되지 않는 점이 있거나 또는 북반부 민주건설의 진상을 바로 전달하지 못하였거나 우리 농촌경리 발전을 바로 취급하지 못하였거나 그 발전을 저해하는 그런 각본을 성정할 수는 없다.

이러한 기본적인 정치적 잘못이 없는가를 고려한다면 대체의 설정을 할 수 있으나 좀 더 깊이 들어가서 내용을 가지고 론의를 하려면 시절이 맞는 환경이 동일한가도 문제가 되는 것이다. 즉 상연할 시기가 봄이면 각본의 시절도 봄이면 더 좋겠고 토지개혁 기념일에 상연할 것이면 토지개혁 때를 취재(取才)한 것이라야 될 것이다.

농촌에서 상연할 것이면 각본의 내용도 도시의 로동자들의 생활을 그린 것보다 농촌의 농민들의 생활을 그린 것이 보다 나을 것이고 춘기파종에 대한 선전연극에는 현물세 완납운동을 그린 각본보다는 춘기파종을 위한 농민들의 투쟁을 그린 각본이 더욱 좋을 것이다.

각본에 대한 연구

연출자의 사업 가운데서 첫째로 하여야 할 일이며 기본으로 되는 것은 각본에 대한 연구이다. 만약 각본에 대한 연구가 불충분하다면 마치 기계를 꾸미는데 검열하지 아니한 부분품들을 그대로 사용하였다가 기계가 단방 고장을 일으킴과 똑같은 결과를 가져올 것이다.

(가) 각본의 주제

희곡작가가 그 각본을 통하여 관객에게 무엇을 주려고 뜻하였는가를 틀림없이 똑바로 파악하여야 한다. 만약 그것을 옳게 파악하지 못한다면 강조하여야 할 데를 강조하지 못하고 쓸데없는데 지엽적(枝葉的)인데 힘을 드려 상연하는 전체적 목적을 뒤바꾸어 버릴 수도 있다. 가령 현물세 완납운동을 취재한 각본을 상연하는데 그 가운데 나오는 부분적인 청년 남녀의 연애사건에 힘을 드려 연출하였거나 강조한다면 그 각본을 상연하는 목적은 달성하지 못하고 관객들의 인상(印象)에는 다만 그 연애사건만이 머리에 남을 것이다. 이는 부분적인 사실을 전체적인 또는 기본적인 사실 같이 잘못 본 결과에서 나오는 실패이다.

(나) 각본의 초점(焦點)

각본의 사건이 진행되는 그 과정을 자세히 연구하면 여러 가지 굴곡(?)이 있는 것을 알 것이다. 즉 사건은 처음에 발단(發端)이 있다. 이 발단은 낮은데서 시작한다. 발단된 사건은 점점 발전하여 감정과 투쟁이 고조(高潮)로 올라가 클라이막스(초점 또는 최고초점이라고 한다)에 도달한다. 클라이막스에 도달한 사건은 다음으로 해결(解決)에로 들어가 끝을 막는다.

발단에서 발전하여 클라이막스로 옮아가서 해결로 끝막는 각본은 가장 일반적인 간단한 사건의 진행이다 좀 복잡한 각본은 사건이 발단하여 발전하는 과정에 몇 개의 작은 클라이막스가 만들어져 있다. 이런 각본은 사건의 진행 가운데 전변(轉變)을 만들어 둔 것이다.

한민(韓民)씨 작 "장가가는 달을" 보면 판구와 희순의 대화에서 발단되어있다. 사건가운데는 금희와 만수의 결혼이 겹쳐 있다. 이웃동네의 현물세를 자기의 배에다 실어주지 않겠다고 고집하는 배서방과 이웃동네의 농민들의 대립에서 사건은 해결점에 도달한다.

(다) 인물에 대한 연구

각본의 내용을 옳게 관객에게 전달하기 위하여 연출자는 그 작품의 등장하는 인물의 성격(性格)을 옳게 분석(分析)하여야 할 것이다.

한집안 식구 한 가족 가운데도 개개인의 성격이 다른 것과 마찬가지로 한 개의 각본에 나오는 등장인물들도 제각기 독특한 성격을 가지고 있다.

만약 연출가가 성격분석을 하지 않고, 한 개의 각본을 연출한다면 거기에 나오는 인물들은 이거나 저거나 똑같은 인물이 되든지 감정이 충분히 나오지 않는 평범한 인물들로 되고 말 것이다. 이리하여 결국에는 가본이 가지는 목적을 완전히 전달하지 못할 것이다.

『장가가는 날』에서 판구라는 청년의 성격을 잘못 분석하고 잘못 설정한다면 판구라는 인물을 명랑하고 경쾌하고 솔직한 청년이 될 대신에 반남이나 팔품과 같은 어릿광대가 되고 말 것이다.

(라) 각본정리

작가가 써내어 놓은 희곡은 연출자의 립장에서 볼 때 여러 가지로 손을 대야할 필요를 느끼게 된다. 대사—등장인물의 말—가운데 필요치 아니한 부분이라고 인정하면 그 부분을 째버릴 수도 있고 반드시 필요한 말이라면 더 집어넣을 수도 있을 것이다.

어떤 경우에는 작가가 설정해둔 등장인물 가운데도 전연 필요를 인정하지 아니한 때도 있다. 이럴 때는 하나의 인물까지 삭제해 버릴 수도 있다.

이러한 각본정리는 절대로 연출자의 독단적 판단으로 하지 말아야 하며 오직 작가의 의도(意圖)를 충분히 살릴 수 있는 방향에서 과학적으로 해야 할 것이다.

(마) 등퇴장(登退場)과 위치(位置)와 동작(動作)

연출자는 자기의 연출계획에 따라 장치자에게 무대의 기본배치를 정한다. 어느 편에 나무가 있고 우물이 있으며 어느 편에 집이 있고 그 집의 어느 편이 부엌이고 어느 편이 안방이라는 등을 지정하여야 한다.

이 무대의 기본배치에 따라 등장하는 인물들이 사건을 진행하는 가운데 동작하는 위치와 무대에 드나드는 시간과 장소를 결정한다. 작가가 희곡에 기본적인 동작과 위치와 등퇴장에 대하여 지정을 해 놓지마는 연출자는 더욱 상세한 배치와 설정을 해야 된다.

등장인물이 처음부터 끝까지 움직이지 않고 위치도 바꾸지 않을 때는 드물다. 이렇게 때문에 한 인물이 등장하여 퇴장할 때까지 또는 막이 내릴 때까지에 하여야 할 동작의 기본방향과 위치는 연출자가 확실하게 계획을 세워서 그 계획대로 추진시켜야 한다. 연기자가 제 마음대로 출연할 때마다 다른 동작을 하게 하여서는 절대로 안 된다.

인물의 동작과 퇴장은 장소와 시간을 엄중하게 맞추어야 한다. 등장이 왼편이라고 지정되어 있다 하여도 왼편 후방(後方)으로부터 할 것인가 전방(前方)으로부터 할 것인가를 지정해야 하며 먼저 등장인물의 어느 대사의 대목에 새 등장인물이 등장할 것인가도 명확하게 정해야 한다.

이러한 동작 위치장이 연출자의 지정대로 실행이 안 되면 연극은 파탄되고 만다. 이는 마치 기차가 제 마음대로 달리다가 탈선하는 결과와 같은 것이다.

(바) 장치, 조명, 의상 효과에 대한 계획

장치, 조명, 의상 효과 등에 대하여도 기본적인 계획은 연출자가 세워야 한다. 그 기본계획에 따라 각기 담당자들이 자기의 세밀한 계획을 세운다.

써―클 연극에서는 인원관계와 이를 단순화하는 목적으로 장치, 조명 효과, 의상 등 매개 담당자를 정하지 않고 장치담당자가 통틀어 맡는 수도 있으며 연출자가 맡는 수도 있다.

(사) 배역(配役)

등장인물에 따라 그 역할을 매개 연기자들에게 분배하는 사업도 대단히 중요하며 신중히 하여야 할 일이다.

어떤 등장인물의 역할은 어느 연기자가 맡아야 가장 적합하고 잘 살릴 수 있으리라는 엄격하고 과학적인 판단을 내린 뒤에 배역을 정하여야 한다.

만약 배역을 잘못 정하여 그 인물을 살리지 못한다면 연극은 실패에 돌아갈 것이며 련습 도중에 배역을 바꾸고 혼란을 일으킬 것이다.

배역은 여태까지든지 연기자의 력량과 그 연기자가 가진 바탕, 소질을 고려해서 엄격히 정해야 할 것이지 정신적으로 맹목적으로 정해서는 안 될 것이다.

그러므로 배역은 연출자의 독단으로 하지 말고 연출자의 배역안(案)을 써—클 전원회의에 내놓고 충분한 토론과 의견을 청취하여 민주주의적으로 결정하여야 할 것이다.

련습 진행

각본에 대한 연구가 끝나고 배역이 되면 이젠 련습에 들어간다.

련습도 무계획적으로 진행할 것이 아니라 계획에 의하여 추진하여야 한다. 상연할 날짜를 정하여 놓고 그날까지에 대사 련습, 동작 련습, 무대 련습, 총 련습 등으로 나누어 적당하게 련습 계단을 정할 것이다.

(가) 대사 련습

대사 련습은 연기자들이 책상머리에 모여 앉아 한다. 대사 련습의 첫 계단은 내용을 옳게 파악(把握)하고 발음(發音)을 똑똑하게 하는 데 있다. 그러므로 여기에서는 대사에 높낮이도 강약(强弱)도—높낮이와 강약을 합쳐서 억양(抑揚)이라고도 한다—붙이지 아니하고 보통 책을 읽는 것과 같이 발음만 똑똑히 하여 진행한다.

이리하여 연기자들이 자기 대사의 뜻을 다 알게 되고 발음도 분명히 하게 되면 다음 계단으로 들어가서 대사에 억양을 붙여 련습한다. 즉 대사에 감정을 불어 넣어 련습하는 것이다.

이렇게 두 계단으로 나누어 대사 련습이 충분히 되기 전에는 동작 련습에 들어가서는 아니된다. 이 대사 련습의 계단 중에서 연기자는 자기의 대사를 외이도록 해야 한다.

(나) 동작 련습

동작 련습은 선 련습이라고도 한다. 대사 련습은 책상머리에 앉아서 하는 대신에 동작련습은 서서라야만 되기 때문이다.

동작 련습의 첫 계단은 연출자의 기본 계획에 따라 위치와 등퇴장을 연기자들이 알도록 하는 것이다. 이 동작련습 때는 반드시 마루바닥에 무대장치의 기본위치를 그려놓고 해야 한다.

위치와 등퇴장이 알게 되면 다음은 세밀한 감정과 등장인물의 상호관계와 분위기를 내기 위한 동작 련습을 가장 오랫동안 진행해야 한다.

대사 련습과 동작 련습은 처음부터 끝까지를 통하여도 할 수 있으며 부분 부분을 때서도 할 수 있다. 이 두 가지 방법을 적절히 교대하여 사용하여야 한다.

그러고 련습 과정에 반드시 효과 조명 책임자들을 참가시켜 어느 대목에서 어떤 소리를 내며 조명은 어떻게 전한다는 것을 알도록 해야 한다.

(다) 총련습

동작 련습이 원활히 되고 감정도 분위기도 잘 나오게 되었으면 인제는 그 분위기와 감정을 일층 까다롭고 높이기 위하여 총 련습을 한다.

총 련습은 의상을 입고 화장을 하고 소도구(小道具)를 가지고 한다. 총 련습의 또 하나의 목적은 화장이 옳게 되었는가 하는 사업이다.

총 련습의 결과에 연기나 기타 각 부문에서 부족점이 있으면 비평회를 통하여 보충하고 시정하여야 할 것이다.

(라) 무대 련습

극장이나 혹은 극장이 없더라도 강당이나 회의실에서 미리 무대를 만들어 놓은 곳이라면 총 련습도 무대에서 진행할 수 있다. 련습장에서 총 련습을 한 뒤에는 무대에서 반드시 마지막 련습을 해야 한다.

이 무대 련습은 장치, 의상, 화장, 소도구, 조명 효과 등 일체를 구비하여 놓고 실제 관객 앞에서 하는 그대로 하는 것이다.

(마) 시연회(試演會) 공연(公演)

무대 련습이 끝나고 내부적으로 이만하면 원만하다고 인정할 때에 시연회를 조직한다. 시연회에는 일반 관객은 초대하지 말고 그 동내의 인민위원회 간부, 농맹 민청 녀맹, 기타 예술 문화관계자들을 초대하여 보일 것이다.

시연회가 끝나고는 초대한 사람들을 중심하여 합평회를 조직하여야 한다. 이 합평회에서 지적되는 점들은 주로 정치적 방향과 전체적 인상(印象)에 대한 좋은 의견들이 나올 것이다. 그러므로 여기에서 나오는 의견과 지적된 점을 전체 써-클원들은 잘 듣고 이를 접수하여 고칠 점을 고치고 부족 점을 보충하고 강조할 점을 강조하여 연극이 더욱 원만하도록 하여야 한다. 이러한 경로를 밟은 뒤에라야 비로소 일반에게 보이는 공연을 조직하게 될 것이다.

연출자의 다른 일

련습을 진행하는 가운데 중간 중간에 써-클원 회의를 소집하고 준비 진행 상태를 청취하며 또는 장치제작 기타 사업 진행 정형을 검열하는 사업도 연출자가 하여야 할 일이다. 연출자는 써-클 연극에 있어서 모든 일에 지도적 역할을 해야 하겠지마는 결코 민주주의적 의견을 무시하고 독재자(獨裁者)가 되어서는 안 될 것이다. 회의를 자주 소집하여 의견을 교환하고 그 민주주의적 의견에 따라 연극을 원한하게 만들어 내도록 류의하여야 할 것이다. 일단 공연을 시작한 뒤에도 연출자는 연극진행을 항상 감독하고 연극이 자기의 계획과 달리되거나 연기자가 탈선을 하는 일이 있으면 이를 지적하고 시정하여야 할 것이다. 한번 공연을 한 뒤 얼마쯤 쉬다가 다시 공연을 할 때는 다시 련습을 하여야 한다. 이상에서 연출자가 할 일에 대하여 대충대충 이야기하였다. 이와 같이 연출자가 자기사업을 원만하게 못하면 써-클 연극은 성과를 거두울 수 없을 것이다.

三. 연기하는 사람(배우)들의 할 일

연기자(演技者)－보통 배우(俳優)라고 한다－는 연극에 있어서 가장 중요한 역할을 하는 사람이다.

작가가 쓴 희곡은 연출자(演出者)의 지도에 의하여 연기자의 연기(演技)를 빌려서 무대 위에 나타난다. 희곡작가나 연출자의 역할은 무대 뒤편의 보이지 않는 곳에서 수행된다. 연기자의 역할은 무대 위에서 관객들의 눈앞에서 수행된다. 연기는 연기자의 동작(動作)－움직임－과 음성(音聲)－소리－로써 표현된다. 동작은 연기자가 손발을 움직이거나 몸을 굽히고 펴거나 걸음을 걷거나 얼굴의 근육(筋肉)－살－을 움직여 표정을 하는 것들로 이루워진다.

써－클 연극에 있어서 연기자들은 어떠한 사업을 하여야 할 것인가. 여기에서도 하나의 각본－희곡 －을 선정하여 가지고 공연을 가지도록 하고 그 희곡에 나오는 등장인물(登場人物)의 역할을 맡아가지고－이것을 배역(配役)이라고 한다－하는 사업과 연기자로써 자기 기술을 높이기 위한 일상적 사업으로 나눌 수 있다.

연기자가 배역을 맡았을 때

한 가지 각본이 선정되고 연출자가 결정이 되면 연출자에 대하여 배역이 결정된다. 연출자는 자기의 연출의도(演出意圖)와 연출계획을 수립하여 전체 써－클 관계자 앞에 발표한다. 이것이 연극의 통일적인 총 방향을 제시하는 사업이다. 이렇게 발표된 총 방향에 따라 연기자는 연기에 대하여, 장치자는 무대장치에 대하여, 또 조명 효과 소도구 의상 등 각각 담당자들은 자기의 맡은바 사업에 대하여 자체적 계획을 세운다.

(가) 각본 리해(脚本理解)

연기자는 연출자가 제시한 총 방향에 따라 그 각본을 리해하여야 한다. 작가가 그 각본에서 무엇을 관객에게 보여주려고 하였는가 하는 그

목적을 옳게 파악하여야 한다. 각본의 전체적 내용을 똑바로 정확하게 리해하지 못하고는 그 각본에 나오는 하나의 인물인 자기의 배역을 살릴 수는 없다. 전체를 떠난 하나의 인물이 있을 수 없으며 아무리 연기를 잘하는 연기자라 할지라도 전체의 방향을 떠나서 저 혼자 동떨어진 연기를 해서는 잘된 연극이 될 수 없다. 하나의 사과나무에 달린 가지들이 굵은 가지고 적은 가지고를 불문하고 모두 사과 꽃을 피워야 할 것이지 만약 그 가운데서 한 가지가 배꽃을 피웠다면 그 가지는 전체를 파괴하는 이단자(異端者)로 되고 말 것이다.

(나) 맡은 인물의 성격(性格) 연구

각본을 충분히 리해하고 연출자의 연출계획과 총 방향을 듣고 나면 개개의 등장인물들의 대하여 성격들을 알 수 있게 된다. 더욱이 자기가 맡은 역할에 대하여는 특별한 주의를 가지고 읽고 듣고 하기 때문에 그 인물의 성격에 대하여는 여러 가지로 생각이 떠오르게 된다.

성격이라는 것은 자기가 겪어온 생활환경(生活環境)과 처지에 따라 만들어진 것이다.

육체가 비대(肥大)한 사람 가운데는 흔히 성격이 너그럽고 온순하며 또는 무딘 데가 있는 사람들이 많고 육체가 가늘고 야윈 사람 가운데는 성격이 괄괄하고 성급한 사람이 많은 례가 있다.

이 육체적 조건보다 성격에 더 결정적 영향을 주는 것은 생활환경과 처지이다. 이 생활환경과 처지라는 것은 그 사람이 처하여 있는 사회(社會)의 경제적 조건과 자연적 조건을 말하는 것이다.

크게는 부란해 가는 자본주의국가인 아메리카 사람들이 대체로 거만하고 향락적이고 부르죠아적 자유주의에 젖어 있는 그런 성격이라면 쏘베트 사람들은 건실하고 건전하며 강인하고 신축(伸縮)있는 성격이며 친숙하기에 쉽고 명랑한 성격을 가졌다.

계급사회(階級社會)에 있어서 지배층에 있는 사람—다시 말하면 착취계급에 있는 사람들의 성격과 지배를 받는 사람—착취를 당하는 사람들의 성격이 다르다. 과거에는 친일파 노릇을 하다가 지금은 남조선에서 미제국주의자들의 앞잡이 노릇을 하는 매국노들은 조국과 민족보다도 저 한 사람의 배부른 것만을 생각하는 자들이다. 이런 자들의 성격은 교활하고 비굴하며 파렴치하다.

민족의 해방과 조국의 독립을 위하여 혹은 지하에서 혹은 국외로 어떤 때는 원쑤의 철창가운데서 일제와 투쟁하던 애국투사들은 원쑤에 대하여 용서 없는 미움과 투쟁으로 대하고 조국과 민족을 위하여는 한없는 애국심과 희생심을 바치는 폭 있는 성격을 가졌다.

직업은 성격을 규정하는 큰 조건의 하나로 된다.

탄광 로동자들의 성격, 어렵(漁獵) 로동자의 성격, 섬세한 기계를 부리는 로동자의 성격, 용광로 앞에서 일하는 로동자의 성격들은 각각 독특한 점을 가지고 있다.

농민의 성격, 사무원의 성격, 예술가의 성격, 소시민의 성격, 상인의 성격, 기업주의 성격, 목사의 성격들은 각각 특이한 점을 가지고 있다.

연기자는 이렇게 각양각색의 성격들을 가진 사회인간들의 모양에 대하여 자기가 맡은 역할이 요구하는 성격과 적합 시켜야 하나. 그렇게 하자면 자기가 맡은 인물의 성격을 분석하고 규정하는 사업에 힘을 드려야 할 것이다.

(다) 맡은 인물의 성격 형상(形象)

각본을 리해하고 맡은바 역할의 성격을 연구한 뒤에는 이제 그 인물의 성격을 어떻게 구체적으로 꾸며낼까 하는 것을 생각해야 한다. 이것은 예술에서 흔히 많이 쓰는 말로 형상이라고 한다. "무대 위에 어떤 인물을 형상한다"는 말은 어떤 인물의 성격이나 동작 또는 심리(心理)의 변화 등을 구체적으로 무대 위에 꾸며내는 작업을 말한다. 작가가 한사람의 애국농민을 소설(小說)가운데 형상한다면 애국농민의 구체적인 모습을 예술적으로 구체적으로 문장(文章)으로써 표현하는 것이다.

그러면 연기자가 자기가 맡은 인물의 성격을 형상하려면 그 인물의 성격을 연구한 결과에 육체적 조건은 어떠하고 생활환경은 어떠하고 출신성분, 직업은 어떠한가를 알게 된 바에 의하여 대체로 그 인물의 성격을 잡게 된다.

만약 한 사람의 농민을 연기자가 형상한다고 하자. 이 농민은 十二년 동안 머슴살이를 하였고 악독한 지주의 착취를 받았으며 해방 후 토지개혁에 의하여 토지분여를 받았다. 과거에 그는 글을 배우지 못하였으나 한글학교에서 열성으로 글을 배웠고 로동당에도 입당하여 농촌에서의 기본성분으로써 중심적 역할을 한다.

이만하면 이농민의 대체의 형모가 눈앞에 떠오를 것이다. 오늘 우리 공화국 북반부의 농촌이면 어느 농촌을 불문하고 이러한 인물은 있는 것이다. 그렇기 때문에 연기자는 이 인물을 형상하는 데 있어서 실제로 자기 마을에 있는 그런 전형적(典型的) 인물을 본받을 수 있을 것이다.

그런데 연기자가 실지에 무대 위에서 이러한 농민의 역할을 해왔을 때 그 연극을 보는 관객들이 "아, 저런 인물은 어느 동네에나 보통으로 있는 인물이다" 하는 느낌을 주어서는 그 연기는 성공한 연기가 되지 못한다. 이러한 농민이 우리 북반부 농촌에는 어느 곳에든지 보편적으로 있지마는 그 성격이나 행동이 판에 박은 듯이 동일하지는 아니하다. 갑촌의 농민과 을촌의 농민, 병촌의 농민이 서로 각이(各異)한 성격, 특색 있는 성격이 있을 것이다. 연기자는 이 독특한 그 사람의 성격을 끄집어 내놓아야 하는 것이다.

우리가 지주를 생각할 때 의례히 바지춤이 허리에까지 미끄러져 내려오는 굵다란 배꼽이 달린 배를, 노상 내놓고 머리에는 량근을 쓰고 손에는 긴담뱃대를 든 것으로 생각한다. 그러나 지주들 가운데는 그렇지 않은 지주도 있을 것이다. 옷맵시는 가장 야무지게 차리고 행신머리도 가장 조심스러운 태도를 가진 그런 지주도 있다.

우리가 하나의 자본가를 생각할 때, 남조선에 있는 친일파 매국노를 생각할 때 의례히 그 인물은 뚱뚱한 몸괴에 기름 낀 뱃대기를 내밀고 있고 코는 주독이 올라 새빨갛게 되고 옷은 검은빛 례복을 입고 손에는 단장을 짚고 입에는 여송연을 무는 것으로 생각한다. 그러나 자본가나 남조선 반동파 가운데는 이와는 아주 다른 류(類)의 인물도 많이 있는 것이다. 이와 같이 연기자가 한 사람의 인물을 형상하는데 보통으로 있는 형태라 하여 판에 박은 그런 인물을 만들어 낸다면 이것은 류형적(類型的)이 되고 마는 것이다.

그러므로 연기자는 한 인물이 가질 수 있는 특징(特徵)을 잘 나타내어 형성하는 데 주의하여야 할 것이다.

(라) 동작에 대한 계획

연기자의 동작은 그 인물의 성격에 따라 규정되며 상대적(相對的) 인물과의 관계가 요구되는 데 따라 규정된다. 그러므로 동작에 대한 계획을 세우는 데 있어서는 대개 장면(場面)의 조건을 기준(基準)으로 하여 무대상에 나타나는 전체 인물과의 관계를 고려하면서 생각하여야 한다.

연기자의 동작에 있어서 기본(基本)으로 되는 움직임에 대하여는 연출자가 정하여 준다. 연기자는 이 기본동작의 로선에 따라 세밀한 동작 계획을 세운다. 이는 마치 철도를 부설하는데 레일을 깔아 놓은 위에 매개 기관차들이 그 위를 움직이게 되는 것과 마찬가지다. 기차는 소정된 레일 위를 달리지 않고 제 마음대로 달리다가는 곧 충돌하고 말 것이다.

이와 같이 연기자는 연출자가 정한 기본동작의 로선을 지키지 않고 제 마음대로 움직이다가는 당장에 다른 연기자와 부닥칠 것이며 다른 연기자의 연기를 파괴하고 말 것이다.

그러므로 연기자는 무대 위에서 상관관계(相關關係)를 생각하고 동작계획을 세워야 한다. 저 혼자서 뛰어나는 동작을 하려거나 다른 사람의 동작을 무시하고 또 다른 사람의 연기를 파괴하거나 하는 그런 동작은 절대로 용인되지 않는다.

연기자는 자기의 동작계획에 따라 련습을 진행한다. 이것을 연출자가 련습 과정에 전체의 조화(調和)라든지 총 방향에 비추어 정정하고 지적하고 지도한다. 이렇게 하여 수 십 번의 련습을 진행하는 과정에서 동작전체를 확정(確定)한다.

연출자의 의하여 확정을 승인받은 연기자의 동작은 무대 위에서 관객들 앞에 내놓을 동작인 것이다. 확정된 동작은 더 거듭하는 련습으로 능숙하게 되고 전체의 통일이 되었을 때 공개(公開)할 수 있는 것이다.

한번 확정된 동작과 공연에서 관객에게 소개된 동작은 특별한 경우(그 동작의 방향, 옳지 못한 것을 정확한 비평에 따리 지적되엇을 때)에 연출자의 지시에 따르지 않고는 연기자가 마음대로 고칠 수는 없다. 오늘 밤에 한 동작이 다르고 래일 밤에 한 동작이 다른 그런 연기는 무정부적(無政府的) 연기라 하여 아주 옳지 못한 연기로 락인을 받는다.

몇 가지 역할의 형상에 대하여

연기를 해야 할 인물은 참으로 수가 많고 천태만상(千態萬象)이다. 이 많은 연기대상(對象)을 일일이 해설 할 수는 없다. 그러나 우리가 연극을 하는데 기본이 되는 몇 가지 역할을 연기하는 데 필요한 설명을 하겠다.

먼저 늙은이 역할에 대하여 말하겠다. 늙은이라 해도 년령의 범우가 대단히 넓다. 五十되는 중늙은이도 있겠고 七, 八十넘는 늙은이도 있다. 성격상에서 나타나는 문제는 위에서 말하였거니와 여기에서 로역을 설명하는 데는 오직 년령 때문에 오는 특징으로만 이 로역의 특성(特性)을 설명한다.

사람이 나이를 먹으면 신체상에 나타나는 변화가 많다. 첫째 허리가 굽으려지고 귀가 멀어지며 눈이 어두워진다. 안면에는 가장 현저한 변화가 생긴다. 얼굴의 살에는 주름이 잡히고 전체 근육은 탄력(彈力)—단단한 힘을 잃어버린다. 아래위의 눈시울과 눈자위가 현저하게 탄력을 잃어버리며 아래턱과 윗턱을 연결하는 근육에 힘이 빠지고 량편 뺨이 오물하니 쏠 들어간다.

동작은 대체로 느릿해지고 성음(聲音)에도 탄력이 없어지고 탁성(濁聲)이 더해지며 말의 강약(强弱)의 위치가 달라진다.

이러한 년령에 따르는 변화를 연기자는 어떻게 동작하여야 하는가.

얼굴의 주름 머리의 백발 눈 아래위의 르쇄 등은 화장(化粧)으로 표현할 수 있는 것이며 여기에 대하여는 화장이야기에서 설명하겠다.

그 외의 동작과 말소리에서 표현하는 늙은이의 특징을 어떻게 하면 훌륭히 할 수 있을까.

이것을 빨리 채득(採得)하는 방법은 결국 연기자의 명민(明敏)한 관찰(觀察)과 연구에 의할 수밖에 없다. 물론 연출자나 경험 있는 연기자의 실제적 연기지도에 따라서 그 방법을 배울 수도 있다.

만약 한 사람의 연기자가 늙은이 역할을 맡았을 때 그 인물의 육체적, 사회 생활적 여러 조건에서 나오는 필연적(必然的) 성격들을 충분히 연구한 다음에 실재(實在)하는 늙은이의 동작, 습관, 말씨 등을 본받아본다. 가령 자기의 할아버지의 동작 습성(習性)은 어떤가, 아랫마을 개똥이의 할아버지는 어떤가, 어느 때 기차에서 같이 타고 가던 그 황해도 재령에 산다는 로인은 어떠했는가 하는 것이다.

이렇게 실제에 있는 인물의 습성, 성격, 동작을 따라서 극중(劇中)의 인물이 요구하는 성격 습성과 부합시켜서 동작을 형상해보는 방법이 가장 쉬운 방법이다.

연기자는 일상적으로 이웃로인, 길거리에서 만난 로인의 특성에 대하여 세밀한 관찰을 하고 연구를 하여야 한다.

다음은 청년의 역할이다. 청년이라면 보편적으로 우리 민청원들을 두고 생각할 수 있다.

청년은 씩씩하고 정의(正義)를 사랑하고, 용감성과 희생심이 있다. 육체적 조건은 건장하고 근육에는 무한한 탄력이 튀어나오고 있으며 얼굴은 광채가 나고 홍조(紅潮)를 띠우고 있으며 말소리는 우렁차다. 물론 청년가운데에도 섬세하고 잔약한 사람도 있고 침울한 사람도 있지마는 대체로 우리시대의 전형적인 청년은 위에서 말한 그런 형모를 가졌다.

연기자가 청년의 역할을 할 때 특히 주의하여야 할 것은 청년의 힘찬 용모와 기풍을 뵈이려는 것이 너무 치우쳐 연극에 나오는 청년은 모주리 선동연실이나 하는 사람같이 만들어 내놓을 우려가 있다. 이것은 연극에서 과장(誇張)이라고 하는 것인데 사실주의(寫實主義) 연극과는 아주 다른 것이다. 쓸데없이 동작을 크게 하고 진실성(眞實性)이 없는 그런 형식적(形式的) 연기는 연기에서 가장 배격(排擊)하는 것이다.

이렇게 과장으로 된 형식주의연극을 신파(新派)라고 한다. 신파는 연극의 가장 옳지 못한 하나의 형식이다. 우리 써—클 연극이 자칫하면 이 신파적 경향에 빠지기 쉽다. 더욱이 옳은 지도자가 없을 때 그러게 된다.

다음은 서양 사람의 역할에 대하여서다. 우리 연극에서는 우리의 위대한 해방자인 쏘련 인민들이 자주 나올 수 있다. 특히 우리들은 일본제국주의의 노예생활에서 해방해주고 우리 조선에 와서 三년 동안 온갖 힘을 기우려 우리들의 민주건설을 방조해준 쏘련 군대의 형모는 우리 연극에서 자주 나오게 된다. 우리 조선인민들이 쏘련 군대의 거대한 은혜를 잊음이 없이 영구한 조선친선을 도모할진대 우리들은 연극에서 그들의 위대한 공훈에 대하여 찬양할 것이다.

그러므로 우리는 연극에서 인기상으로 쏘련 인민이나 쏘련 군대의 형모를 취급함이 많다.

또 세계에서 지금 쏘련만큼 연극이 발달한 나라는 없다. 그것은 쏘베트 사회주의국가가 예술을 발전시키는데 만반 대책을 실시하기 때문이요, 이러한 사회제도, 이러한 문화정책 아래에서만이 예술과 문화는 가장 훌륭하게 꽃이 필 수 있는 것이다. 그러므로 우리 조선민족들은 우리민족연극을 발전시키기 위하여 쏘련의 선진연극에서 많이 배운다. 배우기 위하여는 쏘련의 희곡들을 번역하여 우리 무대에서 우리 연기자로써 상연하며 앞으로 이러한 번역극 상연은 더욱 많이질 것이다.

이와 같이 쏘련 사람이나 그 외의 오기구 사람을 우리가 연기로써 표현하는데 있어서 먼저 주의해야 할 것은 그들의 생활습성, 언어동작이 우리보다 특이한 데가 있다는 것이다. 가령 쏘련 사람이 어떤 일에 약간의 놀라움을 표시할 때는 의외(意外)의 일을 당할 때 그들은 "오—" 하는 감탄사(感歎詞)를 던지고 어깨를 으쓱하며 두 팔을 벌릴 것이다. 또 그들은 무슨 일이 마음에 들지 아니한다든가 그것을 부정(否定)할 때는 오른

팔을 들었다 직하(直下)로 떨어뜨려 보인다.

또는 서양 사람들의 일반적인 습관이지마는 누구를 자기 곁으로 부를 때 동양사람 같으면 손바닥을 땅 편으로 하여 손가락을 아래로 굽혔다 폈다 함으로써 나타내나 그들은 정반대로 손바닥을 하늘로 향하여 손가락을 위로 굽혔다 폈다 함으로써 부른다. 또는 쏘련 사람들은 대체로 동작이 크다. 감정(感情)의 표시를 얼굴의 살로만 하는 것이 아니라 전체의 동작으로 한다. 걸음 거리도 동양 사람은 고요하게 느리게 걷지마는 그들은 대체가 활보로 쾌활하게 걷는다.

이상과 같이 쏘련 사람이나 서양 사람을 연기에서 표현하려면 그들의 독특한 생활습성 동작태도를 잘 포착하여 그것을 나타내어야 한다. 그러기 위하여는 그들의 일상적 생활을 주의 깊게 관찰하여야 한다.

연기자가 일상적으로 할 일

첫 번째 이야기에서도 이야기하였지마는 써-클에서 빠지기 쉬운 일은 한 가지의 각본을 상연하게 될 때만 이 써-클 사업이 있고 그것이 끝나면 그것이 중단되는 그런 써-클 운영이 있어서는 안 되며 연기자들의 할 일에 있어서도 공연을 할 때 배역을 중심한 일에서만 국한하지 말고 일상적으로 자기의 기술수준을 높은 사업을 해야 한다.

첫째로 자기의 말에 대한 수련(修鍊)이다. 말공부는 표준어를 배우는 것과 발음(發音), 발성(發聲)을 공부하는 것으로 나누어진다.

연극에서 요구되는 말은 주로 표준어(標準語)다. 다시 말하면 서울말이다. 특수한 경우에 지방사투리를 요구하는 희곡과 배역도 있지마는 보편적으로는 표준어를 요구한다. 이 표준어를 배우는 일은 일조일석에 되는 일은 아니다. 표준어를 배우려면 표준어를 하는 사람의 흉내를 내어보며 많은 서적, 특히 문학작품을 일상적으로 공부해야 한다.

발음과 발성에 대하여도 명확함을 가지기 위하여 일상적으로 노력하여야 한다. 그러기 위하여는 성악(聲樂) 련습을 해야 하고 시(時)나 희곡을 랑독하는 련습을 일상적으로 해야 한다.

둘째 동작 련습이다. 연기자는 일상적으로 남의 동작을 관찰하는 습관을 가지고 온갖 계층(階層)의 인물을 주의 깊게 보아야 한다.

또는 동작에 대한 과제(課題)를 정하여 이것을 여러 사람이 화비판하면서 연구한다.

가령 간단한 것으로는 술 취한 사람의 동작, 배 아픈 동작, 통쾌한 웃음, 슬픈 표정, 노여운표정과 동작 등등 복잡한 것으로는 로동자가 일을 마치고 상쾌한 기분으로 집에 들어가다가 반가운 친구를 만나 술을 한 잔 먹는 것, 농민이 사랑하는 농우(農牛)의 발령으로 당활하고 측은히 생각하다 아들과 더부러 읍내 수의(獸醫)한테로 데리고 가는 것 등등이다. 이러한 과제를 정하여 한사람씩 연기를 해보이고 서로 시정하는 사업을 일상적으로 한다면 연기는 날로 발전할 것이다.

화장하는 법

(가) 화장과 연극

연극에서 얼굴에 분칠을 하고 눈썹을 그리고 수염을 달 때 몸에 옷을 입는 것을 분장(分臟)이라고 한다. 분장은 왜하는가. 연극에 나타나는 인물, 등장인물의 성격(性格), 특징(特徵)과 그 소속계급 성분, 지위, 환경, 직업 등을 표현하며 또는 그것들을 강조(强調)하기 위하여 배우들은 자기가 가진 본색(本色)과 정체와는 아주 달라 보이는 분장을 한다.

분장 가운데 특히 얼굴과 손, 발, 특별한 경우에는 육체(肉體)의 전면(全面)에 빛깔을 칠하고 음양(陰陽)을 나타내며 높은 데를 낮게 하고 낮은 데를 높게 하며 또는 수염과 눈썹을 만들어 달거나 그리거나 하는 작업(作業)을 화장(化粧)이라고 한다. 화장이라고 하면 우리가 보통 여자들이 얼굴을 씻고 그 얼굴 위에 크림을 바르고 분칠을 하며 눈썹을 그리고 입술에 홍칭을 하고 머리에 기름을 발라 빗질을 하는 그것을 말한다. 여자가 하는 이 화장은 여자의 자태를 아름답게 하는 작용(作用)을 하여 여자로서의 생활상 범절로써 누구든지 일상적으로 어느 정도의 화장을 하는 것이다. 그러나 이 화장은 어디까지든지 그 본인의 특색을 살리고 그 본인의 정체를 숨기지 아니하는 것이지 아주 몰라볼 만치 딴사람으로 변장하는 것은 아니다. 어떤 여자는 화장이 너무 도에 넘쳐 아주 밀가루 투성이가 되고 짐승 잡아먹은 여우 주둥이같이 입술을 빨갛게 해 가지고 독갑이 되어 다니는 사람도 있기는 하나 이것은 화장의 본질이 아닐 것이다.

이러한 보통 화장에 대하여 배우들이 화장(化粧)은 무대 장이라 하여 위에서 말한 바와 같이 화장의 목적이 다르며 화장하는 방법이 다르다. 말하자면 무대화장은 배우라는 하나의 사람이 연극에 등장하는 인물로 변하는 변장(變裝)인 것이다.

눈이 적은 배우가 눈 큰사람이 되여 코 낮은 배우가 코높은 사람이 되며 광대뼈가 튀어나는 배우가 보통 뚱그런 얼굴이 되며 수염이 없는 배우가 혹은 카이젤 수염 혹은 삼각수염 혹은 팔자수염 혹은 텁석뿌리가 되며 젊은 배우가 늙은이가 되고 늙은 배우가 젊은이가 되며 조선 사람이 서양 사람이 되거나 검둥이가 되는 이러한 모든 변화는 화장술(化粧術)에 의하여 되는 것이다.

그러므로 화장은 연극에서 절대로 필요한 것이며 연극의 효과를 돋구는 데 절대로 필요한 기술이다. 화장 없이 연극을 할 수 있는가? 화장을 하지 않고는 연극을 할 수 없다. 이제까지의 이야기에서 알려진 바와 같이 연극이라는 것은 무대라는 제한(制限)된 공간(空間)－자리에서 진행되는 인간생활의 축도(縮圖)이다. 이것을 많은 관객(觀客)들이 객석이라는 일정한 거리(巨利)에서 구경하는 것이다. 그러므로 우리가 보통생활에서 지척의 사이에서 말을 대하고 보는 것과는 달라서 무대와 객석과의 사이에는 아무리 가까운 자리에서라도 四 · 五 메－터에서 먼 자리는 五 매－터나 상격(相隔)하여 있다.

그러므로 무대 위에서 하는 배우들의 동작이나 화장이나 표정들이 객석에 앉은 관객들이 능히 알아 볼 수 있도록 하자면 여기에 배우들의 특별한 기술이 필요한 것이다. 이러한 기술의 하나로 화장은 무대배우들의 독특한 기술의 하나로 되며 연극에서 절대로 없지 못한 것으로 된다.

만약 한 사람의 배우가 화장을 하지 않고 무대에 나갔다면 그 얼굴은 전기조명 아래서 창백한 것이 되고 말 것이다. 이는 마치 우리들이 밤에 가게에 가서 옷감을 사는데 연한 달걀빛을 가진 천인 줄 알고 샀더니 다음날 태양광성 아래서 보니 그것은 진한 누런 천이 던 것과 같은 리치다.

(나) 써－클 연극의 화장

위에서 말한 바와 같이 전문연극배우의 화장은 아주 복잡한 기술과 도구와 자료 등을 필요로 하는 특별한 기술이다.

전문배우라도 이 화장술에 하자면 一년 二년으로는 도저히 능숙해지는 것이 아니고 五년 十년의 수련(修鍊)이 필요한 것이다.

그러므로 써－클 연극에서는 전문배우들이 와서 특별히 지도를 해주는 이외에는 전문가가 아닌 써－클원들의 서투른 솜씨로 해결해야 한다.

전문적인 무대화장은 기름을 쓰지 않고 물에 화장품을 풀어서 하는 방법도 있으나 기름을 사용하는 화장법이 일반으로 쓰이고 있다. 무대화장에 쓰는 화장품은 리쓰 패인트라 하여(또는 "도랑"이라고도 한다) 마치 칠할 때 쓰는 뺑끼와 같이 물감을 기름에 섞은 것이다. 그러므로 이 화장품은 물에는 풀어지지 아니하며 화장을 지울 때도 기름으로 지워야 한다.

이 '도랑'을 사용하는 법도 상당한 기술을 필요로 하거니와 만드는 방법도 복잡하다. '도랑'을 사용하는 법도 상당한 기술을 필요로 하거니와 만드는 방법도 복잡하다. '도랑'은 외국에서 생산되는 것이다. 요즈음 우리 공화국 배우들은 자기 손으로 만들어서 사용한다. 가령 국립극장에서는 전체배우가 사용하는 화장품을 몇 사람의 기술 가진 사람이 이를 만들어내며 국립예술극장에서는 '도랑'을 만드는 공장을 가지고 있다. 이 두 극장에서는 다른 극단의 요구에 따라 분여를 하고 있다.

써－클 연극에서는 이 도랑을 사용하여 화장할 것인가 또는 다른 자료를 사용할 것인가. 물론 가까운 곳에서 '도랑'을 살 수 있고 그 사용기술이 있거나 지도해 줄 사람이 있으면 그것을 사용하는 것이 가장 효과적이겠으나 구할 수도 없고 비용도 적고 기술과 지도도 없는 써－클에서는 이것을 사용하지 않고 보통화장품을 사용하여 자발적으로 할 것이다.

(다) 화장의 기본

먼저 어떠한 화장품과 기구가 필요한가

기름을 쓰는 화장

도랑…… 이것은 만드는데서 적당한 색을 배정하여 준다. 대체로 바탕을 칠하는 살색이 가장 많이 사용되며 그 외 누른색, 붉은색, 흙색들이 많이 소용된다.

가루분…… 도랑을 칠한 위에 색과 광택을 조절하기 위하여 바르는 분이다. 이것도 여러 가지 색이 필요하나 대체 진한 것과 연한 것과 중간색의 살색과 흰색이 있으면 좋다. 때로는 살색 한 가지로도 된다. 이 가루분은 '파우더'라고 한다.

파프…… 가루분을 바르는 털 솔 또는 천으로 만든 분 바르개이다.

콜드크림…… 화장을 시작하기전과 화장을 지울 때 쓰는 크림이다. 이것은 지금 구하기가 어렵기 때문에 참기름이나 콩기름을 대용하고 있다.

붓…… 눈썹, 수염, 주름살 등을 그릴 때 쓰는 작은 붓이다. 이 붓은 글씨를 쓰는 붓보다도 털이 센 것이 좋다.

지우개…… 화장을 기름으로 지우고 얼굴을 닦을 때 쓰는 것으로 탈지면(약솜)이나 보통 부드러운 천을 쓴다.

거울…… 얼굴이 바로 보이고 색이 바로 비치는 정확한 거울이라야 된다.

다음 보통 화장품을 리용하여 화장을 할 때 화장품 이외의 도구는 다 마찬가지다.

크림…… 보통 얼굴에 바르는 크림이면 된다.

가루분…… 이것도 보통화장용으로 쓰는 가루분으로 살색이 좀 진한 것을 골라야 한다.

물분…… 가루분대신에 골분을 클 수도 있다.

눈썹먹 …… 보통화장에 쓰는 눈썹먹도 좋으나 글 쓸 때 쓰는 먹이면 좋다.

주홍 …… 볼과 입술에 바르는 붉은빛 도는 것.

황토 …… 색빩안 진흙도 좋다. 가구점(家具店)에서 사용하는 황토나 도노고를 사용해도 좋다.

이상과 같은 화장품과 도구가 준비되었으면 실제에 화장을 하는 기본에 들어간다.

위에서도 말했지마는 무대화장은 먼 거리에서 보는 것이고 전기조명아래서 보는 것이다. 그러므로 보통화장은 먼 거리에서 보는 것이고 전기 조명아래서 보는 것이다. 그러므로 보통화장과는 대체로 색깔이 진하고 선이 굵다.

보통 화장품으로 보통화장방법으로 화장을 하고 무대에 나가더라도 아무런 효과를 나타내지 못할 것이다.

화장의 기본은 먼저 바탕칠을 하여야 한다. 물론 바탕칠도 년령이나 직업에 따라 색의 농후(濃厚)가 다르겠지마는 보통 얼굴에는 도량의 바탕을 전체에 바른다. 도랑의 바탕색은 보기에 대단히 붉다. 그러나 이것이 전기조명에 비치어질 때는 보통살색으로 보이는 것이다.

이 바탕색을 칠한 위에 부분적인 음양과 강약(強弱)을 각색으로 표현한다.

보통화장품을 사용하여 바탕색을 칠할 때는 물분일 때에는 부분에 따라 주홍이나 황토를 가하여 색을 진하게 낸 뒤에 바른다. 가루분일 때는 가루분과 크림을 섞어 반죽을 하고 주홍이나 황토를 가한다. 크림이 없으면 그냥 물 반죽을 하여도 좋다. 반죽할 때는 될 수 있는 대로 여러번씩 엮어야 할 것이며 무거리가 없도록 해야 한다. 진화장의 기본으로는 반드시 검정 도량이나 먹으로써 눈자위를 그려야 한다. 만약 다른 데는 모두 화장을 하고 이 눈자위를 그리지 아니하면 눈은 아주 적어 뵈이며 눈에 광채가 나지 아니할 것이다. 눈에 표정을 똑똑히 객석에 뵈이기 위하여 눈에 가장자리를 검정으로 그려야 한다.

얼굴의 바탕칠을 하고 물가루 분에 주홍, 황토 혹은 먹들을 첨가하여 부분적 음양을 낼 때는 반드시 눈시울에도 손이 가야 한다. 대체로 사람의 눈시울은 안면보다 깊이 들어갔고 굴곡(屈曲)이 있다. 그러므로 이것을 더욱 부당하게 뚜렷하게 보이기 위하여는 다른 부분의 빛보다 더 진한(검정이가 많이 들었거나 푸른빛이 더 많이 들어있는) 빛을 써야 한다.

그 다음에는 입술을 그리고 눈썹을 그린다. 만약 다른 데는 다 화장을 하고 음양과 강약은 붙였는데 이 눈썹과 입술을 제대로 둔다면 객석에서는 눈썹 없는 사람을 보게 될 것이며 적은 입과 호리한 입을 가진 사람을 보게 될 것이다. 이러한 기본이 끝난 뒤에 수염을 붙인다.

기본화장에서 절대로 잊어서는 안 될 것은 목떨미나 손발, 기타 나타내놓는 육체의 모든 부분에 화장을 하는 것이다.

만약 얼굴만 화장을 하고 목에는 화장을 하지 아니하였다면 이는 마치 탈을 쓰고 나온 것과 같을 것이다. 또 만약 손에 화장은 하는 것을 잊어버린다면 얼굴은 서양 사람이나 검둥임에도 불구하고 손발과 목덜미만은 조선 사람이 되고 말 것이다.

(라) 수염

수염은 성격과 년령을 표현하는 가장 유력한 방법이다. 그러므로 수염에는 종류가 많다. 검은 수염, 흰 수염, 반달수염도 있고 왼 얼굴이 수염으로 덮인 텁석부리, 알맞은 구레나룻, 코밑에 방정맞게 붙은 딱지수염, 관운장 수염, 카이젤 수염, 히틀러 수염, 짜프링 수염, 삼각수염, 괄자 수염 등 부지기수다.

써-클 연극에서는 간단한 수염(가령 코밑에 조금 붙은 것)은 먹으로 그리는 것이 가장 좋다.

수염은 만드는 데도 기술이 필요하지마는 붙이는 데도 기술이 필요하다.

수염을 만드는 데는 명주실, 여자의 머리털, 양털 등을 리용한다. 턱수염이나 구레나룻 같은 것은 써-클 연극에서는 물론 살에다 붙이는 것보다 가느다란 철사나 실에 털을 엮어서 귀에 걸도록 하는 것이 붙이기도 쉽고 연극하는 도중에 떨어질 념려도 없다.

털은 직접 살에 붙이는 데는 풀이 필요하다. 이것은 가구점에서 사용하는 '니—쓰'로 된다. 만약 '니—쓰'가 없으면 송진(松津)가루를 알콜에 녹여서(녹인다는 것) 태운다. 송진가루에 알콜을 쏟고 가을켜서 송진이 녹을 때까지 알콜을 태우기 때문에 사용한다.

털이나 명주실을 적당한 형으로 만들어놓고 코밑에도 턱에 '니—쓰'를 바른 뒤에 그 '니—쓰'가 거적거적 마를 때 붙이면 용이하게 붙는다.

(마) 코

서양 사람을 분장할 때나 특히 날카로운 코, 퍼진 코, 구멍이 하늘을 쳐다보고 있는 코 등을 표현하려면 코를 만들어 붙여야 한다.

코를 붙이는 필요한 재료는 고무 장흙과 껌, 약솜 등이다. 고무 장흙은 아이들이 학교에서 수공을 할 때 사용하는 것이며 만약 이것이 없으면 벵끼칠할 때 구멍을 메우거나 철창에 유리를 박을 때 유리가 떨어지지 않게 붙이는 '빠테'를 사용한다. 껌은 아이들이 좋아하는 껌인데 이것을 다 씹어서 맛난 것을 먹고 난 쭉쭉 늘어나는 것이며 이것이 없을 때는 자전거방에서 쓰는 고무줄이라도 좋다.

먼저 고무 장흙과 씹다 남은 껌을 같이 합하여 끈기 있게 반죽을 하고 다음약솜을 고무장흙의 분량만큼 잘 풀어서 다시 한데 반죽을 한다. 약솜은 전연 넣지 아니하여도 무방하다. 이렇게 충분히 반죽이 된 것을 자기가 소망하는 모양으로 만들어 코 위에 붙인다. 붙일 때는 별로 풀 같은 것이 필요치 않으며 반죽한 고무 장흙 자체가 사람 살에 훌륭히 잘 붙어 있게 된다.

한참 붙여 놓으면 하루밤 연극은 안심하고 할 수 있도록 떨어지지 않는다.

이렇게 코의 원형을 붙인 뒤에 얼굴화장을 하면 깜쪽 같이 다른 코가 된다.

코를 붙이는 이 재료와 방법으로 턱을 길게 한다든가 들어간 볼을 나오게 한다든가 나오지 아니한 광대뼈, 튀어나지 않은 이마 등을 불쑥하게 튀어나오도록 할 수 있는 것이다.

(바) 머리 털

각본에 나오는 등장인물에는 남자로서는 머리를 박박 깎은 사람, 상고머리를 한 사람, 올빽을 한사람을 요구하거나 여자로서는 쪽을 낀 사람, 파마넨트를 한 사람, 길게 따은 처녀, 단발한 사람을 요구하거나 또는 년령의 구별로서는 흰머리, 반백, 대머리 등을 요구하거나 인종의 구별로서는 흑색, 회색, 적색, 금발 등을 요구한다.

이렇게 가지가지로 요구되는 등장인물의 머리털을 한 사람의 연기자가 본래부터 가진 자기의 머리털로 어떻게 표현하는가는 상당히 어려운 문제이며 또한 기술을 필요로 하는 것이다.

전문연극에서는 가발(假髮)이라는 것을 만들어 쓰는데 써-클에서는 이것을 만들기가 대단히 힘이 든다. 특히 대머리 같은 것이 필요할 때는 전문극단에서 대머리 가발을 빌리거나 기술을 배워서 해결하는 방법밖에 다른 도리가 없다.

그러나 그 외의 경우에는 자체적으로 해결할 수 있다. 긴 머리를 짧게 하는 것은 리발관의 힘을 빌 것이고 색을 나타내는 것은 머리털에 흰 분, 주홍 황토 등을 바를 수밖에 없다.

(사) 늙은이 화장

늙은이의 화장에는 수염과 머리의 빛으로 표현하는 외에 늙음으로써 필연적으로 나타나는 안면상(顔面上)의 주름과 그의 피부상의 주름을 강조하여 표현한다.

본래 이 주름이라는 것은 사람이 근육(筋肉)을 움직임에 따라 피부 상에 생긴 것이나 이것은 젊은이에게는 크게 나타나지 아니하였으나 늙어서 피부의 탄력(彈力)이 없어지면 굵게 나타나고 마는 것이다.

주름이란 근육의 운동에 의하여 나타나는 것이므로 그 사람의 직업, 성격에 따라 주름이 달라진다. 항상 남을 노려보고 부리는 사람은 량미간에 내 천(川)자와 같은 주름이 생기며 항상 걱정을 하거나 고통을 하는 사람은 이마에 삼(三)자 주름이 생긴다.

또 항상 좋은 일이 있고 웃는 사람은 (누락)

늙은이 화장에서는 이 주름을 반드시 살려야 하며 필요치 아니한 주름을 너무 많이 그리지 말고 중요 한 것을 대담하게 사용하여 그린다. 가늘게 많이 그린다 하여도 객석에서는 조금도 알 수 없을 것이다.

(아) 청년의 화장

청년이란 색이 불고 탄력 있는 피부를 가지고 있다. 그러므로 바탕칠을 할 때는 특히 다른 역할보다 붉은색을 많이 써야 한다.

청년 가운데도 로동 청년은 특히 적동색(赤銅色)의 피부를 가졌다. 이적동색을 무대 위에서 표현 할 때는 붉은 빛과 검은 빛을 대담히 써야 할 것이다.

청년 가운데도 녀성의 화장에 대하여 특히 주의하여야 할 것은 왕왕히 여자 연기자가 아름답게만 보이려는 생각으로 보통화장과 마찬가지로 일견 아름답게 화장하는 일이 많다. 그러나 이런 화장은 가까이 보아서는 아름다울지 모르나 무대 위에 올라 객석에 있는 관객이 볼 때는 사색(死色)으로밖에 보이지 아니할 것이다.

(자) 서양 사람의 화장

서양 사람의 화장에서 특이(特異)한 것은 피부의 색과 모발(毛髮)의 색이며 코가 높은 것이다.

모발과 코에 대하여는 위에서 말하였거니와 피부의 빛은 우리 동방사람에 비하여 특별히 붉은빛을 많이 사용하여야 하고 코의 음양을 강조해야 하며 눈시울에 푸른빛으로 그림자를 넣어야 한다.

가발(假髮)이 없이 서양 사람을 분장하겠는데 왕왕히 머리털을 옥시풀로 빨아서 붉게 하는 수가 있다. 이렇게 하면 머리는 아주 붉어지고 마나 그러나 이것은 좋지 못하다. 머리가 검어야 할 사람들이 일상생활 때에 붉은 털로서는 체면이 좋지 못할 것이다.

한번 붉거진 털은 새털이 자라나는 자리부터 검어진다.

그러므로 써-클 연극에서는 옥시풀을 사용하지 말고 분이나 황토나 주홍을 물에 풀어서 발라서 해야 할 것이다.

이상으로서 화장법의 대략은 설명 했다. 전문적이고 기술적인 것은 전문극단이나 기술자에게 상의하여야하고 써-클에서는 다소의 불비(不備)와 손색(遜色)이 있더라도 자기들 로력과 기술로 해결할 수 있는 간편한 방법으로 하는 것이 좋을 것이다.

의상(衣裳)에 대하여

분장의 하나로서 의상 문제를 연극 써-클에서 어떻게 해결할 것인가?

오늘 써-클 연극에서 상연되는 대다수의 희곡은 우리공화국 북반부에서 실시되는 민주개혁의 성과와 불타는 생산투쟁을 묘사(描寫)한 것이다.

그러므로 이러한 희곡에 등장하는 인물들의 의상은 특별한 문제없이 특별한 비용을 들이지 않고 가까운 주위(周圍)에 있는 것을 빌려서 쓸 수 있다.

만약 농촌에서 취재한 연극이면 농민들의 옷을 그대로 빌리면 될 것이고 공장에서 자기들의 생활을 취재한 연극이면 자기들이 일상 입는 의상을 사용하면 될 것이다.

다만 농촌 연극 써-클에서 공장을 취재한 연극을 하거나 제철공장 써-클에서 광산 일꾼들을 취재한 극을 상연하는 경우 같은 때는 의상을 구해내기 대단히 어렵다.

우리 농촌에서 연극 써-클을 운영하는 데 경비를 들이지 않는 문제는 가장 중요한 문제이며 어느 써-클이고 다 그러하다. 그러므로 우리들이 늘 주장하는 것은 써-클에서 연극을 할 때는 언제든지 자기들의 생산투쟁, 생활에서 취재한 각본을 상연하라고 권하는 것은 이 의상문제에도 관계가 없지 않는 것이다.

그러므로 만약 써－클에서 력사극이나 번역극이나 또는 남조선인민항쟁을 취재한 연극들을 사용하려고 한다면 의상 때문에 커다란 난관에 봉착할 것이다. 우리 써－클들에서는 많은 경비를 가지고 있지 못하다.

그러므로 써－클에서 각본을 선택하는 데 있어서 취재한 각본일지라도 돈을 들여 새 옷을 만들지 않고 빌려서 쓰도록 해야 할 것이다.

연극에서 의상은 그 등장인물의 역할을 살리는 데 절대로 필요하기 때문에 소홀히 취급할 수 없다.

써－클에서 의상을 맡은 총책임자가 없는 경우에는 매개 연기자들이 자기의 연기계획에 적응(適應)한 의상을 자기 손으로 구해들이도록 분공해야 할 것이다.

특히 의상에서 전체의 조화를 깨뜨리지 않도록 주의해야 한다. 저 혼자 잘 보이기 위하여 희곡과 연출가가 요구하지 않는 필요 이상의 화려한 옷을 입고 나가서는 안 될 것이며 지금 막 기계를 만지는 로동자의 작업복에 한 점의 기름도 묻지 아니하였다면 이것은 거짓말일 것이다.

四. 장치 만드는 법

무대 위에 집을 짓고 산을 그리고 나무를 만들어 세우고 울타리, 장독대, 책상, 의자, 전화통, 시계 등을 설치하는 일을 장치(裝置)라고 한다. 이 장치는 무대에 나타난 다시 말하면 각본(脚本)의 지정(指定)에 따라 연극이 진행되는 장소(場所)를 실감(實感)이 나도록 꾸미는 것이다. '실감이 나도록'이라는 말은 실지에 있는 물건을 그래도 가져다 무대 위에 다가 두는 것이 아니라 실제의 집이 아니고 실제의 나무도 아니며 실제의 바위와 돌맹이가 아님에도 불구하고 구경하는 사람이 정말로 집과 나무와 바위를 보는듯한 느낌을 가지도록 하여야 한다.

그러면 왜 실제의 집과 나무와 바위를 가져다 두지 않고 실제의 것과 같도록 만들어야 하는가.

첫째, 무대라는 것은 그 면적(面積)과 용적(容積)에 제한(制限)이 있다. 그러므로 실제의 물건을 도저히 그대로 가져 올 수 없다.

둘째, 실제의 물건을 토대로 가져다 두는 것은 이것을 사실주의(寫實主義) 예술이 아니고 자연주의(自然主義)라 하여 예술 창작(創作)에서는 옳은 방법이 아니다.

셋째, 실물(實物)을 가져다 둔다고 하여 무대 위에서 실감이 나지 않는다. 무대에서는 전기(電氣)를 비쳐서 감정(?)을 내기 때문에 실물을 가져다 두었다 해도 전기를 비추었을 때 그 색(色)이 아주 딴 색이 되고 말수가 있다.

넷째, 실물은 무대 위에서 원근감(遠近感)이 나지 아니하며 선(線)이 대단히 약하다. 앞에 있는 나무와 뒤에 있는 나무가 무대 위에서 실제는 한때를 간격을 두고 세웠음에도 불구하고 관객은 一키로메틀이나 四~五키로메틀 이상 원격한 지점(地點)에 서 있는 것으로 느껴지는 것이다. 실제에 창문을 달았다 할지라도 그대로 사용하면 선(線)이 강조되지 아니하여 실감이 오히려 나지 않을 수도 있을 것이다.

장치라는 일을 대도구(大道具), 소도구(小道具)의 둘로 나눌 수 있다. 대도구라는 것은 무대 위에 있는 하늘 막(幕)—하늘이라는 것을 표시하기 위하여 무대의 맨 뒷면에 치는 막을 말하는 것으로 연극에서 보통 '호리존트(?)'라고 말한다. 먼 곳의 풍경(風景)을 그런 배경(背景), 나무, 먼 곳에 있는 건물(建物), 전신주(電信柱) 등과 같은 쪽 그림과 집합적(集合的)으로 구성(構成) 되어 실제 배우들이 드나들고 연극을 하는 건물 등의 셋트 일식(一式)을 말한다. 소도구(小道具)는 방안 혹은 방밖 마당들에 설비해 두는 가구(家具), 의자, 책상, 장롱, 침구 등등을 말하는 것이다.

써—클 연극의 장치

전문극단에서 대도구라는 사업은 대단히 복잡한 작업이다.

장치자는 먼저 연출자가 수립한 총 방향에 따라 그 연출계획에 기준해서 자기의 장치를 세운다. 장치계획을 세우기 위하여는 각본에 대한 세밀한 연구를 연출자나 연기자가 각본을 연구하는 것과 마찬가지로 깊이 연구한다.

다음에는 장치 데자인을 그린다. 데자인을 투시도(透視圖)—객석에서 무대를 들여다보는 그대로 그린 것—와 평면도(平面圖)—무대를 들여다보는 그대로 그린 것—무대의 면적(面積)을 풀이하여 장치의 각 부분이 차지하는 면적과 위치를 정한 그림—의 두 가지로 나눠서 그린다.

투시도는 채색(彩色)까지 하되 보통실제무대의 四十분의 一이나 五十분의 一 정도로 축척(縮尺)하여 그리며 평면도는 각각 쪽 그림과 셋트의 부분(部分)들의 자푸리까지 하여 그린다. 장치자의 데자인에 따라 이제 대도구, 소도구의 제작(製作)이 시작된다.

전문극단에서 대도구를 제작할 때는 테두리와 뼈를 짜는 오리목(角木), 한치각 또는 치두푼각, 때로는 두치각을 사용한다. 못, 광목(廣木), 합판(合板) 등과 채색에 필요한 도료(塗料), 갖풀, 모기알 붓 등이 필요로 된다. 그 외에도 특수한 여러 가지 재료들이 필요하다. 도료는 흰색, 붉은색, 누룬색, 푸른색, 풀색, 고동색, 연누색 등 여러 가지가 있으나 이 가운데는 구하기 어려운 것들이 있으며 전체는 시장가격이 대단히 고가하다.

전문극단에서는 이상과 같은 복잡한 방법과 어려운 재료들을 사용하여 장치를 한다. 그러나 써—클 특히 모든 물자들을 구하기에 힘드는 농촌 써—클에서는 특별히 간단한 방법으로 돈들이지 않고 손쉽게 구할 수 있는 자재들로 해야 할 것이다. 오늘 직장에서나 혹은 농촌 써—클까지도 전문극단의 장치그대로를 많은 돈을 들여서 만들어놓고 연극을 하는 데도 있기는 하지마는 이것을 특별한 경우 대중적으로 공연을 가질 때나 무순기념 때 손님을 정할 경우에만 국한될 것이다.

써—클 연극에서는 직장, 농촌 장소를 가리지 않고 창발성을 발휘하여 있는 자재와 기구를 리용하여 돈 들지 않고도 효과(效果)가 있는 방법을 채택하는 것이 가장 좋은 방법이며 이것을 정리하여야 할 것이다.

그러면 써—클 연극에서 흔히 리용되는 장치법이 몇 가지를 간단한 데서 시작하여 복잡한 것까지 소개하겠다.

(가) 흑막(黑幕) 장치법

무대의 배후(背後)에 커다란 검정막을 치고 그 막 앞에서 모든 연극을 하는 것이다. 물론 여기에 소도구 같은 것은 손쉽게 구할 수 있는 신문들을 차려놓으나 그 무대가 각본에서 방안이라고 지정되었거나 들 밖이라고 지정되었거나를 불문하고 모든 등퇴장은 무대의 오른편과 왼편의 두 옆구리에서 하게 된다. 배경으로 검정막을 치는 것은 움직이는 인물들의 동작을 뚜렷하게 관객들에게 보일 수 있다. 만약 검정막이 없는 경우에는 흰 막이라도 좋고 하늘색 막이 있으면 이것은 바로 호리손트가 되니까 더욱 좋다. 검정막을 치고 연극을 할 때 더욱 효과를 내는 방법은 그 검정막 위에다 테이프 (흰 종이를 길다랗게 자른 것)로 간단한 그림을 그리는 것이다. 가령 무대가 실내일 때는 검정막 위에 극히 생략된 몇 개의 선(線)을 그어서 들창 하나만 그려둔대도 그것이 방안이라는 기분을 뚜렷이 나타날 것이다.

무대가 들 밖으로 지정되었을 때는 먼 곳에 산을 표시하는 간단한 곡선(曲線)과 산 밑 또는 그 산 옆에 도달하는 길을 표시하는 곡선을 그린다면 야외(野外)의 기분은 뚜렷이 날것이다. 또 다른 방법으로는 원주를 하나 그리고 거기에 점선을 그린다면 도시에 가까운 들 밖이라는 느낌을 줄 수 있을 것이다.

이 선화(線畵)를 그리는 데는 복잡한 그림을 절대로 피하고 반드시 대담하게 간략한 그림을 그려야 할 것이다.

테이프를 검정막에 붙일 때 풀로 붙여도 좋으나 나중에 떼기가 힘들고 뗀 자리가 남을 테니 약간의 수고가 들더라도 바늘못으로 고정하는 것이 좋다.

만약 막이 희거나 흐릴 때에는 선화를 그리는 테이프는 색이 있는 것으로 할 것이다.

(나) 병풍 리용법

검정막도 없고 흰 막, 호리존르도 없을 때는 평풍을 리용하는 방법이 있다. 우리 가정에는 대개 병풍들을 가지고 있다. 이것을 서너 개만 구하면(없을 때는 두 개라도) 재미난 장치를 할 수 있다. 병풍이란 것은 대체로 한편쪽은 산수화(山水畵)나 사군자가 그리어져 있으며 한편은 글씨를 써 두었다. 이글을 쓴 쪽이나 또는 사군자를 그린 쪽을 객석에서 보이도록 무대 배후에 펴고(한 개로 모자랄 때는 두 개를 련달아) 연극을 진행하면 그대로가 조선방안의 기분을 낼 수 있다. 남은 병풍은 무대의 량 옆구리를 가리는데 사용하면 옆구리를 가리게 되고 옆구리 속에 있는 사람이나 물건들이 객석에서 보이지 아니할 것이다. 병풍을 위대로 사용하지 아니하고 그 위에다 새로 그린 그림을 드리워도 좋다. 다시 말하면 병풍을 리용하여 돼지를 그린 종이를 붙이는 것이다.

병풍은 키가 좀 낮기는 하나 손쉽게 구할 수 있고 그 위에 종이에 그린 그림을 붙인다 하여도 돈이 많이 들지 아니하므로 많이 리용할 수 있다.

(다) 배경 리용법

전문극단에서는 광목으로 만든 막 위에 먼 곳의 풍경(風景)을 그려 그것을 배경으로 사용한다. 여기에는 그림을 그리는데 사용되는 도료(塗料)값도 많이 소용되며 그림을 잘 그리는 화가(畵家)도 필요하다.

써－클 연극에서는 이런 전문가들이 하는 방법 대신에 종이 위에다 보통물감을 풀어서 그림을 그리는 방법을 리용한다.

여기에 사용하는 종이는 백료지나 토－루지를 여러 장이여서 그 위에 각본에서 지정된 그림을 선이 굵게 대담하게 그린다.

(라) 실물 리용법

각본에다가 반드시 대문을 드나드는 연극을 해야 하고 미닫이를 열고 닫는 연극을 해야만 한다면 실제의 대문과 미닫이를 구해다가 이것을 리용한다. 이런 때는 다만 그 대문과 미닫이를 무대 위에 고착시키는 방법을 연구하여야 한다. 실물을 가져온다 하여도 대문달린 문턱까지는 무대위에 가져 올 수 없다. 그러므로 대문의 기둥이나 미닫이의 문턱은 나무로 간단하게 만들어 세워야 한다(그림참조). 이런 실물을 리용할 때 무대의 한 부분을 높여야 할 필요가 있다. 대문이 있는 마당과 미닫이가 있는 방이 같은 수평선에 있을 수 없기 때문에 방이나 뒷마루가 있는 곳을 마당보다는 높게 하여야 한다.

이때에는 농촌학교의 강당을 사용할 때면 교실에서 교수할 때에 쓰는 교단을 리용하면 되며 교단이 없는 경우에는 가정에 흔히 있는 평상(平床)을 사용하면 된다.

(마) 종이를 바르는 장치 법

앞에서 이야기한 전문극단의 장치 법 가운데 광목을 사용하는 대신에 신문지나 헌 종이를 발라서 무대장치를 만들 수 있다. 이 방법은 전문극단에서도 많이 리용되고 있는바 광목을 사용할 때보다 장치가 더 평평하여지고 부닥쳐도 광목모양으로 우그러들지 않고 도로를 발라도 일층 아름답다.

오늘 우리국가의 형편에서 광목 같은 섬유제품은 근로인민들의 옷감에 우선적으로 돌려야 할 것이며 연극 장치에서는 될 수 있는 대로 종이를 발라 하도록 하는 것이 또한 뜻이 깊다.

이 방법은 전문극단에서 리용하는 방법이며 또한 전문적 기술이 필요하다. 그 방법에 대하여 간단히 설명하여 두겠다.

첫째, 데자인의 자투리에 따라 에두리를 짠다. 한 치각의 오리목을 쓸 때는 두 치의 못으로 고정한다. 가령 석자에 여섯 자의 문을 짤 때에는 먼저 여섯 자의 기둥 두 개와 두자 여덟 치의 살(?) 두 개로 오리목을 자른다. 테두리는 형으로 만들기만 하면 비뚜러질 수도 있고 튼튼하지도 못하다. 그렇기 때문에 반드시 몇 개의 긴살을 넣어야 한다. 광목은 길이가 마음대로 될 수 있으니 석자에 여섯 자 테두리 정도는 간살 한 개라도 될 수 있지마는 종이를 바를 때는 종이의 크기에 따라 여러 개의 간살을 넣어야 할 것이다.

테두리 가운데는 반드시 네모진 것만이라고 할 수 없다. 한 옆이 둥글거나 뾰족 뾰족할 수도 있다. 이런 경우는 그 부분을 합판으로 만든다.

테두리가 다 됐으면 이제는 종이를 바른다. 첫 번째 바르는 종이는 반드시 신문지라야 바르기가 좋다. 신문지를 평평하게 얌전히 발라서 이것이 북같이 덩덩 소리가 나도록 마른 뒤에 그 위에 다시 두 번쯤 더 바른다. 이때에는 큰 종이가 아니라도 좋다. 종이 바르기가 끝나면 이제는 도료를 칠한다. 도료는 여러 가지가있고 도료의 종류는 아래와 같다.

아연화(亞鉛華) …… 흰빛을 내며 다른 빛을 연하게 할 때 쓴다.
양주(洋朱) …… 붉은빛
카세인 …… 아연화 대신에 쓴다.
군청(群靑) ……… 푸른빛
크름예로 ……… 누른빛
파레스그린 ……… 록색
벤가라 ……… 갈색
먹물 ……… 검정색
갖풀 ……… 도료를 풀고 또 이것을 고착(固着)시키는 데 쓴다.

여기에 든 도료는 먹물이외는 모두가 광물성(鑛物性)을 가졌기 때문에 기름(油)에는 풀어져도 보통 물에는 풀어지지 않는다. 물에 푼다면 발라도 고착되지 않고 전부 묻어나며 떨어져 버린다. 그러므로 이것을 풀로 고착시키는 데는 아주 눅눅하게 푼 갖풀 물을 쓴다.

위에 든 도료들을 혼합하여 여러 가지 갈색(褐色)과 혼합 색을 낼 수 있다. 가령 아연화를 푼 데다가 먹물을 넣으면 회색이 되며 군청과 크롬예로를 혼합하여도 록색이 나온다.

위에서도 말했지마는 이광물성 도료는 물에 풀리지 않기 때문에 연한 색을 낼 때는 수채화(水彩畵) 채색과는 달라서 반드시 흰색(아연화 푼 것이나 카세인으로)으로 해야 한다.

도료를 푸는 데는 처음부터 갖풀 물을 많이 넣지 말고 조금 넣어서 오랫동안 잘 엮이고 반죽을 하여 곱고 무거리가 없도록 한 다음에 점점 눅게 해야 한다.

도료를 풀었을 때 또는 도료를 칠했을 때 눈에 보이는 색의 농도(濃度)－진하고 연한 것－는 마른 뒤와는 대단히 차이가 생긴다. 대체로 말으기 전보다 마른 뒤가 연해진다. 그럼으로 처음에는 좀 진해 보여도 마른 뒤에는 적당해진다. 실제 그림을 그리는 데 대하여는 여기에서 설명을 해도 단시간에 알 수도 배울 수도 없기 때문에 그림에 다소의 소질이나 소양을 가진 사람이 이것을 담당하여야 한다.

이 장치 법을 리용할 때도 너무 데자인을 크게 잡지 말고 될 수 있는 대로 간략(簡略)하여 만들도록 창의성을 발휘할 것이다.

(바) 그 외의 장치

무대장치는 위에서 설명한 배경, 막 셋트, 쪽 그림 등으로만 되는 것이 아니고 장치를 한 다음에 여러 군데를 감추어야 한다.

무대의 량 옆구리를 아무것도 가리지 않고 그대로 둔다면 무대 뒤의 사람 래왕이 객석에서 보이며 배경을 느리지 아니한다면 객석에서 지저분한 천정이 보이고 천정에 매단 전기틀이 관객의 눈을 쓸 것이다.

량 옆구리를 가리는 데는 천을 사용하든지 종이를 바르든지 문짝 같은 가리개를 여러 짝 만들어 세워야 한다. 이것을 세우는 데는 반드시 다음의 그림과 같이 세운다.

천정을 가리는 것은 천을 사용할 때는 두터운 검정 것으로 카－텐을 달듯이 천정에 가로 달면 되고 종이를 쓸 때는 테두리를 짜서 그 위에 바르고 진한 도료를 칠한다.

이상으로서 무대장치의 대략을 말하였다.

써－클에서 장치하는 요결은 무엇보다도 창의성을 발휘하여 비용은 적게 넣고 효과를 많이 내는데 주의할 것이다.

五. 조명(照明)하는 법

오늘 무대 조명이라고 하면 전기를 사용하는 것이 일괄적으로 되었다.

그러나 농촌 산간벽지에는 아직도 전기가 들어오지 아니한 곳이 많다. 이런 지역에서 써ㅡ클 연극을 할 때는 조명을 부득히 석유불이나 카바이트불로 해야 한다.

전기조명

전기조명은 복잡한 전문기술을 필요로 하여 전문극단에서는 복잡한 조명기구들을 사용한다.

써ㅡ클 연극에서는 도저히 이 흉내를 낼 수 없다. 그러므로 써ㅡ클 연극에서는 전기에 대한 상식을 리용하고 손쉽게 구할 수 있는 물건을 리용하고 손쉽게 구할 수 있는 도구를 리용해서 창의성을 발휘하여야 한다.

(가) 천정에서 내려 비치우는 불

물을 담은 바께쯔를 리용하여 소케트를 넣어 천정에 세 개쯤 달면 어지간한 무대는 밝게 조명할 수 있다.

여기에 사용하는 전등 안은 백 왓트로부터 三백 왓트까지 쓰면 된다. 더 밝은 선둥알(五백왓트)이 있으면

좋으나 값이 비싸고 구하기가 힘들다.

(나) 량 옆구리나 객석에서 비취는 불

천정에서만 불을 비치면 무대에 나타난 얼굴이 쪼일 때에 시꺼먼 그림자가 지고 이상해 보인다. 그러므로 옆구리에서나 정면에서 불을 비춰야 한다. 여기에 사용하는 조명기는 전문극단에서 스포트라이트라고 하여 수십 개를 각 방향에서 비친다. 써ㅡ클에서는 스포트를 만들 수 없으며 사진관에서 사진을 찍을 때 투광하는 전등을 빌려오든지 그런 것을 만들면 된다. 여기에 사용하는 전등알은 三백 왓트, 五백 왓트의 것이 좋다.

(다) 조명의 색

전기 불을 그대로 비치면 무대에 나타난 얼굴이 대단히 창백해 보인다. 그러므로 각본에 지정된 연극의 시간이 다 낮이라 하여도 전기 조명 불을 받아서 누른빛이나 연붉은 빛으로 가려야 한다. 그리고 비가 오는 때의 기분, 밤중의 기분, 밤중이라도 방안과 뜰 밖의 기분, 이러한 것들은 모두 색으로써 그 변화를 표현한다. 이색을 내는 데는 전문극단에서 제라씽이라 하여 세로 광 같은 물들인 투명한 종이를 사용한다.

써-클 연극에서는 세로 광에 물을 들이든지 엷은 천을 색깔에 따라 사용한다.

석유불 및 카바이트 조명

석유 불을 사용할 때는 람프를 서너 개 불을 밝혀 무대의 면막(綿邈) 앞에 단다. 그 밖에 다른 특별한 방법은 없다.

그러므로 카바이트 등을 무대의 량편에 달수밖에 다른 도리가 없다.

다만 석유불이나 카바이트 불은 불이 붙을 위협이 있으니 특별한 주의를 하여야 한다. 석유불과 카바이트 불을 사용할 때는 색을 내기가 어렵다. 색 천이나 세로 광을 불에 가까이 가져가면 특히 불을 내기가 쉽다. 그러므로 색을 내는 문제는 여기에서는 부득히 모르는 척해야 할 수밖에 없다. 다만 석유 람프는 '호야'라는 유리가 있으므로 이 유리에 밀집(密集) 하지 않도록 천을 대면 색을 낼 가능성이 있다.

六. 효과란 무엇인가

효과라고 하는 것은 무대 위에서 여러 가지 소리를 내어 연극의 환경(環境)을 가꾸며 분위기(雰圍氣)와 기분을 내는 것이다. 가령 새벽의 닭소리가 들리며 밤중에 먼 곳의 개가 지지며 동리 가까이로 기차가 달리는 소리들을 내는 것이 효과이다. 방안에서 전화소리가 들라고 시계소리가 울리며 문 두드리는 소리들이 그것이다. 무대에서 들리는 소리는 여러 가지로 나눌 수 있다.

자연의 소리—바닷물소리, 바람소리, 빗소리, 우레소리

동물의 소리—말굽소리, 벌레소리, 닭소리, 송아지소리

사람의 소리—갓난아기 우는 소리, 군중의 함성, 군중의 만세소리

기계의 소리—기차 소리, 시계 소리, 전화 소리, 총 소리, 대포 소리, 비행기 소리

음악—류성기 소리, 독창, 합성소리, 신호 라팔 소리, 바이올린 소리, 피아노 소리

이상과 같은 여러 가지 소리들에서 배우가 무대 위에서 관객이 보는 가운데 내는 소리는 효과에 들어가지 않고 무대 위나 옆에서 배우가 직접 내지 않는 소리만이 효과에 들어간다.

효과라는 작업도 여러 가지 복잡하고 재미난 일이 많다. 또 전문극단에서는 이 소리를 내는 기구와 기계들이 여러 가지로 많이 있다. 더구나 전기가 발달한 오늘에 있어서는 전기, 축음기와 그 외 전자기계를 리용하여 상당히 발달되어 있다. 써—클 연극에서는 효과를 맡아보는 동무의 창의 고안에 의하여 연구해내어야 한다.

다음에 드는 몇 가지 실례는 전문극단에서도 쓰고 있는 방법이며 써—클에서도 리용할 수 있다.

빗소리—대 달린 부채의 량편에 콩을 실로 꿰서 많이 달아가지고 손으로 흔든다. 부채는 하나뿐만 아니라 여러 개를 만들고 여러 사람들의 손으로 비의 대소(大小)에 따라 조절한다.

파도소리—버들상자나 키에다 콩이나 팥을 두어 되 넣어 가지고 좌우로 흔든다.

기우—낟알이 쏟아지는 소리와 들추는 소리로 표현한다.

말달리는소리—나무로 만든 공기(그릇)를 량손에 들고 벽이나 마루바닥에 대고 말발굽소리의 박자(拍子)를 투닥그리면 된다. 벽과 마루는 세멘트나 회벽일 때 더욱 실제 소리와 가깝다.

벌레소리—깨어진 자기(磁器)의 쪽을 둘 가지고 그 깨여진 면을 서로 갈면 벌레소리가 난 다.

그 외 아이 우는 소리나 개소리, 닭소리 같은 것은 무대 옆에서 사람이 실제로 흉내를 내도 좋다.

전화소리는―초인종(招人鐘)으로 내며 시계 치는 소리로도 낼 수 있다. 전축과 마이크가 있으면 그 성능(性能)을 리용하여 여러 가지 소리를 창의 할 수 있다.

결국 써―클 연극에서 효과는 그것을 담당한 동무의 연구와 창의고안에 힘 있는 데가 가장 크다.

이상으로써 농촌에서 써―클을 운영하는 방법에 대하여 대략 이야기 하였다.

만약 자세하게 이야기하려면 몇 권의 두터운 책이 될 수 있고 수 십 시간의 강의를 요할 수도 있다.

그러나 결국 써―클 연극의 기술을 여러 번 거듭하는 가운데서 발전하는 것이며 처음부터 전문적인 복잡한 기술을 체득(體得)한 뒤에 시작되는 것이다.

그러므로 여기에서 기술한 써―클 연극 운영방법을 충분이 리용하고 연구한다면 써―클 운영에 아무런 불평이 없을 것이다.

써―클 연극을 발전시키는 방법의 하나는 자기들의 써―클이 가진 역량과 기술과 방법들을 자주 검열하고 검열 받는 데 있다.

이를 검열하고 검열 받는 빠른 길은 자기의 써―클에서 자주 연극을 하고 그에 근거해서 비판을 가지는 것과 남의 연극, 남의 써―클이나 다른 전문극단의 연극을 자주 구경하고 그것을 비판하는 것에 있다.

우리 공화국 농촌마다 써―클 연극들이 멀지 아니하여 높은 수준에로 올라가게 하고 우리 농촌에서 재간 있는 젊은이들을 중심한 군중문화가 찰란한 개화(開化)를 가져오기 위하여 매개 써―클원은 물론 군중문화를 지도하는 동무나 연극가들은 일층 높은 주의를 집중하여 농촌 써―클지도에 노력하여야 할 것이다.

『농촌연극 써클 운영법』, 국립인민출판사, 1949.

연극이란 무엇인가

서문

연극 예술은 그 자체가 문학, 미술, 음악, 무용 등의 각종 예술을 종합한 특수한 예술이며 그 창작이 또한 극작가, 연출가, 배우, 미술가, 조명가, 작곡가, 무용가, 의상사, 기타 무대 일꾼들 그리고 극장 관리 일꾼들까지 참여하는 집체적 예술이기 때문에 다른 예술에 비하여 비상히 복잡하다.

이러한 연극 예술에 대한 심오한 지식은 연극사, 연출학, 희곡론, 배우학, 무대 미술론, 무대 기계 공학, 전기 조명학 등 광대한 학문적 체계를 연구하지 않고는 완전히 소유할 수는 없다.

오늘 연극에 대한 일반 관객의 관심은 비상히 높아졌으며 연극을 보는 감상적 력량도 장성하였다. 그들은 연극을 자기의 일상생활과 결부하여 분석하며 연극 예술의 사상-예술적 수준에 대하여 크고 작은 문제들을 간과하지 않는다.

당과 정부의 부단한 군중문화 발전을 위한 대책은 우리나라에서 연극도 포함한 각종 예술 써클의 광범한 발전을 가져왔다. 이 써클에 망라된 젊은 연극 써클원들(희곡작가, 연출가, 연기자, 장치가들)은 자기의 창작 활동의 기술적 수준 제고를 위하여 노력하는 일방 연극 예술에 대한 리론적 소유를 요망하고 있다.

연극 예술에 대한 일반적인 리론과 지식을 요구하는 자립적 연극 연구자들과 동호인(同好人)들, 그리고 관객들에게 연극에 대한 복잡한 전문적 지식에 치우치지 않고 그러나 평범한 상식론에 머물지 않는 리론과 실제적 지식을 주기 위한 목적에서 이 소책자를 쓰는 것이 필자의 목적이다.

우리들이 전문가적 립장에서나 써클 문화 발전을 위한 립장에서나를 불문하고 연극 예술을 론할 때 배우 예술을 과학적 체제에까지 끌어올리고 사실주의 연극 체계를 확립한 끄·쓰·쓰따니쓸라브쓰끼의 창작 체계를 떠나서 생각할 수 없다. 그러므로 오늘 연극에 대한 모든 리론과 실제는 그의 체계를 토대로 하여 해명되며 서술된다. 필자가 이 소책자에서 서술하는 연극 각 부문에 결친 문제들에 있어서 그의 체계에 관하여 많이 언급하고 있으며 그의 저서들의 구절을 많이 인용하게 됨은 필연적인 귀결이라고 생각한다.

이 소책자에서 만약 독자가 연극 예술에 대한 일반적 개념을 얻음과 동시에 쓰따니쓸라브쓰끼의 씨쓰템(체계)에 대한 륜곽을 리해하게 된다면 필자는 소기의 목적을 달성하게 되는 것이다.

그러나 우리나라에는 연극 예술에 대한 저술과 쓰따니쓸라브쓰끼의 저서 및 그의 체계에 대한 해설 서적들이 아주 적다. 이 사정은 필자가 이 소책자를 서술하는 데 적지 않은 곤난성이 따른다는 것을 말한다. 그러므로 이 소책자가 충분히 독자의 만족을 줄 수 없으리라는 것도 자인하며 견해에 있어서 반드시 정확하다고 고집할 수 없는 점도 있으리라고 자인한다. 이러한 점들은 독자와 평자들의 의견을 듣고 앞으로 보충, 수정하려고 한다.

또한 필자는 연극에 대한 서적이 적은 우리나라의 형편에서 이 소책자가 연극 예술을 지향하는 젊은 연극인들에게도 리론적 및 실제적인 방조가 될 것을 희망한다.

一. 연극은 어떠한 예술인가

1. 연극 예술의 특수성

오늘 우리들이 연극이라고 부르는 현대적 형식의 예술은 다른 예술 양식(쟌르)에 비하여 비상히 복잡하며 특수하다.

무대의 푸로쎄니엄 아취(테두리) 안에서는 온갖 종류의 구경거리(상연물)

를 보여줄 수 있다. 길드린 새와 짐승을 놀이는 동물 곡예로부터 인형극(꼭두각씨)에 이르기까지, 노래와 춤, 깡깡이 켜기, 피리 불기로부터 오페라(가극)에 이르기까지, 만담·재담으로부터 희극에 이르기까지, 종교적 신비극으로부터 사회적 혁명극에 이르기까지 각종 다양한 구경거리를 보여줄 수 있다.

위대한 로씨야 배우며 과학적 연기체계의 창설자며 사실주의자–연출가인 꼰쓰딴찐 세르게예비츠 쓰따니쓸라브쓰끼는 "무대는 아무 것이 그려진다 할지라도 모든 것을 용납하는 백지장과 같다"고 말하였다.

이러한 각이한 상연물들이 관객 또는 청중에게 주는 작용과 인상은 각각 다르다. 그것은 서로 대립적이기도 하며 어떤 것은 관객을 재미있게 해주나 어떤 것은 슬프게 해주며, 어떤 것은 관객의 기분을 돋구어 주고 고무해 주나 어떤 것은 의기를 초침하게 하고 때로는 타락하게도 해준다.

이와 같이 극장은 자기의 지붕 아래에 앙양된 것으로부터 저하된 것에 이르기까지의 온갖 예술의 종류와 구경거리의 형태들을 용납한다. 그러나 무대의 금빛 테두리(푸로쎄니엄 아취)는 시대에 따라, 사람들이 사회생활의 요구에 따라 그 상연물들을 규정하고 제한하였던 것이다.

극장은 그 발생하던 초창기인 희랍 시대부터 인간을 교양하며 인간의 정치적 생활과 문화적 생활을 혼연하고도 고도한 수준에로 끌어올리는 고상하고 신성한 전당(殿堂)으로 복무하였음에도 불구하고 자본주의 제도 하에서 극장은 그 고상한 본래의 사명에서 리탈되고 말았다.

극장이라는 말은 부르쥬아 사회에 있어서 자체가 전당이라고 인식되기를 그만두었으며 돈벌이의 도구, 다시 말하여 자본의 리윤 추구의 목적에 리용되는 데로 변하고 말았다. 극장은 부화하고 타락하고 경박한 계층의 야비하고 저속한 취미와 요구를 만족시켜 주는 보잘 것 없는 구경거리의 상연장으로 되고 말았으며 잘 입고 잘 차린 지배적이며 기생적인 상층 '인사'들 그리고 타락한 외교관들과 돈판(녀자 사냥만을 하는 자)들의 유락장, 식장으로 또는 함께 온 미녀와 잘 입은 옷과 장식한 보석의 자랑터로 변하였다.

또한 극장은 인민을 기만하며 온갖 부화한 사상을 고취하는 사기장이기도 하였다. 이것은 극장의 여지없는 타락이며 극장에 대한 비할 데 없는 모독이다.

오직 사회주의와 인민 민주주의 제도가 확립된 사회에서만 극장은 그가 가진 본래의 사명을 회복할 수 있었으며 참된 연극-인민의 생활, 리해 관계, 욕구에 부합되는 연극을 상연할 수 있는 것이다.

연극은 인간의 정신생활을 표현함에 동원되었으며 그는 인간의 미학적 감정을 발전시키고 고상하게 할 수 있는 것이다. 그렇기 때문에 우리들은 극장을 인민의 교실이라고 부르는 것이다.

이 중요한 예술적 사명을 위하여 연극은 가장 강력하고 다면적이며 다량적인 가능성을 가지고 있다. 무엇보다도 먼저 연극은 거대한 견인력(당기는 힘-박력)을 가지고 있다.

모든 다른 예술과 마찬가지로 연극은 심장이라는 수단을 통하여 관객에게 작용하는바 이것은 사람들과의 접촉에 있어서 가장 훌륭한 것이다.

관객들은 하룻밤을 즐기기 위하여 극장을 찾아간다. 사실 관객은 극장의 무대에서 진행되는 극적 사건의 진행에 따라 전 심장을 털어 놓고 웃기도 하고 미워도 하고 흥분하기도 하며 통분하기도 한다. 그러나 저 자신도 모르게 감정과 사상에 의하여 고무되고 아름다운 정신적 생활의 인식으로 풍부하게 되어 극장에서 나오는 것이다.

연극의 힘이 그렇게도 강력하고 관객의 심장과 정신에 그처럼 불가피적인 작용을 주는 데 연극이 다른 예술보다 특수한 점이 있다.

연극은 행동의 예술이다. 다시 말하면 연극은 그 속에 발전되는 극적인 행동에 의하여 관객에게 작용을 주는 예술이다. 긴장된 극적 행동의 호상 작용-이것을 드라마찌즘이라고 한다. 이 드라마찌즘이 관객의 시망을 두드리고 감정에 호소하여 감동과 감격을 주는 것이다.

더우기 연극에서는 이 드라마찌즘이 배우라는 산 인간이 창조한 산 형상의 행동(동작, 말, 분장)을 통하여 전달되기 때문에 다른 예술보다도 더 직접적으로 박진력을 가지고 관객에게 작용하는 것이다.

연극의 힘이 그렇게도 강한 것은 그것이 집체적 예술이며 종합적 예술이기 때문이다.

“연극의 힘은 그것이 시인들, 배우들, 연출가들, 음악가들, 무용가들, 무언 배우들, 장치가들, 조명가들 의상 일꾼들 및 그 외의 무대 일꾼들의 창조적 작업을 하나의 조화적인 총체에 통일하는 집체적 예술가라는 데 있다”라고 끄·쓰·쓰따니쓸라브쓰끼는 그의 론문 『극장』(론문, 연설, 담화, 서한집)에서 연극의 집체성에 대하여 말하였다. 그는 또한 “이와 함께 연극 예술은 종합 예술이며 또한 여기에 그의 힘이 있는 것이다. 연극은 그 산하에 집결시키는 문학, 무대, 회화, 건축, 조각, 음악 등 모든 예술의 창조를 례외없이 동시에 리용한다”라고 연극의 종합성에 대하여 말하였다.

이와 같이 거대하고 단합되고 그리고 훌륭하게 무장된 군대가 관객 대중에게 동시에 공개적으로 습격하여 수천 수백 사람의 심장을 통일된 호흡에 맞추어 격동시키게 되는 것이다.

그리고 또한 연극 예술이 가지고 있는 그러한 자기의 창조를 체현(体現)하기 위한 재료를 가지고 있는 예술은 달리는 더없다. 회화, 조각 및 음악은 차디찬 대리석, 캄바스, 악기를 재료로 가졌을 때 배우의 창작적 심혼(心魂)은 생생한 신경을 가지고 자기의 창조를 파고 들어간다.

연극 예술은 이상의 모든 특수성 때문에 다른 어느 예술보다도 가장 알기 쉬운 예술이다. 사실 독서는 글을 읽을 수 있는 능력을 가진 사람만이 가능하며, 음악의 섬세한 내용, 특히 우리에게 있어서 서양 음악의 내용은 전문가가 아니면 리해할 수 없으며, 말 못하는 조각이나 그림이 예술가의 심장에는 많은 것을 말해 주지마는 보통 관객이 다 잘 리해한다고 말하기는 어렵다. 그러나 연극 예술은 창조가 명확하게 형상적으로 도해적(圖解的)으로 되여 있기 때문에 어느 누구에게나 리해될 수 있는 것이다.

연극 예술의 특수성의 하나는 그것이 순간적인 예술이라는 것이다. 문학은 출판물로 영구히 남으며 조각, 회화는 그 보관방법에 따라 반영구성을 가지고 있으며 음악은 악보를 통하여 역시 영구히 남아 있다. 그러나 연극은 출연한 배우와 참가한 예술가들이 죽으면 남는 것이 없는 전혀 동시대인에게만 작용하는 예술이다. 물론 레코드 록음, 테프 록음에 의하여 대사를 위시한 음향적인 것을 남길 수 있고 발성 영화의 필림에 의하여 연기와 대사를 재생시킬 수 있기는 하지만 그것으로써 배우 예술의 완벽한 전부를 보전한다고 할 수 는 없는 것이다.

그러므로 연극이 생명이 짧은 예술일는지도 모르나 그 대신 동시대인에게는 그 영향력이 완전하며 강력한 점에 있어서 다른 아무 예술도 이를 이겨 낼 수 없는 것이다.

2. 연극과 안쌈블, 규률, 륜리

연극에는 안쌈블이 가장 중요하며 강력히 요구된다. 연극은 종합 예술이며 집체적인 예술이기 때문에 이 집체성과 종합성이 통일되고 조화되여 동일한 목적에 지향할 때 안쌈블이 형성된다. 만약 연극 예술이 그 고유한 안쌈블을 형성하지 못한다면 벌써 연극 예술의 특질을 상실할 것이며 관객에게 아무런 작용도 주지 못할 것이다.

끄·쓰·쓰따니쓸라브쓰끼와 웨·이·네미로비츠-단첸코가 창설한 모쓰크바 예술극장 이전에 모쓰크바 소극장, 뻬쩰부르그 알렉싼드린 극장들에게서는 이 안쌈블을 "희곡의 조화된 협주적 출연"일 뿐만 아니라 "모든 배우들과 모든 참가자들과 모든 요소들의 세계관의 공통성이며 사상적 통일"이라고 해석되였다.

아무리 훌륭한 연기술을 소유한 배우 집단이 있고 아무리 탁월한 연출진영이 있으며 능난한 미술가가 있다 할지라도 인간 정신의 기사인 작가가 희곡에 담아 둔 고상한 사상 예술적 내용을 정당하게 형상화하려면 형상 과정에 참가하는 모든 창조 일꾼들의 세계관과 사상성의 통일이 없이는 소기의 목적을 도저히 달성할 수 없을 것이다.

그러므로 우리들은 보통 "안쌈블이 잘 째였다"라고 하는 말을 연극이 미끈하게 꾸며졌다는 뜻으로 사용할 것이 아니라 반드시 세계관과 사상의 통일을 념두에 두고 말해야 할 것이다.

연극 예술의 안쌈블 형성 다시 말하면 집체적 종합적 창조 사업인 연극에 있어서 중요한 의의를 가지는 것은 극장의 규률과 륜리이다. 연극 예술의 창조에 있어서 그 집요한 의의를 가지는 것은 극장의 규률과 륜리이다. 연극 예술의 창조에 있어서 그 집체성과 종합성을 발휘하며 사상적으로 통일된 하나의 혼연한 안쌈블을 형성함에 있어서 극장에 강력하고 엄격한 규률과 훈련이 없으며 전체 참가 일꾼들이 지켜야 할 극장 륜리가 없다면 모든 것은 허무하게 되고 말 것이다. 그렇기 때문에 끄·쓰·쓰따니쓸라브쓰끼는 그의 지도 및 창작 체계에서 이 규률과 륜리를 강력히 요구하였던 것이다.

"규률과 훈련과 륜리 등은 다만 사업의 일반적 제도만을 위하여 우리에게 필요할 뿐 아니라 우리들의 예술과 창조의 예술적 목적을 위하여 중요한 그 형상에도 필요한 것이다"(모쓰크바 예술극장 좌우명(座右銘) 중에서).

"자기 가운데서 예술을 사랑하되 예술 가운데서 자기를 사랑하지 말라"(동상).

모쓰크바 예술극장의 표어들 중에서 이 두 가지는 극장의 규률과 륜리에 대하여 강조한 것이다.

끄·쓰·쓰따니쓸라브쓰끼는 연극에 대한 작업의 집체적 창조의 원칙을 높이 평가하면서 자기의 저서 『륜리학』에서 다음과 같이 말하였다.

"예술의 임무 따라서 극장의 임무는 희곡과 역할의 내면적 생활의 창조와 시인 음악가의 작품 그 자체를 산생한 기본적 씨와 사상을 무대 우에 체현하는 것이다.

극장에 찾아오는 관객에게 제일 먼저 접하는 수위, 휴대품 맡는 사람, 수표원을 비롯하여 극장 관리원, 사무원, 극장 지배인에 이르기까지 극장에 근무하는 로동자의 한 사람 한 사람, 그리고 마지막으로 배우들 자신 —이 사람들로써 극장은 찬다—은 모두가 예술에 복무하며 예술의 기본적 목적에 전적으로 복종하는 것이다. 한 사람의 례외도 없이 극장에서 일하는 사람은 연극의 창조자이다.

정도의 이하를 불문하고 이 전체적인 사업을 방해하고 또는 예술과 극장의 기본적 목적의 실현을 방해하는 자는 해독자로 간주하여야만 한다. 만약 수위나 휴대품 맡는 사람, 수표원, 매표원이 관객을 불친절하게 접대하였기 때문에 관객의 기분을 손상케 하였다면 그들은 전체의 사업과 예술에 손해를 준 것으로 된다. 만약 극장 안이 춥든지, 불결하든지, 정돈되지 않았든지, 개막이 늦든지 하여 공연히 조성하여야 할 감흥을 일으키지 못하였다면 관객의 기분은 앙양되지 않기 때문에 시인, 작곡가, 배우, 연출자의 기본적 사상과 감정은 관객에게 전달되지 않고 관객들이 극장에 찾아 온 의의가 없어지며 연극은 깨뜨려지고 극장은 사회적인 예술에 의한 교육적 의의를 상실하고 만다."

극작가, 배우는 연극에서 없어서는 안 될 기분을 투광기(投光器)의 불빛 속에서 창조하며 극장 관리 일꾼은 관객을 위해서 객석에 적당한 기분을 조성하는 한편 출연을 준비하는 배우들을 위하여 화장실에 적당한 기분을 조성한다. 관객도 배우와 마찬가지로 연극 창조의 일원으로 되여야 한다. 관객도 배우와 같이 훌륭한 준비와 보다 좋은 기분이 필요하며 그것이 없이는 극작가의 기본적 사상을 받아들이지 못할 것이다.

극장에서는 예술의 기본 목적을 위하여 극장의 전체 일꾼들이 연극이 진행되는 때뿐만 아니라 주간 련습이 진행되는 때라도 련습을 방해하는 것은 연극의 기본 목적을 방해하는 것으로 간주한다.

극장에서는 전체 일꾼들이 강한 작업 규률에 복종하고 엄격한 제도와 질서를 지키며 거기에 정확한 사업 조직을 실행함으로써 호상 원조의 품성이 성립되고 집체적 창조는 유쾌하게 진행되며 능률이 생기게 된다. 이것은 쓰따니쓸라브쓰끼의 씨스템을 존중하는 극장들의 창조적 륜리며 생활적 도덕이다.

극장이 요구하는 그 건강한 분위기, 규률, 륜리 등은 한 장의 명령이나, 성문화된 회람이나, 통고로 만들어지는 것은 아니다. 그것들을 실현하기 위해서는 전체 성원들의 참을성, 자제(自制), 불굴(不屈), 랭정 등이 필요하다.

연극 창조에 있어서 가장 주요한 역할을 수행하는 배우에게는 련습과 공연에서 누구에게보다도 더 강한 규률을 요구하고 있다. 뿐만 아니라 집체적 사업의 보장을 위하여 호상 간의 두터운 신뢰를 필요로 하며 사소한 비방, 질투, 행패라도 이를 표현해서는 안 된다. 그리고 배우는 일상적인 개인 생활에서 생활상의 모범을 보여야 한다. 스캰달(추행)이 있을 수 없다. 배우의 이름은 언제나 고귀한 극장의 이름과 련결되여 있으며 극장에 대하여 말할 때 반드시 배우에 대하여 말하게 되는 이 생활적 관계에 대하여 한 순간도 잊을 수 없는 것이다.

3. 연극의 사상성, 생활성, 예술성

사회주의 사실주의 연극에 있어서는 내용과 형식의 완전한 통일 아래 연극이 가져야 할 사상성, 생활성, 예술성이 다 같이 발현된다.

그러나 이 세 가지는 연극의 상연에서 때때로 각각 다르게 강조될 수 있으며 어떤 것은 소홀하게 취급될 수도 있다. 물론 이런 경우에 있어서 그 연극을 사실주의 연극으로 부르지는 못할 것이다. 웨・이・네미로비츠-단첸꼬는 연극 상연에 있어서 이 세 가지 경향성을 연극의 물결이라고 하였다.

연극에 사상성과 생활성이 부여 되여 있으며 예술성이 결여 되여 있다면 그 연극의 상연은 어떠한 결과를 가져 올 것인가? 이때 사상적 내용과 생활적 진실은 무사히 전달된다. 그러나 예술성이 없이는 연극 예술의 본성인 희열적 고무가 결여되는 것이다.

만약 연극에 생활성과 예술성이 부여되여 있으되 사상성이 결여되여 있다면 연극의 상연은 어떠한 결과를 가져 올 것인가? 이때 연극은 진실하기도 하고 예술로서의 희열도 주기는 하나 사상적 핵심이 결여된 무사상적 연극으로 되고 말 것이다.

그리고 만약 연극에 사상성과 예술성이 부여 되여 있으되 생활성이 결여 되여 있다면 연극의 상연은 어떠한 결과를 가져 올 것인가? 이런 경우에는 사회-정치적 이데야도 선명하고 무대에 대한 효과적인 인상도 줄 것이다.

그러나 그 연극은 아주 안출적(인위적)이고 진실치 못하게 될 것이다.

사회주의 사실주의 연극에서 이 세 가지 길은 모두 중요하다. 그 세 가지 길이 하나도 결여되지 않고 통일될 때에만 연극은 예술적으로 완미하여질 것이고 고귀한 것으로 될 것이다.

연극은 다른 예술과 마찬가지로 생활 현실의 반영 형태며, 인민의 이데올로기 교양자며, 생활 인식의 수단이다. 연극이 인민의 이데올로기 교양자로서 중요시되기 때문에 연극의 사회―사상성의 의의는 더욱 강조된다. 그리고 예술이 생활적 진리를 떠나서는 아무런 가치도 없기 때문에 연극의 생활성이 중요시된다. 또한 연극은 예술이며 강연과 강의가 아니기 때문에 예술성―연극성이 중요시되는 것이다.

그러나 이 세 가지 길 중 그 어느 것 하나만이 편중적인 요구와 취미에 의하여 강조될 수는 없다. 만약 사회―사상성만을 강조할 때에는 포스터적 연극이 될 것이며 생활성만을 강조할 때에는 자연주의적 연극이 될 것이며 예술성만을 강조할 때에는 사건성과 우연성만을 추구하는 '신파'연극이 될 것이다.

이 모든 것은 완미한 연극이 아니며 절뚝발이거나 혹은 사상적으로 해독을 주는 연극이다.

집체적 예술이며, 종합적 예술이며, 비상히 고상한 안쌈블을 요구하는 예술이며, 어느 한 가지 길에로도 편중할 수 없는 예술인 연극은 모든 예술 양식 가운데서 가장 복잡하며 어려운 예술이다. 그렇기 때문에 연극 예술인이 되려면 심오한 기술적 단련과 날카로운 천재적 자질과 풍부한 생활적 경험의 축적 우에 맑스―레닌주의 리론의 튼튼한 무장이 뒷받침되여야 하는 것이다.

二. 연극의 발생과 발전

1. 연극의 발생

연극의 발생은 오랜 력사를 가지고 있다. 이에 대하여 여러 가지 학설이 있으나 인간의 물질적 생활에서 기원하였으며 그렇기 때문에 그 생활을 반영하고 있음은 틀림없다.

인간은 그 자신이 아직 몽매하고 자연과 자연 현상, 자연의 재해를 극복할 수 있는 력량을 가지지 못하였을 때 자연(외계)의 재해를 방지하기 위하여 어떠한 동작 또는 주문(呪文)을 안출한다. 이 동작과 주문은 인간의 모방 본능과 관계되는 것이다. 이러한 동작은 몽매한 인간들을 위하여서는 전적으로 생활적 목적을 가졌으나 점차 그들의 의식(意識) 가운데는 신비적인 관념이 형성되기 시작하였으며 그것이 나중에는 종교적 의식(儀式)으로 발전하였다.

"종교라는 것은 맹목적인 자연의 힘에 무력한 인간들 또는 사회적 억눌린 사람들의 사상에 의하여 창조된 초자연적(超自然的)인 환상(幻想) 즉 비현실적 본가지 의식(儀式) 및 행사에서 표현되는 종교적 의식(意識)도 또 일상생활에서 그들을 지배하는 외부적인 힘이 사람의 두뇌에 환상적으로 반영된 것 외에 아무 것도 아니다"(엥겔스).

물론 종교가 반동적 역할을 논다는 것을 우리들은 알고 있다. 종교의 생활력은 어데 있으며 무엇으로 설명되는가? 종교는 착취 계급을 위하여 근로자들을 정신적으로 노예화하는 도구로서 또한 착취자들의 정신적 지배의 강화 수단의 하나로 전파되고 지지되고 리용된다.

사람들이 아직 몽매하였고 수렵으로 생활하던 시기에 사냥을 떠나기 전에 장차 사냥에서 만날 맹수와 싸우다가 결국 잡고야 마는 동작과 행동을 의식화(儀式化)하여 가무(歌舞)의 형식으로 출연하는 일이 성행하였다. 이는 앞으로 행하여질 사냥에서의 성공을 비는 일종의 종교적 의식인 동시에 그것으로써 집단의 기세를 올리는 것이였다.

또 좀 더 발전된 것으로서는 봄과 겨울이 서로 싸우다가 봄이 겨울을 이기고 만물을 소생케 하는 민속적(民俗的) 의식(儀式)이 있는데 이는 원시 수렵인들과 농민들의 생활의 불가피성에서 발생한 종교적 의식이라고 봐야 할 것이다.

자연의 재해를 극복할 기술도 과학도 없었고 자연계에 대한 과학적 개념도 없는 그들에게 있어서 자연 재해를 극복할 수 있는 가능성이란 초자연적인 힘에 의거하는 길 밖에 없었다. 이 초자연적 힘이란 즉 신려이였다. 그러므로 우리들은 부르쥬아 력사가들이나 미학가들이 고대 예술의 이러한 의식적 성격을 외곡하면서 인간이 본래부터 종교적 신비적 관념 또는 신앙심이 농후하였기 때문이라고 한 관념론적 견해가 전혀 무근거한 것임을 쉽게 간파할 수 있다.

이와 같이 연극을 시초에 가무의 형태로 몽매한 인간의 모방 본능에서부터 출발하여 그들의 생활과 밀접히 련결된 종교적 의식으로 되였으며 이리하여 신비적 성격을 띠게 되였고 나중에 그 가무는 종교적 의식에 전적으로 리용되였던 것이다.

인간이 몽매하였고 생산력이 아직도 낮은 단계에 있을 때 그들은 물질적 부를 획득하기 위한 로동에서 그 로동을 용이하게 하고 능률적으로 하기 위하여 노래와 률동적인 도작(가무)을 하였다. 이처럼 원시적인 가무로부터 점차 발전하여 연극의 형태를 갖추는 데까지 도달하였다.

인간은 물질적 부를 획득하기 위한 투쟁을 승리하였을 때 또는 생활상 희열을 느끼는 사변이 있을 때 이를 축하하며 이를 즐긴다. 이것은 인간의 유흥이고 오락이며 본능인 것이다. 이 유흥과 오락에서 가무가 발달하며 연극이 기원하는 것도 사실이다. 원시 수렵인들이 사냥에서 큰 곰을 잡았을 때 그들은 승리의 개가를 올렸고 가무로써 축하하였으며 나중에는 그것을 의식화하였던 것이다.

이상에서 보는 바와 같이 우리들은 예술(연극)의 기원을 사회생활 자체와 그 사회생활의 필수적 요구에서 찾지 않으면 안 된다. 예술(연극)이 사회생활의 요구에서 발생한 행정들에 대하여서는 여러 가지 고고학(考古學)적 문헌과 자료들이 보여주고 있을 뿐 아니라 일부 아직도 낮은 문화단계에 있는 인민들의 원시적 예술이 그것을 설명해 주고 있다. 즉 그들의 원시적인 무도, 동굴의 벽에 그린 회화와 조각들에는 그들의 로동 활동이 재현되여 있다. 례를 들면 호주의 토인 녀자들의 무도에는 식용 쥐잡이, 식물의 뿌리 채취, 고기잡이 등이 재현되여 있다.

우리들은 이러한 연극의 기원에 대하여 연극의 요람지인 희랍 연극의 발생을 연구하는 데서 상세히 알게 될 것이다.

2. 희랍 연극의 발생과 발전

도시 국가 시기(기원전 五세기)의 희랍 연극은 종교적 의식(儀式) 우에서 장성하였고 항상 종교와 밀접한 관계를 가지고 있었다. 이것은 생산력 발전의 낮은 단계에 있는 사회에서는 특징적인 것이다. 종교는 "사람들의 물질 활을 창조하는 생산의 범위 안에서의 사람들의 구속성, 이와 동시에 상호간 또는 자연간의 제 관계의 구속성"(맑스)을 반영하는 이데올로기의 형식인 것이다.

또한 다른 '자연적'인 종교들과 마찬가지로 희랍 종교는 명백히 자연의 힘과 사회의 기구(機構)를 인격화하는 종교적 표현의 혼합물을 가지고 있다. 신화(神話)라고 한 예술가 가공의 소산인 것이다. 이 때문에 신화는 연극 예술도 포함한 모든 희랍 예술에 있어서 자양분 있는 토양으로 되였던 것이다. 이 신화는 희랍 연극 자체의 전 개화기를 통하여 그것으로써 전투 행동을 수행한 그 "병기창"(맑스)이였던 것이다.

희랍인들은 농업민들이기 때문에 그들의 종교는 신화의 형상들에서 농경 로력의 행정과 이 행정에서 골격이 굳어진 인간과 자연과의 호상제 관계를 반영하였다. 희랍인들의 농업 종교는 에짚트, 페니키야, 페르샤의 종교들과 류사하여 겨울에 있어서의 식물의 멸망과 봄에 있어서의 그 갱생을 인격화하면서 고통하고 죽어가고 부활하는 신의 종교였다. 주요한 농경의 신은 곡초의 녀신 데메트라와 포도나무를 위시한 과실과 초목의 신인 디오니소쓰이다. 량자의 제전의 중심은 중부 희랍의 비옥한 아치카와 그 주요 도시인 아테네였다. 데메트라의 제전은 린접국인 프라키야에서 희랍으로 가져온 디오니소쓰 이전의 제전이였다. 그러나 아치카의 농민들이 농업으로부터 포도 경작과 아테네 상업의 장성과의 관계에 있어서 중요한 의의를 가진 포도주 양조업에로 이행함에 따라서 디오니소쓰 제전은 데메트라의 제전을 몰아내고 말았다.

디오니소쓰의 제전은 처음에 광란적이고 음란한 술잔치의 성격을 띠고 있었다. 짐승의 껍질을 입은 신의 숭배자들은 포도주를 마시고 춤을 춤으로써 황홀경에까지 도달하였다. 그들은 신의 인격화인 소와 양의 날고기를 먹었으며 바로 이것으로 신에게 합류하였던 것이다.

디오니소쓰의 황홀적인 종교는 아뽈론의 귀족적 종교 측에서 반항을 만났다.

이러한 제전의 변천에 따라 제전의 귀족적인 방면의 행사에서는 희랍 연극의 비극이 배태하였고 대중적인 (농민들의) 방면의 행사에서는 희극이 발전하였다.

영웅들의 생활에서 거대한 사변을 묘사하는 형태와 '보통 사람'의 일상적 생활을 묘사하는 형태—이 희랍 연극의 두 가지 형태의 대립은 디오니소쓰 제전이 나중에 二중적 성격을 띠게 되였다는 것을 말하여 준다. 포도주 생산의 중요한 계단들(포도의 채집, 포도즙의 압착, 새 포도주의 시식)을 강조한 디오니소쓰 제전의 모든 참가자들은 장엄한 의례식 부분과 유쾌하고 유희적인 부분으로 분산 되였다. 첫째 부분은 신관이나 지주 귀족과 그들을 추종하는 자들의 수중에 있었고 둘째 부분은 농민 대중의 자립적 활동의 길을 만들었다.

제전의 엄숙한 부분은 종교적 성가(聖歌)를 내용하였다. 이를 디츄람보스라고 하는바 제물과 디오니소쓰의 봉변과 고통에 대하여 이야기하는 자들이 주위에서 무용으로써 안내하는 것이다. 이 노래들에서 서사시적 부분은 아마 초창기에 신관이였던 선창자의 차지로 되였고 서정적 부분은 춤추는 합창단의 차지로 되였던 것 같다. 디츄람보스의 합창과 아울러 싸츄로쓰의 합창도 있었다. 이에의 참가자들은 양 다리를 가진 마신 싸츄로쓰(반인 반양)로 가장하였다.

디오니소쓰의 제전은 一二월부터 三월에 걸쳐 일 년에 네 번 진행되는데 그중 아테네에서 三월에 거행되는 '대 디오니소쓰 제전'이 가장 성대하고 장엄하게 거행되였다. 제전은 六일간 계속되는바 첫날은 디오니소쓰의 신상(神像)을 한 신전으로부터 다른 신전으로 옮기는 굉장한 의식이 거행되고 그 다음 날부터 경연 대회가 시작되였다.

경연 대회에는 비극 작가들과 희극 작가들이 참가하였다. 비극 작가들은 비극 세편(三부작)과 싸츄로쓰 한 편을 출품하여야 했고 희극 작가들에게는 한 편을 출품케 하였다.

디오니소쓰 제전에서 부르는 디츄람보스는 즉흥가에서부터 시인이 만들어 낸 서사시로 나아갔으며 드디여 대사가 들어가게 되어(대사의 기원) 대화의 형식에로 옮아갔다. 대화는 배우(배우의 창설)의 사이에서 진행 되였다.

희랍 극장은 지붕과 막이 없는 로천극장이였다. 언덕이나 작은 산의 경사지를 리용하여 가장 낮은 곳에 합창단이 등장하여 합창과 노래를 부르는 장소가 있었는데 이것을 올케스트라라고 불렀다. 올케스트라의 일방 약간 높은 곳에 장방형의 무대(스케네)가 있었는데 여기에 연대와 분장실이 있고 무대의 후면에 영구적인 벽면 건축이 배경으로 세워져 있었다. 올케스트라의 주위를 반원형 혹은 부채형으로 경사진 관객석이 계단형으로 높아져 수만 명을 수용할 수 있었다. 무대 장치는 없고 고정된 극중 장소에서 연극이 진행 되였다.

배우는 가면을 사용하였다. 이는 한 사람의 배우가 여러 개의 인물로 분장하여야 하며 소리를 확대하여 관객석에 전달하여야 할 필요성이 있기 때문 이였다.

연극은 처음에 배우가 등장함으로써 시작되였다. 이 배우는 '푸롤로고스'(서사)를 서술한다. 이 서사에서는 연극의 내용과 복선—극 행위에 대하여 설명한다. 다음은 합창단이 '파로도스'(입장의 노래)를 부르며 등장한다. 이 다음은 연극의 본 줄거리가 시작되여 등장인물 간의 교섭이 일단락을 이루고 퇴장하면 합창단이 노래한다. 이때의 노래를 '스타시몬'이라 한다. 이는 막간을 의미하는 것이다. 스타시몬으로 구분된 극의 부분을 '에페이소디온'이라 한다. 여기에서는 주로 대화(디아로고스)로 되였으나 배우가 노래할 때도 있고 합창단과 교창할 때도 있다. 극이 끝나고 합창단은 노래하며 퇴장한다. 이것을 '에크쏘도스'(퇴장의 노래)라 한다.

배우는 초기에 한 사람이였으나 점차로 두 사람이 되고 세 사람이 되였다. 처음에는 배우와 지휘자의 사이에 대화가 진행되였으나 아이쓰큐로쓰(희랍 三대 극시인 중의 한 사람으로 기원전 五二五년에 나서 四五六년에 죽었다)가 제二의 배우를 창설하여 배우와 지휘자 사이의 대화 뿐만 아니라 배우와 배우 사이의 대화도 진행하게 되였다. 그 뒤 다시 쓰포클레쓰(역시 희랍 三대 극시인 중의 한 사람으로 기원전 四五六년에 나서 四◇六년에 죽었다)가 또 한 명의 배우를 증가하였고 그 이상 다시 더 다른 인물의 등장이 필요할 때는 가면과 의상을 바꾸면 되였다.

이처럼 오늘 우리들이 연극이라고 부르는 예술 형식이 희랍에서 발생하고 발전하였던 것이다.

이 시기의 희랍 사회는 씨족제도가 붕괴되고 계급적 노예 소유제 사회가 창건한 사회 혁명의 시기였다. 엥겔스가 지적한 바와 같이 노예 제도는 자기 발전의 첫 단계에 있어서 로력 분화(농업과 수공업의 분화)를 촉진시키는 데 진보적인 역할을 수행하였다.

"노예 제도만이 농업과 산업망의 더 확장된 로력 분화의 가능성을 조성하였으며 그것으로 인하여 희랍-로마 사회의 개화를 가능케 하였다. 노예 제도가 없었다면 희랍 국가와 희랍의 예술과 과학이 업었을 것이다. 노예 제도가 없었다면 로마도 없었을 것이다. 그리고 또한 희랍과 로마가 닦은 기초가 없었다면 현대의 구라파는 없었을 것이다. ……"(엥겔스 『반듀링론』에서).

3. 로마 연극의 발전과 쇠퇴

로마의 노예 소유제적 공화국은 중부 이태리의 크지 못한 라틴 공유체(옵씨나)에서 성장하였다. 이미 기원전 九세기에 족장적 세습제도의 단계로부터 나온 농민들의 이 공유체는 린접한 이태리 공유체들에 대한 계속되는 전투와 강탈적인 습격의 결과로 하여 강력한 도시 국가로 변하였다. 이 도시 국가는 기원전 五세기에 린접한 나라 에트루리야를 정복하였으며 三세기 말에는 전 이태리를 자기에게 복종시켰다.

농업민으로서의 라틴 사람들은 오래 전부터 자기의 농민적이며 음란한 그리고 약한 희랍의 디오니소쓰의 제전과 비슷한 제전을 소유하였다. 보리와 포도의 수확은 공유체의 농민들에 의하여 제전적 례식으로써 치루었다. 그 례식 뒤에는 카르나발 유희와 청년들의 행렬이 양피와 가면을 쓰고 시끄럽고 독설적인 야비한 노래들에 맞춰 춤을 추면서 따라갔다. 이러한 음라난 노래들은 결국 지배적인 귀족 계급에게는 위험한 것으로 뵈였기 때문에 五세기 중엽에 와서 '一二개 헌장'은 이런 노래에 대하여 죽도록 곤장으로 때린다는 법으로 위협하였다.

로마인들은 무력으로 전 구라파를 정복하고 대 로마 제국을 수립하였다. 그런데 문화는(연극도 그러하였다) 희랍의 것을 수입 모방하였으나 희랍과 같이 높은 정도에는 도달하지 못하였다. 학문과 예술 방면은 노예로 된 희랍인에게 맡기고 광대한 령토에서 착취한 부로써 관능적이고 사치한 향락 생활을 누리였다.

따라서 연극도 비속한 구경거리로 타락 되였다. 호색적이며 음란한 것과 잔인하고 포악한 것들로 나눌 수 있는바 후자에서는 사람과 맹수를 싸우게 하거나, 죄인을 맹수에게 뜯어 먹히게 하거나, 기독교도를 십자가에 불태워 죽이기도 하였다.

로마인들이 건립한 최고의 석조 극장의 개관식에는 五백무의 사자와 二◇무의 코끼리가 검투사의 칼에 의하여 찔려죽었다고 전하고 있다.

로마 극장은 평지에 건축된 반원 또는 원형의 극장으로서 로마의 부유한 상태를 반영한 거대 호화한 것이다. 에밀리우스 스카우루스가 건축한 극장은 三층의 화장실(준비실)이 있고 三六◇개의 기둥 사이에 三천개의 조각이 있으며 八만의 관객을 수용하였다.

또한 원형 극장의 바닥에 물을 채우고 진짜 전함을 띄우고 죄수를 태워 전투를 시켜 타죽고 맞아 죽게 하였다.

이와 같이 연극은 비속하고 잔인하고 외잡한 구경거리로 타락하고 말았으며 배우들의 지위도 말할 수 없이 저락되고 말았다.

4. 고대 연극의 일반적 특징

구라파에서 연극은 거의 二천 五백년 동안 존재하고 있다. 이 거대한 시간의 경과에 있어서 천년 이상이 고대 희랍과 로마 연극에 속하는 것이다. 고대 연극 시기는 모든 신 구라파 연극 문화가 그 경험 우에서 장성했기 때문에 우리들에게 거대한 흥미를 제시하고 있다.

우리들이 오늘 쓰고 있는 모든 연극 술어들이 희랍에서 발생하였다는 것은 우연한 일이 아니다.

례를 들면 로어에서 Театр(연극 또는 극장), Сцена(무대 또는 장면), Драма(희곡), Трагедия(비극), Комедия(희극), жор(합창), Оркестр(관현악), Монолог(독백), Диалог(대화), Мимик)동작), 등의 술어는 영어, 불어, 기타 서구라파 각국에서도 공통적으로 사용되고 있는바 이는 모두 고대의 희랍에서 발생한 것이다.

또한 문예 부흥기, 근대, 현대의 위대한 시인들의 극작품 속에 희랍 로마의 고대 극작품들의 쩨마(주제), 모찌브(동기) 방법들이 살아남아 있다는 것이 우연한 일이 아니다.

맑스주의 창시자들은 프로레타리아트를 위하여 '희랍 연극의 티탄(거인)'들로부터 배워야 하는 거대한 의의에 대하여 한두 번만 지시한 것이 아니다.

고대 연극은 의심할 바 없이 과거의 문화적 유산에 있어서 가장 가치있는 지층들 중의 하나를 제시하고 있다. 고대 연극의 가치는 무엇보다도 먼저 자기 개화의 단계들에 있어서 그것이 내용과 형식 및 사상적 심오성과 배우 기술적 완성의 유기적 통일의 모범을 뵈여 주었다는 거기에 있는 것이다. 예술적 완벽성은 고대 예술에 있어서 전투적이고 정치적인 현실성 및 긴급한 당면성과 결합 되였다. 뿐만 아니라 고대 연극은 굉장한 군중적 구경거리로 흘러들어 갔던 것이다.

고대 연극은 일반 시민적 축전의 유기적 부분이 되면서 오락적 과업을 추구한 것이 아니라 교육적 과업을 추구하였다. 국가에 의하여 지도되는 고대 연극은 개인 소유적 부르쥬아 연극에서처럼 불변적으로 고유한 그 특수한 상업적 악취를 가지지 않았다.

그러나 고대 연극의 모든 장점들은 우리들로 하여금 이 연극이 주민들의 압도적 다수가 공민적 권리를 박탈당하고 '산기구'(아리스트텔레스)로 또는 로동의 수단으로 변해버린 노예 소유제 사회의 연극이라는 것을 잊게 하지는 않는다. 고대 노예들은 문화적 생활에서 제외되였으며 연극도 그들을 위하여 봉사하지는 않는다. 고대 노예들은 문화적 생활에서 제외되였으며 연극도 그들을 위하여 봉사하지는 않았다. 때문에 고대 연극의 '전 인민성'에 대한 행용되는 의견은 몹시 과장된 것이다. 이는 노예 소유자의 연극이였으며 그의 찬란한 발전의 전제로 된 것은 "단순한 육체적 로동에 의하여 합류된 대중들과 로력을 통제하고 상업을 점유하며 국가사업의 뒤에서 예술 및 과학을 점유하는 소수의 특권자들과의 사이에 있은 대분업이였다"(엥겔스).

그러나 이것을 확증하면서 우리들은 그 당시의 생산력이 나은 수준에서는 노예제도 불가피적일 뿐 아니라 일정한 시간이 경과할 동안은 진보적이라는 것을 잊을 수 없는 것이다. 이 외에 고대 노예 소유자들은 부업 생산의 노예들 중에서 골라 낸 현저한 부분을 문화-예술적 가치의 창조에로 돌리였는바 이는 고대 사회에서 문화 및 예술의 발전을 위하여 유력한 물질적 기초를 창조하였다. 이는 또한 노예 소유자들이 이데올로기적 방법으로 자기의 지배를 강화하기 위하여 거대한 노력을 기울였다는 것을 증명하여 주고 있다.

희랍 예술의 '비밀'을 해명하는 다른 력사적 합법칙성은 고대 사회에서 아직 자기의 가장 단순한 형태로 진출하는 교환 경제 관계의 불완전 발달 가운데 있는 것이다. 사실 인간적 개성은 이미 고대 도시에 있어서 공유적-세습적 제 관계에서 해방 되였으나 그의 집단으로부터의 개립화(個立化)는 발전된 상업 경제시기에 있어서와 같이 그렇게는 되지 못하였다. 한편 성장하는 분업은 량적 면에 대한 질적 면의 우세로 끌고 갔다. 이 때문에 고대 사회에 있어서 "상품들은 훌륭하게 준비되며 인간의 각이한 경향과 재간들은 자기로부터 출현의 적당한 범위를 발견하는 가능성을 받는 것이다”(맑스). 이 때문에 고대 연극의 미증유의 고상한 질은 고대 사회의 노예 소유 제도로써 합법칙적으로 설명된다.

5. 중세기와 문예 부흥기의 연극

서구라파 연극사에 있어서 둘째 번 一천년 즉 로마 제국의 멸망(五세기 후반)에서부터 세계 시장의 혁명을 조건 지은 위대한 발견과 발명의 시기(一五세기 후반)까지는 중세기 봉건사회의 연극상 속한다.

고대 연극과 같이 중세기 연극은 커다란 특수성을 가지고 있으며, 많은 점에 있어서 서구라파 부르쥬아 연극과는 근본적으로 다르다. 고대 연극은 군중적이며 기념비적인 성격을 소유하고 있으며, 전 인민적 축전과 관련되여 있으며, 오락적 과업을 추구한 것이 아니라 교육적 과업을 추구한 것으로서 자본주의적 연극에 특유한 상업적 기업의 특징은 없었다. 중세기 연극에 존재한 특질들은 그것을 도시·국가 시대의 희랍 연극에 현저한 정도까지 근접시키며 우리들의 주목을 부르쥬아 연극 이전의 다른 다양성에 대하는 것과 같이 이에 대하여 돌리게 한다.

봉건사회에서는 문화적 이데올로기적 령역에 있어서의 주요한 역할을 카톨릭교가 놀았는바 그것은 중세기 연극의 기본적 쟌르들의 종교적 목표를 확정하였던 것이다. 이 종교적 목표는 우리들이 고대 연극에서 보는 바와 같은 그런 것과는 본질적으로 다르다. 왜 그러냐 하면 중세기 연극은 고대의 잡신교에 있은바 지상 생활의 희열적 긍정성으로 관통되여 있지 않았으며 반대로 어떤 광신적 저세상의 생활을 위하여 금욕적 부정으로 관통되여 있었기 때문이다.

기독교적 강신론(降神論)과 신비주의 즉 인간의 리지의 미약성과 미완성에 대한 멸시, 인간의 ‘령혼’을 위하여 영원한 투쟁을 지배하는 최고의 힘인 신과 마귀 앞에서의 인간의 고립 무원함에 대한 고백, 여기로부터 흘러나오는 육체의 공포, 악마의 ‘유혹’으로써의 자연적 본능의 억압이 비애의 속세인 지상으로부터 하늘에로의 돌발—이러한 것들이 중세기 연극에 표현된 종교적 사상의 총체였던 것이다.

이 모든 종교적 이데올로기는 총체적 종속과 인간의 박해를 신성화하는 지향으로 일관되여 있었고 또한 이는 조잡한 폭행이였으며 봉건적 군주의 권력이 군림하고 있는 경제 외적(經濟外的) 강안이였던 것이다. 중세기 종교는 봉건적 착취자들의 수중에 들어 있는 강력한 무기였으며, 그들의 권력을 정당화하고 강화하는 수단 이였으며, 그것의 대상은 직접적 생산자들인 농민과 직인들이였다.

고대보다 더 높은 사회 발전 단계로 나타난 봉건제도는 모든 착취하는 생산자들에게 이데올로기적 정당화의 과업이 더욱 강하게 나섰던 것이다.

연극도 포함한 예술적 이데올로기의 모든 형태는 종교에 복종하였고 그의 노비로 되였던 것이다. 그것은 생산력 발전이 낮은 수준에 처해 있은 당시에 있어서 종교가 봉건사회를 옹호하는 사회적 의식의 기본적 형태였기 때문이다.

중세기 연극은 그것을 산출한 사회 경제적 기구의 특질을 이러한 방법으로 반영한 자기의 특수성을 소유하고 있다. 오직 자유로운 공민들에게만 주의가 돌려졌고 자기의 시야에서 직접 생산자들인 노예들을 완전히 일소해 버린 고대 연극과는 달리 중세기 연극은 첫 순서로 직접적 생산자들인 농민들과 직인 등 대중에게로 주의가 돌려졌다.

그러나 소비자층의 확장은 그 당시의 군중의 낮은 문화적 수준에 있어서와 인민의 무학무지를 보존하는 데 대한 지배 계급의 명백한 리해 관계에 있어서 고대 연극보다는 훨씬 더 긴요한 중세기 연극의 소박성을 조건적으로 제약하였던 것이다. 중세기 연극은 위대한 고대 극작품들과 비견할 수 있는 극작품들을 창조하지 못하였는바 그것은 실제로 전혀 예술에 대하여 적대적인 기독교에의 예속으로써 극작품을 제한하였기 때문이다. 그러므로 중세기 연극의 훌륭한 업적들은 그의 발전의 일반적 봉건—종교적 로선에 대한 거부에 의하여 산출되였으며 봉건 령주들의 권력으로부터 중세기 사회에서 성장한 직접적 생산자들이 해방되려는 지향성의 산물이였던 것이다. 그렇기 때문에 이 해방은 농촌 경리적 로력과 직업적 로력의 련합으로부터의 분리와 농촌으로부터 도시의 분리 그리고 자유직업의 중심으로서의 거대한 도시들의 형성에 있어서 표현되였다. 또한 중세기 연극은 봉건 령주들의 권력으로부터 해방되려고 지향하였으며 상품 생산의 길로 진출한 도시들에 있어서 자기의 높은 발전을 달성하였던 것이다.

중세 도시들에 생겨난 상업적 직업적 부르쥬아지야는 중세 후기의 연극 발전의 중요한 추진력으로 되였다. 이 중세 후기의 연극은 봉건적 로마 정교(正校)를 거부하였으며 속세적이며 현실적인 그리고 전적으로 풍자적인 지향들로써 만족하였으며 사회관계의 거부를 시도하였다. 이로써 중세기 연극은 서구라파 부르쥬아 연극의 요람으로 되였으며 그 내부에는 부르쥬아지야가 뒤에 봉건적 문화에 대한 자기의 투쟁을 위하여 리용한 그 요소들을 축적하였던 것이다. 쉑스피어의 연극과 모리에르의 연극 이전의 문예 부흥기 연극의 모든 훌륭한 업적들은 통털어 중세기 연극의 발전으로 인하여 준비되였으며 거기에서부터 발원하였다. 중세기 연극은 고대 연극과 문예부흥기 연극의 사이에 어떤 련결을 짓는 낭떨어지인 것이 아니라 구라파 연극과 세계 연극의 발전에 있어서 력사적으로 불가피적이고 합법적인 단계이며, 고대 연극 문화의 많은 요소들을 자체 내에 보유하며, 새로운 시대의 연극 문화에로의 이행을 준비하는 계단이였던 것이다.

중세기 연극은 이상에서 본 바와 같이 종교적 연극과 시민 계급적 연극으로 나뉘여진다. 종교적 연극은 소위 '기적극' '수난극'으로 나눌 수 있는데 전자는 사도나 성자의 기적적 행위를 주제로 했고 후자는 크리스트의 수난을 주제로 했다.

시민 계급은 자신들이 경제적으로 발전함에 따라 동업 조합을 기초로 하거나 또는 도시를 단위로 한 소인극단을 만들었으며 그것들은 서로 규모의 크기와 의상의 호화 찬란으로써 경쟁하였다. 시민 계급이 부유하게 됨에 따라 연극의 내용은 비종교적 또는 반종교적으로 되였는바 성녀의 순교를 연출한다고 빙자하여 음해하고 잔인한 장면을 만들어냈고 크리스트의 부활을 듣고 뛰여온 사도를 묘사하는데 술취한 뻬데로와 뽀로가 잠방이 하나만 걸치고 뛰여 나오도록 만들기도 하였다.

중세기 연극에서 기술적 발전은 주목할 만하다. 이 시기의 종교적 연극의 대규모적 진행을 '병렬 무대'이니 '행진 무대'이니 하는 형식으로 안출했으며 이것은 현대 극장들에서 메카니즘으로서 발전되고 있다.

'병렬 무대' 또는 '동시 무대'라고 하는 것은 장치된 무대를 야외에 한 줄로 나란이 세워 놓고 출현하는 사람도 구경하는 사람도 차례로 이동하며 연극을 진행하는 것이다. '행진 무대'라고 하는 것은 여러 대의 수레우에 무대를 설치하고 첫째 수레가 연극을 진행하고 다음 장소로 옮아가면 둘째의 수레가 나타나서 연극의 다음 장면을 진행하게 되는 형식이다.

一五세기 말과 一六세기 초부터 서구라파 연극은 자기 발전의 셋째 단계로 들어갔다. 이는 문예 부흥 또는 루네싼쓰라고 불리워지는 부르쥬아 문화의 발전에 있어서 중요한 단계로 구획되는 시기이다. 문예부흥기는 중세기 봉건-승려적 문화의 붕괴와 자치적 인간의 개성의 자유로운 발전, 현실적 지상 생활의 명예 회복에 기초한 새로운 현세적 문화 창건 등의 기도들로써 특징지어 진다.

개인주의, 지상(地上) 생활의 축전, 세계와 인간에 대한 흥미, 지식, 발견 및 발명의 갈망, 번폐스러운 종교적 교회적 보호로부터 해방되기 위한 지향-이러한 것들이 문예부흥기의 이데올로기의 기본적 특징이며 그것은 봉건 사회의 테두리에서 일어난 부르쥬아지야의 리해 관계를 표현한 것들이다.

문예부흥은 산생하는 부르쥬아 문화의 첫 단계인 것이다. 이는 상품-화폐 경제와 자본주의적 관계의 폭풍적 장성과 관련하여 봉건적 기구가 분해되기 시작하는 특수한 표현이다. 이는 또한 부르쥬아지야가 자기의 정치적 혁명을 위하여 성숙되기 훨씬 이전에 달성한 문화혁명의 첫 시작이다. 왜 그러냐 하면 부르쥬아지야는 이미 봉건사회의 테두리 속에서 생산 수단의 지배자로 되였기 때문이며 또한 『물질적 생산의 수단을 자기관리로 소유하고 있는 계급은 그 권력으로 정신적 생산의 수단도 소유』(맑스-엥겔스 『도이체 이데올로기』)하기 때문이다.

봉건적 문화의 전통들과 투쟁하면서 루네쌍쓰 시기의 부르쥬아지야는 화폐 경제의 고대적 형식에서 현저한 발전을 본 기초 우에서 장성하였고 봉건적-승려적 문화에 존재하던 협소성과 제한성으로 구속되지 않는 고대 문화와 예술의 연구에도 전향하였다.

위대한 고대의 사상가들과 예술가들에 대한 학습과 그들의 유산을 다방면으로 소유하기 위한 노력은 청소한 부르쥬아지야에게 중세기의 신비적 금욕적 세계관을 극복하며 자기의 과학과 예술의 토대를 구축하는데 도움을 주었다.

문예부흥기는 구라파 연극을 교회로부터 해방하였고 고대의 모범에 립각하여 인간적 고뇌의 투쟁을 묘사하며 이 시기를 만들어 낸 모든 풍부성과 다양성을 반영하는 현세적 연극을 창건하였기 때문에 구라파 연극사에 있어서 가장 특수한 경계선으로 되는 것이다. 바로 이 시기는 새로운 시대의 가장 위대한 극작가들 즉 쉑스피어, 로페 데베가, 칼테론, 코 르네이유, 라씨느, 몰리에르 등을 출현시켰다. 이 시기의 극작가들과 연기자들은 새로운 극작품들을 비롯하여 새로운 극장 건물, 새로운 무대, 새로운 장치 미술 등과 함께 중세기의 신비극, 도덕극, 소극(笑劇)들의 연기자들 앞에서는 아직도 발생되지 않았던 거대하고 복잡한 제 과업을 완성할 수 있는 새로운 배우 기술을 창조하였으며 연극의 모든 분야를 혁명화 하였던 것이다.

부르쥬아지야는 교회의 수중에서 연극을 탈취하고 그것을 상품 화폐 경제의 법칙에 복종시키고 더 나아가서 성숙된 자본주의적 기업에로의 전변을 준비하였다. 이러한 연극 기업의 요소들은 문예부흥기에 있어서 자본주의의 고전적 국가인 영국에서 발생하였다. 이리하여 각국에서는 직업적인 극단들이 一六세기에 창설 되였다.

구라파의 여러 나라들에서 동시에 직업적 배우가 나타나기는 하였으나 이 나라들의 사회 경제 발전의 각이한 수준은 배우 간부들 사이에 현격한 차이를 초래하였다. 이렇게 하여 경제 문화적으로 일찌기 발전한 이태리는 자연히 가장 문화적이며 예술적으로 가치 있는 배우들을 소유하였으며 그들은 다른 나라의 배우들에게 거대한 영향을 주었다. 발전이 굼뜬 북방 나라들에서의 직업적 배우들은 아직 중세기 곡예사와도 류사하였다.

갓 생긴 직업적 배우들은 '연극적 시장의 협소성'에 직면케 되였는바 한 도시에 체류하여 상연한다면 돈을 내고 구경할 수 있는 관객의 수가 비교적 많지 못하였다. 이 때문에 16~17세기의 절대적 다수의 배우단들은 도시에서 도시로 전전하여 밥벌이를 찾는 류랑객으로 되였던 것이다. 이 순회공연은 한 나라의 경내에서만 국한 한 것이 아니라 이웃 나라에까지 진출하였다. 16세기 후반에 이태리 배우들은 전 구라파 나라들을 순방하였으며 화란, 영국, 불란서의 배우들도 이를 본받아 뒤를 따랐던 것이다. 이리하여 서로 경험을 교환함으로써 부르쥬아 연극 문화의 표준적 특수성이 형성될 수 있었던 것이다.

각국의 대소 왕들은 연극을 자기의 궁중 생활의 필수적 사유물의 수에 도입하면서 그들은 통일적이고 정상적인 연극 생산의 요구자로 나타났다. 이 때문에 직업적 배우들은 자연히 왕이나 왕비의 궁전에 드나드는 궁중 배우가 되려고 지향하였다.

문예부흥기의 특징의 하나는 상층 계급의 부녀자들이 가정 경리에서 부분적으로 해방된 점이다. 이 녀성 해방은 배우 집단에 동등한 권리자의 한 부분으로 참가한 녀배우의 출현으로 연극에 반영되였다. 이 최초의 녀 배우는 역시 이태리에서 一六세기에 출현하였다. 이것을 본받아 다른 나라들에서도 녀 배우가 나타났다. 쉑스피어 시대에 영국에는 아직 녀 배우가 없었고 녀자 역할은 소년들의 출연으로써 만족하였다. 그러나 녀 배우의 진출은 그리 용이하지 않았으며 一九세기 중엽에야 겨우 전체 구라파의 무대에 나타나게 되였다.

문예부흥기의 연극은 출발적 전제에 있어서 부르쥬아적이였음에도 불구하고 아직 그 당시 '자위 계급'으로 되지 못하였던 부르쥬아지야의 미성숙성과 비조직성의 흔적을 가지고 있었다. 바로 여기에 다른 모든 루네싼쓰의 문화와 마찬가지로 연극에서의 중요한 모순도 있는 것이다. 즉 루네싼쓰 연극은 부르쥬아적 연극 문화의 기초를 축성하면서도 부르쥬아지야의 광범한 층들의 기분은 전혀 반영하지 않았던 것이다.

루네싼쓰의 연극은 기본에 있어서 귀족적 연극이였으며 교양있는 사회의 상층의 연극이였다. 이 시기의 형성은 지배적 귀족 계급과 진보적이며 자본주의화하는 계층의 커다란 동정을 받았던 것이다. 이 시기의 가장 중요한 극작가들의 거의 모두가 귀족 사회의 진보적 부분의 이데올로기로 침투되여 있었던 것이다.

그러나 휴매니즘적 조화로 교육되지 않은 부르쥬아지야의 무리들은 연극을 중세기적 쟌르에도 후퇴시켰던 것이다.

三. 연극 예술의 사회적 기능

우리는 연극 예술이 다른 예술과 달라서 집체적 종합적 예술이며 그렇기 때문에 강력한 견인력을 가지고 있다는 것을 알았으며 또한 인간 생활의 물질적 제 관계에서 발생하여 오늘과 같은 높은 수준의 예술에로 발전하였다는 것을 알았다.

오늘 우리 사회에서 연극은 다른 쟌르의 예술과 마찬가지로 인민의 이데올로기 교양자로서 강력한 사회적 기능을 수행한다.

예술은 사상 전선에서 중요한 역할을 수행한다. 이는 예술이 그의 본질상 현실 생활의 반영이며 여기로부터 일정한 사회적 기능을 수행하기 때문이다.

특히 오늘 우리들이 사회주의를 지향하여 나아가고 있는 현 시기에 있어서 사회주의 사실주의 예술이 가진 내용의 힘에 의한 교양자적 역할은 실로 거대한 것이다.

여기에서 우리는 사실주의 연극이 우리 사회에서 인간 생활에 작용하는 그 기능을 연구함과 아울러 계급 사회에 있어서 특히 미제의 지배적 세력 하에 있는 남조선 반동적 연극이 수행하고 있는 계급적 본질과 그의 반동적 역할을 폭로할 필요가 있는 것이다.

1. 현실 생활에 대한 인식 수단으로서의 연극, 특히 사실주의 연극의 인식적 기능

연극은 현실 생활을 반영하기 때문에 또 그러한 연극이 다른 예술보다도 더 큰 감화력을 가지고 있기 때문에 현실 생활에 대한 인식을 관객에게 주는 힘은 아주 강하다.

쉑스피어의 명작 『오쎌로』에서 우리는 무엇을 인식하는가? 다 아는 바와 같이 흑인 출신인 베네찌야의 장군 오쎌로는 상원 의원 브라반치오의 딸 데즈데모나와 결혼한다. 데즈데모나를 련모하는 베네찌야의 귀족 로드리고와 오쎌로의 직위를 탐내는 그의 부관인 카시오를 교묘하게 조종하는 오쎌로의 기수(旗手)이며 악행의 화신인 야고의 무섭고 야비한 흉책으로 말미암아 오쎌로는 자기를 지극히 사랑하는 데즈데모나의 애정을 의심하게 된다. 살색은 비록 검다 할지라도 인간적 선량성과 총명성과 용감성을 구비한 오쎌로도 한번 질투에 사로잡히자 미친 듯이 데즈데모나를 의심하게 되여 드디여 자기를 기다리다 잠든 데즈데모나를 암살한다. 빈사에 빠진 데즈데모나의 부르짖음과 야고의 안해 에밀리야의 고백으로 데즈데모나가 카시오와 밀통하였다는 것이 거짓말임을 안 오쎌로는 심각한 고통과 후회의 나머지 이미 숨이 끊어진 데즈데모나의 팔에 기대여 자기도 그의 뒤를 따른다.

이 불후의 명작은 우리에게 오쎌로의 그 고귀한 인간성 선량성을 통하여 검은 피부 속에 깃들이고 있는 진실성과 '비천한' 출신의 사람도 자기의 력량과 개인적 공적에 의하여 고상한 직책에까지 도달할 수 있다는 것과 또 한편 로드리고의 례에서 파멸하는 귀족들의 도덕적 본질과 그들의 정체가 폭로됨을 볼 수 있는 것이다.

우리가 더 잘 아는 고골리의 『검찰관』을 례로 들어 보자. 수도에서 기여든 귀족적 방탕아며 도박꾼인 흐레쓰따꼬브를 검찰관으로 오인한 이 도시의 탐관오리들인 시장, 시학관, 판사, 병원장, 우편국장들은 출세를 위하여 또한 자기들이 평소에 인민들을 못살게 군 그 죄상을 음폐하며

묵과되기 위하여 온갖 비렬한 방법으로 흐레쓰따꼬브에게 뢰물과 돈을 쥐여 준다. 그동안 도박 밑천이 떨어진 가짜 검찰관인 흐레쓰따꼬브는 잘 얻어먹고 돈이 많이 생긴 김에 몰래 뺑소니를 친다.

가짜 검찰관에게 딸을 주기로 약속하고 이제 큰 출세를 하여 수도의 사교계에 진출할 것을 환상하는 시장의 가정과 이를 축하하려 온 탐관오리들과 그 가족들이 모인 곳에서 흐레쓰따꼬브가 검찰관이 아니라 그들의 돈을 털어 먹고 도망질 친 사기꾼인 줄 안 일동의 주장 랑패, 대경실색, 망연 자실—이런 장면으로 이 연극은 끝난다.

우리는 이 연극을 통하여 니꼴라이 로씨야의 전제 관료배들의 부패상과 이런 자들의 지배하에서 사는 인민들의 원성과 또는 신흥 부르쥬아지야와 령락해가는 귀족 지배 계급과의 관계들을 인식하게 될 뿐만 아니라 여기에 비록 진짜 검찰관이 온다 할지라도 그놈이 그 놈이며 흐레쓰따꼬브와 별다를 것 없다는 것을 알게 된다. 이제 우리 시대 외 례를 들어 연극 예술의 인식적 기능을 설명하기로 하자.

한설야의 소설 『승냥이』를 각색한 연극 『승냥이』는 관객들을 승냥이인 미국 침략자들을 증오하는 감정으로 교양함과 동시에 관객에게 많은 인식적 자극을 준다.

연극 『승냥이』에서는 우리에게 폭탄, 포탄, 나팜탄 등의 비를 퍼붓고 우리의 아동과 부녀자를 땅크로 압살하고 우리의 모든 문화재를 불사르고 략탈한 인류 력사에서 그 류례를 볼 수 없는 二◇세기의 야만인 미제국주의자들의 정체를 뵈여 준다. 그것은 또한 그들이 일제의 비호와 그들과의 야합 아래 손에는 성경을 들고 아편인 종교를 전파하며 '박애'와 '자선'의 탈을 쓰고 순직한 조선 인민을 기만하여 순종케 하고 조선 사람의 의식에서 민족적 및 계급적 의식을 마비시키고 식민지 노예 사상을 주입하기 위하여 '선량'한 '신사'로 가장한 미국 침략자의 만행도 여실히 뵈여 주고 있다.

연극 『승냥이』를 구경한 신 해방 지구의 어떤 어머니는 "이 연극을 보고 우리가 지난 날 어떻게 살았으며 어떻게 천대받으며 아이들을 길렀는가를 알았습니다. 다시는 그런 세상이 오지 않도록 해야 하겠어요"라고 말하였다.

연극 『승냥이』는 이 어머니에게 이미 잊어버리려고 했거나 혹은 그렇게 심각히 느끼지 못하고 살아 온 과거의 쓰라린 생활에 대한 정당한 인식을 가지게 한 것이다.

사실주의적 연극은 우리에게 현실 생활에 대한 정당한 인식을 주며 그와 반대로 비사실주의적 연극은 관객에게 현실을 외곡하여 전달한다.

인민에게 생활에 대한 더 정당한 인식을 주며 생활의 진리로써 그를 더욱 훌륭하게 교양하기 위하여 우리 연극인들은 생활에서 더 배워야 하며 예술적 가치의 척도로 되는 현실의 정확한 반영 즉 현실 묘사가 정확한 연극을 창조하여야 한다.

2. 인민을 고귀한 사상으로 교양하는 연극

민주주의적 내용을 가진 연극은 인민을 민주주의적 의식으로 교양한다. 혁명적 행동으로 관통된 연극을 보는 관객은 혁명적 사상으로 교양되여 혁명적 투쟁에 동원된다. 아·뜨레뇨브의 훌륭한 연극 『류보비 야로바야』(『그 녀자의 길』이라고 번역됨)는 위대한 一◇월 사회주의 혁명 시기에 볼쉐비크들이 백파를 어떻게 무찌르고 혁명을 어떻게 승리하였는가를 뵈여주며 혁명 사상의 위력과 볼쉐비크들의 강의한 투쟁 방법으로써 우리를 고무하여 준다. 한 개의 녀 교원인 류보비 야로바야도 혁명의 리익을 위하여 투쟁한다. 류보비는 그의 남편이며 정치 위원인 야로보이가 무서운 변절자며 스파이인 줄 알자 야로보이의 저주로운 반혁명 행위를 폭로한다.

혁명군이 적을 물리치고 다시 이 도시를 찾았을 때 류보비는 단연 그의 남편의 죄악을 적발하고 총살에로 넘긴다.

류보비에게서는 혁명의 리익 앞에 개인적 애정 문제는 털끝만치도 고려될 여지가 없었던 것이다. 이 연극에서 우리 조선의 관객, 특히 조선 녀성들은 거대한 사상적 교양을 받고 있다.

八·一五해방 후 우리 공화국 연극계에서는 김일성 원수의 항일 무장 투쟁을 묘사 성과적인 연극들이 상연 되였다.

『백두산』(한태천), 『태양을 기다리는 사람들』(박령보), 『성장』(백문환), 『봉화』(한태천), 『비룡리 농민들』(박영호), 『자매』(송영), 『원동력』(류기홍) 기타들이다.

항일 유격 투쟁을 묘사한 일련의 문예 작품들과 아울러 『백두산』, 『태양을 기다리는 사람들』 등 연극은 장엄하고 백전백승하는 김일성 원수의 항일 유격 투쟁의 일모를 뵈여 줌으로써 우리 관중들을 거대한 애국주의 정신으로 교양하였다.

『성장』, 『봉화』, 『비룡리 농민들』 등의 연극은 장구한 봉건적 억압과 착취 아래 신음하던 조선 농민들이 토지개혁에 의하여 땅의 주인이 되는 행정과 토지개혁사업을 둘러싸고 전개되는 가렬한 계급투쟁을 묘사함으로써 우리 농민들로 하여금 자기들의 원쑤가 누구며 자기들의 행복의 길이 무엇인가에 대하여 뼈저리게 느끼도록 사상적으로 교양하였다.

또 『자매』, 『원동력』 등의 연극은 민주 건설과 조국의 민주 기지를 구축하는 사업에 있어서 주도적 력량으로 된 조선 로동 계급의 투쟁을 뵈여 줌으로써 우리 로동자들을 생산 혁신과 증산 투쟁에 헌신적으로 궐기하도록 교양하였다.

이와 같이 사회주의 사실주의 방법으로 창작된 우리 연극들이 관객 대중에게 주는 사상적이고 예술 지상주의적이며 퇴폐적인 부르쥬아 연극의 사상적 해독성에 대하여 언급할 필요가 있다.

현대 부르쥬아 예술은 반동의 선도자이다. 그것은 근로자들의 자본주의에 대한 투지를 말살하며 그들을 타락시켜 사회주의와 평화와 민주주의를 위한 투쟁의 절실한 당면 임무로부터 그들을 유리시킬 것을 목적하고 있다.

미 제국주의자들과 그 앞잡이 리승만 역도들이 남조선에서 전파하며 장려하는 예술은 남반부 인민들의 민족적 독립과 통일을 위한 투쟁 의식을 말살시키고 조선 사람에게 동족상잔의 피비릿내 나는 싸움을 도발하려는 목적을 추구하고 있다.

남조선 예술도 포함한 부르쥬아 예술의 내용은 오늘 반동적 반민주주의적 반과학적 사상 및 미신의 선전, 인간과 생활에 대한 멸시와 증오, 동물적 본능의 촉발, 전쟁, 코쓰모뽈리찌즘, 개인주의의 설교 등이며 이것들은 현대 부르쥬아 예술이 타락하고 해체하여 감을 말해주는 증후인 것이다.

그러므로 현대 부르쥬아 예술의 주요한 주인공들로서는 부르쥬아적 사무가, 깽, 강도, 살인자, 파괴 분자, 스파이, 비도덕적 악한, 정신적 폐인, 정신 착란자, 인간 증오자, 량심을 상실한 자들이다. 부르쥬아지는 강도, 살인, 범죄, 민족적 인종적 증오가 묘사되여 있고 에로틱하고 탐정적인 소설, 연극, 영화의 작가를 극구 찬양한다.

오늘 남조선의 연극들은 미 제국주의자들과 리승만 역도들의 침략적 정책 실시의 적극적인 방조사로 조선 인민을 타락시키고 마취시키려는 악취와 독소로써 충만되여 있다.

연극 예술인들의 임무는 자기 자신들이 고상한 사상으로 무장하여 인민의 사상 교양자적 역할을 원만히 수행하는 데 있다. 연극 예술인들에게 있어서 가장 중요한 것은 공산주의적 당성이다. 당의 온갖 정책들을 사상적으로 접수하고 그것을 의식적이며 자각적인 투쟁을 통하여 실천하여야 한다. 자기의 맡은 긍정적 인물의 형상을 고상한 애국주의 사상의 소유자로 훌륭하게 형상화할 줄 알아야 한다. 그러므로 우리 연극 예술인들은 항상 맑스-레닌주의적 선진 사상으로 무장하도록 노력하여야 하는 것이다.

3. 인민의 도덕적 품성의 교양자인 연극

다른 예술 작품과 같이 연극도 인간의 도덕적 규범의 형성 특히 새 시대의 시대의 새로운 인간의 도덕 형성에 대하여 현저한 영향을 주는 것이다. 그렇기 때문에 연극은 인민의 도덕적 품성의 교양자로서의 중대한 기능을 가지고 있다.

사회의 진보적 계층의 도덕적 의식은 노예 소유자적 봉건적 및 자본주의적 사회의 습속을 묘사하며 폭로하는 훌륭한 연극 작품에 의하여 배양된다. 쉑스피어, 디켄스, 몰리에르, 그리보예도브, 뻐슈낀, 고골리, 똘쓰또이, 고리끼 같은 위대한 작가들은 자기의 작품들의 불멸의 형상에서 착취자들의 세계의 추악한 형모와 비렬한 면을 폭로 규탄하였다. 이미 앞에서 이야기한 바와 같이 고골리의 『검찰관』을 위시하여 로씨야의 고전문학은 지주, 관리, 부르쥬아지야의 추악한 도덕을 폭로함으로써 로씨야 인민의 진보적 층에게 고상한 도덕적 원칙과 관념을 배양함에 있어서 막대한 영향을 주었던 것이다.

쌀띄꼬브-쉐드린의 풍자극 『그림자들』은 황제 로씨야 사회의 관료 상층들의 출세주의와 호색적인 것을 폭로함으로써 로씨야 인민들에게 고상한 도덕적 품성을 배양함에 큰 도움을 주었으며 이는 현재도 부르쥬아 사회에서 뿐 아니라 쏘베트 사회에서도 자본주의적 잔존물에 대한 신랄한 풍자를 주는 것이다.

짜리 정부의 고관인 클라베로브의 주위에는 온갖 탐위 분자, 출세주의자, 아첨꾼들이 집중되며 클라베로브 자신은 그런 자들의 대표들 중 한 사람이다. 아름다운 녀성 쏘피야의 남편 보븨료브는 과거의 학교 동창인 것을 연분으로 클라베로브에게 취직을 알선해 달라고 요청하여 온다. 여기로부터 보븨료브는 자기의 출세를 위하여 온갖 무리를 하여 콜라베로브와 그 측근(側近)의 관리 귀족들과 사교를 맺으며 뢰물도 주고 아첨도 한다. 클라베로브 이하 이 모든 추악한 상진들은 보븨료브의 출세보다 그의 안해 쏘피야에게 더 흥미를 가진다. 출세에 눈이 어두운 보븨료브는 결국 얼마 안 되는 돈을 탕진했을 뿐 아니라 자기의 안해 쏘피야까지 클라베료브의 조카며 공작인 따라자노브에게 롱락당하고 만다.

우리는 여기서 모든 부정면을 불살라 버릴 수 있는 쉐드린의 풍자를 보게 된다.

쏘베트 연극은 쏘베트 애국주의 사상과 공산주의 건설에의 충성, 정치적 명확성과 확실성, 용감성, 사회주의의 적에 대하 증오와 대담성 같은 그러한 특질들을 배양함으로써 쏘베트 인민의 고상하고 고결한 도덕적 풍모의 형성에 막대한 영향을 주었으며 또 주고 있을 뿐만 아니라 우리 인민에게 주는 영향도 지극히 크다.

와씰리 민꼬의 『서은 말하지 않고』는 부상인 깔뽀가 가정에서 안해 디아나와 딸 뽀에마의 안일하고 경박하고 서구라파적인 부화한 생활에 대하여 비판할 줄 모르고 무관심한 데로부터 자기 자신이 정치적으로 암둔해가는 과정을 폭로하고 있다. 이 사정에 대하여 시골서 온 그의 아버지와 로동자의 가정을 이루고 있는 그의 누님이 랭철한 비판과 경고를 주었으나 깔뽀의 가족들에게는 소귀에 경 읽기였다. 딸 뽀에마는 의학을 배우고도 쏘베트 사람들의 생명을 연장시키기 위한 신성한 사업에 복무하려는 대신에 짜즈 음악에 팔려 다니였으며 그와 사라는 약속한 농학자가 끼예브를 떠나 먼 농촌으로 가자고 권고했으나 이를 반대하고 건축 기사와 새 사랑을 맺는다. 그러나 건축 기사도 뽀에마 자신이 부화하고 생활에서 진실성이 없는 것을 깨닫자 깔뽀의 누님의 딸 갈랴와 약혼을 한다. 뽀에마의 애정은 다시 또 하나의 다른 건축 기사에게 옮아간다. 이자는 공금을 횡령하여 뽀에마의 가정에 많은 선물을 보낸다. 결국 깔뽀의 지도 아래 있는 건설 사업에 좀이 먹어 들어갔고 가정은 극도로 부화해 갔으며 그는 자기의 직책에서 해임되고 먼 지방으로 조동된다.

연극의 마지막 장면은 신분 등록소에서 전개되는바 부득이 여기에 취직한 뽀에마의 눈앞에는 행복한 두 쌍의 신혼부부가 나타난다. 하나는 갓난 아들의 출생 등록을 하러 온 농학 기사였고 하나는 건축 기사와 갈랴의 신혼 등록 행차였다.

우리들은 연극에서도 관객의 도덕적 품성을 배양해 주는 면들이 많다. 『그립든 곳에서』(류기홍) 『다시는 그렇게 살 수 없다』(리종순, 최건) 등에서 우리 관객들은 인민적 일꾼들의 고상한 품격을 통하여 많은 것을 배우는 한편 낡은 사상과 낡은 사업 작풍을 소유한 자들이 몰락해 가는 과정을 통하여 생활적 진실을 배운다.

이러한 고상한 임무를 수행하는 연극인들은 무엇보다 먼저 자기의 개인 생활과 극장에서의 단체 생활에서 고상한 도덕적 품성의 소유자로 되여야 한다. 확고한 사상적 무장, 고상한 인격의 소유, 심오한 기술에의 도달 등이 없이는 배우가 무대에서 진실한 형상 특히 도덕적 풍모가 고결한 인물을 형성하기는 어려울 것이다. 그렇기 때문에 극장 륜리가 강하게 요구되며 쓰따니쓸라브쓰끼가 강조한바 이는 극장 생활에서 배우가 첫째 지켜야 할 것으로 된다.

4. 인간의 미적 교양자로서의 연극

앞에서 말한 바와 같이 연극을 통한 현실 생활의 인식은 과학적 인식에서와 마찬가지로 객관적 진리 즉 생생한 진실이 내포되여 있다.

연극은 다른 예술과 같이 점차적으로 발전하면서 우리에게 사회생활의 예술적 재협을 제공한다. 그리하여 연극이 제공하는 사건의 예술적 재현이 심각하고 완전하고 천재적이고 아름다울수록 그것은 더욱 큰 사회적 의의를 가지며 그 인식적 역할은 크며 관객에게 주는 예술적 향락의 힘은 더 크게 작용한다. 이것이 즉 연극이 인민에게 주는 미학적 교양인 것이다.

사람들의 미적 관념 및 견해는 사회의 경제적 토대의 변화와 관련하여 시대에 따라서 변화하는 것이다. 부르쥬아지야의 퇴폐적이며 관능적인 연극이 그들에게는 아름다운 것으로 보일 수 있으며 향락을 느낄 수도 있으나 로동 계급에게는 벌써 아름다운 것이 될 수 없다. 오늘 근로 인민들은 창백하고 초췌한 처녀의 얼굴에서는 아무런 미도 느끼지 못하나 건강하며 근육의 윤기가 뚜렷한 처녀의 얼굴에서는 아름다움을 느낀다.

그러나 진정으로 위대한 사실주의적 예술이 각각 다른 시대의 사람들에게도 예술적 향락을 주는 불변한 미학적 가치가 있듯이 위대한 사실주의적 연극 작품도 어느 사회에서나 그 미적 가치를 상실하지 않는다. 쉑스피어, 로페 데 베가, 몰리에르, 고골리, 그리보예도브, 오 쓰뜨롭쓰끼의 연극들이 과거에도 인민의 사랑을 받았고 현재에도 받고 있으며 앞으로도 받으리라는 것은 전적으로 이에 연유되는 것이다.

쉑스피어의 불멸의 명작 『로메오와 쥴리에트』는 우리들에게 거대한 미학적 감흥을 주며 우리들의 젊은이들에게 아름다움을 통하여 도덕적 품성을 배양해 주는 작용을 한다. 어떤 소물들은 이 작품을 련애 지상주의라고 간주하나 이는 사실주의 예술의 진실한 가치를 모르는 자들이다. 오늘 쏘련에서 쮸즈(Tю3－청소년들을 위한 극장)들에서도 이 작품을 상연하고 있음은 우연한 일이 아니다.

몬타규가(家)의 아들인 로메오와 카퓰레트가의 딸인 쥴리에트와의 애정을 그린 것이 이 연극이다. 이 두 가문은 서로 적대하는 봉건 귀족들이였다. 그들의 노복들까지도 로상에서 만나면 서로 칼을 뽑고 싸우는 형편으로 이 반목은 몇 대를 두고도 도저히 화목할 수 없는 것이였다. 로메오는 가면을 쓰고 카퓰레트가의 이 무도회에 나타나서 쥴리에트와 서로 사랑하는 사이가 된다. 그들이 서로 본색을 알았을 때 두 가문 사이에 있는 허물 수 없는 적대의 장벽은 그들의 애정으로 하여금 비참한 운명에 빠지게 하였다. 그러나 그들은 죽음으로써 이 봉건적 억압을 이겨 냈던 것이다. 우리는 여기에서 인간의 자유에 대한 갈망, 청춘의 약동과 같은 고귀한 성품을 볼 수 있으며 그것은 어떤 불의의 힘으로도 막을 수 없다는 것을 보게 되는 것이다. 볼쉰쪼브와 취아우렐리의 합작인 연극 『아브로라의 총포격』(모쓰크바 이미 쏘베트 인민연)은 레닌에 의하여 령도된 위대한 一◇월 혁명의 장엄한 승리가 이미 쏘베트 인민들과 전 세계 근로 인민들에게 고정적인 미로 되여 있는 그런 력사적 화폭들을 뵈여주는 연극이다.

우리는 이 연극에서 레닌이 혁명을 지도하기 위하여 국외로부터 돌아와 로동자 병사를 앞에 나타난 첫 출현으로부터 시작하여 '아브로라'의 총포격으로 혁명의 승리를 고하는 장면까지의 영웅시적 화폭들을 년대기적으로 볼 수 있다. 여기에서 이 장면들은 쏘베트 화가들에 의하여 이미 소베트 고전으로 우리에게 보편적으로 알려져 있는 바이나 관중들이 산 배우의 형상을 통하여 이 력사적 사실들을 봄으로써 진정한 사실주의적 연극의 웅대한 미로 더욱 큰 감명을 받으리라는 것은 당연하다.

이러한 고귀한 미의 창조자인 연극 예술인들 앞에는 주대한 책임이 부과된다. 그들이 만약 인민의 미적 교양자이며 미의 제공자로서의 임무를 옳게 수행하자면 예술가가 가져야 할 빛나는 천품 이외에도 고상한 사상성 및 도덕성과 아울러 높은 예술적 수준을 가져야 한다.

四. 조선의 연극에 대하여

1. 조선에서의 현대극의 발단

가. 현대극 수입 이전의 조선 연극

조선에서는 희랍극 이래 구라파에서 二천 五백년간이나 존재하고 있는 그러한 연극은 현대극 수입 이전에 존재하지 못하였다. 그러나 조선에서도 연극의 기원은 력사상 찾아 볼 수 있으며 다른 나라에서와 마찬가지로 그것이 종교적 례식 우에서 발전하였다.

마한(馬韓)의 천군(天君), 예(濊)의 무천(舞天), 부여(扶餘)의 영고(迎鼓) 등이 그것이며 그 정형에 대하여 말한다면 마한의 천군을 위지동이전(魏志東夷傳)에서 다음과 같이 설명하고 있다.

"언제나 五월에 씨를 뿌리고 귀신에게 제를 지내는데 군중이 모여 노래하고 춤을 추며 술을 마시기를 밤낮을 쉬지 아니하였다. 그 춤추는 사람 수 십 명이 같이 서서 서로 따르고 땅을 밟으며 수족을 낮게 올려 서로 장단을 맞추는데 탁무(鐸舞)와 같은 데가 있다. 10월에 농사가 끝나면 또한 이와 같이 한다. 귀신을 믿는데 나라의 고을마다에 한 사람씩의 주제천신(主祭天神)을 세워 천군이라 부른다."

그러나 조선에서의 이러한 가무의 기원은 구라파에서와 같이 드라마로의 발전을 수행하지 못하고 오직 가면극, 인형극으로 발전하였으며 그것이 많은 경우에 민중적 성격을 띠고 있었다. 고려 말에 발생하여 리조 때도 성행한 가면극 『산대 도감극』, 리조 말에 성행했고 아직도 지방에 따라 보존되고 있는 인형극 『꼭두각시극』 등은 내용에서나 기술적 형식에서나 주목할 가치가 있는 것이다.

그러나 이 전통들도 이미 중단되고 겨우 민간에 그 명맥을 보존하고 있는 『꼭두각시극』도 지금 이것을 개발하지 않는다면 자취를 감추고 말 것이다.

조선에서 현대극 형식에 비교적 가까우며 원시적이기는 하나 민족적 가극이라고 할 수 있는 무대 형식으로 구극(舊劇)이 있는바 이는 오늘의 창극의 전신이다. 이 구극은 리조 순조 시대에 전라도의 신 오위장이라는 사람이 『춘향전』, 『심청전』, 『흥부전』 등의 소설을 창극화하여 오늘의 창극조의 시원을 개척함으로써 시작 되였다. 그 후 리조 말엽에 와서 현대극이 수입과 아울러 이에 시사를 받아 배우들의 설정과 무대 장치의 인입 등으로 오늘의 창극의 기초를 닦았다.

나. 현대극의 수입

봉건적 전제 군주 제도인 리조 조선 말엽에는 관료 량반 계급의 심혹한 가렴주구로 말미암아 농민들이 극도로 피폐하였고 산업도 유치한 가내 수공업의 령역을 벗어나지 못하였으며 상업도 봉건 관료배들의 주구 노릇이나 하는 등으로 완전히 락후한 봉건적 경제 체계에 놓여 있었다. 한편 장구한 시일을 두고 지배적이였던 유교 사상은 쇄국정책과 아울러 봉건 군주제도의 붕괴를 방지하려고 백방으로 광분하였다.

그러나 무력과 종교를 가지고 침입하여 오는 구라파 자본주의 침략과 비교적 일찌기 아래의 조선은 점차 반식민지로 화하여 갔다.

안으로는 봉건적 량반 관료들의 착취에 시달리고 밖으로는 외래 침략의 마수의 위협을 받은 애국적인 인민층—농민들의 폭동은 도처에서 성대히 전개되였는 바 一八九四년에 있은 갑오농민전쟁은 그의 절정이였으며, 이 농민폭동은 일본 제국주의 세력의 중대—강점에 따라 점차 의병투쟁으로 전환하였던 것이다.

일본의 침략은 一八七六년의 '조일 수호조규'(강화조약) (운양호 한강 침습사건), 一八八二년의 '제물포조약'(임오군변을 무실로), 一八八五년의 '한성조약'(갑신정변을 구실로), 一八九四년 '조일 잠정협정'(일군이 농민전쟁 진압 후)

등의 치욕적 조약들을 통하여 점차적으로 강화되였던 것이다.

조선에서의 현대극 수입은 이상과 같이 일본의 조선에 대한 침략을 강화하고 드디여 一九◇四-五년에 진행된 로일 전쟁에서 승리함으로써 조선에서 패권을 장악하고 치욕적 '을사 五조약'(一九◇五)과 조선 군대 해산(一九◇七년)을 강제로 실시하였으며 결국 한일 합병 (一九一◇년)을 수행하는 직전의 굴욕적 시기에 진행되였다.

문헌에 의하면 리인직이 광무 년간(一八九七-一九◇七년)에 창건된 원각사(圓覺社)극장에서 一九◇九년에 『설중매』, 『은세계』라는 연극을 상연하였다고 한다. 그러나 이 문제는 필자가 서론에서 언급한 바와 같이 앞으로 론의될 문제이다. 리인직은 당시의 친일 주구들의 도당인 '개화파'의 한 사람이다. 일설에는 그는 一九◇五년 '을사 五조약' 체결을 계기로 조선에 와서 다음 해부터 '통감'이 된 이도 히로부미(伊藤博文)가 선발하여 일본에 보낸 류학생이라 하며 또 일설에는 一◇년 동안 일본에 망명 생활을 하다 돌아 온 자라고도 한다. 정확히는 모르나 그가 일본에 망명했던 것이 사실이라면 一八九五년의 갑신정변과 그 다음 해에 있은 고종 황제의 로씨야 공사관 파천 사건 등으로 '친로파'들에 의한 '친일파'에 대한 박해가 있었을 때 리인직이도 일본에 망명했으리라고 생각된다. 더구나 그가 상연한 연극 『은세계』가 김옥균의 사적을 묘사한 내용인 것은 이것을 증명하여 주는 것이다.

그가 일본에서 수입하여 온 연극은 처음 조선에 들어 온 현대극이기는 하나 많은 점에서 아직 순수한 현대극으로는 되지 못하였다. 그가 가져 온 연극은 문학 사조로서는 자연주의의 수입이며 연극 형식으로서는 '신파'의 수입이다.

당시 소위 '개화사상'이나 '일진회' 사상이 그러한 것과 마찬가지로 리인직의 연극에 반(反)봉건성과 인도주의가 내포되여 있다고는 하나 그들의 사상운동이 일본 침략의 정치적 사상적 방조자인 한 반동적 반민족적 역할을 수행한 것이다.

그러나 리인직 이후에 많은 인사들에 의하여 성대히 흥기된 연극운동은 그것이 예술적으로는 아직 원시성과 '신파'를 벗어나지 못하였으나 조선 연극 발전에서나 '한일 합병' 후 조선 인민의 사상 생활에서는 진보적 역할을 수행하였다.

다. '신파'와 '신극'

一九◇九년 조선에서 리인직이 처음으로 현대극 양식의 연극을 상연하자 많은 인사들이 도처에서 극단을 조직하고 공연 활동을 하게 되였다. 一九一一년에는 '혁신단'(림성구, 김도산, 김소랑, 량성현, 림용구 등이 『법지법』, 『륙혈포 강도』, 『의형 살해』 등을 상연), 一九一三년에는 '문수성'(윤백남, 조중한 등이 『불여귀』, 『장한몽』, 『나의 죄』 등을 상연)과 '유일단'(리기세) 등이 생겨났다. 그러다가 '문수성'과 '유일단'이 합동하여 '예성좌'(『쌍옥루』, 『부활』, 『등대수』 등을 상연)가 되고 一九一七년에는 '취성좌'(김소랑)가 생겼으며 그 외에 많은 극단이 일어났다가는 사라지군 하였다.

'신파'(新派)란 무엇인가?

이는 일본에서 일본의 오랜 구극 형식인 '가부기'(歌舞伎)에 구라파에 들어 온 현대극적 내용을 가미한 다시 말하면 '가부기'적 연극 체계에 현대 생활에서 취재한 내용을 담은 '트기'(혼혈아)다.

일본의 '가부기'는 오랜 전통을 가졌고 그 연기 방법과 대사법에 독특한 체계가 있으며 내용은 일본의 봉건 군주 신의 생활을 표현하는 제한적 연극 형식이다. 서구라파의 자본주의 문화를 일찌기 수입한 일본에서는 서구라파의 현대극 양식을 보자 '가부기'적 형식에 현대적 생활 내용을 담아 '연극 개혁'을 기도하였던 사람들이 있어 그러한 연극을 '소시시바이'라 하여 봉건주의를 반대하여 부르쥬아적 이데올로기의 주입을 위한 정치적 소양의 역할을 수행하였다. 이 '소시시바이'는 많은 변천을 하였으나 일본에서 현재도 존재하는 '신파'의 시초를 이루었던 것이다.

그렇기 때문에 '신파'는 형식에 있어서 제한적인 연극이며, 유래에 있어서 일본 수입이며, 내용에 있어서 연극성—사건성을 추구하는 반사실주의적 연극이며, 이는 조선에서 반봉건 사상 투쟁에 약간의 역할을 수행하였으나 그것은 결국 일본 제국주의 침략자들의 통치의 사상적 지반을 닦아주는 방조적 역할을 수행하였고 조선 현대극 발전에 오랫동안 지장을 주었으며 八·一五해방 후에까지도 우리 연극에 많은 해독적인 작용을 한 형식주의적 연극이다.

이렇게 하여 一九二◇년대 초기에 이르기까지 성대히 일어난 '신파' 형식의 기형적인 현대극은 새로운 연극 개혁 운동자들에 의하여 반항을 받았다.

로씨야에서 사실주의 연극 체계에 의하여 연극 개혁을 수행한 쓰따니쓸라브쓰끼와 네미로비츠 단첸꼬의 업적은 이때 조선에는 알려지지 않았지만 입센 이후의 근대극운동 이래 구라파 연극운동의 발전은 일본에도 수입되였으며 이는 필연적으로 조선의 연극운동에서도 '신파' 연극에 반발하여 그것과의 대치자로 출현하였던 것이다.

이는 조선에서 소위 '구극'과 대조되며 '신극' 운동이라고 불리워졌다. 이 '신극'을 조선 연극운동에 매개한 사람들은 당시 일본에서 공부한 동경 류학생들이다. 동경 류학생 속에는 이 당시 토착 지주, 신흥 부르쥬아지야 또는 몰락 귀족 등의 상층 계급의 자제들이 많았으며 소수의 진보적 분자들도 있어 그들은 이때의 조선 인떌리겐챠의 주요 부분을 형성하였다. 그들은 조선에서의 신문학 운동과 보조를 맞추어 일본에서 수입한 '신극'을 들고 이미 조선에서 비속화되고 상업주의화하고 있는 '신파' 연극에 반기를 들고 나섰던 것이다.

一九二一년 동경 류학생 홍해성, 김수산, 조포석, 류춘섭 등이 조직한 '극예술협회'의 공연은 '신파'에 대한 반항의 첫 시도였으며 역시 동경 류학생들인 박승희, 김복진, 김을한, 박제행, 리백수, 리소연, 윤상렬, 연학년, 리월하 등등이 一九二二년에 창건한 '토월회' 운동은 조선에 구파 현대극을 섭취하여 조선 연극을 확립하려는 시도가 중심이였다. 우리가 주목할 것은 이 인물들 중에 조포석, 김복진, 윤상렬 등 신경향파 문학 또는 카프 예술 운동에서 자리를 차지한 사람들을 볼 수 있는 것이다.

그들은 체호브의 『곰』, 똘스또이의 『부활』, 마이엘 펠스텔의 『알트 하이델벨히』를 위시한 구라파 희곡과 창작극들을 상연하였다. 그러나 '토월회'는 三◇년 초까지 중앙과 지방에서 많은 공연을 가졌으나 정확히 말하여 그들의 예술적 립장은 확고한 목적 의식성이 없었으며 그들이 채택한 희곡에서나 그들의 수법들에서 그들은 자연주의와 사실주의의 명확한 한계상에 위치하지 못하였다. 또한 당시 로동운동의 장성과 진보적 문예 운동의 발단에 의하여 진보적 분자들이 극단에서 탈리한 등의 리유로 그들의 연극운동은 비속화되고 말았으며 '신파'의 아류로 화하여 대중의 지지를 받지 못하였으며 몰락하고 말았던 것이다.

그 뒤 어떤 자는 '신파'를 자칭하고 어떤 자들은 '신극'을 자칭하며 '산유화회', '무대예술협회', '취성좌', '태양극장', '연극사', '연극시장', '신무대' 등등 일일이 헤아릴 수 없을 정도의 많은 극단들이 조선 모회식으로 일어났다가는 없어지군 하였다. 이 모든 극단들이 당시 장성되는 로동운동과는 아무런 관계가 없었으며 다만 일부 소시민들의 저속한 취미에서만 영합하려 하였기 때문에 조선 연극운동의 정상적 발전에 별반 도움을 주지 못하였을 뿐 아니라 도리여 사실주의 연극 발전에 대한 질곡으로서 반동적인 역할을 수행하였던 것이다.

2. 조선에서의 로동운동의 장성과 프로레타리아 연극운동

一九一◇년에 조선은 완전히 일본 제국주의의 식민지로 되였다. 일본 제국주의는 조선에 대하여 극악한 식민지 통치 제도를 수립하고 야만적으로 조선 인민을 착취하며 조선의 모든 자원을 수탈하기 시작하였다. 이러한 조선에 대한 일본 제국주의자들의 정책에 대하여 레닌은 "이 곳에는 천황 제도의 모든 방법과 모든 새로운 완성된 기술과 순 아세아적 고문 제도와 미증유의 폭행이 결합되였다"라고 규정하였다.

이리하여 일본이 총독 정치를 개시한 이래 약 一◇년을 경과하는 사이에 조선의 경제는 완전히 일본 제국주의자들의 지배하에 들어가게 되였다. 토지, 광산, 교통, 운수 및 금융 기관들, 조선 경제생활의 모든 지배 기관은 일본 금융 자본의 수중으로 들어가는 동시에 조선 인민의 생활은 파탄되고 말았다.

일본 제국주의자들의 교육 문화 정책의 기본은 미증유의 략탈과 탄압을 합리화하며 조선 인민을 영원히 자기들의 노예로 순종시키려는 데 있었다.

그러나 많은 애국적 인민들은 일제 통치를 반대하여 싸웠다.

一◇월 혁명의 영향 아래 중국, 인도네시아, 인도, 토이기, 아프카니스탄 그리고 조선 등등 동방의 여러 피압박 민족의 인민들은 민족적 독립과 자유를 위하여 궐기하였다.

一◇월 혁명의 영향 아래 우리나라에서는 一九一九년 三월 一일 일본 략탈자들을 반대하고 민족적 독립을 위한 광범위한 인민 대중들의 폭동이 일어났으며 이것을 분계선으로 하여 조선민족해방운동에는 '프로레타리아트의 헤게모니 시대'가 닥쳐왔던 것이다.

三·一운동은 일본 제국주의 식민지 통치가 시작된 후 처음으로 일어난 전 인민적 폭동이였으며 일본의 식민지 통치의 야수성과 조선 인민의 민족적 독립에 대한 꺾을 수 없는 의지를 전 세계에 시위하였다. 그리고 三·一운동을 통하여 조선 인민은 어느 계급, 어느 층이 애국적인가 또는 매국적인가를 알게 되였으며 三·一운동을 분수령으로 하여 조선 인민의 민족 해방 투쟁은 식민지 혁명의 새 시대에 들어가게 되었던 것이다.

일본 통치자들은 三·一운동 이후 소위 '문화 정치'라는 가면을 쓰고 조선 인민에 대한 압박과 략탈을 일층 강화하였다. 그리하여 조선 인민의 생활은 극도로 빈곤하여졌다. 일본 통치자들이 실시한 '토지 조사', '토지 개량', '산미 증식' 등의 기만적이며 야수적인 수탈 방법은 조선 농민들을 여지없이 파산케 하였고 잉여상품의 조선에의 수출과 독점자본 수출에 의한 식민지 산업의 발전은 조선 경제의 혹심한 예속성과 편파성을 초래케 하였다.

이러한 경제 형편은 조선에서 로동 계급의 장성을 촉진시켰다. 식민지 산업의 확장에 의한 로동자들의 량적 장성과 아울러 一◇월 혁명이 가져다 준 맑스-레닌주의 사상은 조선 로동 계급으로 하여금 一九二◇년대에 들어서면서 자위 계급으로 형성되기 시작하게 되였다.

조선 로동 계급은 비록 늦게 장성하였고 청소하였음에도 불구하고 위대한 一◇월 혁명이 열어 놓은 프로레타리아 혁명의 시대에 적극적으로 진출할 수 있었다. 력사가 증명해 주는 바와 같이 조선 로동 계급은 벌써 一九二◇년대 초로부터 조선민족해방투쟁의 주도적 력량으로 장성하였다.

그러나 조선 인민들 우에는 가장 몰렴치하고 야수적인 경제적 착취와 정치적 압박이 내리워졌으며 더는 참을 수 없게 된 로동자, 농민, 인민 대중들은 투쟁에 궐기하지 않을 수 없게 되였다. 도처에서 일어나는 소작쟁이와 파업 사건들은 일본 제국주의자들의 무제한한 억압과 략탈을 반대하여 궐기 투쟁의 길에 나섰다는 것을 실증해 주는 것이다.

이러한 환경에서 선진적 로동자들은 적들과 성과 있게 싸우기 위하여 조직이 필요함을 알고 도처에서 로동 단체들을 조직하였고 로동운동의 영향 아래 농민 운동도 조직화되게 되였다.

맑스-레닌주의 사상의 조선에의 침투와 아울러 처음에는 소조 형태에서 다음에는 대중적 로동운동, 농민 운동의 형태로 진출하였으며 투쟁은 경제적 요구로만 국한되지 않고 정치적 성격을 띠게 되였다.

이리하여 一九二四년에는 로동운동을 비롯한 대중 운동의 전국적 단체로서 '조선 로동 총동맹', '조선 청년 총동맹', '조선 녀성 동우회' 등이 조직되였다.

조선의 공산주의자들은 로동운동을 비롯한 대중운동을 발전시키기 위하여 투쟁하면서 그를 지도하기 위한 공산당을 창건하기 위한 투쟁을 전개하였다.

로동운동과 대중 운동의 계속적 장성과 발전 가운데 一九二五년 四월 一七일에 조선 공산당이 창건되였고 이어서 四월 一八일에 공청이 조직되였다.

조선 공산당의 창건은 우리나라의 민족해방운동의 급속한 발전에 추동력을 주었으며 그에 새 단계를 열어 놓았다. 창건된 조선 공산당의 당면 임무는 조선 인민의 반제 반봉건 투쟁을 지도하여 일본 제국주의를 타도하고 조선의 자유와 독립을 쟁취하는 것이였다.

三·一운동 이후 조선에서 로동 계급이 장성하고 맑스－레닌주의 사상이 전파됨에 따라 문예 운동에 있어서도 필연적인 전변을 가져오게 되였다.

잡지 『창조』, 『폐허』, 『백조』 등에 규합된 각종 부르쥬아 문학 류파 즉 자연주의와 퇴폐주의 문학들에 대립하여 진보적 작가들에 의한 '신경향파' 문학이 대두 되였다. 이에는 최서해, 리상화, 리기영, 송영 등등이 활약하였다.

一九二五년 조선 공산당이 조직되자 이에 따라 근로자들의 반 합법적 대중 조직체의 하나로서 동년 八월 二四일에 조선 프로레타리아 예술동맹(카프)이 창건되였다.

一九二六년에 채택한 카프의 강령에 "우리는 무산계급 운동에 있어서 맑스주의의 력사적 필연성을 인정하고 무산계급 예술 운동에 의하여 봉건적 자본주의 관념을 철저적으로 배격하고 전제적 정치에 항쟁하여 계급의식을 인식시킬 것"이라고 지적되여 있다. 종전의 '신경향파' 문학이 자연주의 기타 부르쥬아적 문학 제 류파를 반대하여 사실주의 문학을 지향하였으며 조선 인민의 생활과 의식에 형성된 현실적 불만에 대한 불평, 반항, 폭동 등을 반영하기는 하였으나 그것은 자연 생장적 문학 운동이였다. 조선 공산당의 조직은 문예 운동에 있어서 맑스－레닌주의 사상에 의거하여야 함과, 문예 운동에 목적 의식성을 부여하고 진정한 사실주의적 창작 방법을 확립하도록 하였으며 이에 따라 카프가 창건되였던 것이다.

앞에서 언급한 바와 같이 이 시기의 조선 연극계는 '신파'와 '신극'의 잡동산이들이 서로 란립 교체하면서 당시 일본에 충일된 말초 신경 자극적인 소위 에로, 그로넌센스 연극들이 극장 무대를 채우는 극도한 타락과 비속화를 현출하였다. 이에 대하여는 당시에 상연된 상연물의 몇 개 제목만 보더라도 능히 짐작할 수 있는 것이다(『눈물』, 『류당의 남녀』, 『라이쓰

카레 통역생』, 『코스모스 호텔』, 『너는 미치였지만』, 『처녀 구락부』 등등).

이와 같이 타락된 연극의 탁류 속에서 장성하는 로동 계급의 정치 경제적 지향을 반영하는 참다운 연극을 창조하려는 진보적 연극인들의 활동은 카프의 영향과 그 지도 아래 도처에서 일어났다.

一九二九년에 심영, 라운규 등이 서울에서 처음으로 멜텐의 『탄광부』, 엎톤 싱크레어의 『二층의 사나이』, 뮬레르의 『하차』 등의 경향적 연극을 상연하였고 三◇년, 三一년에 걸쳐 '가두극장'(대구), '대중극장'(개성), '연극공장'(해주), '극단 메카폰'(서울, 처음에는 '이동식 소형 극장'이라 함), '동북극장'(함흥), '명일극장'(평양), '마치극장'(평양) 등이 조직되였다.

이러한 극단들에서는 전기한 『탄광부』, 『하차』등과 카프 작가들인 한설야의 『총공회』(一九二八년), 『전기』(一九二九년), 『절뚝발이』(一九三二년), 리기영의 『그들의 남매』(一九二九년), 『월희』, 김영팔의 『싸움』(一九二六년), 『부음』(一九二七년), 『대학생』(一九三◇년), 『세 식구』(一九三◇년), 송영의 『정의와 캄바스』(一九二九년), 『모기가 없어지는 까닭』(一九二九년), 『호신술』(一九三一년), 『아편쟁이』(一九三一년), 『일체 면회를 거절하라』(一九三一년), 『신임 리사장』(一九三三년) 등의 작품을 레퍼토리로 하여 주로 공장과 농촌 지대의 근로자들을 대상으로 이동 공연을 하였다.

그러나 이러한 진보적 극단들의 활동에 대하여 일제 경찰은 례의 없이 가혹한 탄압을 하였고 상연 금지, 체포, 해산 명령들을 내렸기 때문에 그들의 활동은 오래 계속되지 못하였다.

그와 동시에 이 극단들에는 아직도 소부르쥬아적 디테탄트들이 많이 개입해 있었고 때로는 개향주의적 경향들도 표현 되였으며 완강한 투쟁적 방법으로 일제 경찰의 탄압을 이겨 나가는 조직적 대책과 체계적 통일적 지도도 없이 방임해 둔 형편에 있었다.

一九三二년에 카프의 직접적 지도 아래 극단 '신 건설'이 창건되였으며 리상춘, 박태양, 강호, 송영, 라웅, 신고송, 권환 등이 조직 지도 사업에 관계하였다.

극단 '신 건설'의 창건과 아울러 조선 프로레타리아 연극운동을 통일적으로 지도하고 리론적으로 확립하며 국내 국외의 연극운동의 경험 등을 소개 교환하기 위하여 잡지 『연극운동』을 창건하였다. 이 잡지의 창간호에 게재된 론문 「조선 프로레타리아 연극운동의 당면 임무에 대하여」(신고송)는 그 표제에서 당시의 진보적 연극운동의 방향을 제시하여 주었다는 것을 알 수 있다. 또한 이 잡지는 일제 검열 기관의 야수적 탄압과 계속적인 발행 금지를 당하고 경제적 곤난을 겪으면서 一九三三년 전체 카프 성원들의 참가와 서울의 진보적 학생들의 지지 하에 조선 연극 력사에서 최초인 대 규모의 전쟁 반대 연극 『서부 전선 조용하다』를 각색 상연하였다. 이 연극의 상연을 전후하여 카프에 대한 근로 인민 대중과 학생층의 광범한 동정과 관심이 증대되며 그의 력량이 장성하여 감을 두려워한 일제 경찰은 一九三四년에 한 진보적 학생이 '신 건설'에 관련한 '불온' 문건을 소지하고 있다는 구실로 소위 '신건설사건'을 날조하여 가지고 전체 카프 맹원과 그의 동정자들을 전주 감옥에 투옥하였다.

이것이 일제 경찰이 조선의 진정한 애국적 진보적 예술 운동에 대한 '결산적' 탄압이였다. 이 '사건'에 검거된 작가 예술인들이 일제의 '재판'을 받고 있는 기간에 반역자이며 간첩이였던 림화는 일제 앞에 굴복하고 카프 해산을 선언하였던 것이다.

이 '사건' 이후 八·一五해방까지의 一◇년 동안 조선 연극운동의 일체 진보적 싹들은 자취를 감추었으며 일본 제국주의자들이 대륙 침략 전쟁을 감행함과 아울러 조선 연극운동은 전반적으로 암흑기에 들어가게 되였다.

一九三◇년대의 국내의 진보적 연극 활동을 말하면서 반드시 언급하여야 할 것은 당시 일본 동경에서 활동하던 진보적 조선 연극인들의 전문 극단인 '三一 극장'과 진보적 학생들의 극단인 '동경 학생 예술좌'의 사업이다. 이 극단들은 일본에 거주하고 있는 조선 로동자들을 위하여 『아버지』(전일검 작), 『도적놈』, 『서화』(리기영 작, 한홍규 각색), 『아편 전쟁』(이상 『三一 극장』), 『나루터』(주영섭), 『춘향전』, 『탄광부』(이상 학생 예술좌) 등을 상연하였고 전일검, 안영일, 김두용, 박춘명, 김일영, 리서향, 윤묵, 주영섭 등이 여기에서 활동하였다.

3. 八·一五해방과 진정한 인민적 연극의 발전

가. 八·一五해방과 연극 부흥의 왕성한 기세

일본 제국주의자들의 조선 프로레타리아 예술 운동에 대한 전반적 탄압과 대륙에서의 침략 전쟁의 진행은 조선에서 근로 인민 대중을 위한 연극 활동의 일체 가능성을 말살하고 말았다. 뿐만 아니라 일제는 조선어를 말살하려 하였으며 일본말로 침략 전쟁을 선전하는 연극을 상연하라고 강요함으로서 조선 연극과 연극인들 앞에는 미증유의 치욕적 시대가 닥쳐왔던 것이다.

이러한 위기에서 조선 연극과 연극인들을 구출한 것은 위대한 쏘베트 군대가 가져다 준 영광스러운 八·一五해방이다.

八·一五해방은 조선 연극을 일제의 노예 상태에서 해방하여 주었을 뿐 아니라 조선 연극이 사회주의 사실주의 창작 방법에 립각하여 진정한 인민적 연극으로 발전할 수 있는 일체의 가능성을 가져다주었다.

八·一五해방은 우선 조선 연극인들에게 광범위한 창작적 전망과 가능성을 주었다. 과거 조선 연극인들에게는 자기의 극장이 없었고 일본 자본가들의 소유인 극장에서 또는 조선인 자본주가 경영하는 극단에서 二중 三중의 착취를 받았으며 반민족적 반인민적 반동 연극을 강요당하여 왔다. 八·一五해방 후 북반부에서 당과 인민 정권은 극장을 연극인들에게 돌려주었고 온갖 경제적 사상적 지도와 원조를 아끼지 않았으며 연극인들이 자유롭게 인민적 연극을 창조할 수 있도록 방조하였다.

각지에서 극단들이 조직 되였고 일시는 매개 군에 극단들이 존재하였으며 이들은 북조선 예술 동맹의 지방 조직에 소속되여 활동하고 있었다. 이는 해방 직후 왕성한 연극 부흥의 욕구와 지향을 말해 주고 있다. 그러나 이러한 상태는 전문적 극단과 써클적 자립 활동의 한계를 불명확하게 하는 것이였다.

一九四七년 三월 조선 로동당 중앙위원회 상무 위원회 결정 「북조선에 있어서의 민주주의 민족 문화 건설에 관하여」가 채택된 이후에 전문적 극단들은 중앙과 각 도 소재지에 두기로 하고 그 외의 연극 단체들의 일부를 이동 극단으로 개편하고는 일체 자립적 써클로 전환시켰다. 이로써 연극운동의 전문적 단체와 자립적 써클과의 한계를 명확히 하였으며 전문 연극의 기술적 수준을 제고하였다.

사회주의 사실주의 창작 방법에 의거한 인민적 연극의 발전을 위하여 조선 로동당과 공화국 정부는 백방의 배려를 돌려주었다.

전기한 당 중앙 상무 위원회의 결정을 위시한 연극 발전을 위한 일련의 대책들은 공화국 연극이 비단 량적 기술적 장성을 보장하여 줄 뿐만 아니라 우리 연극이 고상한 사상성을 위하여 나아갈 길을 밝혀 주었다.

八·一五해방 후 공화국 연극 사업에 있어서 사상성을 위한 투쟁은 연극 사업과 관련한 일체의 과업들에 일관되여 있었다. 이처럼 사상성을 위한 투쟁이 하루도 쉬지 않고 강력하게 그리고 꾸준히 지속되였기 때문에 공화국 연극은 급속한 발전을 가져올 수 있었던 것이다.

나. 낡은 잔재와의 투쟁에 쏘베트 연극의 선진 경험의 섭취

八·一五해방과 함께 조선 연극인들이 앞에 제기된 과업 중 중요한 하나는 연극 예술성에 남아 있는 일제의 잔재(이는 곧 형식주의와 자연주의적 잔재에 통하는 것이다)를 시급히 숙청하고 사실주의적 창작 방법을 확립하는 것이다. 이 과업은 쏘련 군대가 진주해 있는 조건과 그들의 직접적 방조와 동시에 세계에서 가장 선진적이며 사실주의적인 쏘베트 연극의 리론과 경험들을 직접 수입하여 섭취하는 조건들로써 용이하게 해결될 수 있었다.

쏘련 군대에서는 수차에 걸쳐 자기들의 태평양함대 극단과 하바로브스크 극단을 조선에 데려와 『이완 골루비』, 『뻴레사예브 교수』 기타 훌륭한 쏘베트 시대의 사회주의적 사실주의 연극들을 우리에게 소개해 주었고 중앙과 각지의 극장 창조 사업에 물질적 및 실질적 방조를 주었다. 쏘베트 연극에 대한 모든 리론적 시사적 출판물들과 『배우 수업』의 번역

출판은 우리 조선 연극인들의 귀중한 교양 자료로 되였으며 또한 쓰따니쓸라브쓰끼 씨스템을 우리 극장들에 도입함으로써 조선 연극을 사실주의 방법으로 진일보 발전시키는 데 결정적 역할을 수행하였다.

또한 『류보비 야로바야』, 『이완 골루비』, 『프라가의 밤 나무 밑에서』, 『로씨야 사람들』, 『어둠에서의 상봉』, 『뻘라똔 크레체트』, 『장갑 렬차』, 『습래』, 『제二 전선의 배후에서』 등등 쏘베트 희곡의 조선 극장에서의 상연은 조선 연극의 사실주의적 발전과 확립에 막대한 도움을 주었다.

한편 문화 교류에 관한 협정에 의하여 우리나라의 많은 연극인들이 쏘련에 초대되여 직접 쏘베트 극장들을 방문하여 연극의 제 성과들을 몸소 배우게 되였으며 그 선진적 경험들을 직접 창작에 적용하게 됨으로써 우리 연극은 더욱 더 발전하게 되였다.

그리고 많은 청년들을 선발하여 모쓰크바, 레닌그라드의 연극 대학에서 공부하게 함으로써 우리 연극을 새로운 리론과 기술로 비상히 발전시키기 위한 중대한 과업들을 수행하고 있다.

다. 인민적 레파토리 창작을 위한 투쟁

八·一五해방과 아울러 조선 인민들은 오랫동안 구속하고 착취하여 오던 온갖 사회, 경제, 사상 및 정치적 질곡으로부터 해방되게 되였다. 이것은 토지 개혁, 산업 국유화, 남녀평등권 법령의 실시와 진정한 민주주의적 선거에 의한 인민 정권의 수립 등등에 의하여 이루어졌다.

이 위대한 력사적인 민주개혁에 제하여 연극 앞에 제기된 과업은 인민들을 이 위업에 고무 추동하며 민주주의 사상으로 교양하는 인민적 레파토리를 창작하는 것이다.

이 과업은 쏘베트 연극의 리론과 경험의 섭취, 자연주의 및 형식주의적 잔재와의 투쟁 그리고 우리 극작가들의 새로운 창작들로써 해결될 수 있었다.

토지 개혁을 주제로 한 『봉화』(한태천), 『묘향산맥』(백인준), 『성장』(백문환), 『비룡리 농민들』(박영호), 『장가가는 날』(한민), 『묘하전 三천평』(김문학)

등과 인민 경제 복구 발전을 주제로 한 『자매』, 『인민을 위하여』, 『나란이 선 두 집』(송영), 『불 길』(신고송), 『대동맥』(한태천), 『갱도』, 『광산 병원』(박태영), 『원동력』, 『새로운 모습』(류기홍), 『산정』(오운선) 기타 『조준』(김형)등 연극들은 이 시기의 우수한 작품들이다.

경애하는 김일성 원수의 항일 무장 투쟁에서 취재한 작품 『백두산』과 『태양을 기다리는 사람들』은 인민적 레파토리의 중요한 위치를 차지하였다.

그리고 남반부 인민들의 투쟁을 묘사한 『눈보라』(박혁), 『하의도』(남궁만), 『금산 군수』(송영), 『항쟁촌』(김순익)과 력사에서 취재한 『리 순신 장군』(김태진), 『홍경래』(남궁만), 『춘향전』(김승구), 『심청전』(태장춘, 김일룡) 등도 성과적인 연극이다.

라. 남반부 연극의 타락

미 제국주의자들의 강점 아래에 있는 남반부에서는 모든 예술과 마찬가지로 연극의 형편은 전혀 다른 방향으로 나아갔다. 미 제국주의자들이 남반부를 강점한 첫날부터 남반부에서는 조선 인민의 창의에 의한 인민 정권인 인민 위원회는 해산되고 인민의 모든 민주주의적 자유는 말살 되였으며 진보적 연극인물의 활동은 가혹한 탄압을 받게 되였다. 그 반면에 미 제국주의자들과 리승만 역도들은 조선 인민의 머리에서 민족적 의식을 말살하며 노예 사상으로 충만 시키기 위하여 '미국식 생활'을 선전하는 온갖 퇴폐적 연극과 진보적 사상을 반대하여 '왕정'숭배와 '국수주의'를 길러내는 력사극들을 장려하였다.

八・一五해방 직후 남반부에 있는 진보적 연극인들은 '조선예술극장', '서울예술극장', '혁명극장', '해방극장', '자유극장', '광랑극회' 등을 조직하고 『어머니』(고리끼), 『로씨야 사람들』(씨모 노브), 『만주 령감』(조령출), 『리순신 장군』(김태진) 등을 상연하였으나 계속되는 검거 투옥 때문에 활동의 자유를 잃고 一九四八년까지는 진보적 연극인들 중 거의 전부가 북반부로 오게 되였던 것이다.

남반부에서는 적극적인 반동적 연극인들의 연극이나 정치적 '무관심' 혹은 '중립'을 표방하는 자들의 연극들이 반민족적 반인민적 사명을 수행키 위하여 광분하고 있다. 『사랑이냐 한숨이냐』, 『홍도야 울지 말아』, 『내가 낳은 검둥이』, 『모가지 없는 신랑』 등등과 같이 해괴한 제명들을 가진 연극들로써 남반부 인민들의 투쟁 의식을 마비시키고 조국의 통일 독립을 위한 절실하고도 현실적인 정치적 과업으로부터 인민들의 사상 의식을 혼미케 하는 데 그들의 정치적 목적이 있다는 것을 부인할 사람은 하나도 없을 것이다.

뿐만 아니라 미 제국주의자들과 리승만 역도들도 예술의 힘을 알기 때문에 정치적 '무관심'과 '중립'의 표방자들을 그대로 두지 않고 적극 리용하는 것이다. 정전 이후에 남반부 연극계에서는 리승만 역도들의 '북벌' 라발에 맞추어 우리 인민 정권과 인민군대 및 지원군을 중상 악매하는 허위적 상연물들로써 무대를 충만시키고 있다.

마. 조국해방전쟁과 연극

미 제국주의자들의 사촉 하에 리승만 역도들이 도발한 조선 인민의 조국해방전쟁은 공화국 연극인들을 전쟁 승리를 위한 전투태세로 불러 일으켰으며 승리의 신심으로 궐기시켰다. 그들은 전쟁 발발과 함께 종전의 극장 중심의 대 공연 체제를 소 편대 체제로 개편하여 전신과 후방에서 기동적으로 공연 활동을 할 수 있게 하였다. 전쟁 초기에 있어서는 주로 후방에 출동하여 후방 인민들에게 리승만 역도들의 전쟁 도발 음모와 그 죄상을 폭로 규탄하여 인민들로 하여금 전선 원호에 궐기시키는 선전 선동적 임무를 수행하였다.

이 시기에 상연된 연극은 주로 『전쟁 도박단』, 『수원 회담』, 『백일몽』 등의 단막극이다.

영용한 인민군대가 수도 서울과 많은 지역들을 해방하기 시작하자 국립극장, 평양시립극장, 청년예술극장, 농민극단, 인민군예술극장, 내무성 예술극장 등이 해방된 서울과 기타 신 해방지구 인민들을 방문하여 八・

一五해방 후 공화국 정부와 조선 로동당의 시책 아래 고도로 발전된 인민 연극의 성과를 시위하였으며 전선의 자영들을 위문하였다. 이 시기에 『백두산』, 『리순신 장군』, 『그 녀자의 길』, 『흑인 브렛트 중위』, 『제二전선의 배후』, 『땅』 등등 많은 연극들이 상연되였다.

전선의 남진, 전투의 가렬화, 적기의 후방 폭격 혹심에 따라 연극인들의 활동은 더욱 투쟁적으로 되였다. 많은 연극인들이 최전선까지 출동하여 인민군 장병들의 사기를 고무하였으며 위문 사업에 희생적으로 동원되였다. 청년 예술단의 젊은 예술인들은 전진하는 군대가 새로운 지역을 해방하면 뒤미쳐 들어가 패잔병과 전투를 해 가면서 인민들을 위하여 공연을 진행하였다.

일시적인 전략적 후퇴가 진행되고 영용한 인민군대가 형제적 중국 인민 지원군과 함께 적들을 다시 三八선 이남으로 구축하던 시기와 전선이 고착 되여 적극적 방어 전투가 진행되던 시기에 있어서 우리 연극인들의 투쟁은 더욱 희생적이였으며 애국적이였다. 그들은 자기들에게 맡겨진 연극이란 무기를 들고 전선 용사들과 후방 생산 일꾼들의 투쟁에 보답하기 위하여 정열적으로 싸웠다. 그들의 이동 활동이 미치지 않은 전선이 없었는바 그들의 연극은 一二一一고지, 八五四·一고지, 八一一·七고지, 三五一고지, 월미산 등등 작렬한 고지 전투의 모범을 보이였으며 조국을 사수한 이 빛나는 고지들에까지 진출하였다.

또한 연극인들은 날로 강화되는 적들의 야수적 폭격 속에서 후방 강화를 위한 투쟁에 적극 참가하였다. 그들은 무대 장치 조명 기구 의상 등 일체의 연극 상연의 기구들을 자기들의 등에 메고 매개 부락들과 매개 공장 광산들을 찾아가서 지하나 반 지하, 때로는 잘 은폐된 야외극장을 무대로 하여 생산에 종사하는 후방 로동자 농민들 속에 깊이 침투하였다.

전쟁 기간에는 주로 이동 활동에 적응한 단막 연극이 많이 상연 되였다.

인민군대의 영웅성을 묘사한 단막극들로는 『사냥꾼 조』, 『고지의 별』, 『소대 앞으로』, 『그들이 부르는 노래』, 『푸른 신호』, 『돌격 조』, 『명령은 하나 밖에 받지 않았다』, 『정각 五시 三◇분』 등 다수가 있다.

적의 일시적 강점 시기에 있어서 후방 인민들의 투쟁 모습과 증산 투쟁을 묘사한 단막극들로서 『정찰병과 어머니』, 『쌍나무 고개』, 『가을 전선』, 『저수지』, 『거울의 하룻밤』, 『꽃나무』, 『아버지의 자기비판』, 『아름다운 사랑』, 『내 집으로 돌아오다』, 『산으로 가는 길』 등이 나왔다.

전쟁 기간 중 중앙과 지방에는 지하극장이 건설되고 전선에서는 대 인원을 수용할 수 있는 구락부들이 설치되여 단막 연극 뿐 아니라 대 공연 형식의 장막 연극도 상연할 수 있는 조건이 조성되자 각 극장들은 장막 연극도 많이 창작하였다.

장막 연극들 중에는 인민군대의 영용성을 묘사한 『一二一一 고지』, 『우리나라의 청년들』, 『바다가 보인다』 등과 후방 인민들의 투쟁을 묘사한 『탄광 사람들』, 『청천강반』, 『양짓말 소년들』 등이 있다.

조선 인민군대와 의로운 중국 인민 지원군 부대의 협동 작전 그리고 조중 인민간의 친선은 많은 작품들에서 취급되여 있는바 『전우』, 『대낮에 꿈꾸는 사람들』, 『탄광 사람들』 등에서 볼 수 있다.

바. 인민 경제 복구 건설과 연극

三년간에 걸친 조선 인민의 불멸의 영웅적 투쟁은 세계에서 최강을 자랑하는 미제를 위시한 그의 추종 국가 군대들에게 결정적 타격을 주고 승리하였다.

쏘련 및 중국을 비롯한 형제적 인민 민주주의 제 국가 인민들의 물심 량면으로 되는 원조는 우리 승리의 담보로 되였던 것이다.

전쟁을 승리한 조선 인민 앞에 제기된 가장 중대하고 긴급한 과업은 파괴된 공장 농촌들의 인민 경제를 급속히 복구 발전시키고 인민 생활을 안정시키는 것이였다.

전체 조선 인민은 "모든 것을 전후 인민 경제 복구 건설에로!"라는 당의 호소를 받들고 궐기하였다. 조선 연극인들 앞에는 연극을 통하여 무수히 봉착될 난관들을 돌파하고 전쟁에서 발휘한 그 영웅성을 계속 인민

경제 복구 건설에 바치도록 인민들을 교양하고 동원할 성스러운 과업이 부과 되였다.

전쟁에서 영웅성을 발휘한 우리 인민들은 인민 경제 복구 사업에서도 역시 위대한 업적들을 내 놓았으며 내 놓고 있다. 폐허가 된 공장에서 쇳물이 나오고 비료가 나오고 쎄멘트가 나오기 시작했으며 인민 경제의 혈맥인 철도는 정전 후 극히 짧은 기간에 복구되였다. 도시와 부락마다에는 건물들이 들어서고 영웅적 인민은 전쟁 승리에서 얻은 성과를 더욱 공고화하고 조국의 평화적 통일을 위하여 힘찬 로력 투쟁을 전개하고 있다.

그러나 이러한 급속한 현실의 전진과 요구에 대하여 연극은 제때에 만족하리만큼 응하지 못하였다. 물론 이것은 극작가들이 희곡을 제때에 주지 않았기 때문이지만 정전된 지 一◇개월이 지나서야 겨우 극장들은 연극을 내 놓기 시작하였다.

이 시기에 나온 연극은 『그립던 곳에서』, 『젊은 세대』, 『새 탄맥을 찾아서』, 『쎄멘트』, 『새길』, 『다시는 그렇게 살 수 없다』, 『우리를 기다리라』 등은 우수한 작품들이다.

특히 八·一五해방 一◇주년을 기념하고 조선 인민의 향도적 지도적 력량인 조선 로동당 제三차 대회를 맞이하면서 이 대회에 바치는 훌륭한 작품들이 많이 창작 되였다. 『량반전』, 『승냥이』(국립극장), 『강화도』, 『신해방 지구에서』(개성시립극장), 『잊을 수 없는 그날』, 『샤만호』(황해북도), 『어랑천』(함경북도), 『진달래』(량강도), 『열무삼천리』(평안남도) 등은 모두다 애국주의적 쩨마로 일관된 작품인바 교양적 가치로나 우리 연극의 사상 예술적 수준으로나 발전한 면모를 뚜렷이 시위하였다.

우리나라의 연극을 가일층 발전시키기 위하여서는 많은 과업들이 제기된다.

첫째로, 연극인들은 조선 로동당과 공화국 정부의 정책을 세밀히 연구 리해하며 자기들의 연극 활동이 항상 전진하는 인민들의 정치적 경제적 요구에 수응하도록 하여야 할 것이다. 이 과업을 원만히 수행하기 위하여서는 연극인들이 맑스 레닌주의 학습을 꾸준히 진행하여야 하며 그렇게 함으로써 연극인들의 창작 사업과 공연 사업을 정치적 수준에서 보장하여야 한다.

둘째로, 우리 연극에 잔존하여 때때로 고개를 들고 일어나는 자연주의 및 형식주의적 잔재를 철저히 소탕하기 위하여 강력한 비판 사업을 전개하여야 할 것이다. 이러기 위하여서는 자기들의 연극 창조 사업에서 사회주의 사실주의 방법을 확립하여야 하며 맑스 레닌주의 미학의 원칙에 튼튼히 립각하여야 한다.

셋째로, 연극 예술은 직업적 기술을 무시하고는 성립할 수 없기 때문에 연극인들은 자기들의 기술 수준을 제고하기 위하여 정력적인 투쟁을 전개하여야 할 것이다. 이 사업에 있어서 쓰따니쓸라브쓰끼 체계의 완전한 소유가 결정적인 의의를 가진다.

넷째로, 우리 연극인들은 쏘베트 연극이 이룩한 전통적인 성과들에서 배움과 동시에 매 시기에 달성하는 성과들에 대하여 항상 주의를 돌리며 그것을 우리 연극 사업에 창조적으로 적용하도록 노력하여야 할 것이다.

다섯째로, 연극 예술의 새로운 인재를 양성하는 사업에 더욱 큰 관심을 들려야 할 것이다. 연극 예술가란 二년이나 三년에 육성되는 것이 아니라 하나의 배우로 무대에서 발이 붙으려면 적어도 一◇년이란 기간은 필요하다. 이러한 사정을 고려하여 어린 예술가들의 기술 수준을 높이고 새로운 인재를 육성하는 사업을 계통적으로 진행하지 않으면 안 된다.

여섯째로, 연극 예술의 부차적 요소인 미술, 조명, 효과, 의상, 화장 등의 사업이 아직 일정한 수준에 도달하지 못하고 있다. 따라서 이 방면의 일꾼들의 리론 기술적 수준을 제고함이 없이는 아무리 훌륭한 연출가나 배우들이 있어도 연극은 절뚝발이가 될 수밖에 없는 것이다. 그러므로 이 방면의 유능한 전문가들이 많이 나오도록 대책을 강구하여야 한다.

五. 쏘베트 연극에 대하여

쏘련에 있어서의 사회주의 사실주의 연극의 찬란한 개화는 인류의 연극사가 달성한 최고의 위업이며 전 세계 진보적 및 민주주의적 연극운동에 대한 가장 정확하고 믿음직한 도표로 되는 것이다.

자본주의 국가들에서 연극 예술이 자본의 리윤 추구의 도구로 리용 되고 평화와 민주주의를 반대하며 인간 증오의 사상을 전파하며 전쟁 도발의 선전적 도구로 리용되는 등 제국주의자들의 사상적 선전의 무기로 리용 되고 있는 데 반하여 쏘련에서의 연극은 세계 연극 문화의 보고에 끊임없이 보물을 축적하면서 쏘베트 인민의 정신적 량식으로 되는 문화적 가치를 창조하며 진정한 평화와 자유와 민주주의를 위하여 복무하고 있다.

여기에 쏘베트 연극의 고상한 사상성이 있으며 그가 수행하는 력사적 사명이 있는 것이다.

그러나 쏘베트 연극의 그 높은 사상성과 사실주의적 완벽성은 아무런 투쟁이 없이 이루어진 것은 아니다. 위대한 사회주의 一〇월 혁명이 성취된 이래 쏘련 공산당과 쏘베트 정권의 정당한 연극 정책의 실시의 결과로 이러한 모든 거대한 성과는 거두어졌으며 쏘베트 연극 예술인들은 전진하여 왔던 것이다.

세계의 진보적 연극 활동가들 중의 일원인 우리나라의 연극인들은 자기의 연극 예술로 하여금 고상한 사상적 기술적 수준에 도달케 하려면 항상 쏘베트 연극이 달성한 위업에 의거하여야 하며 그 선진적 리론과 경험을 정력적으로 연구하고 그것을 자기들의 창조 사업에 적용하여야 한다.

1. 위대한 一〇월 사회주의 혁명과 연극

一九一七년 순양함 '아브로라'의 총포격으로 이루어진 새로운 시대는 과거의 로씨야 연극 예술과 새로운 쏘베트 시대의 연극 예술의 사이에 명확한 경계선을 그어 놓게 하였다.

위대한 一〇월 사회주의 혁명의 승리의 결과로 발생한 다민족 쏘베트 연극은 세계 연극 문화의 발전에 새 시대를 열어 놓았다. 자체의 혁명적 발전에 있어서 정당하게 현실을 반영하는 사회주의적 사실주의 방법의 확립을 위한 투쟁은 다른 모든 쏘베트 예술과 마찬가지로 쏘베트 연극 발전의 토대인 것이다. 사회주의 사실주의 방법을 토대로 한 고상한 사상성과 당성의 원칙은 혁신자적 본질을 규정하는 연극도 포함한 선진적 쏘베트 예술의 지도적 원칙으로 된다.

그러므로 위대한 一◇월 사회주의 혁명 승리의 첫날부터 공산당과 쏘베트 정권은 연극 활동가들 앞에 예술의 고상한 사상성에 대하여 예술의 인민 생활과 투쟁에의 유기적 관련에 대하여, 과거의 연극 문화의 비판적 섭취에 대하여, 특히 아·쓰·뿌슈낀, 아·쓰·그리보예도브, 느·브·고골리, 아·느·오쓰뜨릅쓰끼, 위대한 사실주의 배우인 므·스·쉐쁘낀, 새로운 사회주의 예술의 창건자인 아·므·고리끼의 이름들과 밀접히 련결된 연극 문화의 훌륭한 선진적 전통들을 창조적으로 발전시킬데 대한 문제를 가장 날카롭게 제기하였다.

이 거대한 제 과업의 성공적 해결은 쏘베트 연극 존재의 전 기간을 통하여 부르쥬아적 꼬쓰모뽈리찌즘적 경향을 반대하며, 타락된 자본주의 문화 앞에의 굴복을 반대하며, 사상성과 사실주의의 원칙의 여러 가지 변종을 반대하며, 온갖 종류의 형식주의적 '발명'을 반대하며, 제한적인 자연주의의 한계 내에 예술을 처박으려는 시도 등을 반대하는 비타협적 투쟁과 불가분리적으로 련결되여 있었다.

당의 정책과 레닌의 교시들은 쏘베트 연극에서 모든 잘못되고 해독적인 경향들을 결정적으로 극복하고 쏘베트 연극을 부단한 완성에로 이끌어 주는 길잡이였다.

一◇월 혁명 전야의 로씨야 연극은 말할 수 없는 절망적 상태에 처하여 있었다. 브·이·네미로비츠 단체꼬는 이에 대하여 "…… 위대한 一◇월 사회주의 혁명 바로 이전에 우리들은 심각한 망연자실 속에 있었다. …… 우리들의 예술은 위축하게 되였다. 그것은 벌써 우리들이 극장을 시작하였던 그 당시에 있었던 것과 같은 그렇게 열렬하고 정열적이 되지를 못하였다. …… 우리들의 정치적 생활은 암담하였다. 우리들은 그것이 없이는 예술이 전진할 수 없는 그 창조적 용감성을 잃어 버렸다. 지금 우리들은 만약 위대한 一◇월 사회주의 혁명이 없었다면 우리들의 예술은 고갈하고 말았으리라는 것을 잘 알고 있다”(므하뜨-MXAT-모쓰크바 예술극장 창건 四◇주년에 제한 연설에서)라고 말하였다.

오직 一◇월 혁명만이 연극을 절망적 상태로부터 구출하였으며, 연극에 힘을 고무하여 주었으며, 연극 사업에 새로운 내용을 주었으며, 그에게 고상하고 훌륭한 목표를 세워 주었던 것이다.

이미 一九一二년에 레닌과 쓰딸린이 지도한 볼쉐위크 신문 『쁘라우다』지는 부르쥬아 연극을 반대하여 새로운 ‘로동자 농민 연극’을 제기하였다. 「현대 연극과 로동자들」이라는 론문에는 “ …… 현재의 상전들(변퇴하는 부르쥬아지와 그 앞잡이들)의 관심과 사랑으로 생계를 이루는 현대 연극은 자체의 창조적 악집(惡什)과 자체의 예술적 목적의 불안정 때문에 자멸한다.

여기로부터 세분되고 선발된 연극의 숭배자들 사이에서 최근에 연극 예술의 미래에 대한 비관적 예언들이 퍼지고 있다.

그러나 민주주의와 특히 로동자들에게는 이 실망한 숭배자들의 눈물과 연극 활동가들의 위구들이 인연 없는 것이며 리해할 수 없는 것이다.

연극은 우리에게 가까이 왔으며 로동 계급의 장성하는 미학적 예술적 취미와 리해력의 건전한 수로(水路)에서 장래 발전을 위하여 시작한 로동자의 문화를 접수할 것이다.”

연극 예술에 대한 이 볼쉐위크적 『쁘라우다』지의 표현은 一九◇五년에 발표된 레닌의 론문 「당 조직과 당 문학」에 의하여 확정 되였으며 그 결과이다.

레닌은 그 론문에서 “문학은 당적이여야 한다. 부르쥬아적 관습들과는 달리, 부르쥬아적 기업적 소생산적 출판물들과는 달리, 부르쥬아 문학의 출세주의와 개인주의, ‘귀족적 무정부주의’ 및 리윤 추구와는 달리 사회주의적 프로레타리아트는 당 문학의 원칙을 제기하여야 하며, 이 원칙을 발전시켜야 하며, 될 수 있는 한 충만되고 완전한 형태에 있어서 생활에로 이끌어야 한다"라고 하였다.

자기의 로작에서 레닌은 자본주의 사회의 조건에서는 '무당파성'은 마치 이런 또는 저런 예술가의 '자유스러운' 창작의 계급적 부르쥬아적 본색을 엄폐하는 공허한 구절로 된다는 것을 지적하면서 부르쥬아적 문학과 예술의 가짜 '무당파성'을 끝까지 폭로하였다.

레닌은 다만 새로운 프로레타리아 문학의 당성 원칙을 선언하였을 뿐 아니라 그의 현실적 내용을 천명하였는바 "문학 사업은 공통적 프로레타리아 사업의 일부가 되여야 하며 전 로동 계급의 모든 의식적 전위대의 한 운동에로 이끄는 하나의 통일되고 위대하며 전 로동 계급의 모든 의식적 전위대의 한 운동에로 이끄는 하나의 통일되고 위대한 사회-민주주의의 당적 사업의 구성 부분으로 되여야 한다"라고 지시하였다.

위대한 一◯월 사회주의 혁명 후 첫 년간에 쏘베트 연극의 공고한 사상적 조직적 기초들이 구축 되였다. 공적 국가적 행동과 나란이 연극은 력사에서 처음으로 사회-계몽적 교육적 대학으로서 인정되고 강조되였다.

문제는 사회주의적 사상성으로 침투되고 낡은 부르쥬아적 연극과는 근본적으로 다른 새로운 연극을 창조하는 것이다.

이미 一九一七년 一二월 九일에 쏘베트 정부는 교육 인민 위원부에서 조직한 예술부에 극장들의 관리를 이양할 데 대한 선언서를 발표하였고 一九一八년에는 극장들을 해당 지역 쏘베트의 예술 교육부의 관리에 넘기였다.

이리하여 극장은 인민의 손에 넘어 갔고 쏘베트 정권의 정책은 종전에 귀족적 상층 착취 계급들의 독점물로 되였던 극장들의 관객 구성을 바꾸어 놓았다. 반년 동안 입장권을 팔지 않고 공장 로동자들과 기관 일꾼들에게 극장을 공개하는 정책도 실시하였다.

그러나 一◯월 혁명 후 상당한 기간은 연극 이데올로기 부면에 있어서도 치렬한 계급투쟁이 진행 되였다. 이 년간은 혁명전 시기에 자기의 뿌리를 박고 있으며 또는 부르쥬아-귀족적 로씨야 예술의 몰락 과정과 관련된 각종 예술적 조류들이 적극적으로 발악하는 시기이기도 하였다.

과거의 예술적 가치를 부정하며 형식주의적이며 유미주의적인 규범을 새로 산생되는 쏘베트 연극에 접합(接合) 시키려는 경향은 쁘로레뜨꿀뜨의 연극에서 상징주의적 개념의 수정 및 미래주의에로의 허무주의적 지향 등으로 그 표현을 나타내였다.

쁘로레뜨꿀뜨의 연극적 기도는 미래주의에 의한 공산주의의 '보충'이라는 정치적으로 해독적인 '사상'으로써 또는 예술을 '메카니즘화'하는 '리론'으로써 一九二◇년 메이엘홀드에 의하여 선포된 악명 높은 '연극 一◇월'과 직접적으로 합류되였던 것이다. 이 동안 미래주의와 나란이 '수정' 형태로 생겨난 상징주의 류파의 작용도 명확히 나타났다.

적극적인 정치적 구호들과 상징주의적-미래주의적 '원칙들'과의 데마고기적 결합 아래 반사실주의적이며 반사회주의적인 연극들이 쁘로레뜨꿀뜨와 소위 '연극 一◇월'의 비호하에 상연되였다.

공민 전쟁 기간에 연극 전선에 있어서의 계급투쟁이 얼마나 날카롭고 견결하였는가는 문화 부문의 가장 중요한 당 정책 문헌인 一九二◇년 『쁘라우다』지상에 발표된 공산당 중앙위원회의 편지 「쁘로레뜨꿀뜨에 대하여」에서 명백히 알 수 있다. 문화 건설 분야에서의 쁘로레뜨꿀뜨적 변형된 맑스주의적 제 원칙을 직접 반대한 이 편지는 연극도 포함한 예술 분야에서 계급적으로 해독적인 이데올로기의 출현에 비타협적 판결을 내렸던 것이다. 이미 각 방면에서 구명된 바와 같이 '쁘로레뜨꿀뜨 회원들'은 '라쁘 회원'과 마찬가지로 맑스주의를 단순화하고 비속화한 자들이다.

이 모든 해독적 경향들을 반대하는 당의 투쟁은 온갖 종류의 형식주의적 '리론'의 잡초를 뚫고 또는 그 밖에서 싹트는 새롭고 완전히 혁명적인 예술에 대한 예민하고도 날카로운 주목 및 지지와 결합되여 있었다.

그리고 공산당과 쏘베트 정권은 진보적이며 사실주의적인 전통을 가졌던 중요 극장들의 유지와 발전을 위하여 백방의 배려를 기울이면서 모쓰크바의 볼쇼이 극장, 말리 극장, 므하뜨(MXAT-모쓰크바 예술극장), 레닌그라드의 마리야 극장, 알렉싼드린 극장들을 위시한 주요한 극장들을 국립 아까데미야 극장으로 개편하였다.

중요한 극장들에 대한 이 조치는 레닌의 지시의 실현이였으며 극장들에 대한 레닌의 배려가 얼마나 깊고 주밀하였는가는 당시 교육인민위원부 위원장이였던 루나챨쓰끼에게 준 그의 지시에서 명백히 알 수 있다. "우리들이 과거의 극장에서 반드시 구원하고 보존하여야 할 극장이 있다면 이는 말할 것 없이 모쓰크바 예술극장이다."(레닌)

一◇월 혁명은 연극과 배우들의 형편을 현저히 새롭게 만들었다. 혁명은 배우들의 국가적 사회적 지위를 어느 때에도 볼 수 없었던 그런 높이에 끌어 올렸다. 배우의 사업은 유익하고 필요한 것으로만 인식될 것이 아니라 고상하고 책임적인 사명을 수행하기 위하여 동원될 영예로운 일꾼의 사업으로 인식 되였다.

2. 인민 경제 복구 건설기와 사회주의 건설 시기의 연극

공민 전쟁 종결 후 쏘베트 국가는 평화적 경제 건설의 궤도로 이행하게 되였다. 전쟁에서 받은 상처들을 시급히 회복하고 파괴된 인민 경제를 재건하며 산업 운수 농촌 경리 등을 복구하여야만 하였다. 쏘베트 정권은 이 새로운 조건하에서 사회적 의식에 대한 작용 수단 중의 유력한 하나로서의 연극에 대하여 거대한 역할을 부여하였다.

一九二三년 四월 선전 선동 문제에 거대한 주의를 돌린 七차 당 대회가 소집되였다.

공산주의 사상을 선전하는 영예스러운 사명을 연극에 부여하면서 당은 자기의 고상한 직무를 인식하도록 하기 위하여 연극이 할 사업과 그가 걸어야 할 방향에 대하여 명확하게 천명하였다.

또한 결정에는 다음과 같이 서술되여 있다.

"공산주의를 위한 투쟁 사상의 체계적 대중 선전을 위하여 연극을 리용할 데 대한 문제를 실제적 형식으로 제기하여야만 한다. 이 목적에 있어서는 중앙에서와 같이 지방에서도 상응한 력량들을 긁어모으면서 적응한 혁명적 레파토리의 창작과 채택에 있어서의 사업을 강화하는 것이 필요하다. 이에 있어서 첫 순서로 로동 계급의 투쟁의 영웅적 모멘트들을 리용하여야 한다. 연극은 또한 반종교 선전의 수단으로 리용되여야 한다."

당과 정부의 이러한 교시에 의하여 연극에는 쏘련의 현실과 새로운 인간의 면모들이 반영되기 시작하였으며 새로 창건된 극장들뿐만 아니라 수십 년 래 또는 수백 년 동안 존재하던 극장들까지도 점차적으로 이러한 주제로 돌아가기 시작하였다.

一九二五년에 모쓰크바시 직업동맹극장에서는 『폭풍우』, 와흐땅고브 극장에서는 『위리네야』, 一九二六년에 말릐 극장에서는 『류보비 야로바야』, 혁명극장에서는 『끄리워릴스크의 종말』, 一九二七년에 므하뜨에서는 『장갑 렬차 一四-六九』, 와흐땅고브 극장에서는 『파괴』 등이 상연되였다.

그러나 이 의심할 바 없는 쏘베트 연극의 제 성과가 아무런 투쟁도 없이 평온한 가운데서 얻어진 것은 아니다. 이 시기에 특히 뚜렷하게 각종 적대 계급적 경향들이 출현하였다. 혁명 전 유미주의적 상징주의 그루빠들에서 출현하였던 제 영향은 이제는 서구라파의 예술적 반동 진영에서 또는 네쁘만적 부르쥬아 이데올로기의 특수한 형태에서 나온 조류들로 개종(改宗)하고 나왔던 것이다. 이러한 조건에서 극장들을 지도하는 기관들에 특별한 책임성이 부과되는 것이다. 공산당은 특수하고 복잡한 과업을 수행하는 이 어려운 계단에 있어서 쏘베트 극장들의 지도자들과 일련의 일꾼들을 사상적 무기의 강대한 힘으로 무장시키면서 그들에게 방조를 주었다.

쏘베트 연극의 계속 장성은 공민 전쟁과 부흥기에 있어서와 같이 당이 인민 대중을 궐기시킨 사회주의 건설을 위한 투쟁과 국가 생활에 밀접히 관련되고 있었다.

국가의 사회주의적 공업화의 투쟁에 있어서 당은 一九二六년- 一九二九년에 걸쳐 국내 및 국제적으로 큰 곤난을 극복하였다. 당과 로동 계급의 노력은 국가의 사회주의적 공업화 정책을 승리하게 하였다.

사회주의 건설의 제一차 五개년 계획은 채택 되였다. 새 공장, 쏩호즈, 꼴호즈의 거대한 건설이 이루어졌다.

중공업의 기초를 쌓아 놓고 당은 쏘련의 사회주의적 재건을 목표로 하는 제 一차 五개년 계획 수행을 위해서 로동 계급과 농민을 동원하였다. 전국에는 기백만 근로자들의 사회주의 경쟁이 전개되였으며, 로동 생산성이 제고되였으며, 새로운 로동 규률이 수립되였다.

이 기간에 당과 쏘베트 정권은 연극의 발전을 위하여 백방의 대책을 취하였다. 이 시기의 연극 발전은 현대성과 가장 밀접하고 유기적인 접속을 가져야 했고 현대성의 내용은 연극 창조 일꾼들에게 좋은 작품의 창작을 위하여 훌륭하고 선명한 자료를 제공하였던 것이다.

一九三◇년대 쏘베트 극작계와 쏘베트 무대에서는 사회주의적 로력의 주제가 영예로운 자리를 차지하였으며 이 시기에 위대한 프로레타리아 작가 아·므·고리끼의 새 희곡들이 상연되기 시작하였다.

一九三◇년대 중기에는 사회주의 혁명의 수령인 레닌의 면모를 무대 형상으로 구현하면서 연극 예술은 가장 중대한 자기 과업들을 착착 실현하면서 거대한 승리를 쟁취하였다. 동시에 사회주의적 사상성으로 침투된 사실주의적 쏘베트 예술의 위치가 장성 강화됨에 따라 형식주의적 조류들은 자기의 기만적 정체를 드러내면서 완전히 파탄되였다. 첫 五개년 계획과 관련된 이 시기의 쏘베트 연극계의 의의는 이런 것이다.

一九二六년에는 一五차 당 대회가 소집되였고 여기에서 농촌 경리를 집단화할 데 대한 결정이 채택되였으며 제一차 인민경제 五개년 계획 작성에 대한 지령이 시달되였다. 一九三◇년에는 농촌 경리의 발전에서 거대한 전환을 가져 왔는바 광범한 농민 대중은 사회주의 방향으로 돌아섰으며 이 해에 전면에 걸친 사회주의 공격의 전개, 계급으로서의 부농 청산, 전반적 집단화 실현 등을 결정한 一六차 당 대회가 열리였다.

그리고 一九三四년 초에 一七차 당 대회에서 사회주의적 경제 형태의 완전한 승리가 인정되였다. 제一차 五개년 계획은 四년 三개월에 초과 완수하였다.

사회주의를 위한 이 거대한 투쟁에 있어서 연극 예술에는 인민들을 사회주의 의식으로 무장시키기 위한 중요하고 책임적인 역할이 부여되였다. 오직 자기들의 고상한 사명을 인식한 극장들만이 이 과업을 성과적으로 완수하였으며 인민의 신임과 사랑을 받을 수 있었다.

쏘베트 국가의 면모를 변경시키고 강력한 사회주의 강국으로 전변시킨 위대한 사업 내용은 그 비길 데 없는 가치로서 이 시기 쏘베트 연극 예술의 가장 주목할 만 한 작품들의 산 자료로 되였었다. 극작품에 있어서 가장 중요한 자리는 로력하는 사람들— 五개년 계획을 완수하기 위하여 궐기한 공장과 제조소들의 건설자들과 새로 개혁된 꼴호즈 농민들의 형상들로써 차기 시작하였다. 연극 예술이 현대성과 접근하는 이 행정에서 사회주의를 위한 인민의 일상적 투쟁에 연극의 생동하고 적극적인 역할을 인입하는 문제는 극히 중요하며 一九三◇년 一◇월 七일에 발표된 로련 인민 위원 쏘베트의 결정 「연극 사업의 개선에 대하여」는 이에 중대한 의의를 부여하였다.

결정의 첫 항목에는 "연극 사업에 현존하는 실제 사업은 결정적으로 개변 되여야만 한다. 극장들은 자기의 사업들을 첫째로 도시의 로동자 구역과 산업의 중심에로, 동시에 집단화된 농촌 경리 구역에의 완전한 복무에로 돌려야 할 것이다"라고 지적되여 있다.

또한 둘째 항목에서는 "쏘베트 희곡 작품들의 장성을 확보하며 그 작품들을 사회주의 건설자들의 요구에 일층 더 접근시키며 특히 지방 극장들을 위한 레파토리를 창조하는 것들이 필요하다"라고 쏘베트 희곡 창작의 발전에 대하여 지적하였다.

一九三二년 四월에 채택된 쏘련 공산당 중앙위원회의 「문학예술 단체들의 개편에 대하여」라는 결정은 모든 쏘베트 예술과 같이 쏘베트 연극을 위하여서도 력사적인 문헌인 것이다.

이 결정은 쏘베트 극장과 연극 앞에 예술적 창조를 위한 최대한의 최선 조건을 지어주었으며 창조 사업을 협소한 테두리 속에 국한하는 모든 장애물을 제거하여 주었다.

사회주의 건설의 거대한 성과의 기초 우에서 달성된 쏘베트 문학예술의 량적 질적 장성을 확인하면서 결정에서는 "프로레타리아 문학예술들이 이미 장성할 수 있는 현시에 있어서 공장, 제조소, 꼴호즈들로부터 새로운 작가들이 진출하였으며 현존하는 문학예술 단체들(와쁘-ВОАПП, 라쁘-РАПП, 라쁘므-РАПМ 등)의 테두리는 이미 협소하여졌고 예술적 창조의 신중한 범위를 제한한다. 이러한 형편은 이러한 단체들이 사회주의 건설 과업의 주위에 쏘베트 작가 예술가들을 동원하는 최대의 수단으로부터 써클적 고립성의 선전의 수단에로 전화될 위험성을 만들며, 현대성의 정치적 과업으로부터 분리시키며, 사회주의 건설을 공감하는 작가 예술가들의 현저한 그루빠들로부터 분리시키는 위험성을 만든다"라고 지적하였다.

쏘베트 국가가 자본주의적 제 요소와 적대적 계급의 최후적 청산의 문전에 직면하여 있는 조건에서 이러한 단체들의 존재는 유해한 것이였다.

중앙위원회는 이 결정에서 다음과 같은 조치들을 취하도록 제기하였다.

一, 프로레타리아 작가들의 련맹 (와쁘-ВОАПП, 라쁘-РАПП)을 해산할 것.

二, 쏘베트 정권의 정강을 지지하며 사회주의 건설에 참가하기를 지망하는 모든 작가들을 공산당 프락치야를 가진 유일한 쏘베트 작가 동맹에 통합시킬 것.

三, 예술의 다른 종류의 계통에 따라서 같은 변경을 실시할 것.

四, 이 결정의 실시에 있어서 실제적 방법을 작성할 것을 조직국에 위임할 것.

이 결정은 쏘베트 연극 예술의 운명을 위하여서도 중대한 의의를 가지고 있다. 이 결정은 선진적 쏘베트 연극 일꾼들을 적극적인 사상-예술적 제 과업의 해결에로 단결하도록 촉진시켰으며 사회주의 조국을 리해관계에 충직한 쏘베트 연극 예술가들의 창조적 앞길에 놓여진 모든 장애물들을 제거하였다.

라쁘 단체의 지도부에 잠입하였던 인민의 원쑤들에 의하여 류포된 계급적으로 인연 없는 영향들을 반영하면서 라쁘는 이 결정서가 발표될 얼마 전에 소위 「라쁘의 연극 문헌」이라고 하는 신기한 연극 '강령'을 발표하였던 것이다. 여기에는 므하뜨(MXAT)를 위시한 모든 중요한 쏘베트 극장에 관련하여 허무주의적 비속적–사회학적 로선과 쏘베트 시기에 있어서 주요한 극장들의 사업의 긍정적 경험들을 부인하는 로선이 도입되여 있었다.

一九三四년에 제一차 쏘베트 작가 대회가 소집되였다. 당과 정부의 명의로 아·아·쥬다노브가 출현하였고 쏘베트 문학에 대하여 아·므·고리끼가 보고하였다. 쥬다노브는 자기의 연설에서 사회주의 사실주의의 내용에 대하여 심오하게 해명하였다. 그는 작가에게 부과된 책임에 대하여 "그것은 첫째로 예술 작품에서 생활을 진실하게 묘사할 수 있게 하기 위하여 번쇄 철학적으로 생기 있게 단순히 '객관적 실재'로서 묘사하는 것이 아니라 현실을 그 혁명적 발전에서 묘사할 수 있게 하기 위하여 생활을 알아야 한다는 것을 의미한다.

그런데 예술적 묘사의 진실성과 력사적 구체성은 사회주의 정신으로 근로자들의 사상을 개조하며 교양하는 임무와 결합되지 않으면 안 된다. 예술적 문학 및 문학적 비판의 이러한 방법이야말로 우리가 사회주의 사실주의라고 부르는 것이다"라고 말하였다(쥬다노브의 『쏘베트 문학은 세계에서 가장 사상적이고 가장 선진적인 문학이다』).

쥬다노브는 쏘베트 예술가들이 자기의 작품들을 위하여 일상적인 생활에서 사회주의 건설의 매개 산 실천에서 소재를 취한다는 것을 강조하면서 동시에 사회주의 사실주의 방법은 그의 한 구성 부분으로서 예술 창조에 혁명적 랑만주의의 포함을 제기하고 있다는 데 대하여 지시하였는바 그는 "…… 왜 그런가 하면 우리 당의 전 생애, 로동 계급의 전 생애와 그 투쟁은 가장 위대한 영웅주의와 거대한 전망성을 가진 가장 엄혹하고 가장 건실한 실제적 사업들의 결합에 있기 때문이다"라고 하였다. 쏘베트 문학의 의식적 사상적 지향성을 강조하면서 쥬다노브는 그것을 초계급성으로 은폐 되여 자본주의 제도의 '확고 부동성'의 극단적인 반동사상과 주장을 전파시키는 수단으로 복무하는 타락된 부르쥬아 문학에 대립시켰다. "우리 쏘베트 문학은 경향성에 대하여 비난하는 것을 두려워하지 않는다. 그렇다, 쏘베트 문학은 경향적이다. 왜 그러냐 계급 투쟁의 시기에 있어서 문학들은 계급적이 아닐 수 없으며 마치 정치에 무관심할 수 없는 듯이 비경향적일 수 없기 때문이다. 그리고 나는 매개 쏘베트 문학가들이 아무에게나 우리 문학의 경향성에 대하여 말할 수 있으며 아무런 부르쥬아 작가에게나 '그렇다, 우리 쏘베트 문학은 경향적이다. 그리고 우리들은 우리들의 경향성이 자본주의적 노예의 멍에에서 근로자들—전 인류를 해방하기 위한 거기에 있기 때문에 그 경향성을 즐겨한다'라고 말하여 줄 수 있다고 생각한다."(동상 보고)

창조적 로력—이 주제는 사회주의 건설기에 있어서 극작가들과 극창들의 관심의 중심에 놓여졌다. 브·마야꼽쓰끼의 『목욕탕』, 아·베즤몬쓰끼의 『사격』, 느·뽀고진의 『속도』 등을 위시하여 五개년 계획의 첫 시기에 이미 출현한 희곡들은 국가의 사회주의적 공업화를 위한 투쟁에 바쳐졌다. 이 희곡들은 생활의 밀림 속에서, 작가들에 의하여 포착된 새로운 건설에서, 공장의 쩨흐에서 꼴호즈의 전야에서의 직접적이고 생활적인 관찰의 토대에서 창작되였다.

훌륭한 쏘베트 배우들과 연출가들은 극장에서 자기들의 사업 경험을 축적하면서 인민에 의하여 인정되고 강조된 완전한 창조적 성공에 도달하려면 오직 쏘베트 인간의 사회적 본성과 작가 대회가 쏘베트 문학가들에게 완전한 예술적 형상으로 반영하도록 호소한 쏘베트 인간의 전 세계사적 사업을 심오하게 포착하는 결과로써만 가능하다는 것을 명확하게 인식하였던 것이다.

一九三六년 一一월 제八차 쏘베트 대회에서 새로운 쏘련 헌법이 채택되였다.

승리한 사회주의의 헌법에는 예술 지도 기관의 창설도 포함되였다. 이는 거대한 정치적 의의를 가지는바 예술 부문에서의 당 정책의 승리를 확인하는 것이며 쏘베트 국가의 문화 건설에 있어서 연극도 포함한 예술의 특출한 위치를 설정한 것이다.

또한 쏘련 헌법은 레닌 당의 민족 정책의 승리를 말하는 것이다. 민족간의 불화의 기본적 조직자들인 착취 계급들이 없어진 것, 호상 불신임을 배양하고 민족주의적 감정을 불 지르는 착취 제도가 없어진 것, 모든 종류의 예속 제도를 반대하는 국제주의 사상의 참된 구현자인 로동 계급이 정권을 잡은 것, 경제 및 사회생활의 모든 부문에서 인민들의 호상 원조가 확실히 실현된 것, 마지막으로 형식에 있어서 민족적이며 내용에 있어서 사회주의적인 쏘련 인민들의 민족 문화가 개화된 것, 이 모든 것과 이와 류사한 사정들은 쏘련 인민들의 면모를 근본적으로 변경시켰다. 따라서 그들 가운데서 호상 불신임의 감정은 없어졌으며 호상 친선의 감정이 발전되였다. 그리고 이렇게 하여 유일한 동맹 국가의 체계에서 인민들의 전정한 형제적 협조가 조성되였던 것이다.

쏘련 인민들의 민족 문화의 개화, 그들 호상간의 형제적 협조 등은 쏘련의 부분적 인민들의 연극 문화의 발전 부문에서도 명확히 보여졌다.

쏘베트 연극 문화는 쏘련의 형제적 인민들의 극작가들, 배우들, 연출가들의 밀접한 형제적 협조 가운데서 창건 되였으며 창조되고 있다. 이 호상 협조에 있어서는 로씨야 연극 문화로부터의 원조가 첫 자리의 의의를 가지고 있다.

모쓰크바 예술극장, 말리 극장과 같은 그런 저명한 로씨야 극장들의 창조적 업적과 경험들은 다른 인민들의 연극 발전상에 풍부한 영향을 주었으며 연출가, 배우 및 간부들의 무대적 교육에 기본적인 방조를 주었다.

로씨야의 고전적 및 현대적 희곡들은 다른 민족 극장들의 레파토리 구성에 중요하고도 없어서는 안 될 부분으로 편입되였으며 또한 민족 문학의 많은 희곡 작품들이 로씨야 무대에 상연되고 있는 것과 같이 우크라이나 희곡들이 그루지야 극장에서, 그루지야 희곡들이 알메니야 극장에서, 우즈베끼쓰딴 희곡들이 따지크쓰딴 극장에서도 상연되고 있다.

쏘련 공화국들에 있어서 연극 문화의 건설 범위에 대하여 다음 숫자들이 증명하여 주고 있다.

이미 一九四一년에 극장들은 五◇개의 쏘련 각 민족 언어로 되는 연극을 상연하였으며, 혁명 전까지는 불과 몇 개의 극장밖에 가지지 못하였던 인민들이 이 시기에 와서는 부문별로 나누어진 극장 망을 가지게 되었다(알메니야에서는 二七개, 그루지야에서는 四九개, 아제르바이쟌에서는 二七개, 우크라이나에서는 一二六개 등등). 그리고 짜지 로씨야 시대에는 전혀 자기의 극장을 가져 본 일이 없었던 인민들이 자기들의 극장들을 창건하였다는 것을 특히 지적할 수 있다(一九四一년에 우즈베끼쓰딴에는 三八개, 따지크쓰딴에는 一九개, 뚜르크멘에는 七개, 바스끼리야에는 六개, 까자흐쓰딴에는 二四개, 끼로기지야에는 八개 등등).

쏘련에서의 연극 예술이 수행하고 있는 역할의 확인은 당과 쏘베트 정권과 연극 지도자들이 조국의 연극 문화의 불멸의 가치를 얼마나 존중하는가로써도 볼 수 있으며 보아야 한다. 一九三八년 一一월 므·쓰·쉐쁘낀 탄생 一五◇ 주년을 전 인민적 기념일로 맞았으며, 一九三八년에는 므하뜨 창건 四◇주년을 전 쏘베트 인민의 명절로 기념하였다. 또한 다른 극장들— 一九二四년에는 모쓰크바의 말릐 극장 창건 一◇◇주년, 一九三二년에는 레닌그라도의 뿌슈낀 명칭 드라마 극장의 창건 一◇◇주년— 도 이러한 명절로서 기념하였다. 이 기념일들은 다만 하나의 명절로서의 의의만 가지는 것이 아니다. 그것은 모든 쏘베트 연극 일꾼들에게 그들이 계승하여야 할 그 풍부하고 고귀한 전통들을 교시하며 사회주의 예술의 창건에서 이 전통들을 계승하고 발전시키는 거대한 교육적 방법으로 되는 것이다.

쏘베트 연극의 제 성과는 연극 일꾼에 대한 영예 칭호와 쏘련 훈장의 수여로써 충분히 표창되고 있다.

一九三六년 九월 쏘련 내각은 "쏘베트 연극, 음악, 영화 발전 사업에서 특출한 쏘련의 각 인민들의 가장 탁월한 예술가들"에게 쏘련 인민 배우의 칭호를 수여할 데 대한 결정을 채택하였다. 이 영예 칭호의 첫 번째 수훈자들로는 저명한 쏘베트 연극의 명장들인 쓰따니쓸라브쓰끼, 네미로비츠 단첸꼬, 모쓰크윈, 까찰로브, 슈낀, 호바라, 싸크싸간쓰끼, 바이쎄이또바, 꼬르차기나 알렉싼드롭쓰까야 및 쏘련 각 민족의 연극인 대표들이 선출되였다.

一九三九년 一二월 二◇일 쏘련 인민 위원 쏘베트는 쓰딸린 탄생 六◇ 주년 기념에 제하여 과학 및 예술 일꾼들의 특출한 업적에 대한 쓰딸린상 수여 제도를 설치할 것을 결정하였다. 이 결정의 공포와 함께 쓰딸린상 계관인들의 명단 가운데 .많은 연극 예술인들이 렬석하였는바 그중 늙은 세대의 연극인들로서 브・이・네미로비츠 단첸꼬, 이・므・모쓰크윈, 브・이・까찰로브, 오・르・끄니뻬르 체호바, 므・므・따르하노브, 아・아・오쓰뚜제브, 브・느・빠쉔나야, 예・쁘・꼬르차기나 알렉싼드롭쓰까야, 브・아・미추리나 싸모일로바, 예・드・뚜르차니노바, 유・므・유리예브 등이 포함되였으며 젊은 세대의 배우들로서 쏘베트 연극 시대가 낳은 인뗄리겐챠인 브・브・슈낀과 느・쁘・호멜료브 등이 포함되여 있었다.

3. 위대한 조국 전쟁과 연극

위대한 조국 전쟁 시기에 있어서 쏘베트 연극은 다면적인 활동을 하였다. 연극은 원쑤를 반대하는 쏘베트 인민들의 투쟁의 완전한 참가자로 되였다. 전쟁 년간의 곤난성들도 연극의 불굴한 창조적 장성을 막지는 못하였으며 연극인들은 예술에 있어서의 자기들의 공면적 의무를 실행하기에 거대한 로력을 경주하였다.

또한 위대한 조국 전쟁 시기에 쏘베트 예술가들을 로력과 창조에로 고무한 쏘베트 애국주의의 힘이 천명 되였으며 쏘베트 연극 예술의 심오한 인민성과 그의 광범한 대중과의 분리할 수 없는 관계가 표시 되였다. 극장들에서는 강점자들을 반대하는 쏘베트 인민의 투쟁을 형상한 희곡들이 레파토리의 중요한 자리를 차지하였다.

이와 함께 전쟁 년간의 쏘베트 연극 예술에 있어서 영웅적 주제도 언제나 중요한 자리를 차지하였던 것이다. 위대한 조국 전쟁 기간의 작품들에 있어서 영웅적 주제는 새로운 위력으로서 천명되였으며 풍부하고 다양한 형식으로 나타났다. 아・꼬르네이츄크의 『전선』, ㄲ・씨모노브의 『로씨야 사람들』, 르・레오노브의 『습래』 등이 극장들의 레파토리에 있어서 우세를 차지하였다. 가렬한 전쟁 년간에 당과 쏘베트 정권이 높은 표창으로써 훌륭한 쏘베트 연극 작품을 인정하였다는 여기에 거대한 정치적 문화적 의의가 있는 것이다. 물론 여기에 지적한 희곡들만이 전쟁 기간에 상연될 훌륭한 연극인 것은 아니다. 희곡 『전선』과 『로씨야 사람들』은 그 전부가 『쁘라우다』지에 게재되였으며 그 의의가 제 一급의 중요성을 가진 정치적 문헌과 동일시 되였다는 사실은 쏘베트 극 작품들을 위하여 영예스러운 일이다. 당에 의하여 단련된 소베트 예술은 비렬하고 교활한 원쑤를 반대하는 투쟁의 무기로 되였다.

원쑤들은 쏘베트 조국의 영예와 독립과 그리고 연극도 포함한 쏘베트 인민의 문화적 재보들까지도 말살하려고 기도하였던 것이다. 그러나 당과 쏘베트 정권은 독일 파시스트 강도배들의 야망을 분쇄하고 그들의 유린으로부터 문화적 성과들과 예술을 보호하였다.

국내의 후방 지역에 소개함으로써 우끄라이나, 백로씨야, 라트비야, 리트비야 및 에쓰또니야의 수 십개 극장들이 보존 되였다. 전쟁 기간에 로씨야 쏘베트 공화국 지역 내에서는 소개하여 온 四四개의 우끄라이나 극장들이 활동하고 있었다. 쏘베트 정부가 취한 이 적시적인 대책으로 인하여 독일 파시스트 야수들을 격퇴한 후에 즉시 각 공화국들에서는 연극활동을 시급히 복구할 수 있었던 것이다. 위대한 조국 전쟁 시기의 쏘베트 연극사에 있어서 현저한 페지는 공민 전쟁시기의 전선에서의 연극 활동의 영예스러운 전통을 계승한 극장들의 전선 활동이 차지한다. 전선 연극 단체들은 전선의 가장 곤난한 조건에서도 복잡한 예술적 제 과업을 실천하면서 고전 및 현대 희곡들을 상연하였다. 이는 연극 일꾼들과 원쑤의 침습으로부터 자기의 조국을 수호한 광범한 인민 대중과의 불가분리적 관계를 가장 선명하게 보여주는 것이다.

쏘베트 배우들의 대렬에는 혁명전에 이미 자기의 활동을 시작한 명장들과 함께 쏘베트 정권 아래서 예술 생활을 시작하였고 거기에서 골격이 굳어진 신진 연극인들도 나란이 서 있다. 쏘베트 연극에서는 이미 사회주의 사실주의의 통일된 수로를 만든 쏘베트 배우들의 각 세대들 사이에 경계선은 없다.

전쟁 년간에 전선에 진출한 배우들의 수효 중에는 국내의 중요 극장들의 대표들인 아·따라쏘바, 아·주예바, 브·예르쇼브(므하뜨), 아·오쓰뚜제브, 예·뚜르차니노바(말릐 극장), 므·미하일로브, 예·끄루끌리꼬바(볼쇼이 극장) 등이 들어 있다. 고리끼 명칭 레닌그라드 드라마 대 극장은 전체 성원으로 전선에 진출하였다.

그 외의 많은 극장들에서도 전선 연극 씨스템을 특별히 받들어 자기들의 성원 중에서 전선 브리가다를 편성하여 가지고 제일선까지 진출하였다. 많은 전선 이동 극단들은 자기의 업적에 따라 쏘련 훈장과 메달들을 수여받았다.

4. 전후 쏘베트 연극의 계속적인 발전

쏘베트 연극은 전후시기에 있어서 이미 전쟁 년간에 극작가들과 배우들과 연출가들이 취급해 온 가장 중요한 주제들에 대한 작업을 계속하였다. 그러나 전후기에 약간의 극장들의 공연에는 무내용적 '소일꺼리'식(예술에로의 지향과는 량립될 수 없는 그 전투적 비타협성과 고상한 사상성의 상실을 표현하는) 잘못되고 해독적인 경향들이 나타났다.

사회주의적 예술과는 전혀 인연이 없는 이런 경향들의 위협성은 一九四六년 九월 二六일에 채택된 쏘련 공산당 중앙위원회의 력사적 결정 「드라마 극장들의 레파토리와 그 개선 방침에 대하여」에서 똑똑히 지적되였다. 이 결정에 의하여 약간의 극장들에서 나타난 현대성으로부터의 퇴보, 졸렬하고 무사상적인 희곡에 의한 레파토리의 모독, 부르쥬아적 견해와 도덕을 전파하는 서구라파 부르쥬아 작가들의 희곡 상연에의 매혹

등은 결정적인 심판을 받았다. 결정에서는 또한 아무런 인식 의의도 가지지 못한 일련의 가짜 력사극을 레파토리로 도입하는 과오에 대하여 랭혹히 비판하였다.

「드라마 극장들의 레파토리와 그 개선 방침에 대하여」라는 결정은 쏘련 인민들이 조국 전쟁에서 승리한 새로운 환경에서 쏘베트 문학과 예술이 나아갈 바 길을 명시해 주는 당의 강령적 문헌의 하나이다.

동 결정에는 "극작가들과 극장들은 희곡과 연극에서 쏘베트 사회생활을 부단적인 거익 전진을 거쳐 반영하여야 하며 위대한 조국 전쟁 시기에 특별한 힘으로 표현되였던 쏘베트 사람의 성격상 훌륭한 특징들을 일층 발전시킴에 각방으로 도와주어야 한다. 우리 극작가들과 연출가들은 쏘베트 사람들을 교양하는 사업에 적극적으로 참가하여야 하며 그들의 고상한 문화 수요에 호응하여야 하며 또 쏘베트 청년들을 활발하고 락천적이고 조국에 충직하고 우리 위업의 승리를 믿으며 장애를 두려워 안 하며 어떠한 난관이든지 극복하여 나갈 기능을 가진 그러한 청년들로 교양할 사명을 가졌다"라고 지적되여 있다.

동 결정에서는 "극장들에서 상연한 현대적 주제의 희곡들의 대부분은 비예술적이고 유치하며 그리고 이 작가들이 로씨야 문어와 민중적 언어를 불충분하게 소유하고서 극히 부정하고 무식하게 쓴 것이다"라고 지적하였다.

당 중앙위원회의 이 결정은 쏘베트 연극 일꾼들에게 무대 예술의 발전 로선을 확정하는 폭 넓은 행동적 강령으로 접수되였다. 결정에서 지적된 랭혹한 비판은 연극 일꾼 대중에게 극장 앞에 거익 완성의 거대한 전망성을 열어 주며 쏘베트 현실을 그의 영웅적 진실 가운데서 묘사함과 관련된 가장 뚜렷한 창조적 제 과업의 해결에로 호소하는 것이라고 정당하게 리해되였던 것이다. 예술적 창조가 인민 생활 및 현대성과 불가분리적으로 관련되여야 한다는 이 결정의 중심 사상은 연극인들에게 큰 반향을 일으켰다.

결정에는 "쏘베트 연극은 오로지 쏘베트 제도의 현실적 기초로 되는 쏘베트 국가의 정책을 적극적으로 선전하는 때라야만 근로자들을 교양함에 있어서 자기의 중요한 역할을 수행할 수 있다"고 명시하였다. 이 결정이 발표된 후에 진행된 쏘베트 연극의 훌륭한 창작 사업들은 쏘베트 사람들의 훌륭한 면모를 무대에서 형상하라는 당 중앙위원회의 호소에 대하여 실천적으로 대답하였다.

이 창조 사업들은 주로 위대한 조국 전쟁 시기에 쏘베트 사람들에 의하여 완성된 위업들 즉 전투 마당과 후방 로력장에서 이룩한 위업들을 재현하는 데 바쳐졌던 것이다.

바로 그러한 것들로서 브·라브레뇨브의 『바다에 있는 사람들을 위하여』, 브·로마쇼브의 『위대한 힘』, ㄲ·씨모노브의 『남의 그림자』, 아·쏘프로노브의 『모쓰크바 성격』, 아·슈레인의 『영예의 법칙』, ㄲ·끄라삐바의 『종달새들은 노래 부른다』, 브·위스뇨브쓰끼의 『잊을 수 없는 一九一九년』, 아·야꼬브손의 『성새의 생활』 및 『두 진영』, 야·갈란의 『새벽의 사랑』, 느·윈니꼬브의 『넓은 초원』, 브·쏘브꼬의 『제二 전선의 배후에서』, 아·씨무꼬브의 『아름다운 처녀들』 등을 들 수 있다.

오늘 쏘련이 평화 력량의 선두에서 그의 전통적인 대외 정책을 실시하면서 인류의 자유와 평화와 행복을 위하여 전 세계의 평화 력량을 단합시키며 세계 제패를 위한 제국주의자들의 전쟁 도발 음모를 반대하여 평화의 성새로 되고 있는 바와 같이 쏘베트 연극도 평화의 연극이다. 쏘베트 연극은 그가 지닌 자기의 세계사적 임무를 완수하기 위하여 부단한 투쟁을 계속하고 있는바 그것은 즉 사상성과 사실주의를 위한 투쟁이다.

이 투쟁은 항상 위대한 쏘련 공산당의 확신적인 령도 아래 성공적으로 진행되고 있다.

우리들은 쏘베트 연극의 사상성과 사실주의를 위한 투쟁을 론함에 있어서 一九四六년 九월의 「드라마 극장들의 레파토리와 그 개선 방침에 대하여」라는 당 중앙위원회의 결정이 있은 이후 시기에 전개된 두 가지 사실을 기억할 수 있다.

즉 그것은 세계주의를 반대하는 투쟁과 '무갈등성'에 대한 '리론'을 분쇄하는 투쟁이였다.

주지하는 바와 같이 세계주의란 미 제국주의자들을 위하여 복무하는 사상적 도구이며 쏘련에 있어서는 쏘베트 연극의 온갖 훌륭한 전통과 쏘베트 시대에 달성한 훌륭한 연극적 성과들을 과소평가 또는 부인하면서 서구라파의 퇴폐적이며 유미주의적인 부르쥬아 예술 '사상'의 변종들을 숭상 존경하고 전파하려는 시도인 것이다.

一九四九년 말 『문화와 생활』지는 세계주의자들의 죄행에 대하여 다음과 같이 지적하고 있다.

"오직 쏘베트 사회와는 인연 없는 사람들, 조국과 조국의 문화에 대한 신성한 애정의 감정을 잃어버린 조국 없는 세계주의자들만이 쏘베트 문학예술의 선진적인 역할과 위대한 혁신적 의의를 부정할 수 있다. 이런 종류의 인간들의 해독적인 세계주의적 사상은 인민의 리해 관계와 쏘베트 문학예술의 리해 관계에 직접적인 손실을 주는 것이다."

이러한 실례로는 조국의 리해 관계와 쏘베트 인민의 리해 관계를 고귀하게 생각지 않는 연극 평론가 그루빠의 '활동'을 들 수 있다. 외국에 아첨하면서 부르쥬아적 서쪽의 퇴폐적 이데올로기에 물든 그들은 부르쥬아적 세계주의와 유미주의의 귀족적 류행의 썩은 정심으로써 쏘베트 예술의 건전한 분위기를 말살하려는 것이다. 이 유미주의적이며 반애국주의적인 사고무친(四顧無親)한 자들의 공격은 쏘베트 희곡 창작과 연극의 모든 새로운 것과 선진적인 것을 반대하는 데로 돌려진 것이다. 그 본성에 있어서 유미 사상은 반인민적이며 반애국주의적이며 반민족적이다.

이러한 세계주의자들의 '활동'은 당의 적시기적 조치에 의하여 연극 분야에서 뿐만 아니라 전 문학 예술계에서 철저히 숙청 되였으며 쏘베트 연극의 고귀한 사회주의 사실주의 전취물들은 수호되였다.

'무갈등성'에 대한 '리론'도 당에 의하여 철저히 비판되고 분쇄되였다. 쏘련에서 갈등의 소멸에 대한 '리론'의 창조자들의 출현은 한 두 번이 아니다. 그들은 사회주의 혁명이 달성되고 위대한 조국전쟁에서 승리하였으며 쏘련 강토 내에서 파시스트들을 완전히 축출하고 전후 평화 건설을 성과적으로 진행하는 등 변화된 환경에서는 아무런 부정적 현상과의 투쟁도 없이 발전이 진행된다고 생각한 사회주의 사실주의 창작 방법과 인연을 끊는 근시안자들이다.

이에 대하여 『쁘라우다』지는 자기의 론설 「극 문학의 락후성을 극복하자」(一九五一년)에서 다음과 같이 지적하였다.

"낡은 것에 대한 새 것의 투쟁은 가장 다종다양한 생활상 갈등을 일으킨다. 이것이 없이는 생활이 없으며 따라서 예술도 없다. …… 우리에게 있는 전부가 리상적인 것은 아니다. 우리에게는 부정적인 타잎들이 있다. 우리의 생활에는 악이 적지 않으며 옳지 못한 사람들도 적지 않다. 우리들은 결함들과 곤난들을 보여 주는 데 겁낼 필요가 없다. 결합들을 퇴치하여야 한다. 우리에게 고골리와 쉐드린 같은 사람들이 필요하다. 운동이 없고 발전도 없는 곳에는 결함들도 없는 것이다. 그런데 우리는 발전하고 있으며 앞을 향하여 운동하고 있다. ─그것은 즉 우리에게 곤난도 있으며 결함도 있다는 것을 의미한다.

극 문학은 응당 생활상의 갈등들을 보여 주어야 할 것이다. 이것이 없이는 극문학이 없다."

쏘련 공산당 제 二◇차 대회에서는 사멸하여 가는 사상과 낡은 세계의 관념들을 반대하며 공산주의 사상의 보급 및 공고화를 위하여 쏘련 공산당이 전개하는 투쟁에서 커다란 역할을 노는 것은 문학예술이라는 것이 지적되였다.

쏘련에서 예술 문학은 내용의 풍부성에 있어서 뿐만 아니라 예술적 힘과 기교에 있어서도 세계에서 첫 자리를 차지할 수 있으며 또 차지하도록 노력하여야 한다고 대회는 지적하면서 작가 예술가들이 쏘베트 현실의 급격한 전진과 생활에서 뒤떨어지지 않도록 박약하고 미숙한 작품을 내놓지 않도록 작품에서 비속성과 허위가 발현되지 않도록 할 것을 경고하였다.

쏘베트 연극이 보여주고 있는 최근의 제 성과는 그의 부단한 전진을 말하는 것이며 세계 연극사의 보고에 일층 값있는 보충물을 충진하는 것이다. 우리 조선 연극의 사상-예술적 발전에 있어서 기본적 동인 중의 하나로 되는 것은 윌 연극이 직접 쏘베트 연극과 련결되여 잇고 우리 연극인들이 가장 정열적으로 쏘베트 연극의 모든 선진적 경험과 리론을 직접 배우고 있는 것이다.

六. 연극과 희곡

1. 연극 창조에 있어서 희곡의 위치

종합 예술로서의 연극을 구성하는 제 요소 가운데 가장 중요한 것은 문학적 요소인 희곡이다.

희곡은 직접적 행동에 있어서나 성격들의 갈등에 있어서, 사회적 제 력량의 대립 투쟁을 반영한 그리고 연극에 상연될 것을 예정한 문학 쟌르의 하나이다. 새 것과 낡은 것과의 긴장된 대립 및 공개적 충돌에로 이끄는 생활의 대립 운동에 있어서 사회적 생활은 희곡의 객관적 토대로 된다.

생활의 갈등, 충돌, 위기, 쟁투-이것들은 무엇인가?

"발전이란 대립성의 투쟁이다"라고 레닌이 말한 바와 같이 사회적 생활에서 표현되는 갈등, 충돌, 위기, 쟁투 등은 생활에서 봉착되는 새 것과 낡은 것 다시 말하면 발전하는 것과 쇠퇴하는 것과의 투쟁인바 우리 생활은 이 투쟁 가운데서 발전하는 것이다.

그러므로 희곡은 이 사회적 생활의 발전 법칙인 대립성의 투쟁 가운데서 자기의 소재(素材)를 발견하며 이에 근거하여 갈등 설정을 자기의 법칙으로 하여야 한다.

희곡을 말하는 드라마는 희랍어로 행동을 의미한다(드라마라는 말은 넓게 사용할 때는 연극을 의미한다). 그러므로 므·고리끼는 "희곡은 엄격하고 철저하게 행동적이라야 한다. 이러한 조건에서만 희곡은 전투적이며 불꽃같은 말을 요구하는 우리 시대에 있어서 긴급하게 소용되는 진실한 정서의 고무자로서 봉사할 수 있다"(『희곡에 대하여』)라고 말하였다.

희곡이 행동적이라야 한다는 것은 두 말할 여지없이 희곡의 법칙으로서의 갈등을 요구하는 것이다. 그러므로 갈등이 없는 희곡은 그가 유지할 골격이 없다는 것을 말하며 벌써 희곡으로서의 존재의 의의를 상실하는 것이다.

이로부터 희곡의 '무갈등성'에 대한 '리론'의 황당무계함은 밝혀지는 것이다.

희곡이 갈등을 그 법칙으로 하여야 하는 데로부터 전형성 문제가 련결되여 제기되며 이는 곧 사회주의 사실주의 창작에서 실천에 관련된 문제로 제기된다.

사실주의 예술에서 생활을 진실하게 반영하는 것은 전형화와 밀접히 결부 되여 있다. 이에 대하여 엥겔스는 "…… 사실주의는 디테일의 정확성 외에 전형적 환경에서의 전형적 성격을 재현하는 정확성을 전제로 한다"라고 말하였다.

전형화 문제의 심오한 과학적 해결은 생활의 진실을 그 혁명적 발전에서 객관적으로 재현하는 사회주의 사실주의 예술을 위하여 특히 큰 의의를 가지고 있다. 생활적 제 사실과 제 현상의 경험적 서술이 아니라 발전의 동향을 그 모순 전체와 함께 표현하는 가장 본질적인 것의 선택, 바로 이것이 예술가로 하여금 생활의 참다운 진실을 보여주게 한다.

예술의 인식적인 역할 뿐 아니라 인민을 교양하는 사회적으로 적극적인 역할도 사랑, 증오, 경멸의 불타는 감정을 환기시키고 사랑스러운 주인공을 본받게 하며 그들의 모범을 따르게 하는 등 능력들도 전형화의 심도에 의존한다.

여기에서 우리는 연극 창조에서 희곡이 가지는 중요한 임무와 극장들의 레파토리에 포함될 희곡 선택의 중요한 정치–사상적 및 교육적 의의가 중대하다는 것을 알게 되는 것이다.

극작가들로부터 희곡을 제공하는 상태와 희곡의 질적 내용과 기술적 수준 등은 극장활동을 좌우하며 연극의 사활 문제를 결정한다.

극장들에서 아무리 훌륭한 창작적 그루빠를 가지고 거기에 탁월한 연출가, 천재적인 배우들, 우수한 미술가, 열성적인 무대 일꾼들이 망라 되여 있다 할지라도 극작가로부터 희곡을 받지 못한다면 그들은 자기의 창작적 기능을 발휘하지 못할 것이며 명성도 나타내지 못할 것이다.

설혹 극작가로부터 희곡을 받았다 할지라도 그 희곡이 인민의 '높은 정신적 품성'과 '전형적인 긍정적 특징'을 밝히지 못하고 '사람들의 모범'으로 되고 '구감'으로 될 만한 형상을 창조하지 못하여 사회적 문화적 가치를 가지지 못한다면 그 때에도 역시 극장의 창작 그루빠는 작업을 진행할 수 없을 것이다.

그러므로 연극 사업에 있어서 정치-사상적 로선을 형성하는 데 커다란 임무를 수행하는 희곡의 선택 즉 레파토리를 채택하는 사업은 연극 창조에서 아주 중요한 사업으로 되는 것이다.

그러나 연극 창조 사업에 있어서 희곡 문제는 위대한 극시인들이 출현한 특별한 시대를 제외하고는 항상 애로로서 제기된다. '희곡의 빈곤'이니 '희곡난'이니 하는 문제는 그 때의 희곡 창작계의 불안 상태를 말해주는 것이며 이는 곧 극장의 불안이기도 한 것이다.

특히 오늘 퇴폐적이며 인간 증오와 전쟁 도발을 선전하는 연극으로 충만된 부르쥬아 국가들의 연극계는 제동기를 틀어박아 놓은 상태에 놓여 있으며 멸망의 위기에 처해 있다.

므·고리끼에 의하여 그처럼 광활하고 전망성 있게 열려졌던 모쓰크바 예술극장의 사회-정치적 로선도 혁명이 퇴보하고 쓰똘리삔 반동기에 들어 선 이후에는 희곡 상태의 퇴락으로 말미암아 쓰따니쓸라브쓰끼로 하여금 "쏠로구브나 안드레예브(두사람 다 로씨야의 퇴폐적 극작가)를 상연하는 것보다는 차라리 극장을 닫는 것이 훨씬 더 좋다……"라고까지 절망케 할 만큼 위기에 처하여 있었다. 이 위기는 오직 위대한 一◇월 사회주의 혁명만이 구해 줄 수 있었다.

우리나라에서도 八·一五해방은 연극을 그 멸망의 위기로부터 구출하였다. 모든 연출가, 배우들은 일본 제국주의자들의 식민지 노예화 정책과 조선 이민에 대한 민족의식 말살 정책으로 인하여 완전히 창작적 자유를 잃었으며 질식 상태에 처해 있었던 것이다.

八·一五해방에 의하여 창건된 인민 정권 아래에서 비로소 극작가들은 진정으로 애국적이고 인민적인 희곡 창작의 자유를 얻게 되였으며 자연주의 혁명주의 등 온갖 종류의 부르쥬아적 독소들로부터 완전히 해방된 진정한 희곡으로써 각 극장들의 창작 그루빠들은 자기의 활동을 보장하게 되였던 것이다.

그러나 우리나라의 연극계에서 희곡의 상태 즉 극작가들의 창작 상태는 늘 원만할 정도로 극장들과 관객들의 수요를 만족시킬 정도로는 되지 못하였다. 八·一五해방 후 조선 인민의 현실 생활은 참으로 눈부신 속도와 질적 내용을 가지고 변화 발전하여 가고 있음에 비하여 극작가들은 이 전진하는 현실을 앞서 나가지 못하고 자기의 희곡들로써 극장들과 관객들을 만족시켜 주지 못하였다.

물론 조선 연극에 대한 장에서 언급한 바와 같이 우리 극작가들에 의하여 八·一五해방 후의 각 력사적 계단에 있어서 우수한 희곡들이 많이 나왔으며 그것들이 우리 관객들에게 많은 사상적 교육을 줌으로써 사랑을 받지만 그러나 그것이 만족한 상태라고는 도저히 볼 수 없는 것이다.

우리는 극작가들의 앞에는 언제든지 현실 속에 깊이 들어가서 현실에 친숙하며 거기에서 무엇이 일어나고 무엇이 발전하고 있으며 무엇이 사멸하고 있는가를 예리하게 관찰하고 포착하여야 할 과업이 제기된다. 그렇게 함으로써 인민들이 무엇을 극작가들에게 요구하고 있는가를 구체적으로 알게 되며 그것에 대하여 정당한 대답을 줄 수 있을 것이다.

극작가들은 또한 우리 당과 정부에서 실시하는 모든 정책들을 세밀히 연구하고 리해함으로써 그것을 자기들의 작품에 체현하여야 한다. 극작가들이 생활 속에서 얻은 지식과 체험들은 당과 정부의 제 정책의 올바른 리해에서만 적당한 안받침을 얻을 수 있다.

극작가들이 생활을 관찰하고 당과 정부의 정책을 리해하기 위하여서는 자체가 가져야 할 토대가 있어야 한다. 이 토대로 되는 것은 극작가들이 항상 사회 과학 및 자연 과학의 제반 지식을 소유하는 것이며 이 토대는 비판 사업을 통하여 더욱 튼튼해지는 것이다.

극작가들에게 제기되는 이러한 과업은 쏘련 공산당 중앙위원회의 결정 「드라마 극장들의 레파토리와 그 개선 방침에 대하여」에서 이미 우리들에게 잘 알려지고 있다.

2. 극장과 극작가

희곡이 무대에서 상연할 것을 전제로 하고 창작된 문학 쟌르이니만큼 극작가는 극장과 불가분리의 관계를 가지고 있다.

극작가와 극장과의 관계가 밀접하다는 것은 다만 희곡이 무대 상연을 거쳐서 그 예술적 가치를 완전히 발휘한다는 거기에만 있는 것은 아니다. 연극사의 폐지들을 펼쳐 보건댄 여러 시기, 여러 나라에서 극작가의 탁월한 업적에 의하여 극장이 륭성 발전하였으며 한편으로는 극장의 창달된 창조 사업에 의하여 저명한 극작가들이 출현 되였고 신인 극작가도 발견되였던 것이다.

물론 극작가는 한개 극장의 운명만을 좌우하는 것은 아니다. 아이스큐로스, 소포클레스, 유리피데스, 아리스트파네스와 같은 사람들은 희랍극 발전의 거인들일 뿐 아니라 세계 연극사의 창시자들이며 이스빠니야의 로페 데 베가, 영국의 쉑스피어, 불란서의 코르네이유, 라시느, 몰리에르 등은 문예 부흥기의 찬란한 연극 부흥의 영광스러운 위훈자들이였으며 헨리크 입센은 근대극의 창시자였다.

아・쁘・체호브와 모쓰크바 예술극장, 아・므・고리끼와 모쓰크바 예술극장과의 관계들은 극작가의 극장과의 관계에 있어서 특별한 모범을 우리들에게 보여 준다.

브・예르밀로브는 체호브와 모쓰크바 예술극장과의 관계를 다음과 같이 말하였다.

"모쓰크바 예술극장을 위하여 민족 문화와 세계 문화 앞에 영영히 남아 있게 될 그의 력사적 공적은 극작가 체호브의 발견이다. 예술극장과 체호브의 '상봉'이야 말로 너무나 적절한 것인바 실로 창조적 력량과 용감성 그리고 혁신적인 과단성으로 충만된 로씨야의 선진적 극장과 위대한 로씨야의 민주주의적 작가이며 자기 창작의 청신이나 형식상으로 보아 혁신자인 그는 '호상 서로를 위하여 창조 되였던 것이다' 극장도 작가도 거세인 인민의 새로운, 앙양되고 있는 조직적 력량을 표현했다. 체포브의 작품도 예술극장의 지향도 혁명전 시기의 사회적 앙양의 뚜렷한 발로였다."

一八九六년(모쓰크바 예술극장 창건 二년 전) 알렉싼드린 극장에서의 체호브 작 『갈매기』의 상연은 연극사에서도 드물게 볼 수 있는 실패였으며 이 실패는 체호브의 신병에 악영향을 주었을 뿐 아니라 작가로 하여금 희곡 창작을 일시 그만둘 생각까지 가지게 하였던 것이다.

그러나 一八九八년에 창건된 모쓰크바 예술극장은 그해 一二월에 『갈매기』를 상연하고 미증유의 성과를 거두었다. 이리하여 체호브의 작품들 『와냐 아저씨』, 『세 자매』, 『벚꽃 동산』, 『이와노브』 등이 모쓰크바 예술극장의 무대에서 높이 울려 나왔으며 오늘에 있어서도 계속 상연되고 있다. 현재까지 모쓰크바 예술극장은 자기의 표식으로 갈매기를 그리고 있는 것은 우연한 일이 아니다.

체호브의 희곡들은 지식 계급의 고상한 사명과 이 희곡들이 상연된 자본주의 사회의 곤난한 현실과의 모순에 대한 폭동적인 사상을 깨우쳤으며 극장은 체호브와 함께 그리고 관객과 함께 사회에 주입된 불안성과 가까와지고 있는 변동의 예감을 감각하였던 것이다.

모쓰크바 예술극장이 없었다면 위대한 체호브의 희곡들은 빛나지 못했을 것이고 체호브로 하여금 계속 희곡 창작을 단념케 하였을는지도 모른다. 그러나 또한 체호브의 희곡들이 창작되지 않았다면 초창한 모쓰크바 예술극장의 사회적, 예술적 제 과업은 오랫동안 모호한 채로 남아 있었을 것도 확연한 사실이다.

예술극장은 체호브에게서 현대적 지식 계급의 감동과 사상의 시적 표현을 발견하였다. 그러나 현대 생활의 사회적 비진실성을 아프고 가혹하게 에여낸 그의 서정적이며 감동적인 작품들도 인간의 가치와 아름다운 미래를 확신하기는 하였으나 이 미래에로 가는 아무런 길도, 생활 모순에서 빠져 나오는 아무런 구체적 출구도 가리켜 주지는 못하였다.

체호브에 의하여 건드려지지 않은 새로운 생활을 밝혀야 할 극작가가 요구되였으니 이런 극작가로서 고리끼가 출현하였다. 그는 자기 창작 속에서 해방을 위한 로씨야 인민들의 투쟁을 묘사하기 시작하였던 것이다.

"아 · 므 · 고리끼는 우리 극장에 있어서 사회—정치 로선의 중요한 창시자이며 창설자였다. 대지에서 우리에게로 온 고리끼는 극장에 필요하였다"라고 쓰따니쓸라브쓰끼는 말하였다. 고리끼와 고리끼의 작품들을 만나게 된 것은 극장의 운명을 위하여 거대하고 결정적인 의의를 가졌으며 극장의 전도에 넓고 넓은 지평선과 원경을 펼쳐주었다.

체호브가 모쓰크바 예술극장에 사회적 예술적 제 과업을 제시한 첫 사람이라던 고리끼는 극작가로서 현대 사회의 예리한 사회적 분석을 내리였으며 직접적이고 적극적인 투쟁에로 관객석을 일으켜 세운 첫 사람이였다.

고리끼는 예술극장의 창건자들과 체호브의 간청에 의하여 극작가의 행로에 나서게 되였다. 이때로부터 고리끼와 예술극장과의 긴밀한 친선 관계는 성립 되였다. 쏘베트 정부가 모쓰크바 예술극장에게 위대한 프로레타리아 작가 아 · 므 · 고리끼의 명칭을 띠게 한 것은 이 량자의 불멸의 관계를 말할 뿐 아니라 모쓰크바 예술극장의 커다란 영예로도 되는 것이다.

오늘 우리나라에 있어서도 극장과 극작가와의 관계는 호상 밀접한 관계를 요구하고 있다. 극장과 극작가들과의 친선은 극장의 생명인 레파토리 창작에 대한 극장측의 요구를 충분히 반영할 가능성을 준다. 용의주도한 극장에서는 극작가가 희곡을 창작하는 과정에서부터 연출가, 배우들을 결부시켜 창작을 돕는다.

극작가의 편에서 본다면 극장과 고립 되여 창작하는 것보다는 극장의 방조아래 창작 하는 것이 희곡의 질을 더욱 좋게 할 수 있다. 연출가 배우들의 무대적 경험으로부터 우러나오는 조언들은 극작가를 비상히 돕는 것이다. 오직 우둔한 작가만이 극장과의 련계를 적게 가지며 소홀히 하는 것이다.

3. 희곡의 제약성

희곡에는 여러 가지 제한과 약속이 있다. 이것은 연극이 일정한 장소와 관객의 눈앞에서 일정한 시간 동안 상연된다는 것과 무대 설비에 의하여 장면과 그 전환에 한도와 상이가 있으며 등장인물에 제한이 있기 때문이다.

이 제한과 약속은 무대 조건의 변천과 발전에 따라 변동되는 것이지만 이것은 곧 희곡에서의 법칙으로 되며 희곡의 예술성도 여기에 많이 의존하는 것이다.

희랍극 시대에는 오랫동안 배우는 한 사람 이였었는데 그것이 둘이 되고 차차 셋이 되기까지에는 몇 백 년이란 긴 세월이 걸렸다.

또한 연극이 무용 가운데서 발생하여 시 랑송에서 회화로 전변되는 데까지와 가면극으로부터 훨씬 복잡한 성격을 표현하는 가면 없는 연극에로의 준비에 있어서 오랜 시간이 걸렸던 것이다.

그리고 배경과 장면의 전환도 없고 대 군중을 관객으로 야외극장에서 진행하는 가면을 쓴 연극에서는 줄거리의 단순성, 성격의 명확성, 사건의 굴곡의 강렬성, 인상의 강렬성 등이 요구되였으며 이에 따라 희곡에도 여러 가지 제한이 설정 되였던 것이다.

이것이 소위 희랍극의 '세 가지 통일' 또는 '三일치' 법칙인바 이는 쉑스피어가 이 제한을 파괴하기까지 즉 로마 시대 이후 중세기에 이르기까지 희곡 형식을 엄격히 제한하는 법칙으로 작용하여 왔던 것이다.

'세 가지 통일'이라 함은 '때'와 '곳'과 '줄거리'의 통일을 요구하는 법칙으로서 한편의 희곡에서 취급되는 사건은 하루 동안에 생긴 일이라야 하며 시종 한 장소에서 일어나야 하며 본 줄거리에 곁다리가 붙어서는 안 된다는 것이다.

그러나 이러한 법칙은 아무런 의의를 가지지 못하며 희랍극에서조차 엄밀히 준수되지 않은 법칙으로서 후세의 호사가가 억지로 만들어 붙인 데 불과한 규범이다.

희곡 형태는 무대의 물질적 조건의 변천 즉 과학과 발명의 풍부화에 따라 적지 않은 변천을 가져왔다.

극장의 무대는 희랍 시대의 개방되고 전환하지도 않은 야외무대로부터 중세의 '행진식', '병렬식', '이동식' 무대로 변하였다가 차츰 지붕이 있는 극장 속으로 들어가고 나중에는 막으로써 객석과의 구획을 명확히 하였다. 또 배경과 장치는 고정 불변한 것으로부터 전환이 가능한 것으로 되였으며 나중에는 무대에 기계가 도입됨에 따라 '회전식', '수평 이동식', '상하 이동식' 등 자유자재로 전환할 수 있는 것으로 발전되였다.

전기 과학의 발전은 무대 조건의 발전에 무제한한 가능성을 부여하였다. 전기 조명에 의하여 시간의 변화, 기후와 분위기의 변화 등을 마음대로 할 수 있게 되였을 뿐만 아니라 전력으로 무대 기계를 조종하여 무대의 전환 속도를 단축시켰으며 지금에 와서는 수공업적 조작법으로 해결하던 많은 무대 효과를 전기 조명으로 해결하게 되였다. 무대에서 대홍수, 대화재를 표현할 수도 있으며 사람이 사는 주위의 모든 물질적 변화를 표현할 수 있게 되였다.

이러한 조건들은 희곡의 형태에 큰 변동을 가져왔다. 작가는 임의의 장면과 시간을 자기 희곡에 설정할 수도 있으며 어떠한 복잡한 사건도 설정할 수 있게 되였다.

그러나 이러한 무대 조건의 발달은 무제한으로 희곡의 형태를 변화시킬 수는 없었다. 왜냐하면 희곡의 예술적 질이 그것을 용허하지 않으며 관객의 심리와 생리가 그것을 용허하지 않기 때문이다.

어떤 시기에는 수십 장면(가령 五막 三◇몇 장)이나 되는 연극도 있었다. 이러한 '장난'은 형식주의적이며 상징주의적인 류파들의 반사실주의적 연극 시도에 불과한 것이다.

생활상의 심각한 갈등, 성격들의 다면적인 발전, 인간의 감정과 심리의 복잡한 파동의 교차, 사상의 심오한 발전 등 복잡한 사실주의적 묘사는 도저히 그러한 주마등(走馬燈) 같은 '장난'으로는 불가능한 것이다.

오늘 저명한 극작가들의 四막(또는 五막)을 표준으로 한 고전적 형태의 희곡들을 창작하고 있다는 것은 우연한 일이 아니다. 이것은 극작가들이 서로 약속한 것은 아니지만 희곡이 요구하는 예술의 질과 기(起), 승(承), 전(轉), 결(結) 즉 어떤 문학 쟌르에나 요구되는 오래 사용된 창작적 법칙에 따라 자연히 귀결되고 은연중에 합의될 하나의 법칙인 것이다.

희곡의 형태를 규정하는 데 중요한 제한을 주는 것은 관객의 생리적 심리적 조건이다.

생산 수준이 비교적 낮았던 노예제 사회 또는 봉건 사회에서는 연극을 상연하는 시간이 아주 길었다. 어떤 연극은 한 달 동안이나 상연하고야 겨우 끝났다는 것을 문헌상에서 찾아 볼 수 있다. 또한 중국의 구극에도 엄청나게 장황한 것들이 있었다. 중세기 불란서 신비극의 『사도행전』은 六一, 九六八행이나 되였으며 이것은 근세 이후에 있어서 가장 긴 희곡이라고 하는 괴테의 『파우스트』가 一부 二부 합하여 一二, 一◇一행이였는 데 비하여 五배 이상이나 되는 것이다.

그러나 오늘에 있어서 어떤 나라를 불문하고 근로자들이 자기의 로력적 일과를 마친 뒤에 구경하는 관람물은 세 시간 전후가 가장 적당한 것으로 인정되고 있다. 이보다 더 시간이 길다면 관객의 생리와 심리에 과도한 부담을 주게 됨으로써 인간의 주의력을 산만케 할 것이며 관중을 감동시키는 데 저해를 주게 될 것이다.

이상과 같은 희곡의 조건들은 극작가에게 여러 가지 제약을 준다. 소설가처럼 자기의 작중 인물을 아무 때나 아무 곳에든지 가져갈 수도 없으며 자유스러운 환경 묘사도 못한다. 오직 일정한 시간 내에 계속되며 일정한 장면에서 진행되는 등장인물들의 대화를 통하여 사건의 일반적 묘사와 인물들의 성격들을 표현하며 무대 장치는 이에서 환경과 분위기 묘사에 큰 도움을 주고 있다.

그렇기 때문에 므·고리끼는 자기의 희곡론에서 "희곡은…… 가장 어려운 문학 형식이다. 희곡은 거기에 매개 동작하는 단위가 작가로부터의 암시가 없이 말로써 자력적으로, 사건으로써 특정지어지기를 요구하기 때문에 어렵다"라고 하였고 또한 "소설은 작가가 독자에게 다만 독자에게만 자기의 주인공들을 말하게끔 할 뿐 아니라 어떻게 그들이 앉아 있으며 걸어가며 웃으며 노여워하는가를 독자에게 표시하며 그들이 무엇을 생각하며 무엇을 느끼는가를 이야기해 주기 때문에 쓰기 쉽다. 소설을 창작하면서 작가는 두 가지 방법을 리용하는바 그것은 대화와 설명이다.

극작가는 다만 대화만을 리용한다. 극작가는 왜 주인공이 달리 말하지 않고 바로 그렇게 말하는가를 밝히거나 설명하지도 않고 이런 또는 저런 주인공의 행동의 뜻을 자기의 – 작가의 – 설명들로써 다 말해 주지도 않고 이를테면 벌거벗은 말로 말한다"라고 말하였다.

고리끼는 또 다음과 같이 말하였다.

"드라마는 주인공의 운동과 활동성, 강렬한 감정과 경험의 민활성 그리고 대사의 간결성과 명백성을 요구한다. 만약 이것이 없다면 드라마도 없다. 이 모든 것을 명철한 대화로써 표현하는 것은 지어 경험 있는 작가에 있어서도 비상히 곤난한 일이며 드물게 성공한다. 드라마는 문학적 재능 이외에도 욕망과 지향의 충돌을 창조하는 숙련 즉 불가피한 론리로써 그것을 급속히 해결하는 숙련을 요구한다. 이때 이 론리는 작가의 자의로써가 아니라 그 자체의 사실과 성질과 감정의 힘에 따르게 된다."

고리끼의 지적에서 보는 바와 같이 희곡은 각종의 제약 때문에 창작하기 어려우며 거기에 따라 작가의 특별한 숙련이 필요한 것이다.

4. 희곡의 종류

연극의 발생에서 본 바와 같이 이미 연극은 그 발생 초기부터 비극과 희극이라는 두 가지 뚜렷한 대립적인 형태를 가지고 발전하였다.

비극을 의미하는 (трагедия)은 희랍어로 양(трагос)의 노래(одэ)라는 뜻인바 디오니쓰 제전에 봉헌하는 희생의 양에 대한 노래였던 것이다. 당시 희랍의 상층 귀족들이 주재하는 이 제전의 부분에 있어서는 상연물은 그들의 조상들의 신화적 영웅성을 내용으로 하였다.

희극을 의미하는 (комедия)은 유쾌한(комос) 노래(одэ)라는 뜻인바 이는 축전에서 민중들의 부분인 일반 세속적 내용을 표현하는 것이였다.

이러한 기원으로부터 시작한 비극과 희극은 희곡 형식으로서의 일정한 구성적인 조직성을 획득하였다.

문학 잔르에 있어서 비극적 형상에는 해결할 수 없으며 리해할 수 없는 모순이 반영되여 있다. 비극은 빠져 나갈 수 없는 모순의 표현으로 특징지어지며 그 결과로 주제의 기초 우에 놓여져 있는 투쟁은 주인공의 파멸로써 끝맺는다. 즉 희곡의 주인공이 적대적 력량 다시 말하면 력사적 제 환경과 대립되여 있을 때 그리고 이와 비슷한 말하자면 개인적 멸망의 불가피성 때문에 행동하고 투쟁하는 필요성을 만들어 내는 대립 가운데 있을 때 갈등은 비극적 성격을 가지는 것이다.

희극은 일반적으로 주인공의 투쟁이 승리적인 결말로써 끝맺는 그러한 갈등을 주로 묘사한 연극 형식이라고 리해되여 왔으나 지금에 와서는 희극적 성격을 표현한 연극 형식으로 리해되고 있다. 즉 갈등의 기초에 낡은 폐물에 대하여서와 공정(公正)과 력사적 공존(共存)에 관한 락후한 사회적 력량의 가소로운 자부(自負)에 대하여 조소(嘲笑)가 설정되여 있을 때 갈등은 희극적 성격을 가진다.

갈등은 사회의 생산 관계에 따라 그 성격이 달라진다. 원칙적으로 해결할 수 없는 모순 즉 빠져 나갈 수 없는 모순이란 계급 사회에만 있는 것이다. 계급 사회에서는 사회적 모순의 해결은 당해 사회 제도에 대한 다른 사회 제도의 개체에 의해서만 가능한 것이다. 희랍극, 토마극, 문예부흥기의 연극과 근세 및 현대의 모든 비극들은 당해 사회의 계급적 또는 적대적인 모순들과 그 사회 제도 아래서는 출구를 발견할 수 없는 그런 모순들을 반영하였다.

사회주의 사회에서는 해결할 수 없거나 빠져 나갈 수 없는 모순은 있을 수 없다. 물론 사회주의가 승리한 한 나라가 자본주의의 포위 가운데 놓여져 있을 때 자본주의의 공격을 타승하는 애국주의적이며 영웅주의적인 투쟁에서 어떤 측면은 비극적 성격을 띠게 된다. 그러나 그러한 비극적 갈등은 자본주의 하에서의 비극적 갈등처럼 절망적인 개인의 파멸을 의미하는 것이 아니라 력사 발전의 귀결인 위대한 전진을 위한 락천적 빠포스인 것이다.

외국 간섭자들을 반대하는 전쟁에서 쏘베트 조국을 위하여 용감히 죽은 끄라스노돈의 청년 근위대원들과 종, 마뜨로쏘브들의 형상들 그리고 우리들의 조국 해방 전쟁에서 발휘된 인민군 용사들의 가지가지의 영웅주의 등 이것들이 어찌 빠져 나갈 길 없는 개인적 멸망이겠는가?

오늘 쏘베트 극작계에서는 과거의 고전적 규정에 의한 그런 의미로써 비극과 희극을 구별할 수는 없다. 그렇기 때문에 희곡을 의미하는 (драма) 또는 (пьэса)라는 말로 오늘의 희곡의 개념을 일반적으로 표시하고 있는 것이다. 쏘베트 사회에서는 해결될 수 없는 모순이 없으며 주인공들은 찬란한 공산주의 사회에의 전진을 보이면서 해결된다. 그러므로 비극에서 마지막 해결을 의미하던 (катастрофа)은 그야말로 행복한 결말을 가져오는 대단원(大團圓)을 말하는 것으로서 파국(破局)을 의미하지는 않게 되였다. 쏘베트 희곡의 결말을 (катастрофа)라는 말로 표현하기는 이미 어렵게 되였다.

부르쥬아 사회의 상연물들에서도 소위 '해피 엔드'(행복한 종결)라 하여 남녀 주인공들의 결혼으로 종결을 맺는데 그러한 해결은 사회의 근본적 모순의 해결을 의미하는 것이 아니라 오히려 사회적 모순을 엄폐하며 기만하는 그런 의도를 내포하고 있는 것이다.

쏘베트 사회에서 희극에 거대한 의의를 부여하고 있는 것은 우연한 일이 아니다. 쏘베트 사회의 발전에서 가장 중요한 역할을 수행하는 비판과 자기 비판은 희극에서 가장 적절한 예술적 무기를 발견하고 있다.

칼 맑스는 력사 발전 과정의 심오한 연구에 근거하여 력사의 진로는 생활의 낡은 제 형식을 웃음꺼리로 만든다는 것을 가르쳤다. 즉 그는 "력사는 생활의 낡은 형태를 무덤에 끌어갈 때 근본적으로 행동하며 여러 발단 단계를 통과한다. 진 세계사적 형식의 마지막 단계는 그의 희극이다. …… 무엇 때문에 력사는 이렇게 전진하는가? 인류는 웃으면서 자기의 과거와 리별하기 위한 그것 때문이다"라고 하였다. 여기에 희극의 거대한 교육적 의의가 있는 것이다.

웃음에 의한 폭로의 방법은 다종다양하다. 희극적 수단의 무기고(武器庫)에는 풍자적 형상의 첨예한 것, 그로테스크, 아이로니, 유모어 등등이 있다. 구체적인 수단과 방법의 선택은 작가의 창작의 일반적 사상 경향과 희극에 묘사될 현상의 본절에 의하여 확정된다. 우스운 희극의 내용들과 형식들의 여하에 따라 각종의 성격을 가질 수 있다. 례를 들면 유쾌한 세속적 익살(체호브의 『곰』)에서부터 심오한 사회적 폭로(고골리의 『검찰관』)에 이르기까지 외모, 봉변의 조소에서부터 희극적 방법에 의한 심각한 사회적 모순의 폭로에 이르기까지는 다종다양하다.

희극에 포함되는 형식으로는 풍자극, 파르스(фарс), 보드빌(бодевиль) 등이 있다.

풍자극은 풍자적 희극을 말하는 것으로서 희극의 대부분은 이에 속한다. 쓰따니쓸라브쓰끼는 "매개 훌륭한 희극 가운데는 즉 사람들이 말하다 싶이 거대한 희극에는 언제든지 풍자의 요소들이 있다"라고 하였다.

풍자의 힘과 풍자적 희극의 필요에 대하여 맑스주의 대가들은 항상 말하고 있다. 보드빌은 불란서에서 발생하여 최초에는 음악이 들어가는 통속적인 주제를 취급하는 희극 형식이였다. 그러나 오늘 쏘베트 희곡에 있어서나 우리 희곡에 있어서는 심각한 사회적 갈등이 설정되지 않고 일시적 또는 사업상 불일치들로 말미암아 생긴 오해와 착오들이 교차되며 그것이 마지막에는 유쾌하게 해결되는 경쾌한 연극을 두고 보드빌이라 말하는 것이다(쏘련에서의 『혼자금을 가진 결혼』이나 우리나라에서의 『새길』 등이 그 례로 된다).

파르스는 역시 통속적인 주제를 가진 희극이나 과장과 그로테스크를 띠고 있다.

희곡의 종류를 비극과 희극의 량대 형태로 나누는 바와 같이 그 갈등의 성격에 따라서도 기본적인 구별을 할 수 있는 것이다.

또한 희곡이 속하는 년대와 시기에 따라 고대극, 중세극, 레네싼쓰극, 근대극, 현대극 등으로 나누며 각 시대에 있어서 이미 고전적 작품의 보고 가운데 포함된 희곡들은 고전극이라고들 말한다. 주지하는 바와 같이 고전이라 함은 인류 문화가 낳은 력사적 모범으로 되며 현대인이 그것을 계승 발전함에 가치 있는 유산인 것이다. 아이스큐로스, 쏘포클레스, 유리피데스, 아리스토파네스의 희곡들은 희랍 고전이며 로페 데 베가, 쉑스피어, 코르네이유, 라씨느, 몰리에르의 희곡들은 레네싼쓰의 고전들이며 뿌슈낀, 고골리, 그리보예도브, 쌀띠꼬브 쉐드린, 오쓰뜨롭쓰끼, 체호브의 희곡들과 혁명전의 고리끼의 희곡들은 로씨야 고전이다.

쏘베트 희곡문학은 이미 자기의 훌륭한 고전을 가지고 있는바 고리끼의 혁명 후의 제 작품들과 마야꼽쓰끼의 『미쓰테리 부프』와 『목욕간』, 뜨레뇨브의 『류보비 야로바야』, 이와노브의 『장갑 렬차』, 빌 벨로쩨르꼽쓰끼의 『폭풍우』, 라브레뇨브의 『붕괴』, 쎄이풀리나의 『위리네야』 등등이 그것이다.

영화적 수법과 그 기술을 연극에 도입함에 따라 『끼노 드라마』, 『련쇄극』과 같은 기형적인 희곡이 발생하였다. 무대 미술의 일 분야에 있어서 영화적 기술, 환등 같은 것을 리용하여 분위기 조성에 도움을 받는 것이 아니라 그 한계를 훨씬 넘어서 연극과 영화의 혼혈아를 만들어 낸 호사가들의 산물 『끼노 드라마』와 『련쇄극』은 영화와 연극이 가진 독자적 예술성과 그 발전에는 아무런 인연도 없는 것이다.

라지오는 오늘 선전 전선에서 강력한 무기 중의 하나로 되고 있으며 인민의 교육 교양의 중요한 수단으로 되고 있다. 이러한 강유력한 전파력을 가진 라지오를 통한 드라마가 중요한 의의를 가질 것은 당연하다. 그러나 라지오 드라마는 오직 청취자의 청각을 통하여 사건과 갈등의 전개, 발전, 해결들을 전해주는 희곡의 특수한 쟌르에 지나지 않는다. 라지오 드라마에서는 소설적 수법 즉 시간과 공간의 자유 자재한 묘사를 가능케 한다. 그러나 이 자유 자재한 시간적, 공간적 묘사의 가능성도 청취자의 청각을 통한 환상의 활발한 작용에 의하여 리해되기 때문에 희곡 창작상 특수한 제약을 받지 않을 수 없는 것이다.

六. 연극과 연출

1. 연출가란 무엇인가?

연극 창조에 있어서 연출의 역할은 실로 거대하며 전 창조 행정에서 결정적 지도적 역할을 수행한다. 연극이 종합 예술이고 집체적 예술이기 때문에 그 안쌈블의 형성에서 연출의 의의는 필연적으로 최대의 중요성을 차지하게 되며 또한 연출은 원양항 행에 있어서 배를 목적지까지 이끄는 타수의 역할도 수행하며 하나의 작전에서 전투를 승리에로 이끄는 력량있는 사령관의 역할도 수행하게 되는 것이다.

따라서 연극 창조에서 이러한 중요 임무를 수행하는 연출 담당자인 연출가(рэжиссèр 또는 постановщик)는 연극 예술인들 가운데서 가장 지도적인 지위에 서 있는 것이다. 네미로비츠 단첸꼬는 그의 저서 『모쓰크바 예술 극장 회상기』에서 연출가는 다음과 같은 세 가지 면모의 본질을 가지고 있다고 말하였다.

첫째로 연출가—해설자 이는 어떻게 연기하는가를 보여 주는 사람이다. 그렇기 때문에 그를 연출가—배우로나 또는 연출가—선생으로 부를 수 있는 것이다.

둘째로 연출가는 배우의 개성적 특성을 비쳐주는 거울이다.

셋째로 연출가는 모든 연극의 조직자이다.

관객은 다만 세 번째 경우의 그를 볼 뿐이다. 즉 관객은 연출가가 조직한 무대상 구도, 무대 장치의 의도, 음향, 조명, 군중 장면의 구성들에서 그를 볼 수 있다. 그러나 관객은 해설자인 연출가 또는 거울로서의 연출가를 보지 못한다. 왜냐하면 이런 면모의 연출가는 배우 가운데에 완전히 용해되고 말기 때문이다. 이에 대하여 네미로비츠 단첸꼬는 다음과 같이 말하였다.

"내가 여러 번 되풀이한 나의 사랑하는 표어 중의 하나는 연출가는 연기자의 창조 가운데 사멸하여야 한다는 것이다. 마치 연출가가 배우에게 많은 것을 풍부하게 가르쳐 주지 않은 것 같이 생각되나 기실은 배우가 다만 묘사하고 개조하게 되도록 연출자가 배우에게 사소한 것에 이르기까지 모든 역할을 가르쳐 주는 일이 빈번히 있는 것이다. 한마디로 말한다면 마치 배우의 창조에 있어서 연출가의 역할은 깊지도 않고 실속 있는 것도 아닌 것 같다는 것인바 연출자의 자취가 안 보이도록 해야 하는 것이다"(동서에서).

여기에서 네미로비츠 단첸꼬가 표명한 사상은 연출자의 표시가 배우의 모방이나 흉내의 대상으로 될 것이 아니라 씨가 되어 배우의 창작적인 개조에서 배우 자신의 것으로 싹이 터야 한다는 것을 말하고 있다. 만약 연출가가 배우에게 표시하여 준 것을 배우가 단지 잘 기억하기만 한다면 표시된 것에 깊이 침투하지도 못할 것은 물론이며 자기의 배우적 정서 가운데서 그것을 개조하지도 못할 것이다. 이는 다만 연기할 것만을 위하여 애쓰는 것으로 되며 또한 연출자에 의하여 표시된 것을 자기의 형상에 유기적으로 혼연하게 용합(溶合)하지 못한 것으로 된다. 이런 경우의 연출가의 표시는 도리어 유해로운 것으로 되고 마는 것이다. 그러나 연출가의 표시가 배우의 정신 속에 들어가고 씨가 훌륭한 토양(土瀼) 속에 묻힌다면 거기서는 이외에도 가장 가치 있는 반작용을 환기시킬 것이며 배우의 정서와 환따지아(환상) 속에 새로운 형상들을 불러일으킬 것이다.

이런 데로부터 연출가는 배우적인 력량을 소유하여야만 하는가? 하는 문제가 제기된다. 그렇다, 반드시 심각하고 다방적인 배우라야만 되는 것이다. 우리나라에서 뿐만 아니라 선진 국가들에서도 배우적 력량이 없이 오직 생활에 대한 거대한 지식과 높은 예술적 리론만을 가지고 훌륭한 연출 작업을 수행하는 연출가들도 있지만 앞으로는 반드시 다년간의 배우 예술의 기술과 체험을 소유한 사람이 연출가로 되어야 할 것이다.

연출가는 거울이라는 데 대하여 네미로비츠 단첸꼬는 다음과 같이 말하였다.

“그의 가장 중요한 기능은 배우의 개성을 감득하는 것 즉 배우의 개성에 작자와 연출가의 의도가 어떻게 반영되는가, 배우에게서 무엇이 진행되며 무엇이 진행되지 않는가, 환따지야와 희망이 그를 어데로 끌고 가는가, 어떤 한계까지 이런 또는 저런 과업을 고집하는가 하는 것들을 작업 행정에서 부단히 주의하는 것이다. 동시에 배우의 의지를 따르며 그리고 배우의 의지를 향도하는 데 있어서 강박을 느끼지 않도록 향도하는 것 등도 중요하다. 모욕적이 안 되도록 친절하게 우의적으로 흉내도 내보일 줄 알 것 즉…… 그래 당신은 어떤지요, 이것을 희망하는가요? 라고 하면서 배우가 거울 앞에서 자기를 보듯이 눈앞에서 자기를 보도록 해야 하는 것이다.”

여기에서 연출가는 배우의 일거일동을 세밀히 장악하고 배우의 개성적 특징을 날카롭게 포착하면서 배우의 창조적 능력을 계발하는 것이 중요한 것이다. 배우는 아무리 사소한 동작이라도 놓치지 않고 자기를 비쳐주는 거울인 연출가의 앞에서 강박 관념에 사로잡힘이 없이 창조가 굳어져 가야 할 것이다. 이러기 위하여 거울인 연출가는 “모욕적이 안 되도록 인정 있게, 친선적으로” 대하여야 한다.

연출가 가운데는 배우의 일거일동을 완전히 손아귀에 틀어쥐고 옴쭉 못하게 하는 ‘연출가—폭군’형도 있다. 이런 연출가 앞에서 배우는 질식하고 말며 창조적 능력은 계발되지 않으며 형상은 생명없는 것으로 되는 것이다.

조직자로서의 연출가에 대하여 네미로비츠 단첸꼬는 다음과 같이 말하였다.

“연출가—조직자는 배우들의 창조를 제 일위에 앉히고서 연극의 모든 요소들을 자기의 활동 범위 내에 이끌어 넣으며 그리고 하나의 조화된 목표에로 배우의 창조를 둘러싸고 있는 모든 환경과 융합시킨다. 이 조직적 사업에 있어서 연출자는 완전한 통솔자인 것이다. 배우의 개성에 순종하는 것이 필요한 경우에는 배우의 충복이 되며 다른 편으로는 장치—미술가의 개성적 특성에도 적응하나 지도부의 요구를 끊임없이 고려하는 그는 궁극적으로 연극의 진정한 통솔자로 된다. 이에 있어서 단편들, 전체 무대들, 장면들을 '붙이는' 능력은 그가 지닌 특별히 중요한 본질인 것이다."

조직자로서의 연출가의 역할은 관객이 볼 수 있는 부분에만 있는 것이 아니라 련습 행정과 시연회로부터 공연에 이르는 전 행정을 모조리 포괄하여 참으로 주밀하고 인내성 있게 수행되는 것이다.

그러면 연극 예술 창조 사업에서 그처럼 중대한 역할을 수행하는 연출가로는 어떤 사람이 될 수 있는가? 물론 아무나 될 수 있는 것은 아니다. 그는 연극에 종합되는 전체 예술의 각 분야에 정통하는 사람이라야 하며 배우를 위시한 전체 연극 창조 일꾼들의 개성과 심리를 파악하고 있으며 극장 지도부의 모든 지향과 실천을 리해하는 사람이라야 한다. 그러나 이것만으로 연출가가 될 수는 없다. 그는 인민을 사상적으로 교육함에 있어서 중요한 수단으로 되는 연극 예술의 고상한 질을 보장하기 위하여 필요한 모든 것에 준비된 사람이라야 한다. 그러기 위하여 연출가는 무엇보다도 맑스—레닌주의의 과학적 세계관의 소유자로 되어야 한다. 그렇지 않고는 연극을 통하여 인민에게 자기 위업의 앞날에 대한 확신을 주지 못할 것이며 전진하는 도상에서 봉착하는 온갖 곤난과 장애물과의 투쟁 방법을 가르쳐주지 못할 것이다. 또한 그럼으로써 인민들에게 자기 생활에 대한 행복감과 전망성을 가지게 하는 위대한 사업도 수행하지 못할 것이다.

쓰따니쓸라브쓰끼는 연출가란 무엇인가라는 질문에 대하여 다음과 같이 말하였다.

"……연출자—이는 다만 배우들에게 희곡을 어떻게 연기하는가를 조언한 줄 알며 무대 미술가가 그에게 설계해 준 장치에 의하여 배우들을 무대 우에 배치할 줄만 아는 그런 사람은 아니다. 연출가! 이는 생활을 관찰할 줄 알며 자기의 직업 즉 연극 분야 이외의 모든 분야에서도 최대한도의 지식의 량을 소유한 사람이다. 때로는 이 지식들은 어떠한 쩨마에 대한 그의 작업의 결과로 되기도 하나 우선 그것들을 유익하게 축척하는 것이 더욱 좋다. 관찰은 특히 희곡과 형상에 보탬을 줄 수도 있으며 생활을 관찰하는 습관을 자기에게 줄 수도 있다. 그런 다음 관찰은 연출가에게 거대한 복무를 하게 된다. 당신이 나에게 연출가란 무엇인가 하는 질문을 준 첫 사람은 아니다.

전에는 내가 연출가에 대하여 이는 작가와 극장을 친숙케 하며 성공한 연극에서는 량자간에 호상 행복을 조직해 주는 중매자라고 대답했다. 그 다음 번에 나는 연출가 — 이는 연극 예술의 탄생을 도와주는 산파라고 말하였다.

산파는 나이 많아진 뒤에 때로는 많은 것을 알고 있는 박식가로 된다. 말하자면 산파들이란 생활에서 아주 관찰적이다.

그러나 지금에 와서 나는 연출가의 역할은 일층 더 복잡해졌다고 생각한다. 우리들의 생활에서 정치가 제외될 수 없는 부분으로 참여하였다. 이는 국가 기구와 우리 시대의 사회적 과업에 사상이 참여하였다는 것을 의미하며 우리들 연출가들에게 지금 자기 직업에 대하여 많이 생각해야 하며 특별한 연출가적 사고(思考)도 자체 내에 발전 시켜야 한다는 것을 의미한다. 연출가는 다만 작가와 극장 사이의 매개자만으로 될 수 없으며 그는 다만 산파로 되어 연극의 탄생만을 도와 줄 수도 없는 것이다. 연출가는 스스로 생각할 줄 알아야 하며 자기의 작업이 관객의 사상과 필요한 동시대성(同詩代性)을 환기시키도록 그것을 설정하여야만 한다 ……"(엔·고르차꼬브 『쓰따니쓸라브쓰끼의 연출 제 과제』에서).

쓰따니쓸라브쓰끼는 과거의 연출가와 새로운 사회주의 시대의 연출가와의 질적 차이에 대하여 명백하게 설명하고 있다.

연출가는 우리나라 혁명 발전의 각 계단에서의 생활적 현실의 진모를 신속히 파악, 인식하여야 하며, 자기의 창조 사업이 급격히 전진하는 현실의 변모와 발을 맞출 줄 알아야 하며, 인민의 지향과 희망을 기민하게 동찰 하여야 한다. 그러기 위하여 그는 누구보다도 더욱 정열적으로 맑스—레닌주의 리론과 그것을 우리나라의 현실에 창조적으로 적용한 김일성 원수의 로작들을 깊이 연구하여야 하며 당과 정부의 제 정책을 자기의 창작에서 체현하여야 할 것은 물론이고 이러한 맑스—레닌주의적 세계관에 튼튼히 립각하여 모든 분야에 대한 광범하고 심오한 지식을 총적으로 소유하여야 한다.

2. 쓰따니슬라브쓰끼의 창작 방법

모쓰크바 예술극장의 창건자의 한 사람인 쓰따니쓸라브쓰끼의 창작 방법은 세계 연극의 보고에 크게 기여하였으며 오늘 선진적 사실주의 연극 창조 일꾼들은 한결같이 자기들의 창작에서 그의 방법에 의거하고 있으며 의거하려고 노력하고 있다.

최근 년에만 하여도 수 십 종에 달하는 쓰따니쓸라브쓰끼의 문헌들이 중국, 체호쓸로바끼야, 파란, 볼가리야, 웽그리야, 루미니야, 독일 민주주의 공화국 및 조선 등 인민민주주의 나라들과 영국, 미국, 불란서, 일본 등 자본주의 나라들에서 발행되고 있다는 사실은 그에 의하여 창조된 사실주의 연극 예술의 선진적 리론과 방법의 의의가 얼마나 위대한가에 대하여 말하여 주는 증거로 된다.

그의 방법을 소유하는 것은 연극 창조의 어떤 부문의 일꾼에게나 례외없이 필요하지만 특히 연극 창조에서 지도적 임무를 수행하는 연출가에게는 가장 선차적인 의의를 가지고 있다.

오늘 우리나라에서 연출가들은 이미 쓰따니쓸라브쓰끼의 방법에 립각하지 않고는 연극의 창조를 생각할 수 없을 만큼 의무적으로 그의 방법을 소유하게 되었으며 그렇지 못한 연출가는 연출가로서의 위신을 유지할 수 없는 것이다.

쓰따니쓸라브쓰끼의 창작 방법은 선진적 예술을 위한 투쟁 가운데서 성장하였으며 장구한 검열을 통하여 완성되었다. 그의 방법은 로씨야 문화의 사실주의적 전통과 떼려야 뗄 수 없는 관련을 가지고 있다. 위대한 로씨야 혁명적 민주주의자들인 벨런쓰끼, 체르늬쉐브쓰끼, 도브로류보브들의 미학적 견해들은 쓰따니쓸라브쓰끼의 창조를 길러 내였으며 완전한 사실주의적 로씨야 민족 연극에 대한 뿌슈낀, 고골리, 쉐쁘낀, 오쓰뜨롭쓰끼들의 념원은 쓰따니쓸라브쓰끼의 그것과 공통된다. 그리고 위대한 프로레타리아 작가 고리끼는 쓰따니쓸라브쓰끼의 방법 형성에 막대한 영향을 주었으며 그에 의하여 실현된 연극 예술 개혁의 사회적 정치적 방향을 확정하는 데 절대적 도움을 주었다.

쓰따니쓸라브쓰끼와 거의 동시기에 서방에서도 부르쥬아 연극 개혁의 각종 시도들이 있었다. 파리에서 안투안의 '자유극장'(一八八七년), 베를린에서 오토 브람의 '자유극장'(一八八九년), 런던에서 '독립극장'(一八九一년) 등이 그것이다. 이 극장들은 짧은 기간 밖에 존재하지 못하였으며 어느 하나도 민족 문화의 훌륭한 업적에 의거하지 않았으며 인민과 련결되지 못하였다. 이 극장들은 자기들의 예술을 문학 예술 인뗄리들의 적은 그루빠에도 돌렸으며 사회의 광범한 민주주의 층의 리해 관계와 요구에서 절연된 협소하고 제한적인 목적을 추궁하였기 때문에 진실한 연극 개혁을 달성하지 못하였으며 또 할 수도 없었다.

쓰따니쓸라브쓰끼의 개혁은 무대 예술의 근본적 혁신을 위하여 대담히 지향하였다. 그 개혁은 예술 창조의 가장 실제적인 문제들의 중요한 고리들을 포착하였으며 선명하게 표현된 민주주의적 지향성을 가지고 있으며 민족 연극의 진보적 전통의 창조적 발전의 훌륭한 실례를 제시하였다.

쓰따니쓸라브쓰끼의 예술은 과거의 진보적 전통들에 대하여 불변한 충실성을 가지는 동시에 항상 현대성에로 지향하였다. 그의 예술은 생활과 함께 발전하면서 선진적이며 민주주의적인 관객들의 흥미에 보답하였다. 전통과 개혁은 이 예술에서 조화적인 통일을 달성하였다.

현대 무대 예술의 고전적 리론의 창설은 로씨야 및 다민족 쏘베트 연극과 진보적 연극에 대한 쓰따니쓸라브쓰끼의 가장 위대한 공훈인 것이다. 우리 연극 문화사에 있어서 그는 위대한 배우와 연출가로서 연극 예술에 대한 과학의 인정된 창시자며 탁월한 교사로서 훌륭한 예술가—

사상가, 예술가 — 혁신자로서 등장하고 있다.

쓰따니쓸라브쓰끼의 방법의 예술적 미학적 제 기본은 어데 있는가?

그는 창작 과정의 어떤 면을 건드린다 할지라도 언제든지 사실주의 무대 예술의 사상성과 인민성의 제 원칙에 의거하였다.

쓰따니쓸라브쓰끼는 사실주의란 생활에서 오직 전형적으로 묘사할 사건과 인간 성격을 위한 것만을 선택하는 것을 도와주는 가장 훌륭한 방법이라고 리해 하였다. 생활의 사소한 자연주의적 코피(모사)의 빈약하고 직업적인 '진실'은 그에 의하여 결정적으로 배격되었다. 이런 코피는 배우 또는 연출자가 사건과 성격들의 력사적 사회적 본질 속에 깊이 침투하지 못할 때, 차요적인 것과 중요한 것을 완전히 구별하지 못할 때, 또한 세태적인 범속사로 작품의 사상을 엄폐할 때에 나타나는 것이다. 사실주의 예술에 있어서는 예술적 진실이 승리하여야만 한다는 자기의 견해를 발전시키면서 쓰따니쓸라브쓰끼는 다음과 같이 말하였다.

"…… 우리들이 생활에서 알고 있는 온갖 진리가 연극을 위하여 다 좋은 것은 아니다. 무대적 진리는 완전한 것, 가장하지 아니한 것, 그러나 쓸 데 없는 세속적인 사건으로부터 순결화된 것으로 되어야만 한다. 무대적 진실은 현실적으로 정당하여야 하며 창조적 허구로 시화(詩化)되어야만 한다"(『배우 수업』에서).

개선 방법들 중의 하나로 리해되었다. '순수 예술'의 반동적 설교를 거부하면서 모든 창작 — 이는 생활의 긍정적 정황의 일련이다. 라는 표어를 내걸었던 것이다.

쓰따니쓸라브쓰끼는 자기의 미학적 원칙들을 선포만 한 것이 아니라 그는 실제로 그것들을 자기의 창조적 활동에서, 연출한 연극에서, 출연한 역할에서 구현하였다. 그리고 이 창작 사상과 무대적 실제와의 조화적인 통일은 그의 창작 방법의 작용의 거대한 힘을 말해 주고 있다.

그가 자기 방법의 사실주의적 진리를 위하여 어떻게 투쟁하였는가에 의하여 그의 예술이 그처럼 유기적으로 사회주의 사실주의의 물길(水路)에로 흘러들어 갔는가 하는 경위가 명백해지는 것이다.

쓰따니쓸라브쓰끼는 예술의 중요한 가치를 그 사상적 내용에서 보았다. 배우와의 작업에서 그는 사회주의 시대의 거대한 사상적 풍부성이 쓰베트 연극을 보양하여야 하며 모든 현실은 거대한 사상, 거대한 창작적 앙양의 기초로 되는 사념(思念)들을 가져다준다는 것으로부터 출발하였다. 쓰따니쓸라브쓰끼는 연극을 형식주의의 무사상적직업적 손장난의 침해로부터 수호하면서 연극에서의 고상한 원칙성과 사상성을 고수하는 것이 쓰베트 배우들의 가장 첫째가는 의무로 된다고 강조하였다. 그는 배우와 연출가들의 기술 수준을 판단함에 있어서 그들이 희곡의 사상적 의도를 예술적 형상으로 어떻게 전달하는가 하는 기능에 의거하였다. 역시 여기서 그들의 창조의 의의도 찾은 것이다. 연극은 거대한 사상을 위하여 상연되며 사람들을 흥분시키며 선명하고 힘 있는 것으로서 수천 관객에게 없어서는 안 될 중요한 것이다.

사상적 의도를 무대에서 구현하는 예술은 사람에게서, 사람의 행동에서, 사람을 싸고 있는 생활과의 관계에 있어서의 사상의 추이(趨移), 사상 발전과 승리들을 관객 앞에서 실행되는 내면적 과정을 통하여 보여 줌으로써 성립된다. 쓰따니쓸라브쓰끼는 무대로부터 희곡 사상의 수사학적 말 재주로 강연하는 직업적 방식을 거부하였다. 사상은 무대 행동의 산 생정에서 해명되어야 하며 무대에서 발생되는 모든 것을 비쳐야만 한다. 무대 예술의 사상성의 원칙으로부터 출발하면서 쓰따니쓸라브쓰끼는 연극 사업의 사상적 기본으로서의 희곡 작품에 대한 명제를 작성하였다.

"연극은 불, 빛, 무대 장치와 의상의 장식, 효과, 배치 등에서 사는 것이 아니라 극작가의 사상에 의하여 산다는 것을 결코 잊지 말아야 한다. 희곡의 사상적 결핍은 무엇으로도 은폐할 수 없다. 어떠한 연극적 허식도 도와주지는 못한다"(엔·고르차꼬브 『쓰따니쓸라브쓰끼의 연출 제 과제』)라고 그는 말하였다.

생활적 진리를 반영한 선진적이며 사상적인 예술은 쓰따니쓸라브쓰끼에 의하여 광범한 관객층에로 돌려진 인민적인 예술로서 성격화되었다. 인민은 단순한 예술의 수요자인 것이 아니라 예술의 완전한 고무자며 창조자인 것이다. 인민 생활에서 분리할 수 없는 인민 연극을 확립하려는 사상은 쓰따니쓸라브쓰끼로 하여금 그의 창작의 전 행정을 통하여 시종 고무하였다.

사실주의, 사상성, 인민성 — 이것들은 쓰따니쓸라브쓰끼에 의하여 창조된 무대 예술리론에 생활성을 부여하며 또한 이것들은 극장들이 자기 앞에 나서고 있는 제 과업을 성과적으로 실천함에 있어서 그 리론을 효과적으로 리용할 가능성을 지어 준다.

쓰따니쓸라브쓰끼의 리론의 빠포스는 생활 긍정적 견지에서 표현되어 있다. 즉 예술에는 인식하지 못할 현상은 없으며 인간의 인식에는 창조의 가장 섬세하고 복잡한 과정이 리해될 수 있는 것이다. 생활을 념두에 두지 않고는 예술이 생활을 정당하게 반영할 수 없다. 이 때문에 쓰따니쓸라브쓰끼는 배우 창작의 씨스템을 창설하면서 생활과 사회 발전의 제 법칙의 본질을 깊이 리해하려고 노력하였다.

예술가의 자기 비판은 쓰따니쓸라브쓰끼의 창작 방법의 구성 부분으로 된다. 자기 비판에서 쓰따니쓸라브쓰끼는 배우 및 연출가의 기술 성장의 가장 중요한 조건을 찾았다. 자기비판은 예술가 자신이 창조적 발전에서 정지하는 것을 허용하지 않을 뿐 아니라 예술가를 앙양시키는 력량인 것이다. 그의 주장에 의하면 오직 정당하고 원칙적이고 동지적인 비판의 분위기 속에서만 천재의 성장은 가능한 것이다.

그는 예술에서 모든 것이 고요할 때, 창조적 토론에서 요구가 없을 때, 투쟁만이 승리와 진취가 있다는 것을 망각하였을 때, 이런 사태를 좋지 안은 것으로 간주하였다. 그는 달성된 것에 만족하지 않고 항상 제지할 수 없는 전진 운동 가운데 있었다. "만약 발견된 것이 배우를 만족시키고 그가 성공에 도취한다면 — 그의 탐구는 중지될 것이고 전진 노력은 정지하고 말 것이다"라고 그는 자기의 저서 『나의 예술 생애』에서 말하였다.

쓰따니쓸라브쓰끼는 생활면에 부단한 주의를 돌리면서 무대와 사회적 현실에서 새로운 것을 반영하며 쏘베트 사람의 성장을 보이는 것을 극장에 가르쳤다.

예술은 인민에게 혁명적 경각성을 배양시켜야만 한다. 쓰따니쓸라브쓰끼는 이 과업이 얼마나 중요하며 얼마나 어려운가를 알고 있었다. "당신이 거리에서 만나는 그 사람의 가슴에는 '나는 너의 친구다' 또는 '나는 너의 적이다'라는 패짝을 달고 있지는 않다. 마찬가지로 그들의 등에는 어떤 경우에도 '이는 쓰베트 국가의 적이다'라고 백묵으로 써 있지는 않다. 그들은 모든 사람들과 같이 외면적으로 나타나지 않을 뿐만 아니라 자기의 행동에서도 훌륭하며 평범하게 가장하는 것이다. …… 무대에서 원수를 그만큼 생활적이고 진실하게 보이게 하기 위하여 원수의 내면세계에 깊이 침투하여야 한다. 그 때라야 관객은 '보라, 원수가 얼마나 단순하지 않으며 얼마나 지혜롭고 교활하게 행동하는가!'라고 말할 것이다. 그러므로 나도 더욱 지혜로워야 하며 경계하여야 하며 조심해야 한다"(엔·고르차꼬브 『쓰따니쓸라브쓰끼의 연출 제 과제』)라고 그는 말하였다.

이 요구를 배우들 앞에 제기하면서 그는 " …… 원수들을 바보로 표현하는 것 — 이것은 예술의 과업이 아닐 뿐 아니라 사회 발전을 위해서와 인류의 리상을 위한 투쟁을 위해서도 해독적이다"라고 강조하였다. 이는 그의 시스템의 정치적 지향성이며 그에다 이런 행동적 힘을 주는 것이다.

맑스주의 대가들은 예술가들에게 그들이 만약 성실하게 생활의 진실을 반영한다면 불가피적으로 맑스주의에 근접하게 될 것이라고 항상 가르치고 있다. 생활 진리의 완벽한 예술은 이러한 방법으로 자기의 예술적 형상들에서 자기 시대의 가장 진보적 사상을 표현하는 선진적 예술이 되지 않을 수 없다.

쓰따니쓸라브쓰끼의 창작 방법은 당연 창조에 능숙하고 긍정적 예술 형식에서 포착하기 힘든 모든 뉴안쓰와 인간의 내면적 생활의 모든 깊이를 전달할 줄 아는 배우의 능력을 배양하여 준다.

쓰따니쓸라브쓰끼의 창작 방법에서 배우 예술의 과학적 씨스템의 발견이 그 중요한 부분을 차지하고 있다. 그러므로 그의 창작 방법을 말하면서 배우 창작에 관련된 그의 극장 륜리학에 대하여 반드시 알아야 하며 그가 최후에 도달한 '육체적 행동방법'에 대하여도 알아야 한다. 그러나 그런 문제들은 주로 배우 창작에 관련되기 때문에 해당 장에서 언급하기로 하고 여기에서는 략한다.

우리가 쓰따니쓸라브쓰끼의 방법을 연구하고 소유하는 데 있어서 반드시 류의 하여야 할 것은 그의 방법의 힘은 그것이 바로 생활에서 취해졌고 그 가운데 경험 많은 예술가의 다년간의 경험이 일반화되어 있다는 것이다. 이 방법에서는 모든 것이 무대에서 생각하고 느끼는 인간을 각 방면으로 심각하게 표시하며, 표현하려고 하는 생활적 현상들의 사상적 의도를 천명하며, 생활적 현실에서 확실성과 진실다운 것을 설득시키며, 생활의 지식으로 관객을 풍부케 하며, 관객의 예술적 취미를 향상케 하는 것을 방조하는 데 돌려져 있다는 것을 알아야 한다.

그의 창조적 원칙의 연구와 극장의 창조적 실제에 있어서 그의 방법을 적용함은 우리 연극 일꾼들의 임무인 것이다.

3. 연출가와 희곡

연출가의 창조적 작업의 모든 기초를 형성하고 기본적 출발점으로 되는 것은 희곡에 대한 작업 즉 작가와의 작업인 것이다.

연극에 있어서 연출가나 배우나 그의 모든 창조적 일꾼들의 궁극적 목적은 작가가 희곡에서 말하려고 하는 사상성을 무대 우에서 구현하는 것이다. 앞에서도 말한 바와 같이 사상성 — 이것은 쓰따니쓸라브쓰끼의 사실주의적 방법에 있어서 생활적인 유기성을 가지고 있다. 그러므로 작가가 목적하는 사상적 의도를 정당하게 무대 우에 구현하는 것은 희곡에 대한 연출가의 정확한 작업으로써만 가능한 것이다.

희곡, 다시 말하여 작가의 사상은 연출가의 지도에 의하여 배우들을 통하여 무대상에 구현되는 것이기 때문에 이 문제에 관한 해명은 배우의 작업과 분리할 수 없다. 연출가는 배우가 어떻게 희곡의 사상을 무대 우에 구현하는가를 지도하고 인내하고 방조하며 검열한다.

연출가가 련습에 착수하기 전에 희곡을 연구하여야만 하는 것은 무조건적으로 필요하다. 만약 이렇지 않다면 항해도(航海圖)에 대한 지식없이 대양에 배를 모는 선상의 모험으로 되고 말 것이다. 이에 있어서 쓰따니쓸라브쓰끼가 련습을 지도하면서 배우들에게 한 다음과 같은 말을 연구할 필요가 있다.

“……나는 내가 지금 마치도 희곡을 잊어버리고 곧바로 역할을 연기하는 것—이는 행동하는 것이다—을 제기한다고 극장에서 말들 하고 있다는 것을 들었다. 첫째로 나는 일찍이 희곡을 모르고, 읽지 않고, 희곡에 대하여 생각하지 않고, 희곡의 초 과제—사상성과 관통적 행동을 확정하지 않고서 련습에 들어가야 한다고 말한 일은 전혀 없다. 둘째로 나는 오래된 희곡이나 새 희곡이거나를 불문하고 임의의 희곡을 련습함에 있어서 참가자들에게 희곡에 대하여, 역할에 대하여, 작가의 사상 등등에 대하여 질문하고 이야기하는 것을 금지한 일은 전혀 없다.

내가 마치 희곡도 역할도 모르면서 역할과 희곡에 대한 작업을 할 수 있다는 것을 주장한다는 소문이 나한테까지 들려왔다. 이런 소문을 돌린 사람은 다음과 같은 것을 상상하고 있는 것 같다. 즉 연출가가 그 자신이 희곡을 통독하였으며, 배우들이 거기서 무엇을 어떻게 해야 하는가를 결정했으며, 그들을 련습에 불렀으며, 그리고 자, 당신들은 창문을 여시오, 당신들은 춤추시오, 당신들은 탁자를 준비하시오, 당신이 누구며, 무엇을 위하여 당신들은 모든 것을 행하며, 당신들이 앞으로 어떻게 될 것인가 —이것들은 중요하지가 않소. 나에게 리상적으로 이 행동들을 하시오, 나는 당신들에게 다음 것을 제기하겠소, 그리고 또 다음 것을 이렇게 진행할 것이요, 그 결과에 역할을 연기 하시오.

—어떤 것을, 누구의 것을, 무엇을 희곡에서 말입니까—하고 어리벙벙해진 배우들이 묻는다.

—어떤 역할, 어떤 희곡 이것이 중요한 것이 아니요, 내가 당신들에게 말하는 것을 연기하시오—하고 독재자 연출가는 대답한다.

배우들은 연기를 하고 쓰따니쓸라브쓰끼는 그들의 행동을 시험하며 그 결과로 연극이 된다고 말한다는 소문이 나에게 들려왔다.

나는 일생 동안 이런 엄청난 실없는 소리를 처음 들었다. 오늘 우리들은 다시 사실상 새로운 방법으로 련습하고 작업하는 것을 시험해 보기로 한다. 그리고 나는 우리들의 작업의 결과 쓰따니쓸라브쓰끼가 사실 늙어서 정신이 나갔다는 것을 극장에서 말들 한다는 것을 듣고 싶지는 않다.

이 때문에 나는 다음과 같은 것을 되풀이해서 말한다.

첫째 연출자도 배우도 희곡을 알아야만 한다. 이 작업에서 모를 것이 무엇인가? 나는 일생 동안 극작가가 없이는 연극은 있을 수 없다는 것을 말하고 있다. 우리 연극 생활에서 체호브와 고리끼의 역할은 누구나 다 알고 있다.

둘째 무대 작품—연극에서 희곡의 구현에 관련된 모든 것을 알 필요가 있다. 이것은 반드시 사상—희곡의 초과제와 그의 관통적 행동을 알아야만 하는 것이다. 련습의 진행과 함께 희곡의 사상은 변함없이 배우의 의식 속에 점차적으로 깊이 침투될 것이며, 그의 사고와 감정을 흥분시킬 것이며, 배우가 행동하는 그 등장인물의 무대상의 행동에서 점차적으로 모든 것은 명백해질 것이다.

관통적 행동은 나날이 견고해질 것이며 희곡의 사상을 위한 매개 등장인물의 투쟁 선은 점차적으로 날카롭게 그어질 것이다.

셋째 이를 위하여 배우와 연출가는 희곡과 역할의 자료들로써 상상력을 배양하면서 자기의 창조적 상상력을 간단없이 풍부화하여야만 한다. 작가를 연구하여야 하며 희곡의 자료들을 연구하여 하고 작가에게 쩨마를 주었고 그의 주인공들의 성격을 만들어준 그 생활을 특히 똑똑히 그리고 깊이 연구하여야 한다. 이 모든 것이 필요하다. 그 행동에서 희곡의 주인공들의 행동의 현실적 육체적 선을 탐구하는 행정에서 연구할 것을 권고한다.

희곡을 해명하면서 신중히 하라. 희곡의 슈제트의 판정할 수 있는 사건들을 기본적이며 객관적인 것들 대신에 쉽게 바꿔 놓지 말아라. 차쯔끼의 도착—이것은 나에게는 제 일장의 슈제트의 표면에 있는 사건이며 그것을 인정치 않기는 어려운 일이다. 그러나 그것은 중요한 것도 아니며 희곡을 위하여 객관적인 것도 아니다. 다시 되풀이한다면 중요한 것은 희곡과 그 사상을 전진시키며 희곡에 있어서 관통적 행동과 대립 행동의 불가피성을 만들어 내는 그것이 중요한 것이다. '지혜의 슬픔'에 있어서 이는 이 시대의 사회적 관점으로서는 을찰린과 쏘피야의 비법적인 로만쓰이다. 구체적으로 말한다면 일장은 차쯔끼의 도착 전야의 그들의 비밀 상봉인 것이다. 연출가는 커다란 객관적 사건을 한 장에서 한 장으로 점차적으로 확정할 수 있으며 알려진 경험과 직관으로 단꺼번에 모든 희곡의 기본적이며 객관적인 사건들을 판정할 수 있다"(一九三0—三一년에 쓰따니쓸라브쓰끼가 『지혜의 슬픔』의 련습 때에 한 말 중에서).

그러면 초과제(超課題)란 무엇인가?

쓰따니쓸라브쓰끼는 희곡의 초 목표에 대하여 다음과 같이 말하였다.

"종자에서 식물이 자라나듯이 작가의 개별적인 생각과 감정들에서 그의 작품은 자라난다. 작가의 개별적인 생각들, 감정들, 생활적인 공상들은 그의 전 생애를 통하여 시종 일관하게 꿰뚫고 있으며 창작시에 그를 인도한다. 그는 이것들의 희곡의 토대에 놓으며 이 종자를 가지고 자기의 문학작품을 길러낸다. 작가의 이 모든 생각들, 감정들, 생활적인 공상들, 영원한 고통들이나, 기쁨들이 희곡의 토대로 된다. 그것들을 위하여 그는 펜을 드는 것이다. 감정, 생각, 공상, 고통, 기쁨들을 무대에서 전달하는 것이 연극의 주요 목적이다.

거의 례외없이 모든 목표들을 흡수하며 심리 생활의 원동력 및 역할을 연기하는 배우의 창작적 지향들을 자극하는 이 기본적이며 주요한, 또 모든 것을 포함하는 목표를 앞으로 작가의 작품의 초 목표라고 부르기로 약속하자"(『배우 수업』에서).

희곡에서 일어나는 적고 큰 모든 목표들과 배우가 맡은 역할에 맞추려고 하는 모든 창조적 생각과 행동들은 희곡의 초과제를 수행하는 데로 지향해야 하는 것이다. 극히 사소한 세부에 이르기까지라도 초과제에 관련하지 아니하면 작품의 주요한 본질로부터 주의가 떨어져 나가게 된다.

희곡의 초과제를 우리가 그 작가의 사상적 철학적 의도라고 해석할 때 희곡에서 작가가 묘사한 모든 사건은 이 초과제에 복종해야 하는 것이며 배우의 모든 창조도 여기에 의존하여야 하는 것이다.

연출가는 희곡에 대한 작업을 다방면으로 한다. 작가의 생애와 창작에 대한 안케트를 연구하며, 작품을 분석하여 단위와 목표를 설정하며, 매개 등장인물의 성격과 습성을 연구하며, 지어는 그 인물들의 가계보(家系譜)까지도 작성한다. 이 섬세하고 조밀한 모든 작업의 기본 목적은 희곡의 초과제를 발견하는 것이며 배우의 창조를 이 초과제의 지향에 인도하는 것이다.

연출가는 배우들에게 초과제와 희곡과의 떼어 놓을 수 없는 유기적 련결을 알게 하며 또한 희곡의 가장 깊은 은밀한 장소에서 초과제를 끄집어 내오는 길을 그들에게 밝혀주어야 한다.

4. 모든 창조 과정과 연출가

연출가의 작업 중의 대부분은 배우들과의 작업이 차지한다. 그것은 우에서도 말한 바와 같이 작가의 희곡의 모든 사상적 철학적 의도는 배우들의 육체적 및 심리적 행동을 통하여 무대 우에서 구현되기 때문이며 배우들의 창조의 전 과정은 연출가—창조자, 연출가—선생에 의하여 안내되고 지도되기 때문이다.

연출가의 희곡에 대한 작업, 무대 미술가와의 작업, 기타 모든 부차적 요소와의 작업도 궁극은 무대상에서 배우들의 창조에 집중되며 배우들의 창조의 완전성 가운데 유기적으로 용합되어야 하는 것이다.

연출가가 희곡에 대하여 면밀하고 심오한 작업을 한 결과는 첫째로 그의 연출 플란 작성에 도움을 주며 플란에 생활력을 부여한다. 만약 연출가가 작가의 희곡의 기본적 선을 잘못 인식하였다거나 그 초과제를 잘못 포착하며 작가의 기본 사상적 의도를 오해 또는 곡해한 립장에서 작성된 연출 플란은 많은 배우들의 창조를 혼동케 할 것이며 미술을 위시한 모든 부차적 요소의 창조적 작업까지도 병신으로 만들어 버릴 것인 바 이는 결국 하나의 희곡에 대한 창작이라는 위대한 대양 항해가 그릇된 항해도로 말미암아 암초에 부딪쳐 난파하고 마는 것과 같은 결과를 가져올 것이다.

연출 플란—이것은 원양 항행에 있어서 과학적으로 작성된 항해도와 같은 것이다.

이 항해도에 따라서 무대라는 배에 탄 배우들인 선원들은 무사히 목적지까지 도달하게 되는 것이다. 이 항해에 있어서 무대상의 모든 분위기와 상호 접촉(상대역과의) 등은 바다에서의 기상(氣象)의 변화와 선원들의 육체적 심리적 상태의 호상관계와 같은 것이다.

연출 플란은 세 개의 부분을 포함하고 있다. 첫째로 작가와 작품에 대한 연구이며, 둘째로 작품에 대한 연구에 기초하여 작성된 미잔쓰제나며, 셋째로 모든 부차적 요소에 대한 계획인 것이다.

첫째 부분에 대하여는 이미 이야기되었다.

미잔쓰제나—이는 연출가의 무대상의 구도이다. 화가는 자기의 칸바스에 인물의 매치, 전경과 후경의 구상 등을 포함한 구도를 작성한다. 이와 마찬가지로 연출가는 무대라는 칸바스 우에 그려질 연극이라는 그림을 위형 배우라는 소재와 기타 부차적 요소들에 의한 전경 또는 후경, 광선의 배치, 음향의 도입들에 대하여 구도를 작성한다. 이것이 연출가의 미잔쓰쩨나인 것이다.

미잔쓰쩨나는 연출가의 환상적 고안에 의하여 고립적으로 작성되지 못한다. 그것은 어디까지나 희곡에 대한 작업에서 얻어진 총화에 의하여 다시 말하면 단위, 목표, 초과제, 관통적 행동들의 정당한 포착과 계발 및 천명에 의하여 그리고 매개 등장인물들의 가계보적 또는 생활적 연구에 근거한 성격과 등장인물들의 호상 관계 등에 근거하여 유기적 통일밀에 작성되는 것이다.

연출가의 미잔쓰쩨나는 고정 불변의 것으로는 물론 될 수 없으며 도구적인 것으로도 될 수는 없다. 그것은 배우들의 령감적인 창조에 의하여 내용이 더 풍부해지는 것이며 완전해지는 것이다.

연출 플란에 있어서 부차적 요소들과의 관계에 대하여 앞으로 더 이야기되기 때문에 여기서는 생략한다.

연출 플란에 의하여 연극 창조에서 주되는 작업인 배우 창조에 들어간다. 배우 창조의 행정에서 제기되는 연출가의 사업에 대하여 쓰따니쓸라브쓰끼 씨스템은 많은 것을 가르쳐 주고 있다.

쓰따니쓸라브쓰끼가 그처럼 희곡에 대한 작업을 중요시하는 것은 사실주의 예술이 '인간의 정신생활'을 진실하고 확실하게 반영하는 데로 지향한다는 거기에 근거한 것이다. 이러한 예술만이 관객들에게 감명과 교양을 줄 수 있는 것이다. 쓰따니쓸라브쓰끼는 항상 사실주의적인 구상을 위하여 가장 선명하고 진실로 유기적인 형상화를 탐구하였다. 이것을 위하여 그는 우선 매개 배우들이 생활에 깊이 침투하며 자신을 관객에게 접근시키며 산 인간 정신을 엄폐하는 직업적 연극의 수법과 스탐프로부터 떨어져 순결화될 것을 요구하였다.

쓰따니쓸라브쓰끼가 『지혜의 슬픔』의 련습 때에 연출가가 배우와의 작업에서 무엇을 해야 하는가를 요약하여 말한 일이 있다. 그 담화의 내용에서 그의 씨스템에 의거하는 연출가는 배우와의 작업에서 무엇을 해야 하는가에 대한 방향을 리해하게 된다.

그는 가장 중요한 것은 무엇보다도 먼저 배우의 가능성을 백방으로 개척해주는 것과 배우에게 그의 개성을 깨우쳐 주는 것이라고 하였다.

이 중요한 과업을 실천하는 것을 그는 배우들에 의하여 만들어진 쩩쓰트의 '초안'이라고 하였다. 그러나 물론 그렇다고 하여 배우들이 자기들의 말들로 역할을 서술할 권리를 가졌다는 것을 의미하지는 않는다. '초안'을 통하여 배우는 작가의 사상들과 형상들의 행로에 깊이 침투하며 이 방향에서 그의 개인적 창발력을 나타내는 것이다. 감정을 '유인하고' 그것으로써 배우를 생활에로 불러일으키기 위하여서는 '씨스템'의 하나의 지식이나 모든 요소들의 소유만으로는 부족하다. 연출가에게는 배우를 매혹시키는 것과 배우의 상상을 매혹시키고 불태우는 것이 필요하다.

그것은 희곡의 슈제트와 희곡에 있어서 오늘 우리 눈앞에 전개되는 산 완전한 생활을 가진 개별적 모멘트들을 극히 가까이 끄집어내다 두는 것으로써 할 수 있는 것이다.

쓰따니쓸라브쓰끼는 생활을 관찰하고 경청하고 사랑하는 것을 배우라, 그것을 예술에 옮겨 놓으라, 그것을 당신들의 형상—역할들에 충만 시켜라 하고 권고하였다.

연출가는 이 과정을 위하여 배우에게서 생동하고 다혈적이고 선명하게 사고하고 행동하며 희곡의 사건들을 힘 있게 체험하는 형상이 탄생하도록 하는 창조적 환경을 매 련습에서 만들어 줄 줄 알아야만 한다.

만약 이것을 위해서 '가볍게 연기해 버리게' 되더라도 배우에게 그것을 하도록 버려두고 다음에 그의 상상력에 의하여 희곡의 인물이 곤난에 빠질 수 있는 구체적 사태들로써 설명하여 배우를 '가볍게 해버린 연기'에서 해방시켜주는 것이 좋다.

내면적 및 외면적 행동의 론리와 연출가에 의하여 배우 앞에 제기된 과업들(희곡의 슈제트와 역할의 발전에 있어서)에서 흘러나오는 육체적 행동들은 연출가들에게 예술적 진리와 방법의 감정으로부터 떨어져 측면으로 사라지게는 하지 않을 것이고 이는 모든 행동들, 사념들, 배우들의 감정들, 작가의 작품이 담고 있는 초과제—사상을 점검할 것이다.

련습에서 창조적이며 창발적으로 작업하여야 할 것이다. 련습! 이것은 극장의 학교에서의 '씨스템'에 의한 학과가 아니다.

이것은 작가의 사상과 생각을 생동하는 행도적인 인간적 형상에다 구현하는 것이다.

'씨스템'에 의하여 얻어진 모든 지식을 리용하면서 작업하되 그 지식이나 '씨스템' 자체를 시위하기 위하여 작업해서는 안 된다. '씨스템'은 극작가의 상상의 현실적 구현의 방법이지 자목적(自目的)을 가진 것이 아니다.

쓰따니쓸라브쓰끼는 이것을 되풀이하여 말하는 데 권태를 느끼지 않았으며 그는 역시 연출가들과 교원들이 아주 빈번히 바로 이 방향을 잘못 잡고 있다고 느꼈던 것이다.

그리고 그는 이 잘못이 어디에 기인되는가를 리해하였다. 만약 연극

학교나 연구소에 다니는 청년들이 디레탄티즘이나 소인극으로 물들지 않았다거나, 우리들에게 대립되는 방향이 학교에 들어오지 않았다거나, 재현하는 것을 가르치고 역할을 체험하는 것을 가르치지 않는 학교에서 '씨스템'을 강의하는 것을 배우거나, 젊은 사람들이 주의하고 근육적으로 해방되도록 가르치거나 접촉하는 것들은 비교적 까다로운 일이 아니라고 그는 말했다. 한마디로 말하여 배우 활동에 유능한 젊은 사람에게 '씨스템'의 매개 요소들을 가르쳐 주는 것은 어려운 일이 아니다. 오히려 련습이나 공연에서 배우의 진실한 창조적 자감(自感)을 위하여 모든 요소들을 한가지로 통일하는 것이 훨씬 더 어려운 일이다.

'씨스템'의 모든 요소들과 배우의 창조적 자감, 그의 생각, 체험, 감정들을 역할과 형상에로 종국적으로는 초과제 — 작가의 사상 — 에로 지향케 하는 것이야 말로 아주 어려운 일이다. 이를 위해서는 이미 교육자만으로써는 안 되며 연출자로 되어야 한다. 이는 즉 세계를 광활하고 완전하게 파악하며 이 세계에 있어서 예술의 목적과 과업들을 깊이 리해하며 독자적으로 사고하는 인간 또는 예술가로 되어야 한다는 것을 말하는 것이다.

모든 체험은 희곡의 자료와 배우의 직업적인 자료들을 리용하면서 생동하는 무대적 형상에 구현되어야만 한다는 것을 보충할 필요가 있다. '씨스템'을 아는 것은 드물며 무대에서 체험할 줄 아는 것도 드물다. 유쾌하고 어떤 경우에라도 인상적인 성색(聲色)을 가진 훌륭하고 힘있는 목소리, 탁월한 화술, 뽐내는 태도가 없는 우아한 운동, 고운 얼굴 — 이는 아름답고 기민한 것을 말한다, 훌륭한 외모, 인상적인 손들을 가져야만 한다.

그리고 배우에게는 환상, 생신한 상상력, 생활을 관찰하는 능력, 관찰된 것을 무대적 형상에 옮겨 놓는 능력이 필요하며 더욱 중요한 것은 배우에게 감화력과 무대적 매력이 있을 것이 필요하다.

이상이 쓰따니쓸라브쓰끼가 작가의 '씨스템'에 처음 인입시킨 배우들에 대하여 연출가들이 어떻게 사업할 것인가, 배우들에게 무엇을 지도해 줄 것인가 하는 문제들에 대하여 말한 것들이다.

물론 연출가의 배우와의 작업이 훨씬 더 복잡하며 연출가에 따라 서로 다른 점들이 있다. 하나의 공식, 규격화된 법칙에 의하여 작업하는 것이 결코 아니라는 것은 쓰따니쓸라브쓰끼가 명백히 지적한 바와 같다.

연출가의 일체의 작업이 다 그러하지만 역시 배우에 대한 작업도 다년간의 경험과 해박한 지식의 축적 우에서 원숙되는 것이다. 참으로 연출이라는 예술의 폭과 깊이는 그 연출가의 경험과 지식에 정비례(正比例)하는 것이다.

우리는 연출가의 작업에 대하여 다음 장들에서 서술되는 「연극과 배우」, 「연극과 부차적 요소」 등에서 더욱 잘 리해하게 될 것이다.

八. 연극과 배우

1. 배우 예술에의 길

쓰따니쓸라브쓰끼는 배우 예술의 특성과 기본 임무에 대하여 다음과 같이 말하였다.

"연극 예술은 언제든지 집체적 예술이였으며 시인—극작가의 재능과 배우들의 재능들과의 통일 가운데서 성장하였다. 상연물의 밑바닥에는 언제든지 배우의 창조를 통일하며 일반적 예술적 의도를 무대 행동에 전달하는 이런 또는 저런 드라마적 개념이 놓여져 있다. 이 때문에 배우의 창조적 과정도 희곡에 대한 몰두로부터 시작된다. 배우는 무엇보다도 먼저 자립적으로나 또는 연출의 방법으로 출연하는 희곡에서 희곡의 기본적 모찌브를 천명하여야 한다. 즉 당해 작가를 위하여서는 그 특징적인 창조적 이데야인바 그것은 작가의 작품에서 씨앗으로 되며 씨앗에서 싹이 자라나듯이 이데야에서 작품도 유기적으로 성장하는 것이다"(쓰따니쓸라브쓰끼 『론설, 담화, 서한집』에서).

이와 같이 배우의 작업은 희곡 작품의 예술적 씨앗을 탐구하는 것으로부터 시작된다. 이 씨앗을 배우가 자기의 리성 속에 파묻는 그 순간부터 그의 창작적 행정은 시작된다. 이것은 마치 자연의 창조적 행정과 비슷한 유기적인 행정을 겪는 것이다. 즉 그 씨앗은 배우의 리성이라는 땅에 떨어지면서부터 잘 빚어져야 하며, 잘 길러져야 하며, 씨앗이 심겨진 그 땅의 양분에 의하여 길러지면서 뿌리와 싹이 터야 하며, 거기서 생기 있고 꽃피는 성장을 달성하여야 한다.

이 창조적 행정은 특별한 경우에는 빨리 진척될 수도 있으나 그 행정이 완전히 유기적인 성격을 띠며 생기 있고 선명하며 진실로 예술적인 무대 형상의 창조에로 인도도 되며 또한 그것이 직업적 대용품을 만들지 않기 위해서는 많은 시간을 필요로 하는 것이다. 그러므로 배우가 자기의 집단 앞에 지니고 있는 책임을 수행하기 위하여서는 충분한 시간을 가진 창조 행정이 있어야 하며 창조적 환경이 지어져야 하는 것이다.

배우의 창조에 있어서 창조적 환경이 충분히 부여되지 못하였다면 배우의 의식적인 의지의 노력은 효과를 거두지 못하며 그의 외부적 기술 즉 육체적 조건, 발성과 성음기관을 지배할 수 있는 숙련들도 배우를 도울 수는 없는 것이다.

배우의 창작에 있어서, 내부적 및 외부적인 창작적 환경에 대한 문제는 쓰따니쓸라브쓰끼 '씨스템'의 기본 문제이며 이에 대한 훈련은 배우 예술의 기본적 훈련으로 된다. 이에 대하여 쓰따니쓸라브쓰끼는 자기의 저서 『배우 수업』에서 과학적으로 서술하였다. 그렇기 때문에 사실주의적 연극을 창조하려고 지향하는 연출가, 배우들은 누구나 없이 의무적으로 그의 『배우 수업』에 의하여 배우 예술을 수련하는 것이다.

쓰따니쓸라브쓰끼의 방법은 배우 예술의 창작 과정을 과학적으로 서술한 독특한 체계이며 이는 오늘 세계의 진보적 연극계에서 공통적으로 창조의 지침과 방법으로 삼는 재보이다. 그러므로 우리나라의 배우들은 그의 저서 『배우 수업』에 대한 연구를 정열적으로 진행하고 있다.

연극 창조에서의 배우 창조에 관한 문제를 해명함에 있어서 응당 쓰따니쓸라브쓰끼의 『배우 수업』의 전 체계에 립각하여야 할 것이다.

2. 재현 예술과 체험 예술

쓰따니쓸라브쓰끼가 창설한 배우 예술의 과학적 방법의 체계는 체험의 예술에 속한다. 그의 체계를 리해하기 위해서는 먼저 그의 학파의 예술적 본질, 다시 말하면 그 이전의 류파의 예술과 다른 점들을 알아야 한다.

쓰따니쓸라브쓰끼는 연극에는 세 가지 형태가 있다고 하였다. 그 첫째 형태는 외면적 효과의 연극 즉 직업적 스탐프(판박이)의 연극이며, 둘째 형태는 재현의 연극이며, 셋째 형태는 체험의 연극이라고 하였다.

쓰따니쓸라브쓰끼는 "체험 예술의 목적읔 무엇보다도 먼저 인간 정신의 산 생활을 무대상에 창조하는 데와 예술적 무대 형식으로 그 생활을 반영하는 데 있다"(『론설, 담화, 서한집』에서)고 하였다.

인간 정신의 이러한 생활은 무대상에서 배우의 재치로써 창조될 수 있는 것이 아니라 진실하고 충실한 감정으로써 또는 배우의 성실한 정열로써 창조될 수 있는 것이라고 그는 말하였다.

배우는 무대에서 맡은 역할의 생활 조건 속에서 정호가하고 론리적으로 또는 시종일관하게 인간으로서 생각하고 희망하며 지향하고 행동하여야 한다. 배우가 이렇게 될 때 그는 맡은 역할에 가까워지는 것이며 맡은 역과 같다는 것을 느끼게 된다. 이러한 과정을 쓰따니쓸라브쓰끼는 "역할을 체험한다"고 하였다.

체험한다는 것은 배우가 맡은 역할인 인간의 정신생활을 창조하며 이 생활을 무대상에서 예술적인 형식으로 전달하는 무대 예술의 기본 목적을 수행하는 데 도움이 되는 것이다.

배우들의 주요한 과제는 맡은 역할의 생활을 그의 외면적인 현상에서 표현하려는 데만 있는 것이 아니라 자기 자신의 인간적인 감각을 이 낯선 생활에 적응시키면서, 또 그 생활에 자기의 정서의 전 유기적 요소들을 열중시키면서, 무대 우에서 표현할 인물과 전 희곡의 내부 생활을 창조하는 데 있다.

쓰따니쓸라브쓰끼는 그의 학파의 예술의 목적이 다만 '인간의 정신생활'을 창조하는 데만 있는 것이 아니라 그것은 예술적 형식으로써 외부적으로 전달하는 데도 있다는 것을 말하면서 다음과 같이 서술하였다.

"그렇기 때문에 배우는 맡은 역할을 내부에서 체험하고 그 체험한 것을 외부에서 구현화하지 않으면 안 된다. 이때에 있어서 외부적 표현은 내부의 체험의 결과라는 것이 우리 류파의 예술에서 특별히 중요하다는 것을 잊지 말아야 한다. 극히 미묘한 또 때로는 잠재의식적인 생활을 표현하기 위하여서는 가장 잘 감응할 수 있는 준비가 탁월한 발성 및 신체 기관을 지배하는 것이 절대로 필요하다. 성대와 신체는 대단한 민첩성과 직접성을 가지고 그 미묘하고도 거의 포착하기 어려운 감정을 순간적으로 정확하게 표현하지 않으면 안 된다. 그렇기 때문에 우리 파의 배우는 체험의 과정을 창조하는 내부 기관뿐만 아니라 정서의 창조 활동의 결과들—즉 구현화의 외부 형식을 충실하게 표현하는 외부의 신체기관까지도 다른 경향의 예술에서 보다 더욱 많이 연구하지 않으면 안 된다"(『배우 수업』에서).

이상에서 론술한 것이 체험하는 예술의 가장 일반적인 특징들이다.

둘째 형태인 재현 예술이란 무엇인가?

재현 예술도 창조 과정에서 몇 번이고 체험한다. 그렇기 때문에 체험하는 과정이 있는 재현 예술도 참다운 예술로 인정한다.

그러나 재현 예술에서는 체험하는 목적이 다르다. 감정을 자연스럽게 나타내는 외부 형식을 발견하고 그 형식을 훈련된 근육의 도움을 받아서 기계적으로 반복하는 것을 배우기 위해서만 한 번 또는 여러 번 맡은 역할을 체험하는 것이다. 이것은 역할의 재현인 것이다.

이와 같이 이 류파의 예술에서는 체험하는 과정은 창조의 주요한 계기로 되지 않고 그 이후의 예술 활동을 위한 준비적 계단의 하나에 지나지 않는다. 또한 이 방법은 무대 창조의 외면적 예술 형식을 탐구하기 위해서만 사용된다. 여기에서 배우는 자기 집에서나 또는 련습할 때에는 체험하나, 공개적으로 창조하는 공연에서는 체험하지 않는다.

쓰따니쓸라브쓰끼는 배우가 체험한 것이 외형적으로 어떻게 반영되는

가를 알기 위하여 거울을 사용하는 것을 아주 위험한 행동이라고 경고하였으며 그것을 재현 예술의 전형이라고 하였다. 왜냐하면 그것은 배우에게 자기의 내면보다 외면을 보는 관습을 주는 것이기 때문이다. 뿐만 아니라 그는 배우가 비록 거울을 통하여 외관이나 거동을 보려고는 하지 않았다 치더라도 체험하는 내부 감정 즉 맡은 역할의 '인간의 정신생활'이 육체적으로 어떻게 표현되는가를 보려고만 하는 것으로도 재현 예술의 전형에 떨어진다고 하였다. 왜냐하면 그 예술에 있어서도 역의 외면뿐 아니라 '인간의 정신생활'이라는 그의 내부 감정의 선을 주요한 방법으로써 전달하려는 무대 형식이 필요하기 때문이다.

재현 예술의 배우들은 맡은 역할의 내부 생활을 전달하는 전형적인 인간적 특징들을 자기 자신 속에서 보려고 하며 만들려고 한다. 그들은 처음에 맡은 역할을 감득한다. 그러나 일단 그렇게 해버린 다음에는 다시 새롭게 감득하지 않는다. 이 류파의 배우들은 일단 최선의 형식을 창조해 내기만 하면 공개적인 공연에서 그것을 기계적으로 반복하거나 전혀 감정의 참여도 없이 그대로 반복하는 것을 배운다. 그것은 훈련된 근육과 육체와 얼굴의 도움을 받아서 또 성대 인토나찌야, 숙달된 기교와 모든 예술의 수법들의 도움을 받아서 또 끝없는 반복의 도움을 받아서 되는 것이다.

맡은 역할을 기계적으로 재생하는 데 관습된 배우는 신경과 정신력을 소비하지 않고 자기의 활동을 반복한다. 정신력이 필요하지도 않을 뿐만 아니라 일체의 감흥은 배우의 침착성을 혼란케 하고 일단 결정된 구도와 형식을 변경하는 것이기 때문에 공개적 창조에 있어서는 오히려 해로운 것이라고 생각한다. 이상이 재현 예술의 일반적 특징이다.

다음 직업적 연기에 대하여 말하자.

체험하는 예술에서와 마찬가지로 재현의 예술에서도 체험의 과정을 피치 못하지만 직업적 연기에서는 체험을 필요로 하지 않는다. 이 류파의 배우들은 각자의 역을 구별하여 창조할 줄도 모르고 체험한 것을 자연스럽게 구현화할 줄도 모른다. 직업적인 배우들은 다만 한번 만들어버린 무대 연기의 방법들로써 맡은 역할의 초안을 보고 반복할 줄만 알 뿐이다. 이것은 직업적 연기의 목표들을 대단히 단순화한다.

배우가 맡은 역할의 감정을 전달하려면 그것을 알아야 하며, 그것을 알기 위해서는 그와 류사한 체험을 자신이 겪어야 하는 것이다. 감정을 모방해서는 안 된다. 감정을 모방하는 것은 단지 외부에 나타난 결과를 위조하는 데 지나지 않는다. 직업적 연기자는 체험할 줄 모르기 때문에 이 창조 과정의 외부적 결과를 알 수도 없다.

그러므로 할 수 없이 단순하고 인습적인 배우의 과장에 의뢰할 수밖에 없는 것이다. 이것은 맡은 역할을 연기하는 배우 자신도 알지 못하며 또 체험하지도 못한 그 낯익지 못한 감정의 유치하고도 형식적인 외적 표현에 지나지 않는 것이다. 우리나라에서 '신파'라고 불리워지는 형식주의 연극의 연기도 직업적 연기에 타당한 것이다. 직업적인 '신파' 배우는 무대에서 안면 표정과 목소리와 동작의 도움을 받아서 마치 맡은 역의 '인간 정신의 내면생활'을 표현하는 같은 외적인 스탐프와 감정이 없는 죽은 마스크를 관중들에게 뵈여 준다. 직업적 연기에서는 이러한 외적 과장을 위하여 실제 무대에서 볼 수 있는 모든 감정들을 외면적인 방법으로 전달하려는 수많은 배우적인 표현 방법들을 준비하고 있다. 이 직업적인 방법에는 감정이 없으며 다만 모방과 외면적 결과의 류형만이 있을 뿐이다. 또한 정신적 내용은 없고 다만 표현하는 것 같은 외면적 방법들이 있을 뿐이다.

3. 배우의 자연

체험하는 예술에 있어서 배우의 유기적 자연(본성)에 대한 관찰과 관계는 아주 중요하다.

매개 배우는 그에게 천품적으로 소유하고 있는 자연이 있다. 그 자연은 배우 창조에서 잠재의식적으로 작용하며 그것이 잠재의식적으로 작용함에 있어서 옳은 방향으로 인도한다면 훌륭한 창작이 될 것이다. 그렇지 않다면 좋지 못한 창작으로 될 것이다. 그러므로 마음대로 되지 않는 배우의 자연의 잠재의식적인 작용을 자극하고 지도할 줄 알아야 하며 그러기 위해서는 심리 기술의 특수한 방법들이 필요한 것이다. 이 심리 기술을 쓰따니쓸라브쓰끼의 씨스템에 있어서 직업적 심리학이라고 명명하고 있으며 말하자면 『배우 수업』은 이 직업적 심리학을 해명하고 그것의 훈련 방법을 서술한 것이다.

쓰따니쓸라브쓰끼가 말한 바와 같이 심리 기술의 특수한 방법들의 사명은 "의식적이고 간접적인 길로서 잠재의식을 창조에로 고무하고 인입시키려는 데 있다. 그렇기 때문에 우리들이 체험하는 예술의 주요한 기초의 하나는 '예술가의 의식적인 심리 기술을 거쳐서의 자연의 잠재의식적 창조'라는 원칙이다."

배우의 자연을 어떻게 관찰하며 그것을 어떻게 콘트로르(통제)할 것인가 하는 문제는 심리 기술의 소유를 말하는 것이다.

그러면 배우의 자연이란 무엇인가?

가. 유기성(有機性)

쓰따니쓸라브쓰끼는 배우의 무대상의 모든 거동의 자연성, 직접성, 생활적 진실성을 유기성이라고 하였다. 그는 무대에서의 배우의 거동 — 역할과 형상에서 — 으로 배우의 모든 동작들(외형적인 것도 내면적인 것도), 언어 — 대사 모든 관계, 적응, 템포 — 리즘을 말하려고 한 것이며 그리고 가장 중요한 것으로는 형상의 유기적 거동의 모든 요소들을 극작가에 의하여 설정된 환경 속의 사상 — 희곡의 초과제 — 에 복종시킬 줄 아는 것을 말하려고 한 것이다.

자기의 직업에 천품이 있는, 다시 말하면 유기적으로 좋은 조건을 가진 배우들도 있다. 이런 배우들도 자기의 작업에서 보람있는 성과를 내기 위하여서는 노력해야 하며 배워야 한다. 이런 배우들이 자기의 예술 발전에서 정체되지 않으려면 생활에서 락후하지 않고 관객의 요구에서 멀어지지 않도록 노력해야 한다. 만약 노력하지 않고 생활에서 배우지 않는다면 아무리 그가 천부적인 유기성을 가졌다 하더라도 그것은 쓸모

없는 락후한 것으로 될 것이다. 풍부하고 천부적인 유기성을 가진 배우도 모든 역할에서 골고루 다 같이 훌륭하게 연기할 수는 없다.

우리나라의 배우들 가운데도 무대상의 거동에서 천재적인 유기성을 가진 사람들이 있다. 그러나 이들의 역할이 다 잘되는 것도 아니며 매번 다 훌륭하게 될 수도 없는 것이다.

그러나 그들은 어제보다는 오늘 더 잘했다거나 더 잘하지 못했다는 데는 상관없이 무대상에서 변함없이 배우답게, 자연스럽게 그리고 진실하게 연기한다. 배우의 거동의 유기성은 무대에 첫 발자욱을 뗄 때 벌써 나타날 수도 있으며 전력을 들여 유기적인 게 되려고 노력한다면 경험과 기술이 축적되어 유기성이 생겨나는 일도 많이 있다.

때로는 극작가가 배우의 유기성을 끄집어 내 주는 일도 있다. 생활을 깊이 관찰하는 배우가 다른 희곡의 출연에서는 빛나지 못하다가도 어떤 생활적인 희곡에 출연하여서 단연 유기성을 나타내는 일도 있는 것이다.

그러므로 배우에게는 노력하고 생활을 심오하게 관찰하는 것이 가장 중요한 것이며 그렇게 함으로써만 그는 훌륭한 유기성을 소유하게 되는 것이다.

나. 말의 감정

말, 대화, 화술, 성음들과 같은 것은 얼핏 보기에는 전적으로 배우의 자연의 외면적 특성에 관련되는 것이라고 뵈여 질 수 있다.

선천적으로 특출한 화술, 명쾌하고 뛰어난 형상적인 대화를 하는 천재를 가진 사람도 때때로 있다. 만약 이런 사람이 배우가 된다면 그것들은 성공의 좋은 담보로 볼 수 있을 것이다.

옴폭이 광대한 성음과 특별히 매혹적인 성색을 가진 배우도 있으며 리지적이고 섬세한 사람도 있다.

후자는 그의 자연적 성음을 무대 대화의 법칙에 복종시킬 줄 알며 형상의 내용을 거의 천명하려고 하며 성실하게 말로써 행동하려고 노력한다.

성대와 말에 특출한 천품을 가진 배우도 있으나 그런 사람은 드물게 존재한다. 누구나가 다 우리 조선말의 아름다움, 두드러진 형상성, 리즘, 섬세성, 인민적인 유모어 등을 자유롭게 사용하고 표현할 수는 없을 것이다.

젊은이가 배우로 되려거나 젊은이를 배우로 받을 때에는 그가 순수한 화법과 좋은 목소리와 말에 대한 초보적인 감정을 가지고 있는가를 고려하여야 한다. 이는 말의 가정이야말로 관객에게 주는 강력한 작용 수단의 하나이기 때문이다.

"말은 인간의 사상을 표현한다. 말보다 더 강한 무기는 세상에 없다. 사람의 말로써 산도 옮겨 놓을 수 있다는 말은 공담이 아니다. 말로써 배우며, 말로써 사랑하며, 말로써 미워하며, 말로써 죽이며, 말로써 도와주며, 그리고 인류 력사에서 가장 위대한 일도 말로써 창조한다"(쓰따니쓸라브쓰끼 잡지 『극장』 一九五四년 二월호).

말의 힘과 의의를 리해 못하는 사람을 무대에 내 놓을 수는 없다. 그러나 반드시 알아야 할 것은 무대에서 하는 말은 생활에서 하는 말이 아니라는 것 즉 무대의 대화는 생활에서의 대화가 아니라는 것이다. 그러므로 대화의 생활적 특수성을 무대 우에 옮겨 놓을 줄 알아야 하며 소박한 생활적 대화의 의의를 외곡함이 없이 그것을 무대적으로 인상 깊게 하기 위하여 법칙을 발견하여야 한다. 그러나 생활에서 정확한 력점을 두어가며 자기의 말에 의한 여러 가지 뉴안쓰를 부여할 필요에 따라 말소리를 높이거나 낮추거나 하며 표현력 있게 말하는 사람은 많지 못하다.

생활에서는 억양이 다른 데 대해서는 추궁하지 않으며, 단조로운 것을 의식적으로 피하지 않으며, 임의의 화술상 결함이나 낱말의 사투리들에 구애되지 않으며, 알도록 하기 위하여 같은 말을 여러 번 되풀이하며 얼마만한 사람이 자기 말을 듣는가에 대해서도 상관하지 않으며, 자기가 한 말 전부가 청자에게 다 리해됐는가에 대하여 책임지지 않는다.

그러나 무대에서는 그렇지 않다. 무대상의 대화는 력점과 억양이 정확하여야 하며, 표현력 있게 말해야 하며, 단조롭게 평판적으로 말해서는 안 되며, 화술상 결함이나 사투리를 가져서는 안 되며, 관객이 듣고 리해하며 객석에 전달되도록 말해야 하는바 그렇게 하려면 소박하고 생활적이면서도 표현력 있는 무대상 대화의 법칙을 연구하여야 하는 것이다.

쓰따니쓸라브쓰끼는 대화에 대하여 다음과 같이 말하였다.

"대화는 음악이다. 역할과 희곡의 쩩쓰트는 멜로지야, 오빼라 또는 심포니다. 무대에서의 발성은 노래하는 것보다 쉬운 예술이 아니며 묘법에까지 도달한 거대한 준비와 기술을 요구하는 예술이다. 잘 훈련된 목소리를 가지고 발성이 명기에까지 도달된 기술을 소유한 배우가 무대에서 자기의 역할을 수행할 때 그는 자기의 마스쩨르스또보로써 나를 매혹케 할 것이다. 배우가 리즈미칼하고 자신도 모르게 자기의 리즘과 운률로 매혹될 때 그는 나를 흥분시킬 것이다. 배우가 글자와 단어와 구절과 사상의 정신 속에 침투할 때 그는 니를 이끌어서 시인의 작품의 깊은 비밀 속에로, 그리고 자기의 독특한 정신 속에로 인도할 것이다. 배우가 음향으로 선명하게 채색하고 내면적으로 살아 있는 억양으로 표식할 때 그는 나로 하여금 대화의 단어들이 말하려고 하며 그의 창조적 상상력이 만들어 주는 그 형상과 장면들을 내면적 시선으로 보도록 강요할 것이다"(잡지 『극장』 一九五四년 二호).

다. 창조적 상상력

창조적 상상력은 배우의 자연 중에서 한없이 중요한 본질이다. 이것은 예술가의 내면적 안목에 의한 자연의 형상들과 현상을 확실한 생활적 자변들에서 생존하는 사람들의 사건에 대한 일정한 구체적인 '환상'이며 력사적 과거와 미래에 대한 그림의 환상이다.

예술가의 생각은 그의 상상 속에서 생활, 행동, 인간적 고통으로 충만된 구체적인 그림들을 만들어 낸다. 배우는 이 그림들 즉 환상들을 가장 섬세한 디테일에 이르기까지 이야기할 줄 알아야만 한다. 이 그림들은 극작가의 쩩쓰트에 기초하여 배우의 상상 속에서 생장한다. 배우는 이 그림들을 자기의 상상 가운데서 보며 이야기하거나 종이 우에 그리면서 그것들을 설화적 자료로 둘러싼다.

배우가 쩩쓰트와 작자의 의도 가운데 침투할 줄 알면 알수록 그의 창조적 상상력은 더욱 선명해지며, 더욱 다양해지며, 더욱 행동적이 되며, 더욱 다이나미크하게 될 것이다. 그러나 상상력은 언제든지 극작가의 쩩쓰트와 생활에 대한 배우의 개인적인 관찰의 실례에 의하여 구체적으로 토대가 닦이여져야 한다.

생활에 가까워지는 것, 생활을 관찰할 줄 아는 것, 생활 가운데서 필요한 것과 전형적인 것을 선택하는 것 — 이것은 거대하고 어려운 예술이다.

쓰따니쓸라브쓰끼는 창조적 상상력에 대하여 말하면서 다음과 같이 경고하였다.

"무엇 때문에 내가 이렇게 완강하게도 생활에 대한 관찰의 의의와 쩩쓰트 — 작자의 말이 그 기초에 놓여져 있어야 할 '환상'들의 구체성을 강조하게 되는가. 우리는 이미 다년간 '환따지야'라는 술어를 사용하여 왔다. 이 술어는 우리들을 왕왕 생활로부터 그리고 작가의 쩩쓰트로부터 다른 한 측면으로 끌고 갔다. 나 자신 배우의 생생하고 선명한 환따지야의 필요성에 대하여 많이 썼으며 또 말하였다. 사실 나는 언제든지 분방한 환따지야, 환따지야를 위한 환따지야를 반대하여 경고하였다. 그러나 아직도 경고함이 적다. 자기의 창조적 상상력 즉 '환상'을 확고히 할 줄 아는 것은 — 무대상의 형상에 있어서 구체적 사색 과정에로 — 배우의 자연의 한없이 중요한 특성인 것이다"(잡지 『극장』 一九五四년 二월호).

라. 기질

기질은 배우의 자연의 또 하나의 주요한 특질이다. 기질은 창조적 상상력과 밀접한 관련이 있다. 생활 습성에서 자주 성내고 욕질하고 고함치는 그런 사람을 기질적인 사람이라고 부른다. 그러나 이런 것들은 배우적인 기질과는 아무런 관계도 없다.

쓰따니쓸라브쓰끼는 작가의 쩩쓰트와 자기의 창조적 상상력에 쉽게,

그리고 빨리 감염되면서 무대상에서 더디지 않게 행동할 수 있도록 준비된 그런 사람을 기질적인 배우라고 간주하였으며 그 행동이 말에서나, 육체적 행동에서나, 무대상의 상대역과의 관계에서나, 말없는 내면적인 행동의 배우자에서나 할 것 없이 어데서 표시되든지 그것을 상관할 필요는 없다고 하였다. 그리고 그는 만약 배우가 이 행동들을 희곡 전체의 흐름 속에서 필요는 없다고 하였다. 그리고 그는 만약 배우가 이 행동들을 희곡 전체의 흐름 속에서 자기의 행동의 적극성과 다이나미크한 성격을 높이기도 하고 낮추기도 하면서(희곡의 슈제트가 요구하는 데로) 중단 없이 수행하고 전개할 수 있다면 이런 배우에게는 무대적 기질이 있다고 인정하였다.

역할의 모든 화면, 역할에 있어서의 모든 채색과 적응은 기질로써 관통되어야만 한다. 심리학은 기질의 특징에 의하여 인간을 분류한다. 점액질, 신경질, 다혈질 등이다. 배우적 기질은 이 범주의 어느 하나에도 관련될 수 없다. 배우가 점액질의 역할을 수행함에 있어서 점액질의 사람의 형상을 두드러지게 그리고 선명하게 묘사하기 위하여서는 예술가의 기질을 골고루 소유하여야만 한다.

배우의 기질은 소여의 경우에 있어서 마치 역할의 내면적인 평온한 화면 아래에 은폐된 것처럼 계획적일 수도 있으나 기질 없이는 무대상에서 아무런 역할의 창조도 행동도 할 수는 없다. 과거의 극장에서는 비극 배우들은 이 배우적 자연의 가장 불가결한 본질이 없어도 좋다고 간주된다. 그럴 수는 없다. 어떠한 쟌르의 예술이든 간에 개인적 기질이 나타나지 않는 예술 작품은 없다.

배우에게 기질이 결여되었음을 숨겨서는 안 된다. 이는 어떤 것으로도 대치할 수 없다. 배우에게 만약 기질이 결여되었다면 그는 배우가 될 수 없다.

배우의 창조적 상상력은 그의 기질의 토대로 되며, 창조적 상상력은 배우의 기질을 지배하며 기질은 배우가 무대상에서 유기적으로 행동할 것을 좌우한다. 행동의 결과로 감정이 생겨나는 것이다.

배우는 자기의 행동, 감정, 자기의 기질을 통제할 줄 알아야만 한다. 자기의 기질을 최대한에까지 이끌고 가서는 안 된다. 기질이 배우를 지배할 것이 아니라 배우가 기질을 지배하여야 한다. 배우는 기질을 억제하며 희곡의 슈제트와 등장인물의 성격의 론리에 의거하여 필요한 면으로 기질을 집적하고 통제할 의무가 있다.

배우적 기질은 사람에 따라 상이하다. 개방적인 기질을 가진 배우는 언제든지 자기를 억제하고 자기의 기질을 억제해야 하며 슈제트의 론리에 근거하여 퉁겨나오지 않도록 해야 할 것이다. 심오하고도 내면적인 기질을 가진 배우는 련습 중에서와 역할에서 나타나는 그의 기질을 방해할 수 있는 모든 것을 정리할 줄 알아야 한다. 비극적 배우의 기질을 가진 사람은 희곡의 쩩쓰트, 형상, 성격, 희곡의 슈제트의 이러저러한 사건 등등에서 기질을 자극하는 것을 발견하지 못한다면 그의 기질은 나타나지 않을 것이다. 그러나 이런 배우가 그의 기질을 불러일으키는 동기만 발견한다면 그의 기질은 커다란 힘으로 펼쳐질 것이다.

마. 표현력

무대적 표현력은 충실하게 발견된 형상—역할의 내용과 거동을 무대적으로 표현 형식에 결합시킬 줄 아는 숙련이다. 자기의 천품을 즉 목소리, 화술 호흡, 얼굴의 표정, 몸동작과 총체적으로는 모든 자태의 부각성 등을 리용할 줄 아는 숙련을 말하는 것이다. 무대와 장치의 범위에 대한 감촉은 무대의 매 평방메트르, 매개 계단, 평상(이중), 문설수, 창턱 장치의 모든 디테일, 가구 및 소도구들을 리용할 줄 아는 숙련이다. 의상을 착용할 줄 알며 광선을 리용하고 조명을 감각할 줄 아는 숙련도 무대적 표현력인 것이다.

4. 배우의 외면적 기술과 숙련

배우에게 창조적 환경이 부여되지 않을 때에는 그의 의식적 의지의 어떠한 노력도 소용이 없다. 다시 말하면 령감(인스프레이숀)이 생겨나지 않을 때 배우의 외부적 기술도 그를 돕지 못한다. 령감이란 창조적 상상력의 직관력과 활동성이 생겨나는 창조적 환경인 것이다. 외부적 기술은 령감에 대응하지 못하며 따라서 제때에 자기를 창작적 환경에로 끌고 가지 못한다.

그러나 쓰따니쓸라브쓰끼는 배우들이 창조적 환경에로 자기 자신을 의식적으로 마음대로 끌고 가는 것을 도와 줄 수 있는 수단과 방법은 없겠는가? 만약 이러한 능력을 하나의 어떠한 방법으로 단꺼번에 득달할 수 없다면 창조적 환경이 생겨나며 우리의 의지에 종속되는 그 요소들을 다수의 련습으로 만들어 내면서 부분적으로라도 그 능력을 소유할 수 있지 않겠는가? 하는 문제들을 설정하였다.

그는 이러한 문제들로부터 내면적 기술의 방법을 탐구하기 시작하였으며 여기로부터 그의 씨스템과 그의 씨스템에 의한 배우 수업을 위한 방법이 발달된 것이다. 이는 의식으로부터 잠재의식적인 것에로 인도하는 길이 되는 것이다.

쓰따니쓸라브쓰끼는 창조적 환경에 있어서 육체의 완전히 해방이 거대한 역할을 수행한다는 것을 관찰하였다. 육체의 완전한 해방—이는 배우 자신들을 위하여 무대에서 뿐만 아니라 생활에서도 육체를 구속하며 또한 육체가 배우들의 심리적 운동의 순종적인 안내자가 되는 것을 방해하면서 육체를 무의식적으로 지배하는 근육의 긴장으로부터 그것을 자유롭게 하는 것이다.

배우가 어떠한 특별히 어려운 과업을 수행하려고 노력하는 경우에 있어서 최대한도에 도달하는 이 근육의 긴장은 내부 에네르기의 다량을 쥐고 중심의 활동성으로부터 빼돌려 모조리 소모케 하고 만다. 이 때문에 쓸 데 없는 긴장으로부터 육체를 해방하는 습숙을 자체에 발전시키는 것은 창조 활동에 존재하는 장애물 중의 하나를 제거하는 것을 의미한다. 이는 또한 오직 필요한 정도에 따라 창조적 과제에 완전히 적응하여 배우들의 근육, 에네르기를 리용하는 가능성을 열어 주는 것이다.

쓰따니쓸라브쓰끼는 또한 창조적 력량의 주입(注入)은 배우의 관객석과 관중에 대한 생각으로 현저하게 제한되는바 그런 생각이 있으면 그의 내면적 자유를 속박하며 자기의 예술적 과업에 집중하는 완전성을 방해한다는 것을 관찰하였다. 그런데 우수한 배우들의 연기를 주의해 보면 그들의 창조적 앙양은 언제나 희곡 자체의 행동에 대한 주의의 집중에 결부되어 있다는 것과 배우의 주의가 관객으로부터 떨어져 있는 경우에 배우는 관객들에 대한 특별한 힘을 획득하며, 그들을 틀어쥐며, 그들을 자기의 예술생활에 적극적으로 참가하도록 강요한다는 것을 인정하지 않을 수 없을 것이다. 이것은 물론 배우가 관객을 전혀 감각하지 못하게 한다는 것을 의미하는 것은 아니다. 문제는 관객이 배우에게 압력을 주지 않으며(특히 처음 출연하는 배우에게는 관객석이 아가리를 벌리고 있는 시꺼먼 동굴과 같이 그를 위압하는 것이다), 창조적 직접성에 필요한 것을 빼앗기지 않기 위한 거기에 있는 것이다. 그리고 이것은 자기의 주의를 관리할 줄 아는 숙련에서 배우가 최종적으로 달성할 수 있는 것이다.

적당한 숙련을 소유하고 있는 배우는 자기의 주의의 범위 안으로 들어오는 것에 집중되면서 또는 그 범위 밖으로 나가는 것을 반 의식적으로 포착하면서 자기의 주의의 범위를 마음대로 제한할 수 있다. 필요한 경우에는 공개적 고독이라고 명명할 수 있는 그런 상태에 도달하리만큼 그 범위를 좁힐 수도 있다.

그러나 이 주의의 범위는 신축할 수 있는 것인바 무대 행동의 진행에서 주의의 범위 안에 포함되어야 할 그것에 따라서 배우가 넓히기도 하고 좁히기도 하는 것이다. 이 범위의 한계 내에 희곡의 등장인물 중 한 사람으로서의 배우의 주의의 직접적이고 중심적인 목적물이 있는바 그것은 배우의 욕망이 이것에 집중되는 어떤 물체며 또는 희곡의 진행에 따라 배우가 내면적 접촉에서 함께 있는 다른 등장물인 것이다.

배우가 최대한의 집약성을 가진 이 지각(知覺)에 대한 자기의 반응에서도 자기의 지각에서와 같이 오랜 련습의 방법으로 목적물에 몰두하는 것을 배운다면 목적물과의 무대적 접촉은 예술적으로 완전할 수 있다. 다만 이런 경우에 있어서 무대 행동은 상당한 표현력에 도달하는바 희곡의 등장인물들 사이에 — 이것은 배우들 사이를 말하는 것이다 — 총체적으로 희곡의 전달을 위하여 요구하는 그 고리, 그 관계가 모든 연극을 대하여 공통적인 리즘과 템포를 지키는 것에 관련하여 만들어지는 것이다.

그러나 배우의 주의의 범위가 어떻든 간에 즉 이 범위가 그것을 '공개적 고독'에 몰아넣든지 또는 무대에 있는 모든 인물을 포착하든지를 막론하고 무대적 창조는 역할의 반복 출연에서도 역할의 준비에서와 마찬가지로 배우의 모든 정신적 및 육체적 자연의 완전한 집중성과 그의 모든 육체적 및 심리적 기능의 참가를 요구한다.

무대적 창조는 일반적으로 모든 내면적 감정을 포착하며 또한 배우의 본질의 외면적 생활뿐만 아니라 깊은 생활을 고무하며 배우의 기억, 상상력, 감정, 지혜, 의지 등을 활동성에로 환기시킨다. 배우의 모든 정신적 및 육체적 자연은 그에 의하여 표현되는 인물과 함께 발생하는 그것에로 돌려져야만 한다. '령감'적인 순간에 있어서 — 이는 배우의 모든 기능의 불수의적(不隋意的) 앙양의 순간이다 — 무대적 창조는 자주 그렇게 되는 것이다.

이 때문에 배우에게 앙양이 없을 때 배우는 감정의 외형적 현상을 모방하면서 어디서 그가 보았거나 또는 그 자신 가운데서 암시받은 형상을 '재현하기' 시작하며 혹은 출연할 역할의 감정들에서 '짜내'거나 그 감정을 자기에게 '불어 넣기'를 시험한다. 그러나 이런 방법으로 그의 불변의 유기적 법칙과 함께 자기의 심리적 기관을 강박한다면 그는 결코 소망하는 예술적 결과에는 도달하지 못할 것이고 오직 감정의 조잡한 위조물만을 만들어 낼 수 있을 것이다.

왜 그러냐 하면 감정이란 주문하는 대로 환기되는 것이 아니기 때문이다. 의식적 의지의 강제로써 자기의 감정을 직접적으로 환기시켜서는 안 된다.

이 때문에 무대에서 성실한 예술가가 되고자 하는 배우를 위한 기본적 환경중의 하나는 연기하여서는 안 되며, 감정을 재현하여서는 안 되며, 그리고 직접적으로 감정을 자기에게서 불러 일으켜서는 안 된다는 방법으로 방식화되어야 한다.

그러나 창조적으로 재능 있는 사람들의 자연에 대한 관찰은 역할의 감정 포착에의 길로써 모든 것을 열어 준다. 이 길은 훨씬 크게 우리들의 의식적 작용에 복종하는 상상력의 활동을 통하여 트이여 진다. 직접적으로 감정에 작용할 수는 없으나 창조적 환따지야를 필요한 방향에서 자극할 수 있는바 환따지야는 과학적 심리학의 관찰이 지시하는 바와 같이 의식 한계 뒤에 숨어 있는 언젠가 경험한 감정 요소들의 축적을 유도하여 우리들의 정서적 기억을 불안케도 하며 또한 우리들에게서 성장하고 있는 형상들에 적응하여 그것들을 새로운 방식으로 조직하기도 한다.

이렇게 우리들의 형상에서 일기 시작한 환따지야들은 우리들의 정서적 기억 속에서 반향을 발견하며 그 속에서 적응한 감정의 음향을 환기한다. 이 때문에 환따지야는 배우의 기본적이며 필요한 재능으로 되는 것이다. 강하게 전개되고 활발한 환따지야가 없이는 아무런 창작도 불가능하며, 아무런 본응적이며 직관적인 창조도 불가능하며, 아무런 내면적 기술을 가진 창조도 불가능하다.

배우의 내면적 경험 — 이는 그의 생활의 인상과 체험들의 범위이다 — 은 간단없이 확대되어야 하는 것이다. 왜 그러냐 하면 오직 이런 조건에서라야만 배우는 자기의 창작의 범위를 확대할 수 있기 때문이다.

다른 면으로 배우의 내면적 경험은 다시 새로운 과제에 대한 련습을 진행하면서 자기의 환따지야를 의식적으로 발전시켜야 하는 것이다.

그러나 극작가의 창조에 의하여 설정된 기초에서 배우에 의하여 세워지는 이 상상적 세계가 마치 그를 정서적으로 포착하고 무대적 행동에로 매혹하는 그것을 위하여 이 세계에서 아무 것도 아닌 데서와 같이 그를 둘러싸고 있는 현실 세계에서와 같이 그렇게 현실적이게 점검하는 것이 필요하다. 이것은 결코 배우가 무대에서 실재하지 않는 무슨 환각(幻覺) 비슷한 것에 자기를 몰각하거나 또는 연기에서 자기를 둘러싸고 있는 현실성의 의식을 잃어 버려야 하며 무대 장치의 광목을 진짜 나무로 받아들여야 한다는 등을 의미하는 것은 아니다. 반대로 그의 의식의 어떠한 부분은 그 자신이 역할의 출연자로서 경험하고 있으며 실행하고 있다는 것을 통제하기 위하여 희곡에 전혀 포로 되지 않고 남아 있어야 한다.

그는 무대상에서 자기를 둘러싸고 있는 장치, 소도구들이 장치, 소도구 이외의 아무 것도 아니라는 것을 잊어버리지 않는다. 그러나 이것이 그를 위하여 아무런 의의를 가지지도 않는다. 그는 이렇게도 말할 것이다. "나는 무대상에서 나를 둘러싸고 있는 모든 것이 현실성에 대한 조잡한 위조물이며 거짓말이라는 것을 알고 있다. 그러나 만약 이 모든 것이 진실이라면 내가 행동하는 그대로 이 현상에 관계할 것이다……." 그리고 그의 정신 속에 이 창조적 '만약'이 생겨나는 순간부터 그를 둘러싸고 있는 현실적 생활은 그에게 흥미를 주지 않을 것이며 그는 그에 의하여 창조되는 다른 상상력의 생활의 수준에로 옮아간다.

역할의 내면적 생활의 표현에 있어서 배우가 만족할 정도로 자기의 모든 생활 기관을 지배하지 못함으로써 진실치 않은 인또나찌야도 줄 수 있으며 몸짓에서나 예술적 기준을 지키지 못할 수도 있으며 값싼 효과의 유혹에 빠져 만네리즘에 떨어지고 부자연한 조작에 빠질 수도 있다. 배우는 무대 창조의 도상에 놓여져 있는 이 위험성을 예방하기 위하여 역할의 창조에서와 같이 역할의 출연에서도 그의 모든 심리적 및 육체적 활동을 통제하는 진실의 감정을 늘 가지고 있어야 한다. 오직 힘차게 전개된 이러한 감정으로써만 배우의 모든 포즈와 동작들은 내면적으로 정당화된 경지에 도달할 수 있다.

우에서 말한 모든 방법들과 숙련들의 결합은 또한 배우의 내면적 기술도 형성된다. 그것의 발전과 병행하여 외형적 기술의 발전도 행하여져야 하는바 이는 곧 배우에 의하여 창작되는 무대적 형상을 구체화하며 그의 내면생활을 정확하고 선명하게 표현하기 위하여 복무하는 육체 기관을 개량하는 것이다. 이 목적을 가지고 배우는 육체의 일반적인 부드러움과 가동성(可動性), 그리고 운동의 경쾌성, 류창성, 리즈미칼한 것등을 만들어야 할 뿐만 아니라 자기의 근육의 모든 부분을 관리하기 위한 특수한 의식성과 그에게 반출되는 에네르기를 감각하는 숙련을 축적하여야 한다.

이 에네르기는 높은 창조 중심으로부터 출발하면서 확정적 형상에 의하여 그의 표정과 동작을 형성하며 그의 작용의 범위에서 무대의 상대역과 객석을 포착한다.

배우는 내면적 감각의 날카롭게 된 의식성과 섬세성을 자기의 성음 및 언어 기관에 만들어야만 한다. 보통 우리들의 대화는—생활에서와 같이 무대에서도—산문적이고 단조롭다. 이는 또한 저명한 바이올리니쓰트의 손에서 더욱 짙어지게, 더욱 깊게, 더욱 가늘게, 더욱 투명하게도 될 수 있으며 높은 톤에서 낮은 톤으로 자유롭게 전조(轉調)되기도 하며 반대로 피아니씨모에서 폴데로 옮기기도 하는 바이올린의 멜로지야와는 달리 단속적인 것이다.

단조롭고 따분한 책 읽기를 피하기 위하여 배우들은 특히 시의 발성에 있어서 그 인공적인 성대의 장식음(藏飾音), 카덴짜, 목소리를 갑자기 높이거나 낮추는 것들에 의하여 책 읽기를 치장한다. 그것은 제한적이고 과장적인 랑독으로는 특징적일 수 있으나 예민한 관객에게는 허위적 인상밖에 주지 못한다. 그러나 위대한 배우들의 진정한 예술적 앙양의 순간에 그들로부터 연기하는 역할의 내면적 음향과 깊이 관련된 대화의 자연스러운 음악적 음향을 들을 수 있다. 배우는 대화의 자연스러운 음악성에 득달하기 위하여 가수가 하는 방법과 거의 마찬가지 방법으로 진실한 감정의 통제하에 자기의 목청을 닦아야 한다.

이와 동시에 배우는 자기의 화술을 위하여서도 수업하지 않으면 안 된다. 강하고 부드럽고 표현적인 목소리를 소유하였음에도 불구하고 불명확한 발음을 하거나 어구의 의미를 정확하게 전달하는 것을 돕는 빠우자와 력점에 등한함으로써 대화를 왜곡할 수 있다.

극작가의 완전한 작품에 있어서는 매개 단어, 매개 글자, 매개 구두점들이 작품의 내면적 본질을 전달하는 데 복무한다.

배우는 자기의 리해력으로 희곡을 해석하면서 육체의 표현에 의해서만 아니라 예술적으로 만들어진 대화를 통하여 자기의 독자적인 뉴안쓰를 표현하며 전달한다. 이에 있어서 말 가운데의 매개 음향은 모음이나 자음이나를 불문하고 말의 음향적 조화에서 자기 자리를 차지하는 특별한 음부(音浮)라는 것과 또 말 속에 침투되고 있는 정신의 이러저러한 소부분을 표현한다는 것을 결코 잊어서는 안 된다.

이 때문에 대화의 성음학적 면을 개량하는 수업을 언어 기관의 기계적 련습으로 제한할 수는 없다. 그러나 배우는 말의 매개 부분적 음향을 예술적 표현을 위한 도구로 생각하지 않으면 안 된다.

이 관계에 있어서 우리나라의 배우들은 목소리의 음악성, 운동의 자유와 우아성 및 리즈미칼한 것, 그리고 일반적으로는 무대 예술의 외형적 기술 등과의 관련에 있어서와 같이 아직도 낮은 예술 문화 수준에 처하여 있다.

사물의 이러한 형편에 있어서는 고상한 예술적 요구를 만족시킬 수 있는 연극은 자본주의 국가의 경제적 관계에 매달린 극장들이 하는 것과 같은 그런 속도로써는 제작할 수 없다.

매개 배우가 체험하여야만 할 그런 창조 과정은 역할의 배태로부터 시작하여 역할의 예술적 구현에서 끝이 나면서 그 자신이 아주 복잡다단하며 우리들의 내면적 및 외형적 기술의 미완성으로 인하여 아주 굼뜨게 진척되는 것이다.

이 밖에도 배우들이 통일된 예술적 안쌈블 가운데 그들의 배우적 개성을 서로 화합시키는 숙련이 필요하기 때문에 연극이 빨리 만들어지지는 않는다.

***

이상에서 배우의 유기적 자연과 관련하여 외부적 기술의 숙련의 필요성에 대하여 언급하였다. 배우 예술에 대한 구체적 수업 방법은 이 개론의 령역에 속하지 않는 배우학에서 알아야 할 것이다. 우리가 배우 예술이 연극 창조에서 중요한 위치에 있기 때문에 그 의의의 중대성에 대하여 명확히 알 필요가 있는 것이다. 이 중요한 배우 예술은 그 내면적, 외형적 기술의 숙련 없이 선천적 천품만을 가지고서는, 더구나 그것의 훈련 없이는 높은 수준에 도달 못한다는 것을 다시 말하여 둔다.

九. 연극과 미술 및 부차적 요소들

1. 연극에서의 미술가의 위치

연극의 력자에서 무대 미술은 여러 가지 변천을 보이고 있다. 이 변천은 연극의 예술적 발전의 상태를 반영하는 것이다. 이미 우리가 알고 있는 바와 같이 희랍 시대의 연극에서는 무대 미술 무대 장치라는 것은 아무런 의의도 가지지 못하였다. 여기에서는 고정된 무대에서 가면과 의상의 변화가 중요한 의의를 가지고 있었다. 무대 장치는 중세 연극을 거쳐 문예 부흥기 연극으로 발전하는 과정에서 점차적으로 발전하였다.

현대에 들어 와서 자본주의 연극, 상징주의 연극들에서는 연극의 모든 예술적 요소보다 무대 장치가 결정적인 의의를 가지였다. 특히 직업적 연극에서는 '훌륭한' 장치, '아름다운' 장치가 관람료의 댓가로 되었다.

이러한 제한적인 연극에서는 연출가나 배우는 미술가에게 종속되는 존재였다.

우리나라의 연극 력사에서도 연출가의 역할이 연극 창조 사업에서 자기의 본래적이며 창조적인 역할을 점차적으로 확고히 하게 됨에 따라 미술가의 위치는 점차적으로 향상되었다.

사실주의 연극에서 무대 장치가는 첫째로 미술가 — 창조자가 되어야 한다. 이것은 즉 미술가가 자기의 장치에서 진정한 생활적 진실을 보여 주어야 한다는 것을 의미한다. 사실주의 연극의 훌륭한 무대 장치가의 창조는 희곡과 연극의 사상을 유기적으로 반영하면서 예술의 진정한 진리로써 우선 배우를 격동시키고 다음으로 관객을 감동시켜야 한다. 배우를 격동시켜야 한다는 것은 무대에서 행동하는 배우의 창작을 고무한다는 것을 의미한다.

미술가 — 창조자가 되려면 희곡 작가의 사상에 깊이 침투하며 희곡에 반영된 생활을 감각하고 사고하며 생활 발전의 기본적이고 주되는 경향을 진실하게 천명할 줄 알아야 하는 것이다.

이러한 무대 장치에 대하여 쓰따니쓸라브쓰끼는 다음과 같이 말하였다.

"첫 개막에서 관객은 제한적인 연극 무대를 보기도 하며 그와 반대로 사실적인 장치를 보기도 한다. 무대면의 사실적인 장치에 있어서는 실내의 설계도, 그의 성격 및 양식 등 관객에게 알려지고 있는 것들이다. 그런데 왜 장치는 알려지고 있는 것으로 되어야 할 뿐만 아니라 우리의 정신에 가까운 것이라야 하는가? 이것은 장치가 뽀에지야로써 침투되어야 한다는 것에 기인된다. 그런데 왜 장치는 가까운 것으로 되어야 할 뿐만 아니라 중요한 것으로 되어야 하는가? 그것은 훌륭한 장치는 현실의 사진판적 정확성을 전달하는 것도 아니며 이완 이와노비츠(보통 로씨야 사람을 말하는 것이다 — 역자)의 살림집을 전달하는 것도 아니고 다만 이완 이와노비츠와 같은 그런 사람들이 만든 바로 그 조건을 특징짓는 것이다"(그의 론문 『체험의 예술』에서).

생활의 진실성, 시적(詩的)일반화, 가장 중요한 것, 특징적인 것, 맡은 역할과 사회적 현상의 본질을 가장 완전히 반영하는 것을 전형화하고 추출할 줄 아는 숙련 등 — 이러한 것들이 쓰따니쓸라브쓰끼가 연극 미술가에게 제기한 요구이다.

모쓰크바 예술극장의 창건은 연극 창조의 각 부면에 개혁을 가져 온 것과 같이 새로운 형의 무대 장치가들도 탄생시켰다. 즉 그것은 미술가 — 연출가인 것이다. 이러한 장치가는 연출가가 그렇듯이 연극 작품의 사상적 해석자가 되어야 한다는 것을 말하는 것이다.

예술극장의 창건자들은 종전에 직업적 연극들에서 미술의 '자립성'을 주장하고 '우위'를 주장하던 폐단을 없애고 무대 미술은 연극에 도입된 음악과 같이 종합 예술로서의 연극의 한 구성 요소이며 부착적이며 보충적인 예술이라고 확인하였다. 쓰따니쓸라브쓰끼는 연극에서의 미술가의 위치와 역할에 대하여 말하면서 연극의 표현적 면은 연출가의 의도와 분리될 수 없으며 연극의 시각적 형상의 창조에 있어서는 예술가와 더불어 공동적 참가자로 되어야 한다고 강조하였다.

생활적으로 설득적이고, 정서적으로 만족하고, 표현적이며, 사실주의적인 장치의 창작에로 가는 미술가의 길은 어떤 것인가? 이 길은 희곡 작품의 연출적 능동적 해명이다. 연출가와 마찬가지로 미술가도 희곡을 심각하게 분석한 토대에서만 작업에 착수할 수 있는바 그 분석의 결과로 작품의 리해와 만들어질 연극에 대한 처리는 완성되는 것이다.

연출가와 마찬가지로 미술가도 작가의 사상을 무대적 형상 속에 쌓아야만 한다. 그러나 그의 과업은 그가 이 사상을 자기의 특수한 표현 방법에 의하여 시각적 형상을 통하여 천명한다는 그것으로써 구별된다. 미술가의 방법은 연출가의 그것과는 다르나 목적은 동일하다. 그리고 많은 경우에 미술가의 과업은 연출가의 과업과 기본적으로는 합치된다. 미술가는 연극의 기본적 의도와 사상, 희곡에 전개되는 사건의 일관성과 론리를 밝히는 것을 도와야 할 뿐 아니라 장면에서 장면으로 전환되는 시각적 형상에서 사건의 표현을 도와주는 것이다.

우리들은 연출가의 방법으로 희곡에 가까이 갈 줄 알며, 희곡의 진정한 본질에 침투할 줄 알며, 희곡의 기본적 사상을 표현하는 데 모든 것을 복종시킬 줄 아는 미술가를 미술가—연출가라고 부를 수 있는 것이다.

이러한 미술가가 되려면 날카롭고 꾸준하게 생활을 관찰하여야 하며 연구하여야 한다. 미술가는 자기의 작업 행정에서 발생되는 많은 생활적 련상과 기억들 중에서 무대 창조에 필요한 사회적 환경의 본질을 밝혀주는 생활 풍습과 현실성의 진수(에쎈스)를 골라낸다.

무대 미술가는 일상적인 생활 관찰과 연구에서 얻은 지식의 보고 속에 각 시대와 각 지방을 막론하고 당해 인간들의 생활 풍습 및 생활양식, 가옥 제도, 복식(服飾) 제도, 가구 집기(家具什器), 건축 양식들의 무진장한 프로그람을 가지고 있어야 한다.

연출가가 배우로부터 그의 창조의 모든 가능성을 끄집어내는 데 작업의 중신을 두는 것과 같이 미술가의 작업도 배우의 창조적 가능성을 최대한으로 발휘케 하는 데서 배제 될 수는 없다.

무대 장치는 곧 배우의 무대적 행동의 장소를 표시하는 것이다. 그러므로 배우의 행동 장소들을 표시하는 장치의 서술적이며 전개적인 기능 단면적이고도 복잡하다. 미술가는 작가의 스타일이나 희곡 작품의 성격에 따라서 자기의 필적이나 수법을 특징적으로 변화시켜야 한다. 미술가는 고골리의 고무적이며 풍자적인 희곡 『벚꽃 동산』, 『와냐 아저씨』, 『세 자매』 등의 장치에서 동일한 수법을 사용할 수는 없는 것이다. 희곡과 작가의 특징에 따라서 매 작품에서 새롭고 놀랍고 용감한 방법을 발견하는 그런 미술가만이 진정한 미술가 — 창조자일 것이다.

훌륭한 무대 설비, 무대 장치, 조명들은 그 사실성과 확중성으로써 연기의 진부한 스탐프와 연극적인 연기 또는 그럴듯하게 해 치우는 연기들에서 배우들이 해방되는 것을 도와준다.

쓰따니쓸라브쓰끼는 외형적 설비와 그에 의하여 환기되는 기분은 배우가 창조하는 역할의 내면생활과 출연자의 심리와 체험에 영향을 준다는 것을 잘 알고 있었다. 그는 미술가가 자기의 장치에 의하여 배우에게 희곡과 역할에 따라 필요한 서정적 기억과 감정을 고무해 주며 진실하고 내면적 및 외형적 행동을 도와주는 조건을 지어 줄 것을 요구하였다.

우리나라의 무대 장치가들 중에는 두 가지 편향이 있다. 그 중 하나는 직업적이며 사무적인 장치가이다. 이런 장치 미술가는 생활에 대한 심오한 관찰과 연구가 없는 데로부터 또는 희곡과 작가의 특징과 스타일에 대한, 희곡의 사상성에 대한 깊은 연구의 필요를 느끼지 않는 데로부터 창조성이 없는 상식적인 장치에 만족한다. 이런 장치들에서는 새로운 것은 고갈되어 배우의 정서적 기억도 불러일으키지 못하며 고무적인 기분과 감정도 환기시켜 주지 못한다.

다른 하나의 편향은 미술가가 자기의 온갖 미술적 고안과 '재간'을 시위하는 장소로 장치를 바꾸어 놓는 것이다. 이런 미술가는 희곡의 사상 내용 등에 깊이 침투하려고 하지 않으며 연출가의 의도와는 타협도 하지 않는다. 설혹 희곡에 침투하고 연출가의 의도에 복종하는 척하면서 필요

이상의 외형적 서술을 주려고 한다. 이러한 장치는 일견 호화롭고 훌륭한 것같이 보이나 배우의 연기를 완전히 구축하고 질식시키는 역할 외에 아무것도 수행하지 못한다. 이러한 두 가지 편향은 모두 사실주의 연극에서 용납될 수 없는 것이다.

2. 무대 미술부의 역할

연극 예술 작품은 우리가 아는 바와 같이 작가, 연출가, 배우들 및 무대 미술 부문 일꾼들의 집체적 창작에 의하여 창조되는 것이다.

드라마 극장에서는 희곡이 연극의 기본으로 된다. 여기에서는 이 기초에서 배우와 연출가가 자기의 예술을 건설한다. 미술가는 희곡의 자료로부터 출발하여 연출가와 공통적인 사상 예술적 및 구도적(構圖的) 계획을 실행하며 연극 구성을 만든다.

에스끼즈(소묘)나 모형에 표현된 미술가의 계획은 극장의 무대 미술부에서 실현된다. 무대 미술부는 연극 창조의 전체 참가자나 또는 대부분인 인원과 이러저러한 정도로 접촉하게 된다. 배우들의 행동의 외면적 수단을 창조하는 모든 것과 형상에서 체현을 배우에게 도와주는 모든 것 즉 화장, 의상, 생활, 도구들, 배우를 둘러싸고 있는 환경들 — 이 모든 것은 무대 미술부와 그의 각 쩨흐들의 작업 결과로 이루어지는 것이다.

사실주의 연극에서 무대 미술부는 생산적(제작적) 과업만 해결할 뿐 아니라 연출가나 무대 장치가와 함께 연극 창조 사업에 공동으로 참가한다. 연극에 대한 연출가, 배우, 무대 장치가들의 작업에서는 희곡 작품의 사상적 내용과 예술적 특수성에 적응하는 표현 방법들을 탐구하는 것이 주요한 자리를 차지한다. 무대 화공, 모형 제작자, 소도구사, 대도구사, 전기 조명사 등이 일하는 무대 미술부는 새 연극을 위하여 연출가와 장치가의 의도를 실현할 새로운 방법을 탐구하며 무대 형성의 가능성을 확장하기에 노력한다.

무대 미술부의 사업에서 중요한 것은 무대 형성의 작자인 장치가의 의도를 실현할 줄 알며 연극의 형성이 생활적으로 진실하고 사상적으로나 예술적으로 완전하게 되도록 하기 위하여 희곡에 표현된 환경과 행동의 장소를 재생할 줄 아는 것이다.

모쓰크바 예술극장 부속 네미로위츠—단첸꼬 명칭 연극 학교의 무대 미술과 강좌장 이·야·그레미쓸라브쓰끼 교수는 무대 미술부의 과업에 대하여 다음과 같이 말하였다.

"모형과 에스끼즈를 접수하면서 그것을 다방면으로 날카롭게 점검하며 때로는 토론하며 거기에 기술적 수정도 가할 필요가 있으나 일단 접수한 뒤에는 그것을 정확하고 섬세하게 제작하는 것이 가장 중요한 과업으로 되는 것이다.

극장의 무대 미술부 집단은 이러저러한 작자의 작품, 오늘은 이 사람 래일은 저 사람의 작품을 연주하는 관현악단과 비교할 수 있다. 마치 지휘자와 악사들이 작품의 진수를 깊고 진실하게 리해할수록 작곡가가 이야기하고자 하는 그것에 더욱 침투하며, 작곡가가 작품에 담아둔 그 의도를 정확하게 전달할수록 연주는 더욱 인상적으로 되는 것과 같은 것이다.

새 공연을 준비하는 무대 미술부의 매개 창조 일꾼(그가 장치가든, 모형 제작자든, 재봉가든, 목공이든 간에)의 훌륭한 가치는 그가 얼마만큼이나 장치가—원작자 속에 재생될 줄 알며, 적당한 창조적 발명을 조금도 억누르지 않으면서 이때에 얼마만큼 장치가의 생각으로 생각하고 장치가의 방법으로 작업할 줄 아는가 하는 거기에 있다(그의 고상한 직업적 자격 외에)고 나는 단연코 확신한다. 이러한 숙련이 없이는 모든 상연은 동일한 것으로 될 것이다. 즉 작자의 자취를 남기지 않을 것이며 출연자의 자취도 남기지 않을 것이다. …… 작자의 창조적 필적, 그의 방법은 출연자를 위하여 변경할 수 없는 것으로 되어야만 하는 것이다"(『모쓰크바 예술극장의 연출자들과 미술가들』에서, 一九三八년).

창조적 제 과업 외에 무대 미술부 일꾼들은 연극에서 응용하는 재료들에 대한 공학(工學)과 각이한 구성에 있어서의 제 자료의 상호 저항의 법칙과 회화(繪畵), 색(色), 빛(光) 등에 대한 법칙과의 직업적 친숙을 요구하는 기술 공학적 제 과업을 실행한다.

무대 미술부의 지도 사업은 또한 창조적 제작적 행정의 조직 씨스템과 전반적 극장 관리에 적응한 경리와 계획 문제들에도 관여한다.

무대 미술부는 공연비용의 저하를 기도하면서 육중한 장치를 형성하는 것과 값 비싼 재료의 사용을 피하기 위해 노력하며 쓸데없는 호화 미려성을 거부한다.

무대 형성의 작자 즉 미술가, 연출가, 그리고 극장의 미술부는 쓸데없는 허식이 공연비를 높일 뿐 아니라 연극의 사상적 예술적 의도를 해결함에 있어서 간명성(簡明性)과 표현성을 방해하기 때문에 그런 허식을 피해야 하며 완벽한 예술적 환따지야와 발명을 표시하여야 한다.

무대 미술부의 사업은 새 연극에 대한 심화된 창조적 사업에만 있는 것이 아니라 극장의 레퍼토리에 포함 되여 공연이 진행되는 연극의 상연 과정에도 있는 것이다. 연극이 매일같이 상연될지라도 그것은 관객을 위하여 새로워야 한다. 이 때문에 무대 미술부는 배우들과 마찬가지로 연극이 첫 상연에서와 같은 그러한 상태와 질서를 유지하도록 하여야만 한다. 무대 미술부의 의무는 미술가들의 창조에 의하여 밝혀지는 무대 형성의 도구들과 전체 기술자 집단의 예술적 작품들에 대하여 조심스럽고 겸손한 관계를 취하는 데 있다.

사실주의 연극에 있어서 무대 미술부는 매개 연극에 유기적으로 참가하면서 자기의 극장과 같이 생활한다. 무대 미술부의 사업은 고상하며 사상적이고도 예술적인 질을 가진 연극을 창조하고 상연한다는 극장의 중요한 과업을 실행하는 데로 지향하고 있다.

우리나라의 연극운동에서 과거 한 장의 아무런 부각(浮刻)도 없이 극히 평면적이고 비립체적(非立体的)인 배경 한 장을 붙여 놓고 공연을 하던 '신파' 시대는 더 말할 것 없고 무대 미술가의 역할이 어느 정도 제고된 시기에 있어서도 오늘과 같이 연극 창조 행정과 공연 행정에서 중요한 창작적 생산적(제작적) 기능을 지닌 무대 미술부는 존재하지 못하였다.

특히 상업 극단들에서는 二—三명의 대도구사, 一명(때로는 이것도 연구생 — 배우가 대행했다)의 소도구사, 一 — 二명의 조명 조종원들이 극단 행정 부서에 직속 되여 희곡의 사상적 내용, 예술적 성격, 연출가, 미술가의 의도에는 전혀 침투됨이 없이 매개 연극에서 기계적으로 동일한 '작업'을 수행하였던 것이다.

미술가의 '자립적' 예술을 자랑하는 구라파의 일련의 극장들에서 무대 미술부 일꾼들은 그 장치를 설치하는 로력자의 역할을 놀았고 소위 정척(定尺)이라는 것이 있어 어느 극장에서나 동일한 규격의 벽, 문, 기둥, 창들을 맞추기만 하면 장치는 성립된 것으로 보았으며 일본의 연극에서도 무대 미술 일꾼들은 창조와는 관련 없는 로력 일꾼들이였다.

모쓰크바 예술극장에서는 무대 미술부와 그 일꾼들의 새로운 조직을 원칙적이고 실제적으로 창설하였으며 연극의 미술적 형성을 배우와 연출가의 창조와 같은 높은 수준에로 끌어 올렸다. 과거 극장들에서는 다른 연극에서 사용하던 장치들을 새로운 연극에 돌려썼다면 모쓰크바 예술극장에서는 매개 새 연극을 위하여 새 장치, 새 가구, 새 의상을 준비하게 하였으며 무대 장치가와 무대 미술부의 작업을 연출가의 일반적 의도에 복종시켰다.

희곡의 해석으로부터 시작하여 장치와 의상의 극히 사소한 디테일에 이르기까지 모든 것을 연출가에게 의존하였다. 여기로부터 미술적 형성에 관련되는 부문들과 부서들이 예술 부총장(수석 연출가)에게 완전히 종속되게 되었으며 그들은 예술 부총장에게 직접적으로 복종하게 되는 것이다. 오늘 우리나라의 표준적 극장들에 있어서의 무대 미술부의 직능과 의무와 위치는 모쓰크바 예술극장에 의하여 창설된 그 원칙과 실천적 필요에 기초하고 있는 것이다.

(주) 오늘 우리나라에서는 '무대 미술부'라고 하는 명칭이 통용되나 이와 동일 한 부서를 쏘련에서는 ПОСТАНОВОПНАЯ ЧАСТЬ라고 부른다. 우리말로 직역하면 공연부 또는 상연부로 된다. 연극을 무대에서 상연하는 작업 에서 미술 형성에 관련되는 일체의 창조 제작 조종들을 담당하기 때문에 이 명칭 이 정당한 것이다.

무대 미술부는 무대 쩨흐들과 생산(제작) 쩨흐들로 구분되나 기구가 작은 극장에서는 전환과 제작을 겸무하는 경우가 많다. 무대 쩨흐에는 대도구(기계 담당자들도 포함), 소도구, 의상, 화장, 전기 조명들이 속하고 생산 쩨흐에는 제작 및 무대화 소도구 제작, 의상 제작, 염색 및 세탁, 철물 목세공 등이 속한다.

3. 조명이 하는 일

연극에 있어서 조명가의 첫째 과업은 배우들과 무대 장치들이 관객에게 잘 보이도록 하는 것이다.

조명 기술의 현 상태는 이 과업을 쉽게 수행할 수 있다. 그러나 조명가 앞에는 가장 복잡하고도 완전히 창조적인 많은 과업이 제기된다. 명의 도움을 빌어서 크지 못한 무대 우에서 거대한 공간의 인상을 창조할 수 있다. 조명은 미술가의 의도에 따라서 임의의 색채로 장치를 단장하며 넓이와 부각성을 첨가한다. 조명은 연출가가 질주하는 기차로부터 관객 앞에 순간적으로 떠오르는 동화의 궁전에 이르기까지 연극에서 필요한 모든 것을 무대에서 보이도록 한다. 조명의 익숙한 리용은 배우의 연기와 미술적 형성의 예술적 표현력을 강화한다.

무대 조명은 공간만을 변화시키는 것이 아니라 시간도 변화시킨다. 공연 때의 광선의 간접적 발달, 변화 및 운동은 광선을 음악과 가깝게 한다.

광선은 극장의 미술가와 연출가에게 있어 가치 있는 표현 수단이다. 조명의 표현적 가능성은 연출가로 하여금 행동이 진행되는 시간에 대한 정확한 묘사를 하게 한다. 광선은 우리들에게 하루의 시간(아침, 저녁, 낮, 밤)과 한해의 시간들을 정당하게 묘사하는 것을 도와준다. 만약 연출가나 미술가가 광선을 졸렬하고 등한하게 리용한다면 무대 우에 생활적으로 진실한 환경을 창설할 수는 없다.

무대 조명은 연극의 내면적 선에 련결된 고상한 예술적 형상들 즉 연극의 주인공들의 체험에 적응하여 서정적이거나 또는 드라마찌즘으로 충만되며 락천적이거나 또는 비애로운 형상들과 정열들을 충분히 창조할 수 있다.

쓰따니쓸라브쓰끼는 천재적인 연출가의 손에 의하여 광선은 하나의 가장 중요한 연출 수단과 같이 조잡한 소도구의 조작물을 예술적 작품으로 바꾸어 놓는다는 것을 늘 강조하였다.

광선의 도움을 빌어서 평탄하고 넓은 장치 드로프(천을 바른 것) 등과 가구들, 조각들과 그림들, 의상들과 화장 등 연극 형성의 각이한 부분들의 완전한 예술적 통일을 창조할 수 있다.

마지막으로 광선은 흥미 있고 다양한 상연 효과를 내는 실천적 수단이다. 그러나 광선 효과의 인상적 힘을 자목적(自目的)의 것으로 보아서는 안 된다. 사회주의 사실주의 방법에 튼튼히 립각한 연극에 있어서 모든 예술적 수단은 하나의 목적인 생활의 진실한 반영을 위하여 복종한다. 무대 조명 계획 또는 극장에서 명명하듯이 광선의 콤포지숀은 연극의 사상—예술적 의도에 의하여 확정된다.

형식주의적 연출가들은 왕왕 선명하기는 하나 무사상적인 연출 트리크로써 관객을 감동케 하려고 애쓰면서 광선 효과에 자기만족적 의의를 부여한다. 그러나 우리 연극에서는 조명 기술의 리용의 목적과 사상은 사실주의적인 진실한 형상들을 창조하는 것이다.

광선의 리용은 반드시 매 장면의 의도에 정확하게 적응하여야만 한다.

잘못된 조명은 배우를 방해하며 훌륭하게 된 장치를 망치기도 한다. 기술적 관계에 있어서는 훌륭하게 완성되었으나 정당하지 못한 광선 효과는 관객의 주의를 다른 데로 돌릴 수 있으며 인상의 완전성을 깨뜨리게 된다.

쓰따니쓸라브쓰끼는 그의 명칭을 가진 극장에서 상연된 오빼라 『예브게니 오네긴』을 검열한 뒤에 그가 특별히 설치한 공연 일기에 다음과 같이 썼다.

"…… 조명으로 오손된 많은 장치들과 많은 장면들 …… 민감성, 예술가적인 것, 무엇을 위하여 일을 하는가에 대한 리해 등의 결여는 시종 의아하게 하였으며 역정을 낳게 하였다. 사고(思考)가 없는 기계적 작업이다. 이는 태양의 출몰이 어떠한 것이며 그것의 초보적인 물리적 법칙이 어떤 것인가에 대하여 얼마나 등한하였으며 몰리해하였는가를 폭로하였다. 조명을 지도한 인물은 이것들을 리해하지 못한다. 그는 그에게 형식적으로 맡겨진 대로 주의 없이 일하였으며 뿐만 아니라 정열도 애정도 없이 일하였다. 그러나 조명가의 사업은 중요하다. 이는 전적으로 예술가의 작업이지 직업적 일꾼의 작업은 아니다. 직업적 일꾼은 오직 연극의 모든 창조자들의 집체적 작업을 파탄시키기 마련이다."

계속하여 일기에는 첫 장면에서의 조명의 결함들을 정확하고도 구체적으로 다음과 같이 지적하였다.

"…… 처음에 실내는 실외의 광선에 비교하여 지나치게 밝았다. 그 다음에는 사모와르의 주변에 촛불들을 켰을 때 그것들이 밝게 비치이고 기분을 좋게 해야 할 것이였으나 오히려 실내는 우울하고 어두웠다……."

쓰따니쓸라브쓰끼는 조명가들의 작업에 커다란 주의를 돌리면서 생활적 진리로부터 리탈하는 온갖 경향을 지적하였다.

"해질 무렵의 노을은 지나치게 불타게 붉어 햇빛이 아니다. 우를 향해 비치지 않으며 또한 광선은 우로 없어지지 않는다. 그런데 원주(圓柱) 중간에 남아 있다가 거기서 꺼진다."

쓰따니쓸라브쓰끼의 이 지적은 만약 연출가가 무대에서 광선으로써의 작업에만 애착을 가지지 않고 오히려 그의 과제를 어떻게 완수할 수 있는가를 잘 안다면 극히 대수롭지 않은 기술적 방법으로써도 능숙한 조명을 할 수 있다는 것이다.

무대에서 일어나는 모든 것을 첫 눈에 리해하도록 도와주는 진실한 조명에 대한 쓰따니쓸라브쓰끼의 배려는 『예브게니 오네긴』의 제三장에 대한 다음과 같은 기록에서 명백하게 표현되고 있다.

"거기 구석에는 귀신이 있는지 알 수 없다. 빨리 투광기를……."

"…… 다시 새벽빛은 천정에로 비치인다. …… 중천으로 비치지 않고 …… 천정에서 천천히, 아주 천천히 광선은 아래로 던져져야 할 것이다."

셋째 장면에 대한 다음과 같은 기록은 연극에서 자주 만나게 되는 조명가의 오유에 대하여 말하고 있다.

"……조명의 의도는 전혀 무의미하다. 태양은 전면에서부터 불타고 후면에는 거의 어둠이나 같이 미광이다. 후면은 언제나 전면보다 강하게 비춰져야 하는 것이다."

쓰따니쓸라브쓰끼는 무대 우에서 광선의 도움으로 진실한 '기분'을 창조하는 데 커다란 의의를 부여하였다. 때문에 그는 파린 일가의 무도회 장면에 대한 좋지 못한 조명에 대하여 격분하여 지적하였다.

"파린 일가의 사랑은 암흑이다. 여기는 어떠한 무도회의 기분도 없고 유쾌한 것도 없다. 보통날의 인상이다."

쓰따니쓸라브쓰끼는 '어두운' 장면에 있어서의 훌륭한 외관을 창조할 필요성에 대하여 지시하였으며 또한 엄격히 말하였다.

"결투. 나는 아무 것도 보지 못할 정도로 암흑이다. 새벽의 빛도 소인(素人)의 솜씨로 되었다."

조명 기구의 정교한 설치에 대한 쓰따니쓸라브쓰끼의 요구성도 역시 엄격하였다.

"우측(객석에서)의 붉은 빛아 제 一종막은 투광기에서 광선이 천을 통해 몹시 미친다. 조심성이 없다. 객석에 그것이 비치지 않도록 가리우는 것쯤은 그리 어려운 일이 아니다."

쓰따니쓸라브쓰끼는 조명 기술자의 작업의 중요성에 대하여서만 강조한 것이 아니라 연극의 예술적 통일을 보장하는 모든 실천자들이 지켜야 할 엄격한 규률을 창조함에 있어서 연출자가 놀아야 할 역할에 대하여서도 강조하였다. 련습과 공연에서 기록장에 쓴 그의 지적을 실행하는 것은 매개 연극 집단들에 있어서 의무적인 것이다. 기록장에는 모든 결함들과 더불어 확정된 조명 계획으로부터 리탈하는 경향들이 지적 되여 있으며 그에 대한 시정 방침이 지적되어 있다.

로씨야 연극의 위대한 명장인 쓰따니쓸라브쓰끼는 장치와 배우들에 대한 조명에 중대한 의의를 부여하면서 조명가들은 기술적 완성뿐만 아니라 무대에서 누구를 위하여 일하는가를 똑똑히 리해하여야 한다고 강조하였다. 또한 그는 조명가에게 연출가와 미술가로부터 지시받은 것을 정열적으로 애정을 가지고 실천할 것을 요구하면서 직업적이고 기계적인 조명 작업을 반대하여 치렬하게 항의하였다. 그는 연극의 조명이 관객에게 뿐 아니라 무대적 환경에서 배우들이 생활적 진실감을 심각하게 느끼도록 도와주는 예술 형성의 가장 중요한 한부분이라는 것을 여러 번 지적하였다. 조명가에게는 전기 조명 기술 부문에 대한 진지한 지식만이 필요한 것이 아니라 일상적으로 자연과 생동하는 현실을 관찰하고 연구하는 것도 필요하다. 연극에서 완벽한 예술적 감명을 주려면 조명가는 생활에서의 인간의 관찰자로 되어야 한다.

만약 조명가가 자기의 작업에 창조적으로 관계하고 관찰적이고 창발적으로 사업한다면 가장 겸손한 기술적 방법을 리용하고도 거대한 예술적 성과를 거둘 수 있을 것인바 이런 일은 현실적으로도 드물지 않게 존재한다.

생활적 진리와 연극의 사상적 과업에 완전히 적응한 무대 조명의 효과는 장치와 소도구들을 무대 우에서 생명 있게 하며 움직이지 않는 종막들과 죽은 배경들을 광선과 공기의 운동이 있는 생동하는 현실적 세계에로 변동시킨다.

또한 진실하게 실천된 무대 조명 효과는 좁은 무대의 테두리를 무대 예술의 수단에 의하여 반영된 현실적 세계에로 활짝 트인 개방된 문턱으로 변하게 한다.

4. 무대의 음향 효과

현대 연극의 일반적 안쌈블 형성에 있어서 음향의 반주는 무대 장치, 음악, 화장, 무대 조명 및 다른 구성요소들과 함께 중요한 자리를 차지하며 희곡 작품의 기본적 사상의 천명을 도와준다.

각각 다른 연극에서와 그리고 연극의 각각 다른 장면들에서의 음향 반주의 역할은 서로 다르다. 어떤 때에는 음향이 필요한 기분의 조성을 도와주며 희곡 내용의 이러저러한 모멘트들을 강조하며 연극을 보다 선명하고 날카로우며 진실성 있는 것으로 만들어 준다. 여기에서 음향은 보조적 역할을 수행한다.

어떤 때에는 음향이 거대한 의의를 가지게 되는바 연출의 부분적 모멘트들을 강화하면서 짧은 동안이나마 중요한 등장인물과 같은 정도의 역할을 수행한다.

쉑스피어의 연극 『리야 왕』을 례로 든다면 리야 왕이 통곡하는 장면에서(초원의 장면) "바람아 불어라! 얼굴이 터질 때까지 불어라!"하는 대사에 날씨는 바람의 노호와 폭우와 뇌성, 번개로 대답하는바 이는 음향에 의해서만 표현할 수 있다.

모쓰크바 예술극장에서 상연한 연극 『안나 까레니나』의 마지막 장면인 안나의 죽음의 장면에서는 기차의 긴 기적 소리가 그에게는 숙명의 마지막 순간을 고하는 소리로 느껴진다. 가까워오는 렬차의 점점 강해지는 굉음은 그 여자로 하여금 달려드는 렬차에 뛰어들어 자살하고 말 결심을 다지게 한다. 이와 같은 안나 까레니나의 멸망적 순간을 표현함에 있어서 적당한 음향의 역할을 빌지 않고는 무대에서 그것을 표현할 수 없다.

같은 연극에서 마굿간 장면에서의 음향 효과는 보조적 역할을 수행하고 있다. 이 장면에서 관객은 마루바닥을 두드리는 말발굽 소리를 듣게 된다. 말발굽 소리의 훌륭한 재생으로 관객은 정말 살고 있는 말들이 무대에 있는 줄 믿는다. 이러한 디테일이 결정적 의의를 가지는 것은 아니나 무대에서 일어나는 사건과 관련하여 관객의 련상을 환기시키는 도움을 주는 것만은 사실이다.

그러나 음향의 역할과 의의를 연극 상연에 있어서 지정한 것으로 국한하여서는 안 된다. 다시 말하면 희곡 작가의 설명에 지정되어 있지 않은 음향을 연출가의 의도에 근거하여 매개 장면의 실제적 효과를 더욱 중장시킬 수 있는 장면에 리용할 수 있는 것이다. 이런 경우에도 음향은 다만 반주의 역할만을 수행하는 것이 아니라 연출가의 의도에 의하여 중요한 '등장인물'과 같은 역할도 수행할 수 있는 것이다.

음향은 또 다른 의의를 가지기도 한다. 이것은 곧 빠우자(연극 진행 중 등장인물의 대화나 동작이 중단되는 시간적 사이를 말함)에 있어서의 음향의 리용이다. 무대에서 긴 빠우자는 정적(고요함)이다. 이러한 긴 빠우자가 절대적으로 아무 소리도 없고 배우들의 외부적 행동으로 채워지지 않는다면 생동력 없는 죽은 순간으로 될 것이다.

우리가 자기 신변에 닥쳐 온 정적을 주의 깊게 관찰한다면 아마 그 속에서 무슨 음향이나 보시락 소리라도 들을 것이다. 체호브와 같은 작가는 음향을 좋아했고 그의 희곡에서는 도처에서 음향 효과를 노리였으며 특히 빠우자에서의 음을 교묘하게 리용하였다.

음향 반주가 대수롭지 않는 것으로나 제二차적인 요소로 간주되는 일이 드물지 않다. 음향 형성은 무대 장치와 동일하게 연극의 유기적 부분이며 창조적 사고와 예술적 감각 그리고 많은 경우에 창발력을 요구한다. 이 때문에 음향 효과의 지도자 때로는 조종자는 예술가 진영에서 선정된다. 음향의 발생 조작이 우연적인 사람들에게 맡겨질 수 없으며 이는 자기 사업을 사랑하며 적응한 기능과 기술적 경험을 가진 선발된 성원에게 위임되어야 한다. 모쓰크바 예술극장에서는 음향 효과의 조종을 전체 배우들에게 위임하고 있다.

연극에 있어서 음향 효과 지도자의 임무는 거대하고 다방면적이다. 그는 연출과 공동으로 기본적 음향들을 지적하여야 하며 공연에서의 음향의 위치와 그의 기본적 과업들을 지적하여야 하는바 이는 곧 연극의 음향적 형상을 창조하는 것이다.

음향 효과 지도자는 지휘자의 역할을 수행하여야 하며, 예비적 련습과 종합 련습을 진행하여야 하며, 음향학적 조건들을 연구하여야 한다. 말하자면 그는 자기의 '관현악'을 조직하여야 하는 것이다.

음향 반주의 지도자와 연출가는 연극에서의 음향의 자연주의적 표현을 피하여야 한다. 그것은 무대에서 생활의 직접적인 이동인 것이다. 지나친 세밀은 연극을 도리어 더럽게 하는 것이며 희곡의 본질로부터의 리탈인 것이다. 연극의 음향 표현에 있어서의 사실주의는 가장 본질적인 생활 진리의 정서인 것이다. 음향 표현의 예술은 합법칙성을 요구한다.

실례로 생활에서 뇌성과 비는 자유분방하게 나타난다. 그런데 이런 음향들의 무대상 실현이 만약 희곡의 장면 발전에 대한 아무런 타산도 없이 자유분방하게 진행된다면 이는 제시된 효과를 낼 수 없을 뿐만 아니라 연극을 망쳐 버릴 것이다.

음향 형성자는 음향적 재능이 있어야 한다. 이러한 사람은 음향 형성에 있어서 진실에 대한 섬세한 감각을 나타낼 수 있는 것이다. 그렇지 못한 사람은 음향 효과 지도자나 연출자가 요구하는 진실한 생활적인 음향을 생산하지 못할 것이다. 적응한 음조와 뉴안스와 규칙적인 리즘들이 없이는 진실한 장면들을 창조할 수 없다.

음향 형성자는 날카로운 눈초리로 둘러싸고 있는 생활의 사변과 현상을 관찰하여야 하며 그 다음에 그것을 자기의 방법으로 발명하여야 한다. 그리고 그의 예술은 둘러싸고 있는 자연과 생활의 음향적 현상에 대한 일상적인 관찰과 연구를 요구한다. 이러한 관찰과 연구는 꾸준한 노력과 인내성 있는 지속적 작업에 의하여 예술적 성과를 얻을 것이다. 어떠한 음향적 현상도 음향 효과를 형성하는 예술가의 귀 곁을 그대로 지나갈 수는 없다. 음향 효과 형성의 예술가는 음향의 색채(음색)와 음향 결합의 리즘, 템포들을 주의하여 듣고 리해하고 기억해야 한다. 그는 이러한 현상들을 분석하며 그의 실현을 위한 방법을 선택하면서 자기의 기억력 가운데 가장 값있는 밑천으로서 모든 관찰의 결과를 축적하여야 한다.

관찰된 음향을 재생하기 위한 음향 효과 도구의 제작은 음향 형성자들의 중요한 임무이다. 즉 그들의 날카로운 관찰에 의하여 생활에서 얻어진 음향은 그들의 창발력과 연구로 고안된 도구에 의하여 무대상에서 재생된다. 다행히도 우리에게는 모쓰크바 예술극장 연구소에서 웨·아·뽀뽀브를 위시한 진지한 예술가들의 꾸준한 연구의 결과로 세계적으로 보급된 허다한 방법과 도구들이 산생되었으며 그 제작 방법들이 소개되고 있다. 그러나 새 연극은 이미 만들어진 음향 도구에서 재생되는 효과만으로 만족하는 것이 아니라 항상 새 음향을 요구한다. 이에 따라 음향 효과 형성자는 항상 새로운 음향 발생 방법과 도구의 창안에 주력 하여야 하는 것이다.

무대 음향 형성 작업에서 '전기 축음기', '록음 테프 발성기', '록음 필렴 발성기' 등을 리용한다. 그것들은 많은 경우에 훌륭한 결과들을 가져오나 그렇다고 하여 어떠한 음향의 록음이든지 재생하여 좋은 결과를 가져 오는 것은 아니다. 비행기의 폭음, 군중 소리, 공장 기차 기선들의 기다란 기적 소리, 새 소리 등등은 록음 재생에서 특별히 좋은 효과를 낼 수 있으나 렬차의 굉음 같은 것은 효과가 그리 좋지 못하다. 록음 재생기에서 어떤 음향은 과도히 확대되고 어떤 음향은 과도히 약화되어 들리는 일이 있기 때문이다.

음향 효과 형성자는 음향에 대한 작업에서 음향의 색채와 리듬과 템포에 대하여 주의 깊게 관계하여야 한다. 음향은 세 가지 요소들 즉 음색, 리즘, 템포로 형성되며 그것들은 분리도리 수 없으며 그 중 어느 하나만 결여되어도 조화는 깨뜨려지게 되는 것이다.

하나의 음향이 다른 음향과 구별되는 특성을 음향의 채색 또느 음색이라고 부른다. 음향의 성격에 따라서 우리들은 꾀꼴새의 노래와 다른 새들의 노래를 구별하며 포장한 거리를 달리는 말발굽 소리를 나무다리 우를 달리거나 흙바닥을 달리는 그것과 구별한다. 우리가 라지오의 노래를 들으면서도 그 성색에 의하여 착오 없이 출연자를 구별하는 것이다.

리즘이란 음향드르이 각이한 길이, 빠우자, 악쎈트들과 함께 일정한 간격을 두고 음향이 교체하는 것을 말한다. 리즘은 뛰는 발굽 소리나 춤추는 사람의 발자국 소리 또는 전보 송신기의 타전 소리 등등에서와 같이 개개로 토막토막 끊어질 수도 있으며 약간의 긴 음향들에서의 리즘은 바람이 불 때 전선이 우는 것처럼 비브레이숀(빈번한 진동)으로 나타날 수도 있는 것이다.

템포란 음향의 교체가 성취되는 속도를 말한다. 빨리 뛰는 말에는 급속한 템포가 있으며 천천히 뛰는 말에는 완만한 템포가 있다. 그러나 량자의 리즘은 동일한 것이다.

이상에서 우리는 음향 형성이 연극 예술 창조에 있어서 불가결의 중요한 한 부분임을 알았다. 그러나 우리나라 연극계에서는 다른 부분보다 이 부분이 락후한 상태에 있다. 이 방면의 사업에 영예감을 가지고 진지한 연구와 노력을 기울이려는 예술가들이 적다. 음향 효과 사업에 대한 이러한 관계를 철저히 없애고 모쓰크바 예술극장의 훌륭한 전통을 본받아 유능한 배우들이 여기에 동원되며 또한 예술적 영예감을 가지고 이 사업에 적극 참여하는 연구를 진행하는 일꾼들이 나와야만 우리나라의 음향 형성 예술은 진일보 발전하게 될 것이다.

5. 무대 분장술

연극 창조 집단에서 다른 모든 참가자들과 마찬가지로 분장 미술가도 역시 사상—예술적 과업을 실천하는 사람으로서 그는 연극의 매개 등장인물의 외부적인 표현 면모를 발견나는 데 자기의 중요한 임무를 두고 있다. 분장 미술가는 연출가와 배우가 등장인물의 성격과 정신적 육체적 면모를 창조하는데 방조하기 위하여 자기의 관리 하에 있는 모든 방법들을 리용 하며 극장의 전체 집단이 준수하는 그 창작적 원칙들에 지도되는 것이다.

분장의 초보적 에스끼즈는 연출 플란을 심의하는 시기에 미술가와 연출가에 의하여 작성된다. 이에 있어서 극작가의 의도와 등장인물들의 성격과 미술 형성의 제 원칙에 적응하여야 한다. 특히 미술가는 표현할 인물의 중요하고 가장 본질적인 것을 고려에 넣을 뿐 아니라 배우의 특성, 장치의 채색 조명의 배광 상태도 고려하여야 한다. 물론 최초의 에스끼즈는 유일한 것이 아니며 접수될 수도 있고 부결될 수도 있다. 배우들은 종종 고안된 분장 에스끼즈를 본질적으로 변경시키기도 하고 때로는 자기가 묘사할 연극의 인물의 외형에 대한 자기 개인적 스켓취를 제출하기도 한다. 실제로 재능 있고 경험 많은 매개 배우는 크고 적고 간에 자립적으로 분장 작업을 한다. 물론 이때 자기의 의도를 연출가나 미술가의 의도와 합의하여야 한다.

분장 미술가는 자기 사업에 대하여 완전한 예술가로서 관계하여야 한다. 미술가가 제출한 에스끼즈를 실행하거나 남녀 배우들이 무대 우에서 자기들의 개성의 이러저러한 면을 나타내고자 하는 요청을 실천하는 데 국한하여 작업할 수는 없다. 예술적 형상의 창조를 위하여 작가의 의도와 배우에게 잠재하는 창작적 가능성을 천명하기 위하여 자기의 개인적 책임성을 전적으로 인식하는 분장 미술가는 그렇게 작업하지는 않는다. 그는 정력적으로 철두철미하게 희곡을 연구하며, 련습 때의 배우를 관찰하며 연극의 사상을 마지막까지 밝히는 것을 도와주는 형상의 새로운 본질들을 발견한다.

부장 미술가의 창조적 로력은 초상 미술가의 로력과 과업에 상통하는 것이 많다. 분장 미술가의 과업은 연극 주인공의 자서전 및 계급적 민족적 소속에 대한, 그의 사업과 생각에 대한 선명하고 형상적인 표현을 주는 인간적 면모를 그리는 것이다. 또한 그는 인간의 외형을 읽을 줄 알아야 하며 외형의 배후에 있는 인간의 내면 체계와 그의 자서전, 직업, 신경 조직, 기질 등을 읽을 줄 알아야 한다.

그러나 초상 미술가와 분장 미술가의 사이에는 본질적인 차이가 있다. 초상 미술가는 캄바스 우에 그리며 분장 미술가는 산 인간의 얼굴 우에 그리는 것이다. 분장 미술가는 무엇보다도 먼저 배우의 얼굴의 특징을, 끼, 자태들을 고려하여야 한다. 배우의 얼굴은 보다 살지기도 하고 크고 둥글기도 하며 수척하기도 하다. 어떨 경우에는 배우의 얼굴은 연극의 등장인물이 요구하는 얼굴과 비슷한 특징들을 가지고 있을 수 있으며 또는 불필요한 특징도 가지고 있을 수 있다. 비슷한 것을 강조하고 불필요한 것을 변경시키거나 나타나지 않게 하는 것이 분장 미술가의 과업이다. 그는 배우의 얼굴에 자기의 의도를 그려 넣어야 하며 그러기 위해서는 배우의 얼굴에서 제기된 예술적 형상의 특성을 발견하고 알아내야만 한다.

분장이 지나치게 복잡하면 도리어 부정적 결과를 가져 올 수 있다. 이런 분장은 연극을 방해하게 된다. 경험이 깊지 못한 배우는 될 수 있는 대로 가벼운 분장으로써 다만 가장 필요하고 가장 특징적인 것만을 표현하려고 한다.

분장이 결정적인 것이 아니라 연기가 결정적인 것이다. 어떠한 무대적 표현 수단 즉 조명, 음향, 의상, 분장 등도 연극 예술의 중요한 수단인 배우의 연기를 변경시킬 수는 없다. 분장의 과업은 어디까지나 배우의 연기를 보조하는 것이지 등장인물의 형상이나 초상을 무대에서 표시하는 것은 아니다. 화장 '도랑'이 배우의 얼굴의 생동하는 표현력을 구속해서는 안 된다.

이상에서 분장 미술의 원칙에 관련된 문제들에 대하여 말하였다. 분장이라는 말은 넓게 볼 때 얼굴의 화장, 머리의 가발, 으시아 또는 연극의 등장인물의 외형적 특징을 표현하기 위한 배우의 체구의 외면에 가해지는 일체의 작업을 말하는 것이다. 뚱뚱한 사람을 표현하기 위하여 솜옷을 안에 입는 것이나 절뚝발이를 표현하기 위한 일체의 외형적 변형들이 모두 분장에 속하는 것이다.

아직도 우리나라에서의 분장 예술은 독립적 지위를 가지고 있는 미술가(분장사)에 의한 무대 예술의 형성 요소의 하나로서 창조되지 못하고 출연하는 배우들의 연기 플란 가운데 포함되어 창조되고 있다. 이러한 상태는 아직 발전된 것이 못 된다. 이는 배우의 부담을 크게 할 뿐 아니라 창작적 성과를 보장하기 힘들며 분장술 자체의 발전에도 적지 않은 지장을 주는 것이다.

쏘련의 극장들에서는 분장 부서에 많은 인언들이 배정되어 있으며 이 영예로운 사업에 일생을 바쳐 불멸의 업적을 남긴 분장 미술의 명장들도 허다히 있다.

우리나라에서도 분장 미술은 독립된 무대 예술의 형성 요소의 하나로 되어야 하며 전문적 분장 미술가들이 배출되어야 할 것이다.

10. 연극과 극장

1. 현대의 극장

극장은 연극이 걸어온 二천 五백년의 력사와 함께 발전하여 왔다. 우리들이 이미 알게 된 지붕도 없고 장치도 없는 고정적인 희랍의 무대에서 오늘의 현대적 설비에 도달한 극장 발전의 력사는 연극 예술의 사상—예술적 발전과 밀접히 관련하면서 인류의 문화 발전의 정화(精華)를 반영하고 있다.

봉건 사회의 궁정(宮廷)극장은 잘 먹고 잘 입은 명문 귀족들의 놀이터로 리용되었으며 쓰따니쓸라브쓰끼가 말한 바와 같이 자본주의 시대의 극장은 전당이기를 그만 두고 역시 부화한 상층 지배 계급과 착취적 기생충들의 유락장으로 온갖 부도덕과 악폐의 은상으로 화하였다. 이 두 시대의 극장들이 지배 계급의 리익에 복무하는 연극만을 그 무대에서 상연하는 것을 용인하였다는 사실은 극자이 사회 도덕면에 있어서나 이데올로기 령역에 있어서는 물론이고 경제적 면에 있어서까지도 반동적 역할을 수행하였다는 것을 말하여 준다.

그러나 이러한 극장의 사회적 관계에도 불구하고 극장 자체의 건축과 설비는 인류가 달성한 과학 문화의 발전에 따라 날로 향상 발전하여 왔다. 극장의 구조와 공학(工學)의 발전에 특별한 동인으로 된 것은 극장에 전력(電力)과 전등이 도입된 것이다. 이는 극장 구조와 공학과 장비에 근본적 개혁을 가져왔다.

현대 극장을 말할 때 먼저 념두에 떠오르는 것은 전기화 된 무대 설비다. 막의 개폐, 무대의 회전, 승강(昇降)무대의 조종, 이동 무대의 조종 등이 전동기의 힘을 빌게된 것은 그리 새로운 일이 아니다.

회전 무대에는 동심(同心) 二중 회전, 이심(異心) 二중 회전 등도 있다. 비교적 작은 무대에서는 단식 회전으로 되어 있고 중간급 무대에서는 동심 二중 회전, 극히 큰 무대에서는 이심 二중 회전을 사용한다. 전력을 빌지 않고 인력으로 회전할 때에는 회전이 자유 자재롭지 못하였으나 지금은 극히 원활하게 임의의 속도로 회전할 수 있다.

승강 무대에도 무대 전체가 승강이 가능한 경우도 있고 부분 승강이 가능한 설비도 있다.

극히 현대적인 설비를 갖춘 극장의 무대에서는 회전 승강 및 이동 경사(傾斜) 등이 복합된 메카니즘이 리용되고 있어 무대면의 다양성과 전환의 신속성이 놀라울 정도로 가능하게 되었다.

현대 극장에는 극장 내 련락, 통신 시설도 전기의 힘으로 완비 되여 있다. 공연 때는 무대 감독실을 중심하여 각 작업반, 각 부서들과의 련락이 완비된 전화, 유선 라지오 등의 시설들로써 민활하게 된다. 진행되는 연극은 라지오를 통하여 전체 극장의 부서들과 사무실들에서 들을 수 있도록 되어 있다.

현대 극장들의 무대의 면적은 비상히 확대되고 있다. 가장 큰 무대는 三천 평방메트로 이상이고 중간 급으로는 一천 평방메트로 내외이다. 三천 평방메트로나 되는 무대에서는 자동차와 말이 달릴 수 있다. 우리나라의 국립극장이나 모란봉극장 외 무대는 작은 부류에 속하며 五백 평방메트로 이내다.

연극 극장의 관객석은 객석 一천개 내외가 가장 리상적이며 음향 반응 처리가 훌륭하게 고려된 극장이면 一천 五백 석도 가능하다. 그러나 그 이상 더 확대되면 벌써 연극 극장으로서는 부적당하다. 오뻬라 극장에는 二천 五백 이상의 객석도 가능하다. 아동 극장과 같이 더 친숙을 요하는 극장에서는 객석 四백 내지 五백개를 둔다.

극장 건축 양식이 고전적으로 된 극장의 객석 구조는 객석의 세 벽면에 여러 층(四층도 있음)의 객석(다층식 객석을 야루쓰—ярус라고 한다)이 있고 면적을 넓게 잡은 중앙 아래층 객석을 빠르쩨르라고 부른다. 야루쓰의 첫 층은 보통 무대 면과 같은 높이로 되어 이는 몇 사람(五, 六명)이 앉도록 구분되여 있어 이는 특별석(пожа)으로 사용하고 있다. 특히 첫 층의 특별석은 베누알 이라하여 특별석 중에서 최고의 특별석으로 사용한다. 三층 四층의 야루쓰는 三등석 四등석으로 사용된다. 빠르쩨르의 객석은 후방이 점차 높도록 약간의 경사를 둔 것이 보통이고 이 자리가 극장에서는 가장 중용적이며 관극에도 가장 편한 자리다.

아동 극장과 같은 아동들을 상대로 하는 극장에서는 아동의 심리 작용을 충분히 연구하여 객석 구조를 고려한다. 아동들에게는 좋은 자리와 나쁜 자리의 구별이 용납되지 않는다. 어느 자리에서나 공평하게 무대에서 진행되는 연극을 볼 수 있는 원형 극장의 객석 제도가 리용되며 무대는 원의 중심 부분에 설비되는 것이다.

비교적 최근에 건축된 극장들에서는 고전적 건축 양식에 있는 다층의 야루쓰를 만들지 않고 단층의 빠루쩨르와 후반만을 야루쓰로 만든 두층 객석 구조로 되어 있다. 우리나라의 국립 극장은 객석 구조가 비교적 이에 가까운 것이다. 그러나 이 극장의 二층은 뒤쪽이 너무 경사가 높아서 관극에 불편하다. 모란봉 극장의 객석 구조는 빠루쩨르와 二층 특별석으로 구분되여 있다.

궁정 극장이나 고전적 건축 양식에 의한 극장의 객석 구조는 당시의 극장이 상층 유한계급과 귀족 지주들의 호화로운 옷차림과 위풍을 시위하는 용도에 적지 않게 영향을 받고 있다. 그러나 새로운 시대 즉 사회주의와 민주주의 시대의 극장은 오직 인민 관객들이 누구나 없이 하루의 근로 후에 두 시간 내지 두 시간 반의 휴식을 얻도록 하는데 적당한 객석 구조로 설비 되여야 한다.

극장 객석의 이 인민성과 민주주의적 성격에의 적응은 극장의 휴식 실에도 동일하게 적용 되여야 한다. 연극의 막과 막의 사이에는 일정한 휴식 시간을 둠으로써 관객이 피로하여 연극의 효과를 감소하지 않도록 용의(用意)하여야 한다.

휴식 시간을 유용하게 보내기 위하여서는 적당한 유보도, 끽연실(喫煙室), 선람장, 매점(연극, 기타 문학예술에 관한 서점과 문화적으로 시설된 레쓰뜨란들)이 있어야 한다. 막간이 무대의 준비, 한 장면에서 다른 장면에로의 전환, 작업에 필요한 시간을 얻기 위한 조치로 되어서는 안 된다. 어디까지나 관객의 심리적, 생리적 상태를 고려하여 일정한 휴식을 주기 위한 시간으로 설정되여야 하는 것이다. 끄·쓰·쓰따니쓸라브쓰끼는 연극은 외투와 모자를 맡는 데로부터 시작한다고 말한 바와 같이 극장에서 관객을 접대 안내하고 외투, 모자 등 소지품을 맡고 입장권을 받고 객석에 인도하는 이 모든 사업이 관객의 관극 분위기 조성과 배우들의 창조 분위기

조성에 커다란 영향을 주는 것이다. 현대 극장의 메카니즘과 설비에 대하여 말하면서 우리나라의 극장 상태에 대하여 언급하여야 하겠다. 우리들이 이미 알고 잇는 바와 같이 우리나라에 극장이라는 현대적 건물 양식(무대가 잇고 객석이 있는)이 처음으로 창설된 것은 광무(光武) 년간이며 겨우 60년 가량의 력사를 가졌을 뿐이다. 그 뒤 극장 건축은 민족 문화의 발전을 반영하고 민족 예술의 온상으로 될 대신에 일본 제국주의 침략자들이 상업 자본의 리윤을 추구하는 대상으로 되었다. 일인들은 순회 극단에 임대(賃貸)해 주며 또한 겸하여 영화도 상영할 목적으로 우리나라의 각 도시들에 다수의 극장을 세웠다. 어떤 곳에서는 민족 자본가들도 이와 꼭 같은 목적으로 극장을 세웠다.

극장 건축의 목적이 이러하였기 때문에 거기에는 관객의 편의보다도 적은 자본의 투하로 돈을 많이 버는 온갖 방법을 강구하였다. 객석은 안온하게 앉아 넉넉한 기분으로 구경하게 할 대신에 딱딱하고 좁은 자리를 많이 만드는 것이 二중으로 유익하였다. 극장에 휴식장, 유보장, 기타 관객을 위한 시설은 전혀 고려되지 않았다.

우리들은 八·一五해방과 함께 이러한 극장을 일제로부터 물려받았다. 우리들은 이러한 극장들을 개조하는 한편 새로운 극장들을 건축하였다.

미제가 일으킨 전쟁의 불길은 우리들의 극장을 파괴하고 불살라버렸다. 정전 후 우리들은 극장 건축에 있어서 전적으로 새로운 발족을 하게 되었다. 민주 수도 평양을 위시하여 각 도시에는 새로운 극장이 세워졌으며 또 세워지고 있다.

당과 정부는 전쟁에서 받은 무거운 상처들을 복구 건설하는 데 있어서 극장의 복구 건설에도 특별한 주의를 돌려주었다. 모란봉 극장은 정전 직후에 착공 되여 一九五四년 八·一五까지에 기술, 자재, 로력 등의 부족에 의한 막대한 곤난 속에서도 어느 건물보다 먼저 신축되였다. 국립 극장, 국립 예술극장들이 원형과는 전혀 달리 훨씬 더 훌륭하게 인민 관객의 온갖 편리를 고려하고 연극 공연의 온갖 조건들을 고려하여 복구 되였다. 각 도의 예술극장들이 새롭게 모두 신축되였다.

그러나 우리 극장들은 아직도 그 설비와 기술에 있어서 완전하지는 못하다. 무대의 메카니즘은 아직 수준이 낮으며 전력의 리용이 기술적으로 낮다. 무대의 용적, 설비들이 완비되기까지는 아직도 멀다. 다시 말하자면 우리나라의 극장 건축술은 아직도 청소하다는 것이다.

새로운 오뻬라 발레트 극장과 드라마 극장들이 五개년 계획 년간에 최신의 설계로 건축될 것이 예견되고 있다.

2. 극장과 관객

극장이 오직 인민에게 복무하는 사명을 가졌기 때문에 극장의 관리 일꾼들은 극장과 극장에서 상연되는 연극의 주인인 관객 대중들을 위한 온갖 사업들을 조직 진행한다. 이러한 조직 사업들 중에서 특히 의의를 가지는 것은 극장과 관객과의 관계를 깊이하고 극장의 예술가들과 관객과의 창조적 접촉을 맺게 하며 관객들로부터 연극과 창조에 대한 의견을 듣고 연극에 대한 관객의 리해와 인식을 도와주는 것이다.

이러한 사업 가운데서 가장 일반적인 것은 관객 협의회(콘페렌찌야)다. 관객 협의회에서 관객들은 자기의 의견과 희망을 극장에 이야기해 줄 수 있으며 연출 의도에 대하여, 배우의 연기에 대하여, 미술가의 사업에 대하여 상세하게 그리고 견결하게 말하여 줄 수 있다.

관객 협의회는 연극 예술에 대한 관객들의 희망과 의견을 표현하여 그것을 실현케 하는 데도 필요하며, 관객의 미학적 견해와 판단력을 발전시키며 연극에 의한 교양 정도를 심화시키는 데도 필요하다. 뿐만 아니라 극장이 관객 대중의 목소리에 귀를 기울이고 거기에서 많은 것을 배워 자기 예술의 사상—예술적 수준을 높이며 자기 연극에 대한 관객의 평가를 돕는 데도 필요하다.

관객 협의회는 상연한 하나의 연극에 대한 개별적 심의도 할 수 있고 한 씨즌에 상연된 모든 레퍼토리에 대한 심의를 할 수도 있다.

관객 협의회에는 각계각층의 관객 대표자들을 소집할 수도 있고 특정한 하나의 집단(어느 공장 종업원, 어느 농업 조합의 농민들, 어느 학교의 학생들)으로 국한할 수도 있다.

관객 협의회는 극장 생활에서 가장 의의 있는 한 순간으로 되는 것이다. 극장의 전체 예술가 일꾼들은 극장의 명절과 같이 앙양된 기분으로 관객들을 맞이하기 위하여 세심하고 친절한 준비를 진행한다.

하나의 연극에 대한 심의를 중심으로 한 협의회에서는 극장이 보고를 준비한다. 보고는 간단하여야 하며 보고 다음에는 관객들이 토론을 전개한다.

관객 협의회에서는 연극에 대한 심의 뿐 아니라 일반적인 연극에 대한 문제의 쩨마로도 소집된다. 례를 들면 「우리나라에 소개된 쏘베트 희곡에 대하여」, 「연극과 갈등」, 「정전후 연극에서의 로력 혁신자 — 애국자의 형상」, 「전문 극장과 써클과의 련계에 대하여」와 같은 쩨마들이다.

협의회에서는 극장 운영의 일반적 문제를 가지고 토론을 전개할 때도 있다.

다음은 일상적으로 연극을 구경하는 관객들로부터 구경한 연극에 대한 특히는 초 공연 작품에 대한 의견을 기입한 안케트를 수집하는 사업도 관객과의 사업의 중요한 하나이다.

극장에서는 안케트 용지를 필요한 양식에 의하여 인쇄하여 관객에게 배포한다. 관객들은 연극을 구경한 뒤에 집에 돌아가서 안케트를 작성하여 극장에 돌려보내 준다.

이렇게 수집된 관객들의 안케트에 기입된 내용을 종합하여 극장은 자기의 연극, 새로운 작품에 대한 관객의 반영을 종합하여 이를 세밀히 연구하고 창작 사업에서 그것을 살리며 개선 대책을 강구하며 또 관객의 요구를 반드시 실천할 대책을 수립한다.

례를 들면 안케트에는 다음과 같은 설문을 가지고 관객의 대답을 듣는다.

1, 이 연극에 대한 당신의 평가는 어떠합니까? 당신의 의견으로서는 이 연극에는 긍정적인 모멘트는 어떤 것이며 결함은 무엇입니까?

2, 어느 출연자가 당신의 마음에 듭니까? 출연자에 대한 당신의 의견

을 들려주십시오.

3, 연출가의 작업에 대하여 어떠한 의견을 가졌습니까?

4, 무대 미술 형성은 어떠합니까?

5, 극장의 레퍼토리 사업에 대한 당신의 의견은 어떠합니까?

6, 우리 극장의 일반적 사업에 대하여, 극장의 설비에 대하여, 일꾼들의 작품에 대하여 말하여 주십시오.

수집된 안케트에서 관객이 대답을 요구하는 문제에 대하여는 반드시 그리고 신속히 회답을 주며 다른 의견들은 그것을 종합하고 역시 세밀히 연구하여 창조 사업에 반영하여야 한다.

극장들에서는 예술가들과 관객들과의 상봉을 자주 조직한다. 이는 아주 흥미 있는 사업 형태며 의의 있는 사업이다.

관객들은 자기의 사랑하는 극장 예술가들과 무대를 통하지 않고 직접 면대하며 친밀한 담화를 교환하는 것을 무한히 동경하고 갈망한다. 관객들은 자기의 사랑하는 배우를 무대를 통하지 않고 분장하지 않은 본 얼굴로 한 방에 무릎을 맞대고 앉아 묻고 싶은 것을 묻고 듣고 싶은 것을 듣는 것을 한 없이 기뻐하며 영광으로 생각한다.

이 상봉은 극장에 관객을 초청하여 조직하기도 하며 예술가들이 개별적 직장을 방문하여 조직하기도 한다.

예술가들의 립장에서 보아도 예술의 수요자인 관객과 상봉하여 자기 예술에 대한 평가를 듣고 희망을 듣는 것은 자기들의 창조 생활에 중요한 의의가 있는 것이다.

이외에도 극장과 관객의 접촉 방법으로서는 예술가와 관객과의 서한(편지) 교환이다. 이는 극장과 멀리 떨어져 있는 관객과의 접촉에 있어서 유일한 방법이다.

『연극이란 무엇인가』, 국립출판사, 1956

제6부

기타

수필과 수기

成功하기까지는!(수기)

나는 어려서부터 음악을 조와햇습니다. 아버지는 완고하신 편이여서 공연이 욕을 하섯습니다. 그러나 나는 내가 뜻한 음악을 성공하기까지 엇던 고통과 괴로움이 잇다 하더랴도 참고 견대리라는 굿은 결심을 하엿섯습니다.

"이놈아! 너는 언제든지 하모니까만 불고 잇니!!" 하고 야단을 치서도 나는 조곰도 겁을 내지안코 그러나 반항도 하지안코 나 할 일만 해 나왓습니다.

그 때부터 나는 음악이란 것은 왜? 사람에게 필요할가? 하고 생각해 보왓고 우리 가난한 사람들은 엇더한 노래를 불너야 되나? 하고 그 불느는 법은 엇더케 해야 하나 하고 생각해본 일이 잇습니다. 그저 음악이란 흥에 겨워하는 것인 줄만 알든 아버지와는 아조 달은 생각을 그 때부터 나는 가젓든 것입니다.

"적어도 우리들이 불늘 음악을 성공 해노코야 말 걸" 하고 어린 나의 가슴은 퍽도 쒸엿든 모양입니다.

『별나라』, 1931.4

六年 동안의 價値(수기)

나는 작년부터 일본으로 건너와서 지내게 되엿다. 수륙수천리를 써러져 잇는 이 곳에서도 늘 별나라만은 생각하고 잇다. 그리고 이번에는 제오주년을 맛는다고 하니 나는 깃븐 생각을 못 니기엿다.

그것은 누구나 다―알고 잇슬 것이다. 나 혼자 깃븐 것이 아니겟다. 별나라만이 오직 조선의 소년 업는 소년의 동무인 동시에 그대들을 지도하여온 것을 생각할 째에 누구나 별나라에 대하야 감사한 생각이 업겟고 지지할 생각이 업겟느냐 말이다.

이러한 생각에서 조선에 잇서서 엇던 다른 잡지는 몃 십년을 하여왓든 조곰도 깃울 것이 업슬 것이다. 우리들은 생각한다. 이 압흐로 더욱 별나라의 독자가 더욱 늘수록 그만큼 조선의 업는 소년은 깨다러 간다는 것을 증명하는 것이다.

내가 어렷슬 그 째에는 아무 생각이 업시 지내왓다. 그러나 지금 생각하니 그 때도 이가튼 별나라라도 잇섯드면 하고 분한 생각이 난다.

그럼으로 이번 별나라 오주년 긔렴에 당하야 조선의 업는 소년은 더욱 지지의 굿은 맹세를 하고 더욱 더욱 발전 식힐 책임이 다 잇다는 것을 생각하고 나가자.

『별나라』, 1931.6

연출평

『어머니』 演出에 對하야

解放劇場이 이번에 創立公演의 演目으로써 막심 꼴키이 原作『어머니』를 取擇하고 上演하게 된 데까지에 許多한 困難과 사호지 아니하면 안되었다. 演出에 있어서도 이것은 演出이라는 藝術的인 事業이라기보다도 차라리 鬪爭的인 課業이라 할 수 있었다.

첫째, 演出者인 나 自身에 있어서 最近 나의 健康 狀態가 演出過程에 많은 制限을 주었고 飜譯劇에 對한 完全한 나의 無準備는 演出을 절둑바리로 맨들어 버렸다는 것을 告白한다. 事實上 나는『어머니』의 演出者로서는 不適當한 것을 痛嘆 하였음에도 不拘하고 이 演出을 經險하지 아니하면 안 될 여러 가지 事情도 우리 演劇運動에 하나의 투쟁이 될 것이다.

多幸이 蘇聯에서 도라온 동무들이 많은 指導를 받을 수 있었으나 帝政時代의 러시아 勞動者의 生活은 觀念的인 形態로밖에 우리 머리에 떠올으지 아니했다. 둘째, 解放劇場이 勤勞大衆의 絶對的인 支持아레 誕生하였고『어머니』의 上演에 意外의 聲援이 있었음에도 不拘하고 演技陣의 擴大强化를 成功치 못한데 對한 우리의 困難은 至極히 컸었다. '어머니'役의 人選이 이 公演의 成不成을 左右하는 問題가 되었다. 適役者 獲得을 많이 努力했고 贊助 出演을 받기 위해도 힘을 썼으나 結局은 우리 劇團의 가진 演技陣으로 强行할 수밖에 길이 없었다. 이 結果 우리는 좋은 演技者를 大衆 앞에 새로 紹介할 수 있는 幸福을 얻었다. 李晶子 氏는 오늘 날까지 名聲이 높지 못한 不遇한 演技者였다. 우리는 이번에 重大한 配役을 매기고 적지 아니한 不安을 가저왔다. 그러나 이 不安은 大部分 一掃해 주었다. 李晶子라는 演技者는 決코 진흙

속에만 묫처있을 구슬이 아니라는 것을 알었다. 勿論 李晶子 자신으로써 이 役을 살리기에 눈물겨운 努力이 있엇기는 하나 有爲한 演技者가 오늘까지 '스타 시스템' 때문에 눌려 오다가 衆目에 뵈여 줄 機會를 얻게 된 것도 解放된 朝鮮演劇의 뜻 깊은 所得이며 進步的인 演劇의 行動의 하나였다.

演出上의 여러 가지 所感은 許與된 紙面으로 는 다 記錄 못하고 다만 몇 마디 辯護에 끝인다. (尾)

『예술신보』, 1946.1(창간호)

죽은 동지(同志)에게 보내는 弔辭(수기)

나의 竹馬之友 李相春

프로레타리아 藝術을 爲하야 젊은 情熱과 재조를 기우려고 하로 밥 한긔와 오전 짜리 호떡 한 개에 만족하며 演劇運動을 싸호다 日本帝國主義 官憲의 彈壓으로 監獄사리에서 얻은 不治의 病에 呻吟하다가 제 손으로 제 목숨을 근어버린 情熱과 天才의 畵家 李相春 君을 나는 오늘까지 나의 生活에서 하로도 잇어버린 날이 업섯다. 地下에 산다는 그가 오늘 우리에게 解放이 찻어오고 우리가 그 解放을 完全히 하기 위하야 한동안 停止했든 싸홈을 다시 이러키엇다는 것을 알엇다면 얼마나 기뻐하고 그의 特性이 값이 얻다는 것을 自慰할 것이다. 나는 오늘을 마지하야 그의 뜻을 이어 우리 藝術이 勞動者 農民의 階級的 解放을 위하야 다시 피어린 싸홈을 시작하겟다는 것을 그의 靈前에 맹서하고 그의 生前을 다시 한번 더듬어 보려 한다.

내가 그를 알게 되기는 내가 大邱 師範學校에 다니든 一九二七년이다.

내가 童謠詩人 尹福鎭 君과 같이 同人雜誌를 내엇을 때 우리는 挿畵家 金瑢俊 氏와 그때 大邱에서 活躍하든 멧멧 畵家한테 부탁할 일이 잇섯다. 金瑢俊 氏는 우리에게 少年畵家로써 李相春 君을 紹介 해주엇다. 相春 君은 그때 大邱商業學校를 그림 그리기 때문에 게을리하야 落第 中途退學하고 그림에 精進하고 잇엇다. 처음 우리가 청함에 달아 그가 그려다준 그림은 나무에 파랑새가 안즌 그림이엇다. 이 그림은 一見事實的인 그림도 아니고 印象派的인 것도 아닌 特異한 畵法이엇다. 金瑢俊 氏는 그를 재미잇는 그림을 그리는 젊은이라고 紹介햇엇다.

그 뒤 우리는 大邱에 잇든 少年作家 少年畵家들의 作品(童謠, 詩, 그림

等)을 모아 展覽會를 열엇든 것이다. 이 展覽會를 李相春 君은 ◇科展이라 命名햇다. 어떤 사람은 이것을 '오科'라고도 읽엇고 '마루科'라도 읽엇다. 그려나 우리들이 읽는 法은 공科엿다. 日本의 二科展에서 생각해낸 일홈인데 우리 展覽會의 內容은 어느 科에도 屬하지 아니한다는 뜻이겟는데 이 命名의 思想的 表現으로 보아 相春 君의 流波는 그때부터 슈르·레알리트엇다.

相春 君의 아버지는 그때 洋服店을 경영하고 잇엇다. 한동안 큰 店이엇으나 이때는 家勢가 기우러지기 시작할 때엇다. 내가 그 뒤 學校를 卒業하고 大邱보통학교에 취직을 햇을때 나의 初任生徒(三年) 中에는 君의 아우가 있엇든 것도 무슨 인연이었다. 이리하야 나는 그의 집을 내집같이 드나들며 그와 談交하는 동안에 우리들의 意識은 자랐다.

내가 그의 집에서 구경한 그의 畵作 가운데 아즉도 잊어버려지지 안는 한 編의 油畵는 裸女의 上半身을 側面으로 그린 것인데 强烈한 乳房이 있고 얼골은 절반에서 잘리어 있었다. 그리고 畵面 한군데에는 ◇◇ 밥그릇의 쑤껑을 그대로 부첫고 또 그 옆에는 여자의 毛髮을 그대로 부친것이엇다. 나는 이 그림을 대할 때 思想的 露出의 巨大함에 절지 아니할 수 없었다. 그리고 그 色彩의 用法에는 極度의 沈鬱과 暗鬱함이 떠돌고 있었다. 이 畵法은 技術的으로 表現派에 屬하며 思想的으로 따따이스트였다.

나는 한 해 뒤 異端 敎員으로 뵈여 柳川이란 시골학교로 左遷이 되어 갔다. 그때에 나에게 선물로 준 油畵 한 폭은 젊은이가 '탬버링'을 두다리는 것이었다. 이 畵面에서 그는 그때 우리가 기우러저 있든 「써스 音樂」를 昻揚를 했든 것이다. 내가 그 그림을 시골 내 下宿방에 걸어 노았을 때 동리의 젊은 청년들은 원숭이가 북치는 그림이라 하였다.

그의 早熱은 꼼뮤니스트가 되기 前에 '따다이스트'와 '니힐리스트'의 길을 걸었든 것이다. 이 階段을 밟을 동안 그의 生活面은 그의 思想과 같은 表現이 많었다. 내가 처음 敎員이 되든 해의 五月一日 이 날은 '메이데이'었다. 朝鮮의 어느 구석에서든 合法的으로 이 날은 記念하는 行

事는 없었다. 이 鬱憤과 그의 所持의 '니힐'은 그를 하야곰 하로종일 술을 벗삼게 하였다. 하로종일 白墨가루와 싸호다 온 나의 下宿에 그는 건아하게 취해서 찾어 왔었다. 우리는 그 길로 또 멧집을 마시고 도라 다니며 飮酒로 '메이데이'를 記念하고 醉中에 우리는 껴안고 痛哭을 하며 어느 집에서 잠을 잣다.

才質의 早熱은 感情의 早熱을 말한다. 그가 늘 나에게 자랑하는 말은 "나는 다서ㅅ 살 때에 戀愛를 했다"는 것이다. 이것의 眞否는 그만 두고라도 그의 靑春紀行에는 멧갈레의 戀愛事件이 있었고 '스칸달' 程度의 것도 있은 것은 사실이다.

내가 柳川에 있을 때 忽然이 그는 有名하든 長髮을 깍고 日本 東京으로 건너갔다가 一年이 지난 뒤 나온다는 편지도 없이 自手로 만든 새밝안 추렁크를 들고 나오는 길에 柳川에를 찾었다. 그의 가방 속에서 나온 것은 그때의 築地小劇場에서 올린 「新泉地」와 「左翼劇場」의 舞臺寫眞이었고 그가 考案한 舞臺面(유진 · 오닐의 「毛◇」)이 엇다. 그가 一年동안 東京서 한 일은 造形美術의 공부였고 舞臺裝置의 獨習이었다. 이 一年에 그의 演劇에의 志向이 決定되었든 것이다.

一九二九년 敎員生活 二年 半만에 나는 思想傾向 不穩이란 罪目으로 敎職을 쫓겨나고 그 해 十二月 相春 君, 李甲基 君과 '街頭劇場'을 大邱에서 組織하고 맑스主義를 堂堂이 綱領으로 내걸기는 했으나(公演 한번 못하고 留置場 구경만 했었다.)

내가 一九三二년 東京에서 나왔을 때 相春 君은 나보다 한거름 압서 서울로 올러오고 나도 곳 뒤니어 上京했다. 그리하야 安國町 뒤골목 이層 下宿방에 한달에 十五圓짜리(둣기니) 밥을 먹으면서 雜誌 『演劇運動』을 發刊하고 劇團 '新建設'을 組織했다. 나는 原稿를 쓰고 모으고 그는 등사원지를 쓰고 총독부에 出版 許可를 엇으러 다니고 했다. 雜誌廣告포스터ー를 謄寫版으로 七度제로 찍어 부친 것은 아마 前無後無한 일일 것이다. 雜誌도 등사판으로 創刊號를 냈다. 君의 글씨는 지금 '프린트' 專門의 筆生의 一流에 더러지지 않을 맛치 優秀했다. 그는 整頓

性이 없기 때문에 주머니에 물건을 잘 일었다. 검열과에 드나드는데 도장이 많이 쓰였는데 그는 사흘에 한 번 식은 도장을 일었다. 그는 二十分만 앗으면 專門家 以上으로 당장에 훌늉한 도장을 삭여 내엇다.

그 뒤 얼마 뒤에 平壤에 가 잇든 姜湖가 上京해와서 우리 下宿에 同居하게 되었으나 밥갑 先金이 없어 두 사람 밥으로 세 사람이 난화 먹고 살 수밖에 없었다. 어느 날 밤 相春 君과 나는 口論을 하고 痛哭을 한 일이 있었다. 우리들 앞에 山積한 일에 對하야 우리들의 힘이 너무도 모자람과 經濟的으로 너무도 困乏하였든 感情的 鬱憤의 消耗 方法의 하나이었다.

그 뒤 下宿 빈대는 마음대로 跋扈하고 더위는 營養不足의 우리를 몹시 조들리게 하는 八月 中旬 相春 君은 다리에 난 腫氣로 말미아마 一時 大邱로 나려가고 姜湖 君과 나는 한 사람 밥으로 그 날을 連命하며 '新建設'의 公演準備를 하고 있었다. 八月 三十日 나는 『우리동무』(當時 東京에 잇는 文化聯盟 朝鮮愜意會에서 내는 非合法誌) 事件으로 本町署에 檢擧되여 三年을 西大門刑務所에서 살았다. 相春 君은 '新建設'의 活動을 내 없는 동안 進展식히었으나 그 또한 『映畵의 벗』(日本 프로映畵同盟出版誌) 事件으로 姜湖, 金悅進 君과 함께 西大門에 送致되여 내가 事件에 合審이 되었다. 多幸이 相春 君만이 豫審免訴가 되어 娑裝에 나가 '新建設'의 公演을 京城劇場에서 가졌다. 이지음의 相春 君에 對한 이야기는 洪九 동무가 쓰게 되어있다.

一九三五년 九月 姜湖, 金悅進, 李燦 君과 나의 네 사람은 西大門에서 나왔다. 우리가 나오기 前에 所謂 '新建設'事件이란 일홈으로 '카프' 所屬의 全藝術를 송두리체 全州로 檢擧해갔다. 相春 君도 全州로 간 것은 말할 것도 없다.

君이 獄中에 있는 동안 나의 할 바는 그에게 冊子를 差入해 주는 길 뿐이었다. 그 希望에 依해 나는 獨逸語 책을 體系있게 差入해 주었다.

一九三七年 가을 君은 出獄은 하였으나 그의 몸에는 病魔가 깊이 깃드리고 있었다. 君과 君의 一家와 나와는 무슨 宿緣이 있엇는지 그의 在

監 中에 드듸어 沒落한 그의 家族은 그때 내가 寓居하고 있든 金海로 移居해 왔다. 나는 全力을 다하야 그의 家族의 再起를 爲하야 洋服店을 開店하고 宣傳을 했으나 나의 外交의 拙劣함이 었는지 成功을 못했다. 出獄한 君은 서울서 얼마를 묵다가 親家가 있는 金海로 나려왔다. 그때 나는 병든 그의 몸동아리 가운데 아즉도 熱熱한 鬪意가 있는 것을 보왔고 君이 일을 하고 십으나 同志들은 그를 病人으로 取扱하고 일을 줌을 躊躇한다고 不滿을 吐露했다.

멧날을 나와 가까이 이야기를 주고받고 君은 다시 上京하였다. 어떤 날 나는 그가 自手로 목숨을 잘르고 他界로 갔다는 訃報를 듯고 나 혼자서 멧날을 밥맛을 일코 痛哭했다. 그때 君의 家族은 君의 겻으로 다려가고 있었다.

오늘 날 우리의 演劇이 眞正한 意味에서 우리의 손으로 樹立되려는 이때 人材 不足을 느끼면서 相春 君의 주검이 다시 한 번 아까워짐을 어찌할 수 없다. 정말은 그에게 이런 때를 보게하고 이런 때에 限껏 그의 力量을 發揮식혀 보고십다. 그가 살았으면 얼마나 조흔 일을 해주랴.

『예술운동』, 1945.12(창간호)

謀利輩와 文化人

最近 나는 어느 地方에 가서 文化人으로써 두 가지 最大의 侮辱을 당했다. 演劇 當事者로서 劇場 問題는 重要한 關心事의 하나이다. 요사이 서울에서도 劇場 貨付入札 問題가 이러나 文化人들에게서 여러 가지 物議가 있었지만 朝鮮民族 演劇의 活潑한 發展은 溫床이 肥沃하고 깨끗이 雜草가 除去되어 지기 前에는 到底히 所企할 수 없다. 過去 日人들의 搾取 機關이던 劇場이 謀利를 爲士하는 非文化的 管理者들의 手中에 籠絡되고 있어 興行 收得金 分配率은 日帝時보다 더 惡化되어가는 一途이니 이러고 어찌 좋은 演劇이 生産되기 바라겠으랴.

이번 내가 간 곳에서도 日人 劇場 管理人 選定 問題가 이러나 文化人에게 一任하겠다는 道 軍政의 理解있는 描◇ 人選 發表까지 있었다. 나는 現地가 出生地인 關係도 있고 親知들의 要請도 있었고 또 自身으로써 中央에서 나러오는 劇場을 살려 보겠다는 慾心으로 劇場 하나를 맡게 되였든 것이다. 그런데 이 發表가 나자 當然히 文化人의 편이 되어야 한 從業員 中에는 現在에 주머니로 들어가는 巨大한 雜收入의 길이 樂絶 될 것을 憂慮를 남어진 反旗를 들고 謀利的 管理者의 편이 되여 "藝術家냐 謀利輩냐"라는 題目으로 辱明件을 發表하고 反對하였다. 德澤으로 나는 八字四柱에는 점지 안 된 謀利輩가 한 번 되어 보고 館主도 軍政 當局의 制壓으로 未完成되고 말었다. 朝鮮의 藝術家가 謀利輩 소리를 들게 되었으니 돈과 인연이 가까워진 것인지 ……

이번 내가 地方시 演出을 보아준 劇團의 첫 公演時까지 演出者의 責任上 同行한 일이 있었다. 上演한 脚本 中에 巡査가 登場하는 것이 있었다. 그 다음 날 旅館에서 수갑을 찼었다. 三人의 正服者한테 체포되어 警察署 앞에 불려 갔었다. 保安 主任은 約 三時間 동안 나를 세워 놓고

警官을 侮辱했다는 理由로 첫 마디부터 凶惡 卑怯한 惡魔와 辱說을 퍼부었다. 結局 쓰지는 아니 했으나 始末書를 쓰라는 말까지 나고 脚本을 押收까지 當했다. 演出者로써 다같이 建國 途上에서 일하는 警官이 侮辱한다고 受入된 憂慮가 있는 臺詞를 修正하겠다는 組約까지 있었으나 日帝時代보다 조곰도 못지않은 이런 警官이 現存함을 놀랐드니 果然 그는 日帝時代의 殘存 警官이었고 高等係 勤務까지 한 惡質 分子였다는 것이다.

記者團과 社會團體의 總蹶起로 이런 可變的인 警官을 峻烈히 糾탄하고 啓蒙도 하고 監督官에게 處罰을 要請도 했으나 全國的으로 이런 日帝 殘滓物의 掃蕩이 없이는 文化人의 民族使命에 ◇독이 不絶할 것이다. (筆者는 劇作家)

『현대일보』, 1946.4.15

屈할 줄 모르는 人民 (『문학예술』, 1951.5)

대동강이 양각도 동쪽 끝에서부터 두 갈래로 갈라져 쑥섬어구와 두루섬 어구에서 적은 운하와 같은 수로를 통해서 두 군데 합쳐진 곳은 있지만 두루섬 서쪽 끝에서 합쳐질 때까지는 상당히 긴 거리를 딴강으로 흐른다. 각각 다른 이름도 없는 하나의 대동강이지만은 북쪽 강은 비교적 완만하고 남쪽 강은 수위도 높지만은 비교적 빠르다.

이 물이 적은 산모퉁이를 구비구비 감돌아 락랑평야의 옥토에 관개된다.

합사물의 하나인 락랑의 고분군이 산재해있는 현재의 락랑리의 남서방향에 펼쳐진 적은 평야는 과거에는 다만 조나 수수를 경작하는 밭들과 황무지 뿐이었다.

이 넓은 지역에 대동강물을 관개해서 쌀이 쏟아지는 옥토를 만들었으면 하는 것은 이 지역 농민들의 오래 품고오던 꿈이였다.

이 꿈은 드디어 인민정권 시책으로 더욱이 토지개혁된 조건 아래서 1949년에 실현되었다. 농민들의 가정에는 쌀이 쌓이게 되였으며 이밥먹는 농민이 되였다. 현물세 줄고 배불리 먹고 잘 입고 행복하게 된 농민들은 참으로 기뻐하였다.

농민들의 꿈이 실현된 후 두 번째의 추수 때에 원쑤들은 들어왔다. 당과 정권에서는 농민들에게 식량을 땅에 묻고 놈들의 략탈에서 구하라는 지시를 주고 후퇴하였다. 농민들은 이 지시에 따라 추수한 곡물을 땅에 묻었다. 반동분자와 변절자에 의하여 극히 적은 수량의 량곡이 농민들의 손에서 략탈되였지만은 대다수의 곡물은 지켜졌고 적이 격퇴된 뒤 농민들은 국가에 현물세를 묻고 마음놓고 먹으며 여유곡물을 처분하게 되었다.

4월 보름경부터 이 수문을 통한 대동강물이 이 평야에 사통팔달한 수로를 통하여 관개된다.

이미 봄보리 파종에 우수한 성적을 내고 시 인민위원회의 표창을 받은 농민들은 벼농사에 착수할 만반의 준비를 하고 있다. 종곡 확보 부족한 로력의 적절배치 축력의 합리적 리용 자급 비료의 준비 등……

여성들은 몇날 전까지 수로 보수공사에 매일 동원되였다. 봄바람에 치마폭을 펄럭이면서 삽질을 하는 풍경은 나에게 봄소식을 알려주는 것보다는 조선민족의 무진장한 생활력을 일층 강하게 느끼게 한다.

평양을 습격하러 오는 적의 대형 폭격기는 이 지역의 상공에서 루탄을 시작한다. 용감한 우리 고사포수들이 사격하는데 이 상공에서 콩 복듯이 한다. 적의 제트기나 경폭기는 매일 저공으로 이 지역을 통과하러 때로는 기총소사를 퍼붓는다 이 지역은 행정적으로도 평양시내지만은 적의 폭격대상으로서는 시내와 마찬가지의 처지에 있다

이런 적의 야수적 공습 아래서 락랑평야의 농민들은 굴하지 않고 춘경사업에 종사하고 있다.

자연현상으로서의 봄은 변함없는 계절적 변화를 가져온다. 그러나 원쑤에 대한 미움이 불타오르며 전쟁은 승리하고 자유 해방 통일의 조국을 이룩하려는 가렬한 투쟁을 하는 조선민측에게 맞어지는 봄은 보통 때의 봄보다 많이 다르다.

꺾일 줄 모르고 강인한 조선민족의 투쟁모습의 한 토막을 나는 이 지역 농민들의 춘경 사업에서 본다.

로동당과 인민정권에 의하여 령도되는 우리 농민들의 억센 투쟁은 반드시 승리하며 원쑤에게 죽엄을 주고 만다는 확신을 나는 이 평양주민의 농촌에서 강하게 느낀다.

최근 이 지역 농가에서 신세지고 있는 나는 우리 일꾼들을 다리고 굴할줄 모르는 민족의 억센 고함소리가 울려나는 이 들판에서 농민들의 춘경사업을 도와주고 있다.

『조선문학』, 1951.5

항상 배우는 립장에서

내가 희곡 공부를 시작한 지 어언 30년이 넘는다. 아직 이렇다 하고 자랑할 만한 희곡을 많이 가지고 있지 못하니 부끄러운 노릇이 아닐 수 없다.

희곡을 쓰는 나로서 나의 머리를 항상 떠나지 않는 것은 희곡이라는 문학 장르는 힘들며 들어가기 어려운 장르라는 생각이다. 희곡이 어려운 장르라는 핑계로 내가 극작가로서 재간이 적은 것을 변명하려는 것은 물론 아니다.

막씸 고리끼의 말을 그대로 빈다면 "희곡은 가장 어려운 문학의 형식이다. 왜 그러냐 하면 희곡은 매개 등장인물들의 성격이 저자측으로부터 암시가 없이 말과 행동에 의하여 저절로 묘사되도록 요구하기 때문이다. 장편이나 중편소설에서는 자기가 묘사하는 인물들의 그의 도움을 받고 행동하며 저자는 언제나 그들과 함께 있는 것이다. 저자는 독자에게 그들을 어떻게 이해하여야 하는가를 암시하여 주며 작중인물들이 가지는 비밀, 사상들과 그들의 행동이 가지는 숨겨진 동기들을 설명하여 주며 자연 묘사와 환경 묘사들에 의하여 그들의 기분에 뉘앙스를 붙이는 것이다. 일반적으로 저자는 자기 자신의 목적에 항상 그들을 복종시키며 소설의 민물들이 예술적으로 가장 선명하고 납득할 수 있는 인물이 되도록 온갖 주의를 다 기울이면서 그들의 행동, 말, 사건, 호상 관계들을 자유롭게 그리고 흔히 독자의 눈에 띄우지 않도록 극히 교묘하게 그러나 자기 멋대로 처리하는 것이다.

희곡은 그처럼 자유로운 저자의 간섭을 허용하지 않는다. 희곡에 있어서는 관객에 대하여 주는 저자의 암시가 제외되는 것이다. 희곡의 등장인물들은 특히 그들의 대사 즉 서술용의 말이 아니라 순전히 회화용의 말로써만 형성되는 것이다"

나는 하나의 희곡을 창작함에 있어서 프로트를 세우고 초고를 쓰며 추고를 가하고 그리고 또 합평을 거쳐 다시 수정하는 과정에서 흔히 '왜 내가 소설가나 시인이 되지 않고 이렇게 힘든 희곡 작가를 택했는가!' 하고 생각하는 일이 많다. 소설이나 시 형식이 쓰기 쉽거나 들어가기 쉬운 문학은 물론 아니다. 그러나 소설이나 시 형식에 비하여 희곡은 제약성이 많으며 같은 말의 예술인데도 객관적 서술용의 말로는 묘사가 되지 않는 특수성을 가졌으며 소위 '문학적 수식어'들이 전혀 필요 없고 생활적이며 소박한 실제 회화용 말만이 필요된다. 그렇기 때문에 소설이나 시에 비하여 구속이 많으며 들어가기 힘들게 되는 것이다.

또한 희곡은 서술적 문학이 아니고 행동의 문학이다. 뿐만 아니라 그 행동이 모두가 국한된 공간과 시간에서 진행되기 때문에 일층 제약이 심한 것이다. 소설에서와 같이 환경 묘사와 정경 묘사를 자유자재로 옮기어 현재에서 과거로, 과거에서 현재로 옮길 수도 있고, 실내에서 야외로 국내에서 국외로도 옮길 수 있다. 그러나 희곡에서는 공간적 시간적 제약성 때문에 그것이 불가능하다. 또한 소설에서는 제한 없이 장황한 서술을 할 수 있으나 희곡에서는 관객의 생리적, 심리적 조건들까지 고려하여 일정한 길이를 초과할 수 없는 것이다.

나는 여기에서 희곡이론에 대하여 쓰려고 하는 것이 아니다. 어디까지나 희곡을 창작하는 나의 경험담을 통하여 희곡창작을 지망하는 신인들에게 도움을 주자는 편집부의 의도에 충실하여 나의 많지 못한 경험을 피력하려고 한다.

그러나 서두에 희곡이 가지는 특수성에 대하여 언급한 것은 내가 희곡이 가진 그러한 제약성을 어떻게 극복하려고 노력하였는가를 말하려고 의도한 것이며 또 제약성이 많지마는 그 제약성 때문에 희곡창작의 재미가 있으며 그 제약성이 희곡이 가지는 예술적 특성인 것을 미리 말하려고 하는 것이다. 그러므로 희곡이, 들어가기 어려운 문학 장르라 하여 선입견을 가지고 접어들지 않으려고 하는 기우는 가질 필요가 없다. 만약 우리들이 주의깊게 현실 사물을 관찰하여 그 가운데서 극적 사건을 포착하고 그것을 무대적 조건에 부합되게 처리하는 기교를 소유한다면 희곡 창작은 보람있는 사업이며 극작가란 영광스러운 직업인 것이다.

희곡이 다른 문학 장르와 구별되는 특수성 중에 또 하나의 조건은 무대적 형상화를 통하지 않고는 그 진정한 가치를 평가하지 못하는 것이다. 이것은 희곡의 본성이며 희곡문학 발생의 역사와 함께 따르는 운명인 것이다. 극작가가 문학적인 자기 도취에 빠져 이러저러한 재간을 애써 피운 것들도 무대를 통하여 보면 아무런 감명도 인상도 주지 않으며 관객의 공감을 불러일으키지 못하는 일이 왕왕 있다. 그와는 반대로 극히 소박한 말로 엮었으나 무대를 통하면 그것이 생동하는 진실감과 박진력으로 관객을 흥분케 하는 법이다.

이제 나의 희곡창작에서 얻은 실제적 경험을 이야기하였다.

희곡을 쓰려면 많은 말을 알아야 한다. 극작에서 소용되는 어휘는 서술용, 수실용이 아니라 어디까지나 소박한 생활적인 것이어야 한다. 말에 대한 극작가의 수련은 인민들의 생활에서 그들이 어떤 말을 어떻게 하는가를 주의 깊게 관찰하는 데서만 달성할 수 있다. 작가로서있다. 작가로서 나는 말의 수련이 미약하여 어휘도 아주 협소하다. 대가들과 같이 자기의 어휘 확장과 풍부화를 위하여 계통적인 관찰, 수집, 그리고 연구도 하지 못하였다. 이러한 나에게는 오직 나의 희곡에 등장시킬 인물들의 실제적 생활에서 그들이 쓰는 회하에 귀를 기울이고 그것을 기록하는 것이 가장 큰 힘이 된다.

희곡에 쓰는 말은 극히 함축성이 많고 압축적이어야 한다. 함축적인 말, 압축적인 말 이것은 결코 세련된 말이라는 뜻이 아니며 공허하고 무의미한 말재주니 글재주의 기교를 말하는 것이 아니다. 세련된 말은 깨끗하고 미끄러울 수 있으나 행동적 이는 곧 생활적이다. 내용을 가졌다고 할 수 없다. 오늘 천리마를 타고 사회주의와 공산주의 낙원을 멀지않아 언덕에 바라보며 용감히 전진하는 우리 영웅적 노동 계급과 농민들을 희곡에 등장시켜 놓고 그들에게 함축적이며 압축적인 말을 시킨다는 것은 그들이 가진 시대적 감정을 조직적이고 선율적인 언어에 의하여 관객에게 호소하는 것을 의미한다.

나의 희곡 「우리 마을」은 물론 썩 훌륭한 희곡이 되지 못한다. 그러나 작가로서는 이 희곡에서 사랑하는 인물도 많고 자신을 가진 장면도 많다. 특히 개인농 한내춘에 대하여 나는 특별한 애정을 가지었다. 처음부터 나는 이 인물을 부정적 인물로 설정하지 않았으며 발전하는 인물로 설정하였다. 약간의 보수주의와 개인 이기주의에 사로잡혀 있는 한내춘은 환경의 발전 가운데서 자기가 고립된 것을 깨달았고 그의 딸 분옥이가 행방불명된 것으로 커다란 충격을 받는다. 심각한 고민 끝에 한내춘은 결국 조합에 들 것을 결심한다. 이것이 희곡의 3막 4장의 마지막 정경이다. 나는 이 장면을 특별히 사랑한다. 이 장면의 처리, 인물들의 대사, 환경의 설정 등에서 나는 어느 정도의 자신을 가지고 있다. 나는 이 장면을 구상하고 해결할 때 하루 밤을 꼬박 새운 일이 생각된다. 그 밤은 늦은 봄비가 추근히 내리었다. 사랑하는 인물의 처리에 이 밤의 환경이 영감을 주었다. 이 장면은 다음과 같이 결말지어졌다.

△분옥이 비를 맞고 들어선다.

순실 : 오, 분옥 동무.(달려간다.)

강씨 : 엉……

내춘 : (잠시 놀라다가 곧 움직이지 않는다.)

순실 : 아주머니 분옥 동무가 돌아왔어요. (분옥에게) 나는 동무가 돌아 올 줄 알았어!

분옥 : ……

정씨 : (바라보다가 눈물을 씻으며) 빌어먹을 년

(…중략…)

분옥 : 난 죽어도 집에는 안 돌아오려고 했어요……

내춘 : 그랬으면 그만이지 왜 와?

분옥 : (울면서) 난 그래도 아버지와 어머니가 불쌍해서 왔어요.

정씨 : (울며) 분옥아!

분옥 : 아버진 내 맘을 몰라요. (방에 들어간다.)

△ 정씨 따라 들어간다.

△ 분옥의 울음소리.

△ 내춘은 멀거니 앉는다.

△ 비가 멎는다.

순실 : (하늘을 쳐다보고) 비가 멎었군요…… 분옥 아버지 내일 또 오겠어요.

내춘 : 세포 위원장!

순실 : 예?

내춘 : 나중에 조용히 찾아가리다.

순실 : (만족하게 웃는다.)

연일의 폭우까지 났는데 사흘동안 행방불명된 외딸을 찾아 미칠 듯이 된 어머니의 심정은 딸이 나타난 순간에 더 무슨 장황한 말이 필요치 않은 것이다. 그래서 나는 이 '빌어먹을 년' 하는 한 마디를 선택하였다. 이 말은 세련된 말이 아니라 선택된 말이다. 이 짧은 한 마디의 말의 선택이 극작가에게는 비상한 노력을 요구한다. 물론 내가 아닌 다른 작가이면 이 경우에 이 말외에 다른 말을 선택할 수 있다. 여기에 작가의 개성이 표현되는 것이다.

여기서 개심한 한내춘이 세포 위원장을 잡고 자기의 지난날의 협소한 생각과 소극성, 보수주의, 고집들에 대하여 장황하게 늘어놓고 자기 비판을 한다면 희곡은 하등의 형상성도 받을 수 없으며 예술적 여운도 함축도 관객에게 남길 수 없는 평면적인 것으로 되고 말 것이다.

나는 해방 후 오늘까지 행정 사업을 하기 때문에 시간적 여유를 가장 적게 가진 작가의 하나이다. 그렇기 때문에 작가에게는 고기와 물과 같은 관계를 가지고 있는 현실 접근, 현실 연구를 위한 시간을 극히 적게 가지었다. 금년에 당의 배려로 비로소 3개월 동안의 창작 휴가를 받아 현지에 가서 희곡 「선구자들」을 썼다.

현실을 보지 않고는, 현실에 깊이 침투되지 않고는 희곡은 한 줄도 쓸 수 없다. 그러므로 제한된 시간적 여유를 어떻게 하면 가장 유용하게 현실 접근에 이용할 것`인가는 나에게 중요한 문제로 제기된다. 1949~50년에 내가 희곡 「물길」을 쓸 때는 강선제강소에 나가서 취재했다. 나는 현지에 나가기 전에 미리 해방 후 우리 나라 제강, 제철 공업의 발전과 이에 대한 당과 국가의 정책들을 연구한 것은 물론이지마는 제철 및 제강에 대한 방대한 기술적 서적까지 통독하고 어느 정도의 기술적 지식을 미리 소유하였다. 이러한 준비를 갖춘 다음에 현지에 나갔기 때문에 복잡한 공장의 시설 전모와 생산 행정이 짧은 시간으로 충분히 요해되었으며 중요한 과제인 노동자 기술자들의 생활에 접근하고 그들의 감정을 포착함에 있어서 커다란 시간적 예비를 얻을 수 있었다.

「우리 마을」에 그려진 무대는 평양에서 그리 멀지 않은 강남군, 강서군의 대동강가에 자리잡은 몇 개의 협동조합을 추상한 것이다. 나는 이 희곡을 쓰기 위하여 만경대 농협조합, 중단리 농업협동조합에도 가 보았고 강서군 고창 협동조합, 강남군의 몇 개 협동조합에도 가 보았다. 그러나 이러한 조합들에 나가기 전에 나에게는 농업협동조합에 대한 예비적 지식이 어느 정도 있었던 것이다. 그것은 1955년에도 나는 황해북도 곡산군 초평리협동조합에 이앙제초 협조로 한 달 동안 가서 살게 된 경험과 또 같은 해 봉산군 참몰 농업협동조합의 지도 책임을 지고 매주 한번씩 나간 일이 있었다. 이러한 실제 협동조합 지도와 생활에서의 축적이 「우리 마을」 창작에 살이 되고 피가 되었던 것이다.

누구나 경험하는 바와 같이 공장 노동자들과 달라서 농촌 농민들은 양복을 입고 손에 수첩이나 손가방을 들고 농촌을 찾아오는 '과객 작가'에게는 용이하게 곁을 주지 않으며 좀처럼 속을 터놓지 않는다. 그렇기 때문에 현실 접근이나 현지 파견이라는 미명 아래 유람식으로나 겨우살이식의 취재 행각으로는 농민들에게서 아무런 생활의 깊이에서 나오는 말도 의견도 감정도 포착할 수 없다. 관리 일꾼들에게서 얻어 들은 공허한

숫자적 기록으로 찬 취재 노트로도 도저히 희곡을 쓸 수 없다.

희곡 「선구자들」은 김일성 원수께서 황해남도 현지 지도에서 애국 열사 유가족이 가장 많은, 다시 말하면 적 강점 시기에 적의 만행이 가장 혹심하여 희생이 많은 지역인 신천군, 안악군들에서 애국자 유가족들이 핵심이 되어 우리 나라에서의 공산주의 건설에 앞장을 서서 나가야 한다고 하신 교시를 바탕으로 깔고 황남도 농민들이 당의 농업 정책을 어떤 투쟁을 통하여 관찰하였는가를 그리려고 시도한 것이다.

이를 위하여 나는 작년 12월에 있은 황해남도 농업협동조합 열성자 대회에서의 김일성 원수의 교시와 그 회의 참가자들의 방대한 토론 기록들을 연구하여야 하였고 김일성 원수께서 작년과 금년에 재령군, 신천군, 안악군의 수십 개 협동조합을 친히 지도하실 때 주신 교시의 속기들을 면밀히 연구하였다. 뿐만 아니라 그 언제나 적에 대한 적개심을 극도로 일으켜 주는 대학살 사건의 면모를 조사하여야 하였고 당원으로, 모범 농민으로, 또는 정무원으로 가장하고 숨어 있다가 폭로된 반혁명 분자들의 만행들에 대한 군중회의에도 참가하여 그들의 죄상을 알뿐 아니라 유가족들의 감정 심리들도 연구하여야 하였다.

이에다가 냉상모, 면화 영양단지 가식법, 밭 관개 체제 도입을 위한 작업들의 기술과 노력적 행정에도 참가하여야 했으며 협동조합 내의 모든 공적 사적 생활에 참가하여야 하였다.

이러고도 농민을, 협동조합을 다 요해하였고 그들의 생활에 침투하였다고는 도저히 말할 수 없다. 이와 같이 작가의 노력은 간단하지 않는 것이다.

나는 농촌을 전문적으로 쓰는 극작가는 물론 아니다. 그러나 최근 「우리 마을」 「풍요한 가을」 「선구자들」 등 계속 농촌물을 썼다. 그러나 나의 농촌에 대한 생활적 축적은 아직도 빈약하며 '얻어들은 풍월'이 많고 실제 생활체험에서 나오는 것이 적다. 「우리 마을」과 「선구자들」을 본 관객들이 그 중에 나오는 청년남녀의 생활이 도시 생활의 냄새가 풍긴다고 지적하는데 이것은 극히 정당한 지적이며 나의 농촌 접근은 아직도 피상적이며 '과객식'이었기 때문이다.

나는 1955년에 「10년」이라는 장막물을 창작한 일이 있다. 이 희곡은 금년에 수정하여 『조선예술』에 발표되었는데 아직 상연되지 못하고 있다. 이 희곡이 왜 3년이나 책상 서랍 속에 묻혀 있었으며 아직 상연되지 않고 있는가? 그것은 이 희곡이 가진 여러 가지 결함 중에 중요한 결함인 작가인 내가 현실을 모르고 이 희곡을 썼다는 것으로 대답 줄 수 있다. 나는 희곡 「10년」에서 한 가정의 인물이 해방 후 10년 동안 우리 조국의 격렬한 혁명적 발전과 사변 가운데서 장성 발전하는 과정과 그 모습을 그리려는 커다란 야심을 가지었다.

그러나 이러한 방대한 현실적 발전의 역사적 서사시편들을 희곡 현식에 연대기적으로 서술한다는 것도 어려운 일이지마는 심오한 현실 연구도 없이 책상 앞에 앉아서 써질 줄 알고 시작한 데 나의 착오가 있었던 것이다. 이 희곡에는 전투 장면도 나오며, 전후 복구 건설 투쟁이 벌어진 공장도 나온다. 나는 전쟁 기간 수차 화선에도 가보았지마는 전투에는 직접 참가한 일이 없다. 또 종전 후 공장 현실에 역시 깊이 들어가지 못하였다. 이러한 내가 희곡 「10년」에서 성공하기는 어려운 일이었다. 그래서 나에게는 이 희곡의 구상부터 고쳐야 하고 먼저 현지에 가야하며 이 희곡을 공화국 창건 10주년과도 결부시키는 과업이 제기되었다. 그리하여 나는 황해제철소, 강선제강소에도 다녀왔고 구상도 새로 하여 개작 발표하였다. 그러나 아직 결함이 대단히 많다.

나에게는 희곡을 씀에 있어서 하나의 유리한 조건이 있다. 그것은 30년 동안 극장에서 연극사업을 하였다는 그것이다. 극작가는 극장을 모르고는 희곡을 쓸 수 없으며 극장을 아는 극작가는 좋은 희곡을 쓸수 있는 것이다. 나는 극장 무대의 구석구석을 다 알며 극장의 창조 과정을 세밀하게 안다. 또한 연출가와 배우들의 요구도 알며 관객의 성격, 심리, 취미도 안다.

이러한 조건들은 희곡을 창작하는 데 있어서 아주 유리한 방조로 되는 것이다. 극작가에게는 극장의 매카니즘(극장의 구조, 기계설비, 부서 구성 등)과 연출가 배우들의 창조적 심리, 생리 등에 정통하는 것이 절실히 필요하다. 극작가에게는 현실에 접근하여야 할 필요성과 동시에 극장에 접근하여야 할 필요성이 제기된다. 우리 나라 극작가의 대 선배인 송영의 전 창작 생애가 극장과의 관계, 극장의 정통을 떠날 수 없다는 것을 누구나 안다.

그러므로 극작을 지망하는 신인들이 희곡문학 수련에 있어서 극장에 대한 지식을 확충하는 것이 절실히 필요하다는 것을 항상 염두에서 떼지 말아야 한다고 권고하고 싶다.

또한 나의 경험에 의하면 희곡의 부족한 점들을 사정하고 디테일들을 더욱 살리기 위하여서는 연출가와 배우들이 주는 조언이 작가가 미처 생각하지 못할 점들을 예리하게 찔러주며 구체적이 개선 방책을 제시하여 주는 일이 허다하다. 연출가와 배우들은 극작가보다도 더 잘 극장을 알며 일상적인 접촉에서 관객의 심리를 훌륭하게 안다. 이러한 훌륭한 조언자를 이용할 줄 알아야 한다.

그런데 부분적 극작가 중에는 극장 창조 집단의 집체적 지혜에 의거하려고 하지 않으며 자기의 협소한 주장을 고집하는 사람이 있으며 그런 사람의 희곡이 많은 경우에 좋은 상연 성과를 거두지 못하고 실패한 일이 많음을 우리는 알고 있다.

「우리 마을」과 「선구자들」의 경우에 나는 연출가와 배우들의 방조를 많이 받았고 그들의 의견이면 무엇이든 허심하게 접수하고 될 수 있는 대로 그들의 의견을 수정에서 살리려고 애썼다.

연출가와 배우 집단의 의견과 조언을 충실하게 듣는 경우에 작가로서는 첫 계획에 없었던 장면과 인물이 새로이 설정될 수도 있다. 이런 경우에는 희곡의 디테일이 더욱 풍부해진다. 그 반대로 장면과 인물이 없어지는 경우도 있다. 그런 경우에는 희곡의 구성이 더욱 집약적으로 되어 극적 전개의 긴박성이 더해질 수 있다.

물론 극작가가 연출가와 배우들의 조언을 경청하여야 한다는 것은 어디까지나 그 의견이 정당하고 진실적이어야 할 경우이다. 때로는 배우들

중에서는 자기가 맡은 역을 더 빛내기 위해서 전체적 균형과 인물 호상 관계도 고려없이 이기적인 제기로 작가와 연출가를 괴롭힐 때도 있는 것이다. 이럴 때는 배우의 의견을 공박만 할 것이 아니라 충분히 설득하여야 한다.

「우리 마을」의 경우에 나는 특별한 경험이 있다. 연출자는 희곡의 갈등을 심화하기 위하여 두 조합의 통합 문제를 삽입하자고 나에게 제기하였다. 나는 이 제의를 받고 연구해 보았다. 실지로 같은 동리라든가 지리적 조건, 포진 분포 상태가 한 조합으로 조직되어야 할 곳에 두 개 이상의 조합이 조직되어 경리상 불편하고 노력낭비도 많고 조합 발전에 지장을 주는 일이 있으며 그런 경우에 통합하는 실례도 있기 때문에 나는 연출자와 의견을 접수하여 통합 문제를 첨가했다.

상연한 결과에 통합은 당의 당면한 지도 방침이 아니라는 의견도 있었고 통합하는 경우에 두 조합의 이익이 상반되지 않고 조합원들의 이익을 침범함이 없이 생산을 더 낼 수 있는 확실한 조건위에서 통합하는 것은 불가피한 일이라는 의견도 있었다. 이리하여 통합문제는 그대로 남기고 공연을 계속하던 중 1956년 가을에 함남도내에서 부분적 조합들에서 통합이 진행되면서 가축을 난도하는 등 부정적 현상이 많이 생기어 당 중앙에서는 이러한 통합의 부당함과도 지도 일꾼들의 잘못이 엄격히 지적되었다. 이러한 현상에 연극 「우리 마을」의 통합 문제가 잘못된 영향을 줄 수 있기 때문에 다시 나는 희곡에서 통합 문제를 삭제하였다.

지금 당 결정에 의하여 농업협동조합 발전의 합법칙적 요구에 의하여 리 단위로 전면적 통합이 완료되었다. 이 사업을 전제로 하고 나는 「우리 마을」의 통합 문제를 다시 원상대로 부활하여 나의 희곡집에 포함시켰다.

작가에게 당과 정부의 정책을 심오하게 연구하여야 할 의무가 항상 제기된다. 이것은 필수적인 일이며 이것 없이는 우리 나라 혁명 발전의 진모를 판단할 수 없기 때문에 희곡은 한 걸음도 전진할 수 없다. 해방 후 13년 동안 우리 나라 극작가들에 의하여 창작된 많은 희곡들이 무대에서 각광 받았다. 그 가운데서 성공한 작품도 많지마는 성공하지 못한 작품도 적지 않다. 이 성공하지 못한 희곡들의 거의 전부가 당 정책과 우리 나라 혁명적 현실을 정확하게 반영하지 못하였거나 때로는 그것을 왜곡한 때문이었다.

이는 극작가가 당 정책과 그 정책이 구현되는 현실을 깊이 연구하지 못한 데로부터 정확한 인식을 가지지 못하였기 때문이다.

당과 정부의 정책을 연구하는 방법은 여러 가지 면이 있다. 당과 정부의 결정이나 문헌들 그 자체를 세밀히 연구하여야 하는 것은 더 말할 것도 없고 이 정체들의 원천인 맑스·레닌주의 이론의 우리 나라 실정에서의 창조적 적용에 대한 이론적 연구도 동반하여야 하며 더욱 중요한 것은 이 정책들이 어떻게 우리 나라 인민 경제, 정치, 문화 각 부면에서 실천되어 그것이 꽃피는가를 연구해야 할 것이다.

이에 있어서 작가는 당과 정부의 정책에 의하여 지도되는 우리 나라 현실의 구체적인 성과들을 말하여 주는 출판물의 보도 특히 생산과 건설 투쟁에서 얻어진 경험들을 주의 깊게 연구하는 것이 아주 필요하다. 이는 극작가의 정치적 경제적 안목을 넓게 해주며 지식을 풍부히 해 준다. 거기에는 바로 오늘 우리 현실의 급속한 발전을 말해 주는 가치 있는 이야기꺼리가 많다. 특히 나와 같은 행정 사업이나 기타 직무에 분망하여 현실에 들어갈 기회와 시간이 적은 사람에게는 이것이 소중한 자료로 된다. 그것 없이는 나는 아주 현실에서 뒤떨어지고 말 것이며 장님이 될 것이다.

나는 작년 가을에 「풍요한 가을」이라는 중막 희곡을 썼다. 작년은 3개월이나 계속된 혹독한 가뭄에도 불구하고 우리 농촌 경리는 사회주의 경리와 선진영농방법 도입으로 320만톤의 알곡을 생산하였으며 농민들 앞에서 농촌의 문화적 건설과 냉상모의 100프로 도입이라는 투쟁 과업이 나서게 되어 금년에 그것을 성과적으로 수행하였다. 이리하여 금년에는 알곡이 작년에 비하여 70만톤 더 수확되었으며 논과 밭 관개의 확장으로 가까운 장래에 700만톤 이상의 알곡 생산을 목표로 총궐기하고 있다.

우리 농촌 경리의 경이적 발전 앞에 항상 나는 작가적 격동을 느끼지 않을 수 없는데 작년 9월과 10월에 걸쳐 우리 신문들은 승리한 농민들의 투쟁의 이모저모를 다양하게 전해 주었다. 나는 『노동신문』에서 문덕군 열두 삼천리벌 농홍리협동조합에서 냉상모를 돌러싸고 벌어지던 재미있는 에피소드를 읽었다. 일부 보수주의적이며 소극적인 늙은이들이 냉상모의 확신을 가지지 못하고 모내기 때 한 대씩 꽂을 것을 세 대씩 꽂았기 때문에 그 논배미가 여름내 보수주의의 표본으로 조합원들의 웃음거리가 되었다는 것이다.

이 에피소드를 읽고 냉상모 보급과 관련하여 농민들 사이에 남은 낡은 사상 잔재인 보수주의, 소극성을 퇴치하고 풍작을 거둔 농촌의 문화적 건설 문제를 중심으로 하여 나는 명랑하고 유쾌한 희곡을 쓸 충동을 느끼었다. 그리하여 나는 가까운 협동조합에 뛰어가서 담화도 하고 냉상모의 실정도 듣고 문화농촌건설에 대한 조합의 계획도 듣고 하여 쓴 것이 「풍요한 가을」이다. 이 희곡이 생생한 현실적 소재 때문에 상연에서 농민 관객들의 공감을 불러일으킬 수 있다는 확신을 처음부터 가지고 나는 집필에 착수하였던 것이다.

이 짧은 나의 창작 경험담을 끝내면서 다시 한번 신인 작가들에게 특히 희곡창작을 지망하는 사람들에게 생활 현실에 깊은 주의를 돌리고 거기에서 생동하는 소재를 얻도록 노력하라는 권고를 거듭한다.

공화국 창건 10주년 기념 전국예술축전에서 써클부문 연극들이 가지고 나온 희곡들에 주의를 돌릴 필요가 있다. 그것은 여기에서 우수하다고 평가되고 입상된 희곡들이 모두가 생산 현장에서 일하고 있는 신인 작가들의 창작이며 그들의 직면한 생활과 생산 현실이 강렬하게 풍겨 나오는 내용을 가지고 있기 때문이다.

「혁신자」(함경남도 검덕광산) 「생명수는 흐른다」(평북도 농천군 쌍학농업협동조합) 「또 하나의 기적」(함북도 황해제철소) 「젖소 새끼 낳는 날」(황북도 태성농업협동조합)을 위시한 많은 연극들이 우리 기성 극작가들에게 어떠한 교훈과 경고를 주는가?

이 작가들은 자기의 생활 주변에서 일상적으로 체험하는 현실을 '작가적 꾸밈'이 없이 소박하고 직접적으로 절박하게 받아들였고 그것을 반영하고 있다. 「생명수는 흐른다」에서 진행되는 사건이 얼마나 단순한가. 그것은 단순하면서도 칼날 같은 날카로움으로 관객의 심장을 찔러주며 현실감으로 관객에게 육박한다. 이 작가들에게는 현실에 대한 현학적인 분석과 도장이 없다. 작가적 사고, 소재의 접수, 처리 등이 기계를 다루는 용광로 앞에선 착암기를 든 노동자들의 사고 방식, 사물 접수 태도 그대로이다.

이런 것에서 우리 기성 작가들이 배워야 한다는 것은 신인 작가들이 사회주의적 사실주의 방법을 무엇으로부터 축적해 가야 하는가를 가르쳐 주는 좋은 교훈이 된다.

전문부문 축전의 연극이 퍽 저조하였고 희곡들이 빛나지 않는 것은 대조적이며 교훈적이다.

나는 축전의 총화를 하려고 하지 않는다. 축전 연극의 전문부문과 써클부문의 상반되는 결과는 신진, 기성을 분문하고 극작가들에게 많은 교훈을 주기 때문이다.

나의 창작의 선조인 「항상 배우는 입장」은 금년 축전의 써클부문 희곡에서 많은 것을 배웠다는 것을 말하고 싶었다.

『청년문학』, 1953. 8

우리를 격동시킨 10월 명절

일제 철창에서 맞이한 10월혁명 기념일

내가 예술운동에 참가한 뒤에 처음으로 철창에서 맞이한 위대한 10월 사회주의 혁명 기념일은 혁명 13주년인 1930년 11월 7일이었다. 나는 이 당시 일본 도쿄에서 일본 프로레타리아 연극 동맹에 관계하면서 하나의 혁명적인 이동 극단에서 일하고 있었다. 이 극단은 소수의 그루빠로 나뉘여 로동자들의 비합법적 미팅그나, 피크니크나 기타 집회에 출동하여 선동적인 단막극을 상연하는 것이 기본 임무였다. 동맹은 당시 지하 조직인 '전협(전국로동조합협의회)'과 련락을 가지고 그 산하 로동자들의 집회에 동원되는 것이였다. 때로는 어떤 이층 집의 좁은 방에서도 우리는 연극을 했고 때로는 강변 들판에서도 연극을 했다.

이러한 비밀 집회와 이동연극은 항상 경찰의 추격을 받고 있었기 때문에 이동 활동 도중에 체포되는 일은 아주 흔한 일이었다. 그렇기 때문에 우리는 항상 그럴 때에 대한 준비를 갖추고 다녔던 것이다.

1930년 10월 중순 어느날 아침 나는 그 전날 밤의 이동연극에서 늦게 돌아와 하숙집 좁은 세'방에서 곤히 자고 있었다. "이 놈아 일어 나라" 하는 고함 소리와 함께 구두'발이 옆구리를 내지르는 바람에 나는 소스라쳐 벌떡 일어 났다. 이미 방안에는 여덟 명의 형사가 구두'발 채 들어와 있었다. 나는 그들에게 끌리여 '우에노'경찰서의 류치장에 한달 동안 감금되었다.

이 시기는 일본에서 로동운동파 문화운동이 아주 앙양된 시기였고 이 류치장 내에도 매 감방마다 2~3명의 '사상범'이 있었다. 그러나 대부분의 류치인들은 절도, 도박, 사기, 기타 일반 형사범들이었다. 감방마다에 정원 이상으로 차 있었고 식사 조건이 점점 나빠지며 간수의 횡포는 류치인들의 불평을 적지 않게 자아내고 있었다.

11월에 들어서자 로씨야 10월혁명 기념일을 어떻게 맞이할 것인가에 대하여 우리들은 토의하게 되었다. '식사 및 생활 조건의 개선' 이 한 가지 조건만으로 전체 류치인들을 궐기시키기에 충분하였다. 각 감방에서 이 요구 조건을 들고 11월 7일 아침부터 단식 동맹을 단행할 것이 토의되고 련락되었다.

7월 아침 식사 시간이 되었다. 오래'동안 일광도 쬐지 않고 소독도 되지 않아 불결하기 짝이 업고 냄새 나는 '곽 '벤또'가 각 감방에 반입될 시간 직전이다. 우리 방에서 선출된 대표는 전 류치장이 터져 나갈 듯한 우렁찬 소리로 요구 조건들을 렬거하고 이것이 관철될 때까지 전체 류치인들이 단식을 단행한다고 선언하였다. 전체 류치인들은 이에 호응하여 함성을 올렸다.

당황 망조한 것은 간수들이였다. 비상종이 울리고 정복 사복의 경관들이 수십 명 류치장으로 진입하여 류치인들의 궐기를 진압하고 주모자를 처단하려고 하였다. 그러나 결속된 류치인들은 더욱 함성을 높이고 마루'바닥에 발을 구르면서 기세를 올렸다. 간수들은 우리방에서 우리의 요구 조건을 선언한 대표를 주모자로 간주하고 감방에서 끌어 내려고 시도하였다. 그러나 감방의 15~16명의 류치인들은 문어구를 튼튼히 막고 간수들이 한 발'자국도 못들어오게 하였다.

강압적 방법이나 힘으로써는 진압할 수 없는 것을 알고 경찰 당국은 회유와 설복의 방법으로 단식 동맹을 진압하려고 하였다. 그러나 단식 동맹은 3일간이나 진행되였다. 다만 도중 몇 사람의 도박군이 맹세를 배반하였을 뿐이였다. 드디어 경찰 당국은 무언중에 우리의 요구를 접수하여 식사 조건이 종전보다 더 좀 나아졌고 간수들의 횡포성이 얼마간 완화되였다.

이리하여 류치장에서 우리들의 10월혁명 기념일 깜빠니야는 성공적으로 실천되였던 것이다.

1932년 초에 나는 서울로 돌아왔고 4월에 서울에서 송영, 강호, 리상춘 등 몇몇 동지들과 카프의 직속 극단 '신건설'을 창건하는 사업에 참가하였다. 극단의 창건과 아울러 기관지 『연극운동』의 발행, 형제적 극단들에 대한 지도 방조 등, 조선 프로레타리아 연극운동의 조직적, 실천적, 리론적 기초의 확립을 위한 투쟁에 젊은 정열을 남김 없이 기울이고 있었다.

이 해 8월 그믐날 나는 서울 본정경찰서 형사대에 의하여 안국동 '신건설' 본부이자 나의 숙소인 하숙방에서 체포되였다. 이 사건에는 리찬, 박세영, 정청산, 권환, 안준식 동무들이 다 련좌되였는데 사건인즉 일본 프로레타리아 문화련맹과 련계를 가지고 그의 비합법적 출판물들을 조선 내에 반입 배포 한다는 것이였다. 이는 일제 경찰이 그 당시 '카프' 예술인들에 대하여 계속적으로 부분적 맹원들을 이러저러한 구실로 검거 투옥하던 탄압의 한 수단이였다.

우리들은 본정 경찰서에서 넉달 동안 무서운 고문을 겪었다. 놈들은 어떻게든지 우리들에게서 공산주의 운동에 관해서 '협의'했다는 구실만이라도 얻으면 '치안유지법' 위반으로 징역을 보내자는 것이며 그렇게 함으로써 '카프'작가, 예술가들의 투지를 꺾자는 것이였다.

그러나 일은 그들의 뜻대로 되지 않았다.

우리 몇 사람이 투옥되여도 '카프' 문예운동은 더욱 왕성해졌고 '신건설'의 연극운동은 활발히 전개되여 이듬해인 1933년에는 조선 연극운동사에 대서특필할 성과인 반전극 『서부 전선 조용하다』를 서울에서 상연하였던 것이다.

본정경찰서에서 넉달 동안의 고문에 시달리는 생활은 우리들에게 시간과 날이 가는 데 대하여도 정확한 인식을 가지기 힘들게 하였다. 이 기간에 우리들은 10월 사회주의 혁명 15주년 기념일을 보냈건만 우리들은 의식하지 못하였다. 아마도 모쓰크바 붉은광장에서는 이 위대한 명절의 대열방식과 시위 행렬이 진행되고 전세계의 방방곡곡에서 근로자들과 진보적 인류가 이 날을 뜻깊게 기념하고 있었을 것이다. 하나 우리들은 어두운 철창 속에서 야만적 고문에 시달리고 있었던 것이다.

그 해도 다 저물어 가는 어느날 찢어지고 더러워진 여름옷을 아직도 입은 채 리찬 동무와 나는 추췌한 꼬락서니로 송국되여 서대문감옥에 들어 앉게 되었다.

나는 서대문감옥 2동 7호 감방에서 령어 생활을 시작하였다. 이 2동이라는 곳은 이 때 주로 '잡범'을 수용하고 있었으나 그 당시 '간도공산당사건' '공작위원회사건' 영흥, 명천 기타 '적색농조사건' 등, 이 시기의 로동운동의 양양을 번영하는 '사건'에 관계되는 동무들이 현저동 '붉은 벽돌집'을 채웠기 때문에 이 '잡방'들에도 보통 5~6명의 '사상범'이 수용되어 감방은 초만원으로 한방에 15~16명씩 그야말로 콩나물독 같이 빼곡차 있었다. 내가 든 7호 감방에는 나중에 공판 언도 '확정'에 의하여 서대문 교수대의 이슬로 사라진 동무도 있었다. 지금 나의 기억에는 그의 얼굴 용모는 어렴풋이 남아 있건만 이름은 잊어 버렸다. 그 때의 재판 기록, 신문 기사를 찾아 보면 그의 이름은 곧 알아질 것이다. 그 동무는 동북 태생의 당시 스물 넷의 젊은 농민으로 학교도 제대로 못 다녔기에 감방에서 열심히 외국어를 자습하고 있었다.

새해(1933년)에 들어 가서 나에게 전방 명령이 내렸다. 옮겨 간 곳은 1동 9호 감방이였다. 이 1동은 '사상범'만이 수감되여 있는 곳이다. 일본 통치자들의 철창이라면 그것이 류치장이건 감옥이건 사람을 짐승 같이 대우하기는 마찬가지지만 넉달 동안 류치장에서 고문을 받고 세수 한번 하지 못하다가 감옥에 넘어 와서 비록 접시물에라도 세수를 하게 되고 차입들어 온 책을 읽게 되니 그것만으로 한숨 돌린 것 같았다. 그런데 이 '사상범'만이 수감되여 있는 곳은 이러저러한 형태로 민족 해방을 위하여 로동계급의 해방을 위하여 투쟁하던 동지들이 비록 자유 없는 감방 안이지만 한방에서 살고 있는 곳이다. 이 사실은 무척 반가웁고 마음 든든한 일이였다. 더우기 넉 달을 류치장에서 시달렸고 두 달 동안 '잡방'에 있던 나로서 이 감방으로 옮겨온 것은 오래간만에 미더운 동지들 품으로 돌아온 것 같았고 고향집에라도 돌아간 듯이 아늑하고 마음이 놓였다.

간악한 간수들의 감시 아래서도 동무들은 일정한 시간에 토론회를 조직했고 이 토론회에서는 리론문제 시사문제들도 취급하였다. 그 외의 시간에는 매 개인이 자기의 계획에 따라 학습들을 했다. 대부분 사람들이 어학 공부를 했고 나도 앞으로 얼마나 있을지는 몰라도 감옥에 있을 동안 외국어를 하나 소유하겠다는 결의 아래 독일어 공부를 시작하였다.

이 방에서의 월 여에 걸친 나의 감방 생활은 활기 있는 생활이였고 불행 중 다행이라 할가 하여튼 허송 세월은 하지 않았고 자유 없는 생활이면서 희망이 있고 동지들의 애정에 싸인 생활이었다.

이러한 나의 이 감방 생활은 우연한 일로 깨어지고 말았다. 어느 토요일날 저녁이였다. 갑자기 철컥하는 열'쇠소리와 함께 육중한 감방문이 열리더니 새로 송국된 '피고'가 하나 들어 왔다. 류치장에 얼마나 있었는지 얼굴은 창백하였고 유달리 검은 머리는(이 머리도 래일이면 깎기운다) 길게 자랐고 검고 굵은 눈'섭에 연승 코'방귀를 뀌는 청년이였다.

이 청년은 이미 우리의 곁을 떠난 극작가 김태진 동무였다. 카프 맹원으로 같은 사업을 하는 사이였지마는 내가 서울 있는 동안 그는 지방에 있었기 때문에 우리는 아직 서로 얼굴을 몰랐던 것이다. 내가 체포된 얼마 뒤에 그는 서울에 와서 강호, 리상춘 동무들과 같이 극단 '신건설'사업과 아울러 연극잡지 외에 영화 잡지도 발간하다가 검거되어 세 사람 모두가 송국되여 온 것이다.

그가 김태진이고 내가 신고송이란 것을 서로 알자, 같은 사건의 동지요 오래'동안 서로 만나고저 하던 그 회포를 우연히도 이 감방에서 풀게 되였다. 그 동안의 바깥 소식을 듣노라고 밤이 새는 줄을 몰랐다.

다음 날 아침 식사가 끝나고 당번 간수장이 출근한 뒤 얼마 안 되여 나는 '중앙'(감방 '집은 방사형으로 부채'살 같이 되여 있고 그 중심부가 간수들의 감시 중심이 있으며 간수장이 사무를 보고 있는데 수인들은 이 곳을 '중앙'이라 불렀다)으로 불러 나갔다. 일요일에 '죄수'를 불러 내는 일이 없기 때문에 나는 무슨 영문인지를 몰랐다.

간수장은 나를 콩크리트 바닥에 꿇어 앉게하고 다짜고짜로 욕설을 퍼부었다. 그 리유를 듣고보니 '공범'이 한방에 들어 갔는데 왜 제때에 신고를 하지 않았는가 하는 것이였다. 글쎄 '공범'인지 뭔지 그들이 집어 넣고도 트집은 내게 부리는 것이다. 다른 일 같으면 등피가 나도록 가죽 매로 란타했을 것이나 잘못은 저이놈들에게 있은 일이니까 매질은 하지 않았지만 하여간 시고를 안 했다는 '죄'로 뒤'수갑은 채워 독방에 끌려 갔었다.

억울한 일이였다. 뒤'수갑을 찬 것, 독방에 와서 징벌을 받는 것이 억울한 것이 아니라 정든 고향'집 같은, 동지들의 사랑이 자애로운 어머니의 손'길 같이 서로에게 미치며 날마다의 토론회에서 학교보다도 더 유익한 공부를 하던 그 방에서 내쫓기는 것이 억울하였다.

매일 아침 점검 때에 1동 9호 감방에서 들려오는 동무들의 대답 소리는 내가 있는 독방에까지 들려 온다. 그 소리를 들을 때마다 고향'집을 그리는 소녀의 마음 같이 안타까웠다.

징벌 기간이 지나 뒤'수갑은 해제되고 또 며칠 지나 다시 한번 '전방'이 있었다. 처음 나는 다시 1동으로 옮겨지나하고 저으기 기뻐했는데 옮겨 간 곳은 여전히 3동 내의 독방이였다. 독방이기는 하나 세 사람이 있는 방이였다. 이 1동은 모두가 독방으로 됐으나 '사상범'의 범람으로 한 방 사이를 두고 세 사람씩 수감하고 있었다.

내가 들어 간 38호 감방에는 우종식, 조백원의 두 동무가 있었다(이 동무들은 현재 모두 공화국 간부로 사업하고 있다). 세 식구의 단출한 살림이나 역시 동지끼리고 보니 그날그날의 생활 목적이 서게 되고 가치 있는 문제에 대하여 이야기하게 된다.

우 동무는 그때 로어를 공부하고 있었고 나는 이미 '에쓰페랄트'를 떼로 독일어도 많이 진척된 때였다. 우리는 매일의 과정안에서 시사문제, 정치, 경제, 예술문제에 대한 토론을 빼지 않았다.

이리하여 세월은 흘렀고 나의 독일어도 어지간한 글을 사전 없이도 읽을만큼 발전이 빨랐다. 내가 해방 후 자습으로 로어를 낮은 수준이나마 쉬운 글이라도 읽게 된 것은 이 때 우 동무가 공부하는 책에서 알파비트도 배우고 문법 구조를 독일어와 대조도 해본 데 얼마쯤 힘입음이 있다.

이 감방에서 10월 혁명 16주년 기념일을 맞이하였다. 안온한 가운데 전투적으로 기념을 치루었다. 감옥 내에서의 지하 조직도 없고 전체 감방들을 통일할 방책도 없었던 사정은 이런 로동계급의 국제적 명절도 이 시기의 서대문감옥에서는 소리없이 지낼 수밖에 도리가 없었다. 우리 방에서는 우선 이날 아침 옆방(혼자 있는 방들)들에 통방으로 혁명기념일의 축하를 보내였다. 번호 순서대로 나는 좌편에 앉았고 우 동무는 우편에 앉았으며 조 동무는 뒤'편 중간에 앉았다. 나는 좌편 옆방에 우 동무는 우편 옆방에 각각 통방을 하였다. 톡톡… 톡톡하고 통방 소리를 '혁명기념일을 축하한다'라는 말로 엮어져 갔다. 곧 옆방에서도 동일한 대답이 왔다.

축하 통방이 끝난 다음 우리들은 '독보'를 하였다. '독보'에는 좋은 재료가 있었다. 감옥 당국이 알고 들여 보냈는지 모르고 들여 보냈는지는 모르나 우 동무가 공부하는 로어 교과서에는 단편적이기는 하나 사회과학 서적과 로씨야 및 쏘베트 작가의 작품들을 인용한 것이 있었다. 거기에는 레닌의 '좌익 소아병'의 구절도 있었고 '유물 변증법 교정'의 인용도 있었으며 뚜르게네브의 『사냥'군 일기』 고리끼의 『어머니』 숄로호브의 『고요한 돈강』의 발취문도 있었다. 이러한 텍스트들은 이날을 기념하는 우리들의 훌륭한 '독보'재료였고 토론 및 연구 재료였다.

일제 철창에서 맞은 혁명 기념일들은 항상 나의 머리에 남아 있다.

나는 해방 후 벌써 열 두번째 자유로운 환경에서 10월혁명 기념일을 맞이 하였었고 금년 그 4주년을 기념하게 된다.

위대한 10월의 바람은 우리에게 해방과 자유를 가져다 주었고 나를 항상 새로운 창조에로 격동한다. 그러나 나는 그 동안 이렇다할 창작적 성과를 내지 못하였다. 40주년은 더 큰 격동을 나에게 줄 것이다. 이 큰 격동이 반드시 나의 창작에서 반영되여야 할 것이다.

『조선문학』, 1957.7

불멸의 친선

나는 금번 쏘련 내외친선 및 문화련락협회 련맹과 쏘조친선협회 대표단의 일원으로서 세 번째인 쏘련 방문 려행을 하였다.

쏘련을 방문하여 그곳 사람들과 접촉할 때마다 그들이 가지고 있는 조선 인민에 대한 친선의 감정이 웬만치 않다는 감을 나는 항상 느끼군 한다. 무엇이 그들로 하여금 우리들에게 이렇게도 진심으로 소박하게 형제적 친선의 감정을 가지게 하는가! 그들은 사교적이 아니고 진정으로 우리를 미더워하며, 사랑하며 존경한다.

쏘베트 사람들은 입만 벌리면 조선 인민이 근로를 사랑하는 데 대해서, 조선 인민의 영웅성에 대해서 찬양하며 조선의 강산의 아름다움, 풍요한 산물과 자원에 대하여 자랑한다.

그렇다! 그들은 맑스-레닌주의를 조선의 현실에 창조적으로 적용하며 조선 인민을 승리에로 조직하고 향도하는 조선 로동당을 국제 로동운동의 돌격대로 알고 있다.

이렇게 조선 인민과 소베트 인민간의 국제주의적 친선은 영원 불멸의 것이다.

내가 첫 번 쏘련을 방문한 것은 1950년 6월이다. 쏘련 체류 중, 미제가 조선에서 전쟁을 도발하여 조선에서는 조국 해방 전쟁이 개시되였다. 영웅적 조선 인민군의 진격의 소식은 시시각각으로 보도되였고, 거리마다에 내걸린 조선 지도에 새로 해방되는 도시의 이름이 기록될 때마다 운집한 사람들은 박수 갈채를 보내며 진심으로 반가워들하였다. 직장과 기관마다에서는 미찡그가 열리고 '미제는 조선에서 손을 떼라!' 하는 소리는 거리에 충만하였다. 우리 일행(제1차 방쏘 예술단)은 도처에서 열렬한 환영을 받았다.

두 번째의 쏘련 방문은 정전 직후인 1953년 11월부터 3개월간이였다. 이때 역시 미제를 선두로 한 16개국의 침략군대를 상대로 한 간고한 3년간의 전쟁을 승리한 영웅적 조선 인민으로서 가는 곳마다에서 환대와 찬양을 받았었다.

금번 방쏘 려행은 기간은 비록 짧았으나 조선민주주의 인민공화국 창건 10주년 행사를 계기로 초청되였기 때문에 역시 분에 넘치는 환대를 받았다.

9월 9일 밤 모스크바 뿌슈낀 거리의 원주회관에서는 전련맹직업동맹 중앙위원회, 쏘련대외친선 및 문화련락협회 련맹, 쏘련문화성, 쏘련 내각 직속 대회문화련락 국가위원회 및 쏘조친선협회의 다섯 개 기관의 공동 주최로 조선민주주의 인민공화국 창건 10주년 경축대회가 열리었다.

우리 일행 5명은 영광스럽게도 이 회의의 주석단에 초청되여 열렬한 환영을 받았다. 회의는 우리 나라 애국가와 쏘련 국가의 연주로 개회되었다.

주석단에 등단한 나는 사회자인 전련맹직업동맹 중앙위원회 위원장 그리쉰 동지가 개회 벽두에 리신팔 대사와 대표 단장인 나에게 축하를 주고 참접한 모쓰크바 사회계의 인사들이 박수로 이에 호응하였을 대 완전히 흥분하고 말았다.

대회의 보고는 쏘조친선협회 위원장이며 로련최고쏘베트 상임위원회 위원장이며 조선과는 인연이 깊은 엠 · 다라쏘브 동지가 진술하였다.

그는 보고에서 영웅적 조선의 인민의 해방 후 달성한 업적을 찬양하였고 조선 로동당의 정당한 정책과 령도에 대해 찬양하였으며 조선민주주의 인민공화국의 번영에 대하여 축복하였다. 그는 보고의 구절마다에서 소련 인민이 품고 있는 조선 인민에 대한 친선의 정과 신뢰의 마음을 표현하였다.

18일에 그의 초청으로 오찬회에 참가했을 때 그는 나에게 거듭 조선 인민에 대한 깊은 인상을 여러 가지로 이야기하였다.

따라쏘브 동지가 1957년에 조선에 초청되여 래조한 것은 잘 아는 일이지마는 1947년 그가 루이 싸이앙을 단장으로 하는 국제 직련 대표단의 일원으로 남조선을 거쳐 북조선에 왔다가 다시 남조선을 거쳐 돌아간 일에 대하여는 조선 사람들이 많이 알고 있지 못한다.

그는 미제가 남조선 로동계급과 농민, 광범한 인민들의 민주주의적 통일 정부 수립에 대한 정당한 요구를 총검으로 탄압하고, 고의적으로 쏘미 공동위원회 사업을 파탄시키기에 광분하던 정경을 인상깊게 회상하며 말하였다.

그게 바로 미제가 남조선을 자기들의 영원한 식민지로 만들며 군사기지를 창설하기 위한 전주곡이였으며, 자기의 충실한 앞잡이인 리승만 괴뢰를 '집권자'로 내세우려는 음흉한 연극이였다고 그는 부언하였다.

다라소브 일행이 특별 렬차를 타고 서울을 떠나 38이남의 정거장들을 지났으나 그들의 통과에 대하여 한 사람도 주의를 돌리지 않았지만 기차가 38선을 넘자 이미 해가 저물었음에도 불구하고 정거장마다에는 군중들이 기'발과 꽃다발을 흔들며 그들을 환영하여 주었을 때 따라쏘브 동지는 적이 자랑스러웠노라고 그때의 정경을 그리면서 이야기하였다.

따라소브 동지는 두 번째 조선 방문에 대한 인상에 대하여도 여러 가지 감동적인 이야기를 해주었다. 특히 어느 농촌에 갔을 때 한 할머니가 가장 소중히 간직해온 자기의 결혼때 의상을 선물로 준데 대하여 감격하여 말하였다.

따라쏘브 동지는 자기가 쏘조친선협회의 위원장으로 선거된 데 대하여 극히 영광과 자랑으로 생각하며 자기의 모든 정력을 바쳐 쏘조 친선 사업에 이바지하겠노라고 말하였다.

소련 공산당과 국가의 중요한 활동 일행에 대하여 어버이와 같은 친절성을 베풀어 주고 앞으로의 두 인민 간의 친선을 강화할 데 대한 구체적인 사업 방안에 대하여 절실히 말하여 줄 때 우리는 믿음직하고 좋은 벗, 동정자를 가진 기쁨을 금할 수 없었다.

9월 12일 우리는 우리즈끼 명칭 제1연초공장을 방문하였다. 우리가 이 공장을 방문하게 된 것은 두 가지 리유가 있다. 이 공장 로동자들은 쏘조

친선협회의 집단적 회원이며, 평양 연초공장과 친선관계가 이미 설정되어 있기 때문이며 역두에서 우리를 출영한 이 공장 공청 비서로부터 자기들의 공장을 방문해 줄데 대하여 초청 받았기 때문이다.

우리 일행에는 황해제철소 설비사업소 소장이며 지난 번 1호 용광로 건설에서 위훈을 세우고 로력 영웅이 된 숭신범 동무가 있었다. 이 공장 쩨흐들을 견학하던 중 포장 쩨흐에서 일하고 있는 늙은 녀성 로동자를 발견하고 그의 가슴에 조쏘 친선의 바찌를 꽂아주었다.

공장 공청 비서는 그 늙은이에게 "지금 당신에게 빠지를 곶아 준 사람는 조선의 로력 영웅입니다" 하며 소개하였을 대 그는 눈물을 흘리면서 우리 로력 영웅의 뺨에 입을 맞추었다.

공장 견학을 끝냈을 때 우리 일행은 마침 점심시간을 리용하여 로동자들이 콘체르트를 구성하고 있는 구락부로 인도되었다. 공연 프로그람이 중단되고 콘체르트는 돌연 조쏘친선대표단의 환영회로 변경되여 꽃다발을 준다, 환영 연설을 한다, 별안간 내가 연설에 끌려 나간다 하며 요란하게 되었다.

구락부 전람실에는 10월혁명 40주년에 평양 연초공장에서 보낸 친선 축기가 걸려 있고 우리 조쏘친선협회에서 보낸 자료에 의한 조선의 농촌 경리 발전에 관한 사진전람회가 있었다. 로력영웅 숭신범 동무는 이 공장을 방문한 기념으로 유선방송에 록음 연설을 하였다.

공장 로동자들과 이곳 친선협회 일'군들의 희망은 평양 연초공장에서 축기와 친선의 편지 래왕으로만 멎을 것이 아니라 조선의 연초공장 로동자들의 생활을 보여 주는 사진도 보내 줄 것과 두 공장 사이에 사회주의 경쟁도 체결할 것을 희망하였다.

이번 려행의 기간도 짧고 려정도 바쁘고 하여 문학예술 분야에 대해서는 견학과 상봉을 전혀 못하였다. 다만 『락천적 비극』, 『이러한 애정』이라는 두 편의 연극을 관람하고 20차 당 대회 이후에 쏘베트 연극계가 사회주의적 사실주의의 다양한 내용과 형식의 풍부화를 위하여 투쟁하고 있는 일단을 볼 수 있었다.

조쏘 친선은 조선의 인민의 생활에서 중요한 부분을 차지한다.

오늘 나는 새삼스럽게 조쏘간의 외교 관계 설정 10주년을 맞이하여 두 나라간의 친선 관계는 영원 불멸하리라는 확신을 더욱 가슴 깊이 간직하게 된다.

지난날에도 그랬지만 앞으로도 우리는 쏘련을 향하여 더 많이 배워야 할 것이다.

『문학신문』, 1958.10.9

좋은 작품을 많이 쓰련다

우리 나라 전체 인민이 자기의 생산 과제를 초과 달성하고 있는데 우리 작가 특히 극작가들은 자기 창작 과제를 초과 달성하기는커녕 미달, 심지어는 오작까지도 많이 내고 지난 한 해를 보냈다. 나도 겨우 희곡 1편을 무대에 올렸으며 인형극 한 편을 뗏을 뿐이다. 우리들의 창작 속도가 이렇게 완만하고서는 천리마를 탄 기세로 내닫는 인민들의 요구에 우리들이 도저히 수용할 수 없다는 것을 가슴 아프게 느끼면서 새해를 맞는다.

나는 새해에 창작 결의를 공개적으로 발표한 일이 없었다. 그것은 내가 해방 이후 계속 행정 사업을 하고 있는 조건에서 창작에 전력할 수도 없었으며, 많지 못한 계획을 들어 자랑하기도 부끄러웠기 때문이다.

금년에는 나도 창작에서 천리마를 탈 결심을 하고 계획과 결의를 미리 독자와 관객 앞에 공포하고 실행하려고 한다.

금년에 나는 또 농업협동조합을 주제로 한 희곡을 쓰기로 했다. 실상인즉 나는 금년에는 농촌에서 공장으로 붓을 돌릴 심산이였다. 국립 제1연극 극장의 레파토리 계획이 나의 붓을 좀더 농촌에 머물도록 요청하기 때문에 당 농업정책 관철과 애국 렬사 유가족, 전재 고아들과의 사업에서 위훈을 세운 한 관리위원장의 인간성격을 형상화하려고 한다. 이것을 상반년에 완성되어야 할 것이다.

작년부터 구상 중이던 가극 리브레트 『동촌 신랑과 남촌신부』를 1/4분기 중에 뗄 작정이다. 협동 경리에 의하여 흥겹고 락천주의로 충만된 조합 농민들의 생활이 조합의 통합과 관개 시설 확장으로 더욱 고조되는 모습이 여기에서 엮어질 것이다. 이러한 내용은 필연적으로 희가극 형식을 요구한다. 경가극이나 스케치가 아니라 본격적인 코미크 · 오페라로 꾸미려고 한다. 구립 예술극장의 창조 집단이 나의 리브레트에 걸고 있는 기대에 어그러지지 않기 위하여 애를 쓰고 있으나, 가극 리브레트의 창작에 경험이 적은 나에게 걱정'거리가 아닐 수 없다.

가극에서 현실적 주제의 취급에 송영의 『밀림아, 이야기하라』는 좋은 모범을 열어 놓았다. 우리의 위대한 현실 · 사회주의 건설은 반드시 가극의 무대를 통하여 울려 나오도록, 리브레트 문학이 제 역할을 수행하도록 해야 하겠다.

하반년에 들어가서 나의 창작은 청소년들의 공산주의 교양에로 돌려져야 할 것이다. 그러기 위하여 나의 붓은 농촌으로부터 공장과 건설장으로 옮겨져야 할 것이다.

방대한 금년도의 예술영화 촬영 계획은 우리 극작가들에게 당'적 책임을 지운다. 나는 하반년에 1편의 씨나리오를 쓸 것이다. 여기에서는 나라의 전기화를 위한 청년 발전소 건설자들의 투쟁이 그려질 것이다. 우리나라 청년들 사회주의 건설자 사이에는 새로운 생활 륜리가 형성되고 있다. 그것은 경애하는 수령 김일성 동지를 수반으로 하는 우리 당 중앙위원회의 사상에 의하여 교양되고 당의 전사로 당의 부름에는 목숨을 아끼지 않고 나서는 우리 청년들의 특질인 것이다. 이 주제는 작가를 격동케 한다. 이것을 나는 씨나리오에서 그려보는 야심을 가지고 있다.

마지막으로 년말까지에 청소년들을 위한 희곡 1편을 쓰려고 한다. 여기에서 기술전문학교에 다니는 딸, 대학에 다니는 아들, 생산 직장에 다니는 아들들을 가진 한 로동자의 가정을 중심으로 일군(一群)의 청소년들의 공산주의 도덕의 형성 과정을 그려 보려고 한다.

이상과 같이 나의 금년도의 창작 계획은 장막 4편이니 긴장된 계획이라고 하여야 할 것이다.

당 중앙위원회의 편지와 10월 14일에 김일성 수상 동지의 교시를 받들고 우리 작가 예술가들은 당의 붉은 군대 일'군답게 창작성과를 올리자고 결의하였다. 매일 매 시각 새로운 기준량이 창조되고 있는 지금 작가인 우리들도 종전보다 몇 배 더 좋은 작품들을 많이 써서 우리의 무대와 스크린을 장식하도록 하여야 하겠다. 지금 우리 당 중앙위원회는 우리들의 사업의 모든 분야에서 질 제고를 요구하고 있다. 작년에 오작을 많이 낸 우리 극작계의 사정을 념두에 둘 때 창작에서 질 제고는 크게 우리를 체크하는 것이다.

『조선문학』, 1959.1

온 세계에 떨친 사회주의 예술의 찬란한 승리

우리들의 조선청년예술단은 오자리의 수도 원나에서 열린 평화와 친선을 위한 제7차 세계청년학생축전에서 김일성이 수상과 당의 세세한 과업을 원만히 수행하고 돌아왔다.

떠나기 직전인 7월 1일에 경애하는 김일성 원수께서는 우리 예술같이 원나에서 오자리 인민과 서방 자본주의 나라 인민들에게 사회주의 제도 아래 꽃핀 우리 나라 예술의 훌륭한 사상 예술적 내용을 보여주고 오라고 교시하신 그대로 우리들의 원나에서의 두 주일 동안의 행동은 김일성 원수 한 수령으로 하는 조선 로동당의 정확한 큰애 정책에 의하여 찬란히 개화한 우리 나라 예술의 커다란 시위였으며 찬란한 승리였다.

오자리 인민들은 진심으로 우리 예술을 환영하였고 설찬하였으며 우리 예술에 격동 되었다.

축전 개막전인 7월 24일 원나의 한 오래된 극장인 '르나에르 극장'에서 대표적 주목을 가지고 열린 우리 예술공연은 오자리 각계 각층을 끌여 들었다. 이 공연에서는 원나의 진보적인 인사들은 들톤 외교관들, 출판, 언론 심지어는 정부, 경찰, 성원까지 초대되었다. 반축전 반동 선전에 기만되여 곡히 랭담하거나 적대적 감정을 가지고 극장에 온 사람도 없지 않았으나 우리 공연의 매 독특이 진행됨에 따라 적게 객석은 완전히 우리 예술에 매혹되고 말았다.

이리하여 조선 예술은 이날부터 원나의 '극장을 점령'하였으며 소문이 돌아졌다. 축전기간 우리 예술단은 단독공연, 합동공연(국제 프로) 등 17회에 걸쳐 35,500명 이상의 관객을 동원하였는데 우리 프트가 진행되는 곳이면 어디를 불문하고 초만원이었다.

주지하는 바와 같이 저급한 미국 영화, 쟈즈 음악이 풍미하고 있는 자주의 나라들에서는 극장들은 관객이 만원되는 일이 극히 희귀하다. 우리가 공연한 '르나에르 극장', '비아문트 극장', '소민 첼레' 등은 다 1,500명 이상을 수용하는 유수하고 오래인 극장이다. 자리는 관객이 만원되여 본 일이 없었다. 그러나 우리가 공연 할 때면 의례히 초만원을 이루었다. 윈나시의 동북편으로 다뉴브(두나이)강이 흐른다. 이 강에 놓인 여러 다리 중 '프로리즈 돌퍼'교는 가장 서편에 있는 인도교며 이 다리를 중심한 강의 남북 량안은 로동자들이 많이 사는 지역이다. 7월 27일 밤 우리 예술단은 다뉴브강 북인 이 다리 아래 설치된 하위부터(가설)에서 단독공연을 가져었다. 강변에 모인 5천여 명, 다리 우에 모인 2천여 명 도합 7천여 명의 관객으로 우리 공연은 윈나에서 처음 보는 예술의 공연이었다.

이 지구의 인민은 물론 24일의 공연과 26일에 있은 미신개 객석에서 보여준 우리 농악무와 부채춤의 아름다움, 그리고 씩식하고 아름답고 조직적인 대렬 행진에서 깊은 감명과 인상을 받은 시민들이 우리 공연을 찾아어 곳 강변으로 모여 온 것이다.

우리 예술이 무엇 때문에 그렇게도 오자리의 천상한 인민들, 축전에 참가한 각국 심사원, 예술가들은 물론 공산주의를 미워하고 두려워하는 계층까지는 매수시켰는가! 일부 반동계층은 우리 예술을 보고 '공산주의는 싫다마는 그들이 하는 예술은 좋다'고 하면서 조선 예술 앞에 완전히 굴복한 것은 무엇 때문인가? 우리 협상은 축전의 경연 규정이 허용하는 60평보다 28평이나 적은 32명의 정원이건마는 거기서 나라 나는 선율과 화성은 아름답고 우렁차고 표현과 해석은 풍부하고 다양하며 안쌈불은 높다. 거기에는 우아하고 락천적이며 생활 긍정적인 조선 인민의 감정이 남김 없이 담아져 있다.

이렇게 우리 합창은(중창까지 포함하여) '조선 사람의 소리는 아름답다', '조선 사람은 오자리 사람보다 오자리 노래를 더 잘 부른다'고 분찬을 받을만큼 기술이 높으며 그들이 쉽게 공감하리만큼 내용이 생활적이다.

우리 무용은 그 어느 곡목을 불문하고 관객의 설찬을 받았다. 그들이 우리 무용에 매혹되고 절찬한 것은 우리 무용의 본래의 특성인 우아하고 아름다운 활동과 선에만 있는 것이 아니라 그 내용의 생활성, 현실성, 건강성에 있다.

축전에 참가한 모든 나라의 무용들을 통해 최고의 찬사를 받은 「쇠'물이 흐른다」는 거대한 충격을 주었으며 문제를 제기했다. 관객 중 로동자들은 그 가운데서 조선 인민의 사회주의 건설의 장엄한 모습을 볼 수 있을 뿐 아니라 자기들의 창조적 능력의 훌륭한 예술적 형상을 보고 감탄하였다. 객관적인 계층의 관객은 기름 묻은 작업복과 '무시 무시'한 쇠'물을 가지고 그렇게도 장엄하고 아름답고 흥미있는 예술작품을 만들어 낸 젊은 조선의 공산주의자들의 창조력에 경탄하였다. 한편 무용전문가들(특히 심사위원들과 사회주의 나라 무용가들)은 조선 무용 창작가들이 현실적 주제의 형상화에 있어서 세계의 어느 창작도 도달 못한 그런 경지를 조선의 무용가들이 해결하였을 뿐 아니라 완미한 성공을 하고 있는 데 경탄하였다. 려족 무용부문 경연 심사위원장인 쏘련의 나셔츠다 스시는 「쇠'물이 흐른다」를 보고 "나도 죽기전에 저런 발전한 무용에 한 번 출연하고 싶다"고 까지 말하였다. 이 무용에서 맑게 나는 쇠'물이 사용으로 무대에 용출하는 장면에서 언제나—마쳤는데 이는 바로 조선인민의 사회주의 건설의 거대한 성과에 대한 비수라고 할 것인가

「풍년맞이」, 「수놓는 처녀」, 「독동과 처녀」, 「환회」, 「샘물터에서」 등 우리 인민들의 사회주의 건설에서 발휘하고 있는 락천성의 이모저모를 묘사한 무용들도 절찬을 받았다.

이미 보도된 바와 같이 우리 예술은 경연에서 17개의 금메달을 위시하여 37개의 매달을 받았는데 이는 우리가 참가한 종목은 그 어느 것이든지 하나도 빠짐없이 매달을 받은 것으로 된다. 이러한 례는 조선 예술단 외에는 아무 데서도 찾아 볼 수 없는 일이다.

실로 우리 예술단을 이렇게 하여 원나를 떠나는 날까지 완전히 원나의 시민을 말아 쥐고 있다가 왔다.

무엇이 이렇게도 우리 예술로 하여금 세계 무대에서 최고의 영예를 쟁취하고 세상 사람들의 이목을 놀라게 하고 경탄케 하엿는가?

나는 원나에서의 두 주일 동안 감격의 나날을 보내면서 우리 예술을 이렇게 길러 내준 우리 나라의 사회주의 제도, 우리 당의 정란한 문예 정책과 이런 보도하는 김일성 원수의 탁월한 경도에 대하여 한 순간도 잊지 못하였으며 이러한 조국을 가졌고 이러한 시대에 사는 영예감을 그 어느 때보다 크게 느꼈던 것이다.

고대로 음악의 도시라고 하던 원나는 지금 아메리카식 생활 양식 때문에 질식상태에 빠졌으며 거리의 공인들에 세워져 있는 세계적 대음악가들인 베토벤, 스트라우스, 모찰트, 슈벨트 등의 동상이 오늘의 원나의 음악 상태를 개탄하고 있을 때, 동방의 청소한 사회주의 나라의 음악 무용이 전 원나를 진감시키고 최고의 찬사를 받고 온 이 문제를 세상 사람은 생각 없이 그대로 보지는 못할 것이다.

그렇기 때문에 축전에 참가한 영국, 불란서, 서전, 기타 저명한 음악가들과 원나의 저명한 음악가들이 우리를 방문하고 조선 음악 발전의 요인과 현상에 대하여 물었으며 배우고저 하였다.

우리들은 금번 축전을 통하여 인민들에게 복무하는 사회주의 예술의 우월성과 우리 자신이 그러한 예술에 복무하고 있는 영예로운 사회주의 예술가라는 긍지감을 더욱 크게 가지였다.

이 긍지감, 영예감은 축전에 참가하여 활동하는 기간 전체 성원이 일치단결하고 혼연일치가 되어 우리 조국의 영에, 우리 예술의 영예를 빛내기 위한 사상예술적투쟁에 과감히 복무하는 것으로 표현하였다.

축전을 반대하려는 미제를 위시한 반동 계층의 온갖 발악에도 불구하고 축전은 커다란 성과를 거두고 끝났다. 축전 종전에서 쏘련을 위시한 사회주의 나라들의 주동적 역할 가운데 우리 조선 대표단의 활동은 높이 평가되고 있다.

우리는 우리의 성과에 자만함이 없이 이번 축전에서 얻은 체험을 살려 우리 예술의 계속 전진과 발전에 이바지하여야 할 것이다.

『문학신문』, 1959.8.21

나의회상기

나의 문학 생활의 시초는 아동문학이였고, 그것도 잡지 『어린이』의 영향 아래서였다. 경상도 동남단의 한 벽촌인 나의 고향에 처음으로 찾아온 출판물 『어린이』는 문학적 지향의 싹이 트기 시작한 한 소년의 마음을 여지 없이 그러쥐였고 3 · 1운동 이후에 이 고장에서 일어난 '청년운동', '소년운동'에 열심히 동원된 한 소년의 생활에 적지 아니한 영향을 주었다.

이 소년의 머리에 형성되기 시작한 '사고방식', '세계관', '주의', '주장'은 부르죠아 민족주의적인 그것이였고 이 소년의 '문학사상'과 '창작'은 소부르죠아 감상주의, 관조주의였다.

이러한 나의 혼미와 암둔을 깨우쳐 준 것은 우리 나라에 널리 보급되기 시작한 맑스주의 사상이며 카프의 영향이었다.

카프가 창건되던 1925년에 나는 대구 사범학교에 입학하였다. 사범학교 재학 중 나는 맑스주의 서적들을 탐독하였고, 프로레타리아 문예서적을 연구하였다. 당시 대구에 있던 어떤 학생독서회에도 참가하였고 1926년에 창간된 『별나라』와 1928년에 창간된 『신소년』이 점차 카프의 영향 아래 들어오게 된 이후 이 잡지들과의 관계도 맺어졌다.

1927년 9월에는 주지하는 바와 같이 한설야, 리기영, 송영 동지들의 지도 아래 카프는 신강령을 채택하였고, 카프 내부에서 소위 '방향전향론', '독점 의식' 들이 논의 되었다. 이 논쟁에서 쇄두분자 기회주의자들의 정체는 폭로되기 시작했다.

1928년 나는 사범학교를 졸업하고 대구에서 교원생활을 시작하였고 카프의 영향 아래 더욱 깊이 들어가기 시작하였다.

이 시기의 나의 의식 발전에 중요한 영향을 준 것은 '방향전향론'의 론쟁들이다. 좌우경 기회주의자들의 정체를 규탄하고 문예운동의 실천적 근거를 명시한 한설야 동지의 당시의 총결적인 평론은 우리 후진들의 의식 형성에 지도적인 역할을 수행하였다.

1930년 신년호 『조선일보』에 나는 처음으로 맑스주의 색채를 표방한 평론을 「시단 만평」이란 이름으로 발표하였다.

1930년과 31년에 걸쳐 나는 음악에 관한 평론을 두 편 『조선일보』에 발표한 기억이 회상된다. 그것은 주로 홍란파가 "다른 예술에서는 계급성을 인정하나 음악에서는 계급성이 있을 수 없다"는 황당 무계한 '라톤'을 반박하고 현대 부르죠아 음악의 자기 계급에 대한 '복무성'에 대하여 폭로하였다.

나는 1930년 가을 드디여 '빨갱이 교원'으로 '복직'되고 구금되였다. 며칠 류치장살이는 했지마는 이 '철직'은 내가 오래 념원하던 것이요, 그 지긋지긋한 노예 교원 생활에서 해방되었을 뿐 아니라 나로 하여금 공개적인 카프의 맹원으로 표명하게 했다.

이 시기 나는 대구의 '가두 극장' 조직에 잠시 관계한 뒤 연극연출과 희곡창작 공부를 념원하고 일본 도꾜로 건너가서 당시 '축지 소극장' 내에 있는 '일본 프로레타리아 연극연구소'에 들어가게 되었다.

이후의 나의 카프생활은 주로 연극운동에 관련된다.

나는 일본에 있은 동안 직접 이동연극에 참가하여 당시 '전협' 로동자들의 비합법적 회합에 수십차 출연하였고 수차에 걸쳐 검거되기도 하였다.

당시의 조선의 연극계의 정형은 대략 다음과 같았다.

1930년대에 들어 서면서 카프의 직접적 지도와 그 영향 아래 성대히 일어난 중앙과 지방의 진보적 연극운동은 일제 경찰의 가혹한 탄압으로 거개가 활동을 봉쇄당하거나 잠식 당하였다. 그 반면에 일제에 아부한 반동적 부르죠아 연극의 두 개의 조류는 활개를 치면서 조선의 관객층에게 더러운 감탕물을 끼얹고 있었다. 즉 소위 '해외문학파'가 꾸며낸 '극연구회'의 '실험무대'는 관객층을 파렴치하게 기만하면서 부르죠아 연극의 '왕좌'를 꾸미려고 하였다. 그들은 소위 '신파극'를 반대하고 '연극다운 연극'

을 상연한다면서 공개적으로는 카프연극운동에 도전하고 나왔다. 다른 하나의 반동적 부르죠아 연극은 '돈'벌이를 위주한 것이나 '무사상', '정치적 무관심'을 전망하며 화폐주의를 만연시킬 '레뷰', '악곡' 등이 있다.

이러한 정형에 서하여 카프는 발표하는 프로레타리아 연극운동을 통일적으로 지도하고 범람하는 반동적 부르죠아 연극을 폭로 분쇄하기 위하여 연극전문의 기관지를 발간하고 전속 극단을 조직하는 것을 절실히 요구하였다.

서울로 돌아온 나는 이 사업에 참가하였다. 그리하여 잡지 『연극운동』과 극단 '신건설'이 세상에 나오게 되었다.

이 때 공연을 쟁취한 유일한 프로레타리아 극단인 '이동식 소형극장'은 훗날 고원지대에서 공연을 하고 있었다.

카프 생활을 회상할 대면 언제나 오늘의 우리 문학예술이 조선 로동당의 올바른 문예정책에 의하여 통성 발전하여 세계에 명성을 떨치고 있는 이 행복한 날을 보지 못하고 또는 조국의 통일을 보지 못하고 이미 세상을 떠난 동지들이 생각난다.

카프 연극운동과 미술운동에 적지 아니한 업적을 남기고 전주 감옥에서 얻은 신병으로 세상을 떠난 리상춘은 '신건설', 『연극운동』 조직자의 한 사람이다. 1933년 적은 자금(동지들의 거출에 의한)으로 그가 설계 제작한 『서부전선 이상 없다』의 이층 무대가 연극 진행 중 붕괴되었을 때 그렇게도 통탄하던 그에게 오늘 우리들이 얼마나 많은 예산과 풍부한 자재를 아낌없이 무대 장치에 투하하여 훌륭한 사회주의적 사실주의 무대를 꾸리고 있는가를 보여 주고 싶다.

김일성 원수가 흥남비료공장에 내려 오셔서 비로산에서 로동자들에게 영예를 주신 그 감격을 형상화한 희곡을 쓰고도 그 상연을 못 본채 세상을 떠난 김태진에게 오늘의 우리 로동 계급들이 그때보다 바할 나위 없는 더 거대한 로력적 창조로 말미암아 수령으로부터 더 커다란 영예를 받고 있는 오늘의 번영하는 소국을 보이고 싶다.

『문학신문』, 1959.8.21

재령강변에서

늦은 가을부터 이듬 해 모심기가 시작 되기 전까지의 기간에 사리원, 재령, 안악 동지를 려행한 사람들은 이 지역에 넓은 수면이 있는 것을 보았을 것이다.

지리에 전혀 어두운 사람은 그것을 황해의 한 물'굽이가 여기까지 휘여 들어 온 줄 알 것이며 지리에 다소 지식이 있어 이 지역은 해안이 아닌 내륙이한 것을 아는 사람도 그것을 커다란 호수로 인정할 것이다.

이런 사람들이 만약 요즈음 이 지역을 려행한다면 그 '바다'와 '호수'가 자취를 감추고 만데 대하여 놀라 마지 않을 것이다.

사실 그것은 바다도 호수도 아니면서 '바다'와 '호수'와 다름이 없었다.

수백 년 동안 존재하던 이 '바다'와 '호수'는 영원히 자라지고 말았다. 그 자리에는 광활하고 비옥한 수만 정보의 논이 엄연히 존재하고 있다. 이 논은 간석지 공사에 의해서 얻어진 것도 아니다. 그것은 수백 년 전 아니 오랜 조상 때부터 논으로 존재하여 왔던 것이다.

다만 사철 논'바닥이 물 속에 잠겨져 있었기 때문에 그것은 '바다'나 '호수'로 뵈였을 뿐이였던 것이다.

그러면 이 기적은 어떻게 하여 이루어졌는가? 그 많던 물은 어데로 갔는가? 종전에는 무엇 때문에 논을 물 속에 잠가 두었던가?

이러한 물음에 대답하기 위하여 우선 '답면 저수(畓面貯水)'라는 말부터 풀어야 한다. 농산 부문에 어려운 말들이 많다는 비난은 오래 전부터 있었고 최근 출판물에는 이에 대한 어학자들의 론평과 의견들이 많이 나타나고 있다. 이 '답면 저수'라는 말도 농촌 경리를 지도하는 기관이나 그 일'군들의 어려운 말 쓰기 좋아하는, 대중적 인민적 말에 대한 불성실한 태도의 산물의 하나이다. '답면 저수'란 논'바닥에 물을 고이게 해둔다는 말이다.

논'바닥 저수가 이 지방에 언제부터 생겼는지는 모르겠으나 오랜 세월을 두고 이런 방법으로 벼'논에 관개를 하며 농사를 지어 왔을 것이다.

이 지역에는 관개 용수의 수원이 없기 때문에 관개 체계를 도입하기 어려웠다.

재령강이 흐르고 있으나 그것은 수량도 넉넉하지 못할 뿐 아니라 조수의 밀고 써는 차이가 많아 대규모의 양수 시설도 하기 힘들다.

그렇기 때문에 이 곳 농민들은 가을 추수가 끝나자마자 가을갈이도 할 틈 없이 논에 물을 잡기 시작하여 겨우내 봄내 논'바닥 저수를 한다. 일 년을 두고 논'바닥에 물이 없어지는 기간은 추구를 하는 며칠 동안 뿐이다.

이러고 보니 이 지역 논은 사철 물 속에 잠겨 토양은 풍화 작용을 일으킬 가능성을 가지지 못하여 비옥해지지 못한다. 그러므로 여기 논에서는 지난 날 벼를 정당 고작 두론 반밖에 내지 못했던 것이다.

이 거대한 '바다'와 '호수'가 행방불명된 기적은 우리 당과 국가가 거대한 자금을 투입하여 완성한 어지돈 관개 건설의 결과로 이루어졌으며 이제는 논'바닥 저수를 안 해도 어지돈 저수지에서 콸콸 흘러 오는 물로 논을 적실 수 있으며 봄에는 봄갈이, 가을에는 가을걸이를 하며 풍화 작용도 충분히 받을 수 있게 되여 땅의 비옥도가 부쩍 높아지게 된 것이다.

이젠 만약 이 곳 농민들이 자급 비료를 넉넉히 마련하고 과학적 시비 체계만 확립한다면 정당 예닐곱 톤의 소출은 문제 없게 되였다.

제령읍에서 북쪽으로 안악가는 신작로로 8킬로쯤 되는 곳에 신환포리 농업 협동 조합이 자리잡고 있다. 글'자 그대로 여기는 재령강의 한 포구며 옛날부터 교통의 요충으로 되여 있다. 지금도 수상운수사업소에서 운영하는 아담한 려객선이 하루 한 번씩 평양에서 이곳에서 래왕한다.

해방 전 일제는 이 포구를 통하여 재령, 안악, 신천 등 곡창 지대의 농산물을 깡그리 수탈하여 남포 항구에 실어다 일본으로 가져 갔다. 해방 전, 이 고장 농민들은 등이 휘여지도록 일을 했건만 기름진 옥백미는 간악한 거간 군, 마름, 지주 등의 손을 거쳐 왜놈들에게 다 빼앗기고 굶고 살았다. 해방 후 땅의 주인이 된 이 고장 농민들은 비로소 생활이 유족해졌다.

조국 해방 전쟁 후 흑심하였던 피해를 가신 이 고장 농민들은 행복하던 생활을 다시 찾고 농촌 경리를 개건하기 위하여 당의 협동회 정책을 받들고 궐기했던 것이며 지금은 사회주의 농촌으로 면모를 새로이 갖추고 더욱 행복한 살림을 시작하였다.

오늘 농민들이 얼마나 넉넉하게 되었는가는 신환포리 농업협동조합의 형편을 가지고 실증적으로 알 수 있다.

이 조합에는 625 농호에 727 정보의 비옥한 경지를 가지고 있다. 현재만 해도 조합 공동 목축으로 돼지 350두, 소 130두, 젖소 25 두, 산양 9 두, 토끼 650 마리, 닭 1,700마리, 오리 210마리가 있고 농호마다 한 마리 이상의 돼지와 몇 마리의 토끼를 기르고 있다. 양어장에는 성장한 것으로만 잉어가 3,000마리, 8,000마리의 가물치, 메기, 뱀장어 등을 기르고 있다.

조합에는 뜨락도르, 화물자동차, 수송선들이 있으며 이미 수상 동지의 현지 교시를 받들고 동네 남쪽에 위치한 지대 높은 곳에 50여 등의 문화주택을 지었다. 앞으로 조합 내 모든 농호자 이 주택 지대로 옮아 갈 것이다. 훌륭한 학교도 건설했고 상점, 리발관, 목욕탕, 식당, 농기계 수리반, 정미 공장들을 운영하고 있다.

이만하면 부유한 조합이다. 그러므로 과거 헐벗고 굶주리고 살던 소작살이 농군들이였던 사람들은 3만석 이상의 소출을 내고 막대한 고정 재산과 축적을 가졌으며 해마다 더욱 부유해지게 된 것이다.

만약 조합이 금년 농산 계획을 완수한다면 농호 당 알곡은 100가마니 가깝게, 현금은 500원 이상 분배 몫이 돌아 갈 것이다.

우리 당 중앙 위원회 12월 확대전원회의에서 완충기의 첫째 과업으로 농촌 기계화 문제를 제기하였고 특히 평남, 황남, 두 도에 기계화를 먼저 집중할 것을 결정하였다.

이 결정이 있은 후 이 곳 전야에는 요란한 뜨락또르들의 엔진 소리로 뒤덮여졌다. 이 소리들은 무엇을 의미하는가, 농민들의 생활을 새로운 행복의 고지에로 끌어 올려 주는 우렁한 행진곡이며 농촌에 남아 있는 보수주의, 소극성의 마지막 잔재들을 들추어 놓고, 농민들을 새 고지 점령에로 일어서게 추동하는 로동 계급의 힘찬 지원의 소티인 것이다.

"자, 처녀 동무들! 그렇게들 얌전만 빼고 앉았겠소? 오늘 밤도 내가 선참을 떼야 하겠소?"

항상 유쾌하고 명랑하며 익살 잘 부리고 노래 잘 하는 스물 여덟에 난로총각 민병수 동무는 목에 감고 있던 수건을 풀어 놓고 한바탕 멋들어지게 홍타령을 불렀다.

처녀들 뿐 아니라 45명의 민청원들이 합창을 한다. 이렇게 비야동'벌 객로 작업장의 휴식 시간은 항상 흥겹다. 립춘이 지난 지 오래고 우수가 가깝다. 하지마는 들판을 불어 오는 밤'바람은 아직 차다.

두 대의 투광기(사치라이트)에서 비쳐주는 물'빛으로 작업장은 대낮 같이 밝다. 투광기의 불'빛이 비교적 덜 비치는 곳에 처녀들의 그루빠가 쉬고 있다.

분조장 리창준 동무는 벌서 56년부터 이 지역의 지경을 도맡아 해 왔기 때문에 이미 흉허물없이 지내는 터이나 금년에 재령 농기계 작업소에서 창준 동무를 책임자로 하고 한 개 분조를 이 조합에 고정 파견하게 되여 리경린, 민병수, 김상렬, 정봉룡, 허명삼 동무들이 새로 왔다. 그 중 병수 동무는 이 조합 처녀들의 마음을 적지 않게 흔들어 놓았다.

지금 노래로 휴식을 즐기는 순간에도 처녀들 중에는 자곳 야릇한 심정으로 병수 동무의 일동일정에 정신이 팔려 있는 사람이 여럿이다.

이렇듯 리창준 동무늬 뜨락또르 분조는 그들이 몰고 온 네 대의 뜨락또르가 이 조합의 지축을 올려 놓듯이 이 조합 생활의 여러 가지 면에 들개바람을 일으키고 있다.

항상 말이 적은 창준 동무는 휴식 시간이 끝나자 아무런 말도 없이 뜨락또르에 올라 가서 발동을 걸고 조향간을 쥔다. 이에 따라 분조원들도, 작업반원들도 다시 작업을 시작한다.

비야동 빌은 이 조합 '까치섬' 부락 앞에 있는 150 정보의 논이 있는 곳이다. 이 논은 조합 내에서 가장 척박한 땅이며 소위 '답면 저수'를 하던 곳이며 밑거름 없이 해마다 백파하던 곳이다. 그러므로 여기서는 매년 정당 두 톤 반 이상 수확을 내지 못했다.

이제 '명수제' 저수지 제방도 더 높이 쌓아서 저수량이 풍부하여 여기를 넉넉히 적실 수 있을 뿐 아니라 양수장에서 재령강 물을 보충적으로 관수도 할 수 있게 되였기 때문에 작년 가을부터 논'바닥 저주를 중지하고 충분한 풍화작용을 받게 되였다.

그 뿐 아니라 조합원들의 창발성으로 메마른 땅의 비옥도도 높이고 새로운 경지도 얻어 내는 일거량득의 좋은 계획이 안출되였다.

비야동'벌은 재령강'가에 있으며 높은 제방을 쌓아 밀물과 홍수의 범람을 막게 된다. 옛날 조상들이 강물의 범람을 막기 위해서 강'바닥의 개흙을 파다가 동을 쌓고 농사를 했다. 그 동의 새 제방 뒤에서 이미 오래 동안 기능을 잃고 허물어진 채 남아 있다. 사람들은 이것은 '구동'이라고 한다. '구동'은 길이가 300메터나 되며 그 토량은 수만 톤 이상이다

이 쓸데없는 '구동'의 흙을 파다가 비야동'벌 전체에 정당 150톤씩의 객로를 한다면 두 톤 반밖에 안 되던 정당 수확이 일곱 톤은 룽가하게 될 것이며 '구동'의 터'자리에서는 새로 적지 않은 경지를 얻을 것이다.

이러한 창발성은 모두 우리 당 중앙위원회 12월 확대전원회의 결정의 생활력을 실증해 주는 것이다.

이 객토 작업이 끝나면 벌의 중심을 관통하는 간선 농로와 수로를 만들 것이며 2,000평 단위의 경구로 나누어 경지 정리도 진행될 것이다. 이 모든 공사를 3월 초에 시작될 춘경 작업 전에 완료하기 위해 두 대의 뜨락또르가 흙발구를 흐름식으로 운반하고 있으며 '구동'의 흙을 파서 발구에 싣고 풀고 하는 작업이 한창 진행되고 있다. 이 모든 작업이 꼬박 24시간 동안 중단 없이 두 교대로 진행된다.

조합의 4작업반 90명이 두 교대로 여기에 동원되였는데 낮교대에는 나이 많은 사람들, 아이있는 녀성들로써 짜고, 밤교대는 전혀 민청원들로 짰다.

비야동'벌 객로 작업과 거기에 부수되는 경지정리, 간선도로설치 등의 계획은 예정 대로 완수되였다. 만약 뜨락또르 없이 전혀 사람의 로력으

로 한다면 10년의 세월은 더 걸렸을 것이다.

그러므로 이 일을 다 끝낸 다음에야 조합원들은 비로소 자기들의 한 일이 얼마나 큰가를 알게 되였다.

이 거대한 사업—위훈의 뒤에는 많은 이야기들이 숨어 있다. 그 중에서 뜨락또르 작업 분조장 리창준 동무에 관련된 이야기가 가장 흥미 있다.

리창준 동무는 자기의 분조원들을 데리고 조합원들과 함께 비야동'벌에 남아 있던 '구동'을 들어 내였을 뿐 아니라 이 조합의 일부 관리 일'군들 사이에 남아 있던 보수주의, 소극성을 송두리째 뽑는 데도 크낙한 역할을 수행하였다.

창준 동무는 아주 말이 적은 사람이나 한 번 비위가 뒤틀리면 불'덩이같이 격하는 성미이다. 오랜 전야 작업에서 구리'빛으로 된 그의 얼굴에는 특징적인 눈과 코가 사람에게 강렬한 인상을 준다. 두 볼은 살진 처녀와 같이 도도록하고 눈은 가느스름하나 영채를 띤다. 벌거우리한 그의 눈과 도드라지게 앙다문 두터운 그의 입술은 부정적인 것과는 타협 없다는 증표처럼 안겨 온다.

작년 11월 수상 동지께서 황해남도를 현지 지도 하신 후 이 교시 관철을 위해 창준 동무는 누구보다도 열렬히 싸웠다. 농기계 임경소 지배인들과 고급 기술 일'군들이 현장에는 나가지 않고 사무실에만 앉아 있던 폐단을 없애기 위해 창준 동무는 적극적으로 투쟁하였다.

창준 동무 자신이 농촌 기계화 선구자 대회에서난 황남도당 전원회의에 참가하기 전에 삯발갈이'군 근성이 없지 않았다. 그러나 언제까지나 이러고 있을 수는 없었다.

"나는 이미 8년 동안 매년 500정보 가량의 땅을 갈았습니다. 이 고장에서만도 3년 동안 계속 갈았으니까 땅의 속내는 샅샅이 다 알지요, 조합 관리 일'군들이 아무리 뭐라 해도 뜨락또르 다루는 놈들은 못 속입니다. 매년 자급 비료를 정당 50톤을 냈소, 하지마는 사실 땅을 갈아 보면 사정이 그렇지 못한 데야 어떡하겠습니까?"

허나 그때 일부 운전사들은 이런 사정을 알고서도 자기 정량이나 초과 달성하기에 급급하였다. 오히려 한 정보의 물이 있는 논은 피하면서 서너 정보되는 큰 뙈기의 마른 논을 찾아 다니면 갈았고, 잘 보이는 데는 심경을 하는 척 하고 가운데 쪽은 얕게가는 등 전혀 무책임한 삯밭갈이 '군의 행세를 했던 것이다.

그러나 창준 동무만은 알뜰한 운전수로서 이 고장 농민들의 둘도 없는 친구였다. 창준 동무는 어느 조합에 가도 환영을 받았다. 그럴 수밖에 없는게 작년에 창준 동무가 기경한 포천에서는 다른 사람이 기경한 데 비해서 2%나 더 많은 소출을 보았던 것이다.

금년 정월 재령농기계작업소에서는 새로 분조들을 조직했고 한 조합에 하나의 작업 분조를 고정 배치하게 되였을때 창준 동무는 3년이나 나와 있던 신환포리에로 자기의 분조원들과 함께 오게 되였던 것이다.

농민들도 기뻐했지마는 창준이 자신도 기뻐했다. 그는 이 조합의 포전만은 속속들이 알고 있는 것이 아니라 어느 조합원 집에는 숟가락이 몇 개며 어느 조합원 집에는 이불이 몇 채라는 것까지도 알고 있는 터였다.

그러나 작업을 시작하는 첫 날부터 창준 동무와 조합 관리 일'군들 사이에 목소리가 높아졌다. 작년 12월 창준 동무는 중앙과 도의 회의에 참가하기 위해서와 작업소에서의 용무 등으로 해서 두 달 가까이 뜨게 되였다. 그 때 창준 동무는 길을 떠나면서 관리위원회와 몇 가지 약속을 한 바 있었다. 그것은 정월에 들어 객토 운반작업을 하기 위해서 길을 닦아 놓고 몇 개의 발구를 만들어 두는 문제였다. 그러나 정월에 그가 돌아와 보니 약속은 하나도 지켜지지 않고 있었다. 창준은 어이가 없었다.

"도대체 농사를 질 작정입니까?"

"길은 이제부터 닦는다 하드래두 발구는 재목이 없으니 만들 길이 없소."

생산 투위원장이 이렇게 말하였다.

"그래 또 백과(거름 내지 않고 파종하는 것) 하고 말겠조?"

"도리가 없소다."

그렇게 되자 창준은 더 말할 필요가 없다고 생각하고 방을 나왔다.

그는 생각하고 방을 나왔다.

그는 리당을 찾아 갔다. 그날 밤 비야동'벌 객토 작업을 담당할 제2작업반 총회가 소집되였다.

"여러 분들의 말 대루 소출이 3배나 더 나는 일을 왜 안 하겠나요. 발구만 여라문 대 마련해 주시오. 내가 몰고 다니는 '데때 54' 외에 작업소에서 '아떼제나찌'를 응원으로 더 보내 주겠다고 약속했쉐다. 그게 기계는 낡았지마는 나는 3년동안 한 번도 고장 안 내고 그걸 몰아 낸 경험이 있어요. 두 대의 뜨락또르를 가지고 한 대에 발구 두 대씩 말고 한 번 끌어다 놓고 오는 동안에 한 대에 흙을 파서 실어 놓으면 돌아 와 다시 끌고 가지요. 이렇게 쉴 짬 없이 흐름식으로 한다면 2월 말까지 객로 작업은 넉근히 필할 수 있지요."

창준이는 웅변가가 된 듯 일사천리로 뇌까렸다.

반원들은 손'벽을 치며 그의 의견을 지지했다.

"문제는 발구요, 발구를 어떻게 만드는가에 있소. 좋은 생각이 없소?"

리당 위원장이 이렇게 말하자 사방에서 의견이 나왔다.

"우리 집에 발구 하나 만들 만한 목재가 있소, 그걸 내겠소."

"내게 가재목을 준비해 둔게 좀 있소. 집이야 이제 조합에서 석비레로 문화 주택을 지어 준다니 …… 발구 두 대는 짜질것이요."

"내게도 나무가 좀 있소."

"우리 집에도 통나무가 하나 있으니 보태 쓰시오."

이렇게 하여 발구 너덧 개를 만들 나무가 잡시에 마련됐다.

그러나 그래도 발구는 모자란다.

"내 좋은 의견 하나 제기하겠소."

중년 농민 하나가 일어 나며 말했다.

"말씀 하시오."

"저 제천리'벌 논'둑에 서 있는 요리나무 세 대를 칩시다. 그걸로 만들면 발구 서너 대는 문제없을 거요."

그 나무들은 논에 그늘만 안겨 주었지 아무런 소용이 없는 물건이였다.

다음 날 그 나무들은 보기 좋게 농민들의 도끼'날에 찍히여 쓰러졌고 곧 뜨락또르는 그것으르 끌어다 조합 제재소에 가져다 용도에 맞도록 제재를 했다.

발구를 만들어 객토 작업은 시작되였다. 그러나 난관과 애로는 꼬리를 물고 일어 났다.

발구 밑이 잘 미끄러지도록 하자면 철판을 붙일 필요가 있었다. 그래서 편철을 사방에서 구해다 붙였다.

야간 작업을 하지 않고는 제 기한에 완공할 수는 없다. 야간 작업을 하기 위해서는 투광기가 필요했고 조명을 하자면 전선이 필요했다.

창준 동무는 작업소에 뛰여 가서 두 대의 투광기를 빌려 왔고 배전소에 가서 낡은 전선들을 얻어 왔다.

이리하여 본격적인 작업은 시작되였다. 리당의 구체적인 방조와 지도 밑에 작업반원들의 열의와 창발력은 무한히 고무되였다.

작업 중 발구는 계속 수리를 요구했다. 그러므로 고정된 목공이 있어야 제때에 작업을 보장할 수 있었다. 창준 동무는 목수 한 명을 전적으로 붙여 줄 것과 작업반원들의 부식물 공급을 보다 더 원활히 해 줄 것을 제기하여 해결 받았다.

창준 동무와 리당 위원장은 지금도 조합을 찾아 오는 사람들에게 지난 두 달 동안에 버려진 벅찬 투쟁의 자취를 회상하면서 이야기해 주군 한다.

조합들에는 훈훈한 꽃니리 바람이 불어 온다. 조합의 모든 로력과 모든 중소 농기구, 모든 축력이 깡그리 동원되여 춘경 파종에 일더섰다. 뜨락또르들은 계속 자급 비료 운반과 봄갈이에 엔진을 쉬울 짬이 없다.

완충기의 과업의 성과적 실행을 위하여 이렇게 신환포리 농업 협동 조합은 들끓고 있다.

—2월 29일 현지에서—

『조선문학』, 1960.4

다시 재령강반에서

"여보 작가 동무 임자는 글을 쓴다지? 거 『땅』이란 소설이 우리 농민의 심정을 아주 구수하게 잘 그렸더군. 그런 글 솜씨로 지난 해에 우리가 이렇게 농사를 잘한 이야기를 좀 써주구레……"

재령 나무리' 대훈리 박춘삼 로인은 내가 작가라는 말을 듣고 나의 손목을 잡으면서 미동이 튼 지난해 농사를 못내 기뻐해서 이렇게 나에게 자랑하는 것이다.

나는 이 재령강반에만 오면 내가 오래 동안 살던 락동강반을 생각한다. 작가 조포석이 자기의 소설 『락동강』에서 그린 바로 그 고장이다.

재령강과 락동강이 흐른 그 길이나 크기에서 엄청나게 차이가 있으며 강의 성격이 벌써 서로 다르다. 그러나 여기나 거기나 '강촌'의 생활에 공통적인 데가 많다. 특히 해방 전의 형편에서는 더욱 공통적인 데가 많다.

고향 당 락동강반은 정말 기름진 땅이였다.

이 고장에서는 벼를 뿌리면 벼이삭이 가지에 가지를 흩였고 채소를 심으면 배추, 무우 서너 통을 겨우 지게에 지고 갈 정도로 잘 자랐다.

이 고장에서는 배나무에 수박덩이 같은 배가 열렸고 목화나무에는 주먹 만큼한 솜이 주렁주렁 달리었다.

일제가 이 땅에 발을 들여 놓자 이 고장의 농토들도 한 뙈기 한 뙈기 왜놈들에게 수탈되여 갔다. 마지막에는 이 고장의 모든 농토는 '하자마'라는 왜놈 지주와 '몽척회사'의 소유로 되고 말았다.

보통 때는 그렇게도 유창하게 흐르던 락동강 물은 큰비만 내리면 하루 아침에 노발대발하여 시뻘건 황토'를 용 소용돌이치면서 하류의 모든 섬과 평야들의 논밭을 삼켜 버리군 하였다.

농민들은 땅만 빼긴 것이 아니라 부역으로 또 죽을 고생까지 했다.

일제 통치 아래서는 모든 조선 인민들이 다 구박을 받고 굶주리고 살았지만 이곳 락동강 하류의 '강촌' 사람들의 생활은 더욱 비참하였다.

그런데 미제국주의자들은 더욱 흉행한 야수로 이 고장에 나타났다. '몽척' 대신에 '신한공사'가 나타났고 '하자마' 대신에 친일파 친미파 등 극악한 반동들이 미국 상전을 등에 업고 백성들을 더욱 못살게 굴기 시작했다.

◇◇을 형세를 하고 일본 말로 '◇◇ 사직 번사'를 해 오던 박모란 놈이 '국회의원' 안 되며 령장으로 쇠고랑 농토의 많은 부분을 가로채고 막았으며 '산업조합 리사'를 해먹으면서 일본놈들의 심부름을 지성껏 해먹던 최모란 자가 또한 지주로 나타나게 되었다.

이 고장을 강점한 미국은 비행장을 더욱 확장하였고 인민들을 약탈하였다. 뿐만 아니라 이 두 발가진 짐승들은 부녀자들을 닥치는 대로 통육하였으며 죄 없는 늙은이, 아이들을 수 없이 쬬차로 깔아 죽였다. 굶주린 배를 물'고기라도 잡아서 채우려고 밤이나 새벽 일지기 비행장 가까운 적은 강에 나간 농민들을 '위수 구역' 침범자라고 '카빈총'으로 쏘아 죽인 일이 한 두 번이 아니였다.

나는 지금 재령강 안을 걸으면서 생지옥으로 화한 고향 땅 락동강반에로 생각이 달리지 않을 수 없다.

초근 목피도 동이 나서 무리 죽음을 당하게 된 고향 사람들을……

박춘삼 로인이 손목을 잡고 끄는 바람에 나는 기여코 그의 집에서 저녁을 대접 받았고 하루'밤을 그와 함께 이야기로 세웠다.

커다란 둘레상에는 기름'기가 번지르한 이밥에 닭도 잡고 술'병까지 놓였다.

"이거 무슨 날인가요?"

"날은 무슨 날이겠소 하하……."

박로인의 호기 있는 웃음에는 생활의 시름'기라고는 털끝만큼도 없다.

이날 밤 위의 이야기는 박로인의 해방 전 고생살이 하던 일, 나의 고향 락동강반 사람들의 비참한 오늘의 형편들로 내용을 이루었다.

일제 때 등이 휘도록 머슴살이를 했으나 자식들은 학교 문전에도 보내지 못하고 굶기를 밥 먹듯이 하고 살아온 박로인의 해방 후 살림이 피이게 된 이야기를 다 해서 무엇하랴! 지금 그의 질 형편만 이야기하면 충분하다.

박로인의 집에서는 지난해 7톤 이상의 낟알과 800원 이상의 현금을 분배 받았다.

"3년 회출 향삭을 한 해에 벌었쇠다. 해방 전 우리가 살아 본 형편과 비해 보면 훨씬 좋은 일이었다."

박로인은 오늘의 행복을 이렇게 자기의 해방 전 생에 비교한다. 이 사람들의 행복을 해방 전 생활에 비교할 것이 아니라 오늘 이 시각 남조선 농민들의 생활에 비교해야 할 것이다.

"작가 동무는 말이 남쪽 같은데?"

박로인은 나의 말에 남은 경상도 사투리를 알아듣고 이렇게 물었다.

"예. 그렇습니다."

"어디요?"

"락동강'가 입니다."

"고향에는 일가친척이 많이 살구 있겠구려?"

"많이 살고 있습니다."

"그 미국놈들 등'살에 얼마나 고생들 하구 살겠소!"

적 강점 시기에 큰아들이 학살됐고 자신도 죽을 고문을 당했던 박로인은 미국놈의 포악성과 잔인성을 잘 알고 있는 것이다.

지난 해는 설상가상으로 남조선을 휩쓴 풍수해는 락동강 지역이 중심이였고 가장 참혹한 손해를 주었다.

가득이나 잘 지는 락동강은 미제와 그 앞잡이들이들이 치산치수라고는 생각조차 하지 않았기 때문에 조금만 비가와도 범람하고 만다. 일제 말기에 인민들의 피땀을 짜서 겨우 만들어 놓은 락동강 동'둑은 미군이 '기둥 도로'로 사용하여 까뭉개고 무너뜨리고 했기 때문에 아무 짝에도 못 쓰게 만들어 놓았다.

그렇기 때문에 미친듯이 흘러 내려오는 홍수는 폭풍으로 바다에서 밀려 오르는 해소에 부딪혀 강 하류의 섬이란 섬은 다 삼켜 버렸고 평야란 평야는 다 씻어 가 버렸다.

'닭에도 봄에도 대일 데가 없다'는 우리 속담과 같이 이 고장 백성들은 의지가지할 데가 없이 되였다.

큰 들이 다 씻어 가버렸기 때문에 섬들에는 나무도, 들도 없어지고 사람들은 갈 뿌리를 캐 먹었고 갈 게를 잘아 먹었다. 이것도 없어지자 개구리, 쥐까지 잡아먹어야 했다.

"거기가 바로 생지옥이로구나!"

나의 이야기를 듣던 박로인은 갑자기 주먹으로 방'바닥을 쾅 치어 격분의 고함을 질렀다.

"그렇습니다. 생지옥입니다. 남조선 신문들도 '4천래의 민생고'라고들 합니다."

"그런데 그 장승만인지 뭔지 하는 놈들은 왜 우리가 주겠다는 10만 석도 받자 않으면서 백성들을 굶겨 죽이기만 하나 말이야!"

"그놈들이야 나라나 팔아먹고 제 배나 불리기에 바빴지 인민들을 살필 힘이 어디 있으며 엄두나 냅니까."

"엥이 그 미국놈들을 단장……"

박로인은 이를 두루룩 갈면서 미국놈들에 대한 분노와 미움을 참지 못하는 것이다.

"김일성 원수께서 말씀하신 대로 그들이 당장 남북 총선거에 응할 수 없다면 련방제라도 실시하고 경제위원회라도 조직해야 할 게 아닌가! 여보 작가 동무 사실 우리 집만 해도 제 식구 먹을 농량만 남겨 놓고 나머지는 모조리 사경에 빠진 남조선 인민들을 구원해 줄 수 있소!"

흥분한 박로인의 말은 류창도 하거니와 정치적 견해도 올바르다.

나는 박로인과 이야기를 하는 동안 박로인의 나이와 비슷한 지금쯤은 굶어 죽었는지 맞아 죽었는지 아니면 필시 목숨이 경각에 달렸을 고향 땅의 나의 사촌형들과 그 밖의 친지들의 얼굴들을 그려 보군 하였다. 박로인도 해방 전에는 그들과 같은 형편으로 살았다. 그런데 박로인은 오늘 이렇게 행복이 무엇인가를 속속들이 알고 있는데 한날 한시에 해방된 그들은 인간으로서는 견딜 수 없는 간난 신고를 겪고 있는 것이다.

박로인은 나더러 구수한 글 솜씨로 자기의 행복한 생활을 그려 달라더니 자신이 구수할 뿐만 아니라 아주 류창하게 이야기를 내놓으며 밤이 깊도록 트인 말문을 닫을 줄 몰랐다.

나는 다음날 일찌기 박로인의 집을 하직하고 재령강 동'둑을 걸으면서도 고향 땅 사람들의 생각을 지울 수 없었다.

나는 어제'밤 박로인이 마지막에 한 말을 다시 생각하였다.

"순박한 농민이 악에 바치면 무서운 법이요. 남조선 인민들이 북반부의 이 좋은 세상을 바라보며 여기서 굶어 죽기만 하겠소? 망치를 들고 일어난 로동자들의 뒤를 따라 남조선 농민들도 매국 역적 장면 도당의 등허리를거리'대로 끌여 내고야 말 것이요. 미국놈들이 홍벼락산에서 도망칠 날이 멀지 않았소."

『문학신문』, 1961.4.14

조국—가장 고귀한 것

분란의 수도 헬싱키에서 열린 평화와 친선을 위한 제8차 세계청년학생 축전에서는 조선의 젊은 예술가들이 또 한번 조국의 영광을 전 세계에 떨쳤다.

그들은 국제 무대에서 응당한 평가를 받은 금, 은, 동 메달을 가슴에 번쩍이며 지금 조국애로 개선하는 도정에 있다.

그들은 모두가 해방 후 사회주의 제도 아래서 교육받고 영광스러운 조선 오동당 시대에 육성된 새로운 예술가들이다.

그들은 조국에 대한 자랑, 조국의 고마움을 가슴 후덥게 느꼈을 것이다.

이러한 심정은 조국을 떠나 외국에 있을 때 더욱 강하게 느끼게 되며 해방 후에 성장한 젊은 세대보다 해방 전 조국을 잃고 서름을 겪어본 사람들이 더욱 강하게 느끼게 되는 것은 사실이다.

나는 1959년 윈나에서 열렸던 제7차 세계청년학생 축전에 참가하였던 경험이 있는 만큼 금번 헬싱키에서 우리 젊은이들이 체험한 벅찬한 감정을 그대로 추측할 수 있다.

윈나와 헬싱키는 다같이 자본주의 국가의 도시들이며 이 국제적 행사를 파괴하기 위하여 미 제국주의자들과 국제 반동들이 돈을 멕여 파견한 앞잡이, 불한당들이 축전 진행 기간에 욱실거리는 그런 곳들이다.

자본주의 세계의 온갖 찌께기들이 낡은 바람에 채색만 새로이 하고 온갖 썩은 냄새를 풍기면서 구석구석 싸다니며 온갖 파괴의 흉모를 다 꾸미고 있다.

그러나 높이 걸린 오각별 찬연한 공화국 국기는 그들의 흉모를 지레밟고 자본주의 사회의 암흑을 짓누르듯 사회주의 조국의 영예를 온 누리에 빛내였다.

승리할 공산주의 앞날을 확신하듯…… 조선의 천리마가 '구라파의 대공에로 나래치고 있'듯이……

승리한 젊은 예술가들은 자본주의 말로에 대하여, 래일의 세계에 대하여, 자본주의 나라의 청년들의 처지에 대하여 잘 알고 있다.

그들이 부른 노래와 춤들은 우리 조선 인민의 고귀한 념원, 조국에 대한 참된 사랑, 천리마 진군 도상에서 우리 인민이 빛낸 위훈에 대하여 말하고 있을 뿐만 아니라 그 색조, 그 선률, 그 품격은 천리마의 기백을 담았으며 그야말로 아름답고 민족적이다.

이러한 조선 청년들의 지향과 태도에 대하여, 노래와 춤에 대하여 축전에 참가한 진보적 청년 대표들, 량심 있는 대다수 이곳 시민들과 근로 청년들은 가슴을 터놓고 조선을 흠모하며 존경하며 높은 칭찬을 아끼지 않았다.

"당신들의 예술은 천재적 조각가가 조각의 매개 선에 이르기까지 다듬듯이 빈틈없이 닦고 세련시킨 섬세한 예술이다. 조선의 예술은 국제적인 예술이며 세계 제1의 예술이다."

"조선의 예술은 천재적 인민의 예술이다. 그것은 숨쉬는 로동 계급의 예술이며 근로대중의 예술이다. 또한 조선의 예술은 미제와 싸우는 나라의 예술이다.

조선의 예술은 진실하고 전진하는 생활의 교과서이며 웃으면서도 감격적인 눈물 없이는 볼 수 없는 예술이다.

조선 예술은 사회주의 우월성을 시위하는 예술이다.

오직 김일성 수상께서 령도하는 나라의 예술만이 이렇게 될 수 있다.

(중략)

조선의 천리마는 구라파의 대공에로 나래치고 있다."

여기에 인용한 말들은 헬싱키에서 조선 예술 공연을 구경한 평론가, 예술가, 사회 활동가, 외교관들의 말의 일례이다.

실로 조국이 있기 때문에 조선 청년들의 예술을 이렇게 국제 무대에서 빛나게 할 수 있고 김일성 동지가 령도하는 조선 로동당이 있으므로 하여 이렇게 사회주의적 사회주의 예술을 아름답게 꽃피게 할 수 있다.

실로 조선 예술은 온갖 부르죠아 반동 예술의 탁류 속에서 사회주의적 사실주의 기치를 높이 추켜들고 오직 굳세게 앞으로만 전진하고 있는 그 슬기로운 모습, 믿음직한 걸음거리를 보여 주었다.

영광스러운 우리 조국—조선 민주주의 인민공화국의 권위는 그 얼마나 당당한가.

아! 얼마나 영광에 찬 조국인가!

나는 스물 두엇 되였을 때 한 2년간 소학 교원 생활을 한 일이 있다. 이 시절에 나는 '카프'의 영향 아래 창작 활동을 해왔고 교원을 그만 둘 시기는 맹원으로 되였었다.

이런 관계로 결국 나는 '불온 교원'이라는 딱지가 붙어 교적에 철직되고 말았다. 내가 있던 학교는 신설되여 교원도 일본인 교장과 나와 둘 있었으며 학교가 있는 동네는 경부선에 한 적은 정거장이 있는 아름다운 산촌이였다. 여름이면 밀양강 상류의 앞내에서 잉어, 연어, 향어들이 많이 잡히고 가을이면 온 동네가 감으로 하여 새빨개지군 하였다. 인심은 한없이 좋았고 한 100명 되는 학생들은 나를 무진 따랐다.

그들의 창가 시간에는 프로레타리아 동요가 울려 나왔고 작문시간에는 『별나라』가 교과서로 되였다.

교적에서 쫓겨난 나는 늦은 가을 날 저녁 때 이곳 정거장을 떠나게 되었다.

몇몇 일상적으로 접촉하여 사상적 영향을 받고 있던 농민 청년 몇 명이 울분한 감정을 누르며 전송을 나와 주었다.

일본인 교장은 빨갱이 교원을 두려워해서 학생들에게 송별 인사도 시키지 않았으며 정거장에서의 전송 같은 것은 말도 끄낼 수 없는 형편이었다. 기차가 정거장에 멎는 시간은 1분 동안이다. 기차 도착이 5분쯤 남은 때 철로 우의 자갈 깔린 길을 요란한 소리를 내며 한 떼의 학생들이 달려왔다. 나의 사랑하는 제자들은 몽땅 교장 몰래 떠나기 전에 나를 다시 한 번 보자고 뛰여왔던 것이다.

젊은 나의 가슴은 터져나는 듯 했고 설움은 북받쳐 올라왔다. 나는 나도 모르게 그들 앞에서 일장의 비분 감개한 연설을 했다. 지금 생각하면 왜 우리가 오늘 이렇게 서로 갈리게 되는가, 왜 동무들은 좋아하는 제 선생을 잃어야 하는 가? 그것은 나라가 없기 때문이다. 동무들은 이것을 잊지 말자! 하는 내용이였던 것이다.

기차는 곧 왔고 곧 떠났다. 정거장은 천진한 아이들의 울음소리로 차고 있었다.

이리하여 그후 나는 쓰라린 생활을 하였다. 감옥에서, 류치장에서, 일본의 값 눅은 주막집에서, 조국을 빼앗긴 슬픔을 적절히 느끼며 살았다.

일본 제국주의자들은 쇠사슬에 얽히우고 피묻은 발'굽에 짓밟히던 조국은 드디어 해방되었다. 17년 전 8월 15일 해방되던 날 자유를 찾은 조국의 품에 얼굴은 파묻고 어린 아이와 같이 통곡을 하던 그때를 생각하면 지금도 가슴이 뻐근해진다.

이 보람찬 조국, 훌륭한 조국, 그립던 조국을 찾기 위하여 참된 조선의 아들 딸들은 15개의 성상을 눈보라 휘날리고 령하를 40도로 내려가는 혹한의 벽두 밀림과 장백의 준령과 동북만 광야에서 싸웠다.

그들에게는 하루 밤을 따끈히 불 땐 구들'방에서 이부자리를 깔고 덮고 하며 잠잘 수 있는 날이 없었고 한 끼를 더운 국에 김나가는 가마밥을 먹어 보는 날이 드물었다. 몇 알의 강냉이가 한 대오의 며칠 식량으로 되는 일이 일상사였고 한 술의 미시'가루는 한 대오가 다 둘러 먹어도 남아 있을 정도로 사령관은 대원들을, 대원들은 사령관을 생각하여 서로 상양했다.

길이 넘는 눈'길을 돌을 굴려 다져가면서 행군했고 앞뒤 량옆에 적을 달고 수십 일 동안씩 행군을 하였다.

새로 마련해 입은 군복과 신발도 한번 전투와 행군을 겪으면 갈기갈기 찢어져 찬바람을 가리기도 힘들었다. 이럴 때 눈 우의 휴식, 또는 숙영이 있으면 사령관은 자신은 떨면서 군복을 벗어 웅크리고 자는 대원들 몸에 덮어 주었다.

오직 하나 밖에 없는 조국을 찾기 위한 투쟁이기에 하나 밖에 없는 생명과 청춘을 바쳐 이렇게 불사조와 같이 15개 성상을 싸워 이겼다.

이들이 끝까지 지켜내고 찾아낸 우리 조국의 오늘에 우리는 나라의 주인이 되여 행복을 누리고 살고 있다.

이들의 고귀한 혁명 정신으로 오늘 우리는 나래치고 있으며 이들이 이룩한 혁명 전통 우에 우리는 오늘 천리마 행군도 한다.

김일성 동지가 선두에 서서 싸워 이긴 항일유격대의 혁명전통을 계승하여 김일성 동지가 창건한 조선 로동당 시대에 우리는 살고 있다.

조국! 조선민주주의 인민공화국!

이 값 높은 이들을 조선 로동당이란 이름이 그 억세고 너그럽고 영활하며 예지로운 두 팔을 벌리고 품고 있다.

당의 기'발 아래 한 덩어리로 통일된 천리마의 조선 인민이 공산주의를 향하여 앞으로 앞으로 나아가는 그 슬기로운 모습에 전 세계가 부러워하며 전 인류가 주목하고 있다.

오는 10월 8일에 진행될 선거는 조국의 영예, 단결된 힘을 다시 한 번 시위하리라!

한 없이 고귀한 것! 그것은 나의 조국이다.

『문학신문』, 1962.8.14

그날의 회상

우리는 조국 해방 3년 간의 모든 나날을 잊을 수 없다. 그때 벌어졌던 모든 일들은 우리들에게 승리의 신심을 돋구어 주었고 원쑤들에 대한 불타는 증오를 불러일으켜 주었다.

나는 전쟁 기간 숫 차례 걸쳐 전방을 방문하였는데 그때마다 깊은 감격과 인상을 가슴에 간직하고 돌아왔다. 특히 나에게 잊을 수 없는 회상으로 남아 있는 것은 1차 남진 때 해방된 서울 시민들을 방문하는 예술단과 함께 서울 공연에서 받은 감동과 흥분이다.

공화국 각 예술단체에서 선발하여 조직한 우리들, 해방지구 및 전선방문 예술단은 8월 하순 어느 날 밤 대동강 역에서 기차를 타고 서울을 향하여 출발하였다.

미제 공중 비적들의 폭격과 방해 때문에 기차역 운행은 낮에 할 수 없었다. 적의 맹폭격을 무릅쓰고 우리들은 금천에 닿았다. 그러나 더는 갈 수 없다고 기차는 멎어 버렸다.

기차에서 내리자마자 바라다 보이는 서울의 삼각산이 우리들을 맞아 손'짓하는 듯하여 마음은 더욱 달뜨기만 했다.

해방된 서울에로 달리는 우리들의 마음을 이처럼 방해하는 미제에 대하여 치솟는 적개심을 안고 60리 길을 걸었다.

우리들은 거의 다 달음박질치듯 하여 구파발을 지나고 백운대를 좌로 쳐다보며 록번리 고개를 지나 무학재를 넘고 장안으로 들어갔다.

나는 5년 만에 서울에 들어갔다. 록번리 행길'가에는 내가 해방 전까지 살던 집이 있다. 그 집을 다시 보는 나의 감격은 이루 다 말 할 수 없었다.

8월 25일 우리 예술단은 '부민관'에서 해방된 서울 시민들을 경축하는 첫 공연의 막을 열었다. 우리들은 100명의 대 예술단으로서 해방 후 5년 동단 조선 로동당의 정확한 문예 로선을 받들고 개화 발전한 사회주의적 사실주의 예술의 정화를 서울 시민들에게 한아름씩 안겨 주었다.

무대복으로 호화찬란하게 차려입은 독창가, 독주가, 합창단, 관현악단, 무용단 등 전체 공연의 무대에 정렬하고 막을 열었을 때 만장의 1,500명 관중은 약속이나 한듯이 "와!" 하고 일제히 탄성부터 울리었다.

예술단을 대표하여 인사의 말을 하려 한 발 앞에 나선 나는 그만 감동과 흥분으로 하여 오래 동안 가슴이 떨림을 진정하지 못하고 서 있었다.

"참 훌륭합니다!"

"정말 기쁘오!"

"우리는 기다렸소!"

등등 관중들의 감탄의 함성이 무대를 향하여 련속 날아왔다.

관객들은 벌써 개막 첫 순서인 합창 「압록강」, 「법석포 배'노래」에서 그 장엄하고 벅차며 아름답고 랑만에 찬 선률에 매혹 되였고 섬세하고 세련된 합창 술에 압도 되였다. 독창 「밭갈이 타령」, 「어부의 노래」, 무용 「부채춤」, 「목동과 처녀」 등 모든 곡목이 열광적인 환영을 받았고 깊은 감명을 주었다.

그들은 인민 민주제도 아래서만, 조선 로동당의 령도에 의하여서만 달성할 수 있는 가장 훌륭하고 아름답고 힘찬 예술의 정화를 마음껏 즐겼고 진심으로 환영했다. 실로 공화국의 예술은 그들에게 영원히 잊을 수 없는 감명과 인상을 주었던 것이다.

서울 공연을 마치고 예술단은 10대로 나뉘어 벌리는 목포, 안동까지 서부, 중부 동부의 각 전선과 경기도 강원도의 해방된 고을들에 파견 되였다. 참으로 잊지 못할 감격의 나날들이였다.

오늘 남조선 인민들은 미제와 박정희 도당을 반대하여 용감하게 싸우고 있다.

열아홉 해 동안 미제의 총칼 밑에 신음하던 그들은 남조선에서 미제를 몰아내고 조국 통일을 하는 길만이 민생고를 해결하고 나라를 구하는 길이라는 것을 똑똑히 알고 있다. 그들의 마음은 이 시각에도 북반부에서 륭성 발전하는 사회주의 제도, 인민들의 행복한 생활, 높은 문화예술에로 달리고 있을 것이다.

진정 싸우는 남녘 형제들에게 그 때와 비할 바 없이 발전한 우리 예술을 보여주고 싶다.

그 날은 기여이 오리라! 서울 시민과 목포의 어부와 부산의 부두, 로동자들이 '황금의 예술', '세계 최고봉의 예술'로 이름난 우리의 예술을 마음껏 향유하며 즐길 그 날은!

『문학신문』, 1964.6.23

현실이 나에게 준 교훈

리학순—

순박한 어머니.

고향과 당에 대한 뜨거운 사랑으로 성실하게 농사를 하는 작업반장.

반원들의 생활의 크고 작은 면들을 놓치지 않고 보살피는 살림군 작업반장.

변덕스러운 늙은이, 물 아끼려는 아주머니, 꿈 많은 처녀, 우락부락한 청년, 처녀 때문에 고민하는 총각, 로력 공수만 생각하는 일부 분별없는 반원들, 백인백색의 성미, 기분, 비위, 요구 등을 모나지 않게, 큰소리치지 않고 성심과 사랑으로 처리해가는 초급일군,

…….

이것은 지금 내가 쓰고 있는 희곡 「새 아침」의 주인공의 자서전의 일단이다.

나는 이 주인공의 극적 체험을 통하여 농민들과 농촌 청년들을 사회주의적 애국주의로 교양하여 농촌 진지를 어떻게 꾸려가는 가하는 이야기를 형상화 하려고 기도하였다.

이는 농촌 문제를 취급한 작품에서 간절하고 중요한 주제의 하나라고 나는 생각한다.

이렇게 간절하고 중요한 주제임에도 불구하고 내가 이 주제에 도달하기가지 에는 긴 시간이 걸렸고 오래 방황도 했던 것이다.

그것은 무엇 때문인가? 물론 그것은 나의 미학적 리상의 여하에도 관계되는 문제지마는 여기에 농촌 현실을 반영하는 작품이 일반적으로 겪게 되는 문제가 있다고 생각한다.

나는 1월부터 두 달 동안 황북도 평북도의 몇 개 협동농장에서 취재

작업을 했다. 그 뒤 3개월 동안 주제 작업과 구상을 했으나 주제를 결정 못 했고 이야기가 잡히지 않아 적지 않게 모대겼다.

올해에 농촌에서는 분조 도급제와 실 농군문제들이 중심에 놓여졌고 전체 농촌은 새로운 앙양에로 들끓었다.

두 달 동안의 취재 작업에서 나의 두터운 수첩은 꽉 들어차게 되었다.

처음부터 나는 분조 도급제 문제를 관심을 가지지 않았다. 그것은 행정 실무적 문제로 보고 형상 대상으로 삼으려고 하지 않았기 때문이다.

취재수첩을 채운 내용은 모두가 실농군과 성실한 살림군들에 대한 자료들이였다. 아무 농장원은 모든 땅의 래력과 성질을 알고 무슨 종자가 잘 된다는 것을 꿰뚫고 있고 어느 늙은이는 퇴비를 어떻게 만들었으며 누구는 부림소를 어떻게 살찌웠고 부림소에 필요한 스물 몇 가지의 도구를 어떻게 장만했고 어느 집 고간에는 없는 연장이 없으며 누구는 달구지를 몇 십 년 동안 써온다는 따위의 이야기들이다.

나는 처음에 두 실 농군을 그리려고 했다. 한 사람은 그야말로 나무랄데 없는 실농군이며 농장의 보배이고 다른 한 사람도 원래는 실농군인데 로력 공수 벌기에 몰두한 나머지 리기주의자로 되여 버린 사람이다. 이 두 사람은 어릴 때부터 머슴살이를 했고 해방 후 토지분여도 받았고 전쟁 때는 같이 전시 식량생산의 선두에서 싸운 친구이다.

이렇게 설정하고 보니 두 사람의 인간관계에는 많은 극적인 것이 있을 것 같았다.

석달 동안의 구상과정은 나의 모든 취재 작업과 극적 갈등과 곁 이야기들의 설정이 잘못 되였다는 것을 말해주었다.

먼저 취재작업이 잘못 되였다. 취재의 방향도 잘못 되였거니와 취재 그 자체도 '취재'에 지나고 말았지 현실생활의 체험이 되지 못했다. 농민들과 침식을 같이 하고 오락, 한담도 같이 하면서 완전히 농민들이 된 생활을 통하여 그들의 인간관계, 지향, 념원, 고민 등을 심장으로 느끼고 인식해야만 할 것인데 그렇지 못하고 수첩을 가지고 담화하고 작업과 회의를 참관했으며 지어는 손님 대접까지 받았던 것이다.

설정된 두 사람—진짜 실농군과 전에는 실농군이였으나 지금은 리기주의자와의 관계를 놓고 극적 갈등을 추구하니 적지 않게 극적인 것이 나오기는 했다. 그러나 그것은 많은 경우에 경희극(보드빌)적 인 것이고 심오한 인간관계는 나오지 않았다. 물론 경희극으로 만들 수 있기는 하나 의도도 그렇지 않았고 경희극으로서는 농촌에서 제기되는 절박하고 긴요한 문제를 깊이 팔 수 없는 것이다. 또한 사건과 곁 이야기들을 나의 취재 수첩에서 골라 놓고 보니 거의 모두가 농산 실무적 문제들 뿐이였다. 그도 그럴 수밖에 실농군이 어떻게 농사를 하기 때문에 좋고 잘 된다는 것을 이야기하자니 모든 것이 퇴비는 어떻게 장만해야 좋고, 부림소는 뭘 먹였기 때문에 살이 찌며 어떻게 부리는 것이 좋고, 오랜 경험을 통해서 어느 땅에는 어떤 종자가 잘 되고 어떻게 농기구를 아껴 쓴다는 따위의 것으로 되고 마는 것이다.

이러고 보니 다섯 달 동안의 작업이 도저히 연극을 낳지 못하였다.

다섯 달 만에 방향이 잘못됐다는 것을 깨닫고 부랴부랴 주제를 다시 찾고 인간관계를 달리 설정하고 사건, 곁 이야기들을 새로 추려야만 했다.

이는 중요한 경험이며 좋은 교훈이다.

비단 농촌문제를 취급하는 경우만이 아니라 공장 물을 쓰는 경우에도 현실체험을 깊이 있게 하지 않고 인간관계를 바로 세우지 못하고 이름난 사건, 흥미있는 이야기에만 관심을 돌린다면 인간 성격을 창조할 대신에 생산공정이나 기술 실무문제를 라렬하게 되는 것이다.

나는 황황히 작업을 다시 출발부터 고쳤다. 먼저 농촌문제에서 당이 절실하게 해결하려고 하는 절박한 문제가 무엇인가를 연구하였다. 그리하여 새로운 주제를 세웠다.

다음 소재 문제도 해결해야 했다. 보충취재도 했다. 그러나 취재의 각도를 아무리 바꾼다 해도 단시일의 다급한 '취재'는 역시 큰 도움을 주지 못했다. 그래서 이 문제를 나는 두 달 동안의 취재에서 고르고 고른 몇 개의 소재와 내가 이미 축적하고 있던 농민 성격들과 그리고 출판물들에 소개된 당 기관들의 사업 경험들을 종합해서 오늘 전형적이라고 인정되는 성격, 사건, 곁 이야기들을 설정했다.

아직도 부족한 점은 많으나 방향을 바꾸고 주제를 새로 잡고 소재를 다시 추리고 나니 성격들이 뚜렷이 머리에 떠오르고 줄거리가 쭉 뻗어나가기 시작하여 비교적 순조롭게 짜임새와 읽음새가 풀리고 초고가 빨리 끝났다.

이번 작품을 쓰면서 내가 많이 관심을 가졌고 주의를 돌린 것은 농민들, 특히는 농촌 청년들의 락천주의와 랑만성이다.

'우리 나라 사회주의 농촌문제에 관한 테제'가 실천되고 있는 농촌은 오늘도 좋지마는 래일은 더욱 보람찰 것이다. 그렇기 때문에 그들의 생활은 락천주의와 랑만주의로 충만되여 그들 속에서는 고향의 노래들이 높이 울리고 있다. 그들은 고향을 더욱 살기 좋은 사회주의 락원으로 만들기 위하여 고도의 사회주의적 애국주의를 발휘하고 있다.

이 앙양된 농촌 생활의 면모와 향토의 주인공들의 높은 풍모와 성격들을 나는 희곡에서 힘껏 그리려고 노력하고 있다.

『문학신문』, 1966.9.13

일기문 / 편지글

밧브든 일주일간 (日記文)

一月 一日 月曜日

기다리든 歌劇會는 모레나 劇의 련습을 시작하겟다.

종일 짠일은 한가지도 안햇다. 우리가 이러케 로력하면 우리 소년단도 영영 발뎐하겟다고 생각햇다.

一月 二日 火曜日

무대에 쓸 솔(松)을 구하러 산에 갓섯다. 오늘은 무대를 만드노라고 해가 젓다.

一月 三日 水曜日

기다리든 오날은 벌서 정오가 되엿다. 단원이 모다 시내로 광고 돌녓다. 오날 밤 順序에 童話 암송과 밥강엿(劇)과 쌀기와 금 쌍자(劇)와 笑話의 만흔 責任을 내가 가젓다. 첫날은 무사히 외룬 것이 기뻣다.

一月 四日 木曜日

해가 질 때까지 련습하엿다. 오날 밤에도 童話 암송과 홍그래비와 지렁이(劇)혹(喜劇)의 여러 가지를 하게 되엿다. 劇을 마치고 만세 세 번 부르고 역자와 위원의 위로회가 잇섯다. 우리들은 이번 계획에 성공하엿다고 깃버하엿다.

一月 六日 土曜日 小寒

지난 닷새 동안을 피로움을 풀려고 죵일 쉬엇다. 족음 치운 날이다.

一月 七日 日曜日 小寒

오날은 侍日(공일)이다. 저녁 아홉시에 청수를 모시고 우리 조선 소년 우리 언양 소년의 전도를 위하야 祈禱하엿다.

『어린이』, 1924년 1월호.

멀-리 가 게신 兄님에게

農村의 職業少年을 대신하야

형님! 형님이 말을 타시고 동리압 득천고개를 넘어서 차듸찬 북해도(北海道)로 향해 떠나신 지가 발서 십 년전의 일임니다. 그때 형님이 얼마나 울엇습닛가? 그때 형님이 어머니께 하시든 말이 "어머니 멀리로 감니다. 언제나 다시 도라오게 될는지요" 이리 하엿지요. 울다울다 눈이 붓게까지 다시는 못오시길 길을 떠나시는듯이 몹시도 울으시며 떠나삿지요! 그 말이 꼭 마저 이제까지 도라오시지 안으니 십년 전 그때 형님의 얼골까지 채 긔억지 못하는 어린 동생으로 그러한 豫言일줄이야 알앗스릿가! 지금은 북해도는커녕 화태(樺太)나라 꽁꽁 얼어붓흔 짱속에서 고향생각이나 하여주십니까? 형님! 어머님은 허리가 쏘부라지시고 항상 알어누어 계십니다. 그리고 손수 길느시든 어린손자 지금은 형님이 다려다 가게신 태균이를 생각하시고 언제나 울으십니다.

작년 봄이지요. 제가 보통학교를 졸업할때 형님은 동생을 고등보통학교에 입학하라 하시며 학자(學資)까지 보내주리라 하섯지요! 그 뒤에 동생은 조와서 긔다리는 것은 고사하고 형님은 갑자기 소식이 업서젓지요! 동생은 그때 얼마나 형님을 원망하엿슬가요! 울고울고 날마다 울고 눈물이 말을때 까지 울엇습니다. 뒤집의 성바우는 서울 간다고 야단이고 압집의 쏘출이는 대구 간다고 야단일때 정말 참을수 업시 슯헛습니다. 그러나 울고울고 쏘 운들 소용이 무엇이겟습니가? 동생은 곳 마음을 돌렷습니다. 늙으신 어머님이나 편케하여 드리라고……. 동리의 금융조합(金融組合)의 급사(給使)로 들어가서 한 달에 십원이란 돈을 밧습니다. 실오락이갓흔 내 손으로 한달을 애써 일해준 나머지 처음으로 돈의 힘을 안 그때의 동생의 마음 무어라 하릿가! 일평생두고 닛처지지 아니하리다. 어린 동생에게 돈의 힘이 크다는 것을 넘우도 일즉이 알게 해주신 것임니다.

형님! 지금 동생은 종일 흙발로 짓밟든 사무실 바닥을 닭고잇습니다. 이것이 하지 안으면 아니될 나의 직칙인가 생각하면 아모 불만도 업시 일만 충실하게 하려고 함니다. 서울가고 대구가는 것을 그다지 부러워하지도 안습니다.

오즉 한 가지 이 아우의 소원하는 것이 잇스니 형님! 들어주시렵닛가? 그러나 잘 입고 작 먹으며 살자는 것이 소원이 아님니다. 가늘고 힘업는 이 적은 팔일망정 힘썻 뽐내며 두 다리 둥둥 것고 부즈런히 일하고 십습니다. 손바닥만 할지라도 내 짱이라고부터 잇는 곳에서 보리째 보리갈고 벼째 벼쑤려서 어머니의 나머지 삶을 편케하려는 것임니다.

형님! 이 소원을 들어주신다거든 돈모고 저돈모고저 애쓰지 말으고 빨니 고국으로 도라오십시오. 돈을 알게 된 동생의 고통은 참말 여간이 아님니다. 내 짱에서 내 손으로 갈고 뿌려서 기름진 밥맛을 보고 살아갑시다. 그리고 한분 게신 우리 어머니나 오래오래 살어 게시라고 빌고 바랍시다.

—四月 十七日 —

『어린이』, 1928년 5월 6일

조희 演劇(講座)

조희연극이라는 것은 사람이 나와서 연극을 하는 것이 안이고 두터운 조희에 나오는 사람들을 그려서 따로히 그 그린 조희를 놀리는 한 사람이 잇서하는 연극인데 자미잇고 하기 쉬운 우리들 소년들의 연극입니다.

여러분은 인형극(人形劇)을 보섯는지 몰으지만은 조희연극은 그 인형 대신에 조희에 그림을 그려 놀니는 것입니다. 조희 연극은 우리 갓흔 노동자나 농민의 아들로 만흔 돈을 내여 연극 구경할 수 업는 사람에겐 퍽은 자미나는 것임으로 여러분도 이것을 배화서 동무들과 모여서 해보십시오. 조합 소년부에서든지 노동 야학에서나 글방이나 초당방이나 산에서나 길에서나 어듸서든지 할 수 잇습니다.

조희연극이 우리들 소년의 연극으로 조흔 리유는 대략 아래와 갓습니다.

一, 돈이 들지 안는 것

二, 누구나 만들 수 잇는 것

三, 한 사람이 논닐 수 잇는 것

四, 아모 곳에서라도 할 수 잇는 것

그러면 조희연극을 해 보시려는 분에게 만드는 방법과 놀니는 방법을 이야기 하겟습니다.

조희연극도 다 갓흔 연극임으로 무대(舞坮)가 잇서야 합니다. 무대의 크기는 마음대로 할 수 잇습니다만은 될 수 잇는대로 적게하면 가지고 다니는데 대단히 편리합니다. 제일(第一)도(圖)와 갓치 하면 제일 조흘 것 갓습니다.

다음은 무대의 뒤에 그림 그린 조희를 놀리는 곳을 만들어야 합니다. 제일도와 갓치 만들어 그 뒤에다 제이(第二)도(圖)와 갓치 그림을 세울 수 잇게 구녁을 뚤은 나무를 붓처야 합니다.

그리고 무대에 쓰는 나무는 살 필요는 업습니다. 못 쓰는 석유 궤나

귤 감자 궤로써 만들으십시오.

다음은 나오는 사람의 그림을 그려야 합니다. 조희는 여러분이 그림 그리는 조희로(도화용지) 하시면 됩니다. 조희의 크기는 무대의 크기와 또는 나오는 사람의 수효에 짤아달읍니다. 작년 가을 별나라에 실닌 내가 쓴 아동극 「삼조애비는 어듸갓서」에 지주가 나와 아해들이 파노흔 구렁 속에 빠지는 장면이 잇습니다. 그것을 그리려면 조희 양편에 다 그려야 합니다. 첫제 제삼(第三)도(圖)와 갓치 조희의 밧갓헤 그려 뒤집허서 제사(第四)도(圖)와 갓치 그립니다.

위에 그림에 무엇이 달려 잇습니다. 그것은 가느다란 나무나 대로 만들어 붓친 것인데 조희 그림을 놀니는 것임니다. 제三도와 갓치 지주가 "삼조애비는 어데갓서" 하고 나와 구렁에 빠질 때는 그것을 뒤로 돌려 뵈이며 "익키야! 어느 놈의 짓이냐" 하고 고함을 치는 것임니다. 여러 사람이 나올 때는 제오(第五)도(圖)와 갓치 그림니다.

무대에는 막(幕)이 잇서야 하는 것은 물논이고 배경(背景)을 붓치랴거든 여러분이 쓰는 크레욘이나 크레파쓰로 그리면 됩니다.

이러케 도구가 다 되엿거든 동모들을 모와놋코 연극을 해보십시오. 각본(脚本)은 위에 말하는 「삼조애비」나 별나라에 난 것으로 해 보십시오. 놀니는 법은 인형 놀니는 것과 갓치 쏘는 여러분이 구경하는 「박첨지」나 탈놀음갓치 말소리에 맛추어 동작(動作)을 자미잇게 해야 합니다. 대사(臺詞)一(무대에서 하는 말)를 잘 해야 자미가 잇습니다. 여러 사람이 나올 때는 음색(音色)을 달니하야 노인이 나오면 노인의 소리로 여자가 나오면 여자의 목소리로 다갓흔 젊은 사람이 둘이 나와도 목소리를 달으게 하면 더욱 자미잇습니다. 이러케 잘 하는 것은 퍽 어려웁습니다. 그림으로 처음에는 그냥 한 가지 소리로 해도 좃코 활동사진 설명하듯이 해도 좃습니다.

대략 이만 이야기하면 아시겟지만은 몰으는 것이 잇스면 편집부로 편지를 하면 알리겟습니다. 여러분 조희연극으로 길에서 산에서 들에서 방안에서 학교에서 공장에서 동무를 모으십시오. (끗)

『별나라』 1932.4

희곡 강좌

희곡창작과 언어

희곡과 언어

문학이 언어의 예술이라면 문학 쟌르의 하나인 희곡은 등장인물을 성격화 하는 정통적 언어의 문학이다.

희곡에는 행동하는 인물들이 생활하며 그 인간들의 호상관계에서 모든 충돌, 갈등이 생기며, 그것들이 통일되거나 해결된다. 이러한 등장인물들이 직접 자기 입을 통하여 자기 의사와 감정을 표현한다. 그러므로 이 등장인물 간의 호상관계에서 주고받는 말 즉 대화가 바로 희곡의 언어로 되며 그것은 문장적 언어도 아니고 서술적 언어도 아닌 산 인간이 실제 생활에서 쓰는 일용적 언어의 예술적 표현이다.

희곡의 언어를 사람들의 사회적 접촉에서 쓰는 시어(詩語), 소설의 언어들과 비교해 보면 더 구체적으로 리해 할 수 있다.

일반적인 대화와 희곡의 대화의 차이란, 전자와 후자의 소재로 되며 후자는 전자를 예술적으로 다듬어 얻어지는 것이라는 데 있다. 이에 대하여서는 후장에서 상세하게 언급될 것이다.

시어의 특징은 그것이 운률이 있다는 것과 접촉적 언어 즉 대화가 아니고 시인의 주정을 토로하는 말이라는 데 있다.

다듬어진 말, 조형화된 말에는 운률이 따른다. 희곡의 말도 예술적 언어이기 때문에 응당 다듬어져야 하고 선택된 말이여야 하나 운률이 주가 되지는 않는다. 그러므로 그 다듬어지는 방법, 선택하는 기준에 시어와 희곡 언어는 서로 차이를 가지고 있다.

시어는 시인의 주정을 토로하는 말이기 때문에 시인 자신의 취미, 기호, 성격, 어휘에 따라 마음대로 선택할 수 있으나 희곡의 말은 등장인물이 서로 주고받는 말이기 때문에 그 인물들의 각양한 성격과 특징을 표현하는 데 적용하며 말이 선택되여야 한다.

소설의 언어는 묘사와 대화로 구성되나 묘사가 기본이다. 소설가는 자기 인물의 성격이나 그 인물이 생활하는 정경(환경과 분위기)을 묘사함에 있어서 소설가 자신의 말을 쓴다. 소설이 1인칭으로 씌여 졌거나 3인칭으로 씌여 졌거나를 불문하고 묘사는 작가 자신의 말이다. 희곡에서는 극히 적은 부분을 차지하는 설명문 이외에는 작가 자신의 말은 한 마디도 쓸 수 없다.

소설가는 작품에 필요한 인물의 생활과 사건과 정경을 따라, 시간적으로 공간적으로 묘사되는 대상을 따라 마음대로 옮아갈 수 있으나 극작가는 인물이 행동하는 일정한 시간과 장소를 벗어날 수 없다. 그러므로 희곡의 말은 시간적으로도 공간적으로도 통일이 요구되고 일정한 제한을 받게 된다.

극작가가 희곡창작에서 쓰는 말은 대화가 전부가 아니고 대사(臺詞)와 설명어휘 두 가지로 구분되며 그 대사 가운데 포함되는 대화가 주요 부분이 된다.

대사는 대화와 독백(獨白), 방백(傍白)의 세 가지로 나눈다. 독백이란 등장하는 인물이 상대자 없이 무대에서 혼자 하는 말이다. 독백은 많이 쓰이지는 않으나 자주 쓰인다.

송영의 『불사조』는 주인공 리두성이 밀림에 혼자 남아 있는 시간이 많기 때문에 독백이 많고 길다. 제4막 1장에는 리두성이 약 3분 계속되는 독백이 있고 2장에서는 거의 7~8분에 걸쳐 혼자 행동하고 혼자 말한다.

독백이 길면 따분하게 되기 쉽다. 그러나 『불사조』의 경우에는 이런 긴 독백이 있음에도 불구하고 지루하지 않다. 그것은 긴장된 극적 정황을 만들어 놓고 거기에 적합한 선택된 말로써 리두성을 행동시키고 있기 때문이다.

방백이란 한 사람 이상의 상대자가 무대에 있는데 그 상대자를 무시하고 자기 의사를 관객에게만 전달하려고 할 때 쓰는 말이다. 실지에는 그 말이 상대자에게 들리기는 하나 안 들리거나 못 듣는 것으로 하는 무대 우의 하나의 약속이다. 고전극에는 방백이 많이 쓰이였으나 현대극에서는 아주 드물게 쓰인다. 지금도 희극에서 효과적으로 사용되는 때가 있다. 리동춘의 『산울림』 제4막에서 석철, 금단, 송재 등 세 사람의 대화중에 방백이 사용되고 있다.

설명어는 희곡의 첫머리에 나오는 인물의 이름, 나이, 직업, 호상 관계를 소개하는 것과 인물들이 행동하는 공간 즉 무대장치에 대한 설명, 음향, 효과를 설명하는 것이 있고 극의 진행 도중에 장면의 변화, 인물의 등장과 퇴장을 지정하는 것이 있다.

설명어는 간결해야 하지만 작가의 개성과 취미에 따라 다르다. 어떤 작가는 인물 설명에서 이름, 나이, 호상 관계, 직업, 특징까지 상세히 쓰는데 어떤 작가는 이름만 쓰고 다른 것은 아무 것도 지정하지 않는 경우도 있다.

쉑스피어나 몰리에르 등 세계의 고전 작가들은 인물의 이름, 관계 정도만 지정하고 그 외는 무대 설명도 하지 않았는데 버너드 쇼우의 희곡은 무려 수 천자 이상의 설명을 붙였다.

원래 설명어는 극작가가 연출가, 배우 또는 독자의 리해를 돕기 위하여 쓰는 것이지 관객은 연극을 보고서 모든 것을 알게 되고 설명의 도움을 받지 않는다. 그러므로 설명어는 어디까지나 간결하여야 하며 지나치게 상세하면 도리여 연출가, 배우, 미술가들의 창조적 상상력의 발휘를 방해한다.

이상에서 보는 바와 같이 희곡의 언어는 대화가 주며 기본이고 설명어는 부차적인 의의 밖에 없다. 그러므로 희곡과 언어문제를 말할 때나 극작가의 말에 대한 수련을 말할 때는 대화를 두고 말하게 되는 것이다.

집약된 말, 함축 있는 말

사람들의 사회적 접촉에서 진행되는 대화를 주의 깊게 관찰하면 극히 조리 있게 말할 줄 아는 사람을 제외하고는 일반적으로 산만하며 째이지 않고 또한 쓰이는 말도 선택되고 다듬어진 것이 아니라 '즉흥적'으로 나오는 말임을 알 수 있다.

같은 접촉의 말리기는 하지만 전보를 칠 때나 전화를 할 때 쓰는 말은 요약되고 간결하다. 그것은 전보나 전화가 주로 시간적으로 제약을 받기 때문이다.

극중 인물의 대화는 시간적 제약뿐만 아니라 공간적 제약도 받는다.

연극이란 관객의 생리적, 심리적 조건을 고려하여 2~3시간에 인간 생활의 중요하고 복잡한 일면을 보여 주어야 한다. 그러므로 등장인물이 자기 의사를 표현함에 있어서도 복잡한 사건이나 감정을 정황하게 늘어놓을 수는 없다.

여기에 대화를 집약할 필요성이 있다.

또 연극은 극작가의 희곡 작품을 배우라는 산 인간을 빌어서 무대 우에서 말하게 함으로써 관객을 리해시키는 예술이다. 무대 우에서 일정한 많은 수의 관객을 상대로 그들을 설득하고 생각하게 하는 희곡의 대화는 일종의 공간적 제약을 받는다.

여기에 대화의 집약의 필요성과 함께 함축의 필요성이 있다.

집약된 말, 함축 있는 말이란 다른 말로 바꾸어 말하면 선택되고 다듬어진 예술적 언어이며 형상적 언어이다.

집약되고 함축성 있는 말은 관중이 독자로 하여금 귀로 듣거나 눈으로 보게 하는 것보다 머리로 생각하게 한다.

조백령의 「붉은 선동원」에서 마지막 장면은 그 전날 말썽'군이였으나 지금은 개조된 최진오, 리복선 등을 위시한 작업반원들이 주인공 리선자와 당 위원장을 둘러싸고 이 날 농장에 오신 수상 동지께서 하신 말씀을 듣고 있다. 선자는 너무나 감동하고 흥분하여 자기 입으로서는 수상 동지의 찬사와 격려의 말씀은 다 전할 수 없어 당 위원장에게 말한다. 당 위원장은 요약해서 수상 동지의 말씀 내용을 전하고 선자를 훌륭한 공산주의자이며 농촌의 길확실이라고 하셨다는 것을 첨부하자 모두가 "원, 저런!", "참 영광스럽다" 등 선자를 축하하기도 하고 부러워도 한다. 여기서 선자가 한 짤막한 몇 마디 말은 아주 형상적이고 인상적이다.

리복선 : 애, 선자야 그래도 넌 선동원이 아니냐? 그처럼 말 잘 하던 버릇이 다 어디 갔나?어서 한 마디 하렴!

일동 : (조용한 가운데 그를 주시한다)

리선자 : (간신히 숨을 모아) 래일부터 두엄을 더 많이 내야겠어요!

선자에게 무슨 선동원 연설이 필요하겠는가! 불과 네 마디 밖에 되지 않는 말이지만 참으로 천 마디 만 마디 말보다 더 강력한 작용력을 가졌고 헤아릴 수 없이 많은 '숨은 뜻'을 가진 말이다.

바로 극작가는 이런 말을 선택할 줄 알아야 한다. 이 얼마나 강한 힘을 가진 말인가! 포탄보다 더 강하며 우뢰보다 더 진동력이 있는 말이다.

그렇다고 하여 이것은 특별한 어휘에 속하는 말도 아니며 새로 만들어낸 말도 아니다. 7~8세의 어린 아이도 다 알고 있는 그런 평범하고 쉬운 말이다. 이렇게 평범하고 쉬운 말 가운데서 선택하여 집약하고 함축하여 형상적으로 언어를 구사할 줄 아는 기술이 극작가에게 필요한 것이다.

인물 성격과 말

우리들이 실생활에서 사람들이 하는 말을 관찰하면 매개 사람들이 모두가 자기의 말로 이야기한다는 것을 알 수 있다. 우리가 한 직장에서 몇 달만 같이 일을 한다면 아무리 사람이 많다 하더라도 말'소리만 듣고도 그것은 누구라는 것을 알 수 있으며 마주 보고 이야기를 하거나 회의에서 발언을 할 때도 매개 사람이 자기 말투와 특징을 가지고 있음을 알게 된다.

이러한 말의 차이는 어데서 생기는 것인가? 그것은 무엇보다도 먼저 성색이 다른데서 구별된다. 그러나 이 성색의 차이는 극작가의 붓으로 처리할 대상은 아니다. 다음에 그 사람의 성질, 년령, 계급, 직업, 지식 정도, 취미 등 개성의 차이에서 말이 서로 다르게 되고 어휘도 달라진다.

이 개성의 차이에서 나오는 말의 구별이 극작가가 대상으로 하는 것이다. 또 출신 지방에 따라 말이 구별되기도 한다. 이것도 특별한 경우를 제외하고는 극작가는 대상으로 하지 않는다.

능숙한 극작가일수록 모든 자기 작품의 인물들의 말을 개성적으로 뚜렷이 표현한다. 물론 이것은 쉬운 일이 아니다. 그러나 모든 등장인물의 말을 모조리 개성화 하지는 못한다 할지라도 주요한 인물들은 반드시 말의 성격을 뚜렷이 하여야 한다.

극작가는 극적 갈등으로써 자기 인물들의 성격 창조의 주요한 수단으로 삼는다. 그 다음가는 수단으로서 극작가는 등장인물의 말의 개성화에 주의를 돌려야 할 것이다.

나이 많은 사람과 젊은 사람, 지식 있는 사람과 무식한 사람의 말의 차이는 비교적 표현하기 쉽다. 그러나 한 희곡에 같은 직장에서 같은 지식 정도의 같은 나이 또래의 청년 몇사람을 등장시키는 경우에는 말의 개성을 뚜렷이 하기는 쉬운 일이 아니다. 그렇다고 하여 세 사람이면 세 사람, 다섯 사람이면 다섯 사람이 꼭 같은 말을 쓸 수 없는 것이다. 실생활에서는 다 서로 다른 개성적인 말을 쓰고 있는데 희곡에서 이것을 무시할 수 없다. 그들은 성격이 다르며 취미가 다르며 노력도 다를 것이다. 이런 데로부터 말투도, 어휘 구성도 다라진다.

조령출의 『량반전』에는 량반 리생원 부부와 상놈 권부자 부부의 대조적인 두 상의 대화가 있다.

생원 : 어허 골이 도 쏘는군……

윤씨 : 게다가 환자 갚을 길이 없어 당신이 울고 계시다는 소문이 자자허다니 이게 또 무슨 수치란 말요.

생원 : 내 도둑질을 안했거니 무슨 수치 될 일이 있겠소…… 아무리 순찰사의 명령이라 할지라 도 성주는 날 버리지 않을 것이요. 그리고 성주께서 환자 문서를 어떻게 잘만해준다 면 무사히 될 것도 같소만……

윤씨 : 성주께서라구 별 수 있겠소? 이미 관찰사 순행 검열에 들킨 일인데 어떻게 문서를 위 조한단 말요.

생원 : 허 그래도 용수가 있는 법이지 이 정선 바닥에서 계은 자손인 내가 역적 아닌 담에 감히 어지 못할 것이요.

(제1장에서)

권부자 : 여보 마누라.

부자처 : 마누라가 뭐유 마님이지.

권부자 : 넨장 어떤 량반이 제 마누라보구 마님이라고 부른담.

부자처 : 에그 내 정신이 헷갈렸구려, 그건 당신 말이 맞어유.

권부자 : 모두 어델 갔소?

부자처 : 안에들 있어유.

권부자 : 그래 말은 해봤소?

부자처 : 의논을 해보겠다고 들어 갔어유.

(제2장에서)

여기에서 우리는 리생원과 권부자의 말에서 계급, 지식의 차이를 찾을 수 있고 윤씨와 부자처의 말에서는 계급적 차이와 동시에 말투의 차이를 찾아 볼 수 있다.

말투는 말의 개성인데 그것은 계급, 교양 정도, 직업, 성격 등으로 하여 다년간에 형성된다.

지재룡의 「청춘의 활무대」에서는 세 사람의 동년배의, 동기의 해병 제대군인이 나온다. 세 사람은 다 총각이며 그물로 낙지를 잡을 창의 고안을 한다. 그러나 세 사람의 성격이 각양하기 때문에 그것이 행동으로, 말로 나타난다.

순보 : (웅기에게) 좀 덤빈 것 같애.

웅기 : (생각에 잠겨) 로케트다!

순보: 좀더 바다에 대해서 배운 다음에 자신을 가지고 제기할 걸 그랬어.

웅기: (역시 생각에 잠겨) 바다의 로케트!

순보: 동문 그것이 탈이야!

웅기: 순보, 뭘 또 심각해서 그래? 바다의 로케트! 들어가서 박기사 동무를 만나봐야 겠어.

순보: 전우의 충고를 들을 줄 알라구.

웅기: 순보, 오늘 우리가 3톤 200의 낙지를 잡았지만 이것으로 만족할 순 없지 않아! 우린 더 전진해야 할 것 아니야. 문제는 어떻게 해서든 고기를 많이 잡자는데 있단 말이 야.

순보: 나도 그건 반대하는 건 아니야.

웅기: 수상 동지가 강원도에서 주신 교시에서 뭐라고 말씀하셨나? (중략) 그런데 우리가 해 놓은 일이 뭔가? (중략)

순보: 그러니까 과학적인 근거를 가지고 하자는 거야. 덤빈다고 되는 것은 아니야. 민호 동 무두 그래, 요새 점점 웅기를 닮아가, 주의하라구.

웅기: 그러나 우리가 이 배에 온 지가 벌써 한 달이나 되지 않았어!

민호: 야 벌써 한 달이 되나? 나는 아직 이렇게 아침 바다를 내다보고 있으면 기상 나팔소 리가 귀에 들리는 것만 같애.

(제1막에서)

이 짤막한 대화를 통하여 돌진적이며 서두르는 웅기, 모든 것을 깊이 생각하며 차근차근히 처리하는 순보, 늘 아름다운 것에 끌리고 시, 음악을 좋아하는 민호의 각이한 성격을 짐작할 수 있다.

이상과 같이 몇 인물을 골라보면 극작가를 이 희곡에서 인물의 말을 뚜렷이 개성화하여 쓰고 있지만 한 작품 전체를 놓고 보면 전면적으로 인물들의 말을 개성화하고 있는 작품을 발견하기는 어렵다. 특히 신인 작가들인 경우에는 거의 이런 점에 관심을 돌리지 않고 있다.

말의 수련, 말과 극작가

희곡창작에 있어서 슈제트의 구성, 극적 갈등의 설정 등이 가장 중요한 문제로 된다. 그러나 그만 못지않게 언어 문제도 중요하다. 아무리 극 조직 기능이 우수하다 할지라도 말을 능숙하게 구사하지 못한다면 희곡 창작은 한 걸음도 전진할 수 없다.

신인들의 희곡을 읽으면서 가장 많이 느껴지는 것은 말에 대한 수련이 부족하다는 것이다.

우선 신인들의 희곡에서 말이 빈곤하여 딱딱하다. 말의 폭과 깊이는 그 극작가가 소유하고 있는 어휘의 크기에 달려 있다. 극작가는 인간 생활에서 사용되는 고유한 우리 말의 동사, 형용사, 명사들을 풍부히 가지고 있어야 한다.

그 다음에는 소유한 어휘를 어떻게 구사하는가 하는 표현 기능을 련마해야 한다. 아무리 어휘가 많다 해도 그것을 능숙하게 구사하지 못하면 어색하고 딱딱해지고 마는 것이다.

어휘를 넓히는 문제 그것을 능숙하게 구사하는 문제는 극작가의 언어에 대한 꾸준한 수련의 결과에 해결되는 것이다.

선천적으로 어휘를 많이 가지고 있는 사람은 없다. 어휘는 그 사람의 의식적인 노력에 정비례하여 넓어진다. 극작가는 어휘를 『사전』에 의해서만 넓히려고 해서는 안된다. 실생활에 뛰여 들어가서 인민 대중과의 접촉 가운데서 탐구되고 체험된 말을 축척해야 살아있는 말이 될 것이다.

이와 병행하여 우리 문학과 세계 문학이 가진 보물고에서 문학적 어휘를 발견하기 위한 의식적이고 일상적인 노력을 해야한다.

신인들의 작품에서는 사투리를 많이 섞여 나온다. 특정된 인물에게 출신 지방의 사투리를 쓰게 함으로써 특별한 성격을 표시하기 위한 경우를 제외하고는 방언을 쓰지 말아야 한다. 신인들 중에는 방언인 줄 모르고 쓰고 있다. 이것은 곧 말에 대한 수련이 부족하다는 것을 말하는 것이다.

극작가는 지식 정도가 각이한 관객을 한꺼번에 수백 명씩 대상으로 하는 희곡을 쓰기 때문에 누구에도 리해 될 수 있는 쉬운 말을 써야 한다.

어려운 한문 투나 조선말의 법과는 달리 외국 말 냄새가 풍기는 말 극작가 자신만 알고 있는 새로 만든 말이나 희귀한 말은 쓰지 말아야 한다.

극작가는 모국어 운동의 중요한 한 성원이라는 것을 깨달아야 한다. 극작가는 모든 작가들과 함께 서적과 출판을 통하여, 또는 배우들과 함께 극장 무대를 통하여 인민 대중에게 우리말의 모범을 보여 주고 있다. 대중은 문학작품, 연극을 통하여 정확한 우리 말, 아름다운 우리 말, 훌륭한 우리말을 배운다는 것을 극작가는 한 때도 잊어서는 안 된다.

우리말에 대한 수련과 노력을 얼마나 하는가에 따라 그 극작가가 좋은 희곡을 쓰는 가 못 쓰는가 하는 것과 모국어 운동에 옳게 참가하는 가 못하는가가 결정된다.

『청년문학』, 1965.7

해설

신고송의 삶과 문학관

김봉희

1. 들머리

우리의 근·현대문학은 비극적 역사체험과 함께 분단이라는 깊은 상처를 안고 있다. 반세기 이상 지속된 다른 사회·정치체제와 그에 따른 이념 괴리현상이 그것이다. 그럼에도 '민족문화 통합'이라는 명제 아래 남북 간 문학사적 연속성을 찾아내기 위한 노력들이 진행되고 있다. 월북문인과 그들의 문학작품을 꼼꼼히 살펴보는 것도 그 일 가운데 하나다.

월북 문인 해금조치 이후, 그들에 대한 연구는 어느 정도 진척이 이루어졌다. 분단의 특수성과 1차 자료 확보의 어려움이라는 현실적 한계를 딛고 주목할 만한 성과들이 이루어진 셈이다. 그럼에도 여전히 자신의 문학적 역량과 활동에 비해 제대로 된 조명을 받지 못하는 작가들이 적지 않다. 그 가운데 대표적인 인물이 월북 연극인 신고송이다.

신고송은 1925년 문단에 나와서 일본 유학을 가기 이 전까지 동시를 중심으로 아동문학과 비평문학을 문단에 내놓았다.[1] 그의 아동문학은 동

1 1925년에서 일본 유학 직전 무렵인 1930년까지 신고송이 발표한 문단 활동은 동시 27편, 아동극 1편, 아동평론 6편, 비평문학 3편에 이른다. 그리고 그의 아동극 「꾀바른 톡기」(『어린이』, 개벽사, 1927,2)는 신고송의 첫 아동극이자 경남 최초의 아동극이라 할 수 있다. 이 시기 그의 아동극 작품은 한 편밖에 지나지 않고, 왜로 제국주의에 대항할 수 있는 항왜정신과 함께 '선은 반드시 이긴다'는 교육적인 효과를 드러내는 단순한 이야기 구조로 연구 대상에서 제외시킨다. 한편, 이명재가 쓴 『북한문학사전』(국학자료원, 1995)에서 「꾀바른 톡기」에 대한 평가를 계급주의 의식을 심어주기 위해 창작된 아동극이라고 했다. 힘센 호랑이를 프롤레타리아 계급으로 나타내고, 토끼와 나무꾼이 지혜로 호랑이를 물리치는 장면에서 바로 계급의식 창출이라는 목적성이 드러난다고 했다. 하지만 이러한 평가는 신고송의 삶과 문단활동에 대한 전반적인 이해 없이 '계급주의 문학'이라는 연결고리로 묶으려는 의도로 보여 진다. 신고송은 자신이 술회한 바와 같이(「나의 회상」, 『문학신문』, 문학신문사, 1959.8.21) 자신의 문학 방향

시, 아동극, 아동평론을 아우르고 있었으며, 비평 활동은 식민지 현실을 깨우치는 비판정신이 담겨져 있다. 하지만 무엇보다 신고송의 초기 아동문학 활동은 동시를 주목해야 한다. 그 작품의 질적이나 양적으로 다른 시기와 비교되지 않을 만큼 활발한 활동을 했으며, 초기 아동문학사의 변화와 깊게 연계되기 때문이다. 그의 동시 속에는 소년 문사의 열정어린 시심과 교원생활을 통해서 바라본 어린이의 세계가 담겨져 있다. 게다가 확고한 동시관을 표방하면서 나라잃은 민족현실과 어린이들의 현실을 고심한 흔적을 드러내고 있다.

신고송은 일본유학과 귀국을 하면서 극렬한 계급주의 문학주의 활동을 펼쳐 나간다. 이 시기 그는 희곡창작 활동과 연극운동을 연계해서 전개시켜 계급주의 문학의 선전도구로 사용 하였다. 하지만 희곡텍스트로 남은 자료가 없어서 그 특성을 살펴 볼 수가 없다.[2] 그리고 이 당시 아동문학 활동에서 갈래의 변화를 가져오는데, 일본 유학 시절 창작한 동화와 아동극이 그것이다. 그는 산문이라는 새로운 문학적 장치를 통해 조선 어린이들에게 계급의식을 심어주고자 했다. 더불어 그의 동시는 『별나라』는 매체에 실리면서 강렬한 계급의식을 표출해 내고 있다.

광복기, 신고송의 문학 활동은 아동문학과 희곡창작에서 두드러진다. 이 시기 그는 동시 5편과 아동극 2편, 동화 1편을 발표했다. 그러나 앞 시대와 같은 뚜렷한 자신의 세계를 보여주지 못한다. 그 까닭은 이미 발표된 작품들을 재수록하거나 월북이후 지면에 실린 작품이 대부분이기 때문이다.[3] 그에 반해 희곡은 광복 정국에 민감하게 맞물린 적극성을 남

전환은 카프의 방향전환에 있었다. 그리고 카프에 가입한 후에도 그의 작품에는 계급주의 의식보다 겨레의 현실을 아파하는 민족적 색채를 담아냈다. 그의 계급의식이 투철해지고, 작품 속에 녹아 흐르기 시작할 때인 1930년에 접어들어야 본격화 된다. 그래서 이 아동극에서 힘센 호랑이는 왜로 제국주의로 보아야 하며, 토끼와 나무꾼은 조선의 민중으로 보는 것이 타당할 것으로 보인다. 나무꾼의 첫 대사에서 왜로의 식민지 수탈정책인 '벌목사업'에 대한 이야기가 나오는데, 이것 역시 작가의 왜로 제국주의의 비난이 섞여있다 할 수 있다.

2 희곡 작품은 「메가폰—슈프렛히콜」(극단 「메가폰」, 창단 공연작), 「수양단」(1933.11.23~24, 본정연예관에서 공연) 두 편이다. 하지만 희곡 텍스트로 남지 않아서 연구 대상에서 제외시킨다.

다르게 보여준다. 게다가 나라잃은시기 프로연극 이론을 실천적으로 구현하려고 노력했다.

월북 후, 북한에서 보여준 신고송의 문학 활동은 당 정책 수행이라는 정치적 영향 속에서 전개될 수밖에 없었다. 그런 과정 속에서 왕성한 창작 활동을 통해 신고송 특유의 재능을 잘 보여준 갈래가 희곡이며, 그에 따른 비평 활동이다. 이러한 그의 희곡창작 활동은 북한 문학계에서 극작가와 연출가로서 입지를 다지는 데 결정적인 영향을 미쳤다.

이처럼 신고송은 나라잃은시기부터 월북 이후까지 폭넓은 문학 활동을 펼쳤으며, 우리 나라 계급주의 문학을 이끌었던 문학 실천가이기도 하다. 하지만 그동안 신고송은 우리 근대문학사는 물론이고 지역문학사에서조차 월북 작가라는 꼬리표 때문에 제대로 평가받지 못했다. 이렇듯 신고송을 우리의 문학사로 끌어올리는 첫 단계로 그의 기초적 문헌을 정리하고, 생애를 복원하는 일이 무엇보다 중요하다. 따라서 글쓴이는 신고송의 실질적 자료와 문헌을 통해 그의 문학 활동을 4기로 나누어 생애를 복원하며, 그의 문학관을 살펴보도록 하겠다.

2. 소년문사 시절과 교원 생활

신고송의 문학 1기는 출생에서부터 일본 유학에 오르기 직전인 1930년까지의 활동과정을 이른다. 이 시기, 신고송은 문학에 대한 열정을 불태우며, 작품 속에는 겨레 잃은 조선 민중에 대한 연민을 나타내고 있다. 뿐만 아니라 계급주의 문학에 눈을 뜨기 시작한 초기 문단활동 모습을

---

3 광복기에 발표된 신고송의 동시 가운데 자신의 사상성을 드러내 보이는 동시는 「아버지」(『새동무』, 새동무사, 1946.1) 1편뿐이다. 나머지 4편은 신고송이 월북한 후, 이미 발표된 작품들을 재수록 한 것으로 보인다. 아동극 2편도 마찬가지이다. 동화 작품 「평세와 평숙이」(『별나라』, 별나라사, 1945.12.15~1946.2.10) 2회에 걸쳐 실려 공산주의 우월사상을 조선의 어린이에게 심어주고자 했다. 하지만 신고송은 이 작품을 끝까지 마무리 짓지 못한 채, 월북한 것으로 보여 진다. 따라서 광복기에 발표한 신고송의 아동작품은 작품 수에서 적을 뿐만 아니라 그의 문학세계를 온전히 들여다보기에 완성도를 갖추지 못하고 있어 연구대상에서 제외시킨다.

살펴볼 수 있다.

신고송[4]은 1907년 6월 9일 경상남도 언양면 서부리 구십 일번지에서 아버지 신건표와 어머니 이양순의 4남 2녀 가운데 막내로 태어났다.[5] 본적은 경상남도 울산군 언양면 서부리 136번지이다. 신고송의 아버지 신건표는 조선말 지방 아전 출신이었으며, 한 집안의 장남이었다. 하지만 신고송의 아버지는 일찍 세상을 떴기 때문에 당연히 그는 편모슬하에서 성장해야만 했다. 그래서인지 그의 큰 형인 광호씨를 아버지처럼 따랐다고 한다.

---

4 신고송의 본명은 신말찬(申末贊)으로, 이름에서부터 한 집안의 막내임을 짐작케 한다. 그는 필명으로 고송(孤松)을 사용했는데, 그 뜻은 '외로운 소나무'라는 낭만적인 어감을 지니고 있다. 기록에 의하면 나중에는 전주되어 고송(鼓頌)이라고 불리어졌다고 한다. 하지만 그의 절친한 친구였던 윤석중에 따르면 문단활동 초기에는 필명을 고송(孤松)으로 사용했지만 나중에는 계급주의 문학을 널리 알린다는 뜻으로 고송(鼓頌)을 사용했다고 한다. 그리고 또 다른 필명으로 신찬(申贊)을 사용하기도 했다. 한편, 김봉희가 쓴 「신고송의 희곡 「선구자들」 연구」(『지역문학 연구』 7, 지역문학학회, 2001)에서 박고송과 신고송을 같은 사람이라는 개연성을 두고 있다. 그러나 자료를 조사한 결과 박고송은 우리 나라 신파극과 대중가요에 이바지 한 작가이자 연기자였다. 박고송이 작사한 대표적 노래는 김정구가 불렀던 「삼변통 아가씨」가 있다.

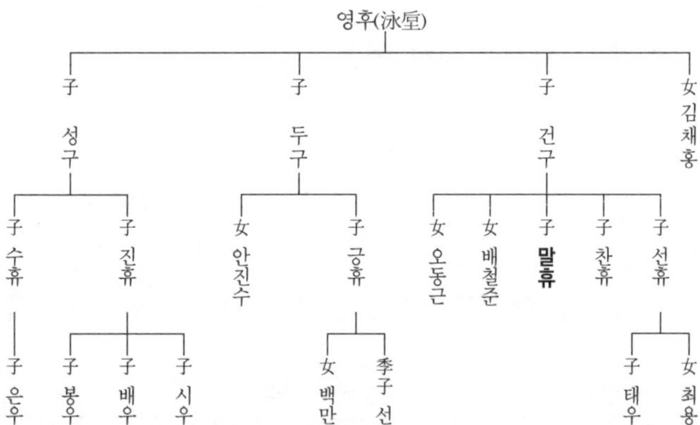

5 족보와 주위 사람들의 기억에는 형님이 두 분(광호, 광찬)으로 남아 있었다. 하지만 제적등본과 학적부에는 신고송은 정확히 4남으로 기재되어 있으며, 위의 형님들과 나이 차이가 열살 이상 차이가 나는 것으로 보아 바로 위의 형은 아주 어릴 때 아마도 병으로 잃은 것으로 보인다. 다음은 족보를 토대로 하여 고령 신씨 23세손인 신고송의 집안 가계도를 옮겨 놓은 것이다. 신고송은 학렬에 따라 '말휴'로 기록되어 있고, 그의 조부와 아버지의 묘석에도 '말휴'로 기록되어 있다.

신고송의 성격은 온순하며, 예의 바르고 재능이 많았다고 전해진다.

신고송이 열 살이 되던 해, 1916년 4월 1일 언양 공립보통학교[6]에 입학을 한다. 성적은 뛰어나 4년 동안 늘 10등 안에 들었다. 특히, 이때부터 국어과목에서 우수한 두각을 드러내면서 소년문사로서 자질을 보였다. 그런 어린 그에게 막연하게나마 겨레 잃은 백성의 울분을 느끼게 한 계기가 있었는데, 그것은 바로, 기미년 만세의거였다고 그는 술회하고 있다.[7] 기미년 만세의거 이후, 언양에서는 종교계와 민족계열에서 만든 소년단체가 조직되는가 하면 조직적인 소년운동의 형태로 자리 잡아 가고 있었다. 이러한 지역적·조직적 소년운동 흐름 속에 신고송 역시 한 일원으로 동참하게 된다.

이 무렵, 그는 1920년 언양공립보통학교를 졸업한다. 하지만 그는 가난한 집안 형편으로 상급학교에 진학하지 못한 채, 동네 금융조합에서 한 달에 십 이전을 받으며 급사생활을 시작한다. 이 당시 급사생활은 그로 하여금 가난으로 멸시당하고, 불평등한 대접을 받는 프롤레타리아 계급의 삶을 체험하는 시간들이었다.[8] 반면, 그는 일을 하면서도 좌절하지 않으며, 자신의 포부를 펼쳐 나가는 소년 운동가의 모습을 갖추게 된다.[9]

---

6 언양 공립보통학교는 지금의 언양초등학교이며, 울산광역시 울주군 언양읍 동부리 222-1번지에 있다. 신고송은 4회 졸업생이다.

7 "3·1운동 이후에 이 고장에서 일어난 '청년 운동', '소년 운동'에 열심히 동원된 한 소년의 생활에 적지 아니한 영향을 주었다." 신고송, 「나의 회상」, 『문학신문』, 문학신문사, 1959.8.25, 2면 참조.

8 "작년 봄이지요. 제가 보통학교를 졸업할 때 형님은 동생을 고등보통학교에 입학하라 하시며 매월 학자(學資)까지 보내주리라 하섯지요! 그 뒤에 동생은 조와서 긔다리는 것은 고사하고 형님은 갑자기 소식이 업서 젓지요! 동생은 그 때 얼마나 형님을 원망하엿슬가요! (… 중략 …) 실오락이 갓흔 내 손으로 한달을 애써 일해준 나머지 처음으로 돈의 힘을 안 그 때의 동생의 마음 무어라 하닛가!" 신고송, 「멀리 가 게신 형님에게-農村의 職業少年을 代身하야」, 『어린이』, 개벽사, 1927.5.24~25면 참조.

9 언양 조기회에 활동 모습은 방정환이 쓴 「씩씩한 동모들-언양 조기회」, 『어린이』, 개벽사(1925.9)에도 담겨져 있다, 언양 조기회는 아침 일찍 일어나 언양 보통학교운동장을 개간하고, 다같이 운동을 해서 바른 정신에 건전한 육체를 기르는 데 있었다. 오수환씨와 1차 면담(2005.12.3) 당시 개간한 언양보통학교 운동장은 정구장으로 만들었는데, 신고송은 정구 솜씨가 놀라울 정도로 뛰어난 다재다능한 남자라고 술회하였다. 그리고 면담과정에서 재미있었던 일은 신고송의 옛집 바로 옆집이 정인섭의 생가라는

그는 본격적으로 1923년 언양 소년단과 언양 조기회에 가입하면서 겨레 잃은 상황 속에서 소년들이 가져야 할 마음가짐을 배우고 익혀나갔다. 그리고 매년 새해에 열리는 '언양 소년소녀 가극대회'를 준비하면서 문학을 접하게 되고, 소년 문사의 꿈을 키워 나가게 된다.[10]

진학의 꿈을 잃어버린 어린 그에게 문사의 꿈을 키워나가게 해 준 것은 아동문예지 『어린이』와 『신소년』[11]이었다. 이러한 순수 아동문예지는 그에게 문학에 대한 갈증을 해소시켜 주는 역할을 했다. 그 보기로 1924년 이후 『어린이』와 『신소년』의 '독자란'을 통해서 신고송과 신말찬이라는 이름을 번갈아 가며 얹혀놓으면서 지역소식을 전한 것을 들 수 있다.[12] 게다가 '선외가작'으로 선정되면서 작가로서 밑자리를 마련하고 있다. 특히 소파 방정환이 창간한 『어린이』는 스스로 작가로 자랄 수 있게 해준 배양물일 뿐만 아니라 아동문학가라는 이름을 내걸게 해준 매체였다.

사실을 알게 되었다. 담하나 너머로 이데올로기의 벽을 실감케 했다. 그리고 1925년 8월 11일 『동아일보』에 실린 기사에 의하면 언양소년회와 언양청년회 주체 웅변대회에서 신고송이 일등을 차지한 사실을 알 수 있다. 제목은 '참다운 가정교육의 맛을 보여 주시요'이다. 이를 통해 신고송은 소년운동가로서 활약상을 알 수 있다.

10 「밧브든 일주일간」은 언양소년소녀가극회를 준비하는 과정을 담았다. 그의 작품이 제일 처음으로 아동지에 게재된 글이며, 일기 형식에 맞게 잘 쓰인 글이라는 평가를 받았다.

11 신고송은 『신소년』 1924년 3월호에서 1925년 1월호까지 '독자마당', '독자문예', '독자통신', '그림 맛쳐내기', '자유화', '상식시험'을 통해 총19회 얼굴을 내민다. 하지만 이 매체를 통해 작품은 싣고 있지 않다. 1930년 이후, 『신소년』 편집을 좌익 성향의 이주홍이 맡으면서 매체의 성격도 변화하기 시작한다. 신고송은 이 시기 『신소년』의 기성대접을 받으며, '지상좌담회'와 동시 1편을 발표한다. 신고송, 「검은 얼골」, 『신소년』, 신소년사, 1930.7; 신소년 편집부, 「여름방학 지상좌담회—출석제선생」, 『신소년』, 신소년사, 1930.8.

12 1924년에서 1925년까지 『어린이』와 『신소년』에 올려진 신고송의 이름을 옮겨 놓으면 다음과 같다. 『어린이』: (독자담화실) 언양소년단 신고송, 1924.2, 34면; 「소녀소녀작품」으로 「밧브든 일주간」, 1924.5, 28면; (독자담화실) 1924.11, 47면; (제10회현상당선발표) 1924.12, 43면; (선외가작) 1925.4, 44면; 대구 신고송. (입선동요) 「우톄통」, 1925.11, 58면. 『신소년』: (선외가작 란) 동요부, 울산 신고송, 신말찬, 작문부, 울산 신말찬 울산 신고송(애독자 명부) 울산군 언양면 서부리 신말찬 (그림 그리기) 울산 신고송 신말찬, 1924.3; (선외가작 란) 동요부 울산 신고송, 신말찬, 동화부 울산 신말찬 (독자통신) 울산 신말찬(그림 맞쳐내기) 언양 신말찬, 1924.4; (선외가작 란) 동요 울산 신말찬, 동화, 울산 신말찬—경남 울산군 언양면 서부리 1924.5; (선외가작) 동요, 울산 신말찬, 동화 울산 신말찬 그림 그리기 3등—경남 울산군 언양면 서부리 신말찬. 1924.7; (상식시험 발표란) 경상도 신말찬 1925.1.

그 어여분 신년호가 나의 책상 압헤 나타날 쌔에 내마음은 항상 깃거워집니다. 소파선생의 우리 위해 노력하심에는 무어라고 감사할 말슴업습니다. 그러고 그 유익하고 자미잇는 이솝프이약이를 점더만히 내주십시오. ㅈㅎ 선생님께 감사를 들입니다. 그런데 ㅈㅎ 선생님은 누구신가요. 점아르켜주십시오.
(慶南彦陽少年團申孤松)

긔자선생님 여러어른안녕하신지 궁금합니다. 숑편을만히해놋코 선생님생각퍽 하엿습니다.
(彦陽少年團申孤松)

어린이! 어린이! 참말 씩씩하게도 발뎐되어 감니다. 우리들 불상한 됴선어린이들을 위하야 항상 긋세고 씩씩한 긔운과 생명을 길너주는 『어린이』의 네 번째 돌날을 당하야 저의들은 한업시깃븐 마음으로 이날의 만세를 부름니다.
(大邱등대社 서덕출, 신고송, 문인암, 박태석, 황종철, 윤복진)

인용한 세 글은 신고송이 『어린이』의 '독자 담화실'에 보낸 글 가운데 일부분이다.[13] 위의 두 글은 모두 문단에 나오기 전에 쓴 글이며, 마지막 글은 등단 이후, 대구 「등대사」 시절에 쓴 글이다.[14] 인용 글에서도 알 수 있듯이 그에게 『어린이』는 친구이며, 선생님이었고, 희망이었다. 그리고 그는 '독자 담화실'에 이름을 자주 올려놓고, 여러 차례 선외가작에

13 인용된 글 순서대로 나열하면 다음과 같다. ①「독자 담화실」, 『어린이』, 개벽사, 1924.2, 35면, ②「독자 담화실」, 『어린이』, 개벽사, 1924.11, 46면, ③「독자 담화실」, 『어린이』, 개벽사, 1927.3, 62면.

14 1927년 8월 한여름, 「등대사」의 일원인 서덕출의 집에서 윤복진, 신고송, 윤석중이 만나 회포를 푼 일화는 서덕출의 아우 서수인 회고담에 싣고 있다. 그 날 모인 네 명은 날이 밝으면 헤어지기가 서운해, 한 연씩 돌여가며 동시 한 편을 적었다. 아래 동시가 바로 그날 네 명이 함께 적은 동시 「슬픈 밤」이다. "오동나무 비 바람에 / 잎 떠는 이 밤에 / 그리우던 네 동무가 모였습니다 / 이 비가 개이고 / 날이 밝으면 / 네 동무도 흩어져 떠나 갑니다 / 오늘밤엔 귀뚜라미 / 우는 소리도 / 마디마디 비에 젖어 / 눈물 납니다 / 문풍지 비바람에 / 스치는 이 밤 / 그리 우던 네 동무가 모였습니다" 또한 신고송은 동요를 직접 작곡도 하기도 하는데, 미술・음악・사진 분야에도 남다른 재능을 보인 것으로 전해진다. 「슬픈 밤」의 악보는 『아동가요곡선 삼백곡』(신농민사, 1938) 85면에 실려 있다.

오르면서 『어린이』 편집부와 친숙한 관계를 돈독히 가질 수 있었다. 그리고 당시, 그의 초기 작품에서는 순수하고 어린이다운 호기심을 자아낼 뿐만 아니라 어린이를 생각하고 배려하는 그의 자상한 성격도 나타내고 있다.

또한 『어린이』는 신고송과 여러 문우들이 교우할 수 있는 자리를 마련해주기도 했다. 그 보기로 윤석중, 이원수, 김순애, 서덕출과 「기쁨사」라는 동인 활동과 회람잡지 『굴렁쇠』를 엮는 등 활발한 아동문학 창작활동을 들 수 있다. 그리고 『어린이』를 통해 만난 이들 동인은 우리 나라 초기 아동문학의 초석을 닦는 소년문예가로서 중요한 입지를 가진다. 이렇듯 『어린이』를 통해 맺어진 교우관계는 신고송의 초기 문학을 열정과 순수 속에 꽃 피우게 하는 역할을 했다.

그 후 신고송은 『어린이』를 통해 동시 4편과 아동극 1편을 발표한다.[15] 그 가운데 동시는 순수한 어린이들의 발상과 체험이 묻어져 나온다. 그리고 아동극 「꾀바른 톡키」에서는 왜로 제국주의 수탈 속에서도 어린이들에게 꿋꿋하게 이겨낼 수 있는 용감한 정서를 심어주고 있다.

1925년, 그는 대구사범학교[16]에 입학하며, 같은 해, 11월에는 마침내, 『어린이』에 「우테통」이 입선동요로 뽑힌다. 이렇게 진학과 작가의 꿈을 동시에 이룬 신고송은 본격적으로 아동문학가의 길에 접어들게 된다. 한편, 그는 사범학교에 입학하면서 또 다른 문단 교우 관계를 형성하기 시작하는데, 그들이 문인암, 윤복진, 이상춘 등이다. 그는 그들과 독서회, 문단활동을 같이 하면서 계급주의에 눈뜨기 시작했다. 동시에 겨레 잃은 민족의 처치를 깨닫게 된다. 이것은 민족협동전선을 구축한 '신간회'가 결성되면서 민족운동노선의 변화에 발맞추어 자신들의 아동문학을 돌아보는 소년문예 운동가들의 현실에 대한 탐구과정이었다.[17]

---

15 『어린이』에 실린 신고송의 작품은 다음과 같다. 동시 : 「우테통」, 『어린이』, 개벽사, 1925.11. 「진달네」, 『어린이』, 개벽사, 1927.4. 「언니 시집가든 날」, 『어린이』, 개벽사, 1930.5. (작품 누락) 「골목대장」, 『어린이』, 개벽사, 1930.9 (홍난파 작곡으로 악보 실림). 아동극 : 「꾀바른 톡키」, 『어린이』, 개벽사, 1927.4.

16 경북대학교 사범대학의 전신으로 과정은 2년제, 3년제로 되어 있었다. 신고송은 2년 특과 과정을 이수한 것으로 보인다.

이렇게 싹튼 계급의식은 1927년 카프의 회원이 되는 경로를 거친다. 하지만 이 시기 카프 내의 뚜렷한 활동 양상을 보이지 않는다. 또한 이 시기 『조선일보』에 실린[18] 대부분 작품에서도 마찬가지로 계급주의 의식은 확고히 자리 잡지 못한다. 차라리 그의 동시는 겨레 잃은 슬픔을 딛고 일어서는 새로운 희망을 담아내려는 민족주의적 색채가 더 강하다고 볼 수 있을 것이다. 이러한 현상은 식민지 현실 문제를 계급의식으로 구현하는데 있어서, 완벽한 해결의 답을 내리지 못한 까닭에 있다. 이 시기 그는 스스로 계급주의 의식 성장단계에 있음을 그의 작품세계에서 보여주고 있는 셈이다. 하지만 카프의 '방향 전환'은 신고송의 삶과 문학을 통틀어 사상적 변화에 지대한 영향을 끼친 계기가 된 것은 사실이다.[19]

신고송은 아동평론 4편과 문단 평론 2편을 『조선일보』에 싣는다. 그의 동시가 순수한 어린이의 체험에 머물렀다면, 그의 평론은 무게 있는 날카로움이 드러나 있다. 그는 안일한 태도를 지닌 문단의 기성문인을 질책하고, 문단을 향해서 프롤레타리아 대중들을 위한 진보적인 작품을 창작하기를 당부한다.

---

17 신간회는 천도교의 민족주의자들이 사회주의자들과 연계하여 구축한 단체였다. 신간회의 결성은 소년운동에서 아동문예에 대한 새로운 방식에 대한 논쟁거리를 불러왔다. 신고송을 비롯한 소년문예운동의 중심에 섰던 「기쁨사」 동인들은 지금까지 자신들의 언어감각에 의존한 자세를 버리고, 현실과 내면 탐구에 몰두하게 된다. 곧, 겨레가 처한 식민지 현실을 어떻게 작품 속에 구현할 것인가에 대한 고민과 스스로 탐구하는 노력을 기울이게 된다. 이러한 과정에서 신고송은 민족의 현실, 조선 어린이의 현실을 작품 속에 드러내면서 그 문제의 해답을 계급주의에서 찾으려 한 것으로 짐작된다. 이 시기 그의 비평문학도 이러한 견지에서 전개되고 있음도 여기에 기인한다고 볼 수 있다.

18 신고송이 『조선일보』에 작품을 발표하기 시작한 년도는 1928년 5월에서 일본 유학에서 돌아온 1932년 5월까지 이어진다. 이 무렵 『조선일보』는 민족주의자들이 운영을 맡고 있어 '조선 민중의 신문'이라고 불리어지고 있었다. 신고송 자신 또한 1927년 카프에 입회하면서, 문단 초기 자신이 가졌던 민족주의적 색체를 들어 내기 위해 『조선일보』라는 매체를 선택한 것으로 짐작할 수 있다.

19 카프의 아동대상 기관지라고 할 수 있는 『별나라』에 동요 「자장노래」를 싣게 되는데, 그는 이미 기성 작가로서의 대접을 받게 된다. 이렇게 별나라와 인연은 계급주의 문학 활동의 연계성을 있게 해주는 중요한 역할을 하게 된다. 광복 이후까지 그 인연을 이어나게 된다.

우리는 때때로 精神喪失者들을 본다. 朝鮮을 떠나 外國에서 몃 年 만 떠돌다가 오면 朝鮮의 現實과 特殊性이라는 것은 씨슨듯이 니저버리고 거긔서 배화온 못된 흉내를 朝鮮서도 建設코저하는 者가 잇스니 그러한 毒素를 가진 者 를 우리는 除去하지 안흘 수 업다. 우리에게 는現實을 沒却한 大 詩聖 百人보다도 비록 詩人이란 일홈은 들어보지 못하엿서도 우리 大衆의 生活姿態를 正確히 把持한 荒唐한 詩 一篇을 쓰는 한 사람이 必要하다.[20]

이 글에서 "정신상실자"는 왜로 제국주의 억압에서 고통스러워하는 조선 민중의 처지와 현실을 파악하지 못하고, 예술지상주의를 꿈꾸는 일파를 일컫고 있다. 곧 그들은 기성문단 세력을 잡고 있는 순수시파를 말하고 있는 것이다. 결코 문학은 학문의 전당에 높이 올라가 숭상하는 것이 아니라 대중들의 생활에 적극적으로 파고들어야 한다고 주장한다. 특히, 조선의 식민지 상황을 파악하지 못한 이들은 시대적・역사적 흐름을 거슬리는 과오자임을 언급한다.

신고송은 날이 선 날카로움으로 예술지상주의를 꿈꾸는 일파에게 비난의 화살을 돌린다. 그들이야말로 시대적 흐름을 가로 막고, 겨레의 현실을 망각하는 착오자임을 밝히고 있다. 곧, 이 시기 그의 문단비평은 계급주의와 대립하는 순수시파의 감상성을 힐난하고 있다. 그들은 조선의 특수한 식민지 상황을 제대로 파악하지 못한 채, 비시대성에 젖어 신음하고 있는 기성문단의 안일함을 깨우치고 있다. 따라서 신고송의 초기 문학관은 나라 잃은 현실을 인식하는 민족주의를 띠고 있으며, 나아가 계급주의 의식으로 무장하는 길임을 외치고 있다.

이 시기 신고송의 문학에서 또 하나 중요한 사실은 『별나라』와 맺은 인연이다. 신고송이 『별나라』에 얼굴을 내비친 것은 1927년 4월 동시 「자장노래」가 입선동요에 뽑힌 때부터이며, 그때부터 기성 대접을 받게 된다. 하지만 아직까지 무산 아동 계급잡지로 자라지 못한 『별나라』는 어떠한 사상적 색채를 띠지 못하고 있었다. 1929년 『별나라』가 카프 아

20 신고송, 「시단 일첨언」, 『조선일보』, 조선일보사, 1930.3.28~3.29.

동기관지 성격을 표방하게 되는데, 그는 몇 편의 동시를 싣는다. 이 작품들은 『조선일보』에 실린 작품들과 다른 계급적 대립의식을 확연히 드러내 보이고 있다. 이처럼 신고송 역시 『별나라』를 통해 자신의 이념을 드러내고자 했음을 알 수 있을 뿐만 아니라 매체 투쟁이라는 점에서 그 의의가 크다 하겠다. 이러한 매체 투쟁적 성격은 『음악과 시』[21]로 이어지면서, 계급의식을 드러내는 기회가 된다.

이 무렵, 그는 대구사범학교를 졸업하고, 대구공립보통학교 훈도교사로 발령을 받는다. 그러나 그는 불온사상을 가졌다는 이유로 1929년 청도 유천학교로 좌천되고 만다. 하지만 마음의 상처를 입은 그에게는 문학이라는 안식처가 있었다. 그는 좌천 이후에도 많은 편수의 동요를 창작 발표하며 꾸준한 활동을 펼쳐나갔다. 당시 그의 동요 속의 어린이들은 더 이상 겨레의 처지를 슬퍼하지 않고 다시 일어서는 희망의 용기를 보여준다. 이것은 작가로서 자신의 마음과 일치했으리라 짐작할 수 있다.

또한, 그에게 새로운 용기를 불어 준 것은 가정을 꾸린 일이다. 그는 1930년 4월 9일에 김형근과 신해연의 차녀 김두이와 결혼을 한다. 그의 반려자 김두이는 신고송과 언양공립보통학교 동기동창생이자 진주사범학교를 나온 교원이었다. 재충전의 시간도 잠시, 신고송은 '불온사상을 가진 교원'으로 내몰리면서 교원 생활과는 영원히 이별을 고하고 만다. 그리고 며칠간 구금 생활을 한다.

그는 짧았던 2년 간의 교원생활을 접고, 비로소 카프의 맹원으로 공개적인 활동을 시작한다. 1930년 10월 이상춘, 이갑기에 의해서 조직된 대구의 「가두극장」이 그 출발이 된다. 그는 극단에서 연출부를 맡으면서 사회주의 운동을 실천하기 위한 준비를 한다. 하지만 그의 사회주의 운

21 『음악과 시』는 1930년 8월 15일 월간 통권 1호로 창간되었으나 다음 호로 이어지지 못하고 폐간된 문화예술 잡지다. 발행인 양창준을 비롯한 이주홍, 권환, 이구월, 김창술, 박아지, 박세영, 신고송 등이 의기투합하여 엮은 잡지이며, 동요, 시론, 악론 등 다양한 문화예술 갈래에 대한 음악적 양식 접근을 이루어냈다. 게다가 그 당시 그들이 지닌 진보적 계급주의 의식과 함께 문화예술운동의 대중화 과제에 대한 음악 양식적으로 방향제시하는 측면에서 주목해야 할 잡지다.

동은 순조롭지 않았다. 그와 동지들이 11월 7일로 다가온 사회주의 혁명 기념을 준비하던 10월 어느 날, 왜로 순사들에게 체포되어 형무소에 한 달 동안 구금을 당하게 된 것이다.[22] 「가두극장」의 활동은 왜로의 탄압으로 인해 지속되지 못했지만, 그에게는 본격적인 연극 갈래에 대한 애착을 낳게 만들었다. 또한 신고송의 희곡창작 활동과 연극이론에 지대한 영향을 끼친 시간들이었다. 우여곡절 끝에 구금에서 풀려난 그는 같은 해 12월에 임신한 아내를 두고 일본으로 유학길에 오른다.

앞서 살펴 본 바와 같이 신고송의 문학활동은 아동문학에서 출발했다. 『어린이』를 통해 순수한 어린이들의 세계를 드러내 보이면서 우리 나라 초기 아동문학 형성에 지대한 영향을 주었다. 그리고 대구사범학교 시절인 1927년부터 계급의식에 눈 뜨면서 아동문학작품 속에는 겨레 잃은 민족의 처지를 생각하는 민족주의자의 모습을 내비친다. 반면 그의 평론은 신랄한 비판과 인맥에 편중되지 않는 정념이 담겨져 있는 것이 특징이다. 그는 1929년 이후, 『별나라』를 통해서 계급의식을 뚜렷이 내보이면서 매체 투쟁을 시작하게 된다. 이러한 강렬한 계급의식은 일본 유학으로 이어졌고, 그를 본격적인 '계급주의 문학운동'에 뛰어 들게 했다.

3. 계급주의 문학관과 전향

신고송의 2기 문학은 일본 유학 시절과 귀국하여 이어지는 계급주의 문학운동에서 출발한다. 그리고 3년간의 감옥생활과 왜로 제국주의 말기 부왜극 공연 활동까지가 해당된다. 이 시기에서는 그의 치열했던 계급주의 투쟁과 함께 사상 전환의 과정을 살펴볼 수 있다.

신고송은 일본으로 건너간 다음해인 1931년 3월, 동경시 경교(東京市

22 "마르크스주의를 당당히 강령으로 내 걸기는 했으나 공연 한 번 못하고 유치장 구경만 하게 되었다." 신고송, 「죽은 동지를 보내는 조사(弔辭)」, 『예술운동』, 1945.12.

京橋)에 위치한 '축지소극장' 내에 있는 일본프롤레타리아 연극연구소에 들어가게 된다. 그 연극연구소와 연계된 일본대학 전문부에서 약 3개월간의 연극훈련을 받게 되는데,[23] 훈련과정 동안 희곡창작 뿐만 아니라 연출, 연기 등 다양한 연극의 세계를 체험하고 익혀나간다. 그는 비로소 이곳에서 체계적으로 연극과 희곡에 대한 본격적 수업을 받게 된 것이다. 그에 발맞추어 그의 일본에서 활동은 프로연극운동에 초점을 맞춰 전개된다. 이미 국내에서 대구 「가두극장」을 운영하면서 계급주의 연극운동에 몰입되어 있던 상태였기에 가능한 일이었다.

한편, 그는 연극 활동뿐만 아니라 왜로 순사들의 눈을 피해 '전협' 노동자들의 비합법적 회합에 수십 차례 참여하기도 했다.[24] 이를 통해 직접적으로 이동극 공연활동에 참여하는 등 활발한 연극운동의 실천현장에서 있었다. 그는 그 속에서 일본 좌익극단들의 프로 연극활동과 이론을 국내에 소개하였다. 이 무렵 그가 발표한 연극 평론은[25] 1930년대 카프 연극의 실천화를 가져오는 동시에 국내 이동식 소형극장의 출범을 가져오게 되었다. 게다가 그의 연극평론에서는 조선의 프롤레타리아 계급들이 자신들의 세계를 담을 수 있는 극 전개 방식을 선보일 뿐만 아니라 계급주의 의식으로 전환해 나가는 연극운동의 형태를 보여주었다. 이러한 그의 연극운동 실천과 이론 전개는 침체된 조선의 프로연극 활동에 활기를 주었으며, 프로연극 이론의 기반을 마련해 주었다. 또한 일본 유학 시절 다진 희곡창작은 훗날 그 자신을 극작가라는 이름을 달게 해준 계기가 된다.

신고송은 일본에서 연극 활동을 하면서도 아동문학에 대한 관심의 끈을 놓지 않았다. 그러한 사실은 1929년부터 카프의 아동문학 기관지를

23 「京本警高秘一二七八六號」, 「출판물위반 及 기타 검거에 관한 건-우리동무 사건」, 1933.12.15.

24 신고송, 「나의 회상」, 『문학신문』, 문학신문사, 1959.8.25, 2면 참조.

25 신고송, 「일본 푸로극장 동맹 제3회 방청기」, 『조선일보』, 조선일보사, 1931.5.27~ 5.31. ______, 「연극운동의 출발」, 『조선일보』, 조선일보사, 1931.7.29~8.5. ______, 「슈프렛히콜-새로운 형식」, 『조선일보』, 조선일보사, 1932.3.5~3.10.

표방한 『별나라』를 통해서 자신의 근황을 알리며, 무산계급 어린이들에게 계급의식을 통한 꿈과 용기를 북돋워 주고 있다.

> 음악이란 것은 왜? 사람에게 필요할가? 하고 생각해 보왓고 우리 간난한 사람들은 엇더한 노래를 불너 야 되나? 하고 그 불느는 법은 엇더케 해야하나 하고 생각해 본 일이 잇습니다. 그저 음악이란 홍에 겨워 하는 것인 줄만 알든 아버지와는 아조 달는 생각을 그때부터 나는 가젓든 것임니다. "적어도 우리들이 불늘 음악을 성공해노코야 말결" 하고 어린 나의 가슴은 퍽도 뛰엿든 모양임니다.[26]

그리고 기존에 동시를 중심으로 한 아동문학 활동에서 다양한 아동문학 갈래의 확대 양상을 꾀하게 된다. 당시 『별나라』에 실린 동화 4편과 아동극 2편이 좋은 보기로 들 수 있다.[27] 이러한 아동문학 갈래 변화는 조선의 무산아동계급에게 왜로 제국주의와 부르주아에 대항하는 의지를 심어주기 위한 문학적 장치라고 볼 수 있다.

신고송의 계급문학의 절정을 이룬 결실체는 이주홍, 엄홍섭, 손풍산, 김병호 등과 함께 엮은 '조선 프롤레타리아 동요집' 『불별』이다. 신고송은 이 동요집에서 5편의 동시를 실어 계급대립의식을 극렬하게 드러내며, 조선의 프롤레타리아 어린이들의 억눌렸던 마음을 달래주었다. 그 뒤, 그의 계급의식은 홍난파와 계급음악의 성립 여부를 논박하는 평론에서 두드러진다.[28] 여기서 그는 전문적 음악가와의 논박에서도 뒤처지지 않는 해박한 음악이론과 논리성을 보여주었다. 또한 이 시기 조선 연극

---

26 신고송, 「성공하기 까지는」, 『별나라』, 별나라사, 1931.4, 7면 참조. 그 외, 일본 유학시절 자신의 근황을 알리며, 무산아동 계급을 일깨우는 수기와 강좌는 다음과 같다. 수기 : 「육년 동안의 가치」, 『별나라』, 별나라사, 1931.6; 강좌 : 「조히연극」, 『별나라』, 별나라사, 1932.4.

27 동화 : 「두더쥐와 아가씨」, 『별나라』, 1931.2; 「모기와 미륵」, 『별나라』, 별나라사, 1931.4; 「잉어」, 『별 나라』, 별나라사, 1931.6; 「원숭이와 곰」, 『별나라』, 별나라사, 1931.12. 아동극 : 「저녁밥 갓다주고」, 별나라사, 『별나라』, 1931.3; 「삼조아비는 어듸갓서」, 『별나라』, 별나라사, 1931.9.

28 홍난파와 음악성에 반발하여 음악의 계급성을 주장한 평론은 다음과 같다. 「음악에 계급의식에 대하여」, 『동아일보』, 동아일보사, 1931.3.12~3.14; 「계급음악의 확립」, 『조선일보』, 조선일보사, 1931.5.6~5.12.

계의 현황을 일본 프로연극계에 전하는 등 한일 연극계의 가교 역할을 했을 뿐만 아니라 맹렬한 계급주의 연극운동을 펼쳐 나갔다.

신고송의 투철한 계급운동으로 인해 일본에서도 공산주의 사상을 가졌다는 죄목으로 일본 경찰서에서 구금생활을 겪게 된다. 하지만 이미 불타오른 그의 투철한 계급의식을 잠재울 수는 없었다.[29] 구금에서 풀려난 그는 같은 해 11월, 재일 조선인 문화운동단체에서 설립한 '동지사'의 일원으로 활동을 이어간다. 다음 해인 1932년 2월 '동지사'가 '코프'(KOPE : 일본프롤레타리아문화연맹)의 산하기관 '조선코프협의회'로 흡수되면서 기관지 『우리동무』를 내놓는다. 신고송은 『우리동무』에 편집을 맡게 되고, '프로트' 동경지부 조선위원회의에 소속되어 맹렬한 계급주의 운동을 펼쳐나갔다.

1932년 5월, 신고송은 어머니의 병 악화를 이유로 들어 조선으로 귀국한다. 이미 일본 유학시절에 견고하게 굳힌 프로연극관의 확립과 계급의식으로 무장된 신고송은 분주해지기 시작했다. 그는 먼저 카프의 신임 중앙위원을 맡으면서 극단 '메가폰' 창설에 앞장서게 된다. 동시에 극단 '메가폰'의 제1회 공연작으로 자신이 직접 창작한 희곡 「메가폰」을 내놓는다. 이것은 그가 소개했던 프로연극 이론 '슈프렛히콜'을 직접 연출하기 위함이었다. 하지만 프로연극의 기반적 토대가 약한 조선의 프롤레타리아 계급에겐 흥미도 자아내지 못할 뿐만 아니라 구호나 선동적인 짧은 대사는 이해하기조차 어려웠다. 곧, 선진 독일 노동극 형식인 '슈프레히콜'은 너무도 생소한 연극이었다. 다만, 프로연극 이론을 실험한 데, 그 의의를 두어야 했다.

같은 해, 8월 극단 '메가폰'이 해산되고, 카프의 직속기관인 극단 '신건설'이 창단되면서 신고송은 연출부를 맡는 동시에 '신건설'의 기관지인 『연극운동』의 편집장을 맡게 된다. 그 당시 그는 이상춘과 경성의 안

29 이 무렵, 신고송의 고향 언양에서는 아버지가 없는 가운데, 장남인 태우가 태어났다. 제적증명서에 보면 다른 자식들은 아버지 신말찬이 출생신고를 했지만 태우만 어머니인 김두이가 출생신고를 한 것으로 기록되어 있다.

국동 88번지 문선관 여관 2층 다락방에서 하루에 두 끼 식사로 연명하며 어렵게 생활하면서 『연극운동』을 펴내고 있었다.[30] 그리고 송영과 함께 『소년문학』이라는 잡지를 출간하는데, 왜로는 "아동의 지주 자본가에 대한 반항의식 고취"라는 명목 아래 창간호를 출판금지를 시킨다.[31] 이런 와중에 신고송은 '코프조선협회' 기관지인 『우리동무』를 배포했다는 이유로 기거하고 있던 문선관여관에서 이찬과 함께 본정서(本町署)에 검거되었다. 신고송의 검거로 인해 극렬한 계급주의 활동은 일시에 중단되는데, 그의 문학 활동에 위기인 동시에 나라잃은시기 프로연극운동의 위기를 맞게 된다.

신고송은 1932년 8월 30일에 끌려가서 넉달 동안 모진 고문에 시달리다가 "공산주의 사상 전파"라는 죄목으로 1933년 8월 서대문감옥으로 옮겨간다. 그는 감옥 안에서도 서적을 통해서 사상적 기초로 닦는 작업에 몰두하면서 사회주의 10월혁명을 맞이하기도 했다. 그의 재판은 사상범이라는 죄목 아래 각계 인사들이 많이 붙잡힌 관계로 연기되어,[32] 결국 1934년 12월 15일 『우리동무』 배포사건과 『연극운동』 격문사건의 병합심리에서 10개월의 금고형을 받게 된다. 그로부터 10개월 후인 1935년 9월, 신고송은 석방된다.

자유를 찾았지만 신고송은 행복하지 못했다. 제2차 '신건설'사건으로 동지들은 검거되었고, 계급주의 문학의 구심점인 '카프'가 이미 해산된 상황이었기 때문이다. 감옥살이에서 나온 그는 당시 사회주의 신문이라고 불리던 『조선중앙일보』에 카프해산 이후 침체 일로를 겪고 있는 문단 상황을 비판하는 평론을 내놓는다.

> 日本 內地에서 藝術의 ××××化가 提唱되엿다고 그것을 直譯하야 朝鮮

30 신고송, 「죽은 동지에게 보내는 조사」, 『예술운동』, 조선예술동맹, 1945.12, 74면 참조.
31 「조선출판경찰월보 제40−51호」, 「불허가 출판물 요지」, 1932.11.8.
32 이 당시 신고송뿐만 아니라 다른 사상범들의 재판이 연기되고 있었다. 이것은 왜로제국주의의 대륙 식민지화를 위한 억압정책의 일환이었다. 실제 재판관보다 잡아온 그들이 말하는 사상범 수가 많았기 때문이다.

서 그것을 곳 模倣한 것이 아니오. 日本內地에서 社會主義레알리즘이 論議된다고 朝鮮서도 그에 따라 云謂한 것이 아니며 日本內地의 藝術團體를 解散햇다고 카프를 解散한 것도 아니다. 또 日本內地에서 轉向이 流行한다고 朝鮮에서도 轉向派가 생긴 것이 아니다. 모다 그때그때의 社會的 特殊한 原因과 動機가 잇섯기 때문이다.

公判中에 잇는 前날의 카프의 藝術家들이 멀지 안허서 文壇이라는 城郭안으로 돌아올 것이다. 그들이 오면 또 한판 떠들썩 할 것이오. 東에서 西로만 불고 잇는 지금의 文壇의 바람이 北에서 南으로도 불기 시작할 것이며 氣流의 交叉도 생기고 逆流도 생길 것이다.[33]

신고송은 이 글에서 일본 내지와 소비에트 동맹, 그리고 국내 예술단체가 해산 당하고, 작가들이 수감당하거나 전향하는 풍조를 같은 흐름에서 보지 말 것을 일러두고 있다. 사회주의적 사실주의가 소련에서 일본으로 다시 국내로 들어온 것은 사실이지만 각 나라 안의 사회적 원인과 동기를 간과해서는 안 된다고 역설한다. 그래서 당시 일본 내지의 좌익문학가들이 전향하는 것은 카프와는 상관이 없음을 강조한다. 수감중이거나 재판중에 있는 카프의 맹원들은 전향을 하지 않을 뿐만 아니라 이들이 돌아온다면 우리 문단은 다시 활기를 찾을 것이라고 확신하고 있다.

그리고 소련에서 유입된 '사회주의적 사실주의'를 기반으로 한 투철한 계급주의 의식이 우리 문단에 불어 닥칠 것을 의심하지 않고 있다. 따라서 시대적 흐름에 흔들리지 않고, 카프문학의 전통 아래 우리 문단을 지켜나갈 것을 결의하고 있다. 그는 그 뒤로 아동문학의 활기를 되찾자는 아동평론 「아동문학 부흥론」을 발표하는 등 진보적 계급의식을 표방하지만 뚜렷한 행적과 작품 활동을 남기지 못하고 만다.

이 시기 특이한 것은 소설 「임신」을 『조선중앙일보』에 연재했다는 사실이다. 이때까지 소설 갈래에 대한 작품 창작은 없었다. 그러던 그로서 소설을 연재한 까닭은 생계 유지차원도 있었고, 출감 후에 자신의 심경

33 신고송, 「문단시감-카프해산 이후 문단」, 『조선중앙일보』, 조선중앙일보사, 1935.11.14~11.15.

을 담아내기 위해서였다.[34] 또한 그는 『풍림』을 통해서 「기녀도」라는 시를 발표한다. 하지만 그의 문단 활동은 1937년 이후에 중단되고 마는데, 왜로의 살벌한 감시망 때문임을 짐작할 수 있다.

1936년 2월 신고송은 아내 김두이의 교원 발령지인 김해군 김해읍 지내동 94번지로 이주해간다. 그는 김해에서 가산이 파산된 이상춘의 가족에게 양복점을 열어주면서, 이상춘의 옥바라지를 한다. 그런데 그의 생활이 불안했는지 김해에서는 주소의 이전이 많이 나타난다.[35] 그는 김해에서 차남 해우와 삼남 상우를 보게 된다. 하지만 삼남 상우가 태어난 지 일년도 못된 1939년 아내 김두이가 사망한다. 신고송은 부인을 잃은 슬픔을 느끼기도 전에 아들 셋을 부양해야만 했다. 하지만 생계가 막막해졌다. 그는 하는 수 없어서 둘째 아들인 해우를 언양에 있는 둘째 누이 집에 맡겨두고, 김해와 언양을 오가는 불안한 생활을 하게 된다.[36]

그 무렵, 왜로의 제국주의 팽창 야욕은 급기야 '태평양전쟁'을 불러일으키고, 조선을 군참 기지로 삼게 되었다. 이러한 상황 속에서 대부분의 문학인들은 왜로의 속박에서 자유로울 수 없었다. 그래서 왜로에게 끌려다니거나 붓을 꺾고 살아야 했다. 이러한 문단 상황 속에서 신고송은

---

34 그의 소설 「임신」의 큰 틀은 자신의 동경 유학 시절과 감옥살이를 다녀온 뒤에 아내의 임신 이야기가 주를 이룬다. 하지만 그 당시 자신의 무능력과 임신과 중절에 대한 아내와의 갈등이 감추어져 있다. 그리고 자신 에 비해 능력이 뛰어난 의사집안의 가정과 비교하는 계급대립의식이 내재되어 있다. 따라서 그의 소설은 자전적 소설로 짐작할 수 있다.

35 실제 주소지는 김해군 김해읍 지내동 94번지로 되어 있지만 아들들의 출생 주소와 김두이의 사망지 주소가 각각 다르게 나타난다. 이것은 왜로의 감시망에서 자유롭지 못했던 신고송의 불안한 생활을 보여준다 하겠다. 다음은 신고송 가족이 김해에서 주소가 변경된 것을 나열한 것이다. 김해군 김해읍 지내동 94번지(1936.2－등재상 주소)→김해군 김해읍 지내동 107번지→김해군 김해읍 북내동 107번지→김해군 김해읍 답화리 240번지.

36 오수환씨의 2차면담(2006.3.22)에서 김두이가 사망 한 후, 오수환의 숙모 곧, 신고송의 둘째 누님이 둘째 아들을 맡아서 키우게 되었다고 한다. 동네 사람들이 늘 해우를 보면 어미 없는 자식이라며 측은해 했다고 한다. 신고송은 김해와 언양을 오가면서 간판 그림과 사진을 찍으면서 생계를 이어 갔다고 한다. 해우는 광복이 되기 전, 신고송이 새 가정을 꾸리면서 데리고 갔다고 한다.

1941년 호구지책으로 '조선악극단'[37]에 가입하게 된다. 그가 하는 일은 공연 끝부분에 진행되는 연극을 연출하는 일이었다. 왜로 제국주의에 항거하며 감옥살이를 했던 그에게는 치욕스러운 일이 아닐 수 없었다.

그는 동경 공연이 있던 어느 날 그의 친구 윤석중에게 "세상이 뒤집히면 우리 같은 놈들은 다 죽어야 해"[38]하며 괴로운 심정을 털어 놓았다고 한다. 그는 총독부의 강요에 의해 부왜적인 글을 쓰며, 부왜극에 동참해야만 했다. 그리고 '제2회 국민연극대회'에서 김태진의 작품인 「아름다운 고향」의 연출을 맡아 수상하기도 하고, 부왜극 집단 연출을 맡아 공연을 올리기도 했다. 그 뒤, 신고송은 여러 극단을 전전하면서 극작과 연출을 맡아 보게 된다.[39] 광복이 되기 전인 1945년 7월 1일에는 송영, 김태

37 1938년 쇼 흥행의 귀재라고 하는 이철이 만든 'OK 그랜드쇼'단이 1939년에 와서 '조선악극단'이라는 이름으로 개명 하였다. 이 악극단은 연극공연을 하는 단체가 아니고, 주로 노래와 쇼를 위주로 하였다. 간혹 쉬는 시간에 신파적인 연극을 올렸다. 신고송은 그 연극대본을 고쳐주기도 하고, 연기를 지도하기도 했는데, 주된 멤버는 아니었다. 그는 단지 새로 꾸린 가정과 아이들을 지키기 위한 생계수단으로 악극단에 가입한 것으로 짐작된다.

38 윤석중, 『어린이와 한평생』, 범양사출판부, 1985.

39 왜로제국 말기 연극 공연시에는 국어극과 일어극을 각각 한 편씩 올려야 했는데, 신고송은 일어극을 창작 해서 올릴 때는 '만대신'이라는 왜로 이름을 써서 올렸던 것으로 보여진다. 또한 신고송의 희곡작품이 공연되거나 연출활동을 한 극단은 여러 극단이었다. 이러한 상황은 호구지책의 수단이었으며, 당시 공연예술의 인맥으로 연결되어 있었던 것으로 짐작된다. 그 보기로 「건설무대」에서는 김욱이 연출, 강호가 무대장치를 맡고 있었고, 「고협」에서는 신파극의 최고 흥행 극작가 임선규와 송영이 터를 잡고 있었다. 왜로 제국주의 말기 신고송의 희곡작품 목록은 다음과 같다.
① 「비행기는 이렇게 만든다」(만대신 작－일어극) ② 「懷しき街」(만대신 작－일어극) ③ 「豊年の水車」(만대신 작－일어극) ④ 「인정 나룻배」(신고송 작－국어극) ⑤ 「金の國, 銀の國」(만대신 작－일어극)
왜로제국주의 말기 신고송의 연출 현황은 아래와 같다.
①「비행기는 이렇게 만든다」(건설무대 : 만대신 극작, 신고송 연출, 제일극장 1944.11.16 공연) ② 「아름다운 고향」(고협 : 김태진 극작, 신고송 연출, 부민관 1943.12.2~12.4 공연) ③ 「그리운 거리」(고협 : 임선규 극작, 신고송 연출, 부민관 1944.5.20~5.24 공연, 제일극장 1944.11.8 공연) ④ 「흰 독수리」(고협 : 김내성 극작, 신고송 연출, 약초극장 1944.12.31~1945.1.4 공연, 제일극장 1944.4.21~4.25 공연) ⑤ 「懷しき街」(고협 : 만대신 극작, 만대신 연출, 약초극장 1945.5.1 공연) ⑥ 「해당화 피는 섬」(고협 : 송영극작, 신고송 연출, 제일극장 1944.8.30~9.3 공연) ⑦ 「목련화」(반도가극단 : 조명암 극작, 만대신 연출, 중앙극장 1945.4.21 공연) ⑧ 「樫丁」(신생가극단 : 송영 극작, 만대신 연출,

진과 함께 극단「태양의 진용」을 창단[40]하지만 창단 작품을 발표도 하지 못한 채 막을 내린다. 이렇게 신고송은 생계유지를 하기 위해서 부왜극에 동참하는 오명을 남긴 채, 광복을 맞이한다.

앞선 그의 문학 활동 시기를 정리하면 다양한 갈래의 변화를 통해 계급주의 의식을 반영하는 시도를 꾀하였다. 게다가 프로연극운동의 선봉장에 서서 진보적인 극작가와 연출가의 모습을 보여주었다. 반면, 투철한 계급주의 문학 활동으로 투옥과 고문을 반복적으로 겪어야만 했던 그에게 나라잃은시기 말기 부왜극 가담은 치욕스러운 일이었다고 할 수 있다. 이처럼 신고송의 제2기 문학은 굴곡이 심한 시절이었으며, 시대적 상황과 작가적 양심이 대결하던 시기이기도 했다.

4. 광복기 문단활동과 월북

신고송의 3기 문학은 을유 광복에서 월북하기 직전까지인 1946년 4월 중순 무렵까지를 일컫는다. 다른 시기보다 그 기간은 짧았다. 하지만 신고송은 자신이 지녔던 정치적 신념을 강력히 부르짖었으며, 왕성한 희곡 창작과 공연 활동을 펼쳐 보였다. 또한 나라잃은시기 프로연극을 계승하여 몸소 실천에 옮겼던 시간이었다.

왜로의 오랜 폭정에서 벗어난 조국 광복은 환희의 물결이었다. 그러한 분위기는 연극계도 마찬가지였다. 그동안 펼쳐졌던 부왜극 공연이 중지

제일극장 1944.7.26~7.30 공연) ⑨「홍매화」(약초가극단 : 백운영 극작, 만대신 연출, 약초극장 1944.10.12~10.18 공연) ⑩「인정나룻배」(조선악극단 : 신고송 작, 신고송 연출, 동양극장 1944.1.22~1.31, 1944.5.30~6.3 공연) ⑪「金の國, 銀の國」(조선악극단 : 만대신 작, 만대신 연출, 동양극장 1944.2.27~3.4, 1944.5.30~6.3 공연) ⑫「제비나라」(조선악극단 : 송영 작, 만대신 연출, 동양극장 1944.2.27~3.4 공연) ⑬「백마」(황금좌 : 김건 작, 신고송 연출, 제일극장 1945.4.12 공연) ⑭「삼십년」(황금좌 : 김건 작, 신고송 연출, 중앙극장 1944.11.30~12.7 공연) ⑮「怒濤の町」(황금좌 : 中江良夫 작, 만대신 연출, 중앙극장 1945.6.11 공연) 민병욱,『한국희곡사연표』, 국학자료원, 1994.

40 극단「태양의 진용」 창단, 각본 부 : 송영, 김태진, 안영일, 임선규, 김승구 연출 부 : 안영일, 나웅, 신고송 연기 부 : 박학 매일신보 편집부,『매일신보』, 매일신보사, 1945.7.1.

되면서 극단들이 해체되고, 인맥을 통한 새로운 극단들이 난립하기 시작했다. 하지만 연극계에서는 극단보다 한 발 앞서 단체들이 조직되었는데, 광복 다음 날 만들어진 '조선연극건설본부'가 그것이다. 신고송 역시 '조선연극건설본부'의 위원으로 이름을 올려놓고 있었으나 구체적인 활동은 하지 않은 것으로 짐작된다.[41]

겨레의 광복은 환희였지만, 이내 좌·우익이라는 이데올로기 분열이 장벽이 되었다. 신고송은 이름만 얹어있던 '조선연극건설 본부'에서 탈퇴하여 송영, 김승구와 함께 '조선푸로레타리아 연극동맹' 조직에 가담한다. '조선연극건설본부'가 가지고 있는 사상에 대한 반발 때문이었다. 이것은 광복 이후 처음으로 자신의 이데올로기를 드러내는 움직임이었다. 뒤이어 '조선연극건설본부'와 '조선푸로레타리아 연극동맹'이 결합한 '조선연극동맹'이 결성되면서 그는 중앙집행위원의 책임을 맡게 된다.[42]

이 무렵, 그는 발 빠르게 자신이 가졌던 사회주의 이념을 창작 희곡과 평론을 문단에 내놓는다.[43] 또한 이념을 표방한 매체 잡지들이 속속들이 발간하는 시점에 신고송은 본격적인 매체활동을 통해서 진보적 문학운동에 동참하고 나섰다. 그는 희곡을 자신의 이념을 가장 잘 표현할 수 있는 선전·선동의 무기로 삼았으며, 희곡은 곧장 무대 위로 공연되어 강력한 파급 효과를 불러왔다.

---

41 "해방이 되자, 우후죽순처럼 극단이 난립하기 시작했다. 그때의 관례는 일제시대에 조직한 모든 단체는 자동 해체로 간주하고, 처음부터 모두 새롭게 시작하는 것이었다. 게다가, 조선연극문화협회 시절의 극단 설립 절차에 대한 규제가 없어져, 아무나 극단을 등록할 수 있었다. 두 사람만 모이면 단체가 생기던 시절이었다." 고설봉, 『證言演劇史』, 도서출판 晋陽, 1990, 105면 참조.

42 지난 20일 연극동맹결성대회가 열렸는데, 그 위원은 다음과 같다. 위원장 : 송석하, 부위원장 : 조영출, 서기장 : 김승구, 중앙집행위원 : 김일신, 박구, 김용환, 박학, 한일송, 이재현, 서일성, 변용, 이해랑, 이서향, 김창근, 나웅, 박상진, 신고송, 한태천, 김건, 김승구, 이광래, 김환, 김단약, 한설야, 황철, 박고송. 서울신문 출판부, 「조선연극동맹 결성됨」, 『서울신문』, 서울신문사, 1945.12.23.

43 창작희곡 : 「결실」, 『신건설』, 민성사, 1945.11; 「철쇄는 끊어젓다」, 『예술』, 건설출판사, 1945.12; 「서울 갔든 아버지」, 『우리문학』, 우리문학사, 1946.1; 「눈날리는 밤」, 『여성공론』, 여성공론사, 1946.4. 평론 : 「연극운동과 그 조직」, 『인민』, 인민사, 1945.12.

그가 제일 처음으로 공연물로 올린 작품은 「결실」이다. 이 작품은 잡지 『신건설』[44] 주최로 공연되는데, 농민조합이 만들어지는 과정에서 농촌의 봉건적 세력과 싸우는 프롤레타리아의 투쟁을 담고 있다. 그리고 『예술』 창간호에 희곡 「철쇄는 끊어젓다」와 여성 노동자들의 근로 개선을 요구하는 노동쟁의를 담고 있는 「서울갔든 아버지」를 『우리문학』[45]에 발표한다. 특히, 이 작품들은 프로연극의 이론이라 할 수 있는 '슈프렛히콜' 형식을 통해서 자신의 이념을 점층적으로 표현하고 있다. 이러한 움직임은 1930년대 프로연극운동의 계승이라고 할 수 있으며, 조선의 사상적 재무장을 실천화하는 과정이었다. 그는 자신의 창작 희곡 「결실」, 「철쇄는 끊어젓다」 두 작품을 가지고 전국 순회공연을 가지기도 했는데, 고향인 언양에서의 공연은 뜨거운 호응과 관심을 불러 일으켰다고 한다.[46]

> 우리들 조선연극인은 의식적으로 무의식으로 총결속하야 살인 교사와 평화교란의 선전연극을 상연하고도 애꾸진 목숨을 보명하였든 것이다. 우리 연극인들은 가장 불유쾌하고 불명예하며 치역적인 시기에 지은 민족적 계급적 죄업을 속죄청산하기 위하야는 무자비한 비판과 장구하고 경건한 노력이 필요할 것이다. (…중략…)
>
> 한편 극단을 총망라한 무색무취의 협의체를 두고 우리들이 따로이 우리들의 주체적 조직인 조선프롤레타리아연극동맹의 기빨 아래 결속하고 전기 협의

44 1945년 12월에 창간호를 낸 잡지로 민성사에서 출판했다. 이 잡지는 1932년에 창단된 '신건설'의 정신을 계승한 잡지이기도 하다. 신고송의 희곡 「결실」은 1946년 1월호에 실려 있다.

45 『우리문학』은 1946년 2월 10일 창간된 문예지이며, 3월 통권 2호로 종간 되었다. 편집 겸 발행인 홍구를 비롯한 진보적인 성향을 가진 문학인들이 만든 대표적인 좌익 문학인들의 작품을 발표하는 매체였다. 『우리문학』 창간호의 편집후기에 잡지가 가진 성향을 밝혀두고 있다. "「우리문학」은 별다른 까다로운 主張이라는 것은 없다. 너무 옛날 殘滓를 사랑스렇게만 알지 말고 進步的 「이데」밑에 現實을 觀察하는 모든 글 쓰는 사람(文學)의 참다운 公器로 이바지하고자 한다."

46 "신고송이가 언양에 온다고, 언양이 난리가 났지. 신고송이가 온다고 공연 작품 제목은 생각은 잘 안 나고, 신고송이 작품 한 개, 연출한 것 한 개. 그렇게 공연을 했지. 고향 사람이 연출한다고 언양 바닥이 시끄러 웠제." 오수환씨 1차 면담. 2005.12.3. 오후 3시 오수환씨 댁.

기관을 통해서 각 단체에 영향을 주고 조직적으로 지도를 해가는 방법은 어떠할까. 이것이 타당한 방법이 아닐까. 그러기 위하여는 역시 먼저 우리들의 주체적인 조직이 필요치 아니할까.[47]

신고송은 그의 평론 「연극운동과 그 조직」에서 겨레를 되찾은 자유의 물결 속에서도 나라잃은시기 연극인들의 행동과 양심에 따른 속죄가 따라야 함을 이야기 하고 있다. 그러한 속죄의식을 바탕으로 조선의 연극은 사상적으로 재무장하고 예술적으로는 백지로 환원할 것을 주장하고 있다. 게다가 광복 후 분열되어 있던 연극조직을 나열하며, '프로 연극동맹'이라는 주체적인 조직 결성을 부르짖고 있다. 여기서 계급적 사상으로 뭉쳐진 신고송의 뚜렷한 신념을 찾아볼 수 있다.

이 무렵, 신고송은 연출과 기획자로도 활발한 활동을 이어나간다. 대표적인 작품으로는 노서아 혁명 기념일을 맞아 「해방극장」에서 올린 「어머니」를 꼽을 수 있다.[48] 그리고 일본 유학시절 '동지사'에서 함께 일했던 김정한과 극단 「희망좌」를 운영하면서 희곡을 창작하며 무대공연에 힘을 기울이게 된다. 하지만 미군정 아래의 예술운동은 힘겨웠으며, 자유롭지 못했다. 왜냐하면 미군정의 폭압 앞에서 공연이 중단되거나, 경찰서에 연행되어 가는 경우도 허다했기 때문이다. 미군정은 조선인들과 잦은 마찰이 일어나자 나라잃은시기 부왜 인사들을 재 등용시켜, 모든 일처리를 맡겼다. 한마디로 왜로 잔재청산이 전혀 이루어지지 못한 상태에서 공연료 인상, 대본의 검열 등 전 시대의 횡포를 반복하게 되었던 것이다. 그 당시, 신고송이 쓴 간단한 수기를 보면 극장계의 폭리와 일제잔재 청

47 신고송, 「연극운동과 그 조직」, 『인민』, 인민사, 1945.12.

48 "解放劇場이 勤勞大衆의 絶對的인 支持아레 誕生하였고 「어머니」의 上演에 意外의 聲援이 있었음에도 不 拘하고 演技陣의 擴大强化를 成功치 못한데 對한 우리의 困難은 至極히 컸었다. '어머니'役의 人選이 이 公演의 成不成을 左右하는 問題가 되었다. 適役者 獲得을 많이 努力했고 贊助出演을 받기 위해도 힘을 썼으 나 結局은 우리 劇團의 가진 演技陣으로 强行할 수밖에 길이 없었다. 이 結果 우리는 좋은 演技者를 大衆 앞에 새로 紹介할 수 있는 幸福을 얻었다." 신고송, 「「어머니」 연출에 대하야」, 『예술신보』, 예술신보사, 1945.12.

산이 되지 않은 시국을 비탄해 하는 심정을 알 수 있다.[49] 이처럼 신고송은 광복된 조국 땅 아래 열정적인 연극운동에 적극 가담했지만 한계에 부딪치고 말았다.

그리고 이 시기 아동문학작품을 발표하여 지면에 싣게 된다. 대표적인 갈래는 동시로 모두 7편인데, 『새동무』에 발표된 「아버지」를 제외하곤 그가 지닌 이념의 표출을 찾아 볼 수 없다. 그래서 대부분 작품들이 광복기 이전에 발표된 작품을 재수록 한 것으로 여겨진다. 아동극 역시 마찬가지이다. 동화는 한 편을 남겼는데, '소년 일기문'이라는 형식을 빌려서 미군정에 대한 비판과 반발 정신을 담아냈다. 뿐만 아니라 소련군의 항왜정신과 함께 정권정복의 정당성을 담아내고 있다. 이를 통해 남한의 소년들에게 공산주의 사상의 우월성을 깨우쳐 주고 있다.

한편, 첫째부인의 사망으로 신고송은 1941년에서 1942년 무렵에 새로운 가정을 꾸렸는데, 그의 아내는 계급주의 운동을 함께한 동지였다. 하지만 그의 가정은 평온하지 못했다. 아내는 전처의 자식들을 구박하고 학대했으며, 그 장면을 직접 그가 목격했다. 생각과 사상이 깬 여성이라고 믿어왔던 아내에게 느끼는 배반감은 실로 충격적이었다. 신고송은 배반감을 애써 감추고 자신의 가정을 지키려고 무던히도 애를 썼다고 한다.[50]

신고송은 미군정 아래 자신의 정치적 신념을 펼칠 수 없었으며, 자유로운 예술 활동까지 제재를 받아야만 했다. 게다가 위기를 맞은 가정도 돌봐야 할 상황이었다. 그때, 그가 선택한 길은 '월북'이었다. 그에게서

---

49 "상연한 각본 중에 巡査가 등장하는 것이 있었다. 그 다음날 여관에서 수갑을 찼었다. …… 보안주임은 약 삼 시간 동안 나를 세워두고 경관을 侮辱햇다는 이유로 첫마디부터 凶惡卑怯한 惡魔와 辱說을 퍼부었다. 결 국 쓰지는 아니했으나 始末書를 쓰라는 말까지 나고 脚本을 押收까지 당했다. …… 일제시대 보다 조곰도 못지않은 이런 京官의 現在함을 놀랐드니 과연 그는 일제시대의 잔재 京官이었고, 고등계 근무까지 한 惡質分子였다는 것이다." 신고송, 「一人一言－謀利輩와 문학인」, 『현대일보』, 현대일보사, 1946.4.15.

50 신고송은 월북 직전까지 서울시 녹번동에서 살았다고 한다. 그리고 이 책에서 윤석중 씨는 가정을 되살려 보겠다는 의지도 월북을 강행한 이유 가운데 하나로 보고 있다. 윤석중, 앞의 책, 참조

월북은 자신의 사상과 예술을 모두 펼칠 수 있는 길이었으며, 어느 정도 안정된 지위를 보장 받을 수 있는 선택이었다. 그는 1946년 4월 중순 무렵에 가족을 모두 데리고 북으로 향한다.[51] 고향 땅, 언양 평대리에 잠들어 있는 아버지를 넘겨둔 채, 이념을 좇아 사회주의를 선택했던 것이다.

신고송의 광복기 문단활동은 1년이 채 되지 못한다. 하지만 좌·우익의 격랑의 시간 속에서 어느 시기 못지않은 진보적인 연극운동 활동과 희곡창작 활동에 주력했다. 그와 같은 실천 작업은 월북 초기로 이어져 있어 신고송 자신의 문학적 연속성을 마련한다. 또한 그의 문학 활동의 근본 사상에는 왜로 제국주의의 억압에서 벗어나서 진정한 조국 광복을 찾고자 하는 정신이 있다. 그가 생각하는 진정한 조국 광복은 조선 인민들이 모두 평등하게, 억압 없는 곳에서 살 수 있는 사회주의 건설을 위한 문학 활동으로 이어진다.

5. 북한에서의 문학 활동

신고송의 4기 문학은 월북 이후 북한 사회체제에서 활동한 시기를 이른다. 분단이라는 특수한 사항으로 인해서 남한에 소개된 몇몇 잡지의 기록을 통해 조사된 결과물이기 때문에 총체적인 활동양상을 고찰하는 데 부족한 점이 많다. 남한에 소개된 자료에 의하면 신고송의 문학활동은 월북 후인 1946년 4월에서 주체문학이 형성되기 시작한 1966년까지

51 월북 후에도 신고송의 작품이나 저서는 남한에서 단독 정부가 수립되기 이전까지 잡지에 게재되거나 출판, 공연된다. 그가 가진 진보적인 성향과 작품세계를 인정받고 있었기 때문이라고 짐작되어진다.
저서 : 『소인극 하는법』, 신농민사, 1946. 8.
잡지개제 작품 : 「굴렁쇠」, 『주간소학생』, 조선아동문화협회, 1946.6.10; 「고개」, 『어린이 신문』, 어린이신문사, 1947.2.8; 「아침」, 『어린이 신문』, 어린이신문사, 1947.2.8; 「진달내」, 『어린이 신문』, 어린이신문사, 1947.2.22; 「소년행진곡」, 『어린이 신문』, 어린이신문사, 1947.11.22.
연극 공연 : 「부활기」, 『예술신문』, 1947.8.10~8.12. 마산지국 주최로 마산극장과 시민극장에서 공연, 이호영 연출, 정진업, 유광석 출연.

이어지고 있다. 또한 그의 재북시기 활동은 정치적인 문단 흐름을 좇으며, 희곡창작과 공연예술에 왕성한 활동을 보여주고 있다.

광복 후, 북한연극은 카프출신 연극인들의 월북으로 활기를 띠었다. 북한에서도 항왜정신 계승을 앞장 세워 그들의 활동을 전폭적으로 지지하고 나섰다. 그런면에서 신고송의 문학활동은 굳건한 지지기반과 함께 정당성을 구축해 나갈 수 있었다. 그가 월북한 같은 해인 10월, 북한에서는 '북조선예술총동맹'이 '북조선문학예술총동맹'으로 개편된다. 그 과정에서 그는 전문분과인 '북조선연극동맹'의 부위원장이라는 중임을 맡는다. 그리고 월북 초기 작품 활동을 살펴보면 1930년대 프로연극 이론 가운데 하나였던 '소인극 운동'을 전개시키기 위한 희곡 작품을 발표한다. 그 대표적인 작품으로 「들꽃」, 「목화꽃 필 무렵」[52]이 있다. 그리고 『농촌써클 연극』이라는 소인극 저서를 편찬한다.[53]

월북 다음 해인 1947년, 북한에서는 '고상한 사실주의'가 도래한다. '고상한 사실주의'는 사회적 영웅의 행동을 통해서 인민들의 현실에서 이탈하지 않는 한도 내에서 현실 이상으로 향상시키는 것을 말한다. 곧 '혁명적 낭만주의'를 북한 사회에 정착시키고자 한 것이다. 그에 따라 신고송의 희곡창작 방법도 달라지기 시작한다. 광복 이후, 선전 · 선동의 정치성을 띠던 짧은 단막극에서 장막극으로 전환하기 시작했다. 그 대표적인 희곡 작품으로 「수정골 사람들」, 「3 · 1전후」, 「최후의 날」을 들 수 있다.

이 무렵 월북문인과 예술인들로 북한의 문화 · 예술 활동은 절정기에 오르게 된다. 그 보기로 1947년 8월 9일에서 9월 초순까지 진행된 '북조선 문학축전'을 들 수 있다. 이 행사에 출품된 문학작품 수가 9백여 편에 달하게 되는데, 신고송도 자신의 작품을 선보인다. 같은 해, 『조소문화』[54]와 『문학예술』이 창간되면서 '북조선문학동맹 전문분과위원회' 명

52 「들꽃」은 『문학예술』 창간호에 실린 작품으로 월북 후, 곧바로 창작된 작품으로 여겨진다. 그리고 「목화꽃 필 무렵」은 1946년에 창작된 작품으로 안함광이 엮은 『총합－전막희곡집』에 실려 있는 소인극 대본이다.

53 신고송, 『농촌연극 써클운영법』, 국립인민출판사, 1949.

단[55]이 발표되는데, 그는 이 명단에서 희곡위원, 평론위원, 아동문학 위원 세 영역에 이름을 올려놓고 있다. 그의 문학 전 갈래에 대한 관심과 활발한 문단활동을 확인할 수 있다.

소련군이 북한에서 철수하면서, 소련과 북한 간에는 경제와 문화 협조를 결의하게 된다. 이 시점에서 소련의 철강과 여러 주요 산업들이 북한에 소개되고 시험에 들어간다. 여기서 구시대의 낡은 사고방식과 소련의 신기술 사이의 갈등을 다룬 신고송의 대표적인 희곡 「불길」이 창작된다. 작품 속에 갈등은 공산주의 사회라는 주체적 이념 안에서 보장되는 안정된 갈등양상의 형태를 지니게 된다. 이것은 사회주의 건설 사업에 초석을 마련하는 중요한 작품으로 북한연극사에 손꼽히는 작품으로 남는다. 이른바 '고상한 사실주의'의 모범적인 희곡 작품이며, 소련과의 견고한 친선관계를 담고 있는 정치성이 강한 작품이기도 하다.

그리고 이 당시 신고송의 아동문학 활동도 드러나고 있는데, 아동극집 『새나라 어린이』와 아동극 「우리들의 즐거운 야영생활」이 그것이다. 이것은 사회주의 건설 시기에 새로운 기상을 북한의 어린이들에게 심어주고자 하는 의도를 나타내고 있다. 그의 아동문학에 대한 애정은 전쟁기에도 비춰지고 있는데, 아동극 「야지마을 사람들」이 그것이다. 작품 속에는 전쟁의 개인적인 시련 속에서도 후방에서 맡은 일을 다 하는 충성

---

54 『조소문화』의 창간호는 『문화건설』이란 이름으로 1만 부가 발간되었는데, 비슷한 이미지의 잡지가 있어 이름을 개편하였다. 그것이 『조소문화』로, 2호부터 개명되었다. 그리고 이 잡지는 1949년 10월에 『조쏘친선』으로 개제되었으며, 따로 『조소문화』가 창간되어 이론부문을 맡았다.

55 北朝鮮 文學同盟 專門分科委員 名單
소설위원 : 이태준, 이기영, 한설야, 최명익, 김사량, 윤세중, 이동규, 현향준, 이북명, 최인준, 석인해, 유항림, 김화청
시 위원 : 이정구, 이찬, 박세영, 박팔양, 민병균, 박석정, 백인준, 김우철, 김상오, 이원우, 김북원.
희곡위원 : 박영호, 송영, 김사량, 김승구, 신고송, 한태천, 남궁만, 김일룡, 김태진
평론위원 : 안막, 김두용, 안함광, 한효, 윤세평, 정건, 신고송, 전봉수, 엄호필, 한식
아동문학 위원 : 박세영, 송영, 신고송, 이동규, 정산, 강소천, 노량근,
외국문학 위원 : 정건, 백석, 박리순, 엄호필, 최호, 김상오,
조선작가동맹, 『문학예술』 창간호, 문학예술출판사, 1947.

스러운 소년들의 모습을 담아내고 있다. 이러한 아동극은 사회주의 건설과 조국 해방이라는 커다란 과제를 위한 선동적인 역할을 하는 목적성을 띠고 있다.

1950년 6월, 신고송은 허정석, 박길웅 등과 함께 친선사절단으로 소련을 방문한다. 곧이어 그는 경인전쟁이 발발했다는 소식을 접하고 귀국하게 된다. 그리고 8월 25일 인민군이 점령한 서울 시내로 들어와 100명의 대 예술단을 인솔하여 부민관에서 공연을 관장한다. 그는 당시의 자신의 수기에서 당시의 감격을 전하고 있다.[56] 다시 전세가 역전되어 유엔군이 북으로 진격할 당시, 신고송은 평양 외곽지대에서 몸을 숨기고 있었다. 그 곳에서 농촌의 봄 농사를 돕고 있었던 것으로 전해진다.

> 농민들의 꿈이 실현된 후 두 번째의 추수 때에 원쑤들은 들어왔다. 당과 정권에서는 농민들에게 식량을 땅에 묻고 놈들의 략탈에서 구하라는 지시를 주고 후퇴하였다. (…중략…)
>
> 이미 봄보리 파종에 우수한 성적을 내고 시인민위원회의 표창을 받은 농민들은 벼농사에 착수할 만반의 준비를 하고 있다.
>
> 여성들은 몇날 전까지 수로보수공사에 매일 동원되였다. (…중략…)
>
> 자연현상으로서의 봄은 변함없는 계절변화를 가져온다. 그러나 원쑤들에 대한 미움이 불타오르며 전쟁은 승리하고 자유해방통일의 조국을 이룩하려는 강렬한 투쟁을 하는 조선 민족에게 맞어지는 봄은 보통때의 봄보다 많이 다르다.
>
> 꺾일 줄 모르고 강인한 조선민족의 투쟁 모습의 한토막을 나는 이 지역 농민들의 춘경사업에서 본다.[57]

인용 글은 전쟁 시기에 신고송이 쓴 수필의 일부분이다. 전쟁 속에서도 춘경사업에 임하는 당당한 인민들의 모습을 통해 남한과 미군에 대한 반발심을 드러내고 있다. 전쟁의 포화 속에서 활기찬 춘경사업이 실제로 진행되었는지 의문으로 남는다. 하지만 전쟁 속에서도 농경사업에 열중

56 신고송, 「아름다운 시절의 노래」, 『문학신문』, 문학신문사, 1961.4.14, 3면 참조.
57 신고송, 「굴할 줄 모르는 인민」, 『문학예술』, 문학예술출판사, 1951.5.

인 인민들의 활기찬 모습을 담아 인민들의 자유해방 통일 의지를 각성시키고자 하는 의도가 엿보인다.

그 후 신고송은 문학 활동보다는 정치적 활동에 주력하면서 당 정책을 구현하는 데 앞장서 나갔다. 1951년 6월 '조선문학 예술총동맹' 중앙지도 기관과 산하 각 동맹 열성자 회의에서 선출한 '조선문학예술총동맹 위원'과 '연극동맹 위원장'[58]으로 선출된다. 그리고 같은 해 10월에는, 나웅의 뒤를 이어 제2대 국립극장 총장과 무대 배우동맹 위원직에 오른다. 당시, 그는 여러 중요한 직책을 맡게 된다. 이것은 인민들의 사상적 단결과 전후 복구에 복무하는 중책들이었다. 이렇듯 신고송은 문학작품 활동보다는 대내외적인 정치적 삶을 걸었던 것을 알 수 있다.

1953년 7월에 휴전이 협정되면서 북한은 사회복구에 온 힘을 기울이게 된다. 같은 해 10월, 『조선문학』 창간에 발맞추어 '조선문학 예술총동맹' 조직 개편을 단행하는데, 그는 '중앙위원'과 '희곡분과위원' 자리에 오르게 된다. 다음 달 소련을 두 번째로 방문하게 되는데, 그 곳에서 3개월 간 머물면서 공연 활동과 더불어 사회주의 건설에 복무하기 위한 예술 형태를 체험하고 돌아온다. 하지만 소련에서 돌아온 북한의 상황은 싸늘한 숙청의 바람이 부는 냉담한 분위기였다. 북한은 1955년 '교조주의와 형식주의' 퇴치를 내걸고 박헌영 일파들을 처형시키고, '조선로동당' 체제를 구축하기 시작했다. 곧이어, 1956년에는 종파주의 사상이 대두되면서 임화, 김남천, 이태준 등을 종파분자로 숙청한다. 그가 살벌한 북한 정세에서 살아남을 수 있었던 까닭은 자신이 가지고 있는 희곡창작 능력과 연극현장 경험을 통하여 당의 노선을 지지하며 순응했기 때문이었다.

이러한 신고송의 문학적 활약은 1956년 10월에 개최된 '제2차 조선작가대회'에서도 발휘된다. 이 무렵, 북한은 문학이 도식주의에서 벗어나지 못하는 이유는 작가들이 생활의 진실을 반영하지 못하는 원인에서 비롯되

58 『문학예술』, 문학예술출판사, 1951.6, 35면.

기 때문이라고 결정을 내렸다. 그래서 나름대로 도식주의를 극복하기 방안으로 '창작기법'에 주목한 문예이론들이 배출되었으며, 작가들의 쇄신을 독려하게 되었다. 그에 발맞추어 북한 문학계는 조선작가 동맹의 조직을 개편하고,[59] 『제2차 조선작가대회 문헌집』을 편찬하였다. 신고송은 이 문헌집에서 극 문학의 도식주의를 극복하기 위한 방안을 제시하고 있다.

> 작품의 중심적 갈등에 관계되거나 복조되지 않는 생활적인 단편들은 결코 현실의 진수를 반영하는 것으로 되지 못하는 것이다. 또 한번 말한다면 중심 갈등이 허약하고 지실하지 못할 때 부분적으로 있는 생활적인 단편들이 그 소재, 그 복선, 그 언어들에서 다소간의 진실이 있다 하더라고 그것을 결코 진정한 갈등이 될 수 없는 것이다.
>
> 희곡 「새길」, 「진달래꽃」, 「어선 전진호」 등이 다소 좋게 평가됐다면 그것은 중심적 갈등의 예리성에 있는 것이 아니라 부차적 소재들 즉 그 인물들의 성격, 에피소드, 언어들에 나타난 소위 생활적인 것에 현혹되어 그것을 진정한 갈등으로 과찬한 데 그 원인이 있을 것이다.
>
> 「새길」이나 「진달래꽃」에 대하여 극구찬양하면서 매우 생활적이라고 평가한 일부 사람들에게 있어서는 이 작품에 그려진 생활을 다만 여행가가 느낀 이국적 취미에 많이 기초했다고 말할 수 있다.
>
> 보지 못하던 신기하고 색다른 생활에 대한 동경은 물론 필요한 것이며, 귀여운 것이며, 때로는 믿음직하기도 하다.
>
> 그러나 이것은 어디까지나 우리 나라의역사적 현실에 기초를 두어야 할 것이다.[60]

그는 이 글에서 '무갈등론'이 북한 희곡의 유해로운 도식주의를 이끌고 있다고 밝히고 있다. 단편적으로 진실을 담고 있다고 해서, 또는 생활

59 '제2차 조선작가대회'이후, 북한문학은 조선작가동맹 안에 새로이 '남조선 문학분과'와 '고전문학분과'를 신설하게 된다. 그리고 기존의 원고 심의제도를 편집위 중심의 원고 심의제로 변경하는 등 문예창작기법 에 주목한 새로운 문예비판론이 일어나기 시작한다.

60 신고송, 「극문학 발전을 위한 몇 가지 중심문제」, 『제2차 조선작가대회 문헌집』, 조선작가동맹출판사, 1956.

의 일상들이 나열하고 있다고 해서 결코 생활의 진실을 담았다고 할 수 없다고 말한다. 극작품 속에서 중심적 갈등이 약하고 진실하지 못하다면 결코 진정한 갈등의 양상을 포착하지 못한 것이나 진배없다는 것이다. 그는 때로는 연극공연 작품을 통해서 인물의 성격, 에피소드에 현혹되어 갈등이 잘 드러나고 있다는 오류에 접할 경우가 있다. 그 보기로 좋은 평가를 얻었던 「새길」, 「진달래꽃」은 다만 이국적 여행 체험기에 기초한 것이지 우리의 현실을 반영한 작품은 아니라는 설명을 덧붙이고 있다.

또한 이 글에서 그는 극문학의 도식주의를 극복하기 위해서는 기존의 극 분야의 하위 갈래들이 지니고 있는 형식과 내용에 있어서 변증법적 통일체를 이루어야 한다고 밝히고 있다. 다시 말해서 하위 갈래들의 유기체적 통합을 통한 '드라마의 다양성'을 지향해야 할 것을 제시하고 있다. 특히, 북한연극에서 가장 취약한 갈래인 심각성을 담고 있는 비극과 예리함이 깃든 희극의 결핍을 불러왔다고 주장하고 있다.

신고송은 도식주의에 한 부분인 '북한 극작품이 왜 흥미가 적은 것인가'에 대한 해답을 제시하고 있다. 그는 극작품의 진정한 흥미는 수용 관객층이 공감할 때 느끼는 감정이라고 말한다. 아울러 극의 흥미는 작가의 주관이나 일부 소수층 관객에 의해서 평가되는 것도 아님을 밝히고 있다. 극의 진정한 흥미를 확보하기 위해서는 갈등의 진실성과 예리성, 창조적 표현 등 극작가들의 부단한 연마에 의해서 결정된다고 보았다. 그는 우리가 살아가는 현실에는 갈등이 없을 수 없고, 그 갈등을 통해서 삶의 진정성을 그려낼 수 있다고 설명하고 있다. 더 나아가 인민대중 생활의 진실성을 포용한다면 극의 흥미까지 확보할 수 있다고 이야기한다.[61] 이처럼 그는 희곡창작에 대한 자신의 수련과 고민을 통해서 당의

61 신고송의 극적 흥미에 대한 의견과 부합되는 박태영의 글을 옮겨 놓으면 다음과 같다. "우리의 긍정적 주인공들이 동일한 사상적 기초와 원칙에서 출발하였다고 하여, 그의 전진 방볍과 과정까지도 같아야 한다는 법은 없는 것이다. 왜냐하면 그들의 성격은 동일하지 않기 때문이다. 가장 모범적인 표현, —개성적이면서도 일반성 있는 투쟁 형상—이것이야 말로 작가의 창작적 빠포스와 교양적 의도가 발동되는 고리인 것이다." 박태영, 「희곡의 흥미에 대하여」, 『조선문학』, 문학예술출판사, 1955.5.

정책에 기여하는 작품을 창출했음을 알 수 있다.

특히 신고송이 숙청의 바람에서 자유로울 수 있었던 까닭은 그의 희곡 작품의 특성에서도 찾을 수 있다. 전후 복구 시기에 경제계획을 일찍 달성한 북한은 1958년부터 공산주의 문학이 도래하게 되고, 당성에 비껴선 것은 모두 부르주아적인 것이라고 비판하였다. 그리고 농촌이나 노동현장에 투입되어 그들이 땀 흘려 일궈낸 노동자 영웅, 협동조합의 영웅적인 모습을 그려낸다. 이 당시 그의 희곡문학에서는 중요한 점이 발견되는데, 그것은 농촌을 소재로 한 농촌 장막극에 초점이 맞춰진다는 것이다. 이것은 농촌의 사회주의 개조와 농업협동조합 구축이라는 당 정책에 대한 수행결과에서 비롯된다. 이 시기 대표적인 작품은 「우리 마을」(1956), 「풍요의 가을」(1957), 「선구자들」(1959)이다. 이 작품들은 연극이 인민대중의 생활 속에 얼마나 깊이 들어갈 수 있는가를 보여준 작품이었으며, 그 뒤를 이은 '천리마 운동'의 기폭제 역할을 한다. 또한 이러한 작품의 공연은[62] 북한연극에서 신고송의 위치를 재확립시킨 계기가 된다.

그 후 그는 더욱 투철하게 조선로동당에 복무하는 정치적인 삶의 면모를 보여준다. 1958년에는 조소친선협회 위원장과 '조선노동당 중앙위원회' 선전선동부 본부장을 역임하면서, 인민공화국 창건 10주년 대표 단장으로 일행을 이끌고 세 번째 소련을 방문하게 된다. 신고송의 소련 세 번째 방문은 '조선민주주의 인민공화국' 창건 10주년 경축대회에 참가하

62 '조선인민군 창건 5주년기념문학예술상'—제4회 수상작품(문화 부문)

1. 산문 부문: 2등 중편소설 「첫 수확」(리근영), 2등 단편소설 「방임하지 말아야한다」(박태민)
2. 운문 부문: 1등 시초 「평남 관객 시초」(리용악), 2등 시집 「한줌의 흙」(조학래), 3등 시초 「삼각산이 보인다」(조벽암)
3. 아동문학 부문: 1등 동시 「버들노래」, 「떠돌던 귀'속노래」, 동화시 「뛰어난 황소」, 동요 「강강수월래」
4. 극 문학 부문: 1등 장막희곡 「승냥이」(각색 서만일), 류기홍 2등 장막희곡 「우리 마을」(신고송)

조선작가동맹, 『조선문학』, 문학예술출판사, 1957.7, 144면. 또한 「우리마을」은 국립극장에서 공연, 「선구자들」은 1958년 황남 도립예술극장에서 공연된 바 있다.

기 위해서였다. 그리고 우리즈기 제1연초공장을 견학하면서 공산당의 노동력을 과시하며, 조소의 사회주의 경쟁을 체결하는 데 목적이 있었다. 천리마 작업을 강행한 1959년에는 작가동맹위원과 국립연극학교 교장을 역임하면서 당에 복무하는 문화예술 인력을 배출하는 중임을 맡는다. 그리고 같은 해 7월 24일, 제7차 '세계청년학생 전' 북측 단장으로 오스트리아에 두 주일간 머물면서 '사회주의 문화예술'을 알리고 귀국한다.

1960년대에 들어서면서 북한은 '천리마운동'을 본격적으로 진행시키면서 경제력을 확보하고, 사회주의 건설에 매진한다. 이 무렵, 그는 민족예술극장을 관장하면서 천리마 작업을 수행하는 인민들의 활기찬 모습을 창극과 연극에 담아 공연으로 올린다.[63] 다음해인 1962년 최고인민회의 대의원선거에서 최고인민위원회 제3기 대의원으로 선출되어, 아시아·아프리카 단결위 부위원장과 평화옹호위원장을 동시에 역임한다. 동시에 그는 네 번째 소련방문 길에 오른다. 1963년에는 '조선월맹 인민투쟁지지위 부위원장' 역임하면서 조선노동당을 대표하는 정치 일선에 나서게 된다.

이 시기 신고송은 국립극장 단장을 역임하면서 천리마 작업의 완수와 빛나는 공산주의 건설을 찬양하고 나섰다. 창극 「강 건너 새노래가 들려온다」와 희곡 「달래벌에 동이 튼다」는 모두 이러한 맥락에서 창작된 작품이다. 그리고 이 시기부터 그의 평론에서는 남한정책을 노골적으로 비난하는 자세를 드러내고 있다. 반면, 북한의 공산주의 위대한 과업에 대한 찬양의 목소리를 높이고 있다. 이것은 당시 북한이 공산주의 체제를 확고히 다지며, 김일성 주체사상으로 진행되어가는 과정의 한 단계임을 보여준다고 하겠다.

1965년 이후, '김일성 주체사상'이 부각되면서, 대부분 개인적인 예술 창작보다는 집체로 이루어지는 경우가 허다했다. 김일성의 항왜 투쟁을

63 천리마 운동을 소재한 창극 「강 건너 마을에 새 노래 들려온다」(『영화문학』, 1960)는 4막으로 이루어 졌으며, 국립민족예술극장에서 공연하였다. 창작 희곡으로는 「달래벌에 동이 튼다」(『조선문학』, 문학예술출판사 1964. 1)가 있다.

그리는 경희극들이 앞 다투어 공연되었다. 이러한 흐름 속에서 신고송은 「그날을 두고」[64]라는 창작희곡을 발표한다. 이 작품은 북한연극사에서 대남 선동 희곡 가운데 최고의 작품으로 꼽고 있다. 이 무렵 다시 문학예술인들에 대한 숙청의 피바람이 불어 닥친다. 이 숙청은 대부분 월북 문학인들이 그 대상이 되었는데, 이용가치가 떨어진 월북문인들은 '김일성 주체사상'에 걸림돌로 작용했던 것이다. 하지만 신고송은 숙청 대상에서 제외되었다. 그는 김일성에 대한 변함없는 충성심과 시기마다 변하는 당 정책을 작품 창작활동으로 순순히 잘 이행했기 때문이었다.

그 이후 그는 당에서 내린 직책 때문에 창작활동에 게을리 했다는 이유를 스스로 밝히고, 황북도와 평북도 몇 개의 협동농장을 돌면서 창작활동에 몰두한다. 하지만 집체 작이 주를 이루면서 기록에 남을 만한 작품을 남기지 못한 채 북한연극계의 원로로서 대접을 받고 삶을 영위한 것으로 보여 진다. 한편 그는 북한에서 안정된 생활을 하면서 자녀들을 양육한 것으로 알려져 있는데, 첫째부인에게서 출생한 3남과 함께 5남매의 자녀를 두었다.[65] 그리고 최근 신문 보도에 의하면 그가 1992년 까지 생존했다는 사실이 전해지고 있다.[66]

이처럼 월북 이후 신고송의 문학활동은 희곡창작과 문학비평 활동에 초점이 맞추어진다. 그리고 문학 활동과 함께 정치적 삶을 통해 북한의 사회주의 건설에 복무하였다. 이러한 그의 뚜렷한 정치적 족적은 문학

64 1965년에 창작한 「그날을 두고」는 북한문학사에서 두 가지 측면에서 높은 평가를 받고 있다. 첫 번째는 주인공 하경민의 사상적 인물 형상의 깊이 있게 형상화 되어 나타난 점이다. 하경민은 근본적으로 의리가 있는 남조선 노동계급이지만 계급적 각성이 부족하고 투쟁방법을 알지 못하는 인물이었다. 그러나 그는 혁명가의 영향 아래서 노동계급의 자각된 투사로 자라는 과정을 진실하게 보여주었다는 평가를 받고 있다. 두 번째는 극의 구성이 1장을 제외하고 나머지를 남한으로 잡았다는 사실이다. 그래서 남한과 북한의 판이한 현실을 대조적으로 드러냄으로써 조국통일과 남조선 혁명의 주제성을 부각시키고 있다고 기술되어 있다. 한국비평학회, 『혁명전통의 부산물 : 납・월북 문인 이후』, 신원문화사, 1989. 참조

65 신고송, 「아름찬 행복을 안을 때마다」, 『조선문학』, 문학예술출판사, 1970. 9.

66 세계일보 편집부, 「해방 6・25 전후 납・월북 문인 50여 명의 현주소」, 『세계일보』, 세계일보사, 1992.8.12.

활동과 연계되어 철저히 당 정책을 강력하게 수행하고 있다. 그래서 재북시기 그는 그가 가진 문학·예술적 역량으로 당 정책을 수행하며, 북한연극의 토대를 마련한 선구자라 할 수 있다.

6. 마무리

이제껏 살펴본 신고송의 삶과 문학 활동을 정리하면 모두 4기로 전개된다. 1907년 탄생한 그가 소년문사를 거쳐 1930년에 이르는 초기 문단활동 시기가 1기다. 2기는 1931년부터 1945년까지 해당한다. 일본 유학과 귀국을 통해 뚜렷한 계급주의 문학가로 족적을 남기면서 전향에 이르는 시기다. 을유 광복에서부터 1946년 4월 월북 시기, 그리고 월북 후인 1946년부터 1966년까지 북한 체제에서 활동한 시기가 각각 그의 문학 활동 3,4기를 이룬다. 이 글에서는 신고송의 어린 시절 가정환경과 소년운동가로서 모습, 그리고 결혼과 전향하기 이전 김해와 언양을 오가는 불안한 생활 양상, 본격적인 부왜극 활동을 새롭게 찾아냈다. 월북 후 이루어진 왕성한 문단활동 또한 마찬가지다. 이러한 4기에 이르는 흐름 속에서 신고송은 계급주의 문학에 대한 실천 의지를 다채롭게 개척해 나갔을 뿐만 아니라 문단의 안일함을 깨우치는 날카로운 비평정신을 잃지 않았다.

신고송은 1925년에 문단에 이름을 내건 뒤, 주로 아동문학가로서 활동을 시작했다. 그는 동시, 동화, 아동극, 아동평론에 이르기까지 다양한 아동문학 활동을 펼쳤다. 그의 문단 활동의 시발점은 동시였다. 그의 초기 동시는 어린이다운 순수한 동심 발현으로 시작하였으나 1927년 이후부터는 나라잃은 민족과 조선 어린이의 현실을 주제로 삼는 항왜 민족주의 색체를 띠었다.

일본 유학과 『별나라』 기고를 거치면서 그의 동시는 뚜렷한 계급대립 의식을 드러내기 시작했다. 또한 신고송은 아동문학의 갈래 확장을 시도하는데 동화와 아동극 창작이 그것이다. 조선의 어린이에게 계급의식을 심어주기 위한 보다 효과적인 문학적 장치를 고심했던 결과다. 하지만 그는 계급의식 앙양에만 일방적으로 열중한 것이 아니라 아동문학의 고유성을 잃지 않으려는 노력을 여러 방향으로 기울였다.

광복기 신고송은 격변하는 사회 정황 아래 연극인으로서 각별하고도 뛰어난 활동을 하였다. 변화하는 광복 정국 현실에 적극적으로 대응하고자 했던 희곡창작과 연극운동이 그것이다. 광복기 신고송의 희곡은 모두 대중들을 향한 정치적 선전·선동을 겨냥한 계몽극이었다. 그 밑자리에 놓여 있는 극의 형태가 소인극이다. 광복기 신고송은 나라잃은시기 프로연극 이론을 계승하면서 다양한 연극적 실험과 적극적인 현실 대응의지를 다져 나간 실천적 계급주의 자였던 셈이다.

월북 뒤, 신고송이 북한에서 보여준 활발한 희곡과 연극 활동은 북한 연극계의 기초를 마련하는 데 크게 기여했다. 그는 당 정책이 바뀔 때마다 빠르게 이에 상응하는 작품을 내놓았다. 월북 초기, 공산주의의 이상과 친소 의식을 드러내는 소인극에 주력했던 그는 변화하는 북한의 농촌 현실과 농업협동화로 가는 길을 제시했다. 그리고 천리마 현실과 혁명의 정통성을 부각시키면서 사회주의 사실극을 완성하기 위해 노력했다. 그러나 신고송은 당 정책에 교조적으로 매몰되지 않으면서 인민들의 현실 생활상을 폭넓게 담기 위한 연출적 의장을 통해 예리한 작가정신을 놓지 않았다. 월북 후 신고송은 프로연극 이론의 비판적 계승이라는 측면에서 남북연극사의 연속성을 마련하는 큰 고리를 마련한 것이다.

이상에서 살펴본 바와 같이 신고송은 오랫동안 다양하고 역량 있는 창작 활동을 보여주었다. 뿐만 아니라 격동의 역사와 시대 현실에 깊숙이 고민하고 반응하면서 오랜세월 자신의 문학과 이상을 하나로 묶으며 적극적으로 실천하고자 했던 문학인이다 .앞으로 신고송 문학의 기초 문헌을 더욱 섬세하게 갈무리하면서 당대 다른 작가들과 폭넓게 비교 대조하는 일을 과제로 남기고 있다. 남달리 활발했던 신고송의 문학 조직 활동과 매체 활동에 대한 조사 또한 마찬가지다. 격동의 역사 속에서 투철한 시대정신으로 일관한 신고송의 문학을 장차 우리 근대문학사의 중심으로 끌어안기 위한 다양한 노력이 이어지기를 기대한다.

부록

부록 1
신고송 해적이

1907년(1세) 6월 9일 경상남도 언양면 서부리 91번지에서 아버지 신건표와 어머니 이양순의 4남 2녀 가운데 막내로 태어나다. (본적은 경상남도 울산군 언양면 서부리 136번지)

1916년(10세) 4월 1일 언양공립보통학교 입학

1919년(13세) 언양에서 일어나는 만세운동을 보고 민족적 자극을 받다.

1920년(14세) 언양공립보통학교 졸업. 가난한 집안 살림 때문에 진학을 못하고 동네 금융조합에서 한달에 십이전을받으며 급사생활을 함.

1923년(17세) 언양소년단과 언양조기회에 가입. '언양소년소녀가극대회'를 준비하면서 일기문 「밧브든 일주일간」을 『어린이』에 발표.

1924년(18세) 『어린이』와 『신소년』의 '독자란'에 지역소식을 전하거나 '선외가작'으로 뽑히게 됨.

1925년(19세) 언양 소년회와 언양청년회 주체 웅변대회에서 '참다운 가정교육의 맛을 보여 주시요'라는 제목으로 일등을 차지. 대구사범학교에 입학(2년제). 11월 『어린이』에 동시 「우테통」이 입선 정식으로 문단활동을 시작.

1926년(20세) 윤석중, 이원수, 김순애, 서덕출 등과 함께 '기쁨사' 동인 활동. 회람잡지 『굴렁쇠』 엮음.

1927년(21세) 카프의 방향전항을 계기로 카프의 회원이 됨.

1928년(22세) 대구공립보통학교 훈도교사로 발령. 당시 민족주의들이 운영을 맡고 있던 『조선일보』에 글을 싣기 시작함.

1929년(23세) 불온사상을 가졌다는 이유로 청도 유천하교로 좌천. 『별나라』에 자신의 이념을 들어내는 아동문학을 게재. 이때부터 매체적투쟁 성격을 드러냄.

1930년(24세) 『음악과 시』를 통해 자신의 이념적 신념을 확고히 함.

4월 9일 김형근과 신해연의 차녀이자 언양공립보통학교 동기인 교원 김두이과 결혼. 불온사상을 가진 교원으로 몰리면서 구금과 동시에 교원생활의 막을 내리다.

10월 이상춘, 이갑기 등과 함께 대구에서 『가두극장』을 조직하나 사회주의혁명 기념일을 준비하다 한달동안 구금.

12월 일본 유학길에 오르다.

1931년(25세) 동경시 경교에 위치한 '축지소극장' 내에 있는 '일본프롤레타리아 연극연극소'에 입문. 일본대학 연극전문부에서 약 3개월간 본격적인 연극훈련을 받음. 유학시 일본 좌익극단들의 프로연극 활동과 이론을 국내에 소개하여, 카프연극의 실천화에 큰 역할을 하게 되다.

11월 재일조선인 문화운동단체에서 설립한 「동지사」의 일원이 되다. 일본에서도 『별나라』에 조선의 무산아동계급에 희망을 실어주는 아동문학을 발표. 언양에서는 장남 태우가 태어나다.

1932년(26세) 5월 조선으로 귀국. 카프의 신임 중앙위원을 맡으면서 극단 「메가폰」을 창설하나 8월 「메가폰」이 해산. 곧이어 카프의 직속 극단인 「신건설」 창단을 주도한다. 또한 「신건설」의 기관지인 『연극운동』의 편집장을 맡음. 10월 '코프조선협회' 기관지 『우리동무』 배포사건으로 검거 당함.

1933년(27세) 8월 서대문 감옥으로 이송.

1935년(29세) 9월 10개월 금고형을 받은 후 석방이 됨. 당시 사회주의 신문이라 불리던 『조선중앙일보』에 카프해산 이후 침체기를 겪고 있던 문단 상황을 비판하는 글을 발표.

1936년(30세) 『조선중앙일보』에 「아동문학부흥론-아동문학의 르네쌍쓰를 위하야」 글을 발표하여 새로운 아동문학의 정기를 세우고자 했다. 2월 아내 김두이의 교원 발령지인 김해군 김해읍 지내동 94번지로 이주. 차남 해우가 태어나다.

1938년(32세) 삼남 상우 태어나다.

1939년(33세) 아내 김두이 사망. 그 이후, 일제 감시망의 눈초리를 피해 김해와 언양을 오가는 불안한 생활을 하게 됨.

1941년(35세) 호구지책으로 '조선악극단'에 가입하여 연출을 맡음. 이 무렵 새로운 가정을 꾸린 것으로 보여짐. (서울시 녹번동에 거주)

1943년(37세) '제2회 국민연극대회'에서 김태진의 작품 「아름다운 고향」의 연출을 맡아서 수상. 그 후, 여러 극단을 전전하면서 극과 연출을 맡는 등 부왜극 활동에 동참.

1945년(39세) 광복 이후, 1930년대 프로연극운동의 계승을 표범 삼아 진보적 문학운동에 적극 참여. 극작과 연출을 맡는가하면 김정한과 함께 극단 「희망좌」를 운영하게 되다.

1946년(40세) 4월 미군정청의 횡포로 극단 운영과 자유로운 문학활동을 방해 받은 그는 가족을 데리고 월북하다.

10월 '북조선연극동맹' 부위원장 역임하는 동시에 1930년대 프로연극 방법가운데 하나인 '소인극운동' 전개에 동참하여 소인극 작품 발표.

1947년(41세) '북조선 문학동맹전문분과위원' 희곡위원, 평론위원, 아동문학위원에 오름.

1949년(43세) '고상한 사실주의'를 표본으로 하고, 소련과 견고한 친선관계를 담은 희곡 「불길」을 발표.

1950년(44세) 6월 허정석, 박길웅과 함께 친선사절단으로 소련방문.

8월 25일 100명의 대예술단을 인솔하여 서울 부민관에서 공연.

1951년(45세) 6월 '조선문학예술총동맹' 중앙지도 기관과 산하 각 동맹 열성자 회의에서 '조선문학예술총동맹위원'과 '연극동맹위원장'으로 선출.

10월 제2대 국립국립극장 총장과 무대배우위원장을 맡음. 이 당시부터 문학활동보다는 정치적 활동에 주력한 것으로 보인다.

1953년(47세) 10월 '조선문학예술총동맹' 조직 개편 아래 '중앙위원'과 '희곡분과 위원'으로 임명.

12월 소련을 두 번째로 방문하여 3개월 동안 머물면서 공연활동과 사회주의 건설에 복무하기 위한 예술형태를 체험하고 돌아오다.

1956년(50세) 10월 '제2차 조선작가대회'에서 도식주의를 극복할 수 있는 「극문학 발전을 위한 몇 가지 중심문제」를 발표.

1958년(52세) 농촌과 노동현장에 투입되어 노동자 영웅, 협동조합의 영웅적 모습을 장막극으로 발표. '조소친선협의회 위원장'과 '조선노동당중앙위원회' 선전선동부 본부장을 역임. 인민공화국 창건 10주년 대표 단장으로 세 번째 소련 방문.

1959년(53세) 작가동맹위원과 국립연극학교 교장을 맡음.

7월 24일 '제7차 세계청년학생전' 북측단장으로 두 주간 오스트리아에 머물면서 '사회주의 문화예술'을 알림.

1960년(54세) 민족예술극장을 관장.

1962년(56세) '최고인민회의' 대의원 선거에서 '최고인민회의' 제3기 대의원으로 선출. '아시아 · 아프리카 단결위' 부위원장과 '평화옹호'위원장을 맡음. 네 번째로 소련 방문.

1963년(57세) '조선월맹 인민투쟁지지위' 부위원장을 맡으면서 조선 노동당을 대표하는 정치 일선에서 활동.

1965년(59세) 김일성의 주체사상을 부각한 경희극 「그날을 두고」를 발표. 대남투쟁 최고의 희곡으로 뽑히다.

1970년(64세) 이때부터는 간혹 김일성에 대한 고마움과 충성을 전달하는 수기를 씀. 문학활동과 정치 일선에서 물러나 원로대접을 받은 것으로 보인다.

1992년(84세) 8월 22일 『세계일보』에 실린 「해방 6 · 25 전후 납 · 월북문인 50명의 현주소」에서 생존 사실이 기록되어 있다.

부록 2

신고송 작품 죽보기 (** 미발굴 작품)

1. 희곡과 아동극

1) 아동극

번호	작품제목	게재지	연도	비고
1	꾀바른 톡기	어린이	1927.2	
2	저녁밥 갓다주고	별나라	1931.3	
3	삼조아비는 어듸갓나	별나라	1931.9	농촌소년극
4	해가지는 까닭	주간소학생	1946.3.18	
5	요술모자	주간소학생	1946.7.8	
6	백설 공주	아동극집 『백설공주』	1946.11	3막 7장.
7	흥부와 놀부	아동극집 『백설공주』	1946.11	2막 4장.
8	금 나거라 뚝딱 은 나거라 뚝딱	아동극집 『백설공주』	1946.11	6막
9	새나라의 어린이		1948	아동극집 – 북한연극사에서 기록**
10	우리들의 즐거운 야영생활		1948	아동극으로 북한연극사에 기록**
11	야지 마을 사람들		1952	3막 6장의 아동극 북한연극사에 기록**

2) 희곡

번호	작품제목	게재지	연도	비고
1	메가폰–슈프렛히콜			극단 「메가폰」창단공연작**
2	수양단		1933.11.23~24	본정연예관에서 공연**
3	비행기는 이렇게 만든다		1944.11.16	건설무대주최, 제일극장에서 공연(일어극–만대신이라는 이름으로 극작)**

4	인정 나룻배		1944.1.22~1.31 1945.5.30~6.3	조선악극단 주최, 동양극장에서 공연**
5	金の國, 銀の國		1944.2.27~3.4 1944.5.30~6.3	조선악극단 주최, 동양극장에서 공연**
6	懷しき街		1945.1	고협주최, 약초극장에서 공연(일어극－만대신이라는 이름으로 극작)**
7	豊年の水車			(일어극－만대신이라는 이름으로 극작)**
8	결실	신건설	1945.11	잡지 『신건설』 주최로 공연
9	철쇄는 끊어젓다	예술	1945.12	광복이후 전국순회공연
10	서울갔든 아버지	우리문학	1946.1	
11	생명의 길		1946	서울해방극장에서 공연
12	고갯길	전선	1946.3(창간호)	
13	눈날리는 밤	여성공론	1946.4	**
14	부활기		1946	예술신문주최, 마산극장에서 공연**
15	들꽃	문화전선	1946.11	
16	수정골 사람들		1947	북한연극사에 기록**
17	3.1전후		1947	평양 신생좌에서 공연, 장막극 **
18	최후의 날		1949	평양시립극장에서 공연**
19	불길	창작생활과 보건	1949	국립극장에서 공연(장막극)**
20	목화꽃 필 무렵	『총합－전막극집』, 문화전선사	1950	창작은 그 이전으로 봄
21	풍요의 가을		1956	중막극**
22	우리마을	희곡집『선구자들』	1958	창작은 1956. 국립극장에서 공연
23	10년	조선예술	1958	신고송의 희곡강좌「항상 배우는 입장에서」기록**
24	선구자들	희곡집『선구자들』	1958	황남도립극장에서 공연

25	강 건너 마을에 새노래 들려온다	극문학	1960(창간호)	4막의 창극, 국립예술극장에서 공연
26	근거지 사람들		1963	북한연극사에 기록 **
27	달래벌에 동이 튼다	조선문학	1964.1	

2. 동시

번호	작품제목	게재지	연도	비고
1	우톄통	어린이	1925.11	
2	옵바를 차저서	동아일보	1926.11.3	동화시
3	진달네	어린이	1927.4	홍난파 작곡(악보 수록)
		조선동요백곡집	1933	홍난파 작곡(악보 수록)
		아동가요곡선삼백곡	1938	강신명 작곡(악보 수록)
		소년조선일보	1940.4.28	
4	자장노래	별나라	1927.10	신말찬 이름으로 게재.
5	늙은 버들개지	조선일보	1928.5.8	
6	귀ㅅ속임	조선일보	1929.11.5	
		아동가요곡선삼백곡	1938	신고송 작사 · 작곡(악보수록)
7	동무	조선일보	1929.11.5	
8	그들의 힘	조선일보	1929.12.3	고송(鼓頌)의 이름으로 게재.
9	굴밤	조선일보	1929.12.3	
10	욕을 먹고서	조선일보	1929.12.4	
11	골목대장	조선일보	1929.12.11	
		어린이	1930.9	홍난파 작곡(악보 수록)
		아이생활	1932.9	박태준 작곡(악보 수록)
		조선동요백곡집	1933	홍난파 작곡(악보 수록)
		조선아동문학집	1938	
12	작년 봄	조선일보	1930.2.2	
13	닷돈 준 장갑	조선일보	1930.2.4	
14	석양 준 내 닭	조선일보	1930.4.3	
15	오냐	조선일보	1930.4.4	
16	상여ㅅ집	조선일보	1930.4.6	

17	언니시집 가든 날	어린이	1930.5	**
18	우는꼴보기 실혀	별나라	1930.6	
		불별	1931.9	
19	검은 얼골	신소년	1930.7	
20	바다의 노래	별나라	1930.7	
21	잠자는 거지	신소년	1930.8	
22	고초장	음악과 시	1930.8	
		아동가요곡선삼백곡	1938	작곡 미상(악보 수록)
23	도야지	별나라	1930.10	
		불별	1931.9	
24	아버지의 편지－공장에서	조선일보	1931.1.24	
25	껍질먹는 신세	불별	1931.9	
26	기다림		1931.9	
27	미륵과 장승	불별	1931.9	
28	우리는 대장장이	별나라	1932.4	폭지스토이－니－번역시 (악보 수록)
29	우리들	신소년	1932.8	번역시
30	아츰	아이생활	1932.9	박태준 작곡(악보 수록)
		아동가요곡선삼백곡	1938	박태준 작곡(악보 수록)
		어린이신문	1947.2.8	김순남 작곡(악보 수록)
31	돌다리	조선동요백곡집	1933	홍난파 작곡(악보 수록)
32	쪼각빗	조선동요백곡집	1933	홍난파 작곡(악보 수록)
		아동가요곡선삼백곡	1938	박태준 작곡(악보 수록)
33	잠자는 방아	조선일보	1933.11.14	홍난파 작곡(악보 수록)
		별나라	1934.9	조관호 작곡(악보 수록)
		아동가요곡선삼백곡	1938	박태준 작곡(악보 수록)
34	잠자는 방학	별나라	1934.9	**
35	가을날의 저녁	아동가요곡선삼백곡	1938	작사, 작곡 신고송(악보수록)
36	J.O.D.K	아동가요곡선삼백곡	1938	박태준 작곡(악보 수록)
37	아버지	새동무	1946.1	
38	우리집 감나무	주간 소학생	1946.4.15	
39	굴렁쇠	주간 소학생	1946.6.10	
40	고개	어린이신문	1947.2.8	김순남 작곡(악보 수록)

41	소년행진곡	어린이신문	1947.11.22	

-작곡-

번호	작품제목	게재지	연도	비고
1	가을날의 시내	아동가요곡선삼백곡	1938	윤복진 작사, 신고송작곡(악보 수록)
2	닥근콩 고소	아동가요곡선삼백곡	1938	장효섭 작사, 신고송 작곡(악보 수록)

3. 동화

번호	작품제목	게재지	연도	비고
1	두더쥐와 아가씨	별나라	1931. 2	
2	모기와 미륵	별나라	1931. 4	
3	잉어	별나라	1931. 6	
4	원숭이와 곰	별나라	1931. 12	
5	피켓의 일기문 중에서	별나라	1934. 2	
6	평세와 평숙이1	별나라	1945. 12. 15	
7	평세와 평숙이2	별나라	1946. 2. 10	
8	만세	별나라	속간 3호	동화 혹은 동극**

4. 시

번호	작품제목	게재지	연도	비고
1	기녀도	풍림	1937	

5. 소설

번호	작품제목	게재지	연도	비고
1	임신	조선중앙일보	1936.7.10~7.16	

6. 평론

1) 아동평론

2) 평론

번호	작품제목	게재지	연도	비고
1	시단만평-기성시인, 신인시인	조선일보	1930.1.5~1.15	
2	시단 一筴言	조선일보	1930.3.28~3.29	

3	최근시작총편	조선일보	1930.5.6~5.14	신송이란 이름으로 게재
4	음악과 대중	음악과 시	1931	
5	음악에 계급의식에 대하여	동아일보	1931.3.12~13	
6	계급음악의 확립	조선일보	1931.5.6~12	
7	일본푸로극장 동맹 제3회 방청기	조선일보	1931.5.27~5.31	
8	연극운동의 출발	조선일보	1931.7.29~8.5	
9	슈프레힛콜-새로운 형식	조선일보	1932.3.5~3.10	
10	극평의 실험무대의 <검찰관>	조선일보	1932.5.10~5.12	
11	국제연극운동의 조망	중앙일보	1932.3.22~3.28	
12	조선에 있어서의 演劇運動의 現狀況	플롯토	1932.4	일본잡지**
13	조선 프롤레타리아 연극운동의 당면임무에 대하여	연극운동	1932	**
14	조선의 신극운동	연극운동	1932.7	
15	동반자작가제문제	제일선	1932.9.15	
16	소인극 연출법	연극운동	1932.9	**
17	주생원 연출법	연극운동	1932.9	권환의 희곡 주생원**
18	문단시감	조선중앙일보	1935.11.14~19	
19	톨스토이사후 이십오주년	조선중앙일보	1935.11.20	
20	아시아는 분노한다	신시대	1944.11	**
21	조선연극의 진로	문화통신	1945.11	**
22	연극운동과 그 조직	인민	1945.12	
23	민주연극체제 수립을 위하여	해방기념 평론집	1946.8	
24	연극운동의 신단계	문화전선	1947.8	**
25	조선에 있어서 미군정 3년간	조쏘문화	1948.8	**
26	연출에 대하여	문학예술		
27	연출의 길	문학예술	1950.2	느・뻬뜨로브, 신고송 역
28	1949년도의 번역극 상연의 성과	조쏘문화	1950.2	**
29	희곡에 대하여	연극써클독본	1950.4	**
30	쏘베트 극작상의 몇가지 문제와 우리극작에 주는 몇말	문학예술	1950.5	

31	연극에 있어서 형식주의 및 자연주의적 잔재와의 투쟁	문학예술	1952.1	
32	희곡창작과 언어문제	문학예술	1952.10	
33	사상의 질 제고를 위하여	근로자	1955	**
34	극문학 발전을 위한 몇가지 중심 문제	제2차 조선작가대회 문헌집	1956	
35	조선연극이 걸어온 길	조선예술	1956.10	**
36	국립극장의 10년	조선예술	1957.1	**
37	작가와 프롤레타리아 국제주의	문학신문	1957.2.14	
38	라운규와 아리랑	문학신문	1957.7.25	
39	극단 <신건설>의 조직과 역할	조선예술	1957.7~8	**
40	10월 혁명과 조선예술	조선예술	1957.11	**
41	종파사상은 우리문학 발전을 저해하는 독소이다	문학신문	1957.11	
42	청년에게 주는 훌륭한 선물	조선문학	1958.3	
43	부르죠아 사상과 철저한 투쟁을 위하여	조선문학	1959.3	
44	사회주의 사실주의 기치를 더욱 높이자–질재고를 위해	문학신문	1959.3.1	
45	생활의 진실을 그리고–현대적 주제 창극발전을 위하여	문학신문	1960.3.15	**
46	인형극의 발전을 위하여–인형극<혹뗀 이야기>를 보고	문학신문	1960.4.26	**
47	이 밖에 다른 길은 없다	문학신문	1960.4.29	**
48	전변 속에 주인공들	문학신문	1960.6.17	**
49	현대성과 창극의 대중화	문학신문	1960.6.	**
50	씨나리오 창작에 대한 몇가지 의견	문학신문	1960.12.13	**
51	혁신의 바람을 일쿠자	조선예술	1961.1	**
52	극문학의 일보전진을 위하여	극문학	1961.2	
53	갈등은 언제나 긍정과 부정간의 투쟁이다	문학신문	1961.3.14	
54	다양한 재능과 정열적인 탐구의 예술가	조선예술	1961.7	**
55	생활체험이 주는 중요한 교훈	문학신문	1961.10.27	
56	갈등문제의 론의와 나의 의견	문학신문	1961.12.12	

57	천리마 현실과 희곡	조선문학	1961.12.	
58	신소설에 대한 회상	문학신문	1962.7.6	
59	혁명투사 형상에 커다란 전진-연극<공산주의자>를 보고	문학신문	1962.8.24	
60	이 행복을 남녘 동포들에게도	문학신문	1962.9.14	
61	더욱 선명한 사상성과 다양한 예술성으로	문학신문	1962.12.21	
62	현실을 더욱 정력적으로 탐구하자	조선문학	1962.12	
63	심오한 주제사상 선명한 인물성격	조선예술	1963.1	**
64	일제의 만행을 규탄한다-피를 빨리우고 살을깍이웠다	문학신문	1963.1.18	
65	우리의 귀중한 예술적 재보-국립인형극장 예술에 대하여	문학신문	1963.4.9	
66	전진하는 우리 문학	문학신문	1963.8.13	
67	우리조국에 광명을 가져다준 공산주의자들의 심오한 현상	조선예술	1963.9	**
68	조국에 영광을	문학신문	1963.9.13	
69	창조적 성과의 빛나는 결정체-송영전집 제1권에 대하여	문학신문	1963.10.18	
70	선명하고 감동적인 성격창조의 길-금년도 극작품을 중심으로 (갈등론)	문학신문	1963.12.31	
71	희곡과 말	문학신문	1964.2.25	
72	새로운 것, 독창적인 것을 발견하고 개척하자-상반기에 발표된 단막희곡을 읽고	문학신문	1964.8.21	
73	진실에 더욱 육박하자	문학신문	1964.12.25	**
74	매국노의 마지막 숨통을 끊어버려라-6.3사태와 관련하여	문학신문	1965.8.31	
75	성장한 인형극	조선예술	1965.10	**
76	다장면극과 연대기극	조선예술	1966.3	**

7.출판 · 서적물

번호	작품제목	게재지	연도	비고
1	소인극 하는 법	신농림출판부	1946.8	
2	아동극집 백설공주	을유문화사	1946.11	
3	농촌연극 써클운영법	국립인민출판사	1949.	
4	자립연극 지도법	문화전선사	1950	**
5	연극이란 무엇인가	국립출판사	1956	
6	선구자들	조선작가동맹출판사	1958	

8. 연출 작품

번호	작품제목	게재지	연도	비고
1	비행기는 이렇게 만든다	만대신(신고송)	1944.11.16	건설무대 주최, 제일극장에서 공연
2	아름다운 고향	김태진	1943.12.2~12.4	고협 주최, 부민관에서 공연
3	그리운 거리	임선규	1944.5.20~5.24	고협주최, 부민관
			1944.11.8	고협주최, 제일극장
4	흰독수리	김내성	1944.12.31~ 1945.1.4	고협 주최, 약초극장
			1944.4.21~4.25	고협주최, 제일극장
5	懷しき街	만대신(신고송)	1945.1	고협주최, 제일극장
6	해당화 피는 섬	송영	1944.8.30~9.3	고협주최, 제일극장
7	목련화	조명암	1945.4.21	반도가극단 주최, 중앙극장
8	橖丁	송영	1944.7.26~7.30	신생가극단 주최, 제일극장
9	홍매화	백운영	1944.10.12 ~10.18	약초가극단 주최, 약초극장
10	인정 나룻배	신고송	1944.1.22~1.31	조선악극단 주최, 동양극장
			1944.5.30~6.3	
11	金の國, 銀の國	만대신(신고송)	1944.2.27~3.4	조선악극단 주최, 동양극장
			1944.5.30~6.3	
12	제비나라	송영	1944.2.27~3.4	조선악극단 주최, 동양극장

13	백마	김 건	1945.4.12	황금좌 주최, 제일극장
14	삼십년	김 건	1944.11.30~12.7	황금좌 주최, 중앙극장
15	怒濤の町	中江良夫	1945.6.11	황금좌 주최, 중앙극장
16	분노하는 아시아		1944.10.12~13	공동연출
17	어머니		광복직후	서울해방극장
18	철쇄는 끊어졌다	신고송	광복 직후	전국 순회공연
			1946.3.4	3.1운동 기념제전으로 부산에서 공연

9. 기타(수필, 일기문, 독자통신란, 광고란)

1) 수필과 수기

번호	작품제목	게재지	연도	비고
1	새결심하던 때－성공하기 까지는	별나라	1931.4	수기
2	육년 동안의 가치	별나라	1931.6	
3	어머니 연출에 대하야	예술신보	창간호	
4	죽은 동지에게 보내는 조사	예술운동	창간호	
5	一人一言－모리배와 예술인	현대신문	1946.4.15	
6	굴할 줄 모르는 인민	조선문학	1951.5	
7	항상 배우는 립장에서	청년문학	1953.8	
8	우리를 격동시킨 10월 명절	조선문학	1957.7	
9	투지와 정열의 초병으로	문학신문	1958.8.21	**
10	불멸의 친선	문학신문	1958.10.9	
11	좋은 작품을 많이 쓰련다	조선문학	1959.1	수기
12	온 세계에 떨친 사회주의예술의 찬란한 승리	문학신문	1959.8.21	
13	나의 회상	문학신문	1959.8.25	
14	기다리는 마음(재일동포 귀국에 대한 글)	문학신문	1959.12.11	**
15	재령강변에서	조선문학	1960.4	수필
16	이 편지를 꼭 전하고 싶다	조선문학	1960.6	수필 **
17	다시 재령강변에서	문학신문	1961.4.14	수필
18	아름다운 시절의 노래	문학신문	1961.4.14	
19	조국, 가장 고귀한 것	문학신문	1962.8.17	수필
20	그날의 회상	문학신문	1964.6.23	

21	현실이 나에게 주는 교훈	문학신문	1966.9.13	
22	아름찬 행복을 안을 때마다	조선문학	1970.9	
23	영광스러운 력사의 집이여	조선문학	1971.1	탐방기
24	충성의 작품을 쓰렵니다	조선문학	1972.1	

2) 일기문과 편지글

번호	작품제목	게재지	연도	비고
1	밧브든 일주일 간	어린이	1924.5	일기
2	멀리가게신 형님에게	어린이	1927.8	편지글

3) 독자 통신란

번호	작품제목	게재지	연도	비고
1	경남 언양 소년단	어린이	1924.2	소식란
2	선외가작－동요부(신고송, 신말찬, 작문부(울산 신말찬, 울산신고송), 애독자 명부(울산군 언양면 서부리 신말찬), 그림그리기(울산 신고송, 신말찬)	신소년	1924.3	
3	선외가작－동요부(울산 신말찬), 동화부(울산 신말찬), 독자통신(울산 신말찬), 그림 맞쳐내기(언양 신말찬)	신소년	1924.4	
4	선외가작－동요(울산 신말찬), 동화(울산 신말찬－경남 울산군 언양면 서부리)	신소년	1924.5	
5	선외가작 －동요(울산 신말찬), 동화(울산 신말찬)	신소년	1924.6	
6	선외가작－동요(울산 신말찬), 동화(울산 신말찬), 그림 그리기(3등, 경남 울산군 언양면 서부리 신말찬)	신소년	1924.7	
7	언양소년단	어린이	1924.11	
8	상식시험 발표란 －경상도 신말찬	신소년	1925.1	
9	즐거운 때	어린이	1925.4	선외 가작－이름과 작품명만
10	독자 담화실	어린이	1927.3	

4) 좌담회와 강좌

번호	작품제목	게재지	연도	비고
1	여름방학 지상좌담회－출석제 선생님	신소년	1930.8	
2	연극건설 좌담회	예술타임즈	1945.12	**
3	조히연극	별나라	1932.4	강좌

4	희곡창작과 언어	청년문학	1965.7	문학 강좌

5) 광고란

번호	작품제목	게재지	연도	비고
1	광고-음악과 시, 음악과 대중	신소년	1930.8	
2	광고-불별 작가진	신소년	1931.2	